国家出版基金项目
NATIONAL PUBLICATION FOUNDATION

國家出版基金項目

目　録

◆ **滿　文** 001

御製資政要覽 002

ᡥᠠᠨ ᡳ ᠠᡵᠠᡥᠠ ᡩᠠᠰᠠᠨ ᡩᡝ ᡨᡠᠰᠠᠩᡤᠠ ᠣᠶᠣᠩᡤᠣ [illegible]

ᠪᠣᡩᠣᡤᠣᠨ ᠉ [illegible] ᠉

[illegible]

[illegible]

[illegible]

[illegible]

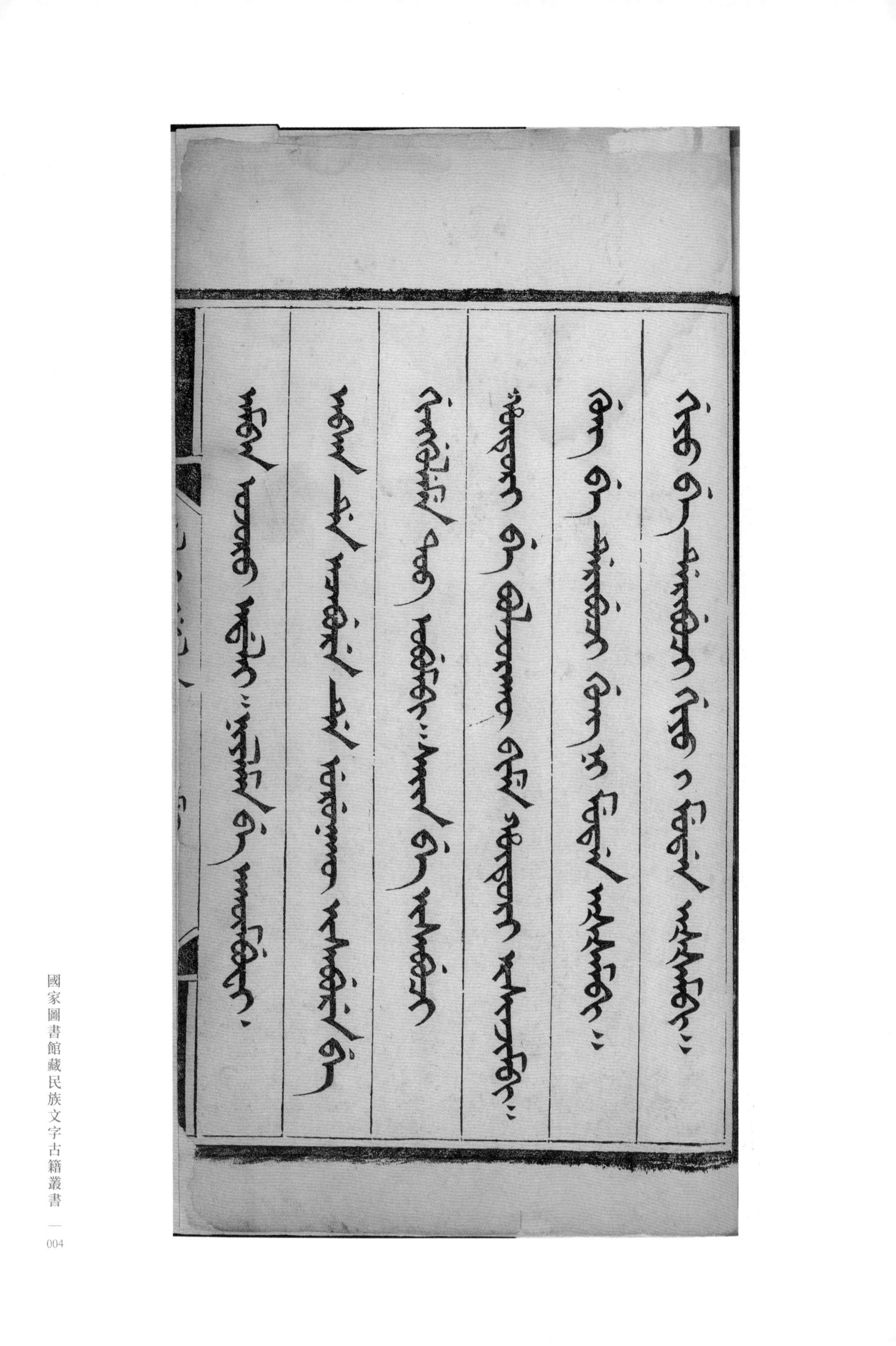

[illegible]

[illegible]

[illegible]

[illegible]

[illegible]

[illegible]

ᠰᡝᠮᡝ ᡳᠯᡝᡨᡠᠯᡝᡥᡝᠩᡤᡝ :: ᠪᡝ ᡤᡡᠨᡳᠨ ᡩᠣᡵᠣ ᠶᠠᠪᡠᠪᡠᡥᠠ ᠪᡝ

ᡨᡠᠸᠠᠴᡳ ᡩᡝ ᠰᡝᠮᡝ ᠪᡝ ᡤᡝᠨᡝᡥᡝ ᡤᡠᡵᡠᠨ ᡳᠰᡳᠨᠵᡳ

ᠪᡝᡳᠯᡝ ᡩᡝ ᡨᡠᠴᡳᠪᡠᡥᡝ ᡳ ᡨᡝᠮᡝ ᡳᠯᡝᡨᡠ ᡨᡠᡨᡠ ᡤᡳᠰᡠᠨ ::

ᠪᠣᡳᡥᠣᠯᠣᡴᡡ :: ᠪᡝᠶᡝ ᡩᡝ ᡨᡝᠮᡝ ᡤᡝᠨᡝᡥᡝ ᠮᡝᡩᡝᡵᡳ ᠪᡝ

ᡩᡝ ᡨᡝᡵᡝ :: ᡤᡝᠮᡠ ᠰᡝᡵᡝ ᡳ ᡳᠰᡳᠨᠵᡳᡥᠠᠩᡤᡝ :: ᡩᡝ ᡳ

ᠵᡳᠯᡝ ᡳ ᡩᡝᡵᡤᡳ ᡨᡠᠸᠠᡥᠠᠩᡤᡝ ᠪᡝ ᡳ ᡳᠰᡳᠨᠵᡳᠪᡠ :: ᠰᡝᡵᡝ ᡳ

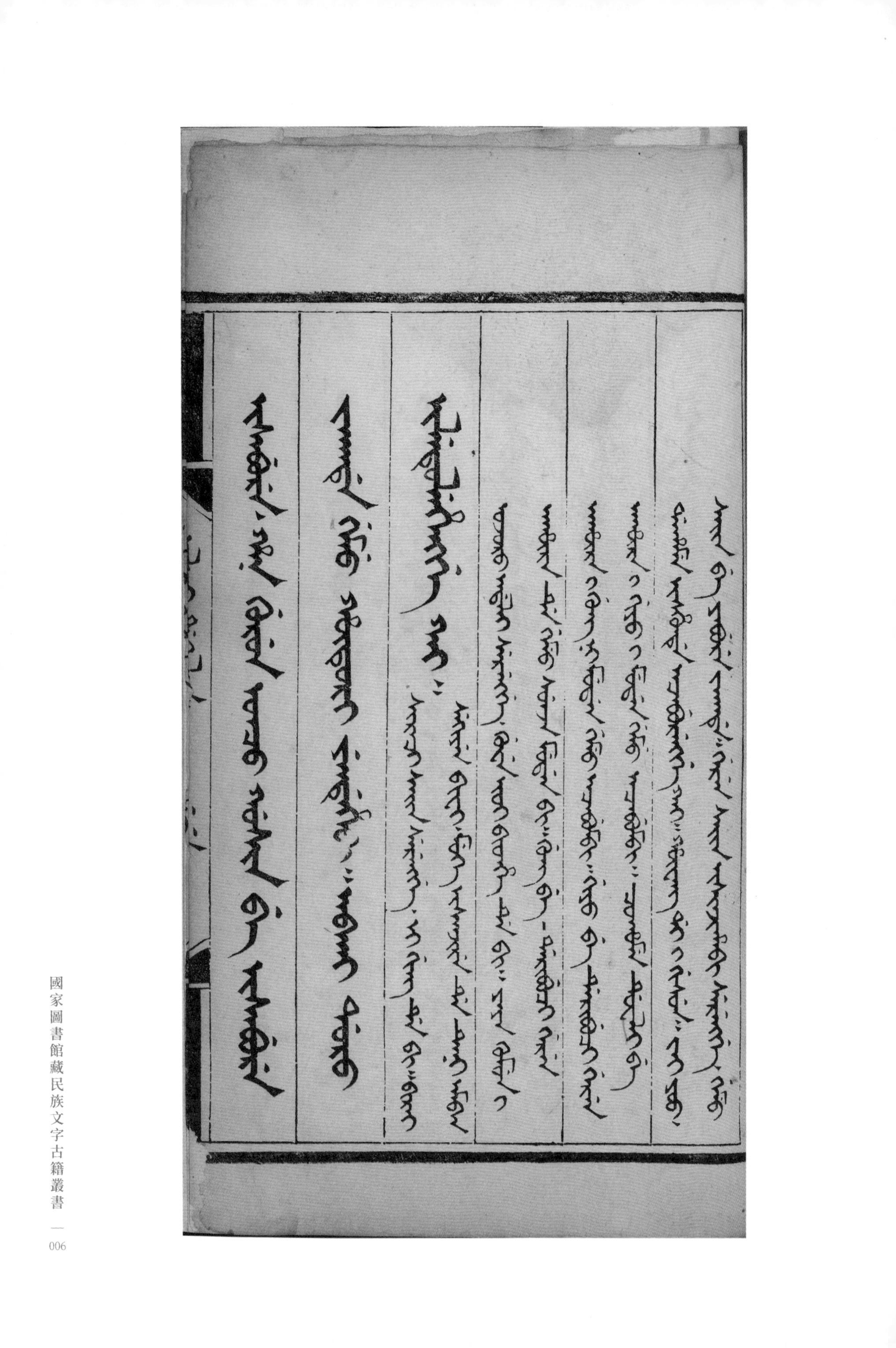

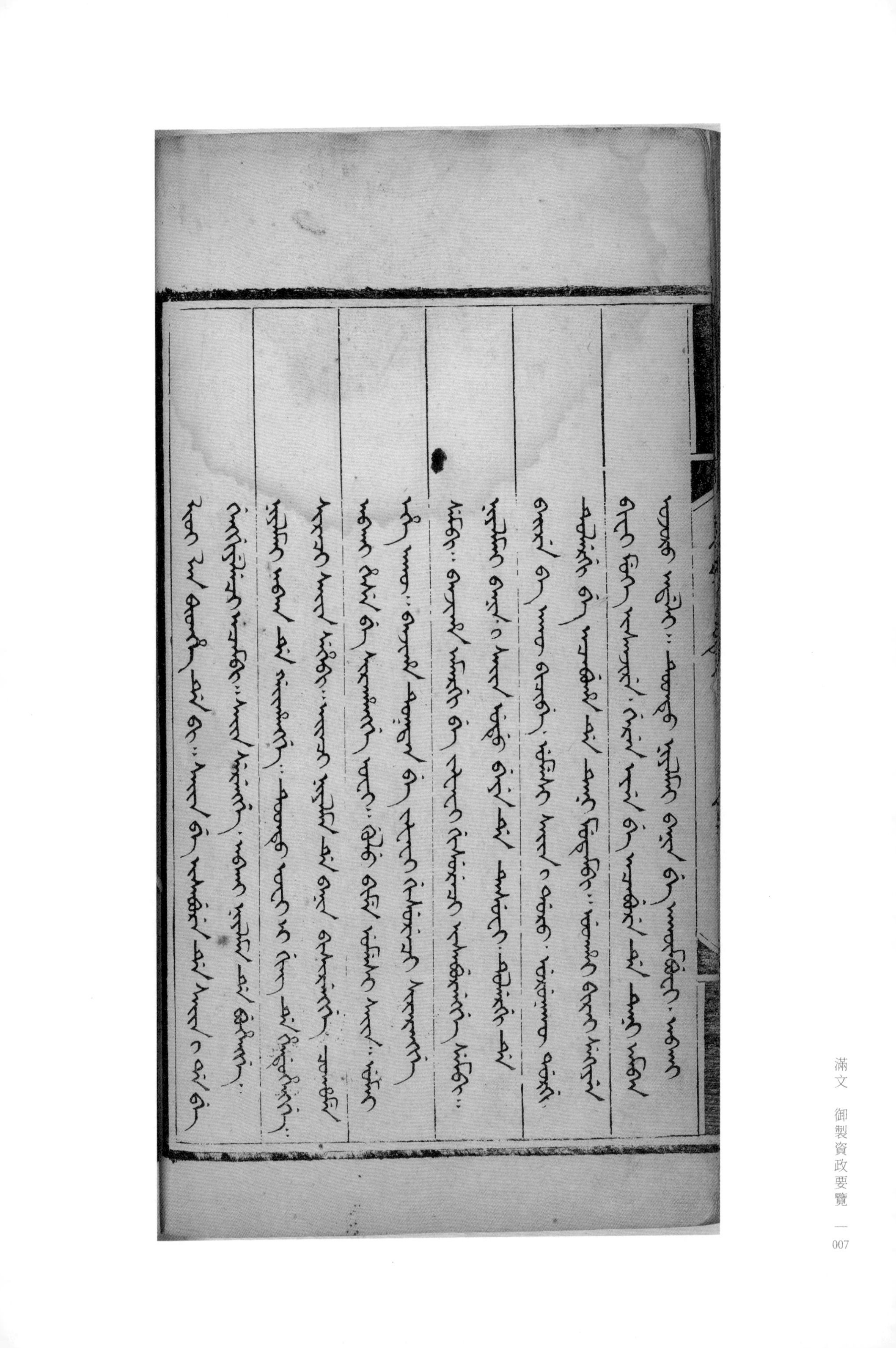

[illegible]
[illegible]
[illegible]
[illegible]
[illegible]
[illegible]
[illegible]
[illegible]
[illegible]
[illegible]
[illegible]
[illegible]

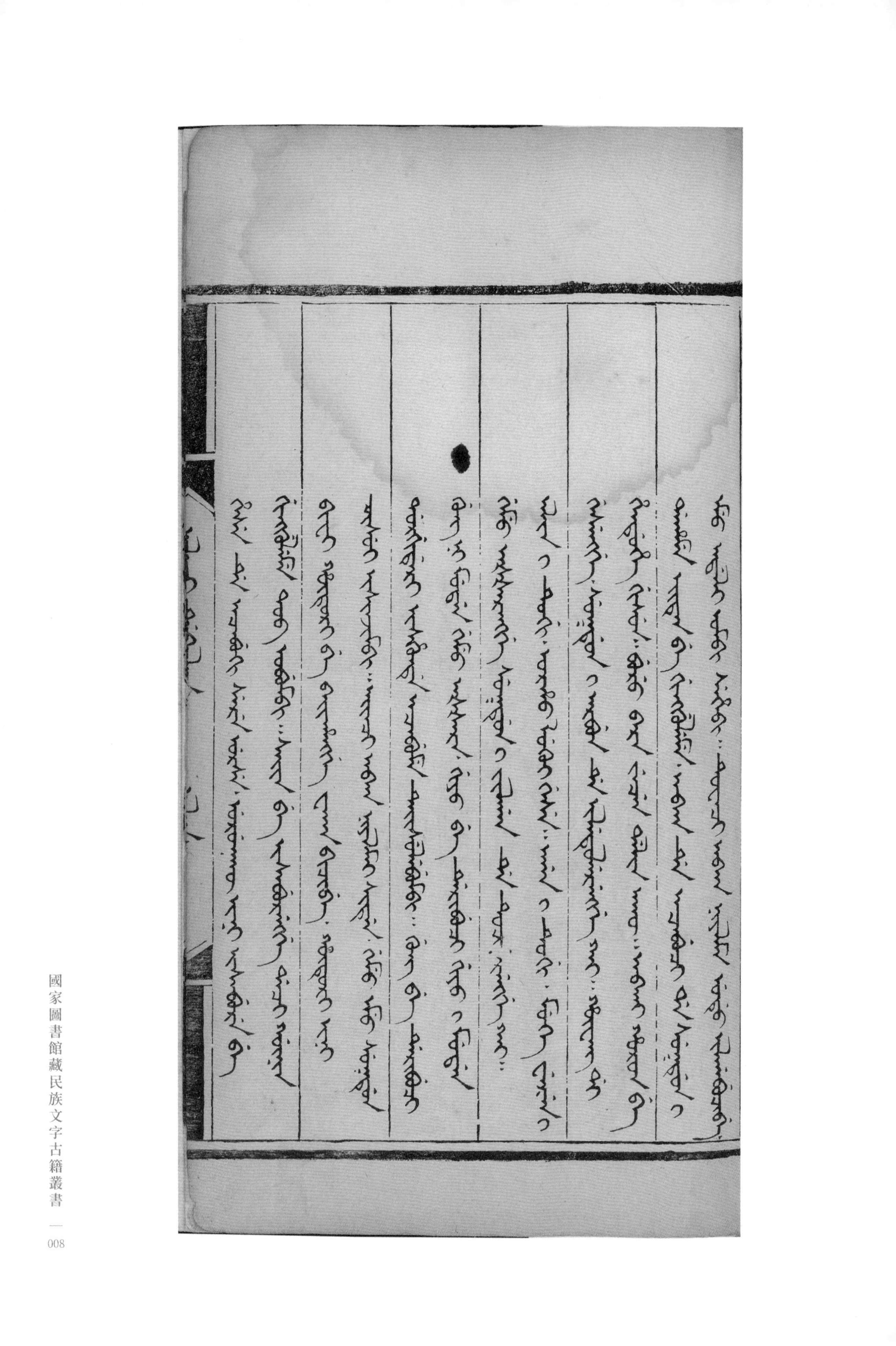

[illegible]

[illegible]

[illegible]

[illegible]

[illegible]

[illegible]

[illegible]

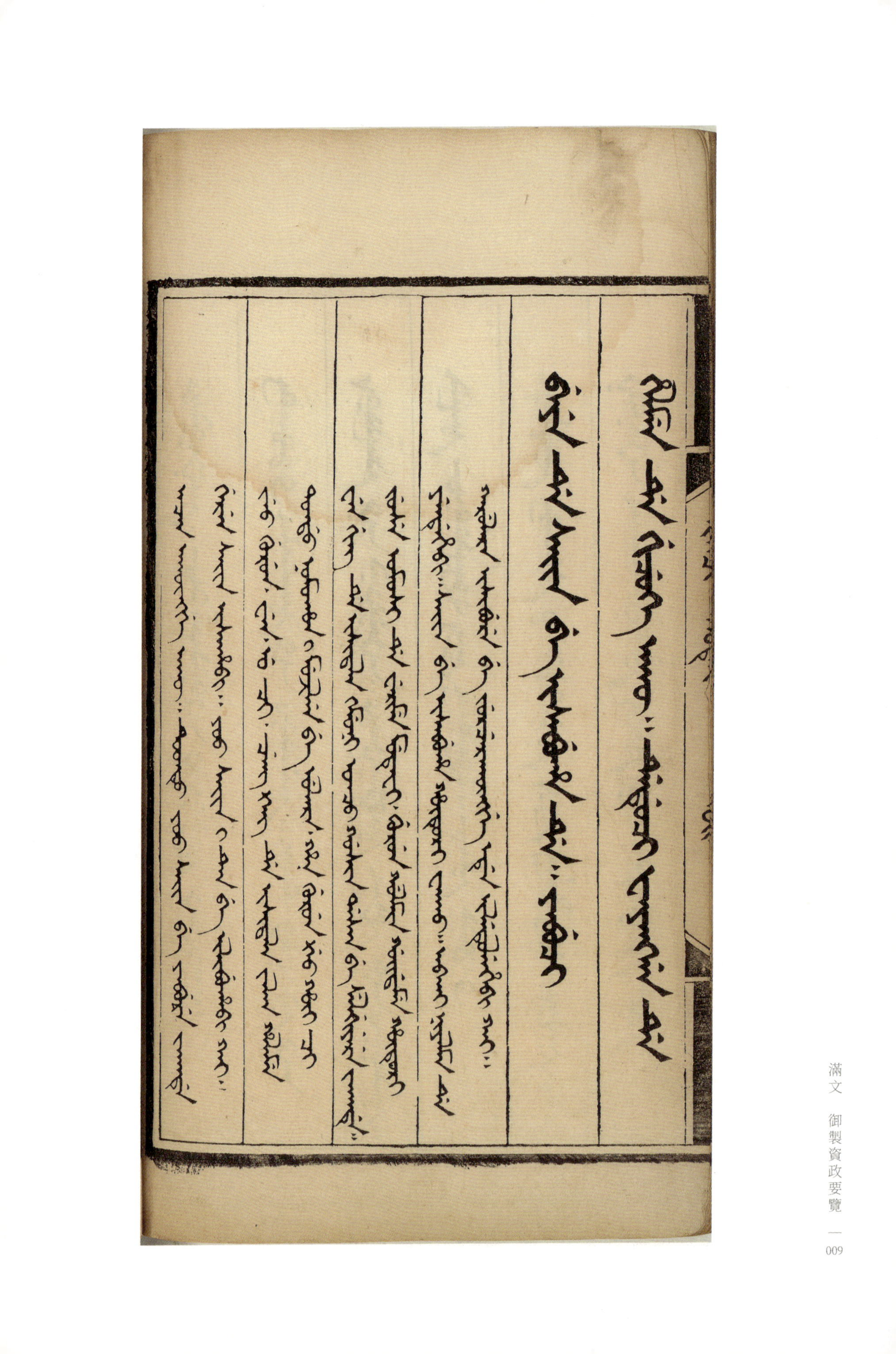

[illegible]

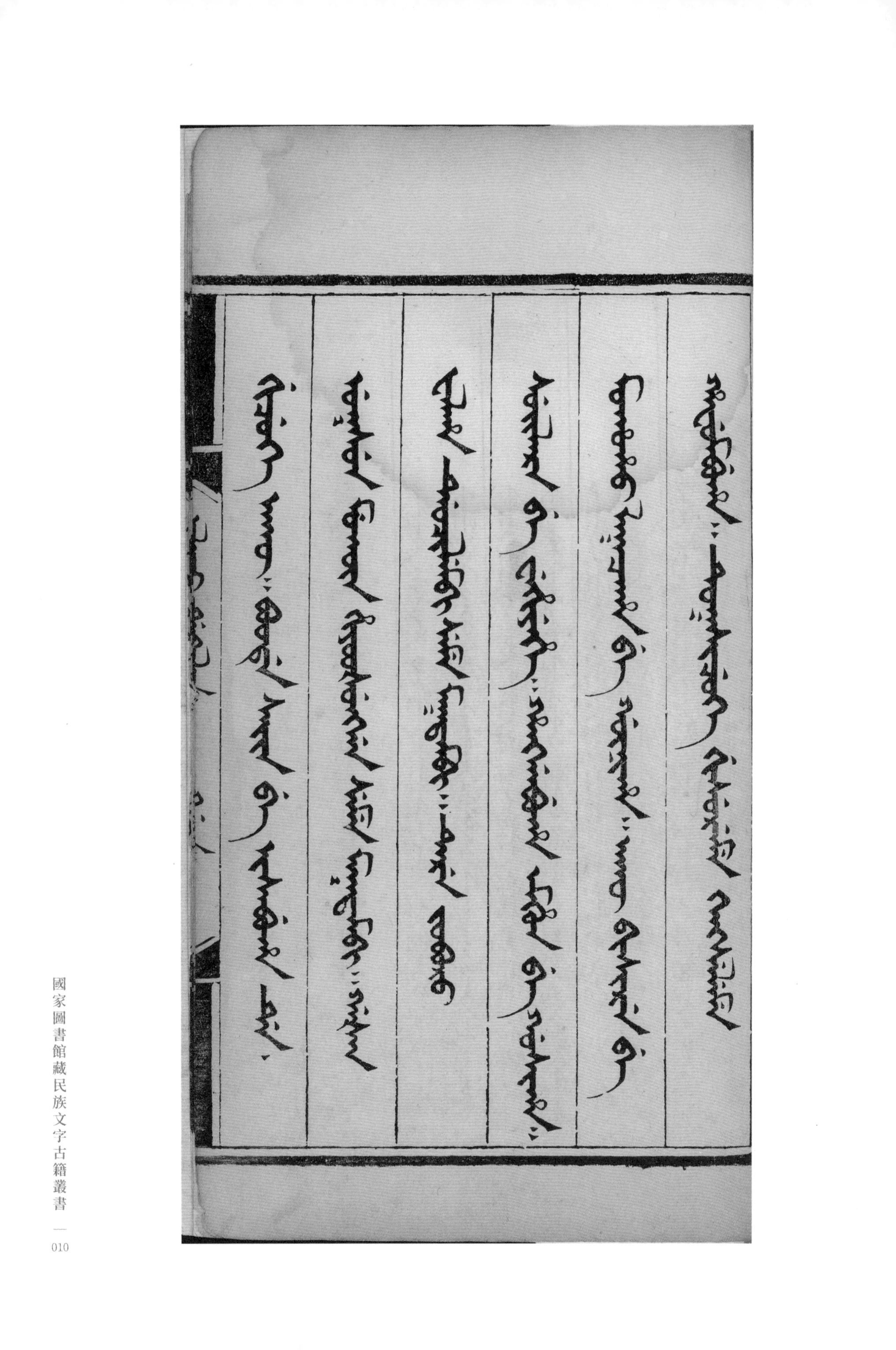

[illegible]

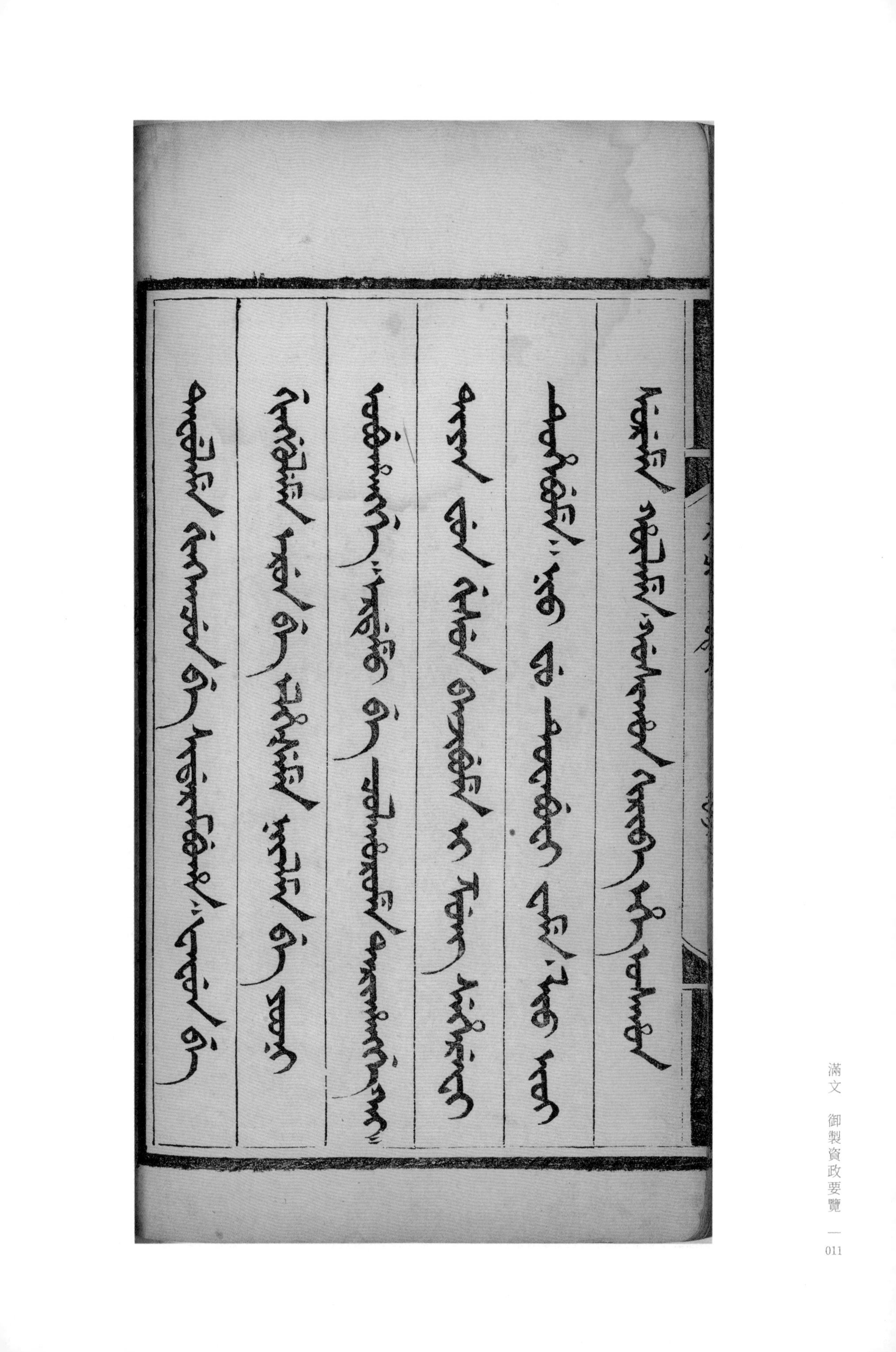

[illegible]

[illegible]

[illegible]

[illegible]

[illegible]

[illegible]

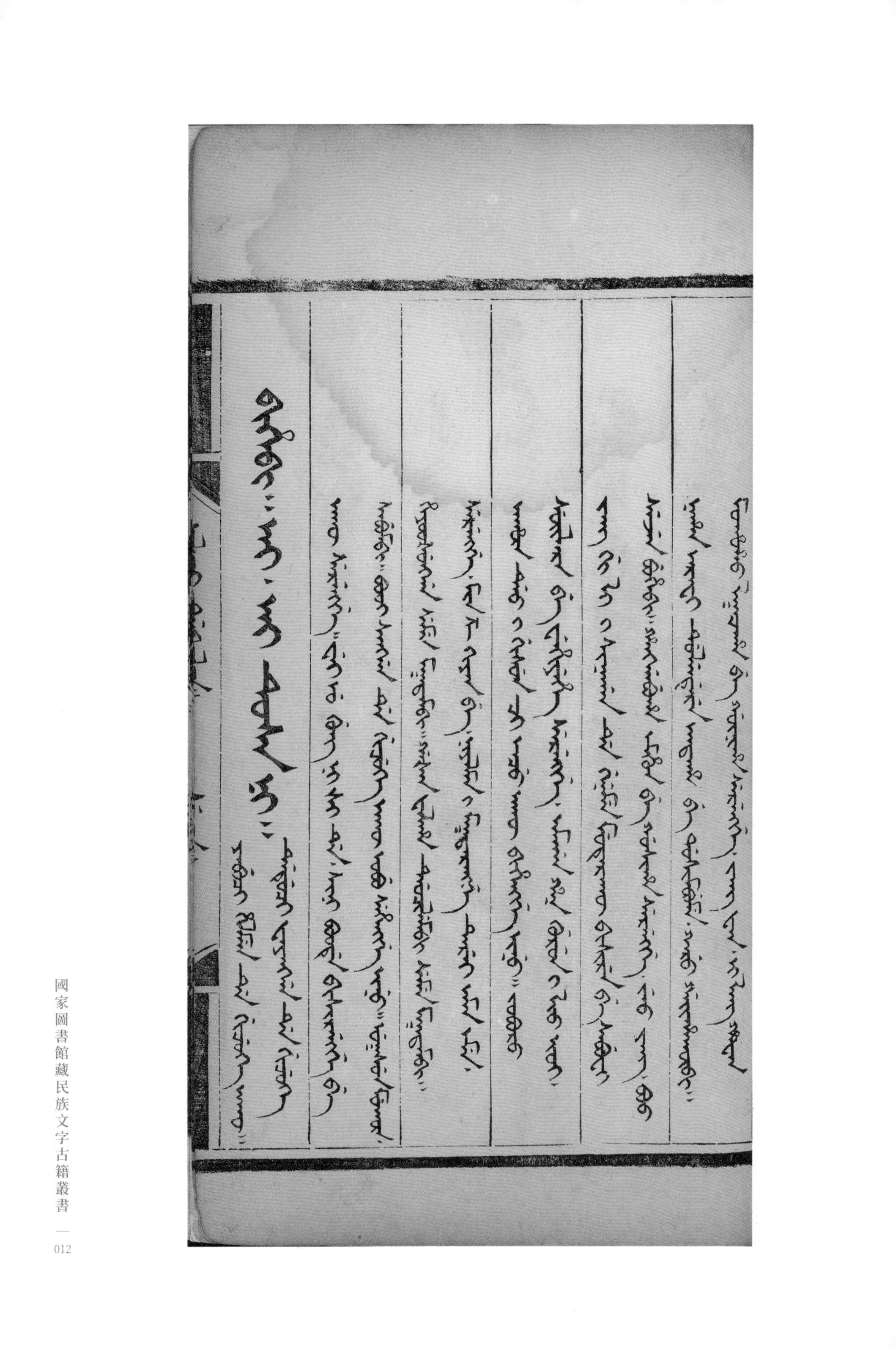

[illegible]

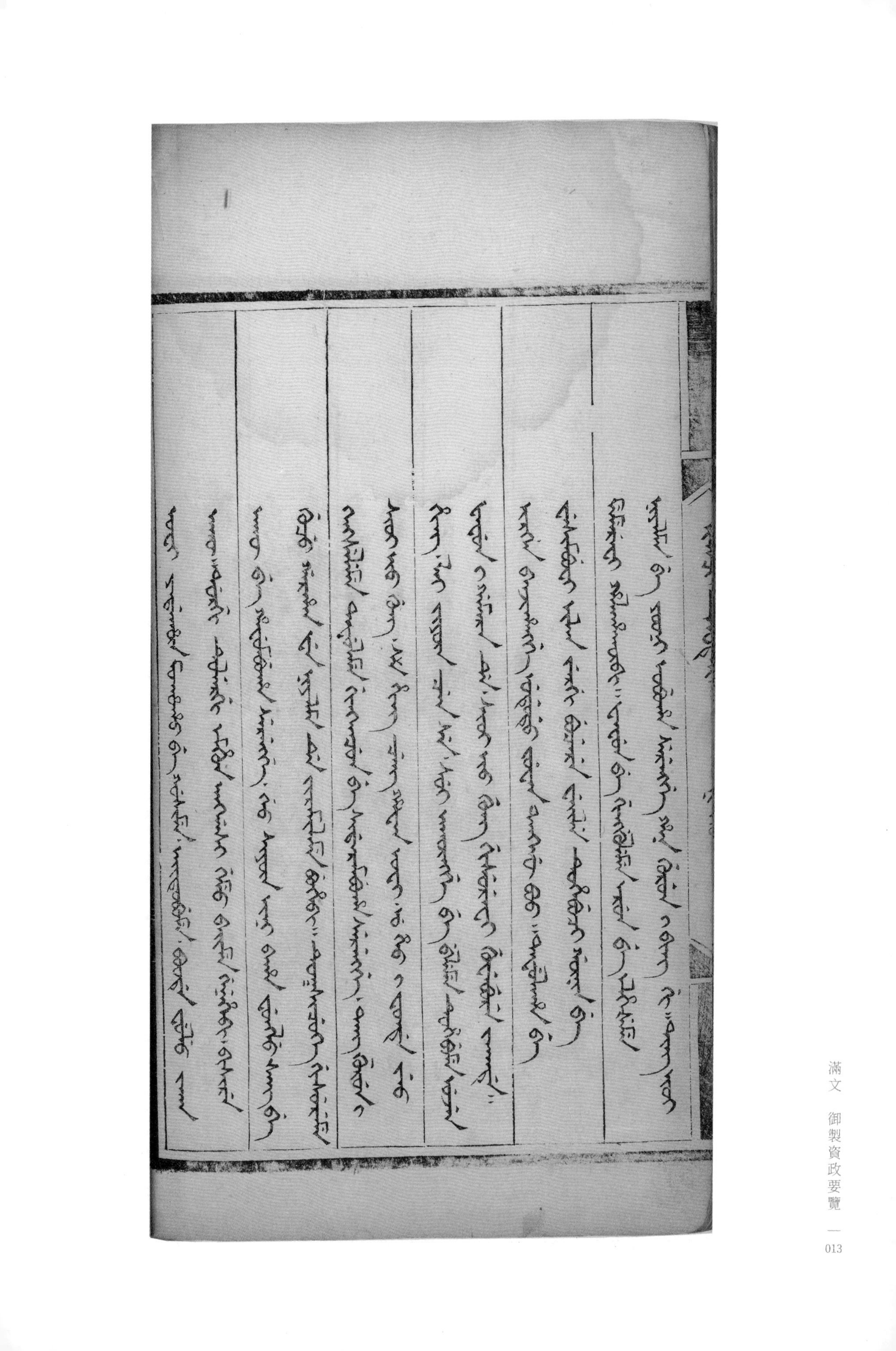

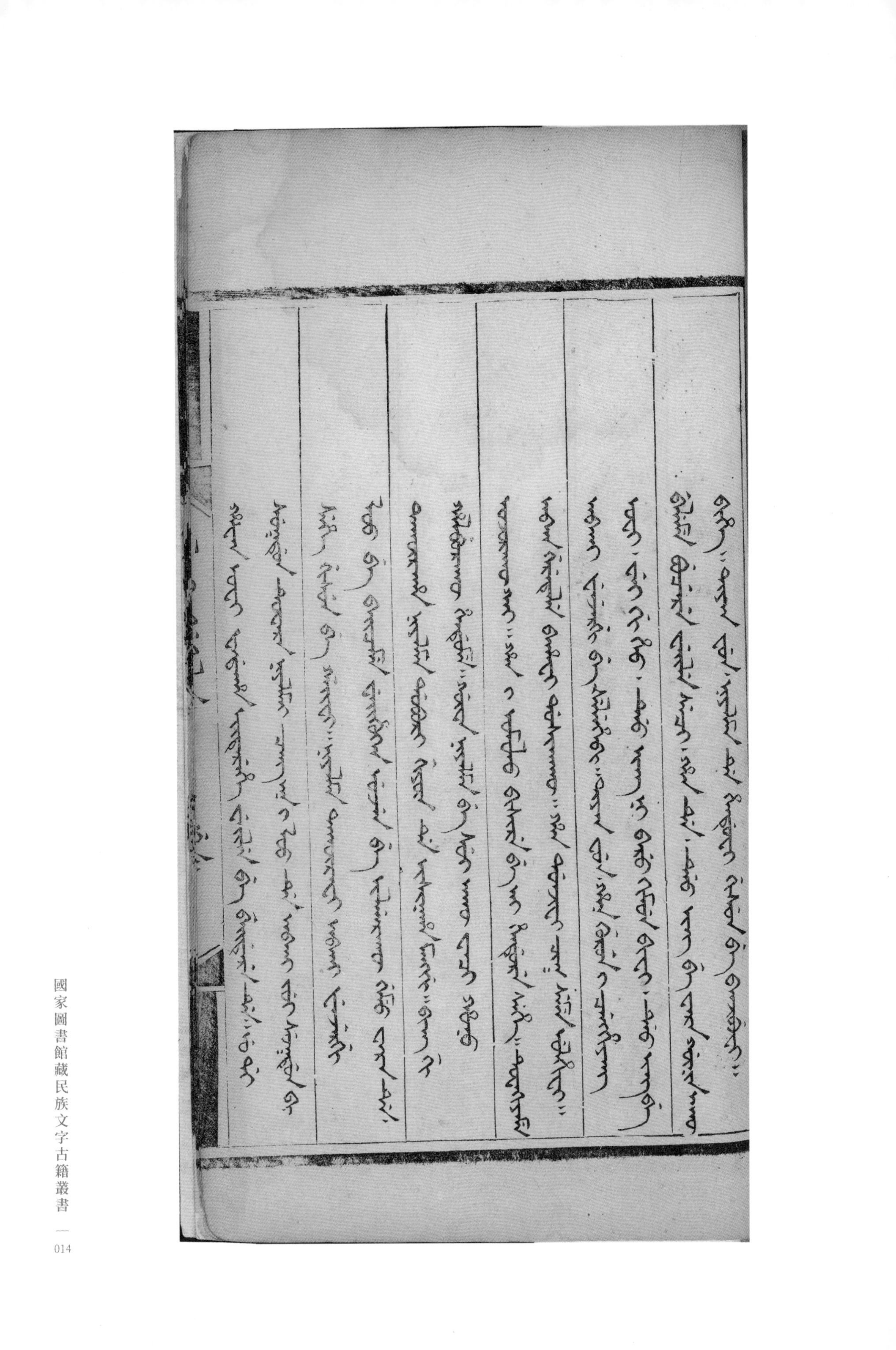

[illegible]

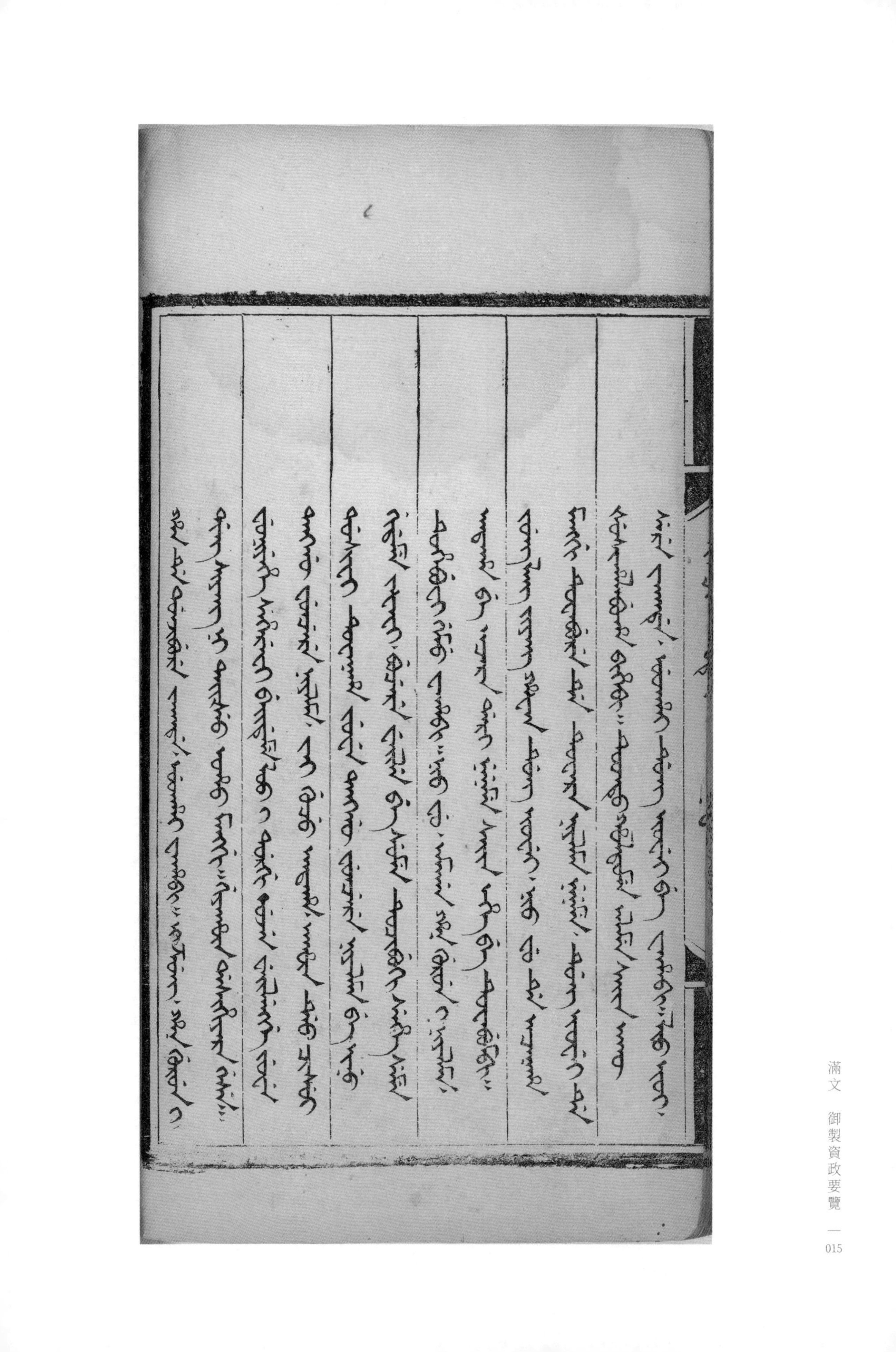

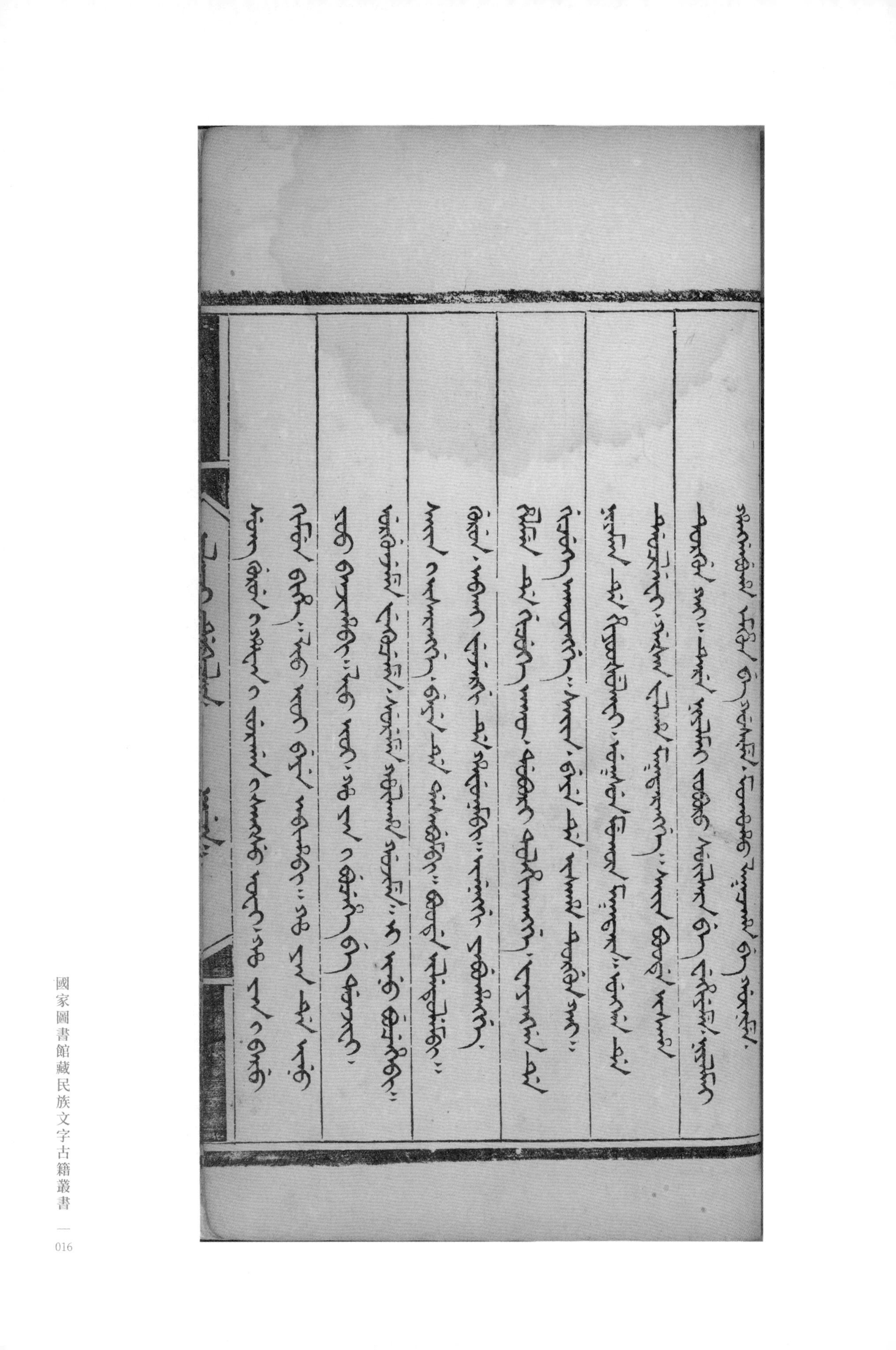

[illegible]

[illegible]

[illegible]

[illegible]

[illegible]

[illegible]

[illegible]

[illegible]

[illegible]

[illegible]

[illegible]

[illegible]

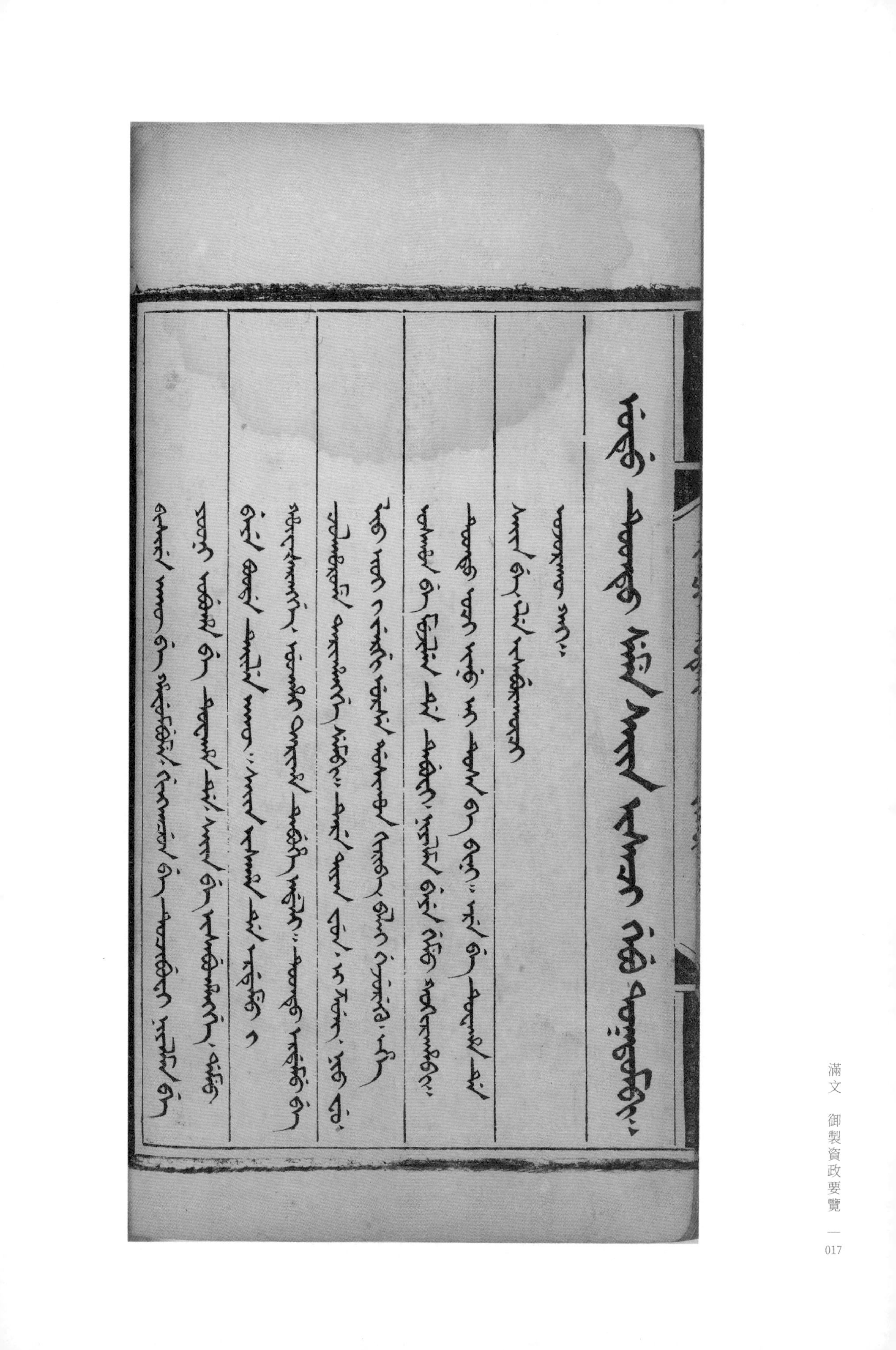

[illegible]

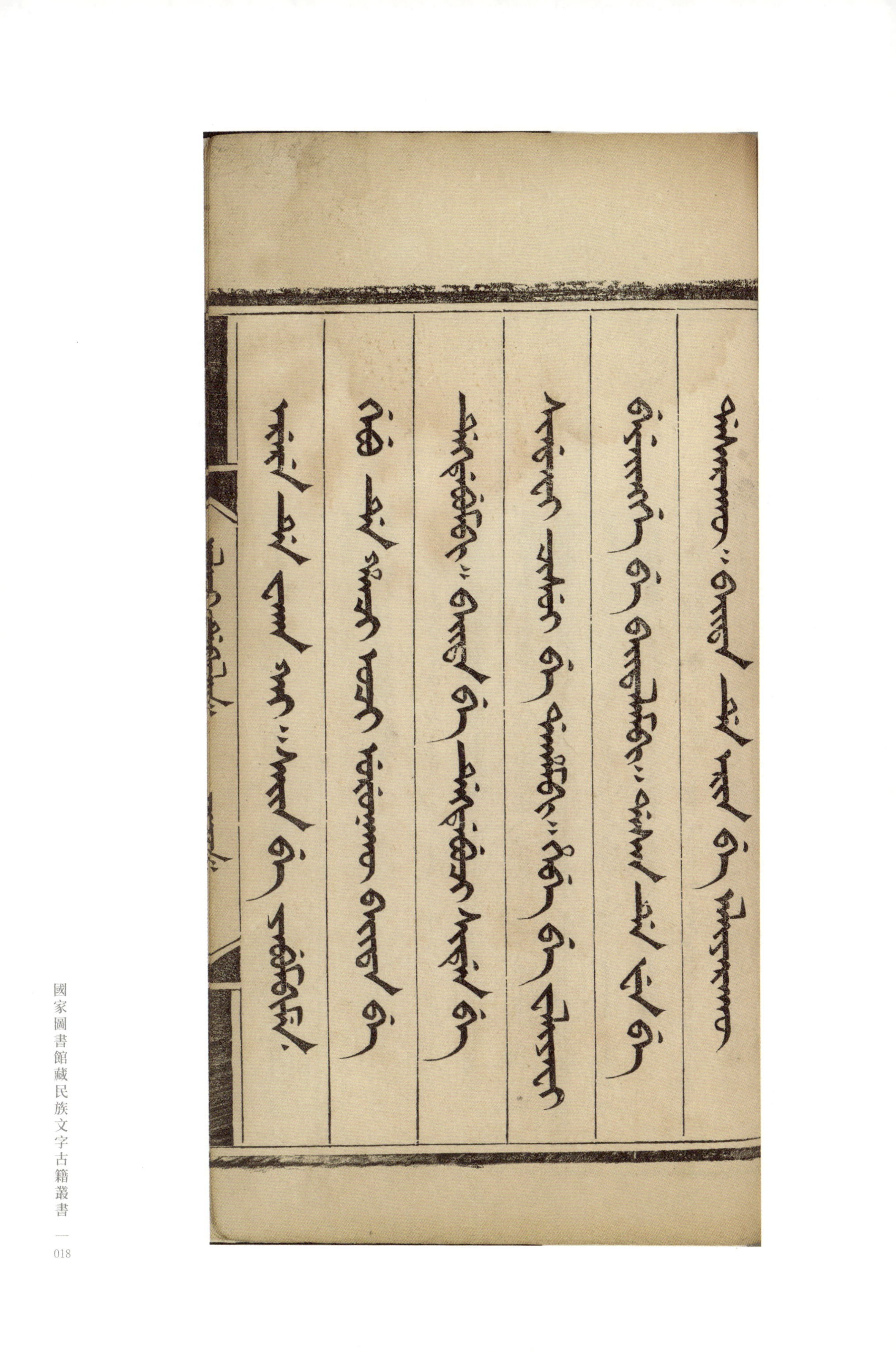

[illegible]

[illegible]

[illegible]

[illegible]

[illegible]

[illegible]

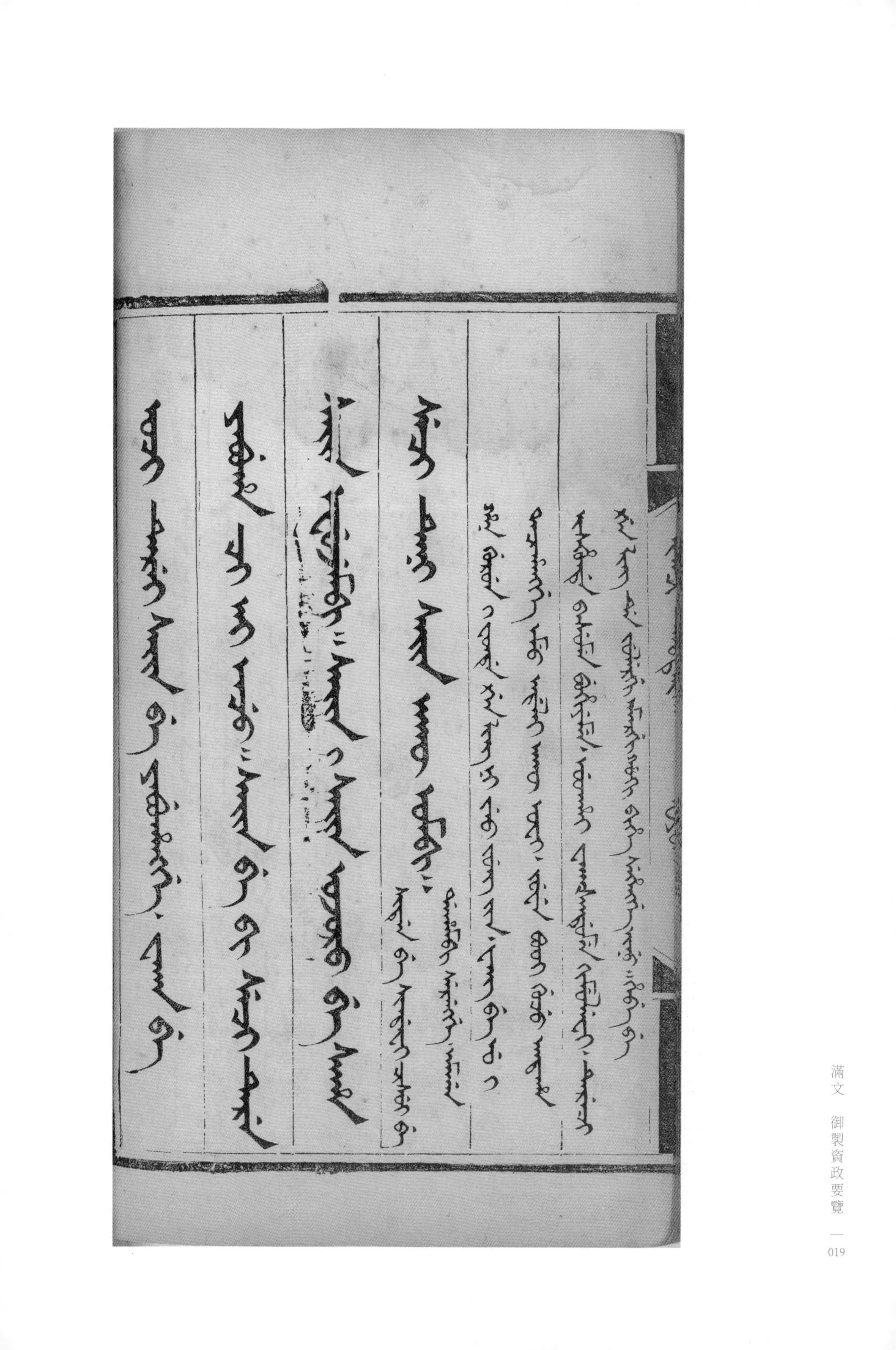

[illegible]

[illegible]

[illegible]

[illegible]

[illegible]

[illegible]

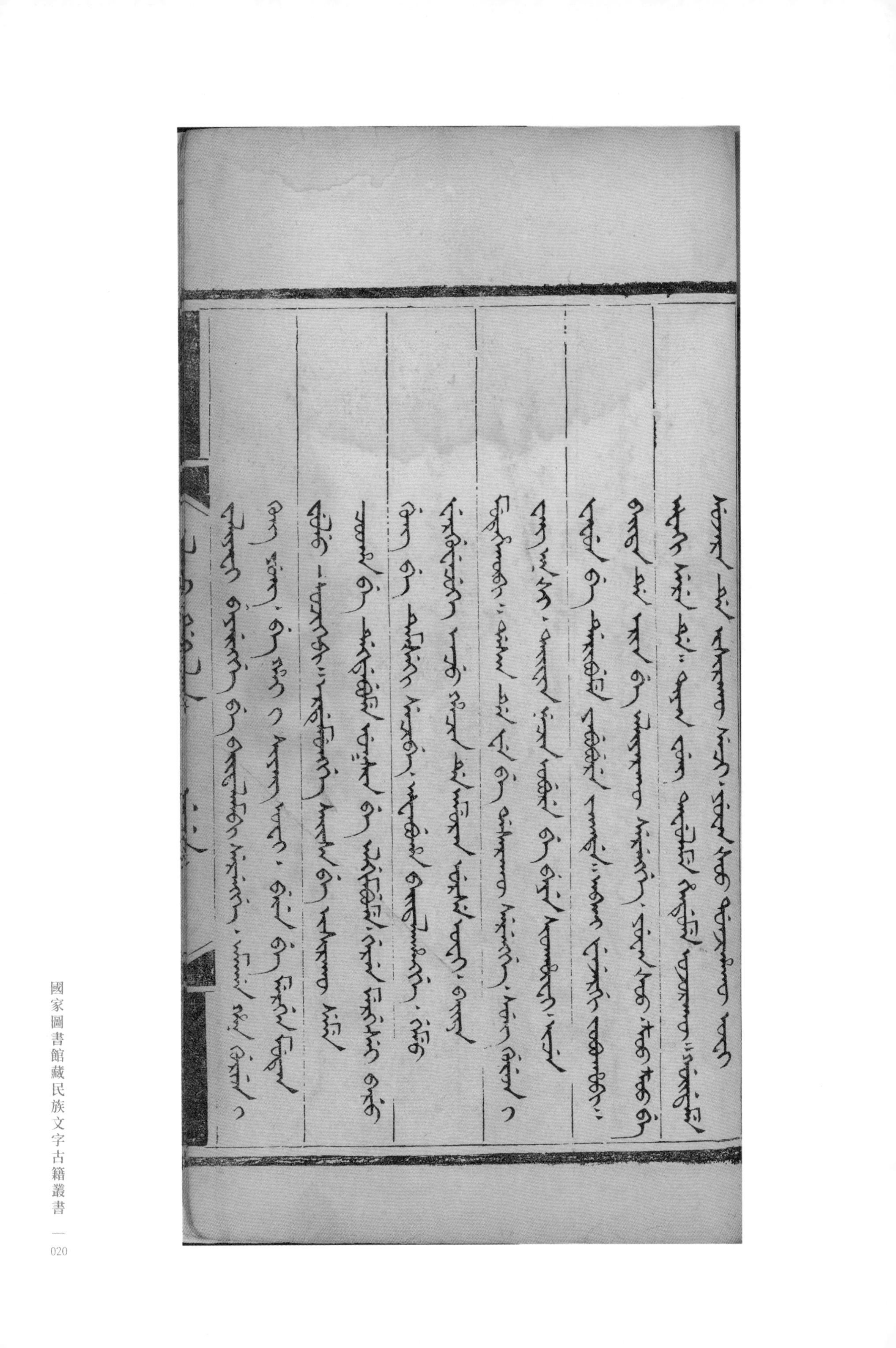

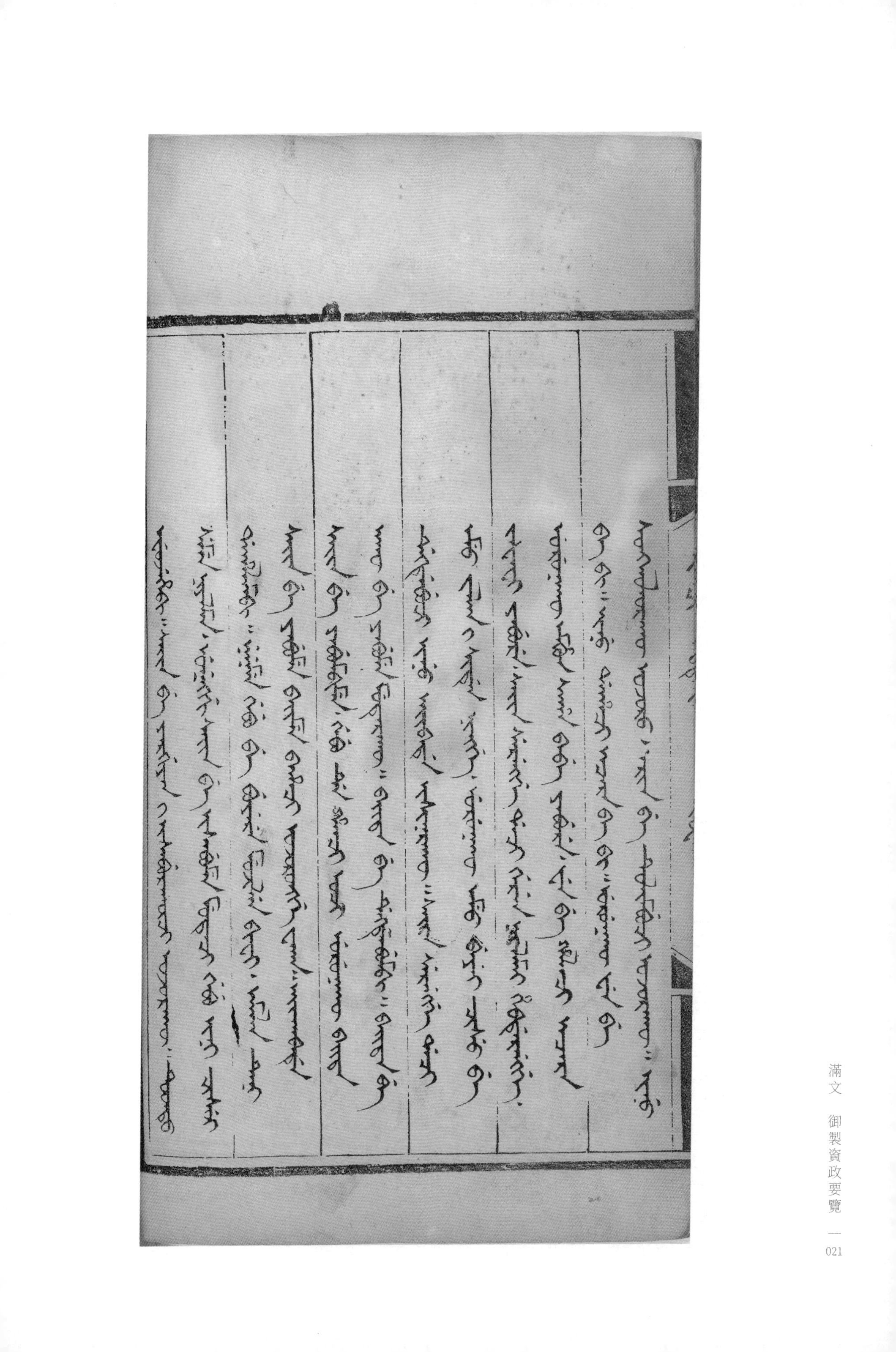

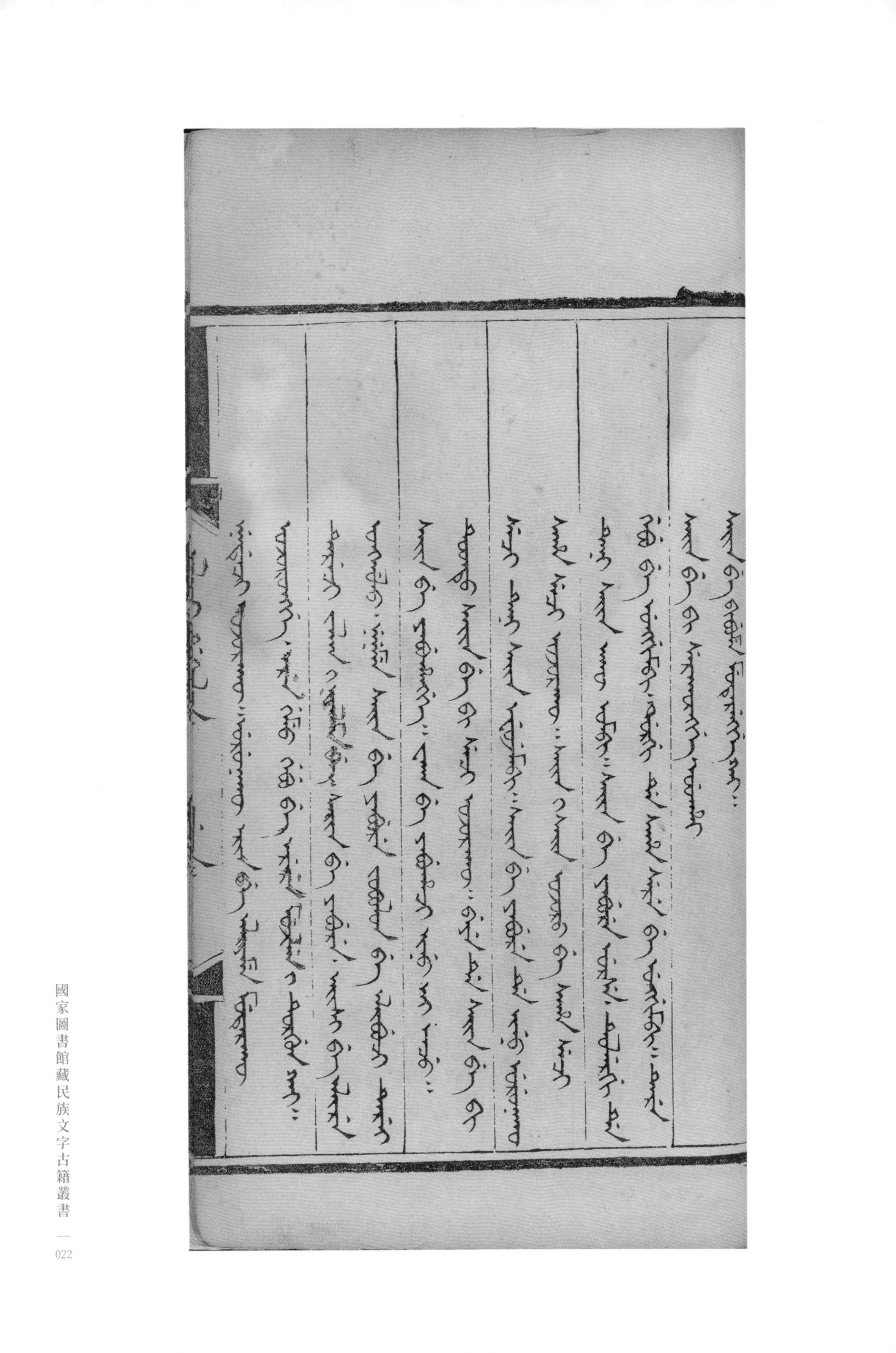

ᠪᠣᡩᠣᡵᠣ ᡤᡡᠨᡳᡥᠠ ᠠᠮᠪᠠ ᠠᠮᠪᠠ ᠪᡝ ᠪᡝᡩᡝᡵᡝ
ᠰᡠᡵᡤᡝᠮᠪᡳ᠉ ᠰᡳᠨᡩᠠᡥᠠ ᡳᠴᡳ ᡩᠣᠰᡳᡥᡳ ᠠᠴᠠᡵᠠ ᡩᡝ ᡩᠣᠰᡳᠮᠪᡳ᠉
ᡤᡳᠰᡠᡵᡝ ᡩᠠᠰᠠᠨ ᠠᠮᠪᠠ ᡳᠴᡳ ᡩᡝ ᡳᠴᡳᡥᡳᠶᠠᠨ ᡩᡝ
ᡤᡳᠰᡠᠨ᠈ ᠪᠣᡨᠣᠨᡩᡝ ᡥᡡᠰᡠᠨ ᡩᡝ ᡳᠴᡳ ᡩᡝ
ᠰᡳᠨᡩᡝ ᡩᡝ ᠪᡝᠰᡝᠪᡝ᠈ ᡥᡡᠰᡠᠨ ᠰᡝᠮᡝ ᡳᠵᡳᠰᡥᡡᠨ ᡳᠵᡳᠨ
ᡤᡳᠶᠠᠩᡤᡳ ᡳᠴᡳ ᠠᠮᠪᠠ ᠪᡝ ᠪᠣᠰᡝᠮᡝ᠉

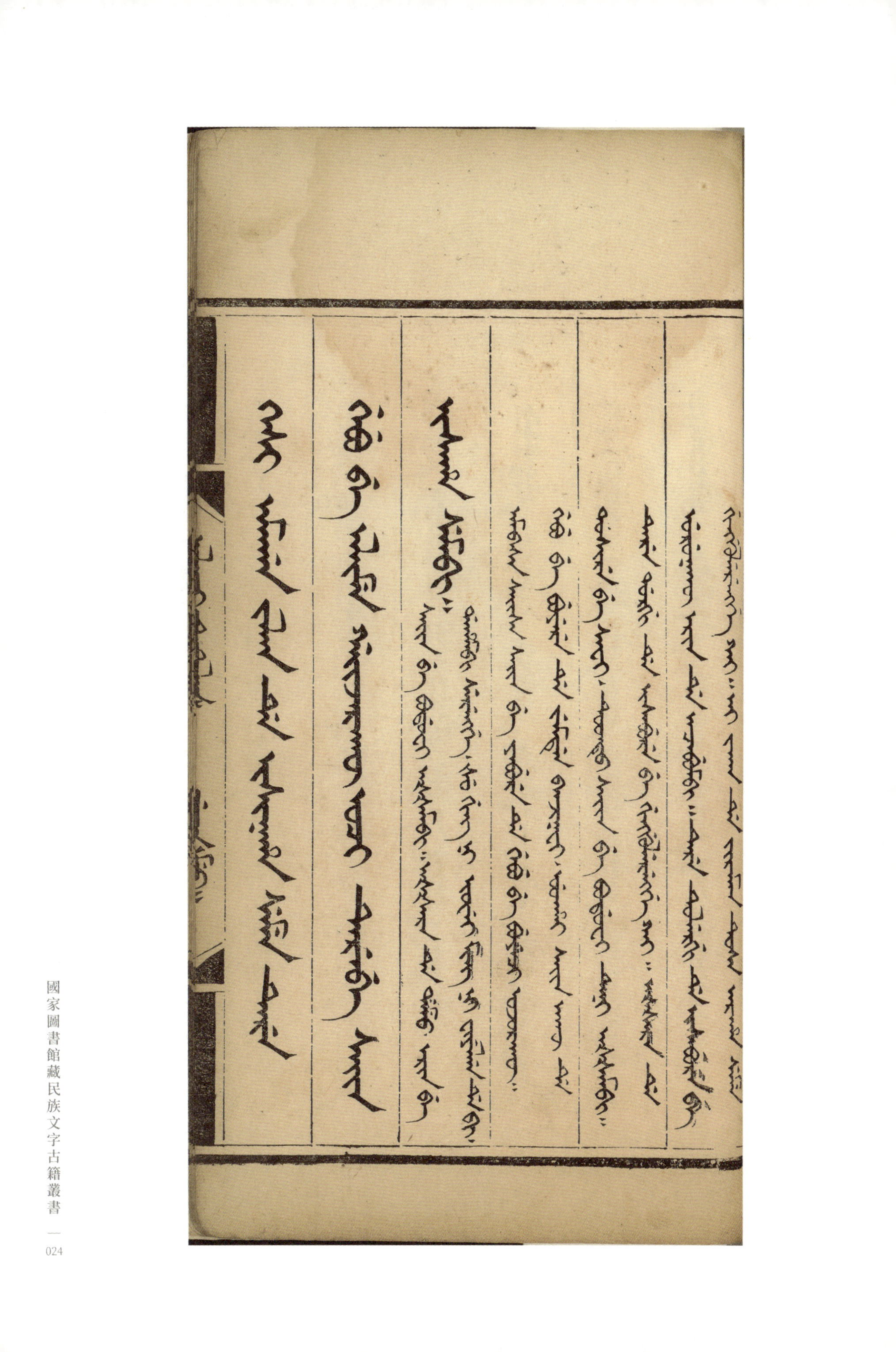

[illegible]

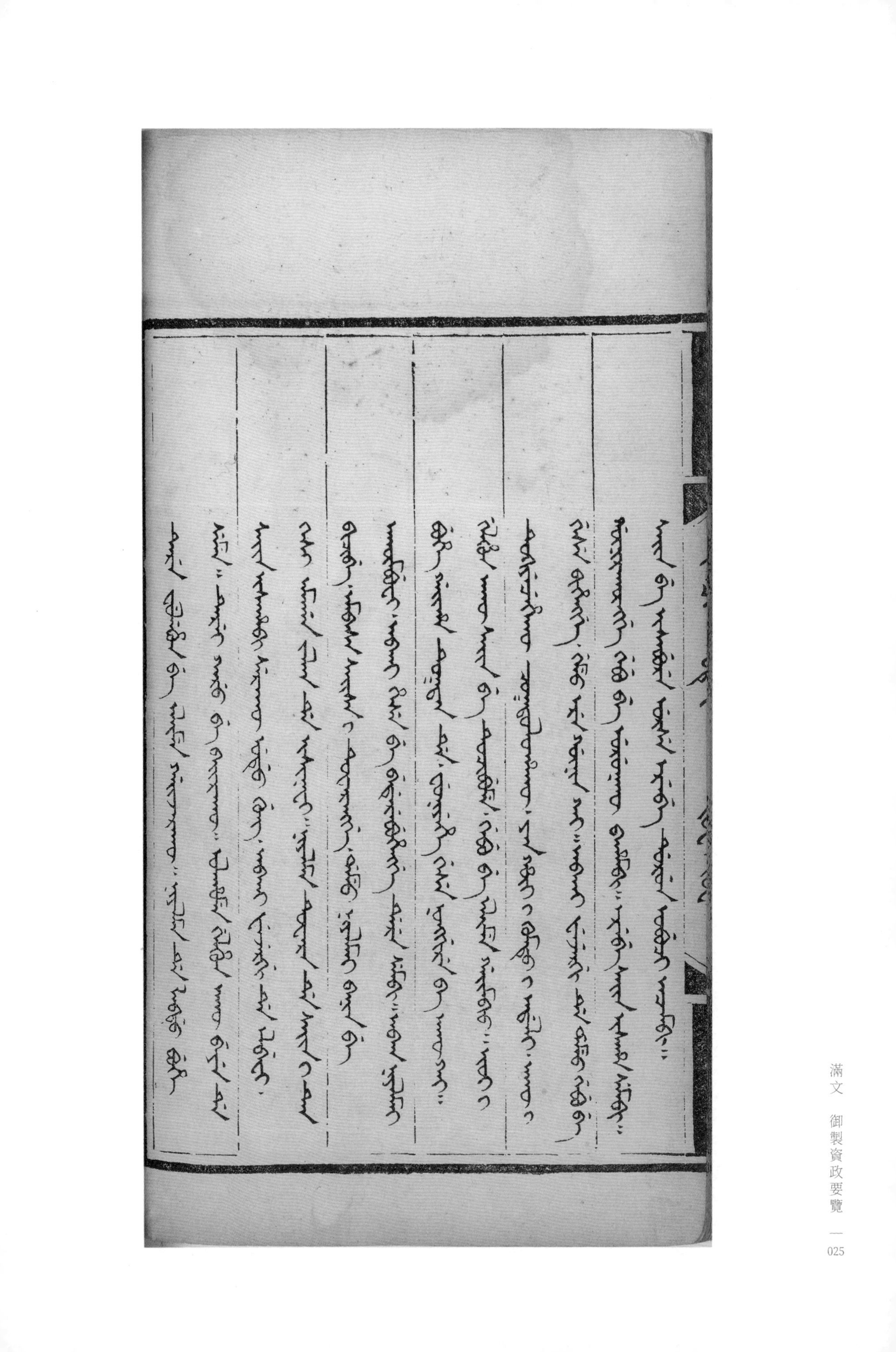

ᡝᠵᡝᠨ ᠪᡝ ᡝᠨᡝᠩᡤᡳ ᡨᡠᠮᡝᠨ ᠮᡠᠵᡳᠯᡝᠨ ᡤᡡᠨᡳᠨ᠈

ᠰᠣᠪᠣ ᠪᡝᠨ ᡨᡠᠮᡝᠨ ᠪᡝ ᡨᡠᠮᡝᠨ ᡤᡡᠨᡳᠨ ᡤᡡᠨᡳᠨ ᠪᡝ

ᠪᠠᡥᠠᠩᡤᡝ᠉ ᡤᡡᠨᡳᠨ ᠪᡝ ᡳᠰᡳᠨᠵᡳᡵᡝ ᠪᡝ ᡨᡠᠮᡝᠨ ᠪᡝ

ᠪᠠᠨᠵᡳᠪᡠᡵᡝ᠉ ᡝᠵᡝᠨ ᡳ ᡤᡡᠨᡳᠨ ᡩᡝ ᠪᠣᠣᠨᡳ ᠪᡝ

ᠪᠠᡥᠠᠨᠵᡳᡵᡝ᠈ ᠠᠯᡳᡥᠠ ᡩᡝ ᠪᡠᠰᡝ ᠪᡝ ᠪᠠᠨᠵᡳᠪᡠᡵᡝ᠉

ᡝᠵᡝᠨ ᡩᡝ ᡤᠣᠰᡳᠨ ᠪᡝ ᠪᠠᡥᠠᠨᠵᡳᡵᡝ ᡳᠨᡝ

ᠰᠠᠩᠰᠠᡵᠠ᠈ ᠵᠣᠪᠣᠯᠣᠨ ᡩᠣᠪᠣᡵᡳ ᡝᠪᠰᡳ ᠰᡝᠮᡝ ᠪᡠᠮᡝ

ᠪᠣᠣᠰᡠᡩ᠈ ᠰᡠᡝ ᡝᠪᡝ ᡤᡳᠶᠠᠨ ᠪᡝ ᠪᡠᠰᡠᡵᡝ ᡨᡝ ᠪᡝ

ᡝᠯᡝᠰᡳ ᠪᠣᠰᠣᡥᠣ ᠪᡠᠰᡳᡥᡠ᠈ ᠵᡠᠰᡝ ᠪᡝ ᠪᡝ ᠰᡠᡵᡝ ᠰᡠᡵᡝ

ᠰᡠᠸᡝ᠈ ᡝᡨᡝᡥᡝ ᠣ ᡤᡝᠯᡝᡥᡝ ᠪᡝ ᡨᡝᡨᡝᠰᡝᡥᡝ᠈ ᠰᡠᠪᡠᡥᡳ

ᠰᡠᡩᠠᠯᠠ ᡝᡵᡝ ᠰᠠᠴᡳᡥᡝ᠈ ᡝᡵᡝ ᡨᡠᠪᡝ᠈ ᡝᡵᡝ

ᠪᡠᠰᡝ ᠪᡝ᠈ ᡤᡝᠩᡤᡳᠶᡝᠨ ᡤᡝᡵᡝᠨ ᡨᡝᠨ ᡨᡝᡵᡝᠰᡝ

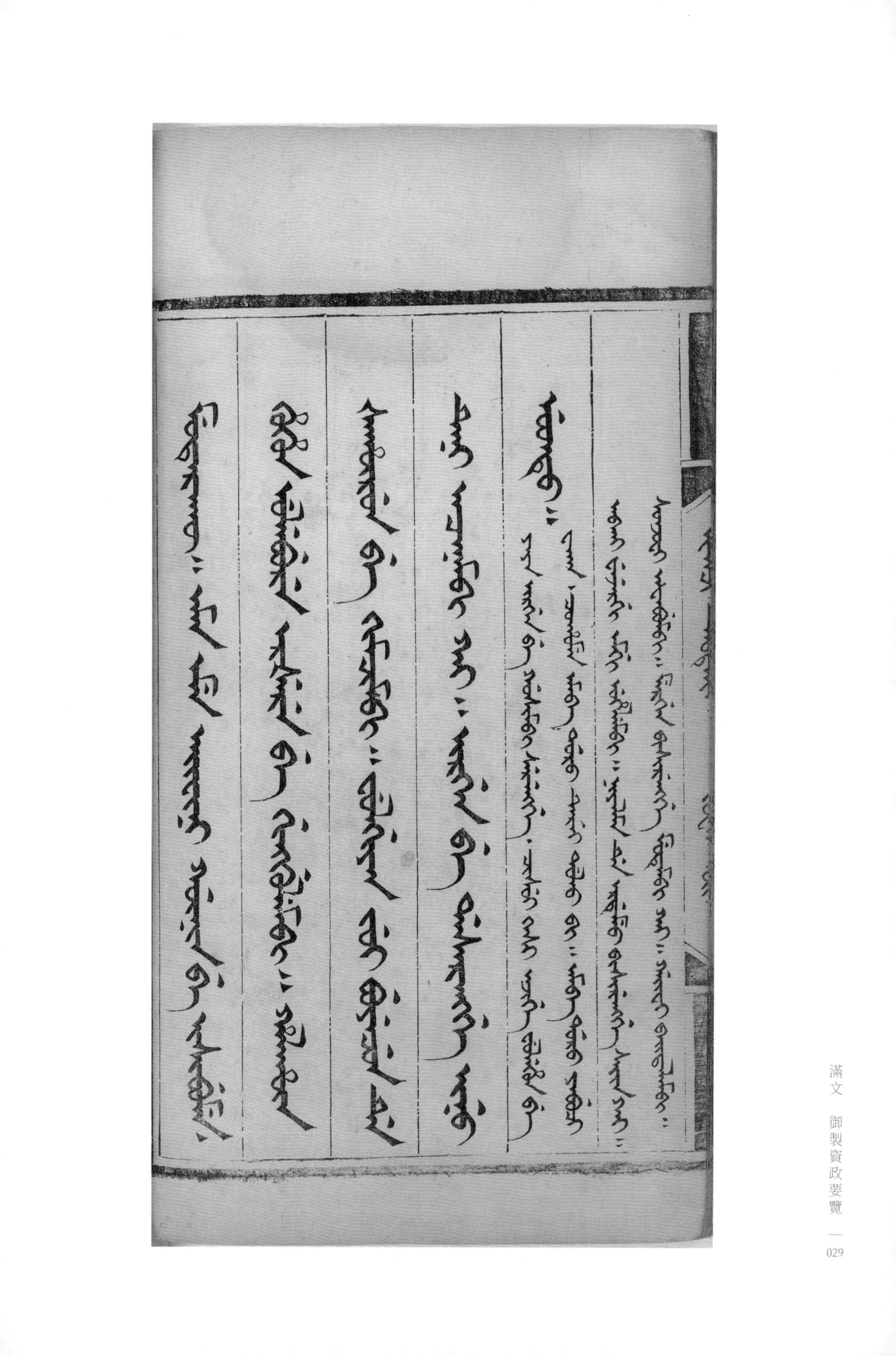

[illegible]

[illegible]

[illegible]

[illegible]

[illegible]

[illegible]

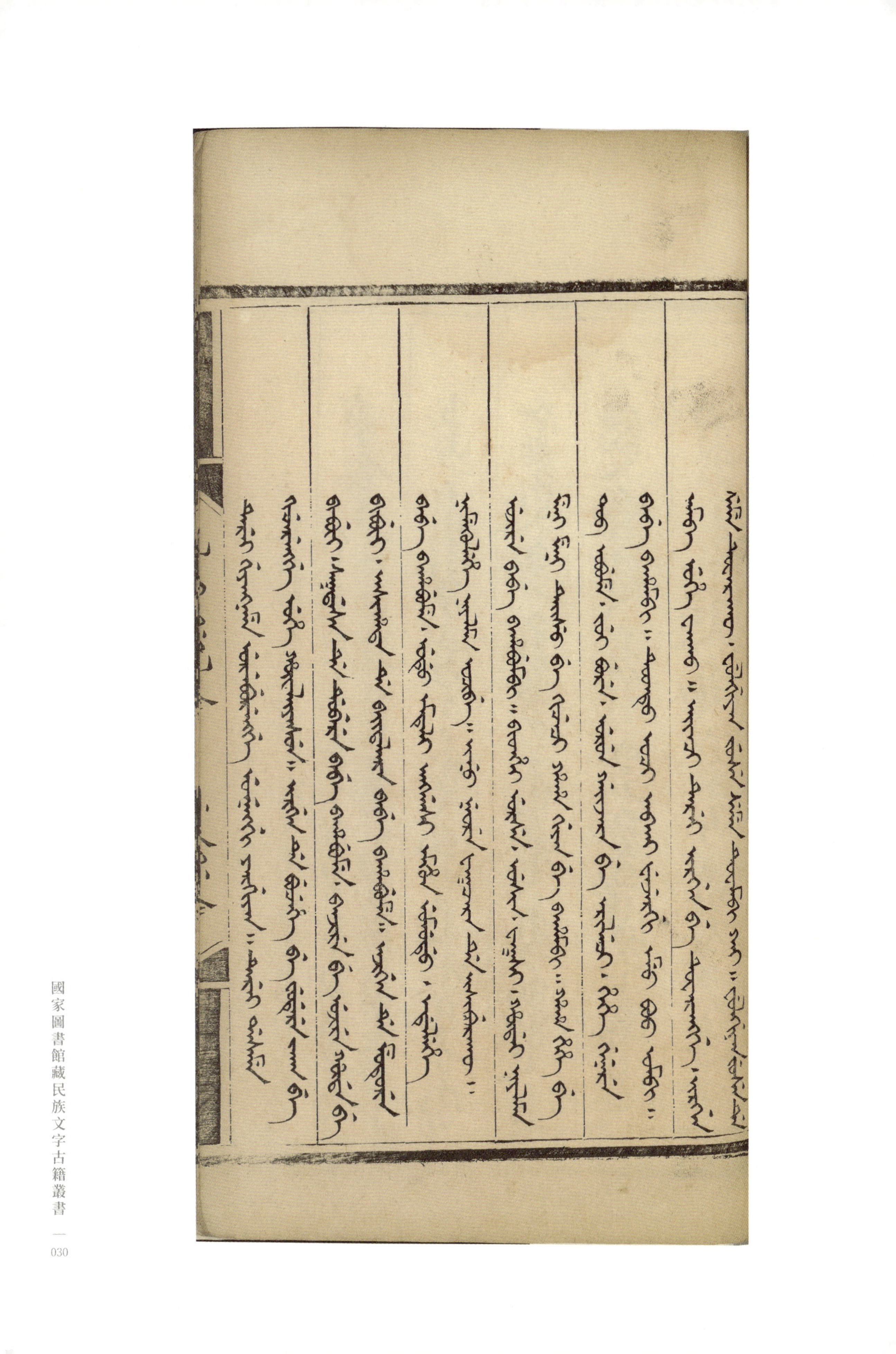

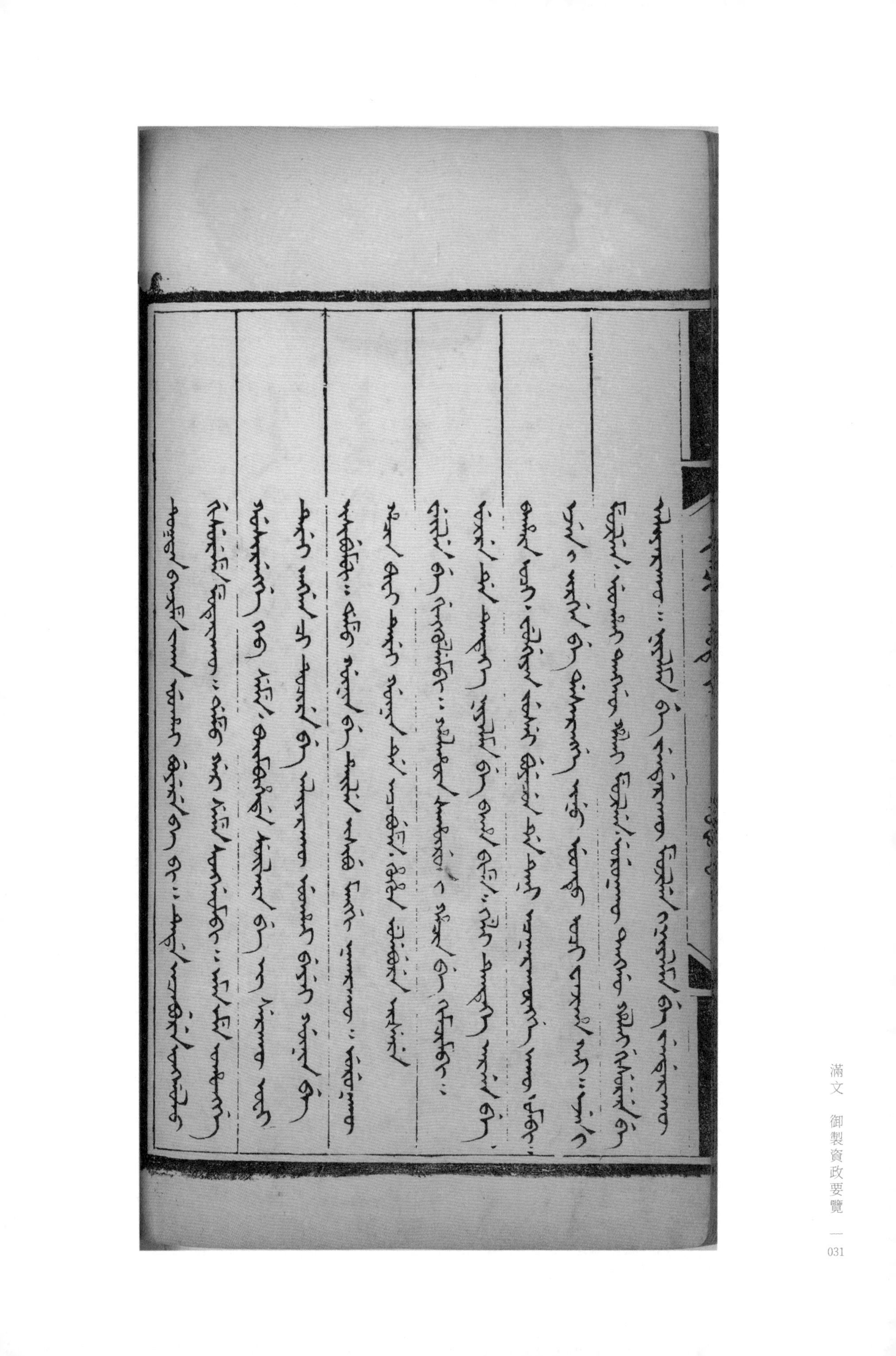

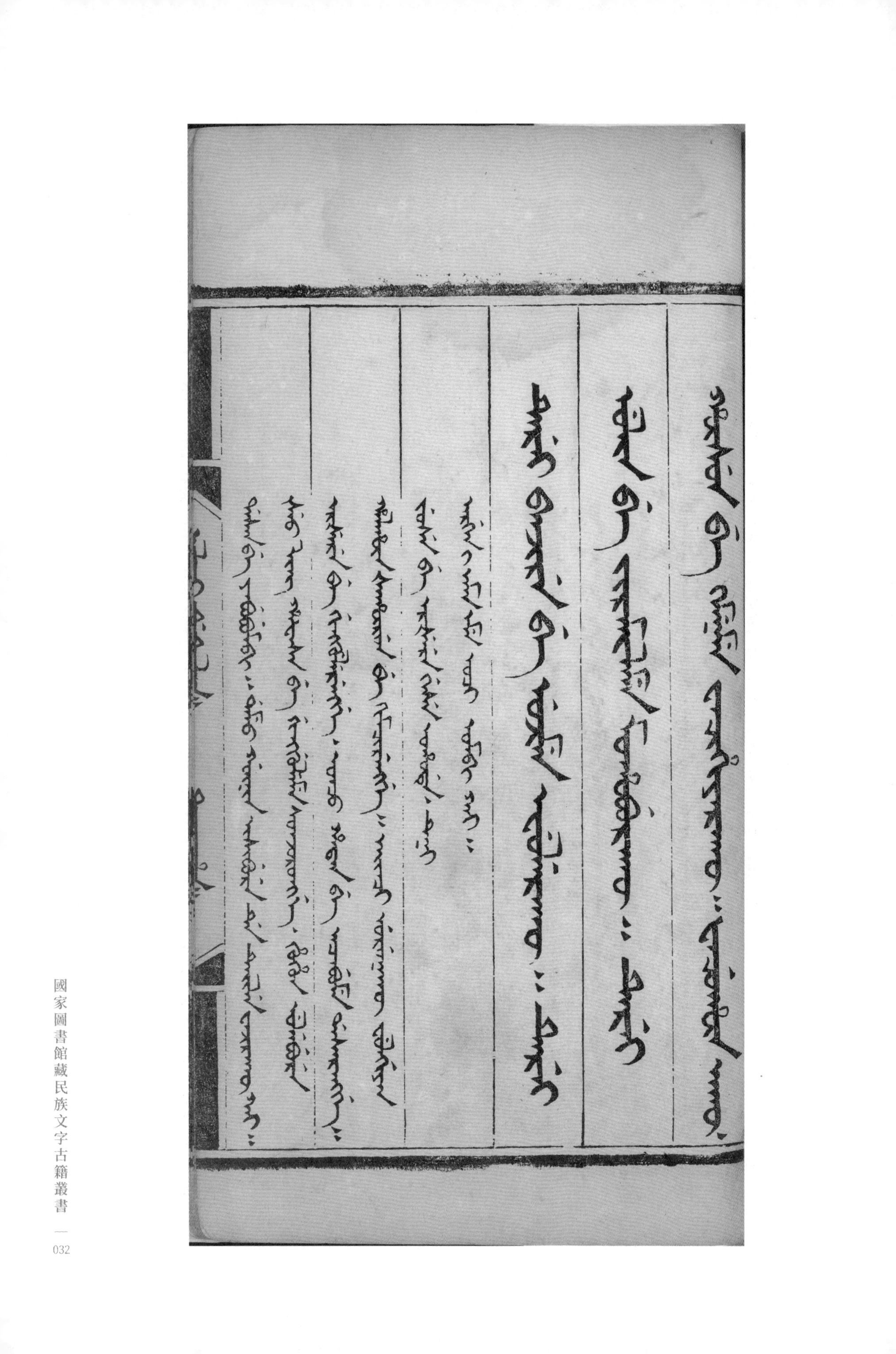

[illegible]

[illegible]

[illegible]

[illegible]

[illegible]

[illegible]

[illegible]

[illegible]

[illegible]

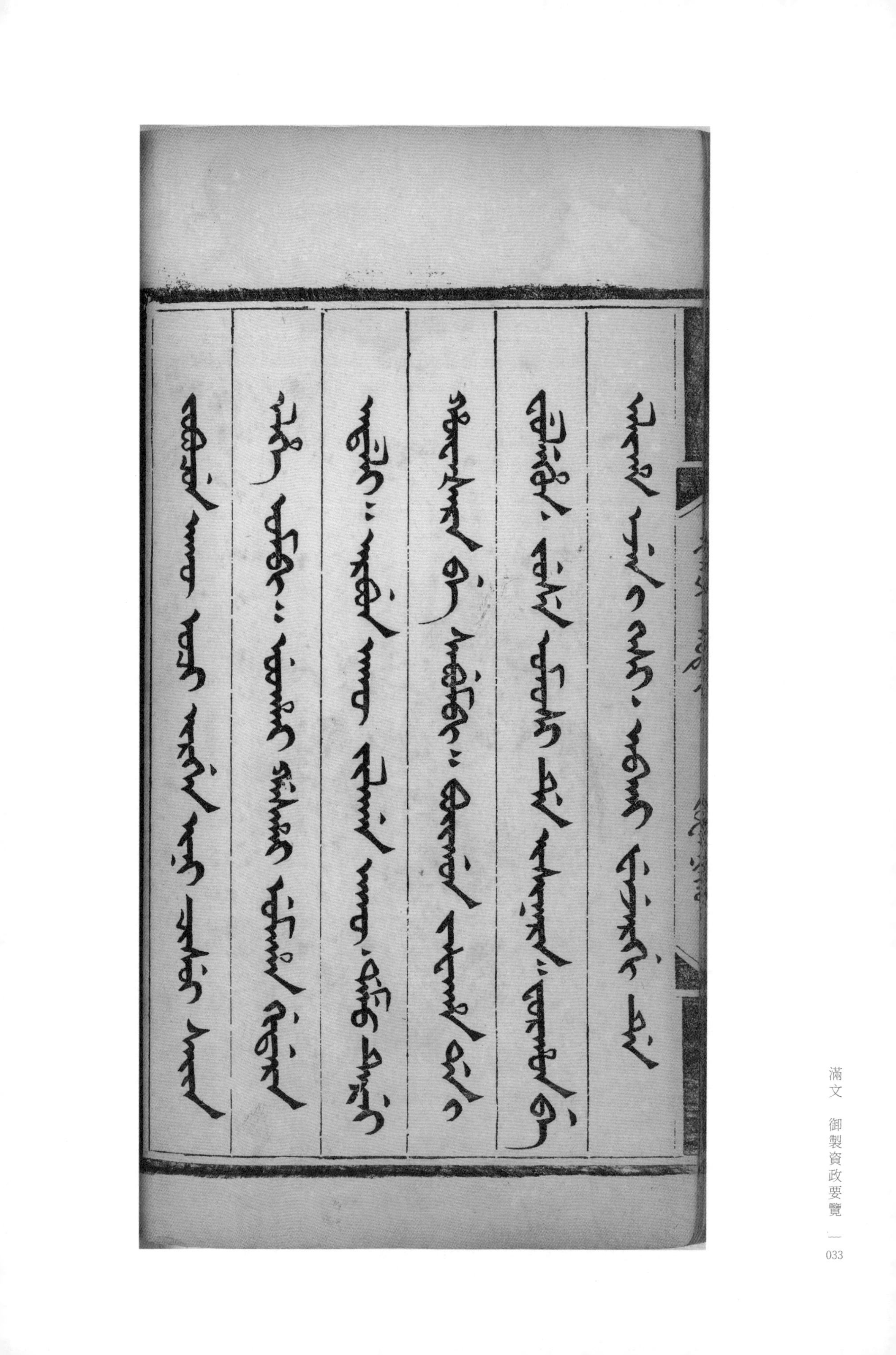

[illegible]

[illegible]

[illegible]

[illegible]

[illegible]

[illegible]

ᡤᡳᠩᡤᡠᠯᡝᠮᡝ ᠨᡳ ᠪᠣᡩᠣ ᠪᡝ ᡨᡠᠴᡳᠪᡠᡵᡝ ᡤᡳᠰᡠᠨ ᡩᡝ ::

ᡠᡥᡝᡵᡳ ᠰᠠᠮᡝ ᡥᡠᡴᠰᡝᡩᡝ ᠠᡴᡡ ᠰᡳᠨᡩᡝ ::

ᠵᡳᠯᡳ ᠪᡝ ᡨᡠᠸᠠᠮᡝ ᠪᡝ ᠪᠣᡩᠣᡵᠣ ᡩᡝ ᡨᡠᠸᠠᠴᡳ ::

ᠰᡝᡵᡝ ᠰᡝᠮᠪᡳ ᠪᡝ ᡨᡠᠸᠠᠮᡝ ᠪᠠᡥᠠᠮᡝ ᡩᡝ ᡝᠮᡠ ᡨᡠᠸᠠᡥᠠ ::

ᡝᠯᡝ ᠪᡝ ᠰᡠᠸᡝ ᠪᠣᡩᠣᡵᠣ ᡩᡝ ᡨᡠᠸᠠᡥᠠ ᠪᡝ ᡳᠰᡳᠪᡠᠮᡝ ::

ᠵᡳᠯᡳ ᠪᡝ ᡳᠯᡳᠪᡠᡥᠠ ᡝᡵᡝ ᠪᡝ ᠪᠣᡩᠣᡵᠣ ᡩᡝ ᠰᡝᠮᡝ ᠰᡠᠸᡝ ::

ᠵᡳᠯᡳ ᠪᡝ ᡨᡠᠸᠠᠮᡝ ᠪᠠᡥᠠᠮᡝ ᡩᡝ ᠪᡝ ᠪᠣᡩᠣᡵᠣ ::

ᠵᡳᠯᡳ ᠪᡝ ᡳᠯᡳᠪᡠᡥᡝᠩᡤᡝ ᠪᡝ ᠠᡴᡡᠮᠪᡠᠮᡝ ᠰᡠᠸᠠᠯᡳᠶᠠᠮᡝ :: ᠪᠠᠨᡳᠨ

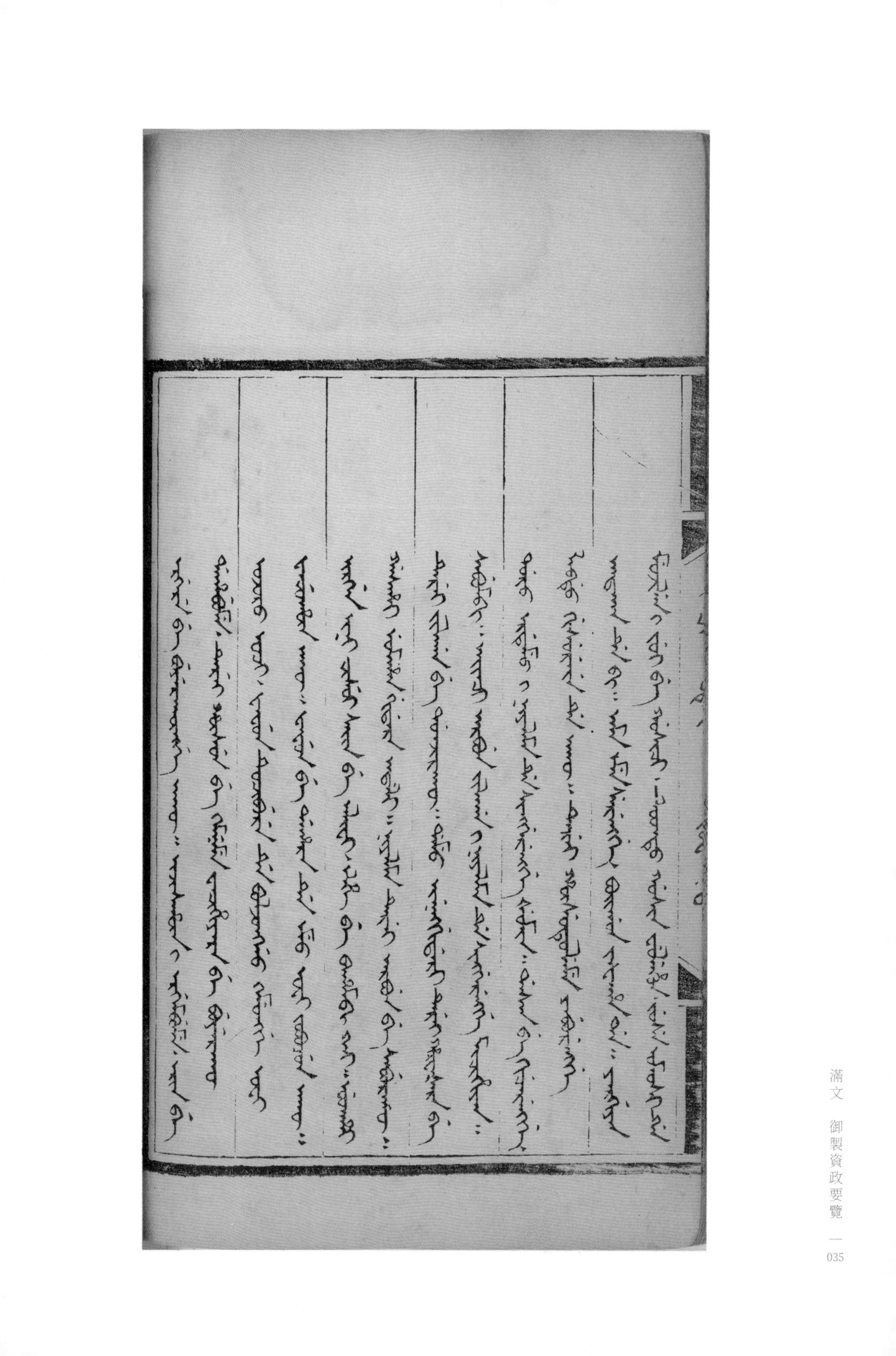

[illegible]

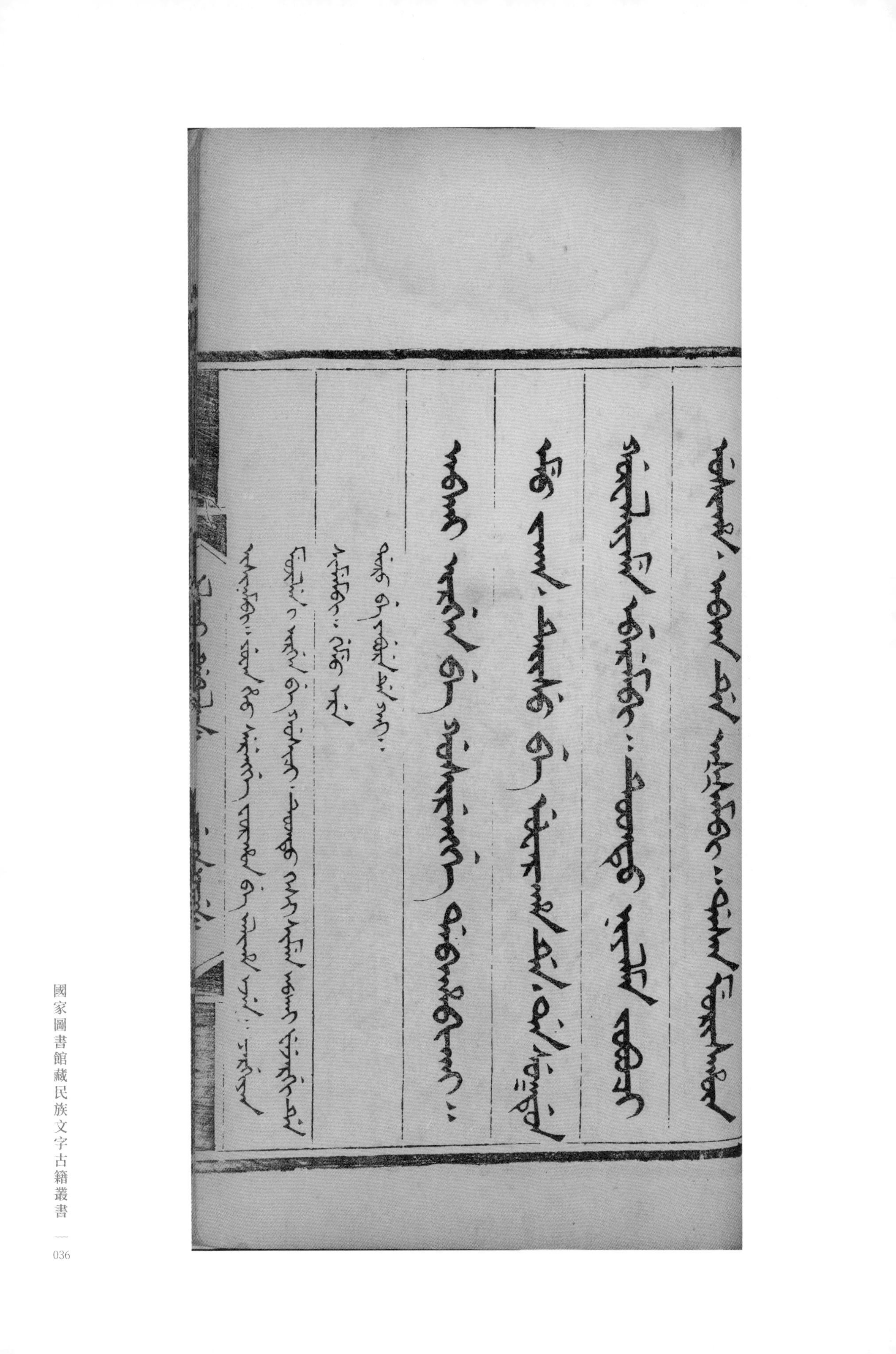

[illegible]

[illegible]

[illegible]

[illegible]

[illegible]

[illegible]

[illegible]

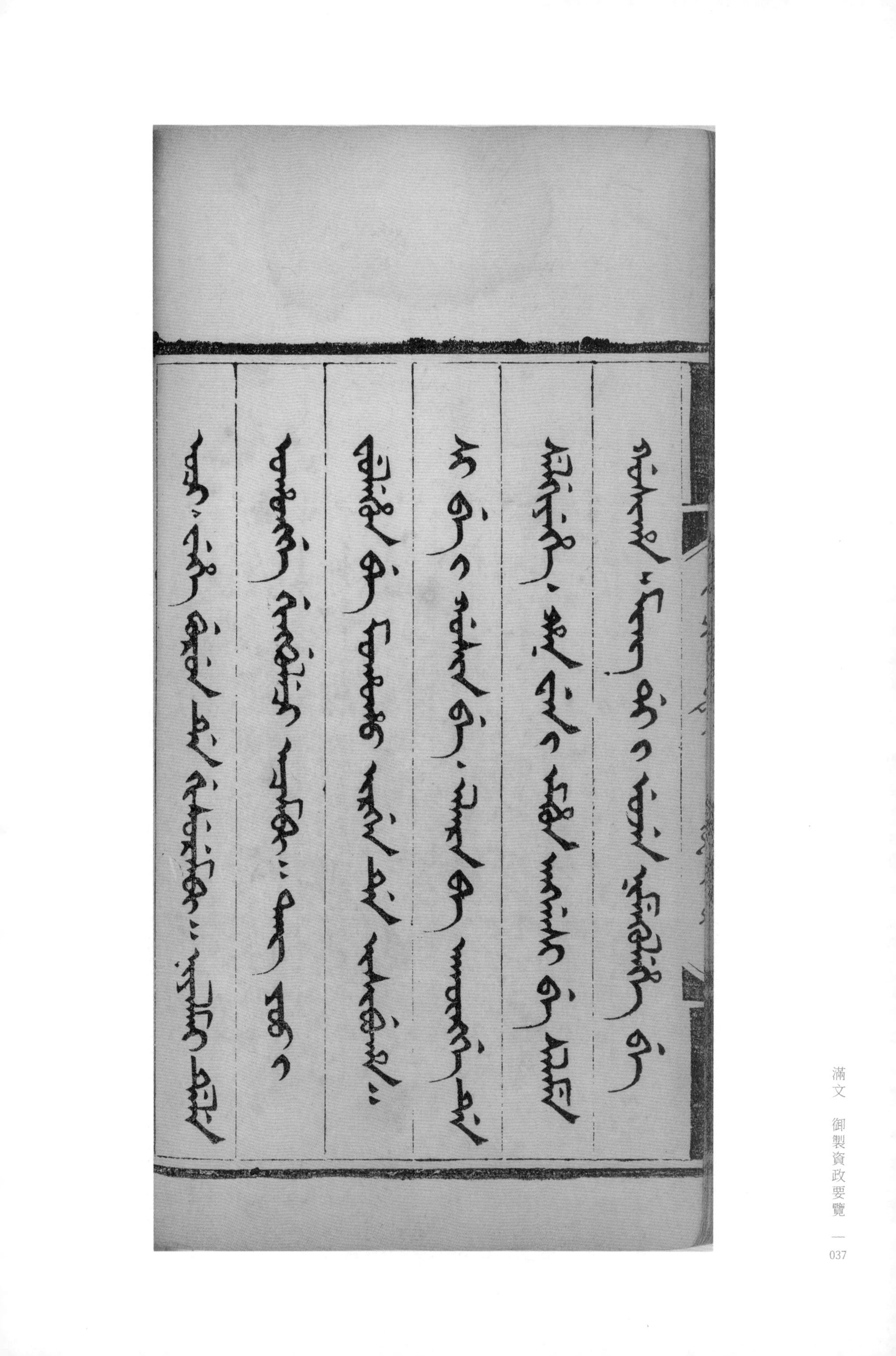

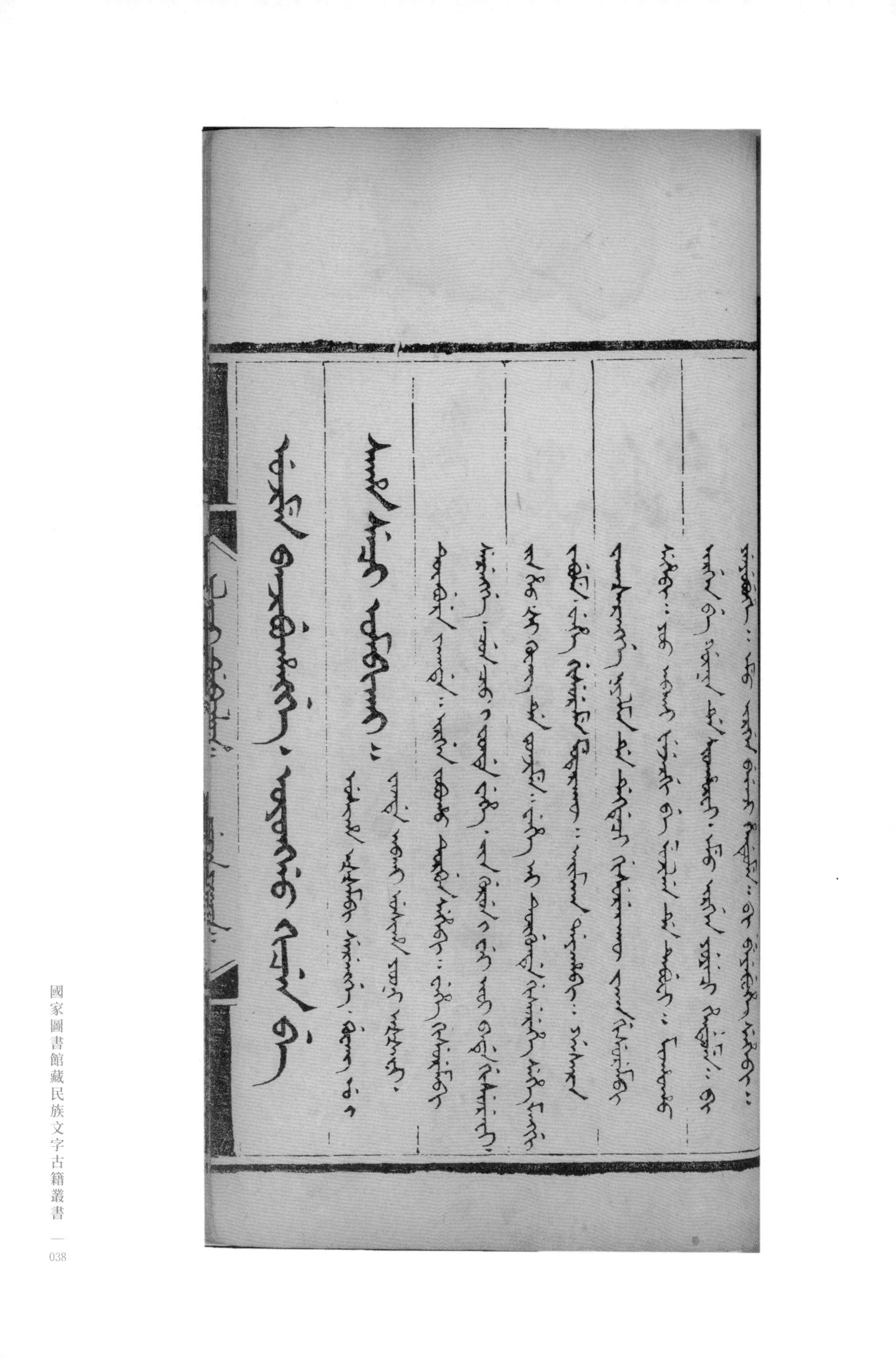

[illegible]

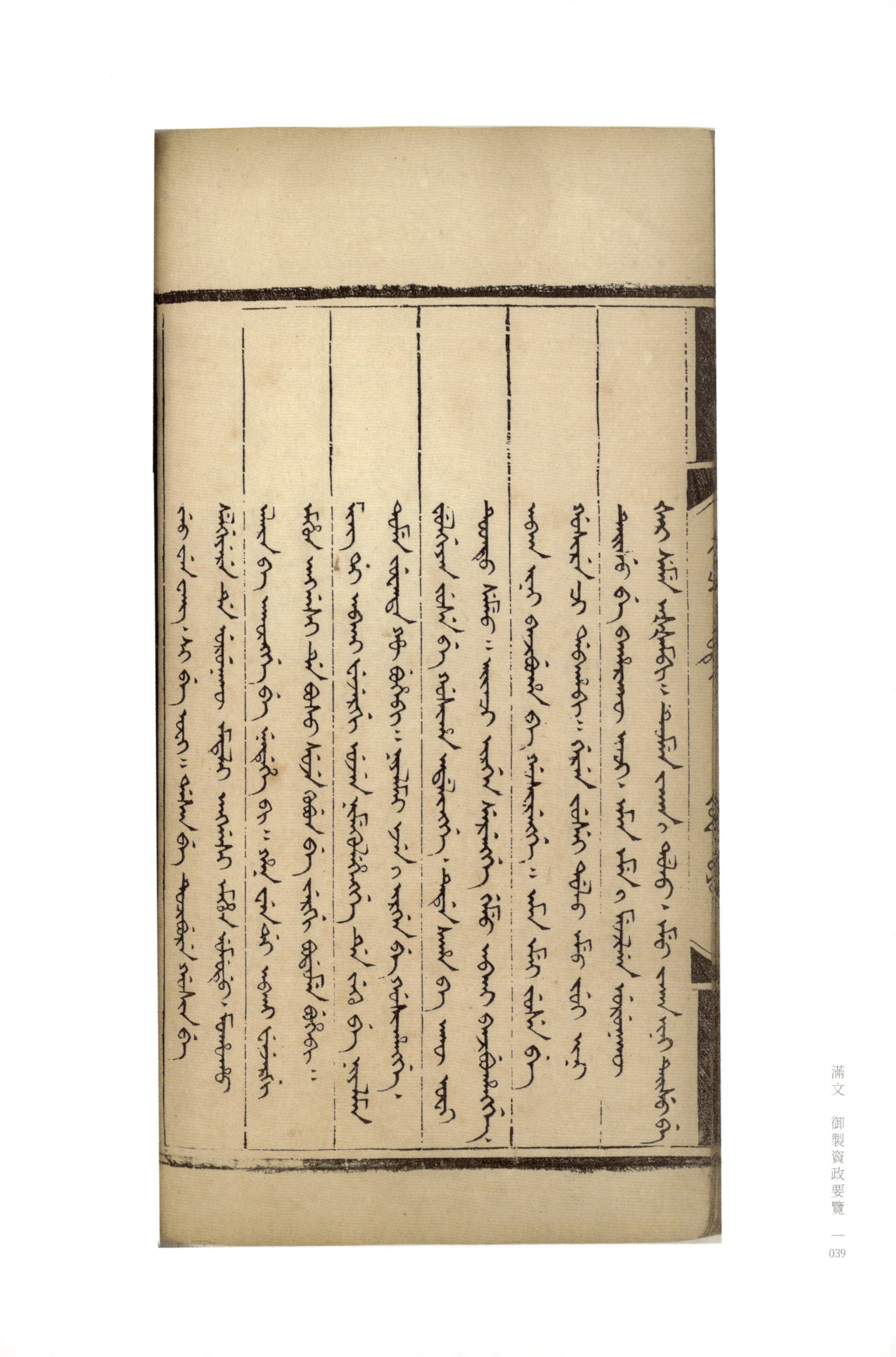

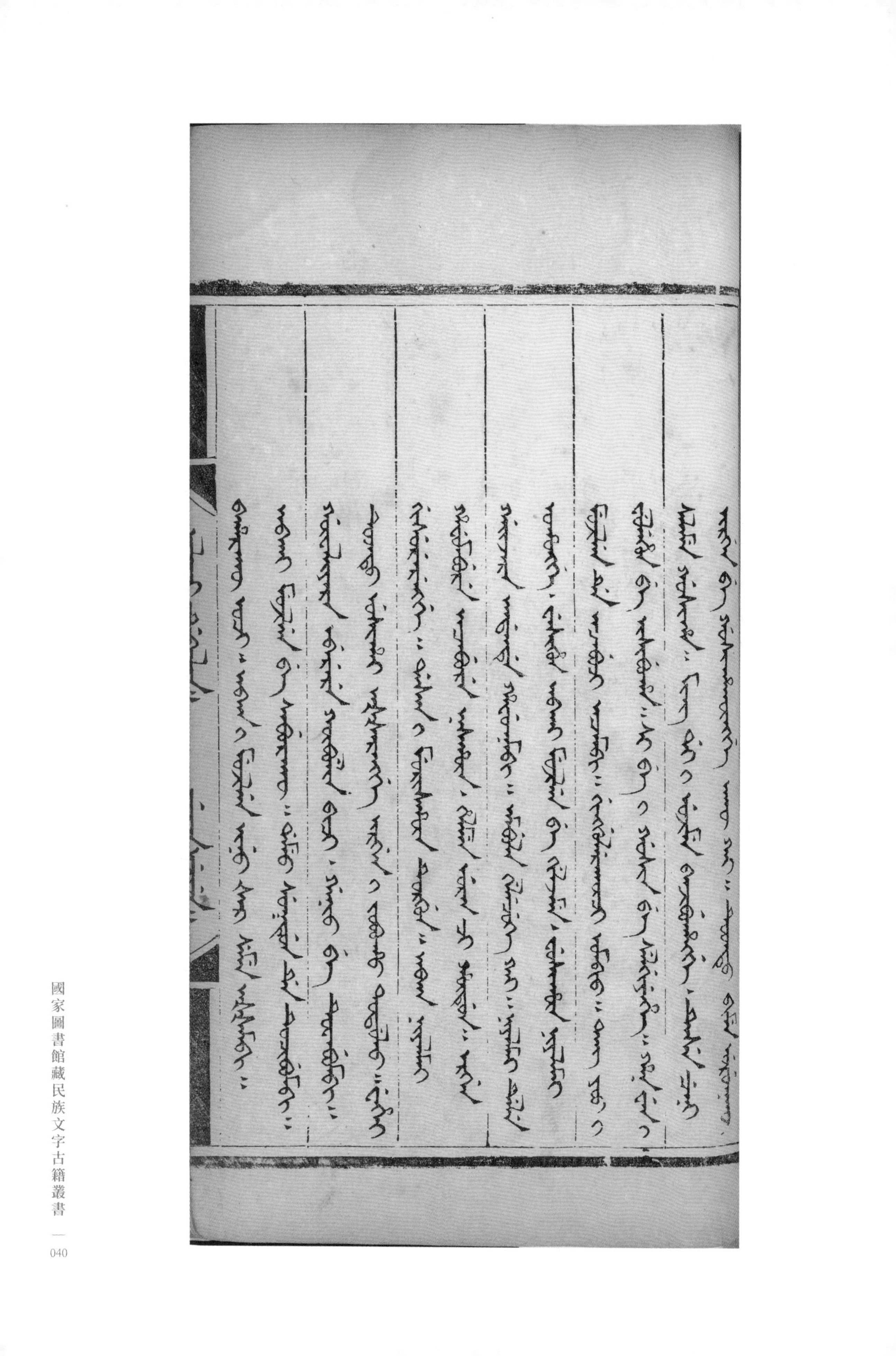

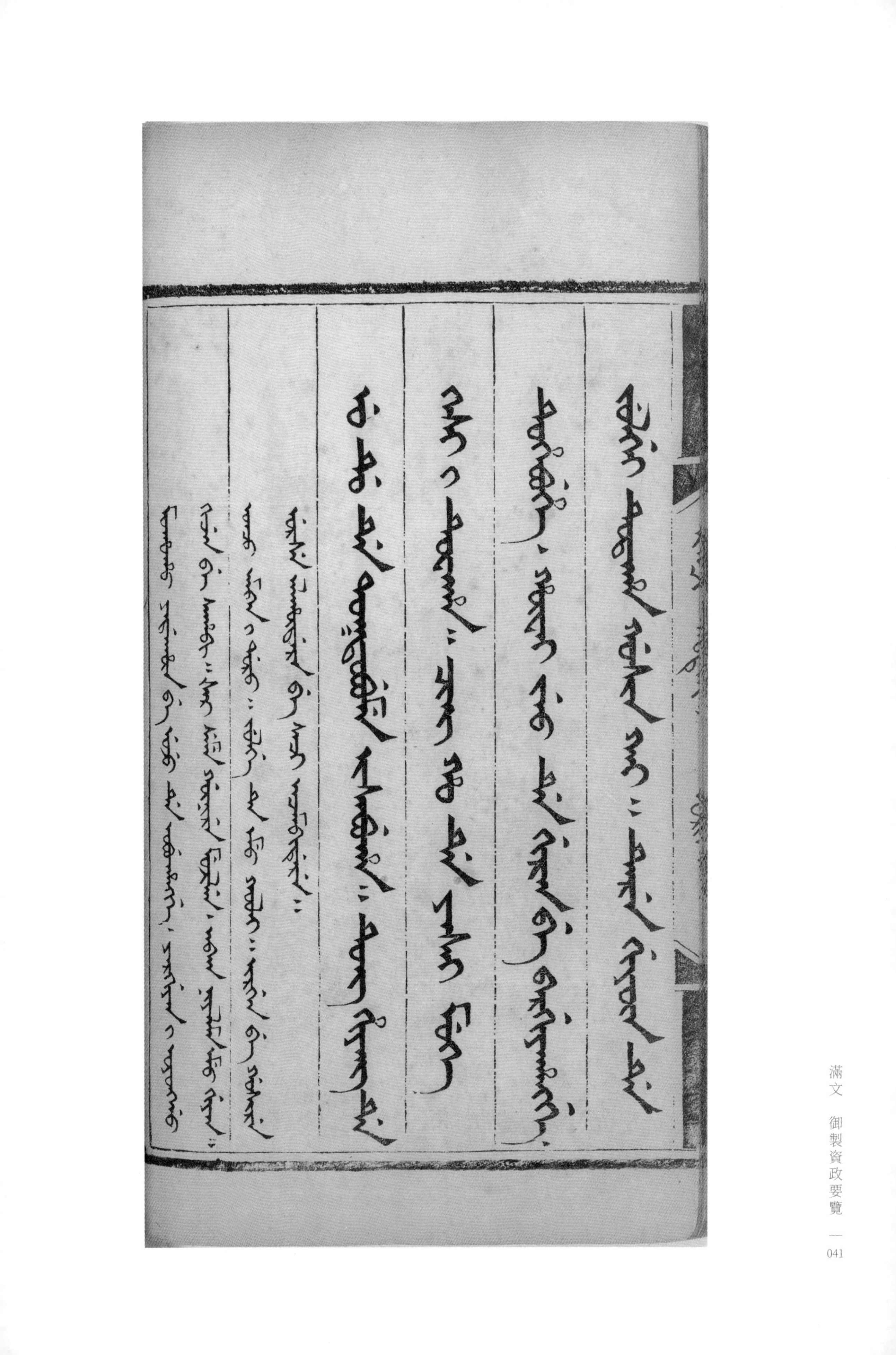

[illegible]

[illegible]

[illegible]

[illegible]

[illegible]

[illegible]

ᡨᡠᠸᠠᠮᡝ ᡨᡠᠸᠠᡴᡳᠶᠠᠮᡝ ᡨᠣᡴᠣ᠈ ᠰᡝᡵᡝ ᠪᡠᠵᡳᡥᡝ

ᠣᠯᡥᠣᠪᡠ ᠪᡳᡥᡝ᠉ ᡨᡝᡵᡝ ᠪᡝ ᡤᡝᠨᡤᡳᠶᡝᠨ ᠪᡠᡩᡝ ᠠᡴᡡᠯᡝ᠉

ᡨᠠᠮᠠ ᠪᡝ ᠪᡠᠰᡝᠮᡝ ᠰᡠᡩᡝ ᠠᠨᠠᡥᠠ᠉ ᠮᡠᠮᡠᡥᡝ

ᡤᡡᠩᡤᠠᡵᠠ᠈ ᡨᡠᠰᡝᠨ ᠪᡝ ᡤᡳᠰᡠᡵᡝᠨ ᠪᡠᠵᡳᡥᡝ᠉ ᠠᠯᡳᡥᠠ

ᡥᡡᠸᠠᠩᡩᡳ ᡨᠠᠴᡳᠪᡠᡵᡝ᠉ ᠪᡳᡨᡥᡝ ᡥᡡᠸᠠᠩᡩᡳ

ᠠᠯᡳᠮᠪᠠᡥᠠᡵᠠᡴᡡ᠉ ᠪᡠᡩᡝᠮᡝ ᠪᡝᠶᡝ ᡨᡠᠯᡝᡵᡤᡳ ᡳᠨᡝᠩᡤᡳᠴᡳ

ᠰᠠᡳᡧᠠᠮᠪᡳ :: ᡨᡠᠸᠠᠨ ᠠᠴᠠᠨ ᠪᠠᡳᠴᠠᠮᡝ ᡳᠰᡳᠪᡠᠮᠪᡳ ::

ᡩᠣ ᠪᡝᠶᡝ ᠪᡝ ᡤᡳᠩᡤᡠᠯᡝᠮᡝ ᠪᡝᠶᡝ ᡤᡠᠨᡳᠨ ᡝᠮᡠ :: ᡩᡝ ᠣ

ᠨᡳᠶᠠᠯᠮᠠ ᠪᡝ ᠪᡝᠶᡝ ᡤᡳᠰᡠᠨ ᡳ ᠰᡝᠮᡝ ᡠᠵᡠ ::

ᠮᡝᠩᡤᡝᠨ ᡳᠰᡳᠨᡳᠩᡤᡝ ᡝᠨ ᡝᠵᡝᠩᡤᡝ ᡠᡥᡝᠨ :: ᡝᠵᡝᠨ

ᡨᠣᡴᠰᠣᠮᡝ :: ᠪᡳᠣ ᠠᡴᡡ ᡳ ᠰᡝᡵᡝᠩᡤᡝ ᠠᠪᠠᡴᠠ ᠪᡝ

ᠵᡳᠨᡤᡤᡳᠩᡤᡝ ᠪᠣᠮᠪᡳ ᠪᡝ ᡳᠰᡳᠪᡠᠮᡝ ᠰᡳᠮᡝᠨᡝᠮᠪᡳ ᠠᡴᡡ ::

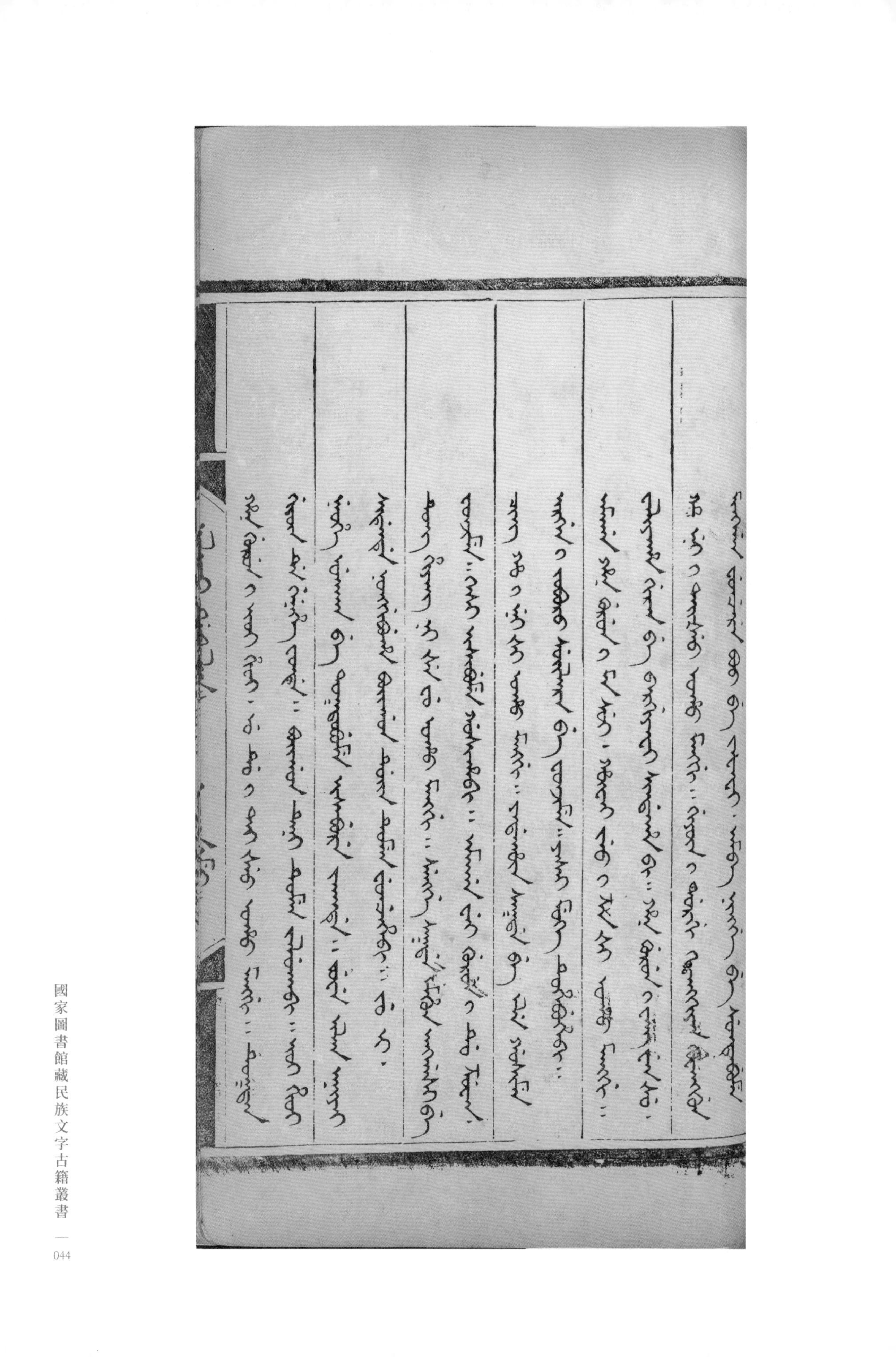

[illegible]

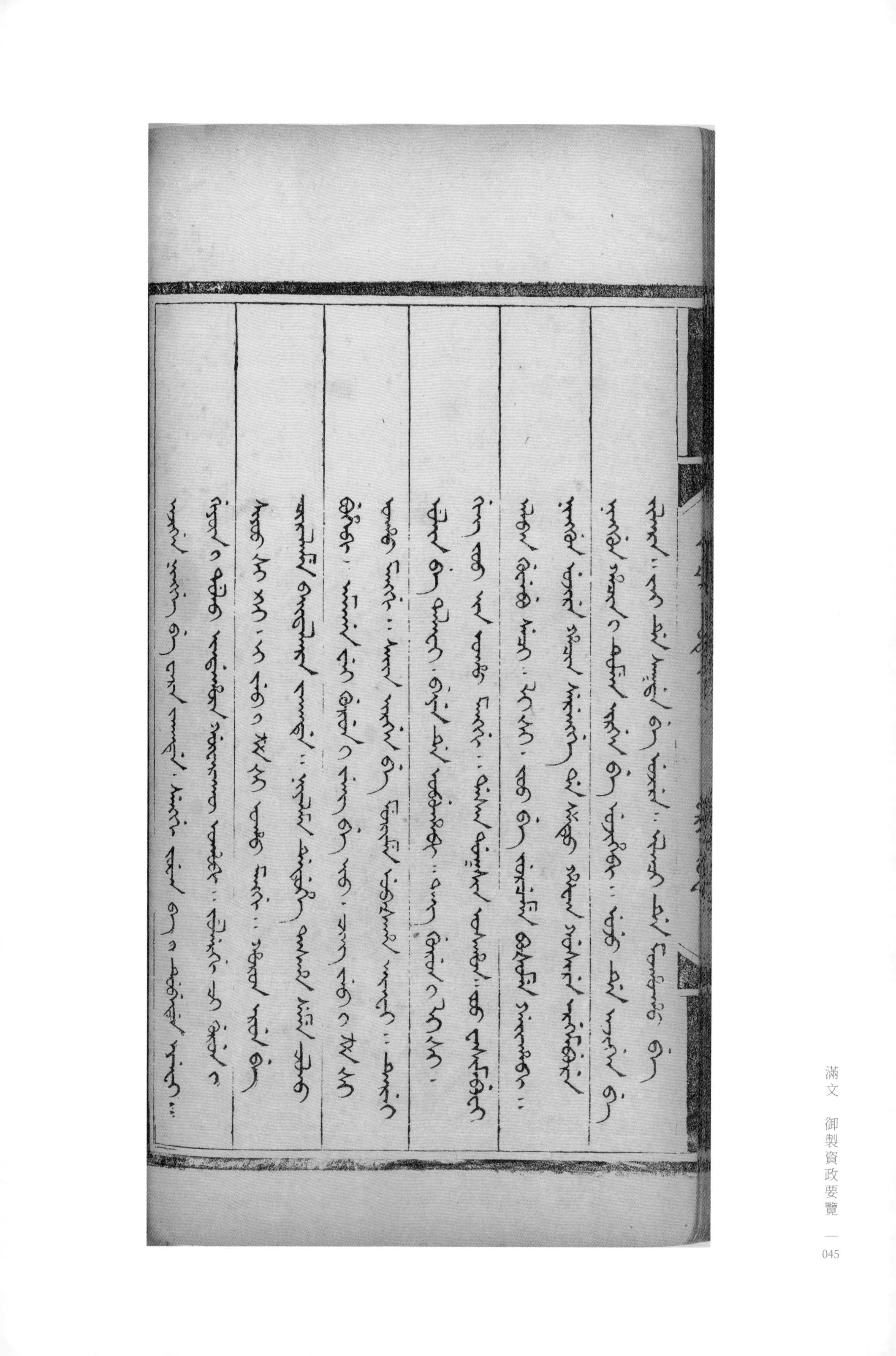

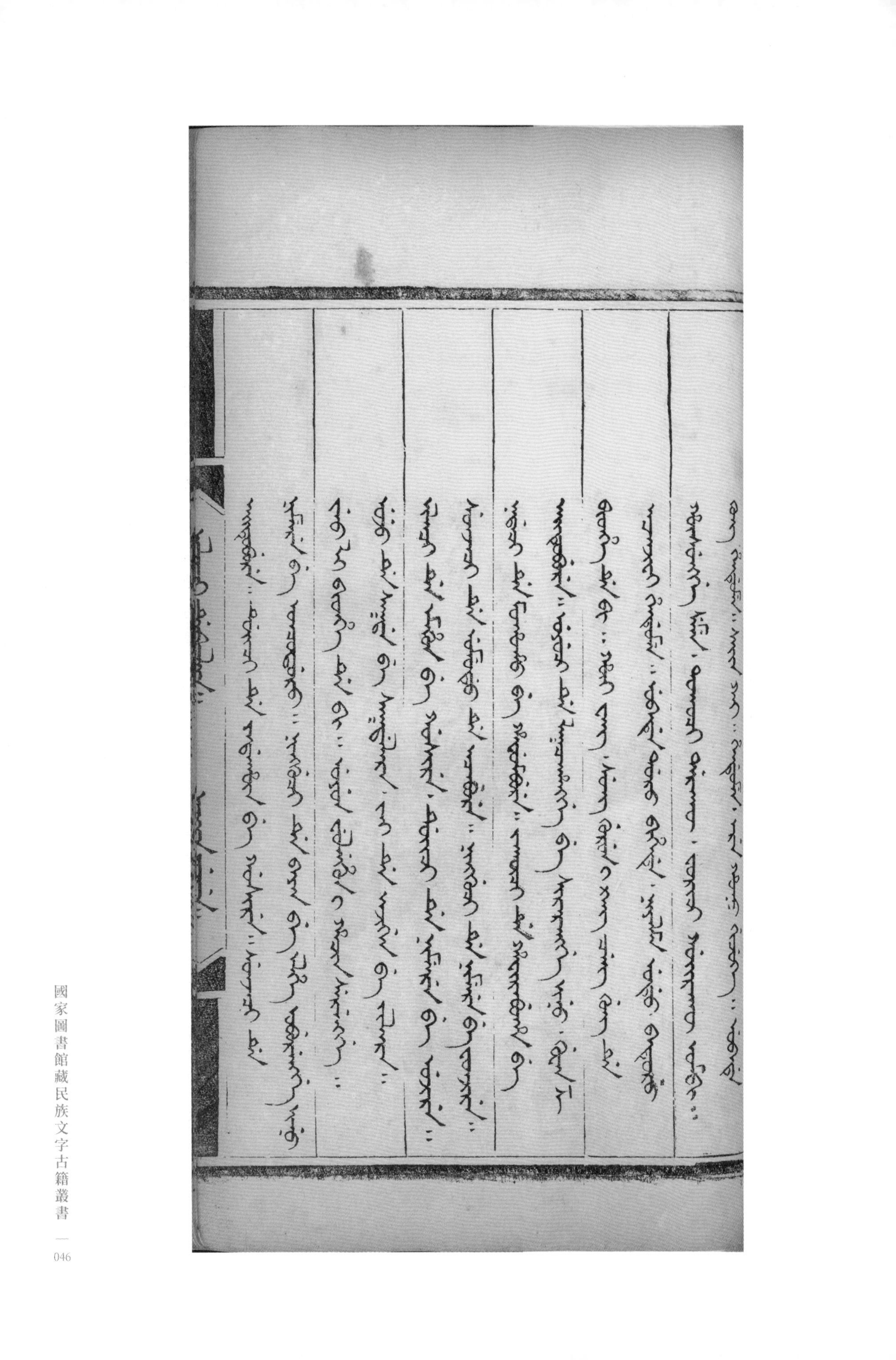

[illegible]

[illegible]

[illegible]

[illegible]

[illegible]

[illegible]

[illegible]

[illegible]

[illegible]

[illegible]

[illegible]

[illegible]

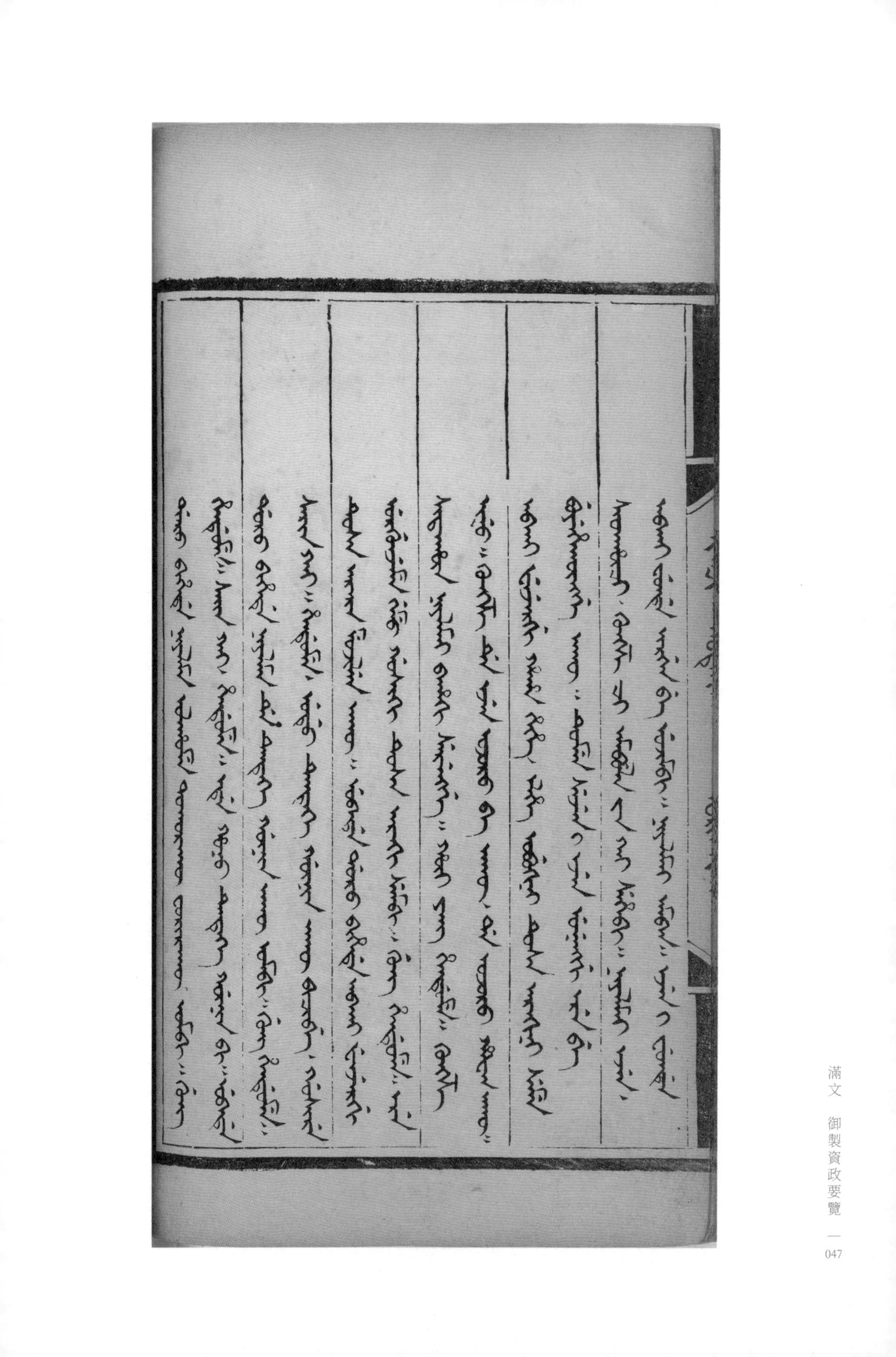

[illegible]

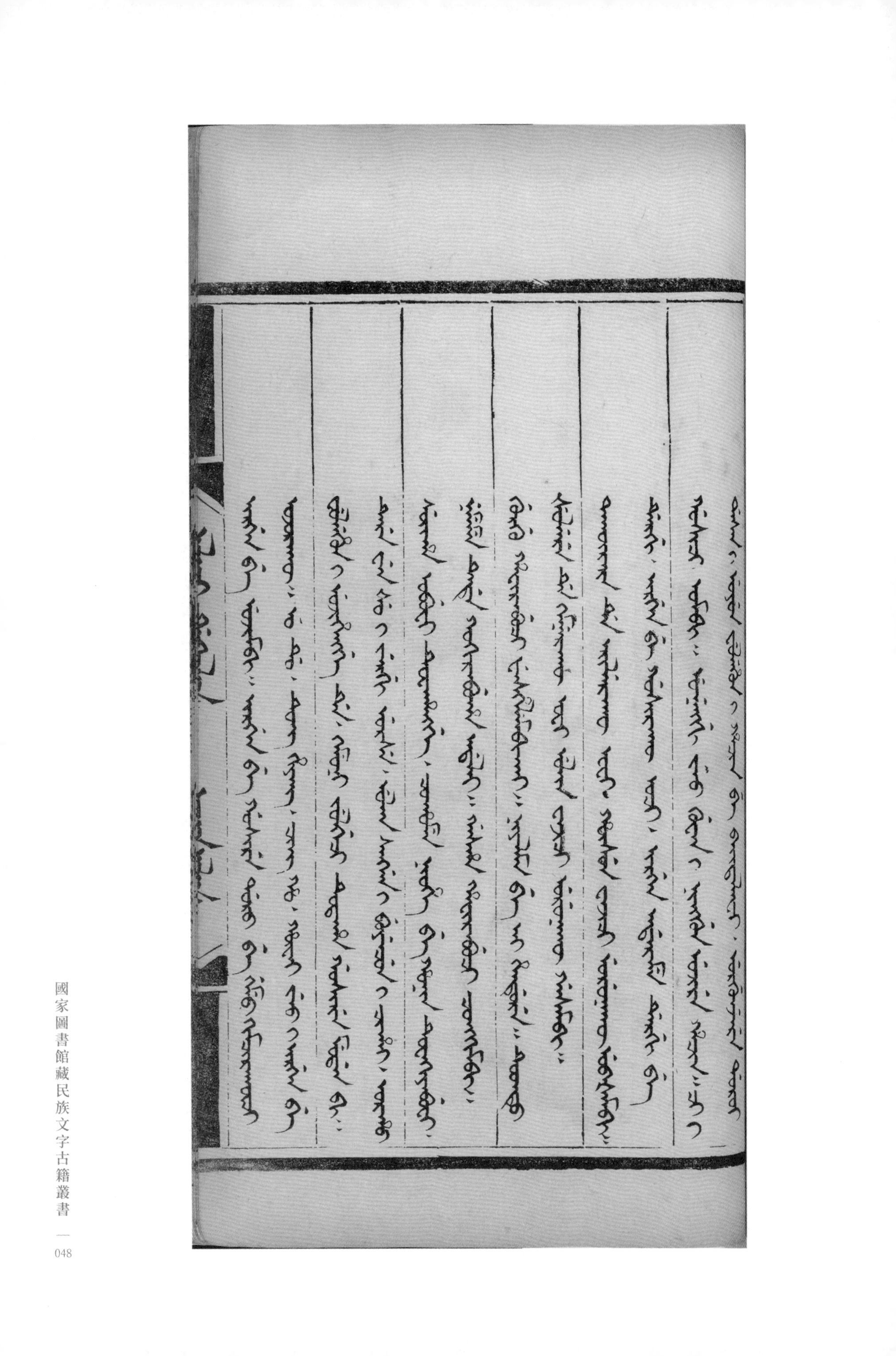

ᠪᡝ ᡤᡳᠩᡤᡠᠯᡝᠮᡝ ᡴᡳᠮᠴᡳᡵᡝ ᠵᠠᠯᡳᠨ ᠪᡝ ᠰᠠᡳᠰᠠᠩᡤᠠ ᠪᡝ ᠮᡠᠰᡝᡳ ᡝᠵᡝᠨ ᡳ ᡤᠣᠰᡳᠨ

ᠪᡝ ᡤᡳᠩᡤᡠᠯᡝᠮᡝ ᡨᡠᡵᡤᡠᠨ ᠰᡝᠮᡝ ᠪᡝ ᡳᠯᡤᠠᠪᡠᠮᡝ ᡤᡳᠶᠠᠨ ᡳ ᠮᡠᡵᡠ ::

ᡳᠯᡳᠪᡠᡵᡝ ᠵᠠᡴᠠ ᠪᡳ ᠰᡝᠮᡝ ᠪᡝ ᡤᡡᠨᡳᠮᡝ ᡳᠯᡳᠪᡠᠮᡝ ᠠᡴᡡ ::

ᡝᠵᡝᠨ ᠪᡳ ᠰᠠᡳᠨ ᡤᡡᠨᡳᠨ ᠪᡝ ᡨᡠᠸᠠᠮᡝ ᡳᠰᡳᠪᡠᡵᡝ ᠪᡳ ᠰᡝᠮᡝ ::

ᠰᡝᡵᡝᠩᡤᡝ ᡳ ᡨᡠᡵᡤᡠᠨ ᠪᡝ ᠰᠠᡵᡴᡡ ᠵᠣᡵᡳᠨ ᡤᡳᠶᠠᠨ ᡳ ᠪᡳ ::

ᠶᠠᠪᡠᡵᡝ ᡤᡡᠨᡳᠨ ᡳ ᠮᡠᡵᡠ ᠪᡳ ::

ᡝᠵᡝᠨ ᠪᡝ ᡝᡵᡤᡝ ᠮᡠᠵᡳᠯᡝᠨ ᡤᡳᠩᡤᡠᠯᡝᡵᡝᠩᡤᡝ᠉

ᠰᡝᠮᡝ ᠪᡝᡳᠯᡝᡥᡝᠩᡤᡝ᠈ ᡝᡵᡝᠮᡝ ᡤᡠᠩᡤᡠᠯᡝᡵᡝᠩᡤᡝ᠈ ᠪᡝᠶᡝ ᡳ

ᠰᡳᠨ ᠰᡳᠨᡳᠩ ᡤᡠᠩᡤᡠᠯᡝᠮᡝ ᡝᡵᡥᡝᠮᡝ᠈ ᠰᡳᠨᡳᠩ ᠪᡝᡳᠯᡝᡵᡝ ᡝᠪᡝᡥᡝᠩᡤᡝ

ᡤᠣᠰᡳᠩᡤᠠ᠈ ᠵᡠ ᡤᡳ ᡩᡝ ᠪᡳ ᡤᡳᠩᡤᡠᠯᡝ᠈ ᠰᡳᠩᡤᡝᠮᡝ ᡝᡩᡝᠨ

ᡤᡠᠩᡤᡠᠯᡝᡥᡝᠩᡤᡝ ᡝᡵᡤᡝᠮᡝ ᡥᡠᠩᡴᡝᡵᡝ ᡳ ᡩᡠᡵᡝᠨ ᡝᠩᡤᡝᠯᡝᠨ ᠪᡝ

ᡝᡵᡤᡝᠯᡝᠪᡠᡵᡝᠩᡤᡝ᠈ ᡤᡠᠪᠴᡳ ᡝᡵᡝ ᡝᡵᡤᡝᠨ ᠪᡝ ᡝᠩᡤᡝᠯᡝᠮᡝ ᡝᡵᡤᡝᠯᡝᠮᡝ᠈

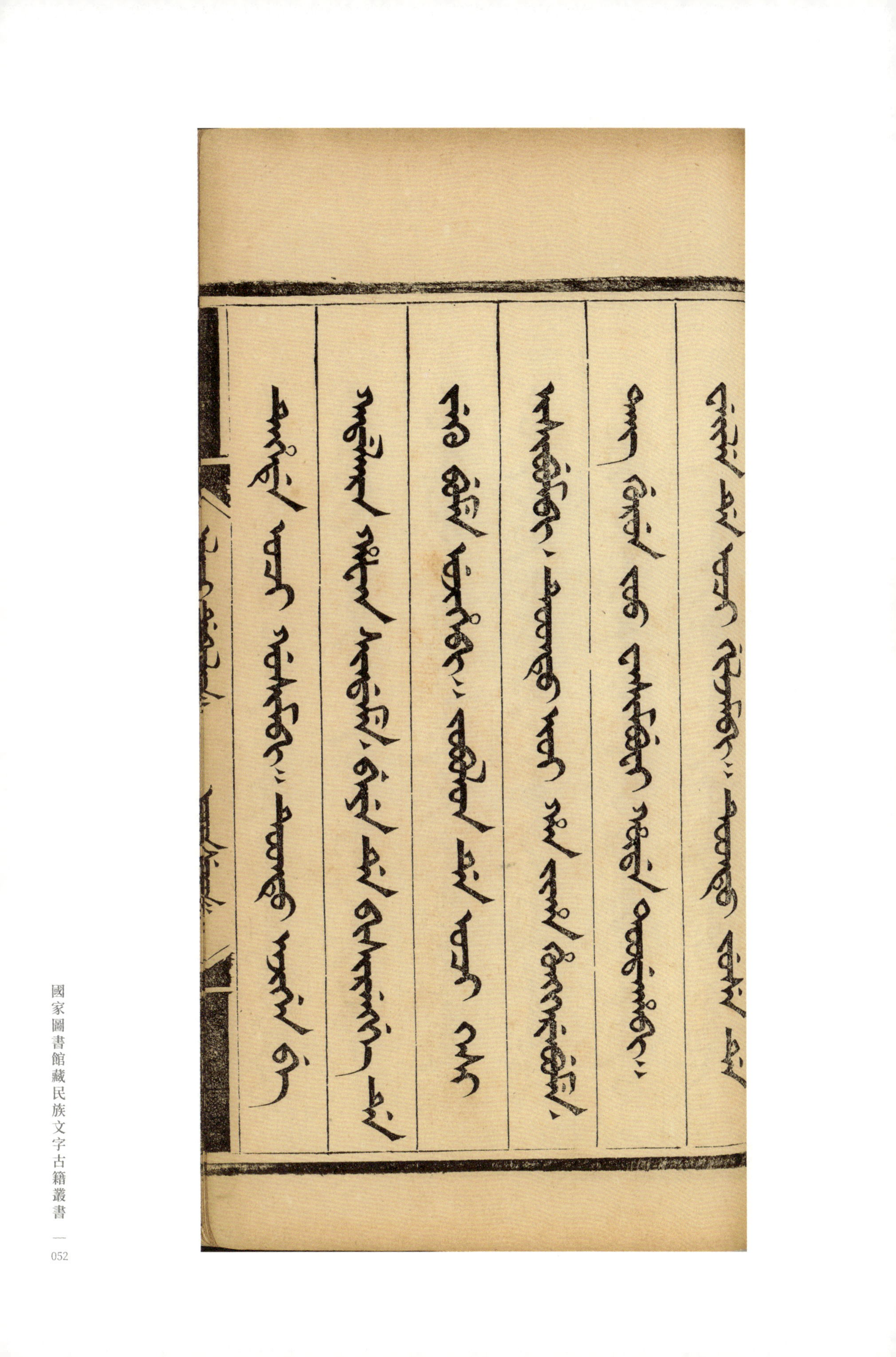

[illegible]

[illegible]

[illegible]

[illegible]

[illegible]

[illegible]

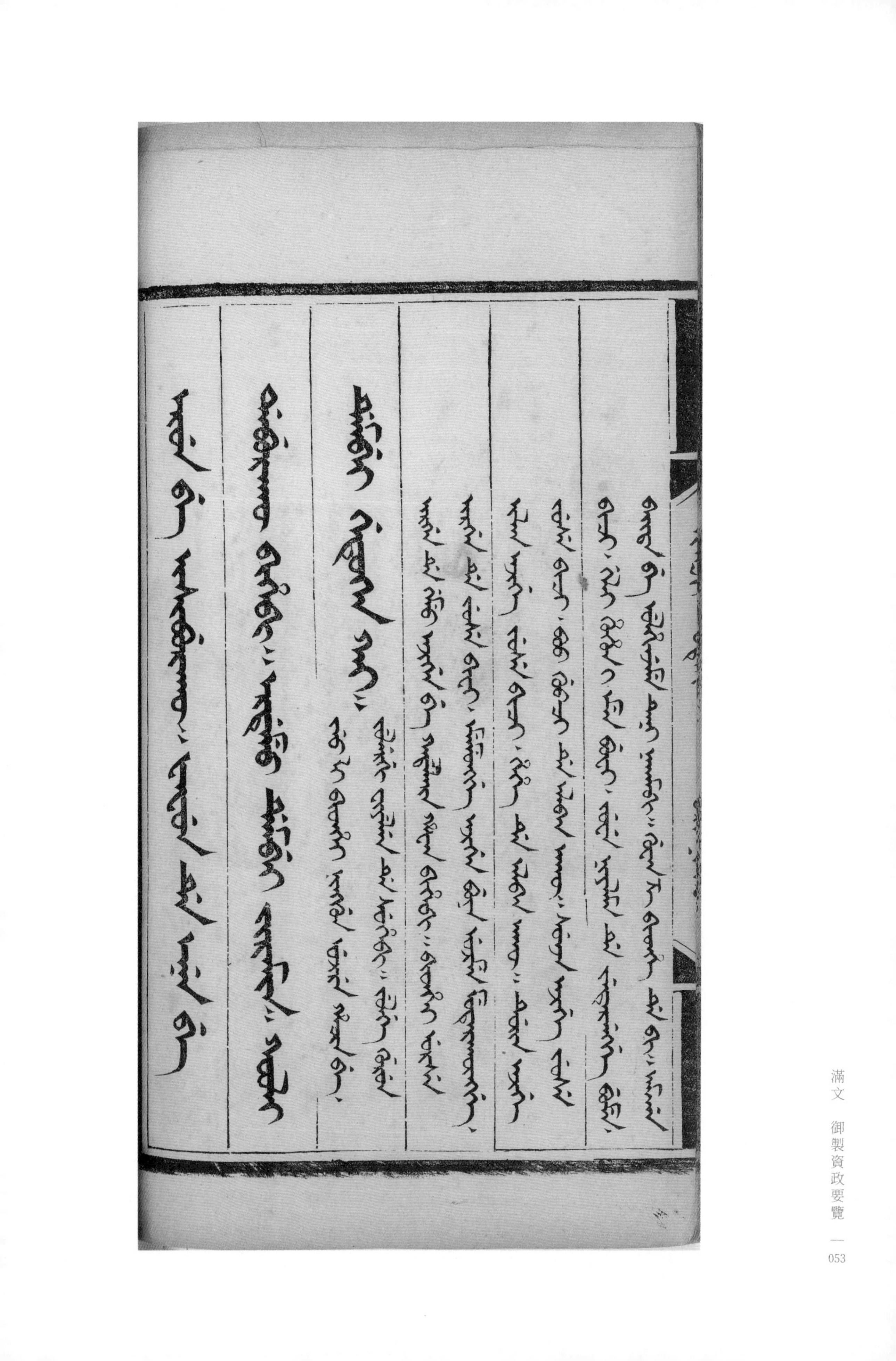

[illegible]

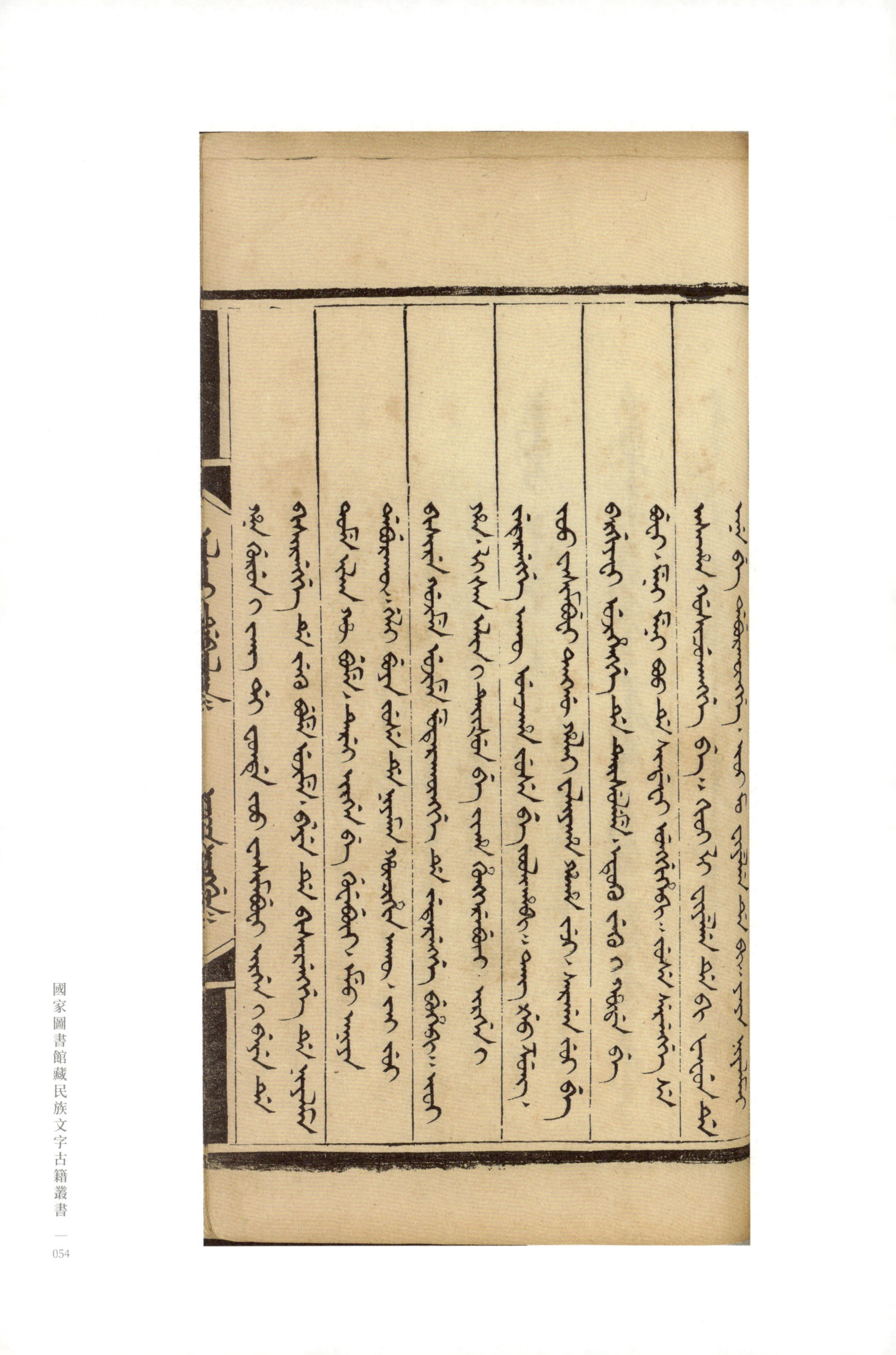

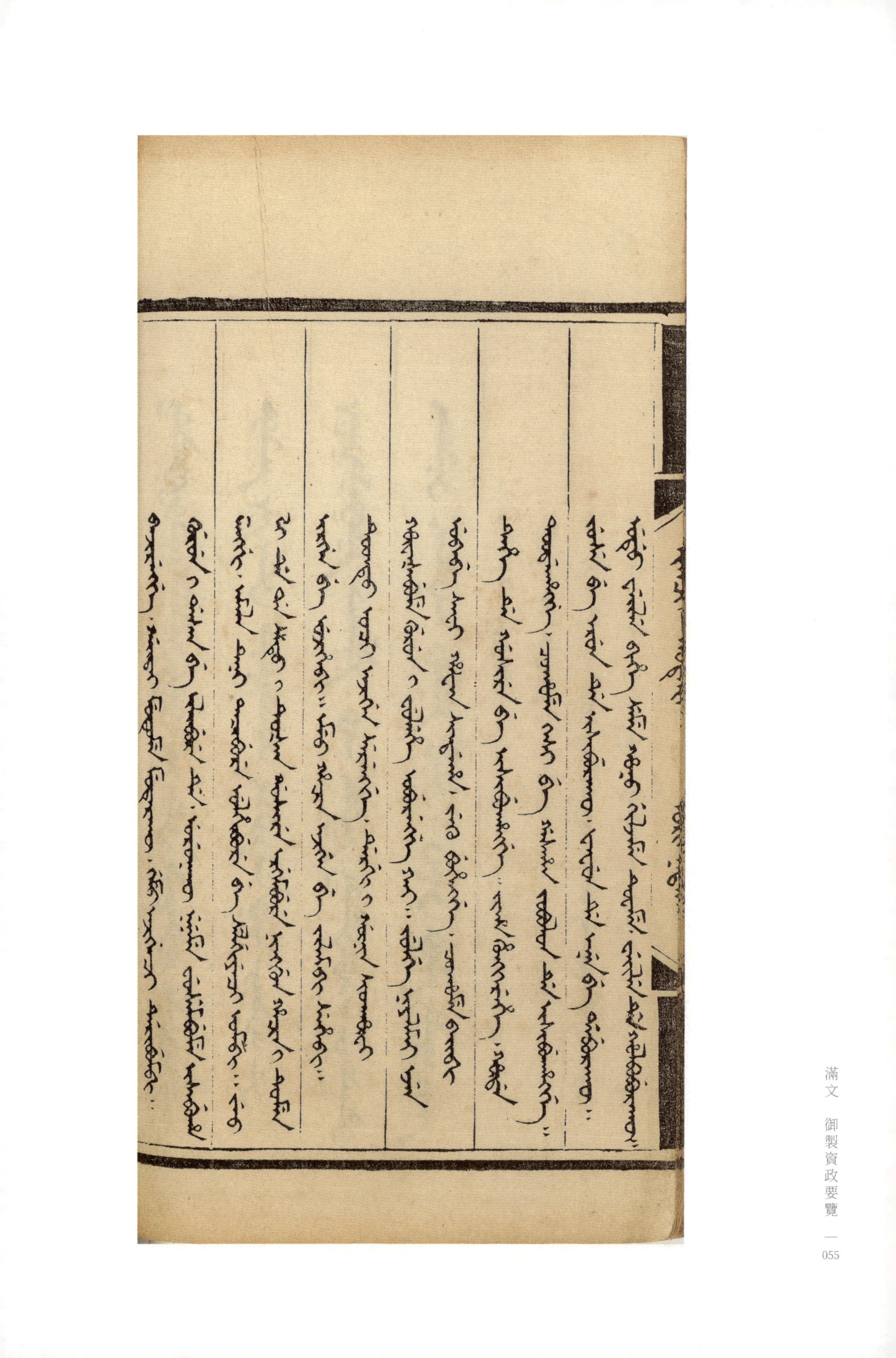

[illegible]

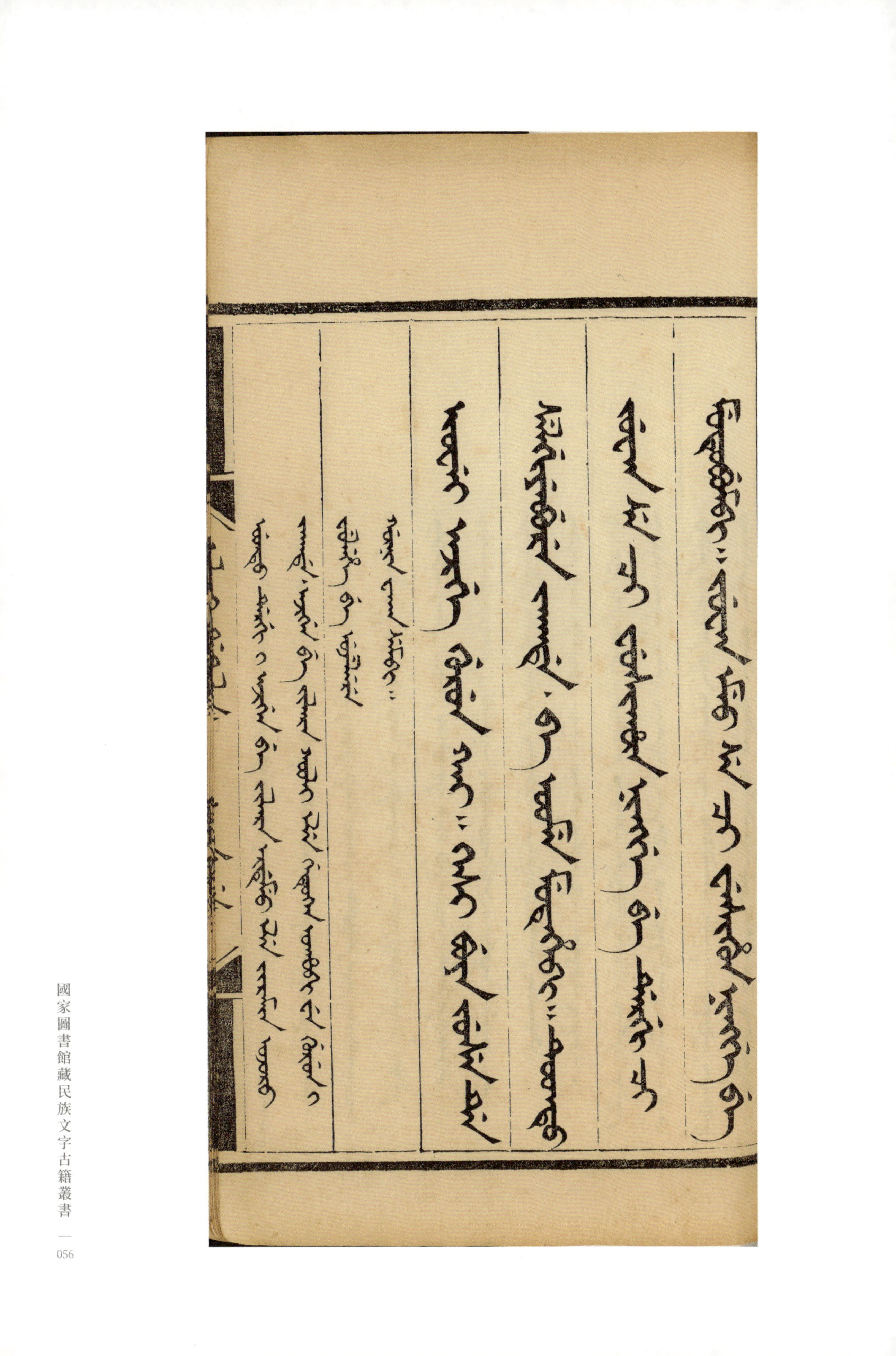

[illegible]

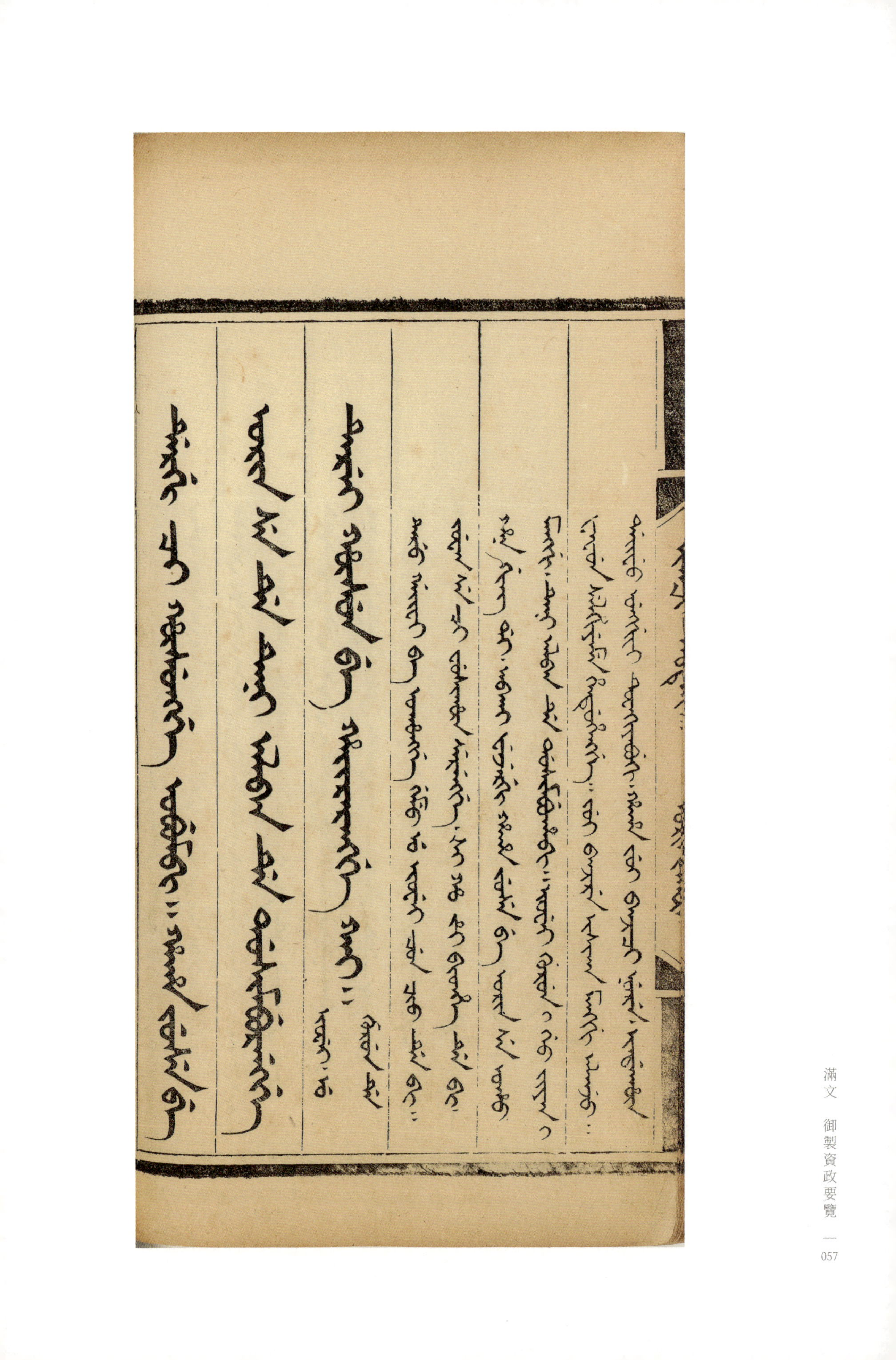

[illegible]

[illegible]

[illegible]

[illegible]

[illegible]

[illegible]

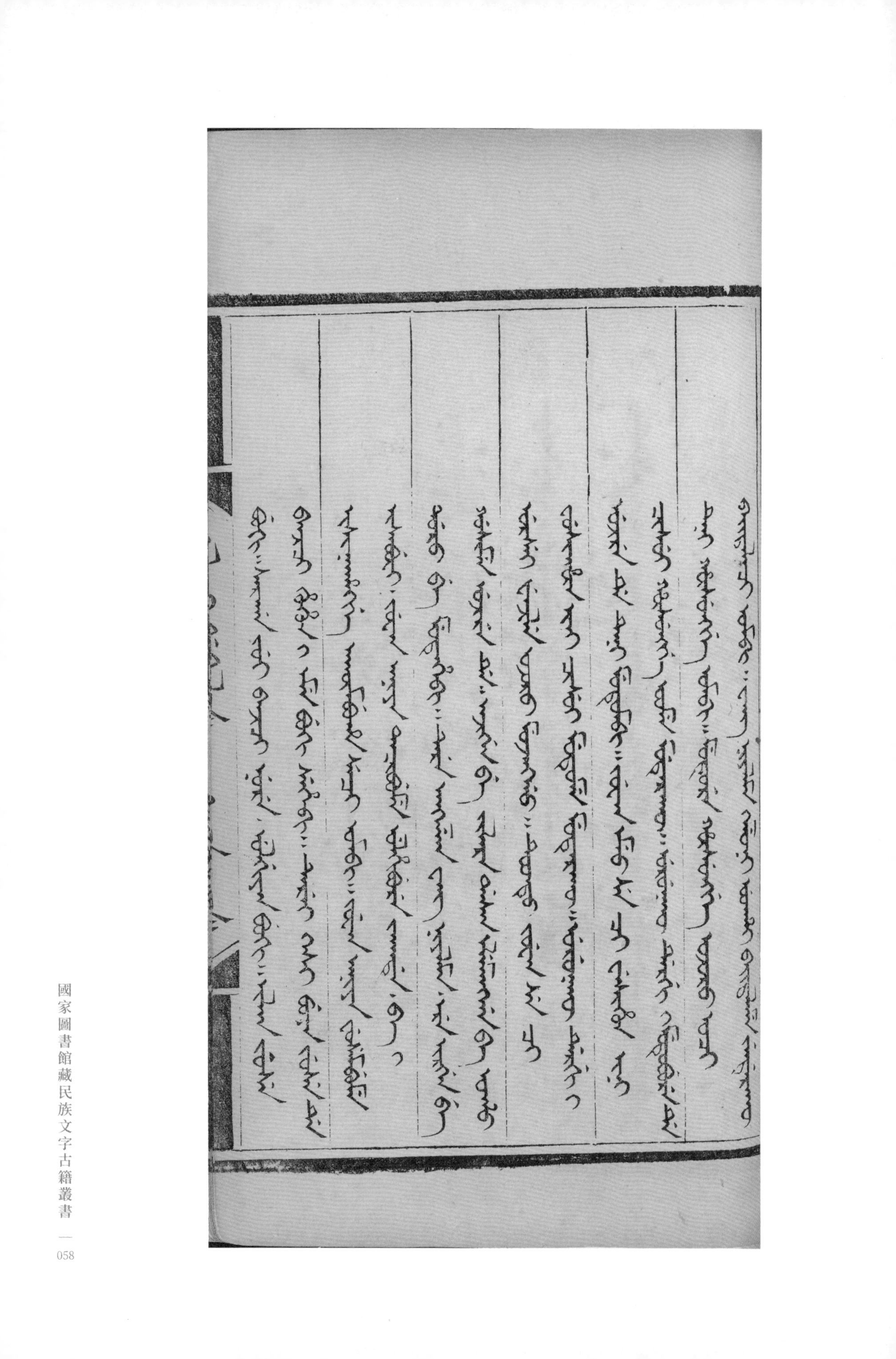

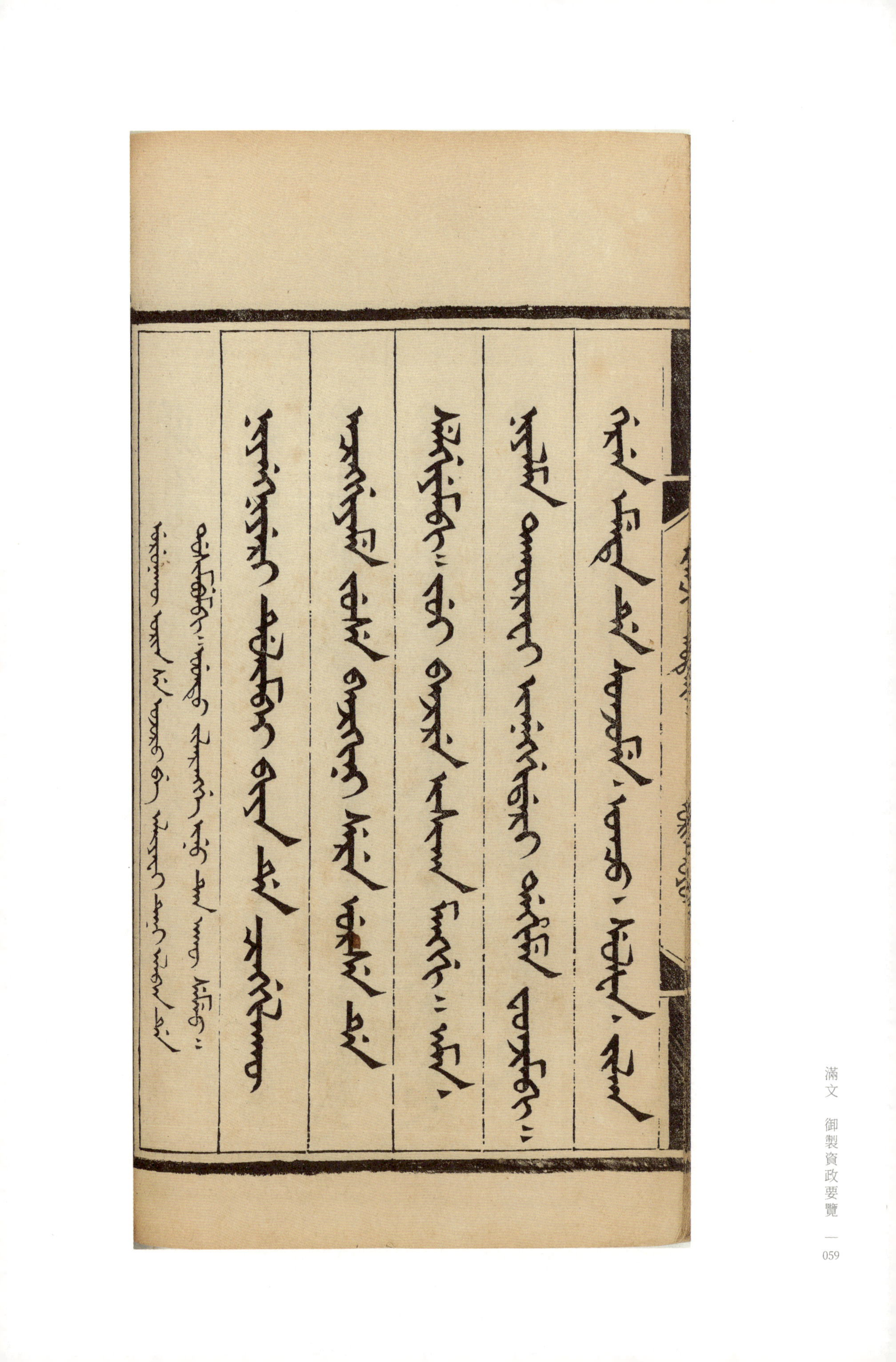

[illegible]

ᠪᡳᠴᡳ᠈ ᠰᡳᠩᡤᡝᡵᡳ ᠪᡳᠴᡳ ᠪᡝ ᡤᡳᠰᡠᠨ ᠪᠠᡳᡨᠠᠯᠠᡵᠠ ᠪᡝ

ᠪᡝᠶᡝ᠈ ᡨᡝᡵᡝ ᠪᠠ ᡳᠰᡳᡴᡡ᠉ ᠮᡠᡨᡝᡵᡝᡴᡡ

ᡤᡝᠯᡝᡥᡝ᠈ ᠨᡝᡳ ᡳ ᡳᠰᡳ ᡳᠰᡳ ᠪᡠᠴᡝᡴᡝ᠉ ᡤᡝᠯᡝᡥᡝᡴᡡ

ᡤᡝᠯᡝᡥᡝ ᠪᡠᠴᡝᡴᡝ ᠮᡠᡨᡝᡵᡝᡴᡡ ᠮᡠᡨᡝᡵᡝᡴᡡ ᡨᡠᠸᠠᠨᠠᡴᡡ

ᡴᡝᠰᡳᡴᡝ᠉ ᡤᡝᠯᡝᡥᡝ ᠪᡝ ᡤᡝᠨᡝᡶᡳ᠈ ᡤᡝᠨᡝᡶᡳ

ᡩᠣᠨᠵᡳᠮᡝ ᠪᡝ ᠨᡳᠩᡤᡠᠨ᠉ ᡤᡳᠰᡠᠨ ᡳ ᠪᡝᠶᡝ ᠪᡳ᠉

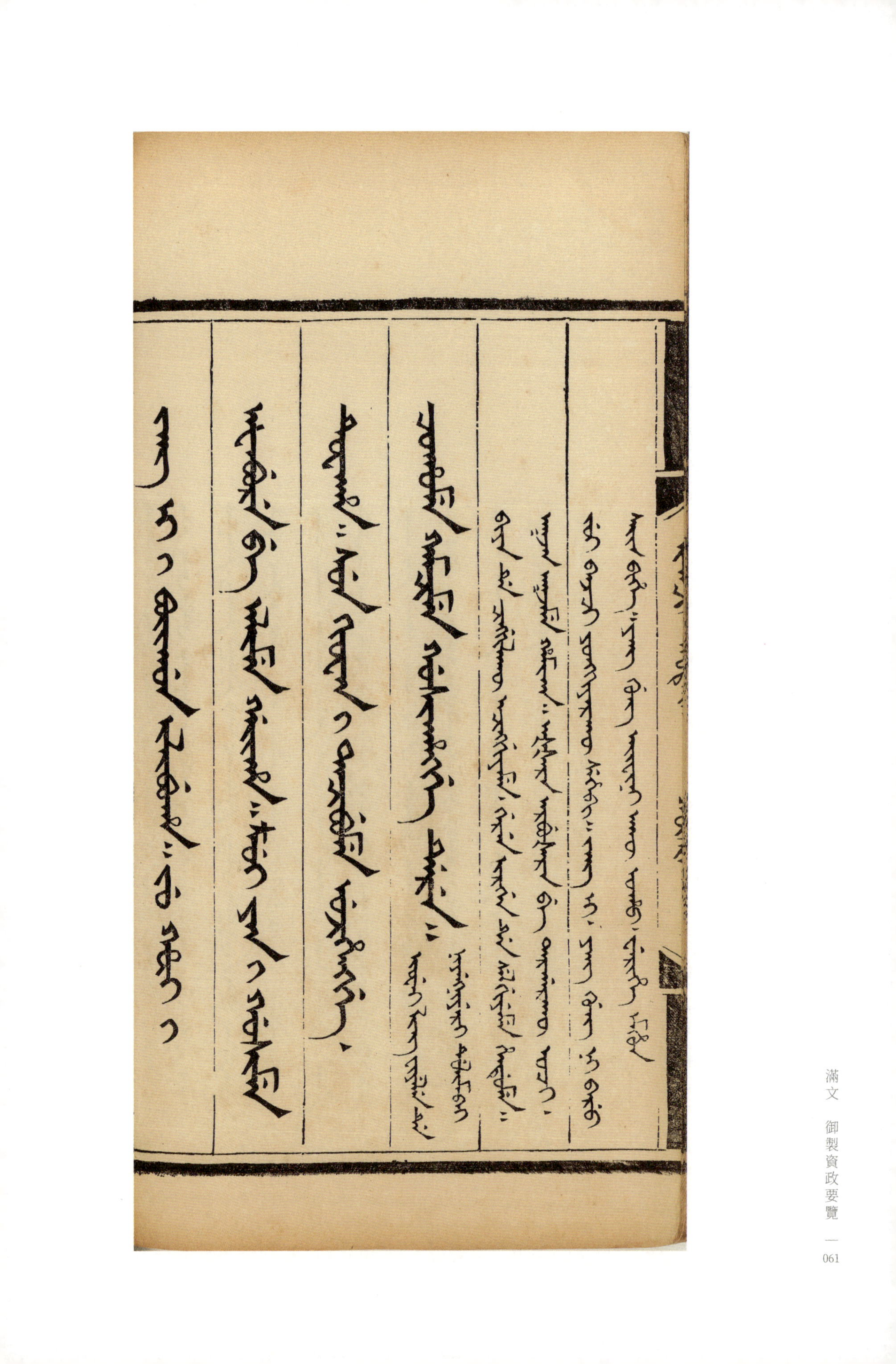

[illegible]

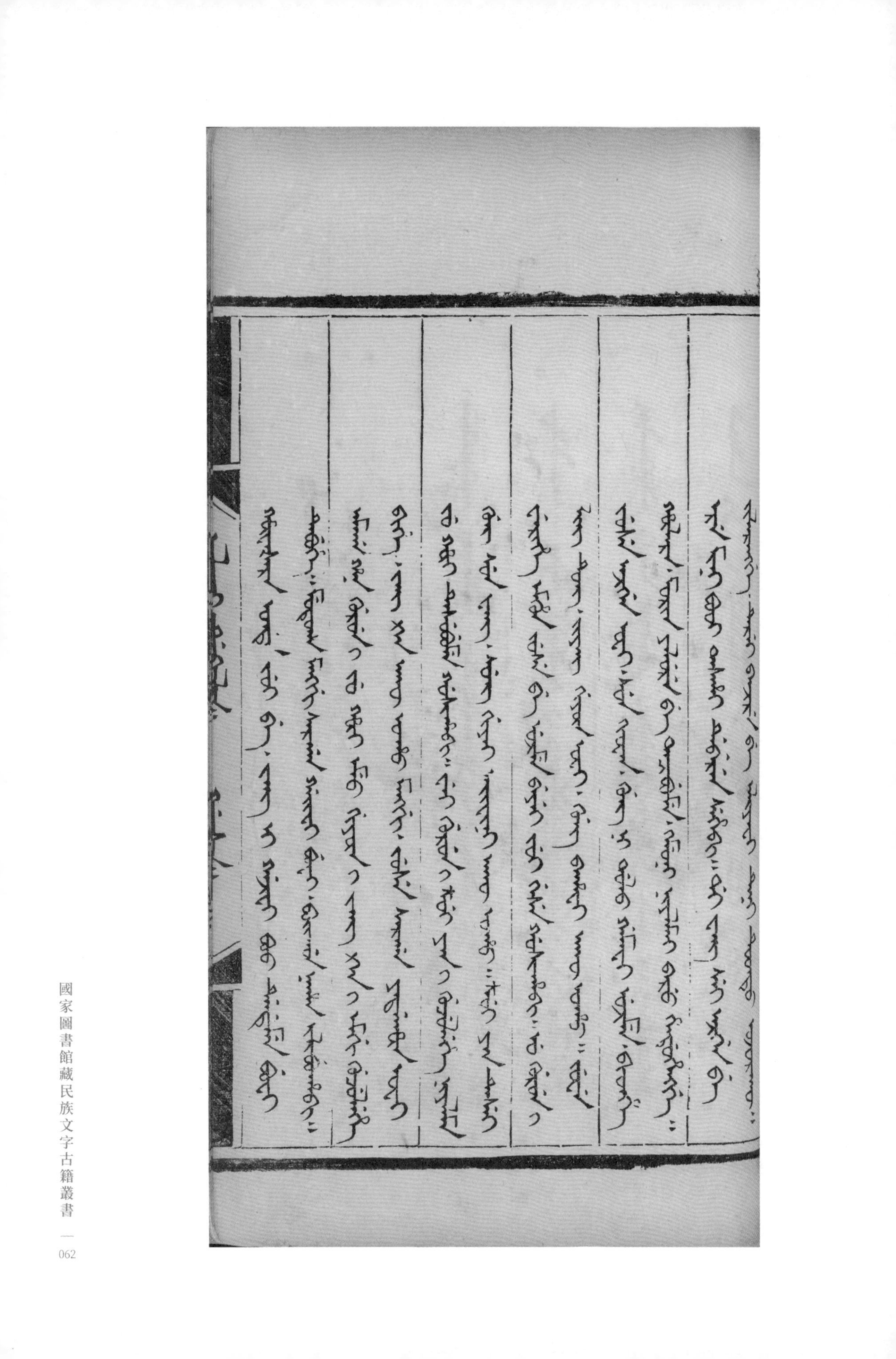

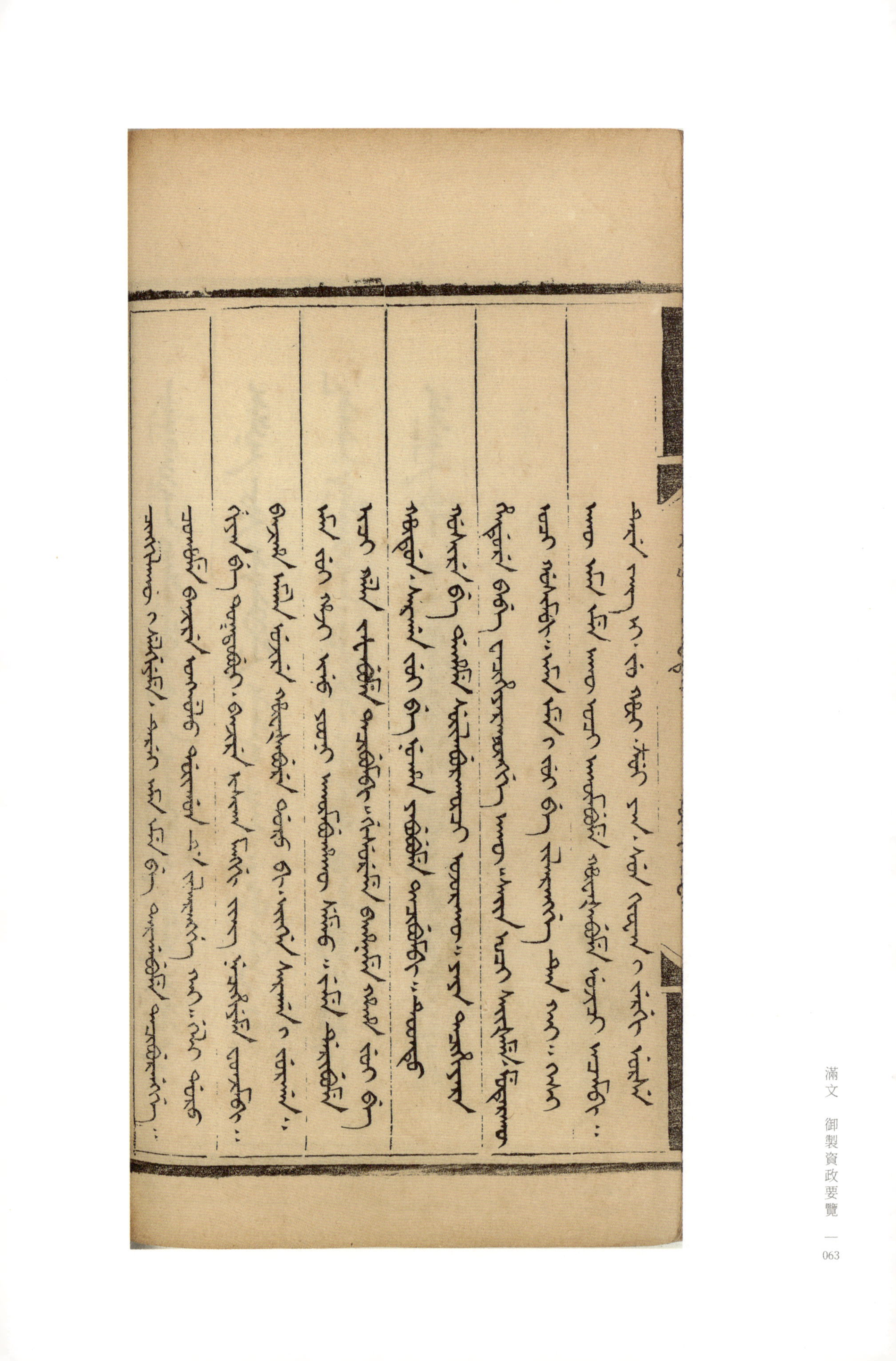

[illegible]

ᡩᠣᡵᡤᡳᠨ ᠪᠣᠯᡤᠣᠨ ᠪᡝ ᠨᠣᠨᡤᡳᠮᡝ᠈ ᡝᠨᡳ ᠪᠣᠨᡳᠨ ᠣ

ᡝᠰᡝ ᠪᡝ ᡝᡵᡝᠪᡝ ᠰᡝᡵᡝ ᠰᡝᠮᠪᡳ ᠈ ᠪᡳ ᠣ

ᡨᡠᠸᠠᠨ ᠰᡳᠩᡤᡝᡵᡝ᠈ ᡠᠮᡝᠰᡳ ᡠᠵᡠ ᠪᡝ ᠰᡳᠩᡤᡝᡵᡝᠩᡤᡝ

ᠨᡳᡴᠠᠨ ᠪᡝ ᠰᠠᠨ ᠪᠣᠣᠯᠣᠪᡠᡥᡝ᠈ ᡝᡵᡝ ᠪᠣᠯᠣᠪᡠᡥᡝ᠈ ᠠᠪᡠ

ᠮᡝᠰᡝᠨ ᠰᡝᡵᡝᠨ ᠪᠣᠯᠣᠪᡠᡥᡝ᠈

ᠮᡝᠰᡝᠪᡠ ᠰᡝᠮᡝ ᠰᡝᠮᠪᡳ᠈ ᠮᡝᠰᡝᠪᡠ

ᡠᠵᡠ ᠰᡝᡵᡝᠩᡤᡝ ᠪᠣᠯᠣᠪᡠᡥᡝ᠈ ᠰᡝᠮᠪᡳ ᡠᠵᡠ ᠰᡝᠮᡝ ᠮᡝᠰᡝᠪᡠᡥᡝ ᡝᡵᡝᠩᡤᡝ

ᡤᡝᠩᡤᡳᠶᡝᠨ ᠣ ᠪᠣᠯᠣ ᡠᠵᡠ ᠪᡝ ᠮᡝᠰᡝᠪᡠ ᠰᡝᠮᠪᡳ ᠰᡝᠮᡝ᠈ ᠨᡳᡴᠠᠨ ᡠᠵᡠ ᠪᡝ

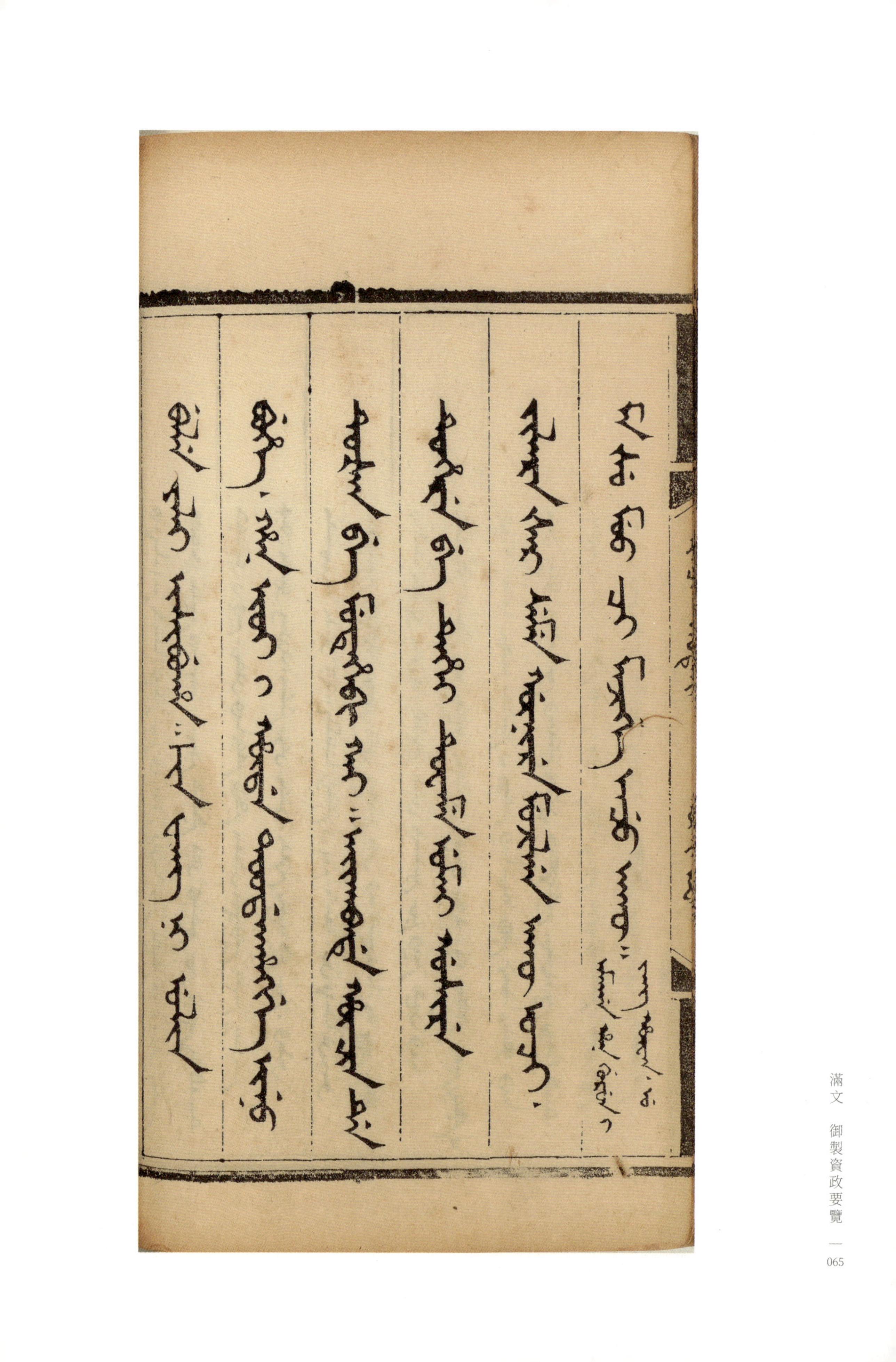

[illegible]

[illegible]

[illegible]

[illegible]

[illegible]

[illegible]

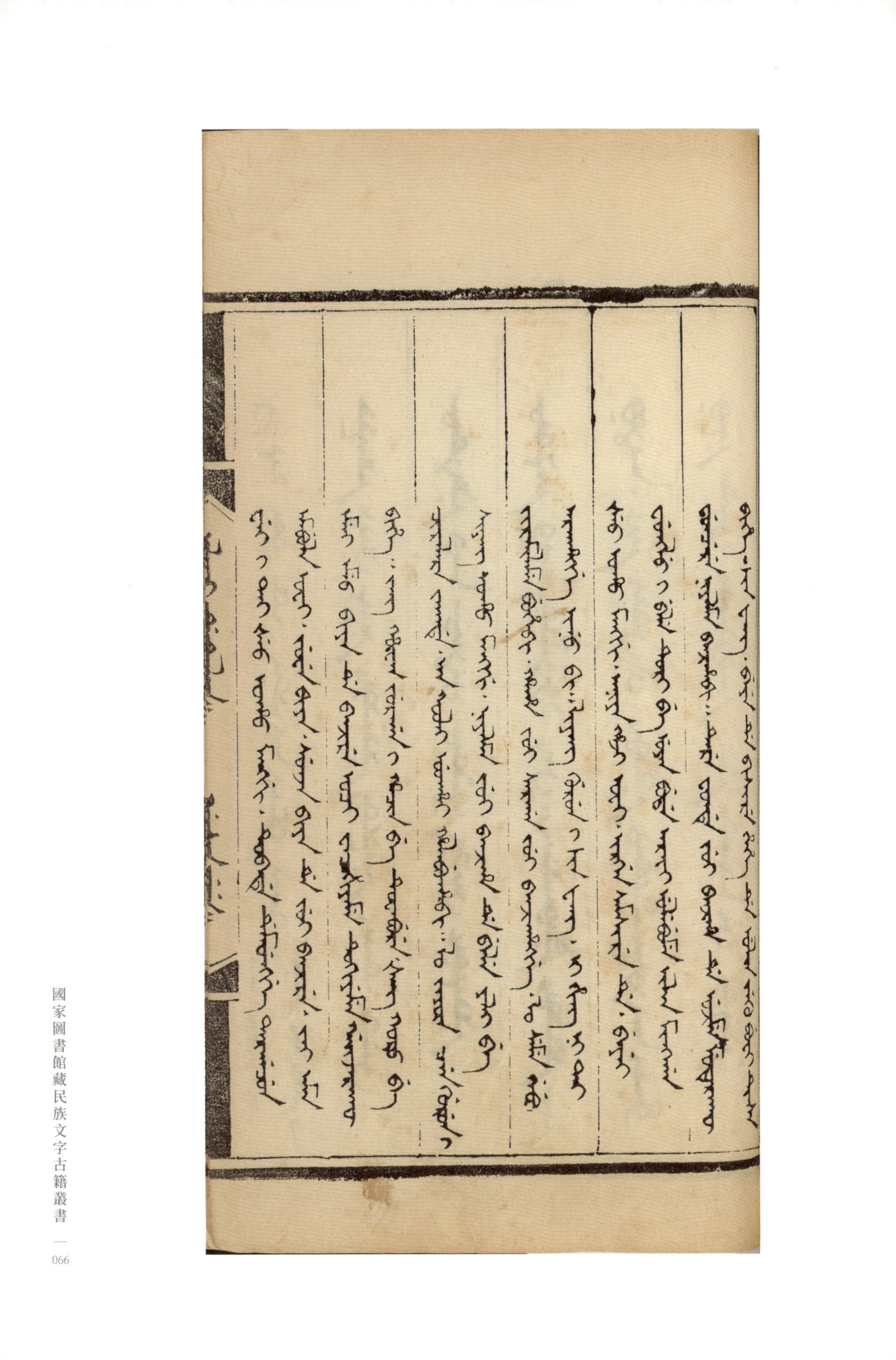

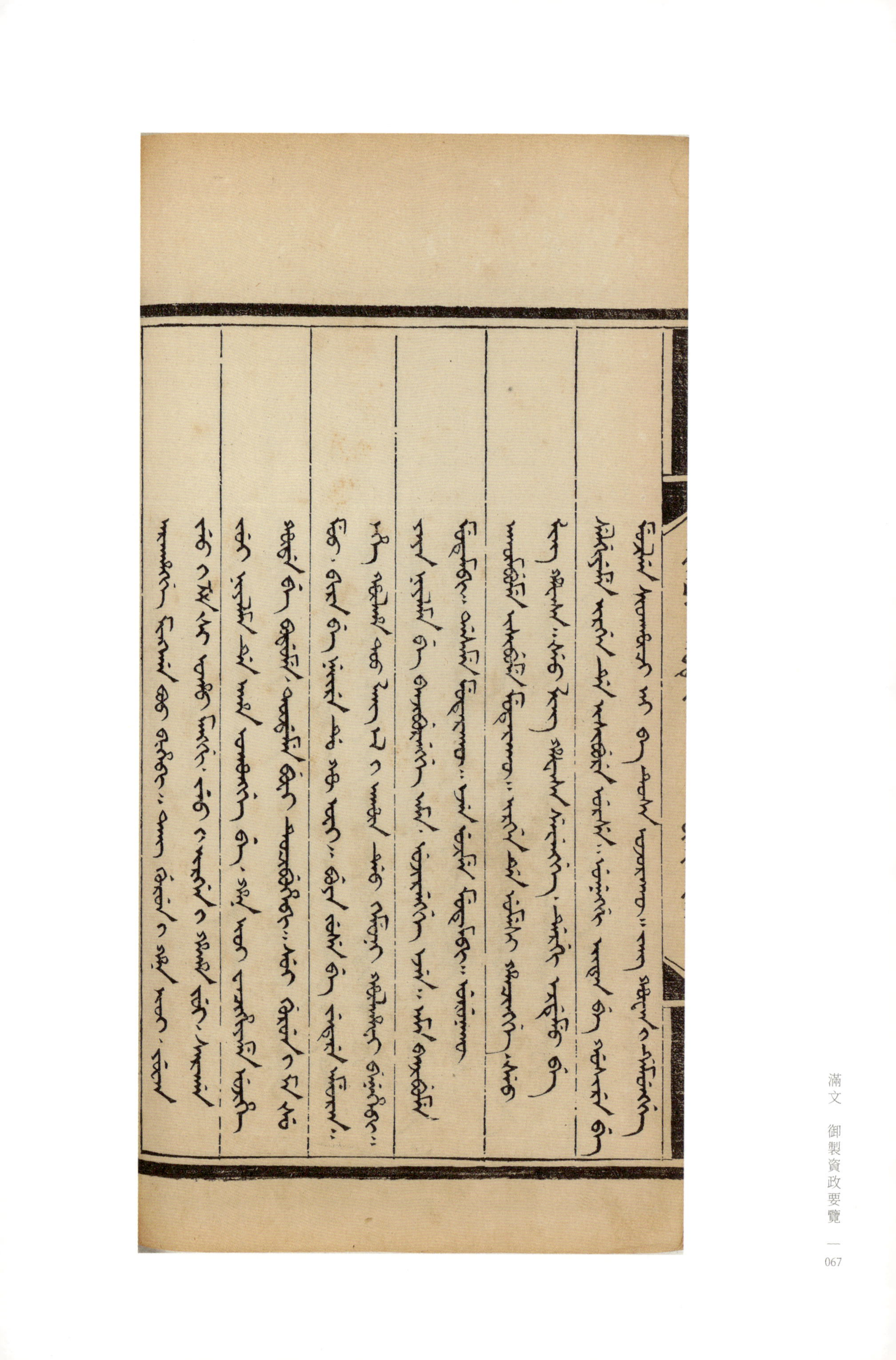

[illegible]

[illegible]

[illegible]

[illegible]

[illegible]

[illegible]

[illegible]

[illegible]

ᡠᡵᡤᡠᠨᠵᡝᠮᠪᡳ ᠪᡝ ᠠᠯᡳᠮᠪᠠᡥᠠᡵᠠᡴᡡ:: ᡩᡝ ᠠᠨᠠᠮᡝ ᡳ ᠪᠣᡳᠨ ᡳᠯᡳᠨ ᡨᡠᠸᠠᠮᠪᡳ:: ᡨᡝ
ᡥᡝᠰᡝ ᠰᡳ ᠪᡠᠴᡝ ᠰᡝᠮᡝ ᡨᡝᡵᡝ ᠪᠣᠯᠣ:: ᠰᡝᠮᡝ ᠵᡠᠸᡝ ᡳ
ᠰᡝᠮᡝ ᡥᡝᠰᡝᠪᡠᡥᡝᠩᡤᡝ ᠰᡝ ᡤᡳᡵᡠᡴᡝ ᡤᡝᠮᡠ ᠪᡝ ᡥᡝᠰᡝᠪᡠᡥᡝᠩᡤᡝ ᠰᡝᡵᡝ ᡳ
ᠶᠠᠪᡠᡵᡝ ᡤᡳᠰᡠᠨ ᡳ ᡥᡝᠰᡝᠪᡠᡥᡝ ᠪᡝ ᡥᠠᡵᡤᠠᡧᠠᠮᡝ ᡳ ᠪᡝᡳᠯᡝᠮᠪᡠᡥᡝᠩᡤᡝ:: ᠰᡝᠮᡝᠴᡳ
ᠮᡝᠩᡤᡝ ᠠᡵᡤᠠ ᠪᡝ ᡨᡠᠸᠠᠮᠪᡳ ᡤᡝᠮᡠ ᠰᡝ ᡤᡝᡵᡝᠨ ᡤᡳᠰᡠᠨ ᠵᡠᠸᡝᠮᠪᡳ·
ᡥᡝᠰᡝᠪᡠᡥᡝ ᠰᡝᠮᡝ ᠪᡝ ᡨᡠᠸᠠᠮᡝ ᠪᡝᡳᠯᡝᠮᠪᡠᠮᡝ· ᡥᡝᠰᡝᠪᡠᡥᡝᠩᡤᡝ ᠰᡝᠮᡝ ᡤᡝᠮᡠ ᠰᡝᡥᡝ
ᠵᡳᡥᡝᠩᡤᡝ ᠴᠠᡵᡤᡳ ᠰᡠᠯᡳᠮᠪᡝ ᠰᡝᡥᡝ ᡳᠯᡳᡥᠠ ᠪᡝ ᡥᡝᠰᡝᡳ ᠪᡝᡳᠯᡝᡥᡝ· ᡤᡝᠮᡠ
ᠪᡳᡥᡝ ᡥᡝᠰᡝᠪᡠᠮᠪᡳ ᡳ ᡤᡝᡵᡝᠨ ᡤᡝᠮᡠ:: ᡥᡝᠰᡝᠪᡠᡥᡝ ᠪᡝ ᡨᡠᠸᠠᠮᡝ ᠰᡝᠮᡝ ᠪᡝ
ᠵᡝᡵᡤᡳᠯᡝᠮᠪᡳ ᡤᡝᠨᡝᡥᡝ ᡨᡠᠸᠠᠮᠪᡳ ᠰᠠᡳᠨ:: ᠵᡝᡳ ᠰᡝ ᡤᡝᠮᡠ ᡳ ᡤᡳᠰᡠᡵᡝᠮᠪᡳ
ᡤᡳᠰᡠᠨ ᠪᡝ ᡤᡝᠮᡠ ᠪᡝ ᠪᡝᡳᠯᡝᡥᡝ ᡤᡳᠰᡠᠨ ᠵᡠᠸᡝᠮᠪᡳ ᠰᠠᡳᠨ ᡳᠰᡳᠨ::
ᡤᡳᠰᡠᠨ ᠰᡳᠮᡝ ᠪᡝᡳᠯᡝᡥᡝ ᡤᡳᠰᡠᠨ ᡤᡝᠮᡠ
ᠪᡝᡳᠯᡝᡥᡝᠩᡤᡝ ᠪᡝᡳᠯᡝᡥᡝ ᠰᡝᠮᡝᠩᡤᡝ::

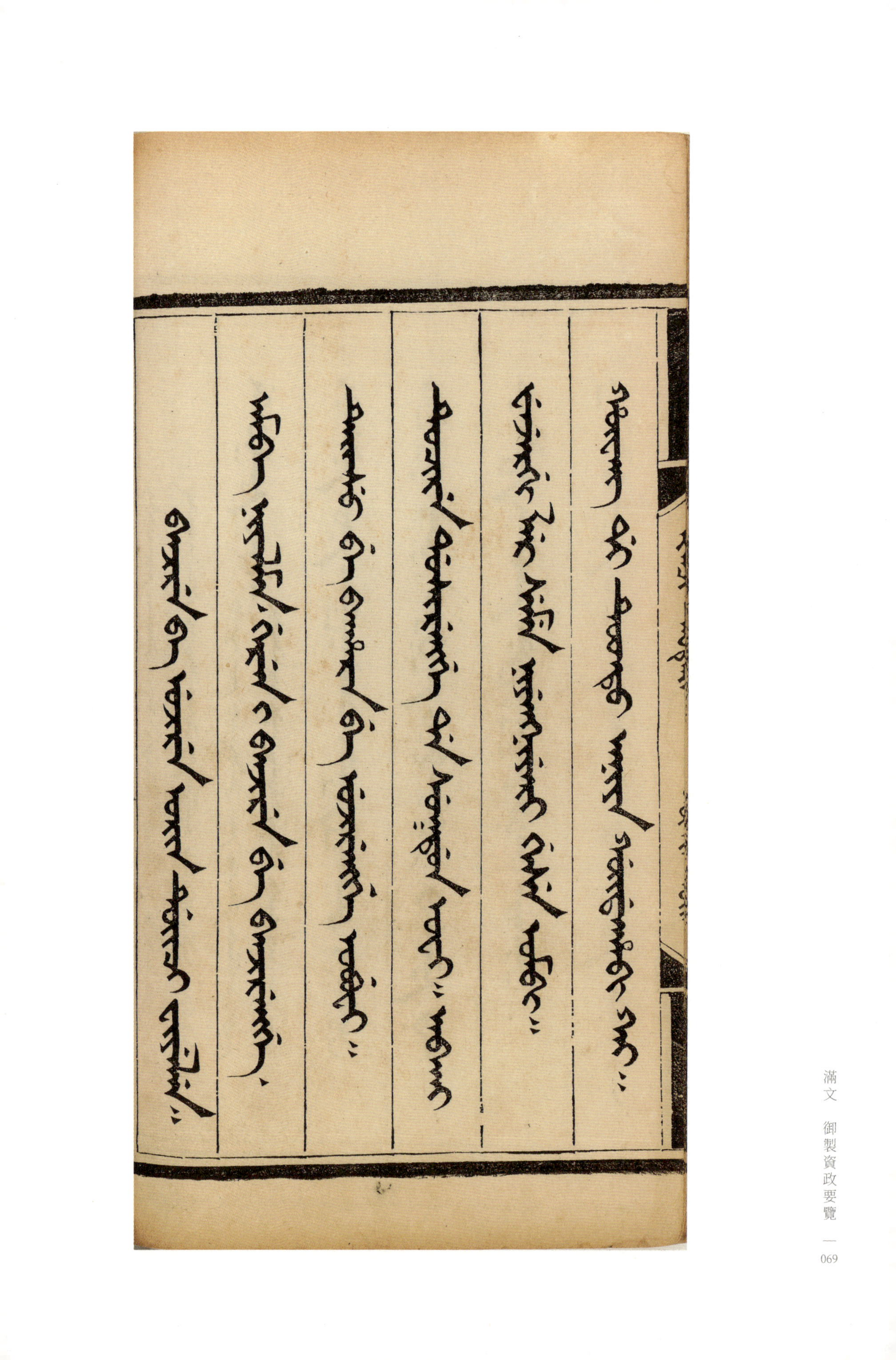

[illegible]

[illegible]

[illegible]

[illegible]

[illegible]

[illegible]

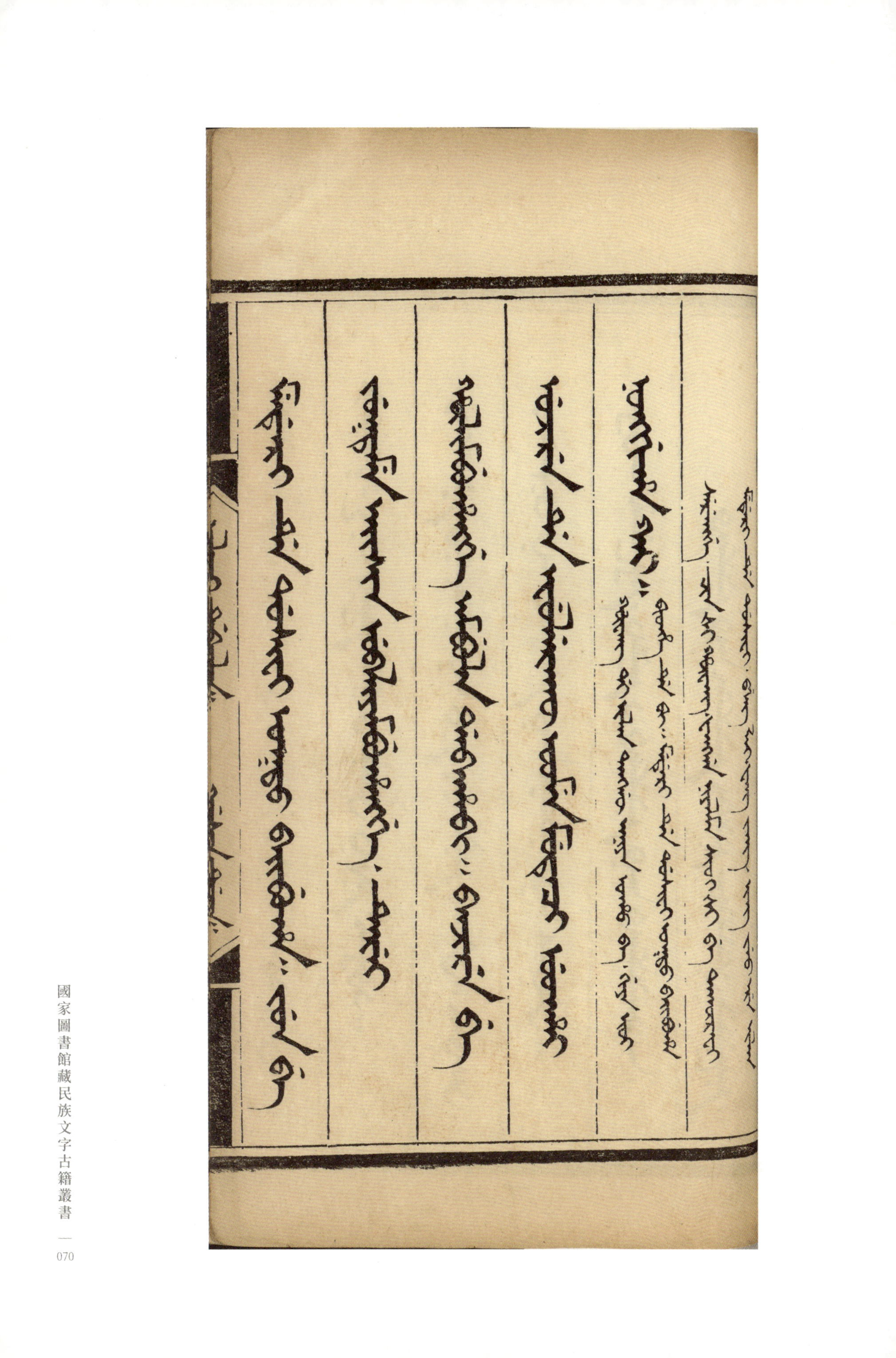

[illegible]

[illegible]

[illegible]

[illegible]

[illegible]

[illegible]

[illegible]

[illegible]

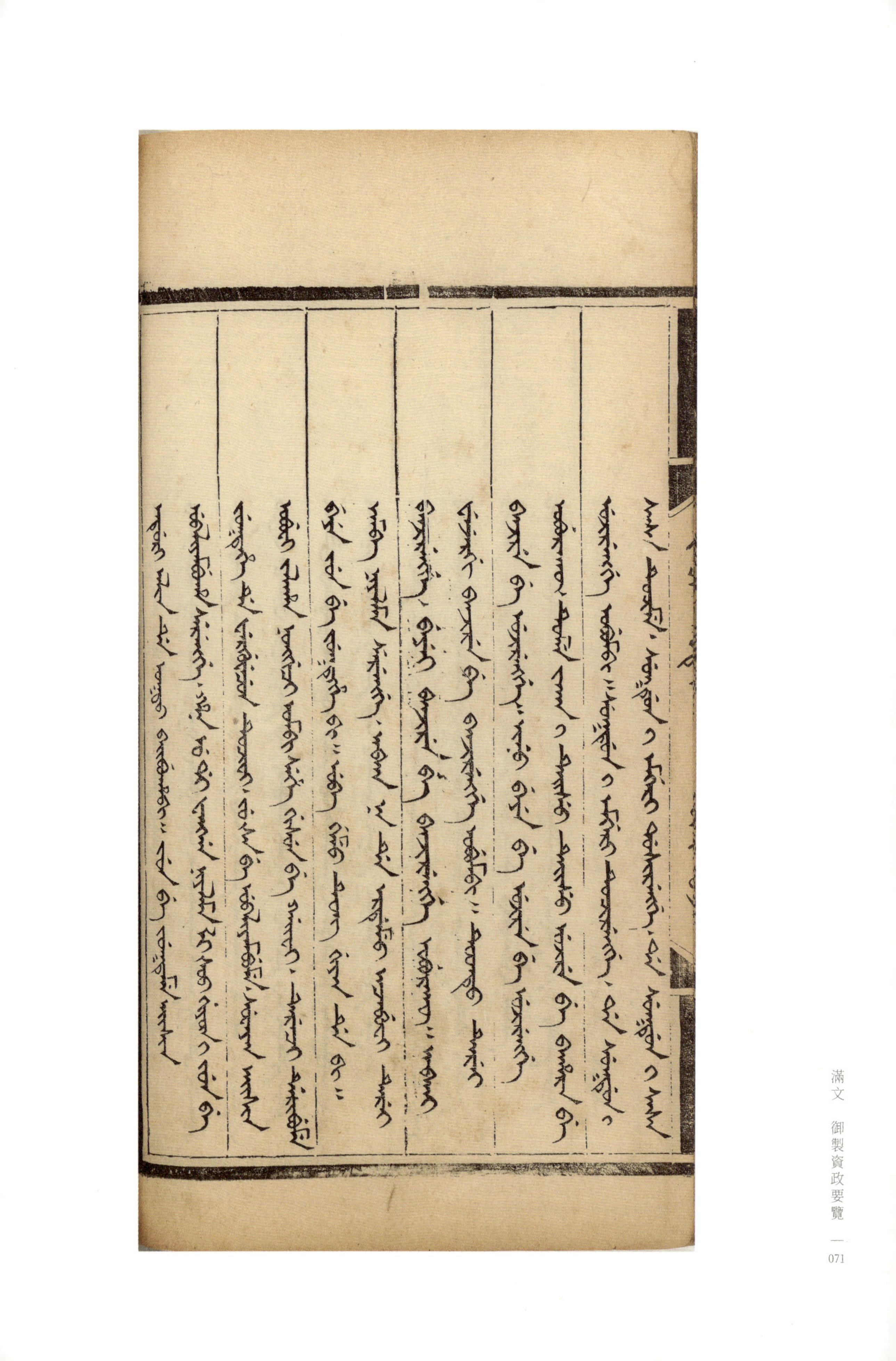

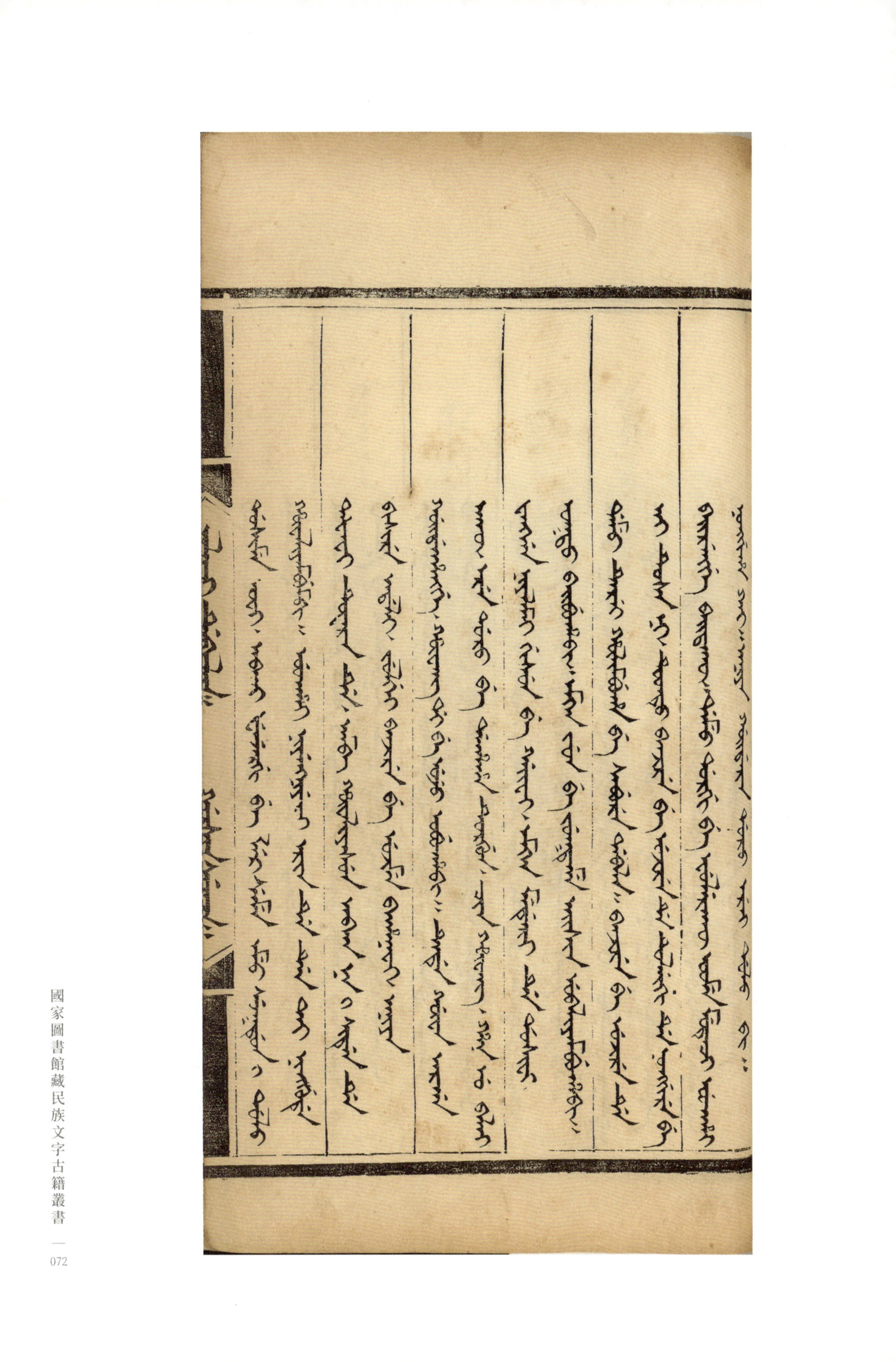

[illegible]

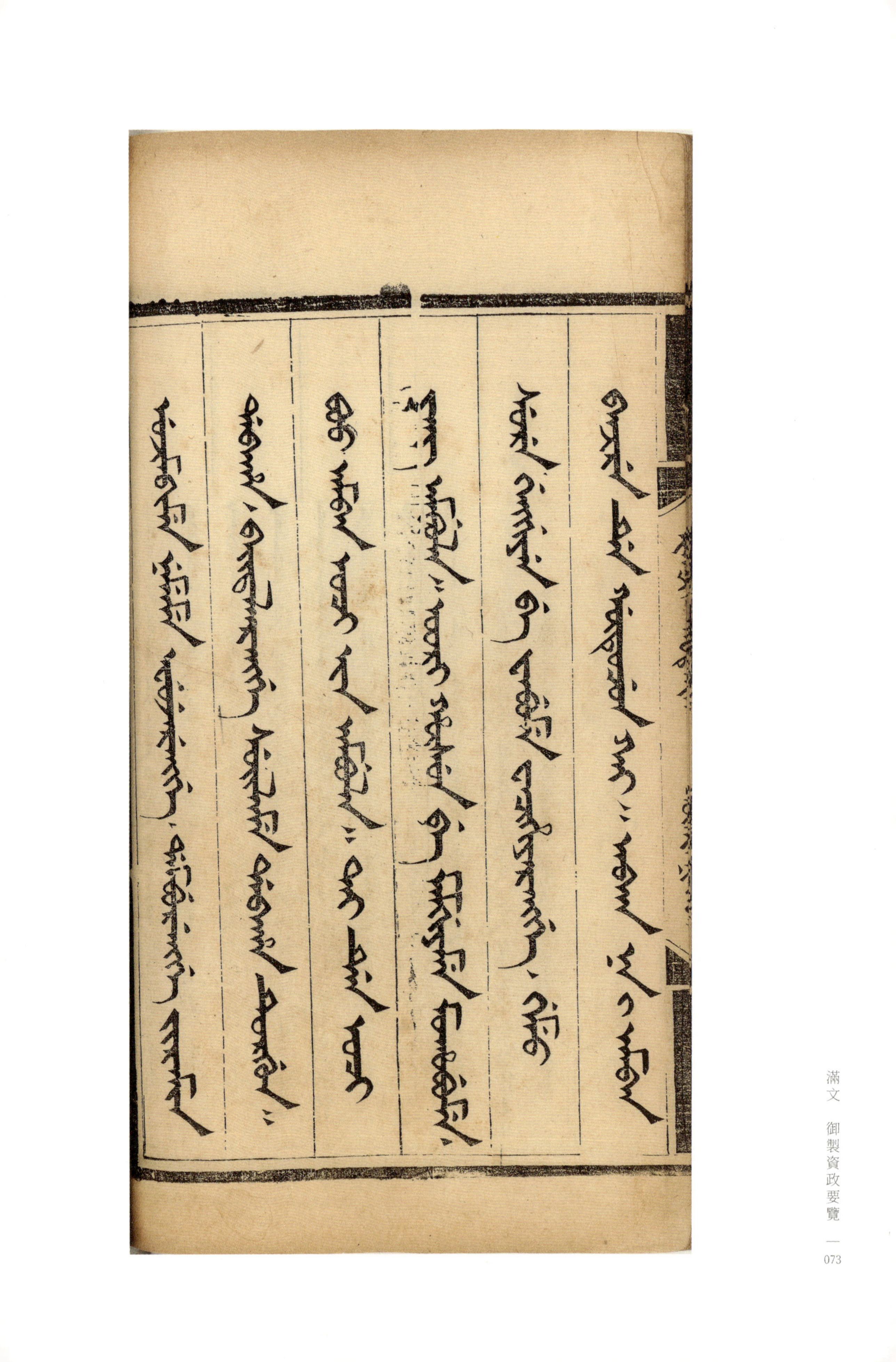

[illegible]

[illegible]

[illegible]

[illegible]

[illegible]

[illegible]

ᠪᠣᠯᡤᠣ ᠮᡠᠵᡳᠯᡝᠨ ᡳᠰᡳᠨᠵᡳᡵᡝ ᠪᡝ ᡨᡠᠸᠠᠮᠪᡳ:: ᡤᡳᠩᡤᡠᠯᡝᡵᡝ ᠪᡝ

ᠮᡝ ᡳᠰᡳᠨᠵᡳᡥᡝ::
ᠪᠣᠯᡤᠣᠮᡝ ᡤᡳᠩᡤᡠᠯᡝᡵᡝ᠈ ᠪᠣᡵᠣ᠈ ᠪᡠᠵᡳᡥᡝ ᡨᡠᠸᠠᠨ ᡤᡳᠩᡤᡠᠯᡝᠮᠪᡳ ᠰᡝᡥᡝ::
ᡤᡳᠩᡤᡠᠯᡝᠮᡝ ᠪᡳᠰᡳᡵᡝ ᡨᡠᠸᠠᠮᠪᡳ᠈ ᠪᡝᠶᡝ ᡤᡳᠩᡤᡠᠨ ᡳ ᡨᡠᠸᠠᠮᡝ ᠪᡝ ᡤᡳᠩᡤᡠᠯᡝᠮᠪᡳ

ᠰᡝᠮᡝ:: ᠮᡝ ᡳ ᠨᡳᠶᠠᠯᠮᠠ ᡨᡠᠸᠠᡵᠠ ᠮᡝ ᡤᡳᠩᡤᡠᠯᡝᡵᡝ ᠪᡝ ᠨᡳᠶᠠᠯᠮᠠ ᡨᡠᠸᠠᡥᠠ ᠮᡝ ᠮᡝ ᡳᠰᡳ::
ᡤᡝᠮᡠ ᠨᡳᠶᠠᠯᠮᠠ ᡤᡳᠩᡤᡠᠨ ᡨᡠᠸᠠᡵᠠᡴᡡ:: ᡤᡳᠩᡤᡠᠯᡝ ᠮᡝ ᠪᠣᠯᡤᠣᠮᡝ ᠪᡝ ᡳᠰᡳᠨᠵᡳᡥᡝᠩᡤᡝ᠆ᠮᡝ

ᠮᡝ ᠪᡳ:: ᡤᡝᠮᡠ ᡳᠰᡳᠨᠵᡳᡥᡝ ᡤᡳᠩᡤᡠᠨ ᡨᡠᠸᠠᡵᠠᡴᡡ:: ᠰᠠᡵᡤᠠᠨ ᠵᡠᠰᡝ ᠪᡠᠮᡝ ᠪᡝᠶᡝ
ᠵᡝᡨᡝᡵᡝ ᡨᡠᠸᠠᡵᠠ ᠮᡝ ᡳᠰᡳᠨᠵᡳᡥᡝ:: ᡳᠰᡳᠨᠵᡳᡥᡝ ᠵᡠᠸᡝ ᡨᡝᡵᡝ ᡨᡠᠸᠠᡵᠠ ᡳᠰᡳᠨᠵᡳᡥᡝ ᠪᡝ

ᠪᠣᠯᡤᠣᠮᡝ ᡨᡝᡵᡝ᠈ ᡤᡳᠩᡤᡠ᠆ᡤᡳᠩᡤᡠᠯᡝᡵᡝ ᠪᡳᠮᡝ ᡳᠰᡳᠨᠵᡳᡥᡝ:: ᠪᠣᠯᡤᠣ ᠪᡝ ᡳᠰᡳᠨᠵᡳᡵᡝ ᡤᡳᠩᡤᡠ
ᠪᡳᠰᡳᡵᡝ:: ᠮᡝᡨᡝᡵᡝ ᠪᡝᠶᡝ ᠪᡳᠰᡳᡵᡝ ᡨᡠᠸᠠᡵᠠ ᡳᠰᡳᠨᠵᡳᡥᡝ ᠮᡝ ᡳᠰᡳᠨᠵᡳᡥᡝ:: ᠮᡝ ᠰᡝᠮᡝ ᡤᡳᠩᡤᡠ

ᠪᠣᠯᡤᠣᠮᡝ ᡨᡝᡵᡝ ᠪᡳᠰᡳᡵᡝ:: ᠮᡝᡨᡝᡵᡝ ᡨᡠᠸᠠᡵᠠ ᠪᡝ ᡳᠰᡳᠨᠵᡳᡥᡝ ᠪᡳᠰᡳᠨᠵᡳᡥᡝ᠈ ᠮᡝᡨᡝᡵᡝ
ᠪᠣᠯᡤᠣᠮᡝ ᠪᡝ ᠪᡳᠰᡳᡵᡝ:: ᠮᡝᡨᡝ ᡳᠰᡳᠨᠵᡳᡥᡝ ᠪᡝ ᡨᡠᠸᠠᡵᠠ ᡳᠰᡳᠨᠵᡳᡥᡝ᠈ ᠮᡝᡨᡝᡵᡝ

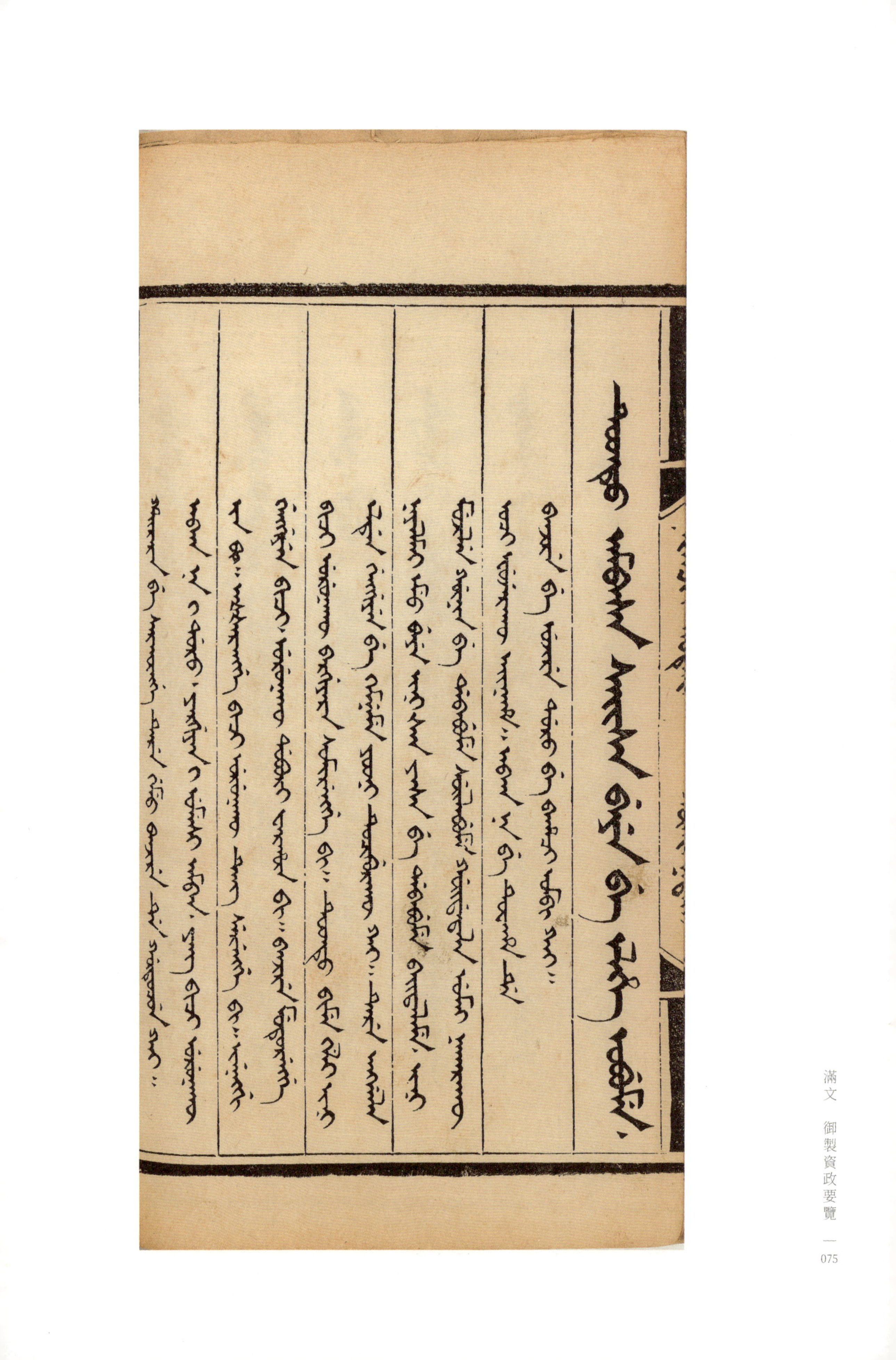

[illegible]

[illegible]

[illegible]

[illegible]

[illegible]

[illegible]

[illegible]

[illegible]

[illegible]

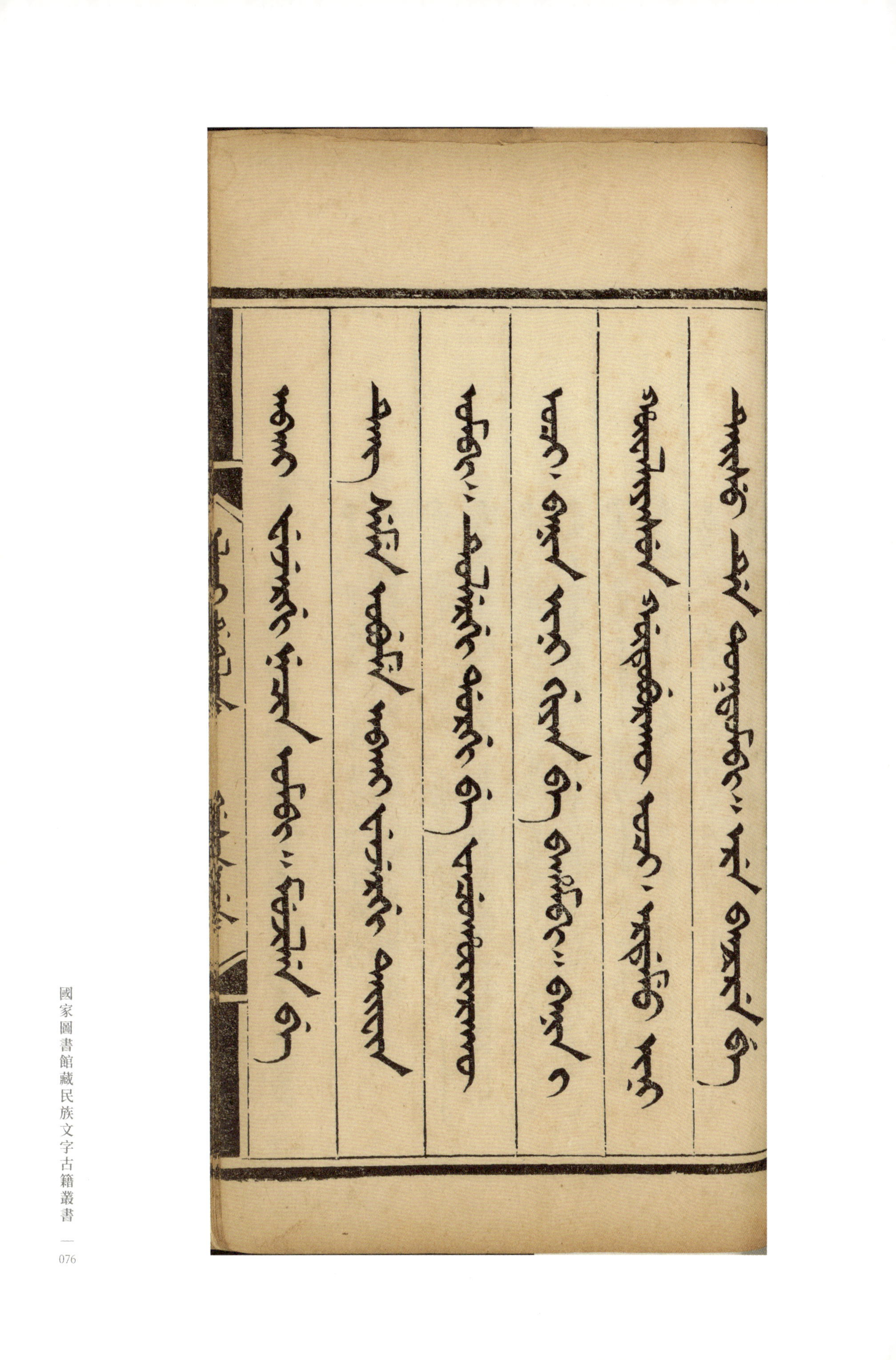

[illegible]

ᡨᠣᠨᡩᠣ ᡩᠣᡵᠣᠩᡤᠣ ᠪᠣᡩᠣᠮᡝ ᠪᡝᡵᡝ:: ᡩᠣᡵᠣᠩᡤᠣ ᡨᠣᠨᡩᠣ ᠪᡝ

ᡝᠵᡝᠨ ᡩᡝ ᠰᡝᡵᡝ ᡩᡝ ᠪᡠᡥᡝ:: ᠪᠣᡩᠣᠮᡝ ᡩᡝ ᠮᡝᠨ ᡝᠵᡝᠨ

ᠠᠮᠪᠠᠰᠠ:: ᠪᡠᠰᡠᡴᡠ ᠰᡝᡵᡝ ᡩᡝ ᡝᠰᡝ ᡩᡝ ᡝᡥᡝ::

ᡝᠵᡝᠨ ᡳ ᡤᡡᠨᡳᠨ ᠰᡝᠮᡝ ᡩᡝ ᠮᡝᠨ ᠪᡠᡥᡝ::

ᡝᠵᡝᠨ ᡩᡝᡵᡝ ᡩᡝ ᡝᡵᡝ ᠪᡠᡥᡝ:: ᠪᡠᡥᡝᠪᡝ

ᠠᠨᡳᠶᠠᠩᡤᠣ᠈ ᠰᠠᡳᠨ ᠪᡳ ᡝᠰᡝ ᠪᡠᡥᡝ::

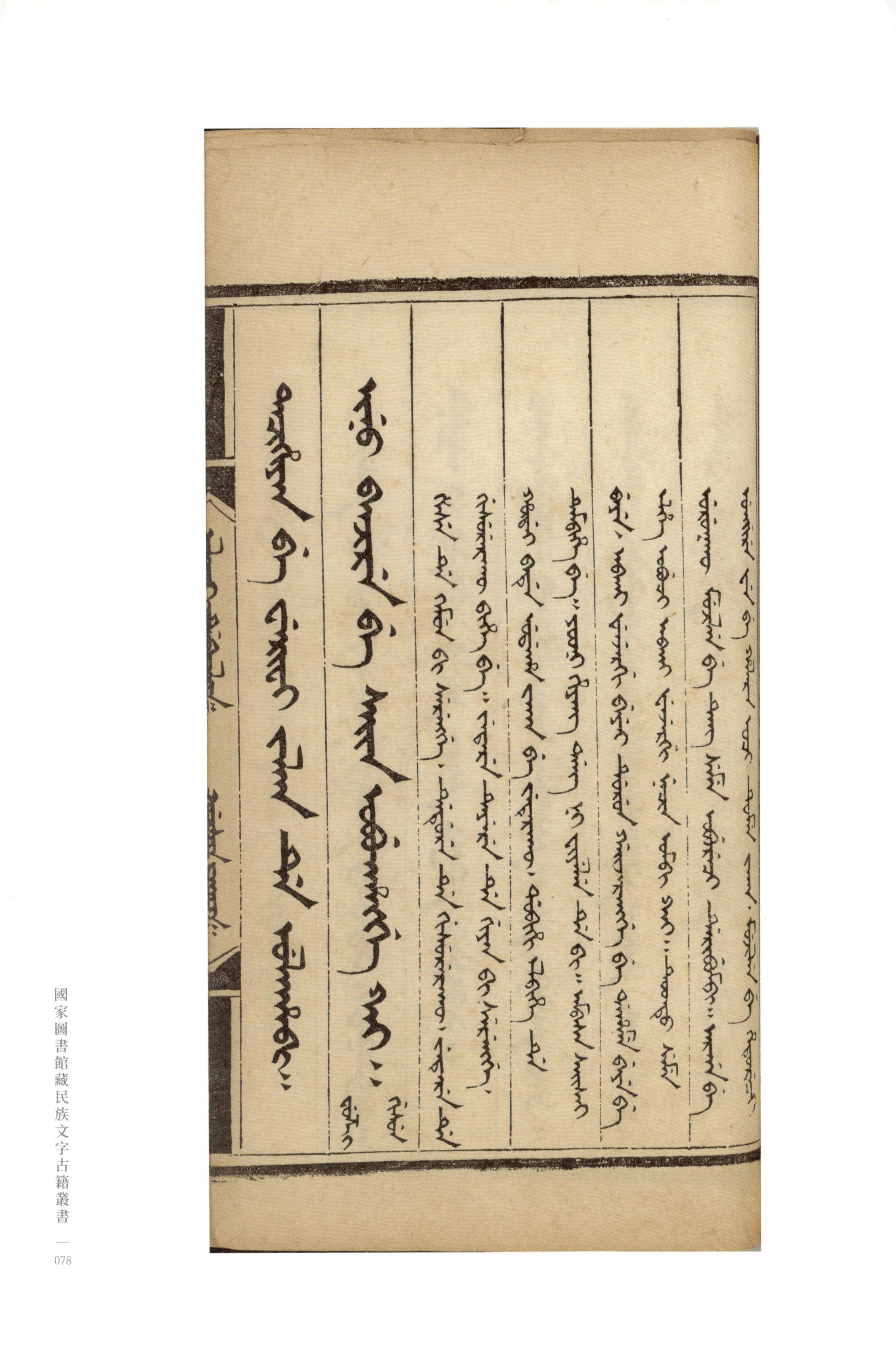

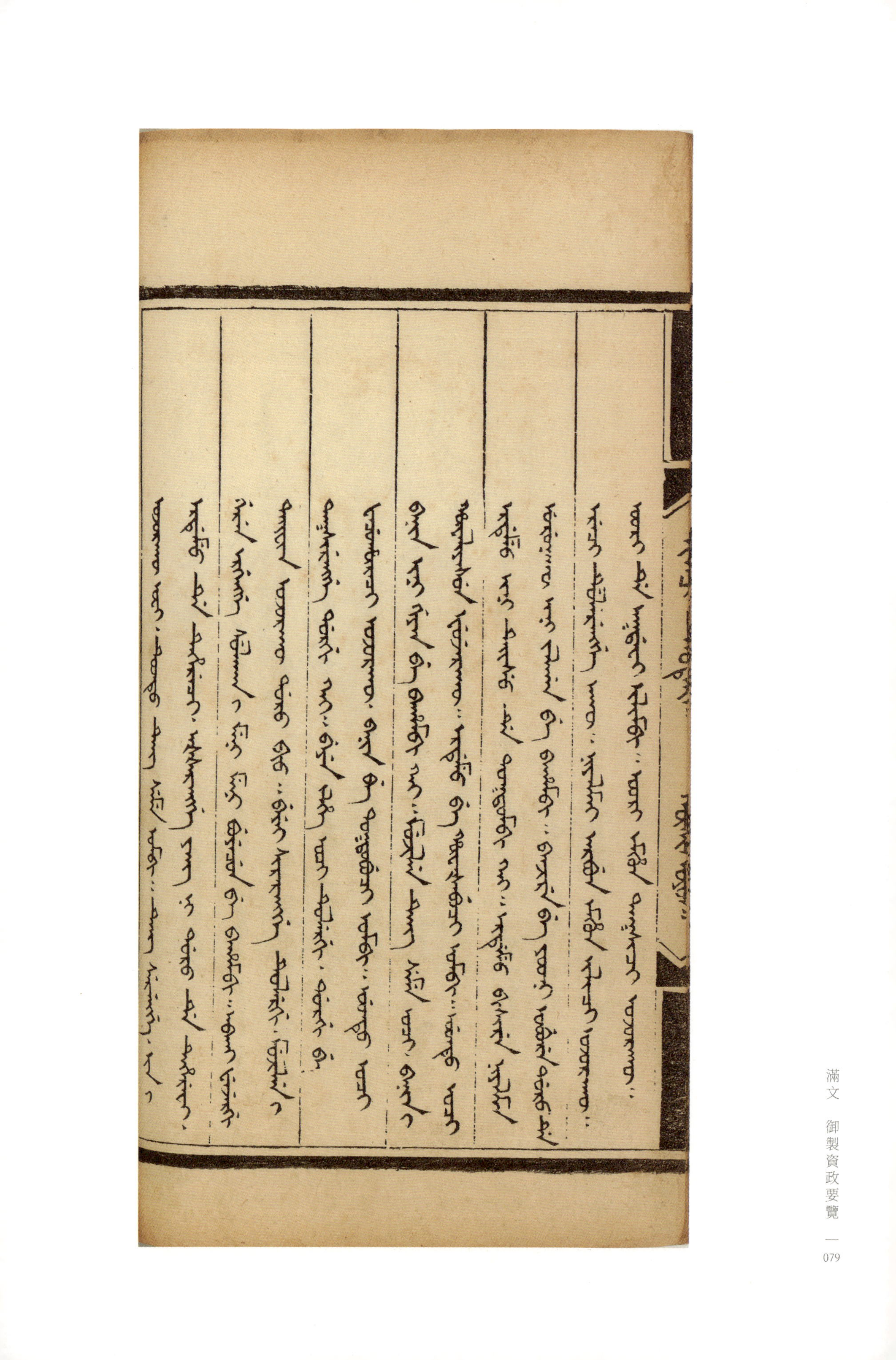

[illegible]

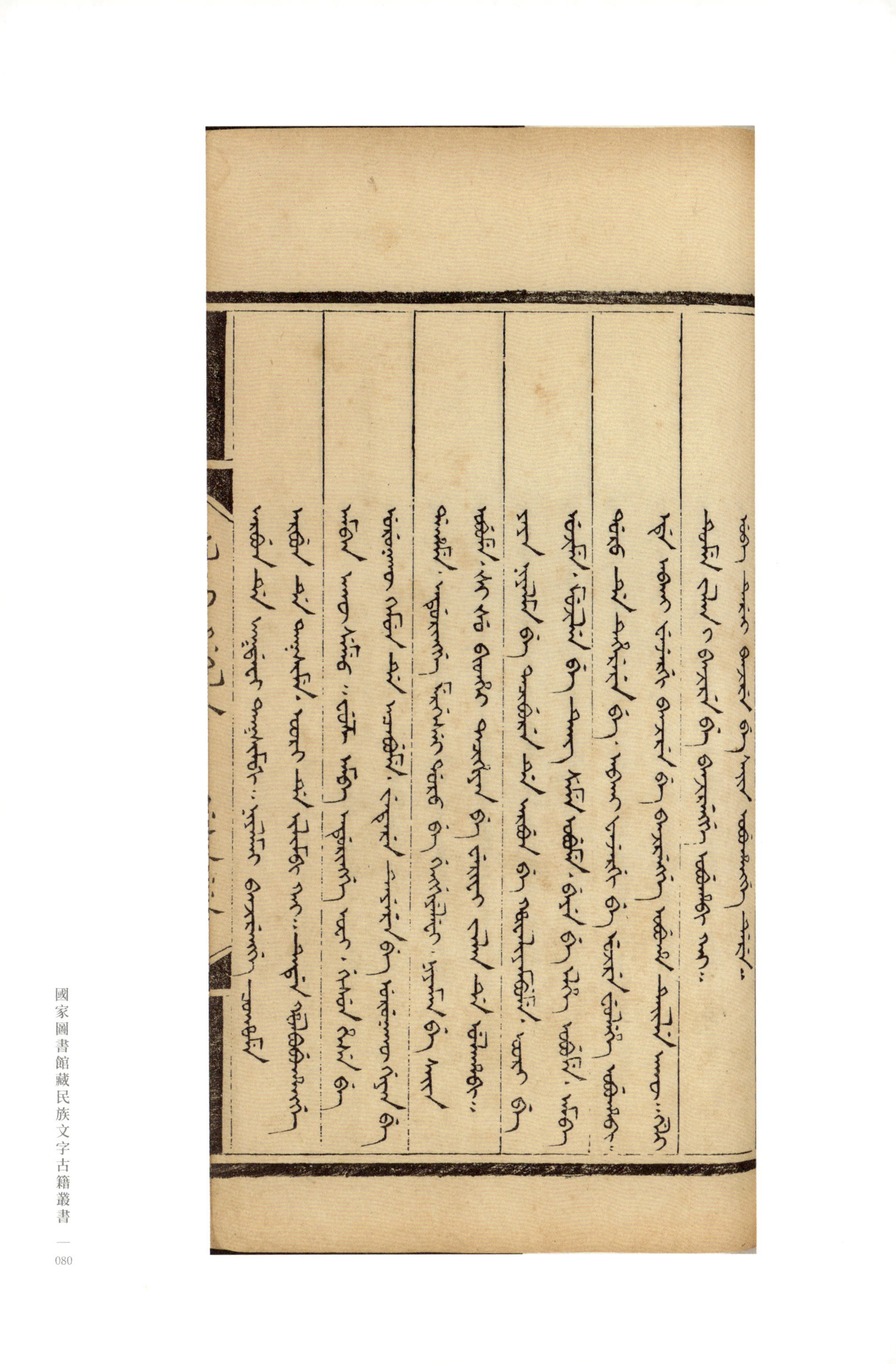

ᠰᡝᠮᡝ ᠰᡳᡵᡤᡝ ᠪᡝᠨᡝᠮᡝ ᡨᠠᠰᠠᡵᠠ᠈ ᠪᡳᡨᡥᡝ ᡨᡝᡨᡝ ᠪᡝᡨᡝᡥᡝ᠈

ᡶᡳᠶᡝᠨ ᡳ ᠵᠠᠯᠠᠩᡤᠠ ᠵᠠᡶᠠᠨ ᡳ ᡤᡳᠰᡠᡵᡝᠩᡤᡝ᠈

ᡠᠨᡩᡝ ᠪᡠᠰᡳᠪᡠᡥᡝ᠈ ᠰᡳᠨᠠᡴᡳᠰᡳ ᡨᠣᡵᡤᠣᠨ ᠵᠠᠯᡳᠪᡠᡥᡝ

ᠪᡠᡨᡠᡵᡝ᠈ ᡤᠣᡵᡳᠪᡠᡥᡝ ᠪᡝᡨᡝ ᡨᡠᡵᡤᡝ ᡳ ᡨᡠᡵᠠᠨᠰᡳᠨ ᠪᠣᠪᡳ᠉

ᠪᡠᠨᡳᠣᠰᠣ ᠵᠠᠯᡳᠨ ᡤᠣᠰᡳᠪᡠᠮᡝ᠈ ᠪᡠᡴᡩᠠᠨ ᠰᠠᠨᠠᠨ ᠪᡳᡨᡥᡝ᠈

ᠵᡳᠨ ᡳ ᠵᡝᠨᡩᡠᠪᡠᡥᡝ ᠪᠠᠨᡳᠨ ᡳ ᡤᡡᠨᡳᠨ᠈

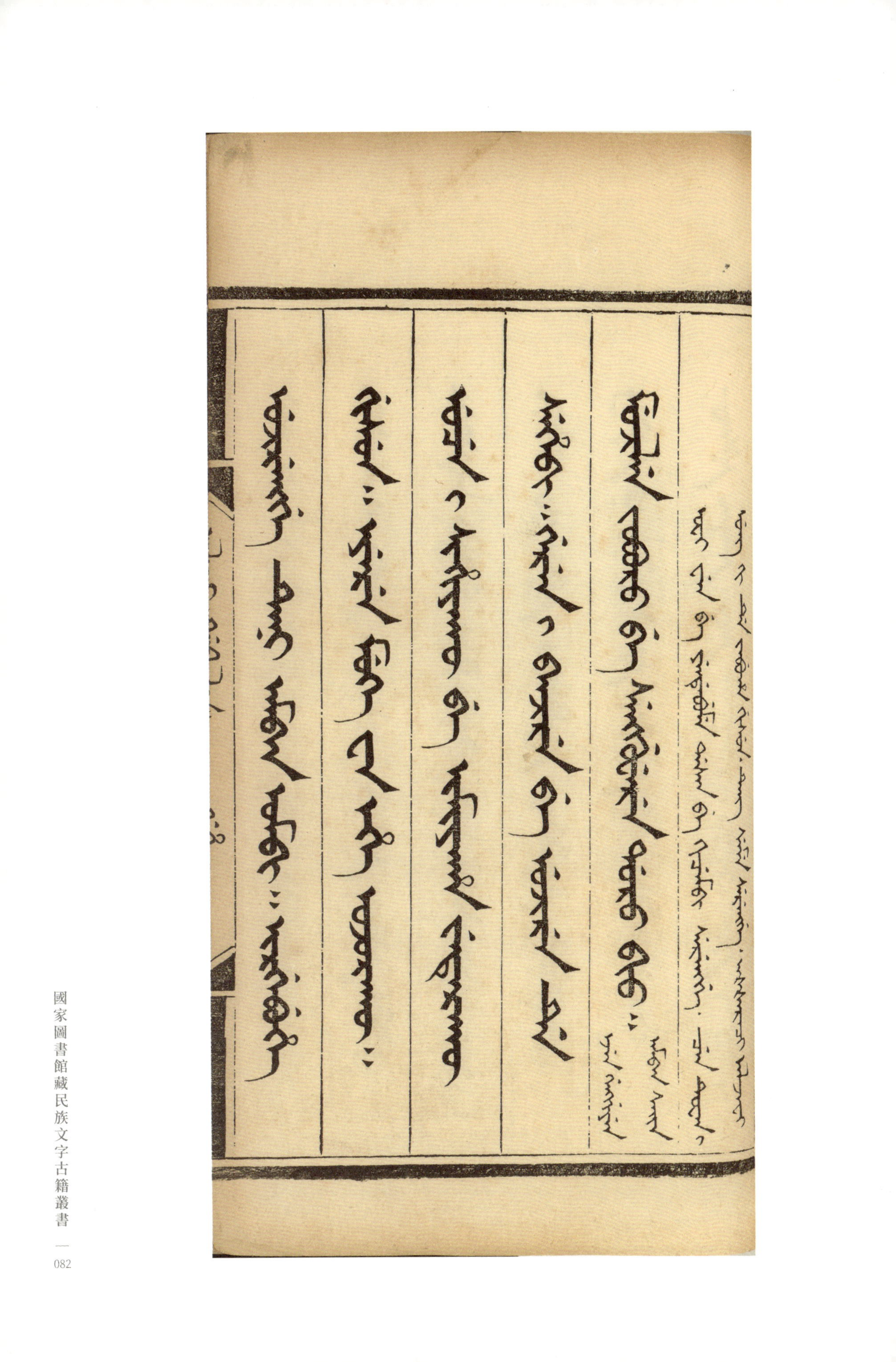

[illegible]

[illegible]

[illegible]

[illegible]

[illegible]

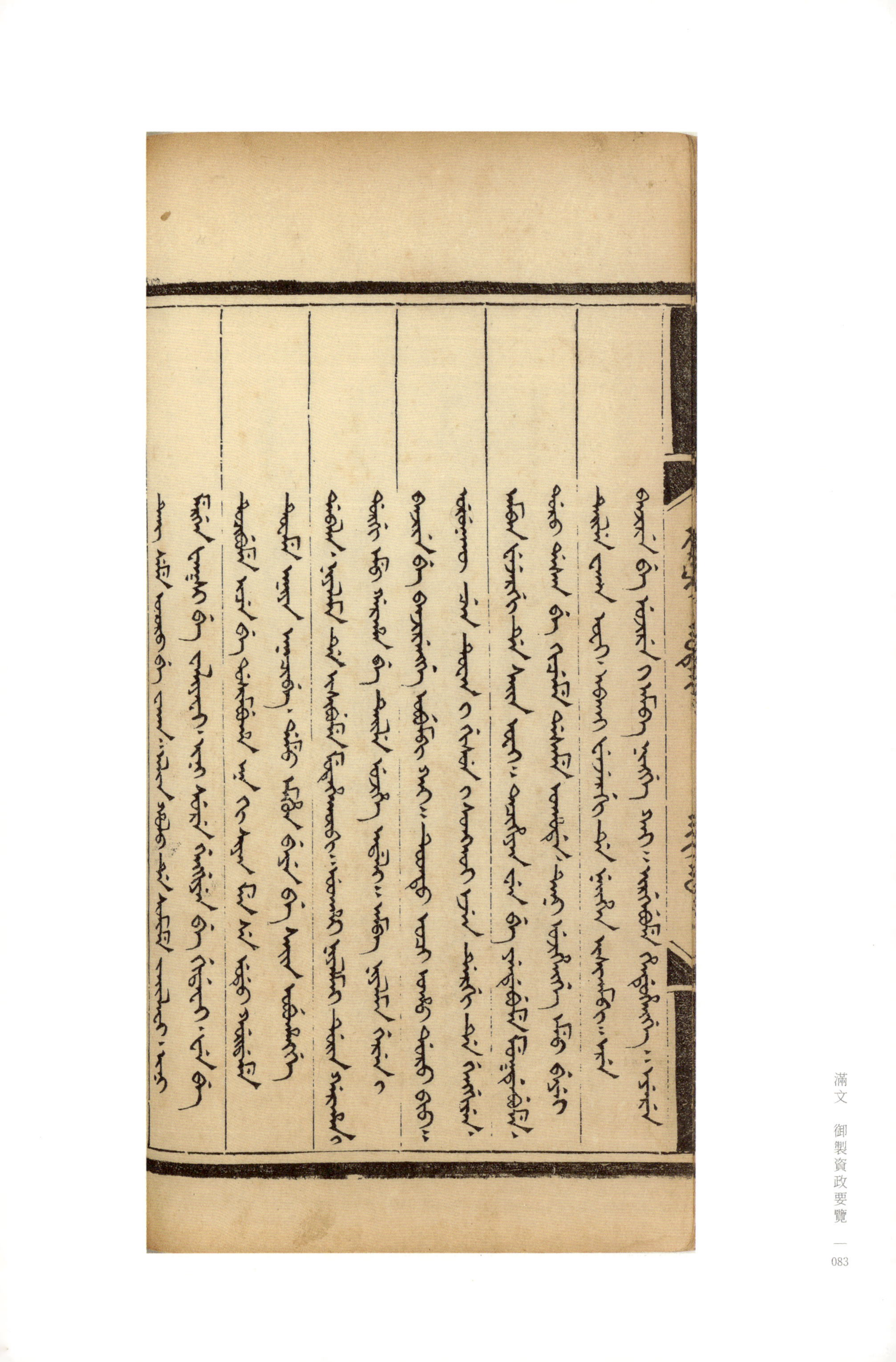

[illegible]

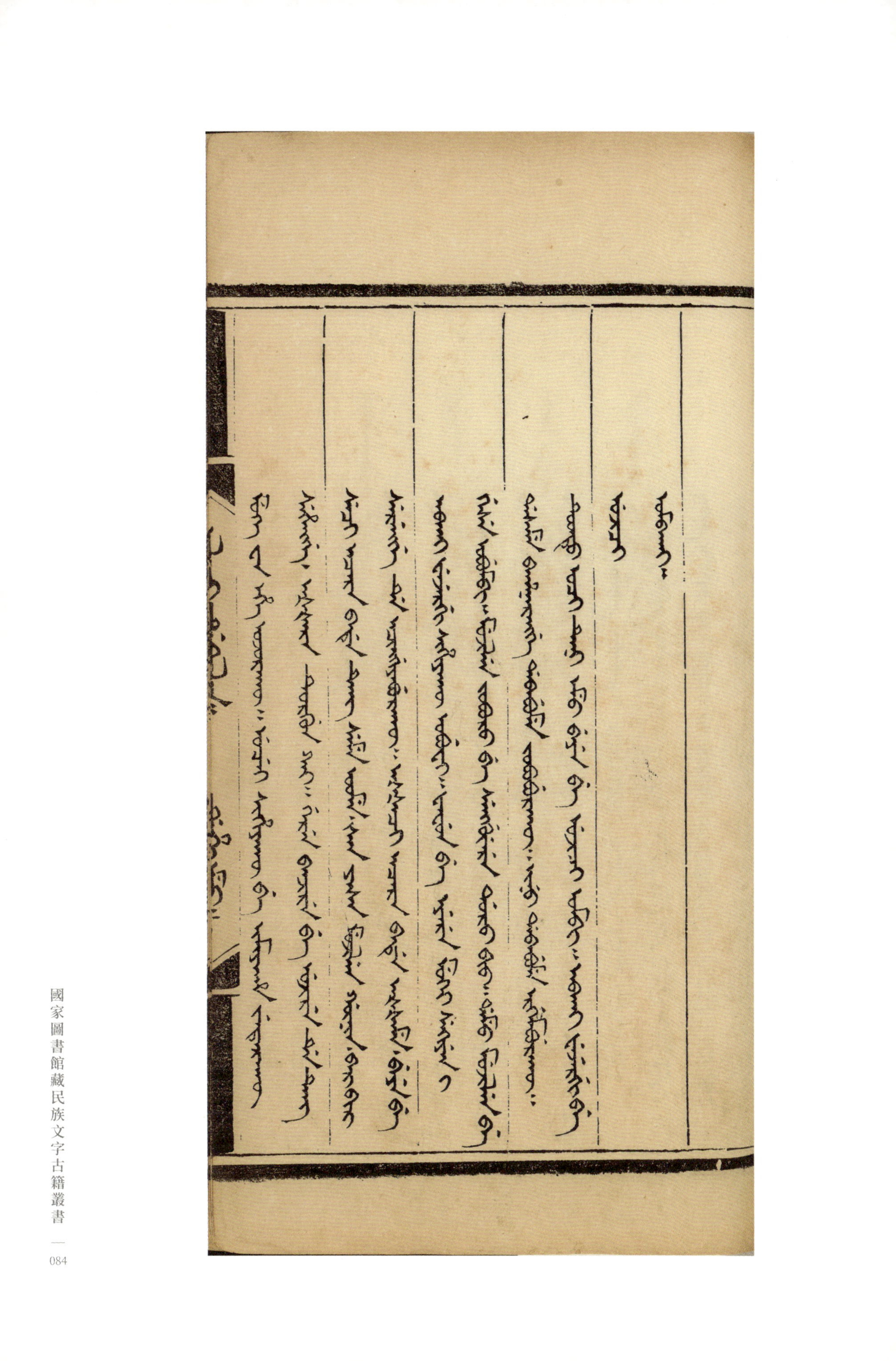

[illegible]

[illegible]

[illegible]

[illegible]

[illegible]

[illegible]

[illegible]

[illegible]

[illegible]

[illegible]

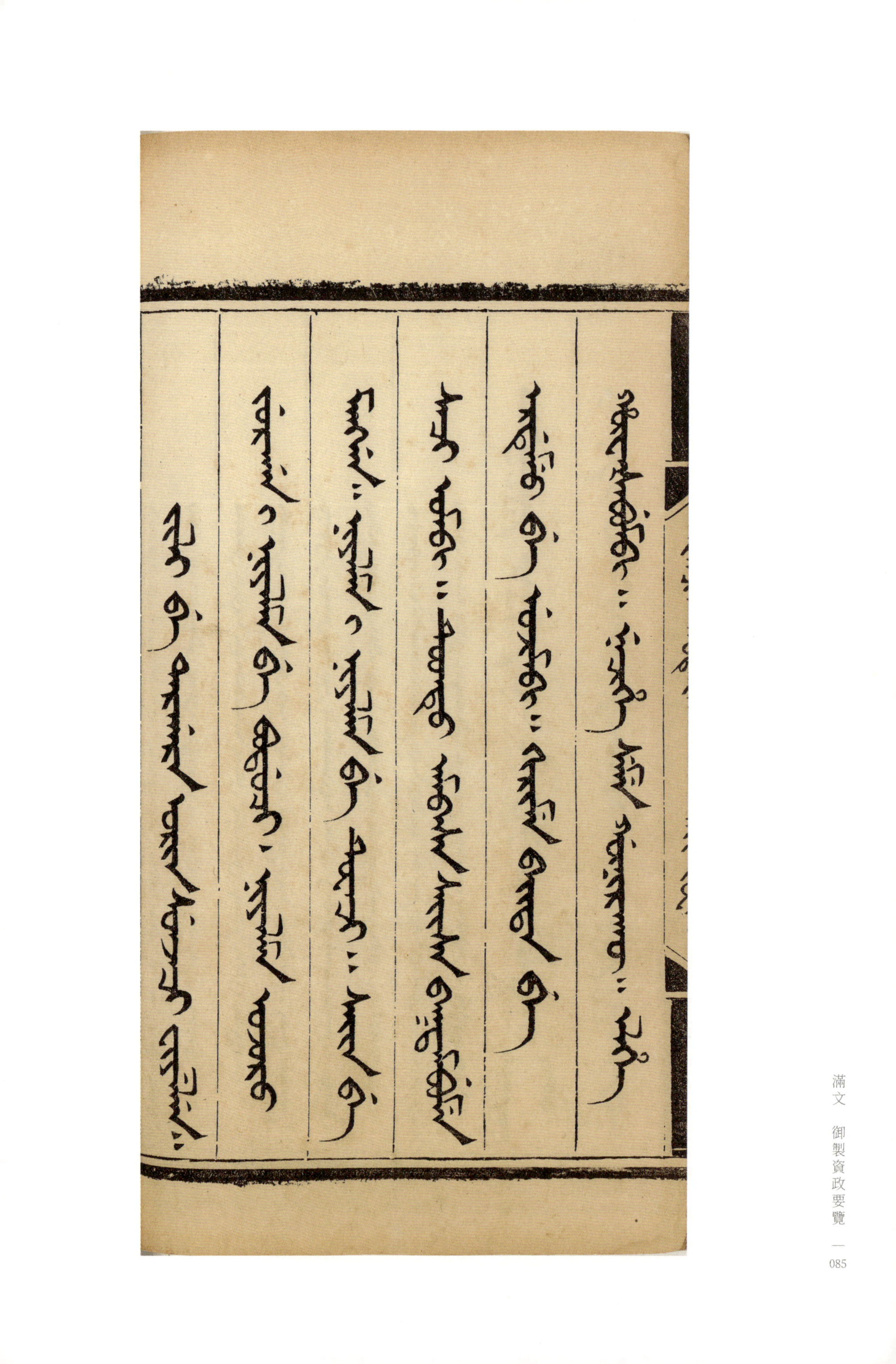

[illegible]

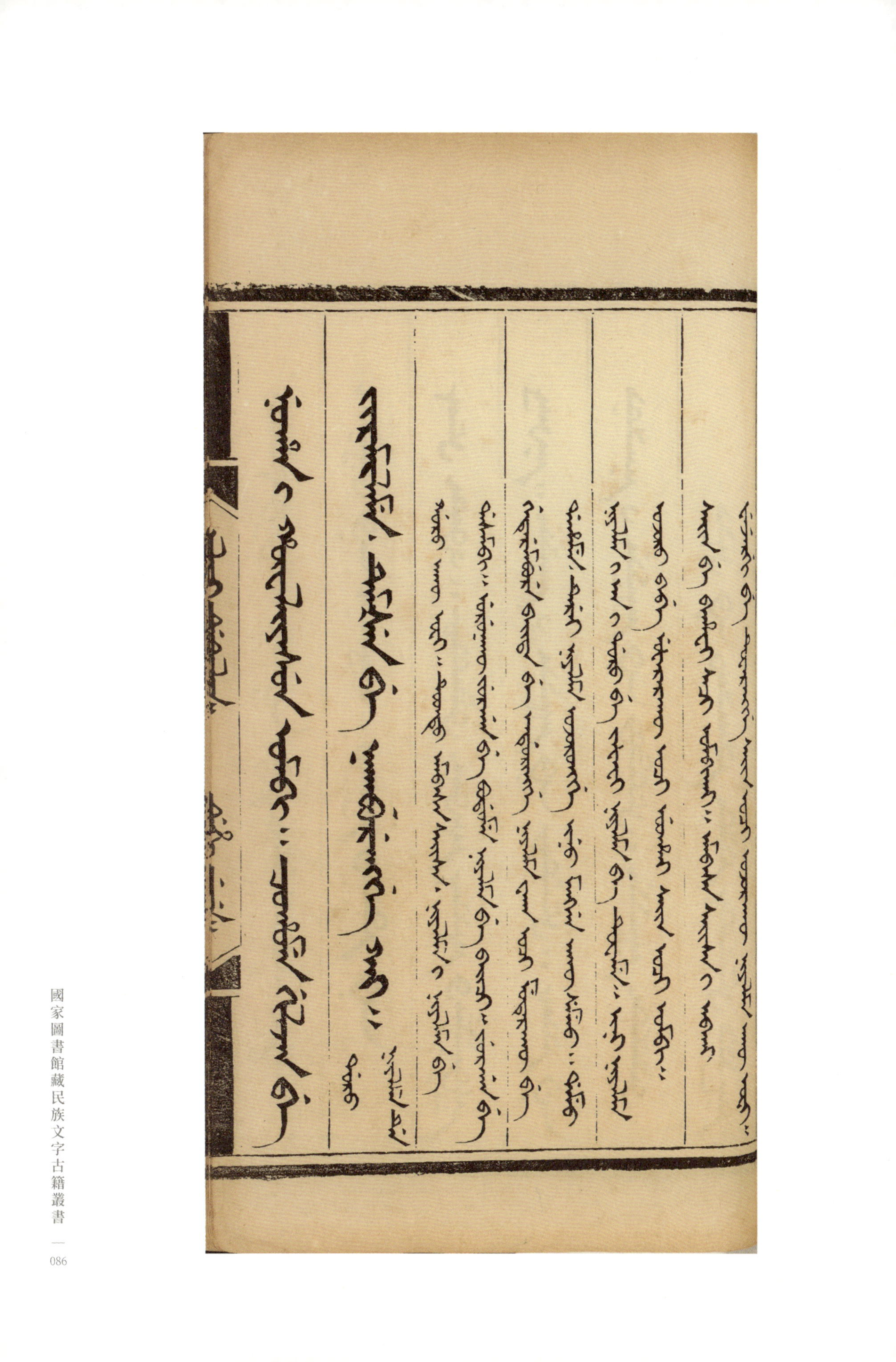

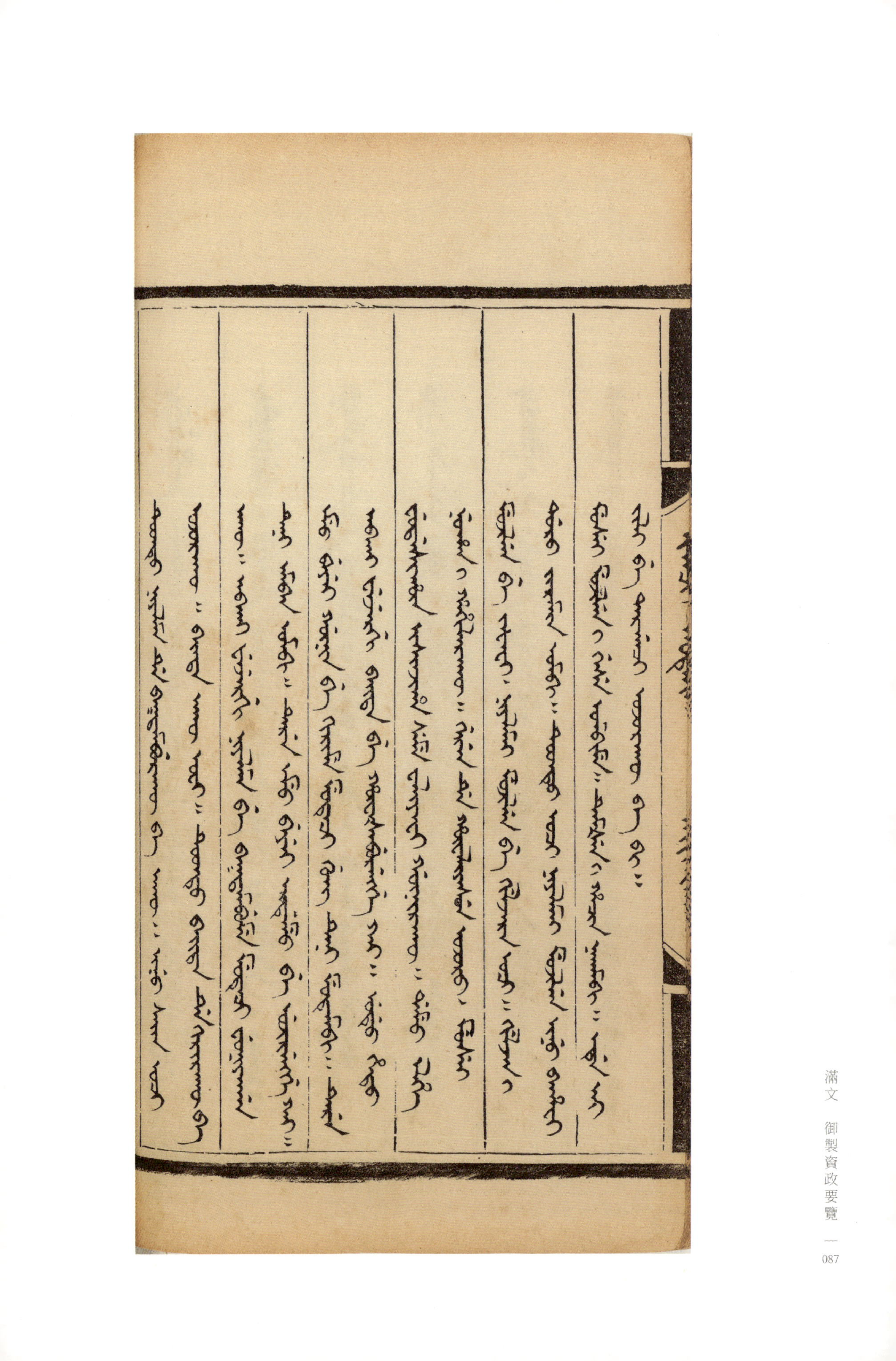

[illegible]

ᠰᡠᠸᠠᠮᠪᡳᡥᡝ ᠪᠣᠯᠣᡥᠣ ᠠᠨᠠᠨ ᠪᡝ ᠪᡝᠨᡝᠪᡠᡥᡝ᠉ ᠰᡳᠮᠪᡠᡥᡝ

ᡝᠮᡤᡝᠨ ᡳ ᠪᡝᠶᡝ ᠪᡝ ᠠᠰᠠᡵᠠᠮᡝ᠈ ᠠᠰᠠᠨ ᡳ

ᠪᡝ ᠠᠯᡳ ᡝᡵᡝ ᠠᠮᠠᠯᠠ ᠠᠮᠪᡠᠯᡝ᠉ ᡝᡵᡝᠮᡝ ᠠᠮᠠᡵᡤᡳ ᡳ

ᠠᠨᡳᡵᡝ ᡳᡵᡝ ᠪᡠᠮᡝ᠉ ᡳᠯᡳᠮᡝ ᡝᡵᡝ ᠪᡝ ᠪᡠᠰᠠᠪᡠᠮᡝ

ᠪᠣᠮᠪᠣᡥᠣ᠉ ᠪᡝᠨᡝᠮᡝ ᡝᠨᡝᠨᡝᡵᡝ ᠪᡝ ᠪᡝᠯᡝᠮᡝ ᠠᠮᠪᡠᠪᡠᡥᡝ᠈ ᠠᠮᡤᡝᠨ

ᠨᡳᡴᠠᠮᠪᡳ ᠠᠮᠠᡳ ᠰᡠᠨᡝ ᠪᡝᠰᡝ᠉ ᡳᠰᠠᠨᡩᡠᡵᡝ ᠨᡝᠪᠣᡥᡝᠮᡝ᠈

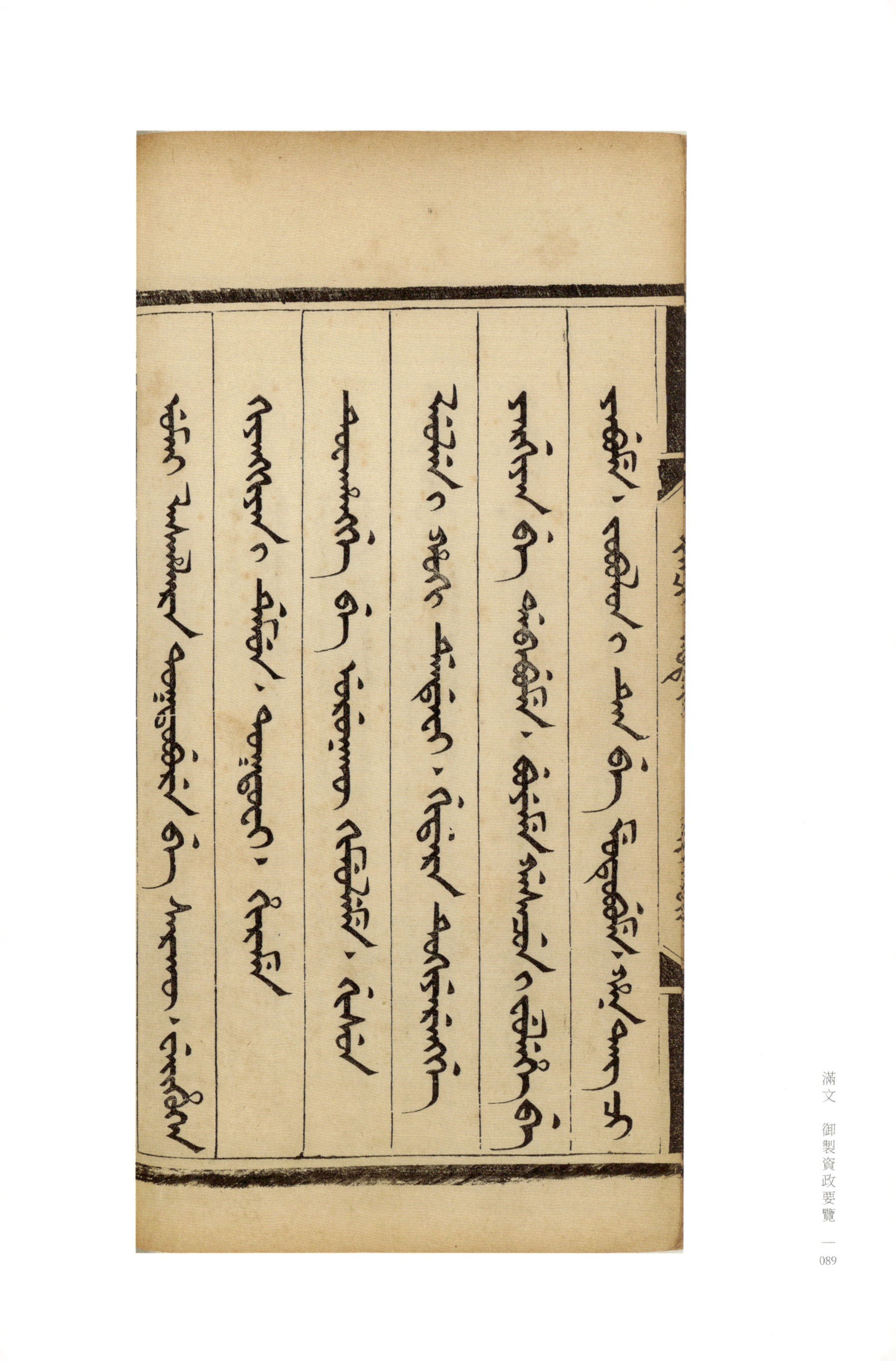

[illegible]

[illegible]

[illegible]

[illegible]

[illegible]

[illegible]

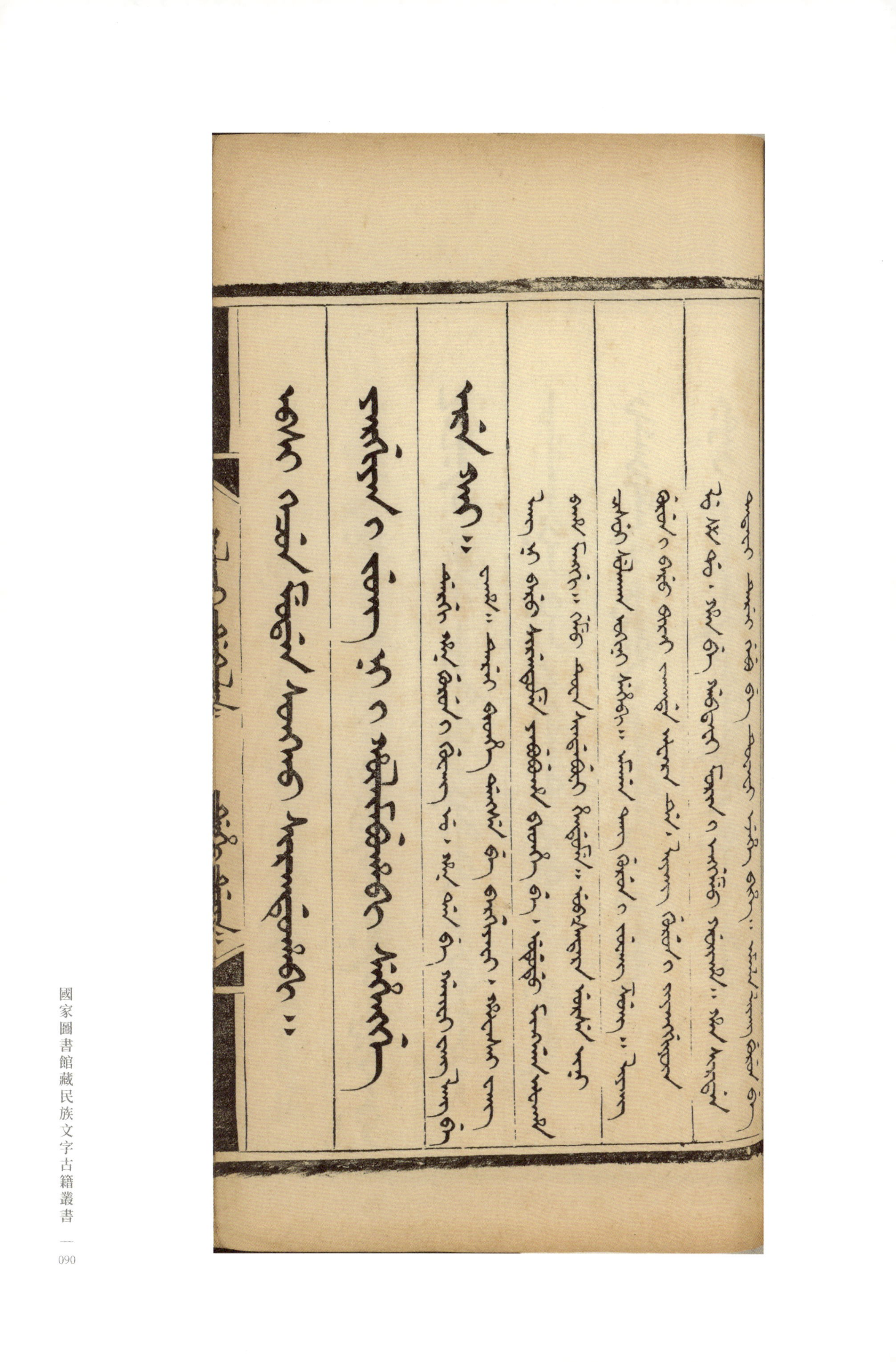

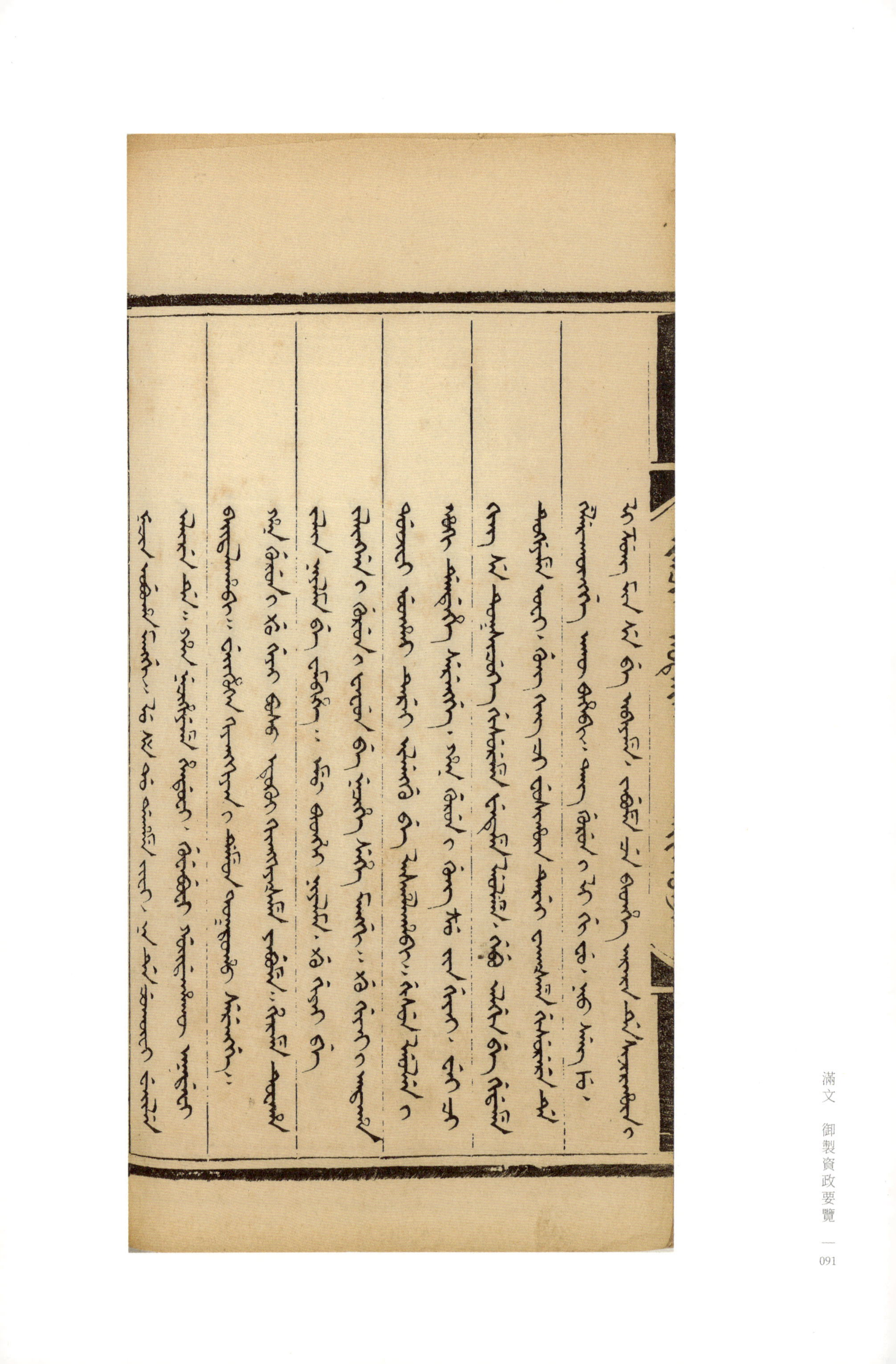

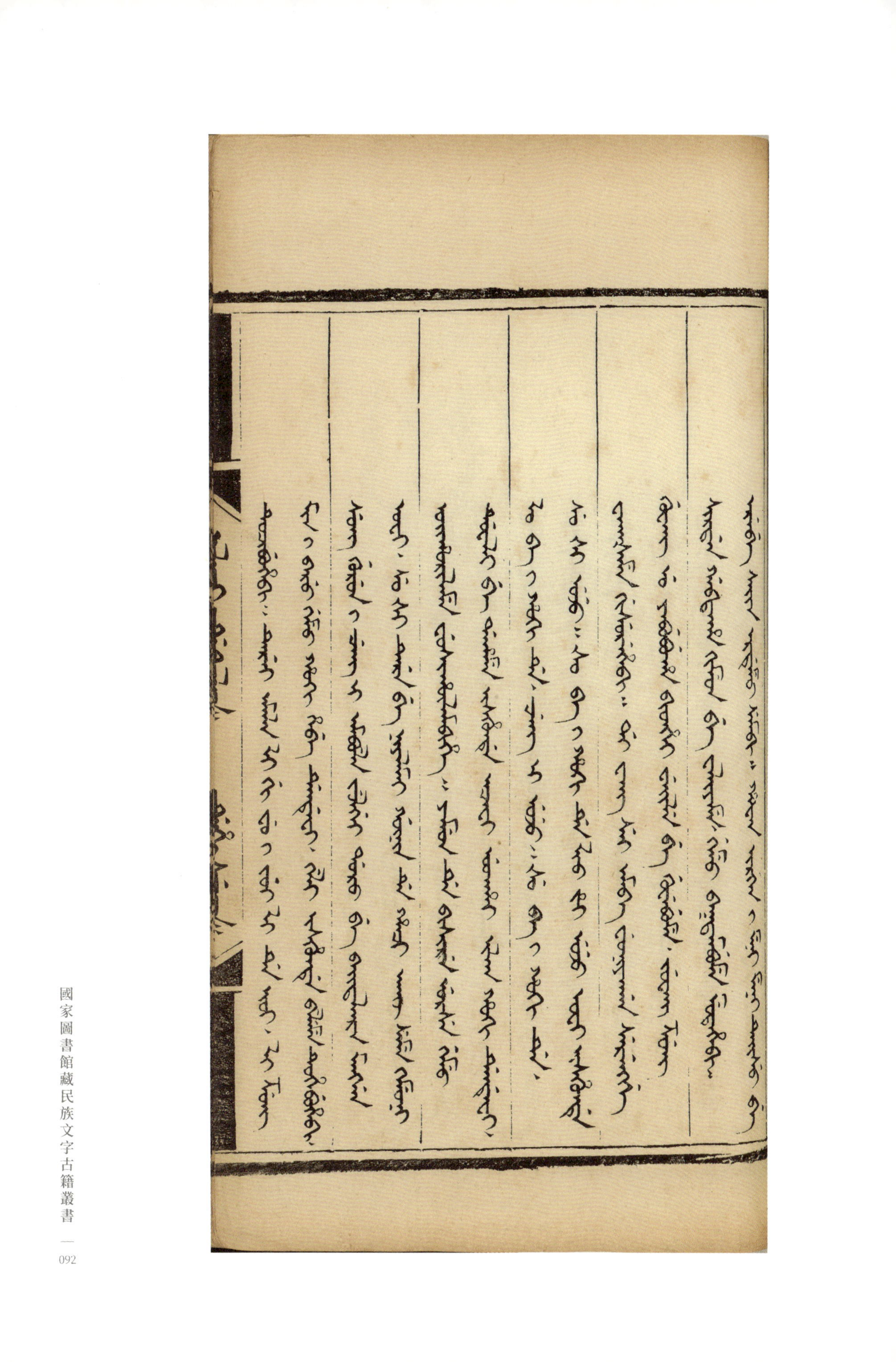

[illegible]

ᠶᠠᠶᠠ ᡩᠣᠰᡳᠮᠪᡠᡵᡝ ᠨᡳᠶᠠᠯᠮᠠ ᠪᡝ ᠮᡝ ᡤᡡᠨᡳᠨ :: ᡩᡝᡵᡤᡳ ᠰᡠᠸᠠᠯᠠ ᠪᡝ ᡥᡡᠸᠠᠯᡳᠶᠠᠰᡠᠨ ᡥᡡᠸᠠ
ᡩᠣᡵᠣ ᠪᡝ :: ᡝᠵᡝᡥᡝ ᡳᠯᡳ ᠪᡝ ᠪᠠᡥᠠᠨᠵᡳᠮᡝ, ᡳᠰᡳᠨᠵᡳᡵᡝ ᠮᡠᠵᡳᠯᡝᠨ ᡳ ᡨᠠᠴᡳᡥᡳᠶᠠᠨ
ᠪᠣᡥᠣᠯᡳᠩᡤᠣ ᠪᡝᡳᠯᡝᡵᡝ ᠮᡝᠨ ᡳ ᠣᡶᠣᡵᡳ ᡤᡠᠩᡤᠠᡵᠠ ᡝᠰᡝᡥᡝ ::
ᡨᡠᠸᠠᡴᡳᠶᠠᠮᡝ ᡤᡠᠨᡳᠮᡝ ᡝᡵᡤᡝᠮᠪᡠᡵᡝ ᡩᡝ, ᠠᡵᡠᡥᠠ ᡝᡵᡳᡴᡳ ᡳᠯᡳᡥᠠ ᠪᡝ ᠵᡝᡨᡝᡵᡝ ᠪᡝᠶᡝ,
ᡤᡳᠨᡨᠠᠮᠪᡠᡵᡝ ᠵᡳᠰᡠᠯᡝᠮᡝ ᡤᡳᠩᡤᡠᠯᡝᠮᡝ ᡤᡡᠨᡳᠮᡝ ᠮᡠᡨᡝᠮᡝ ᡝᠵᡝᠮᡝ ᡤᡳᠰᡠᡵᡝᠮᡝ ᡠᡥᡝᡵᡳ ᠪᡝ ᡠᠵᡠ
ᠶᠠᠪᡠᡵᡝ ᠮᡝᠨ ᠪᡳᡨᡥᡝ ᠪᡝ ᡠᡥᡝᡵᡳ, ᠪᡝᡳᠯᡝ ᠮᡝᠨ ᡩᠣᡵᡤᡳ ᡩᡝ ᡨᠣᠮᡝ :: ᠶᠠᠪᡠᡥᠠᠩᡤᡝ
ᠪᡝᡳᠯᡝ ᡩᠣᡵᠣᠨ, ᡨᠣᡴᡨᠣᠮᠪᠣᡥᠣ ᡴᠣᠣᠯᡳ ᠪᡠᡵᡝ ᠵᡠᠸᡝ ᡨᡠᠸᡝ
ᡤᡳᠩᡤᡠᠯᡝᡵᡝ ᠮᡝᠨ ᠮᡝᠵᡝᡤᡝᠩᡤᡝᠯᡳ ᠠᠯᡳᠮᠪᡠᡥᠠᡴᡡ ᡥᠠᡵᡤᠠᠰᠠᠮᠪᡳ ᡩᠣᡵᠣᠯᠣᠨ ᡴᡠᠸᡝ ᠪᡝ
ᠠᠮᠠ :: ᡤᡳᠰᡠᠨ ᡤᡳᠰᡠᡵᡝᡵᡝ, ᡤᡳᠩᡤᡠᠯᡝᠮᡝ ᡩᠣᡵᠣᠨ ᠪᡝ ᡤᡳᠰᡠᠨ ᡥᡡᠸᠠᠯᡳᠶᠠᠰᡠᠨ ᠪᡝ ::
ᡥᠣᠣᡶᠣ ᡤᡳᠰᡠᠨ ᡳ ᡤᡡᠨᡳᠨ, ᠪᡝᠶᡝ ᡳᠯᡳᡥᠠ ᠪᡝᡳᠯᡝ ᡳᠨ ᡳ ᡤᡡᠨᡳᠨ ᡳᠯᡳᡥᠠ ᡩᡝ ᡳᠰᡳᡨᠠᠯᠠ, ᠪᡠᡥᡳᠶᡝᠮᡝ
ᡩᡝᡵᡤᡳ ᠠᡵᠪᡠᠯᡝᠮᡝ ᡳᠴᡳᡥᡳᠶᠠᠮᠪᡳ ᡥᠣᠰᡠ ᡤᡡᠨᡳᠨ :: ᠮᡝᠨ ᡩᡝ
ᡤᡳᠩᡤᡠᠯᡝᠮᡝ :: ᠪᡠᡨᡝᡵᡝ ᠪᠠᡨᡠᡵᡠ ᡥᠣᡨᠣᠨ ᡩᡝᡵᡤᡳ ᠮᡝᠨᡳ ᠮᡝᠨ ::

ᠪᡳ ᠪᡳᠣ ᠣ ᠰᡝᡵᡝ ᠪᡝ ᡨᡠᠸᠠᡴᡳᠶᠠᠷᠠᠩᡤᡝ᠈ ᠠᠮᠪᠠᠩᡤᠠ

ᠪᠣᡩᠣᠮᡝ ᠠᠴᠠᠪᡠᡵᡝ᠉ ᠠᡳᠰᡳᠯᠠᡵᠠ ᠪᠠᠨᡳᠨ ᠰᡝ

ᠪᡳᠶᠠᠩᡤᡳᠶᠠᠨ ᡳ ᠵᠠᠯᠠᠨ ᡤᡳᠰᡠᠨ ᡳ ᡥᠠᡵᡤᠠᠰᠠᠮᡝ

ᠪᡝᡳᠯᡝᡵᡝ ᡳ ᡨᡠᠸᠠᡴᡳᠶᠠᡵᡝ᠉ ᡨᡠᠸᠠᠮᡝ ᡩᡠᡵᡠ

ᡤᡝᠩᡤᡳᠶᡝᠨ ᡳ ᡨᡠᡵᡤᡠᠨ᠈ ᡨᡠᠸᠠᠨᠵᡳᡵᡝ᠈ ᡤᡝᡵᡝᠨ ᠣ ᠰᡝᠴᡳ

ᡤᡳᠰᡠᠨ᠈ ᡨᡠᠰᡳᠨ ᡨᡠᠸᠠᡴᡳᠶᠠᡵᠠᠩᡤᡝ ᡠᡵᡠᠨᠠᡴᡡ ᠰᡝᡥᡝ

ᠰᡠᠰᡠᡵᡝᠨ ᡩᠣᡵᠣ᠈ ᠵᡠᡴᡨᡝ ᡩᡝ ᡝᡵᡝᠮᡝ ᠪᡝ ᡨᡠᠸᠠᠮᡝ ᡳᡵᡤᡝᠨ᠉

ᠮᡝ ᡩᡝ ᠮᡠᠮᡠᡥᡠ ᡩᡝ ᡤᡝᠮᡠ ᠮᡠᡨᡝᡵᡝ᠈ ᡨᡝ

ᠪᡠᡵᡝᠨ ᡝᠯᡝ ᡤᡝᠯᡝᠮᡝ ᠪᡝ ᡨᡠᠸᠠᡥᠠ ᠰᡠᠰᡠᡵᡝ᠈ ᡠᠮᡠᠰᡳ

ᠪᡠᠯᡝᡴᡠᡧᡝᠮᡝ᠈ ᠰᡳᠩᡤᡝᡵᡳ ᡳ ᡩᡠᡵᡤᡳᠶᡝᠨ ᡤᡝᠮᡠ ᡩᡝ ᡥᡝᠰᡝ

ᠪᡝᠶᡝᠴᡳᠩᡤᡝ ᠰᠠᡳᠨ᠈ ᠪᡝᠶᡝ ᡩᠣᡵᠣᠩᡤᡝ᠈ ᡤᡝᡵᡝ

ᡨᡠᠸᠠᠴᡳᠩᡤᡝ ᡳ ᠠᠮᠪᠠᠯᡳᠩᡤᡡ᠈ ᠵᡠᠯᡤᡝᠴᡳ ᠮᡝᠩᡤᡝ ᠪᡝ

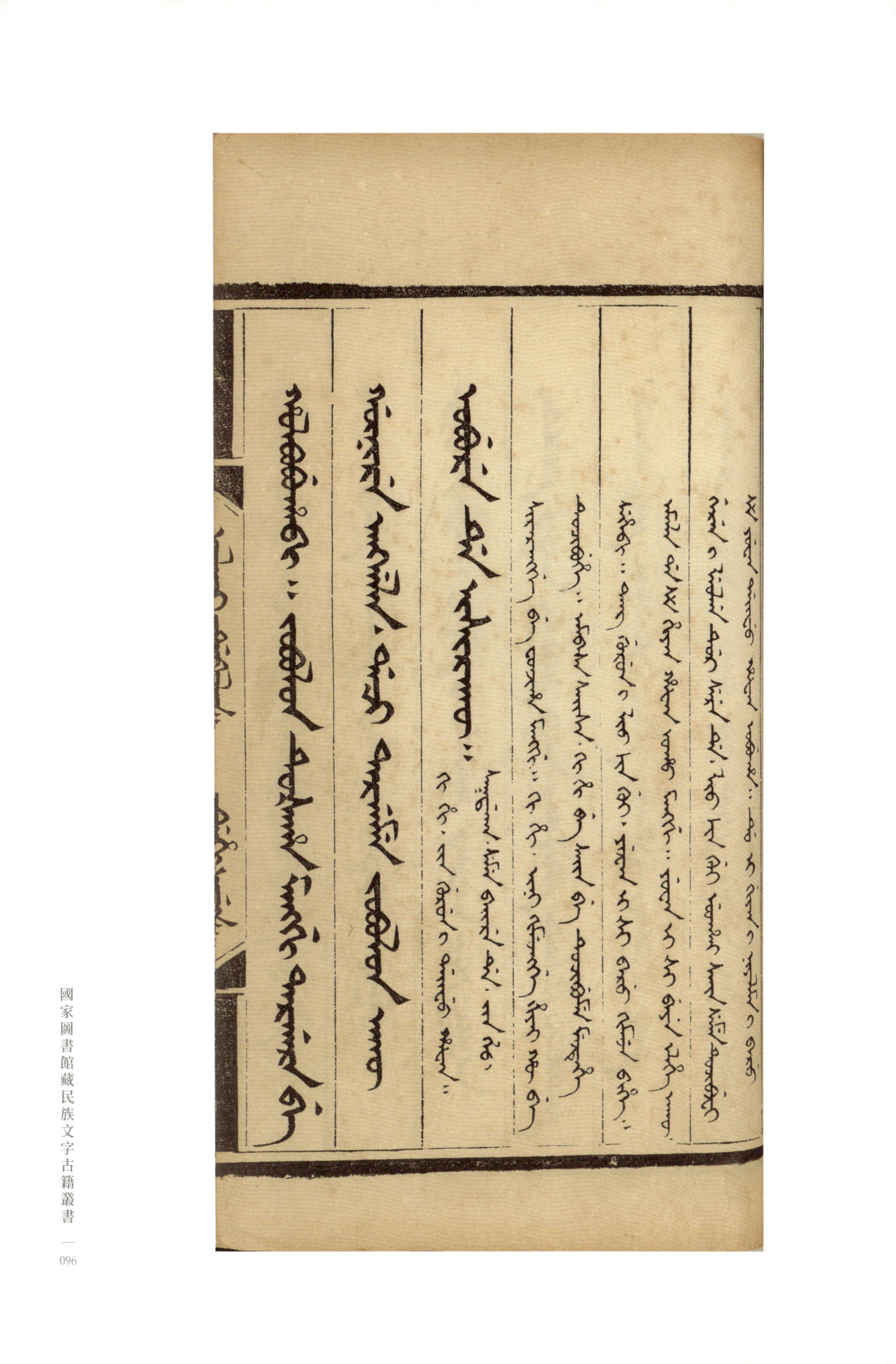

[illegible]

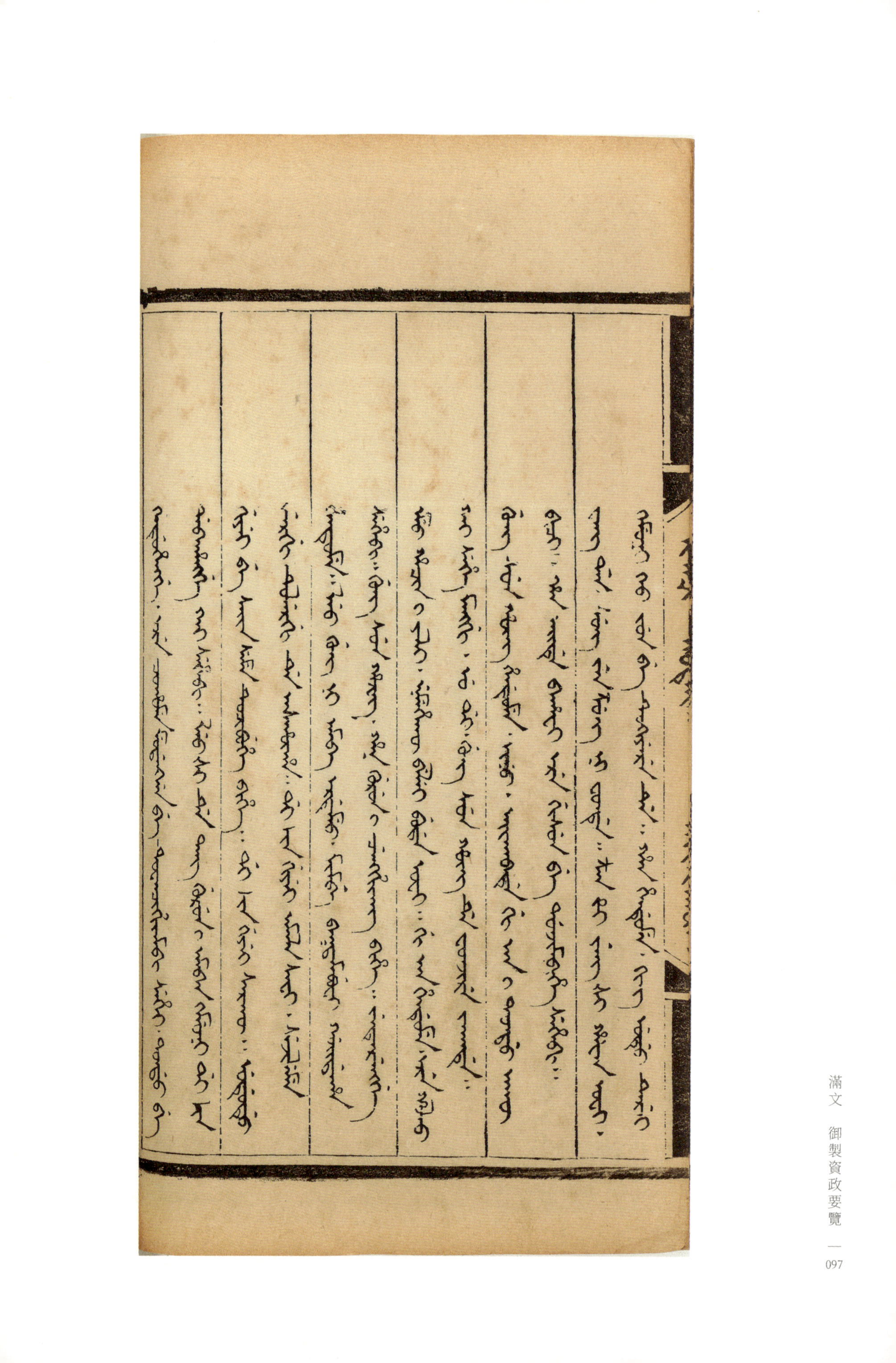

ᡝᠰᡝ ᠪᡝ ᠠᠯᡳᠪᡠᡶᡳ᠈ ᡝᠴᡳᡴᡳ ᡝᡵᡝ᠈ ᡤᡝᠮᡠ ᡨᡝ ᠮᡝᠨᡳ ᠪᡝ ᡨᠠᠴᡳᠪᡠᡵᡝ ᠪᡳ᠉
ᡝᠰᡝ ᡨᡝ ᠪᡠᡵᡝᠩᡴᡳ᠉ ᠪᠣᡵᠣ ᠪᡝ ᠰᡳᠯᡳᠮᠪᡠᡵᡝ᠈ ᡨᡝ ᡤᡡᠨᡳᠨ ᠮᡝᠨᡳ ᠪᡝᠶᡝ

ᡳᠨᡝᠩᡤᡳᡩᡝᡵᡳ᠉ ᡤᡝᠨᡳᡥᡝ ᡳ ᠪᡝᠶᡝᡩᡝ ᡨᡝ ᡨᡝᡵᡝ ᠪᡳᠰᡳᡵᡝ ᡠᡵᡤᡠᠨᠵᡝᡵᡝ ᡥᡡᠸᠠᡧᠠᠪᡠᡶᡳ᠉
ᡨᡝ ᡨᡝᡵᡝ ᡳ ᡝᡵᡝ ᡨᡝ ᠵᡠᠸᡝᡵᡝ ᡨᡝ ᡝᡵᡩᡝᠮᡠᠩᡤᡝ᠉ ᡝᡵᡝ ᡤᡝᠨᡳᡥᡝ

ᡤᡝᠨᡳᡥᡝ ᠪᡝ ᡨᡠᡵᡤᡠᠨ ᠪᡠᡵᡝ᠉ ᠪᠣᡵᠣ ᡨᡝᡵᡝ ᠪᡝᠶᡝ ᡨᡝ ᠪᡝ ᡝᡵᡝᠨᡳᡩᡝᡵᡳᠩᡤᡝ
ᡥᡡᠸᠠᡧᠠᠮᡝ ᠪᡳᠰᡳ ᠰᡳᠮᡝᠪᡠᡵᡝ᠉ ᠪᠣᡵᠣ ᠪᡝ ᡤᡡᠨᡳᠨ ᠵᡠᠸᡝᠨᡳᠩᡤᡝ ᠵᡠ ᠪᡝᠶᡝ ᡳ

ᡨᡝᡵᡝ ᡳ ᠪᡝ ᡳ ᠰᡳᠮᡝ᠉ ᠵᡠ ᠪᡝᠶᡝ ᡳ ᡨᡝᡵᡝ ᡳ ᠪᡝ ᡳ ᠰᡳᠮᡝ ᠪᡝ ᡨᡝᡵᡝ᠈
ᡝᠯᡝ ᡤᡝᠮᡠ ᠪᡝ ᡳ ᠪᠣᡵᠣ ᡨᡝ ᠪᡝ ᡤᡡᠨᡳᠨᡩᡝ᠉ ᡨᡝᡵᡝ ᠪᡳ ᠰᡳᠮᡝ

ᡝᡵᡝ ᡤᡡᠨᡳᠨ᠉ ᠵᡠ ᠪᡝᠶᡝ᠈ ᠵᡠ ᠪᡝᠶᡝ ᡝᡵᡩᡝᠮᡠ ᡨᡠᠸᠠᠮᡝ᠉
ᠮᡠᠰᡝ ᡨᡝ ᡨᡝᡵᡝ ᠪᠣᠯᠣᠪᡠᡵᡝ ᡳᠨᡝᠩᡤᡳ᠈ ᡤᡝᠮᡠ ᠪᡝᠶᡝ᠈ ᠵᡠ ᠪᡝᠶᡝ ᡳ

ᡝᡵᡝ ᡤᡡᠨᡳᠨ ᡨᡝᡵᡝ ᡳ ᠪᠣᡵᠣ ᡨᡝ ᠪᡳᠰᡳ ᠮᡠᠰᡝ ᠪᡝᠶᡝᡩᡝ᠈ ᡳᠨᡝᠩᡤᡳ ᠪᡝᠶᡝ ᡳ
ᠮᡠᠰᡝ ᡤᡝᠮᡠ᠈ ᠵᡠ ᠪᡝᠶᡝ ᡳ ᠮᡠᠰᡝ ᠪᡝ ᠪᡳᠰᡳ᠈ ᠵᡠ ᠪᡝᠶᡝ ᡳ ᡨᡝᡵᡝ ᡳ

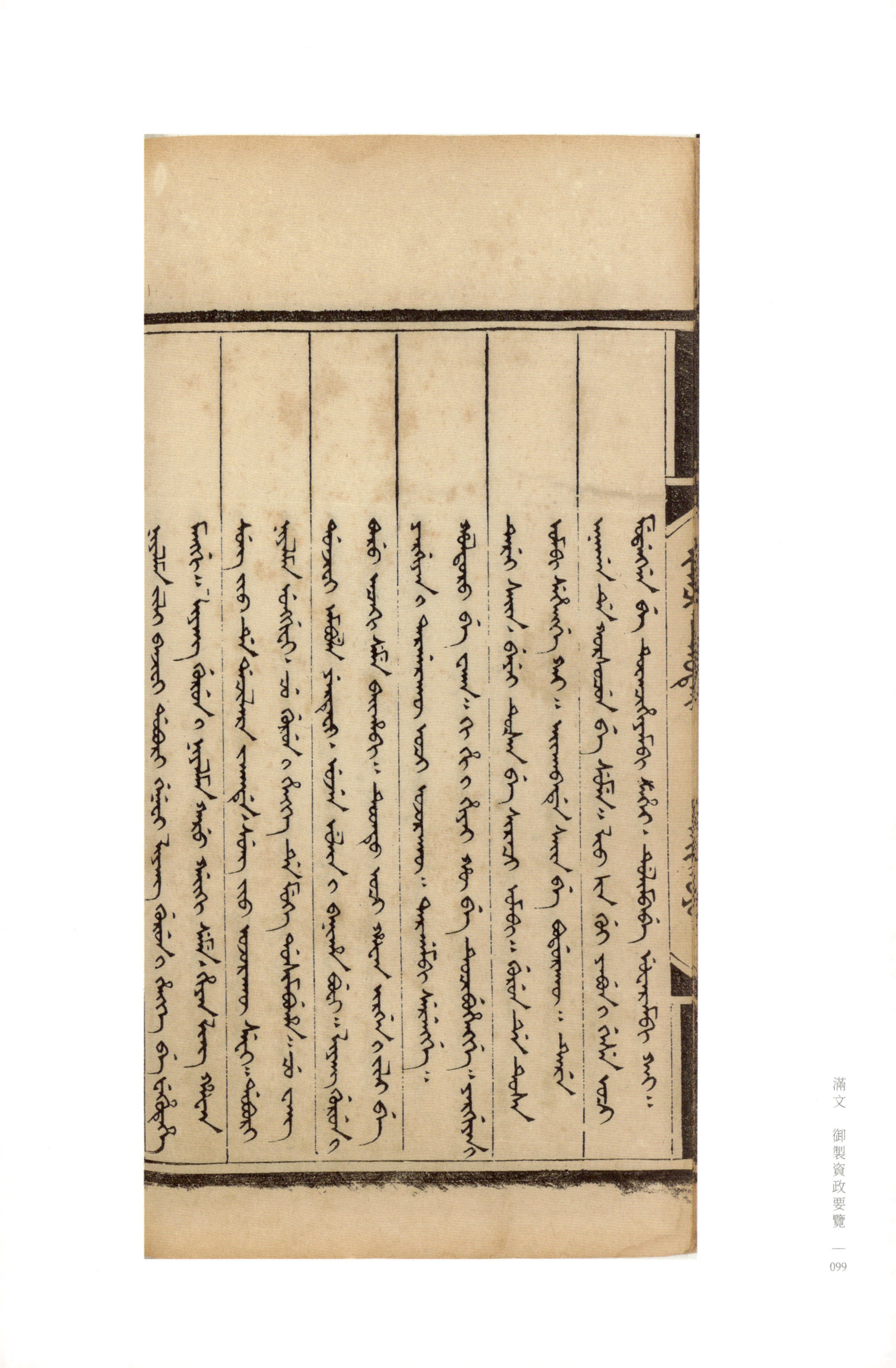

[illegible]

ᠪᠣᡩᠣᠮᡝ ᡠᠮᡝᠰᡳ ᡥᡡᠸᠠᡵᡤᠠ ᠣᡶᡳᡵᡳ ᡳᠨᡳ ᠪᡝ ᡥᡡᠸᠠᠯᡳᠶᠠᠨ ᡥᡡᠸᠠᠯᡳᠶᠠᠮᠪᡳ ::

ᠵᡳᠴᡳ ᡥᡡᠸᠠᠯᡳᠶᠠᠮᠪᡳ ᡳᠨᡳ ᡝᠨᡝᠩᡤᡳ ᡥᡡᠸᠠᠯᡳᠶᠠᠮᠪᡳ :: ᡳᠨᡝᠩᡤᡳ ᠪᡝ ᠪᡠᡵᡠᠯᡳᠶᠠᠮᠪᡳ ::

ᡥᡡᠸᠠᠯᡳᠶᠠᠮᠪᡳ :: ᠵᡳᠴᡳ ᡥᡡᠸᠠᠯᡳᠶᠠᠨ ᡳᠨᡝᠩᡤᡳ ᠪᡝ ᠮᡝᠨᡝᠨ ᡥᡡᠸᠠᠯᡳᠶᠠᠮᠪᡳ :: ᠪᡠᡵᡠ

ᠪᡠᡵᡠᠨ ᠵᠠᡴᠠ ᠪᡠᡵᡠᠨ ᡝᠮᡠᡤᡝ :: ᠮᡠᡨᡝᡵᡝ ᠪᡝᡨᡝᡵᡝᠩᡤᡝ ᠰᡝᠮᠪᡳ ᡤᡝᠯᡳ ᠰᡝᠮᠪᡳ ᡝᡵᡝᠩᡤᡝ

ᠪᠣᠣᡩᠠᡳᠵᠠᡴᠠᠩᡤᠠ ᠪᡠᡩᡝ ᠪᡠᡵᡠᡴᠠ ᡨᡠᠸᠠᠮᠪᡳ ᡳᠨᡳ :: ᠪᡝᠩᡤᡝ ᡠᠮᡝ ᠪᡝᡨᡝ ᡳ ᡳᠨᡝᠩᡤᡳ

ᡥᡡᠸᠠᠩ ᠵᠠᡴᠠ ᠪᡝᠨᡝᠮᡝ ᠪᡝ ᠪᡠᡵᡠᠯᡳᠶᠠᠪᡠᡥᡝ ᡥᠣᡨᠣᠨ ᠪᡠᠴᡝᡥᡝ :: ᠪᡠᡵᡠᠨ ᠪᡝ

ᡨᡠᠸᠠᠨ ᡤᡳᠰᡠᠨ ᠪᡠᡵᡠᠮᡝ :: ᠵᠠᡴᠠ ᡝᠮᡠᠨ ᠪᡝ ᠮᡠᡨᡝᡵᡝ ᠪᡝᡨᡝᡵᡝ ᡨᡝᠨ

ᠪᡠᡵᡠᠮᡝ :: ᡝᠨᡝᠩᡤᡳ ᡳ ᡝᠮᡠ ᡳ ᡥᠠᠨ ᡠᡵᡤᡝ ᡠᡵᡝ ᠪᡝᡨᡝᡵᡝ ᡳ ᡳᠨᡳ ᡳ ᡠᡵᡠ

ᡳᠨᡝᠩᡤᡳ ᠰᡠᡵᡠ :: ᠮᡠᠰᡝᠮᡝ ᡝᠨᡝ ᡤᡝᠯᡳ ᠰᡝᠮᠪᡳ ᠪᡝ ᠪᡠᡵᡠᠨ ᡠᠮᡝᠩᡤᡝ

ᡩᠣᡵᡤᡳ ᡝᠮᡠ ᠪᡠᡵᡠᠮᠪᡳ :: ᡝᠨᡝ ᡳᠨᡝ ᡝᠨᡝᠩᡤᡳ ᡳ ᠰᡠᡵᡠᠨ ᠪᡝᡨᡝᡵᡝ ᡳᠨᡝ ᠪᡝ ᠮᡠᡨᡝᠮᡝ ᠪᡝᡨᡝᡵᡝ

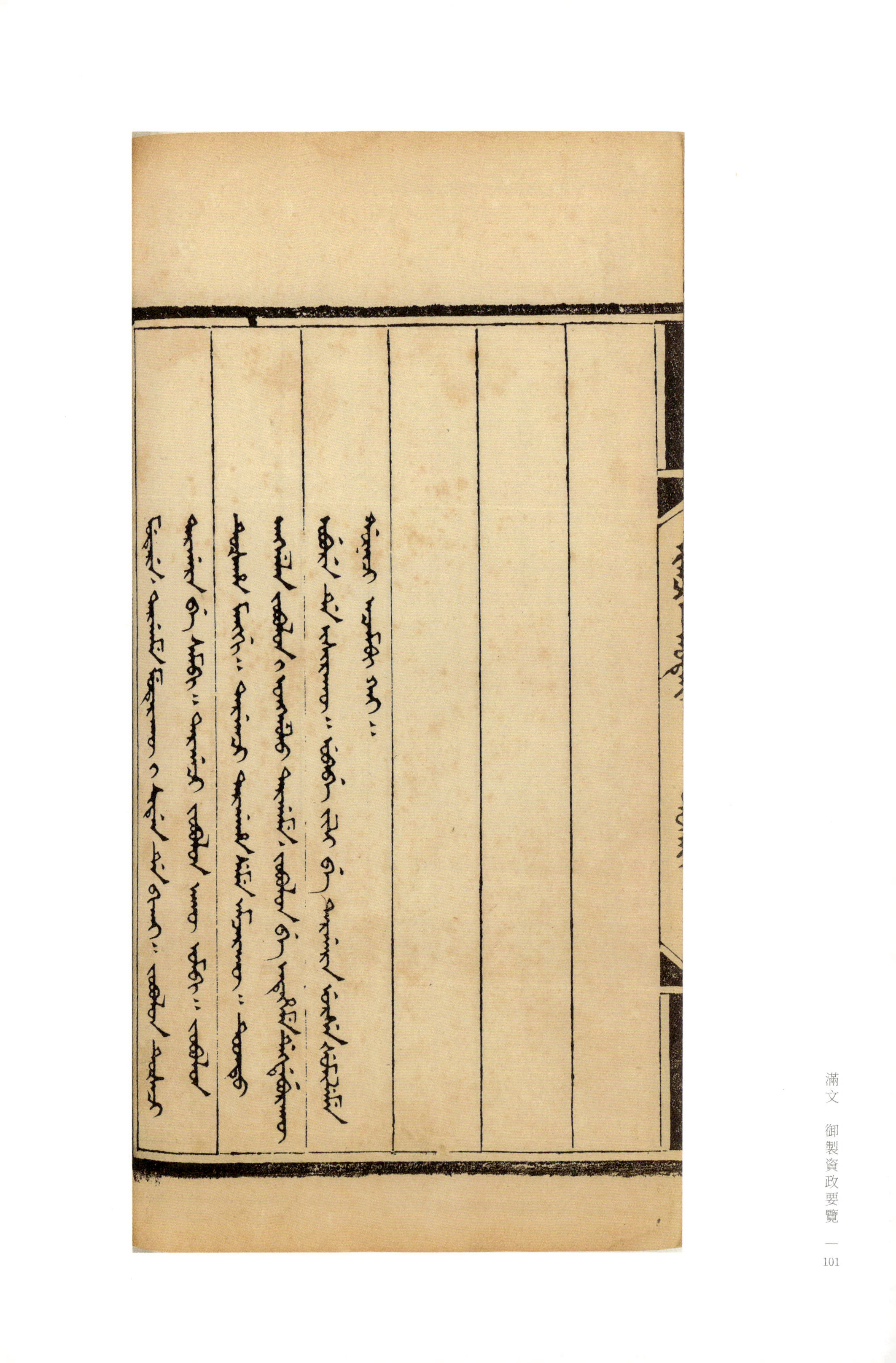

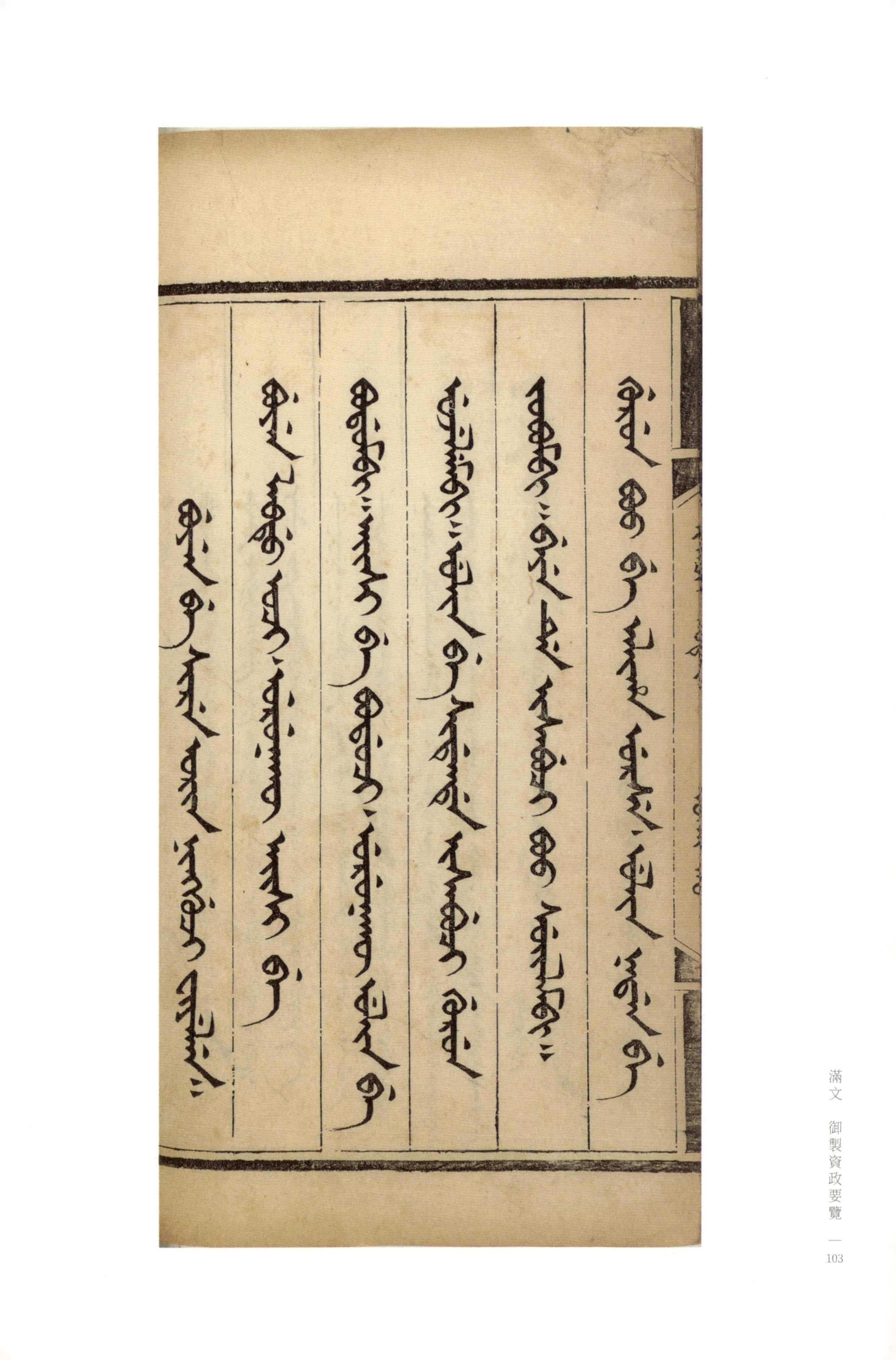

[illegible]

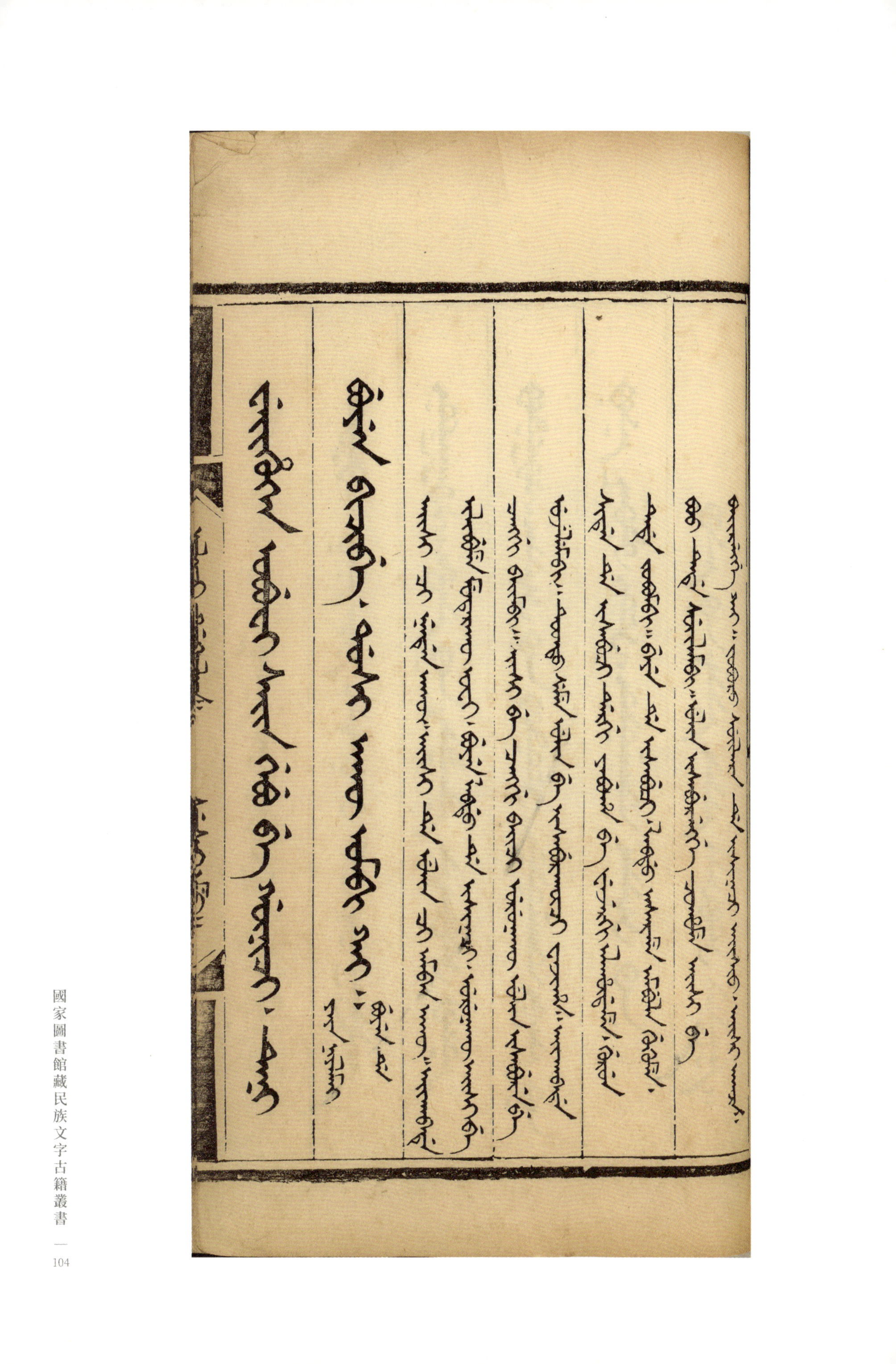

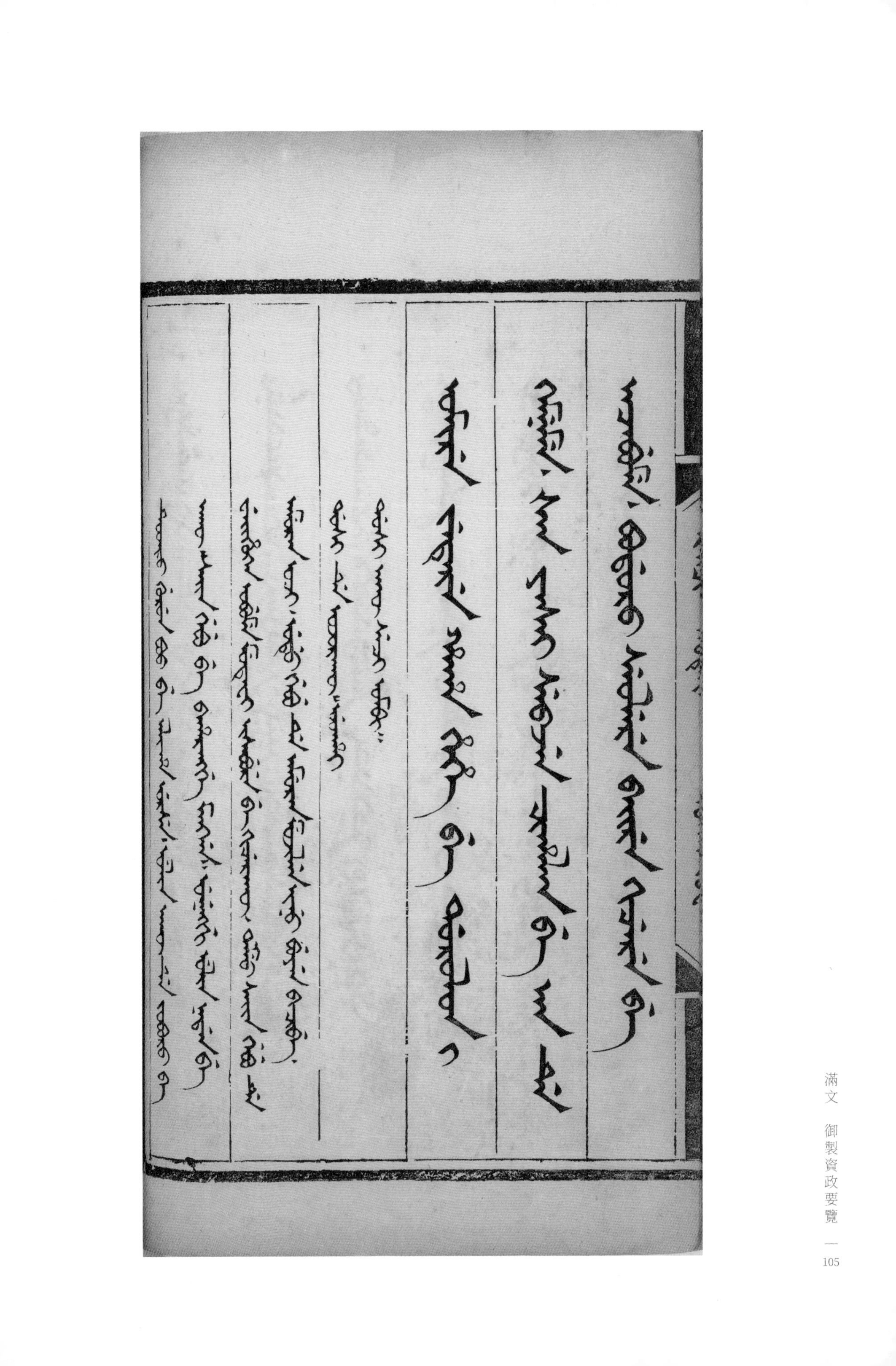

[illegible]

[illegible]

[illegible]

[illegible]

[illegible]

[illegible]

[illegible]

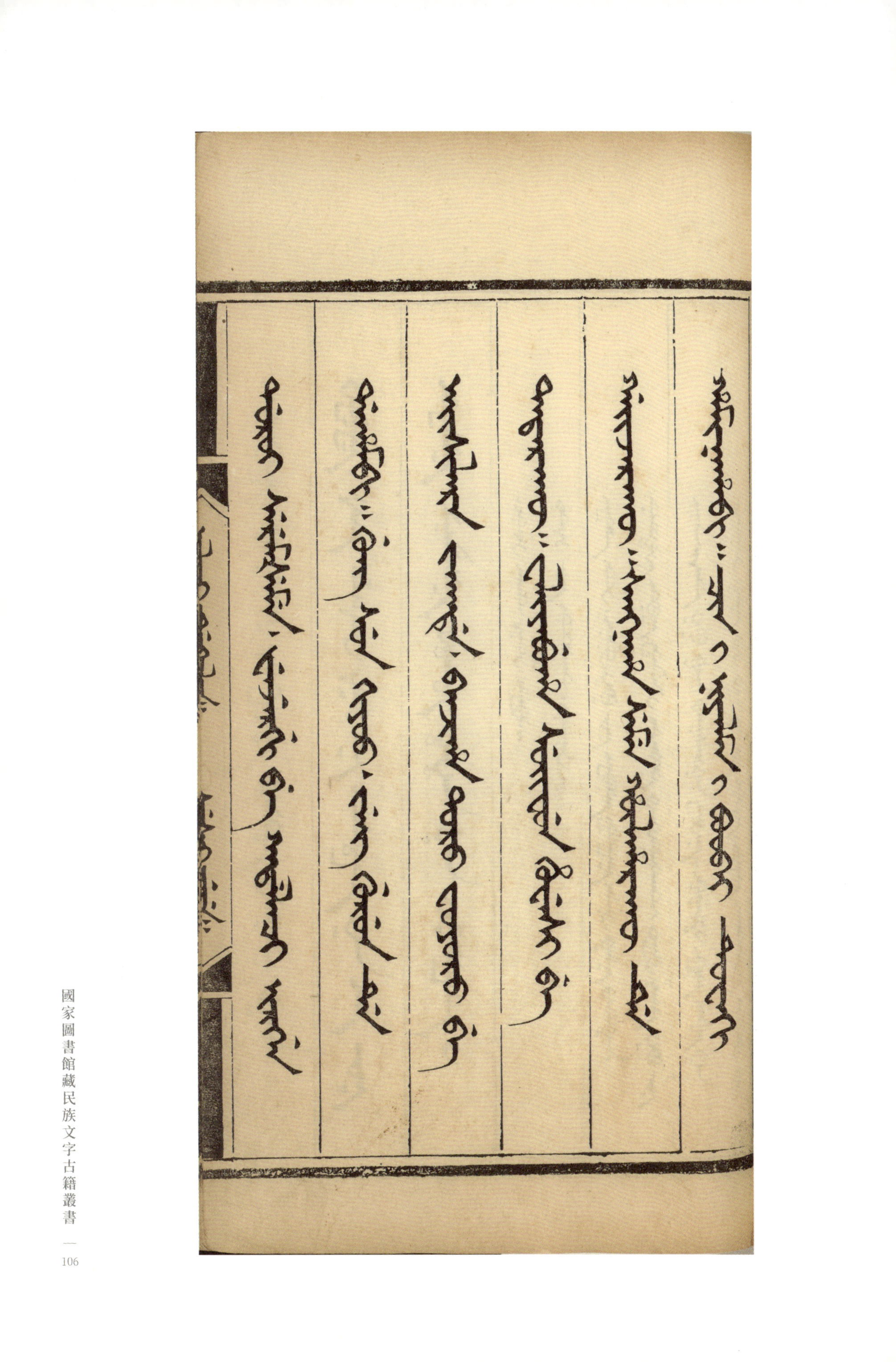

[illegible]

[illegible]

[illegible]

[illegible]

[illegible]

[illegible]

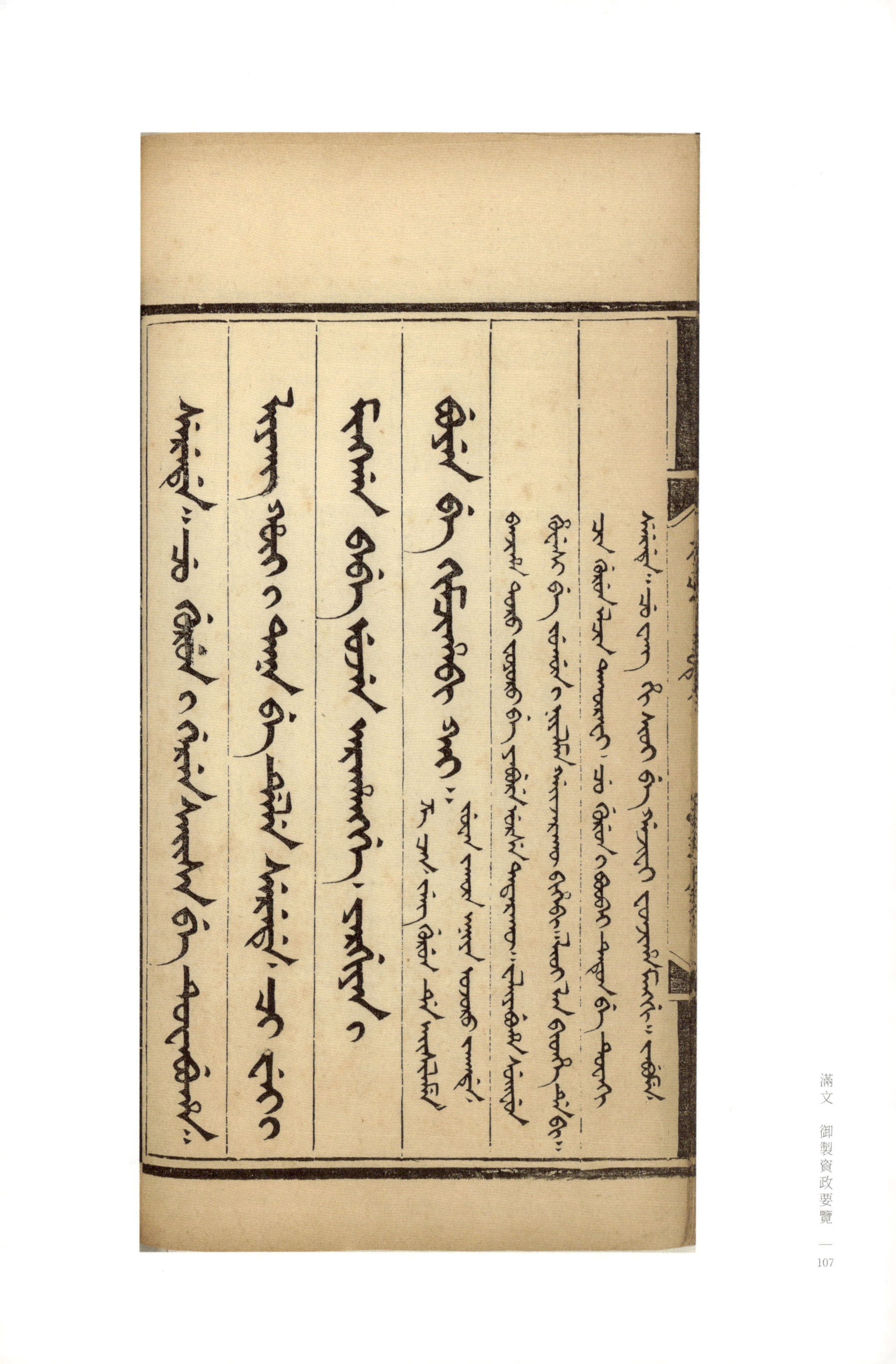

[illegible]

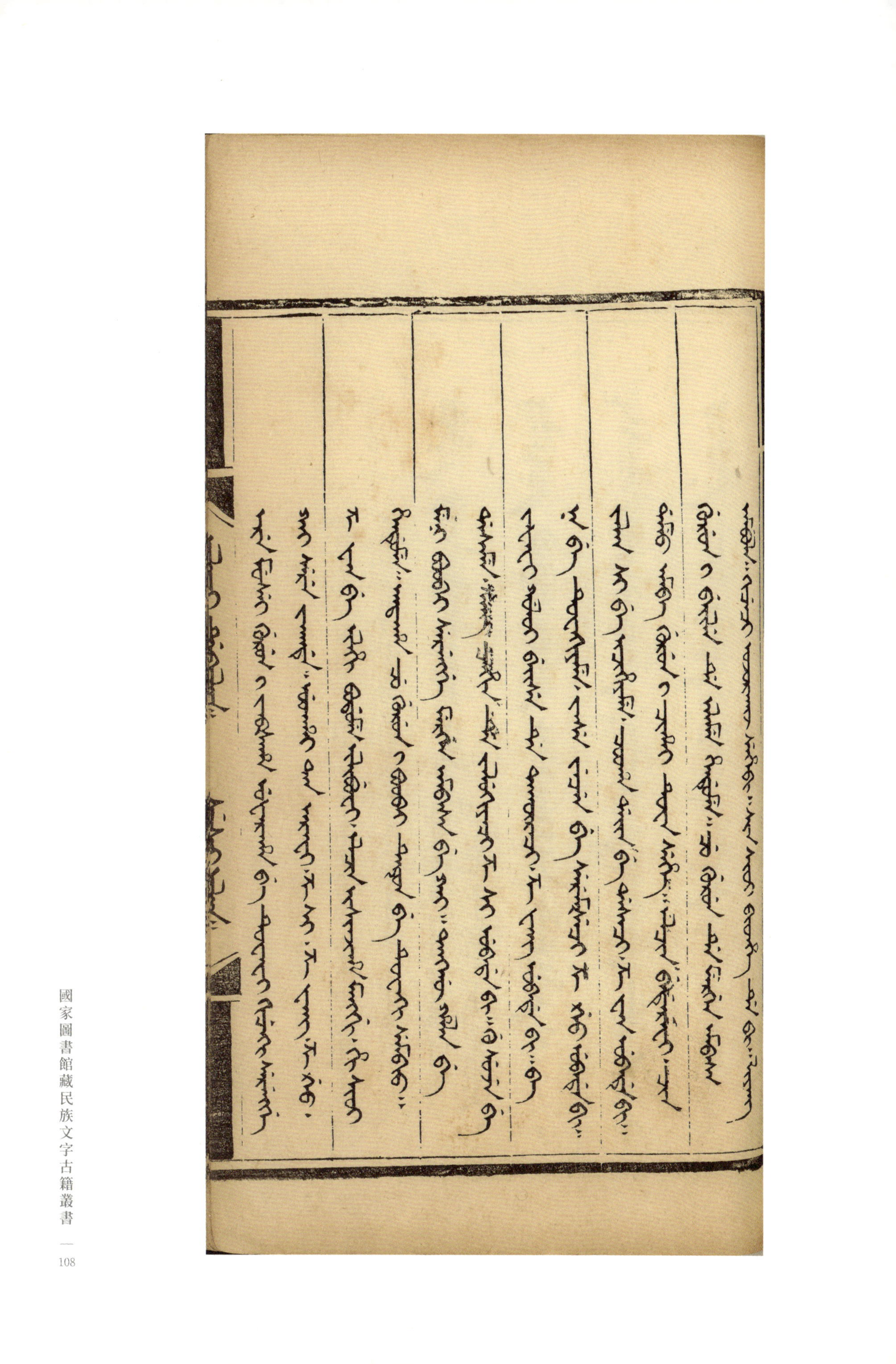

[illegible]

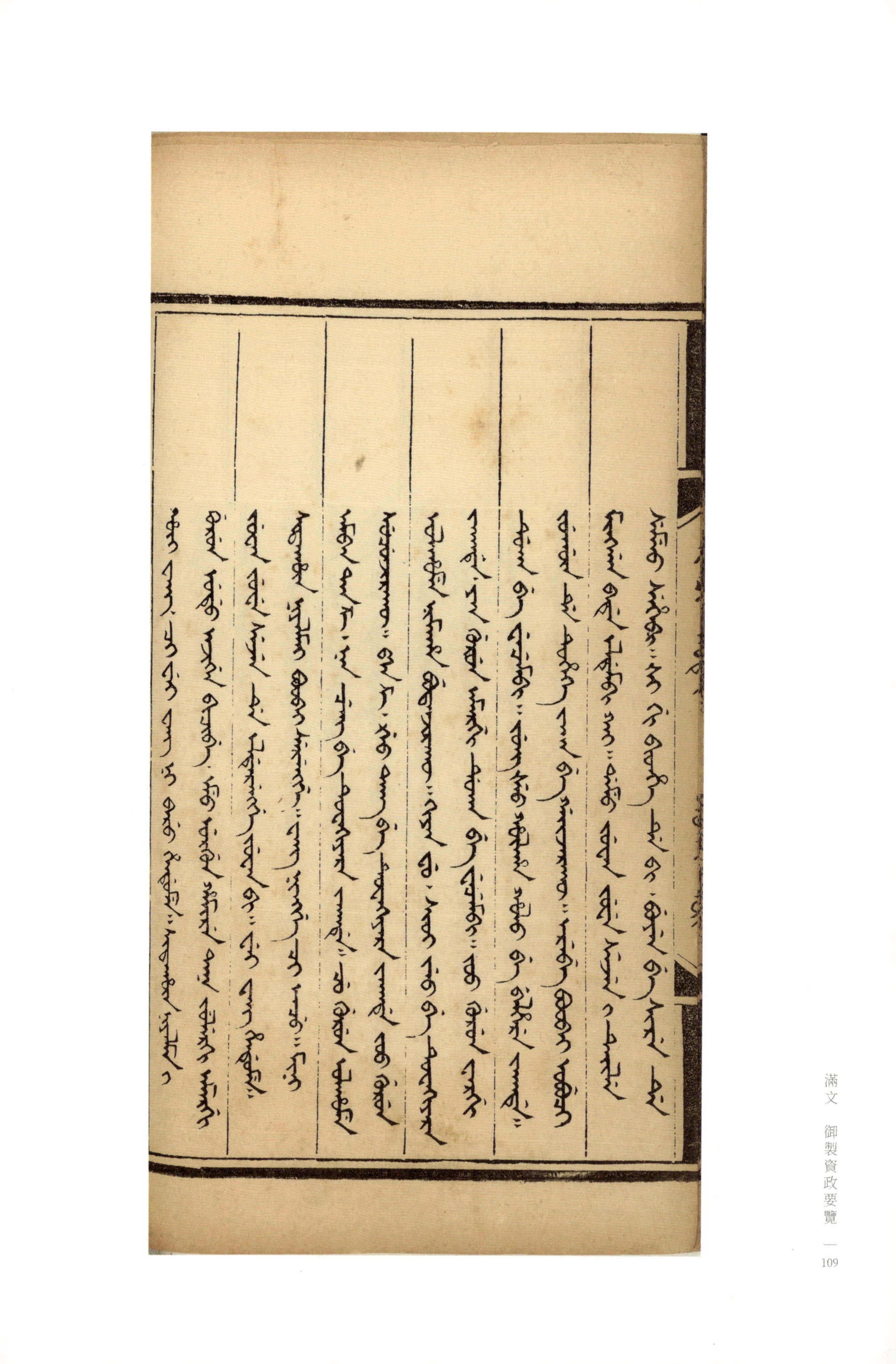

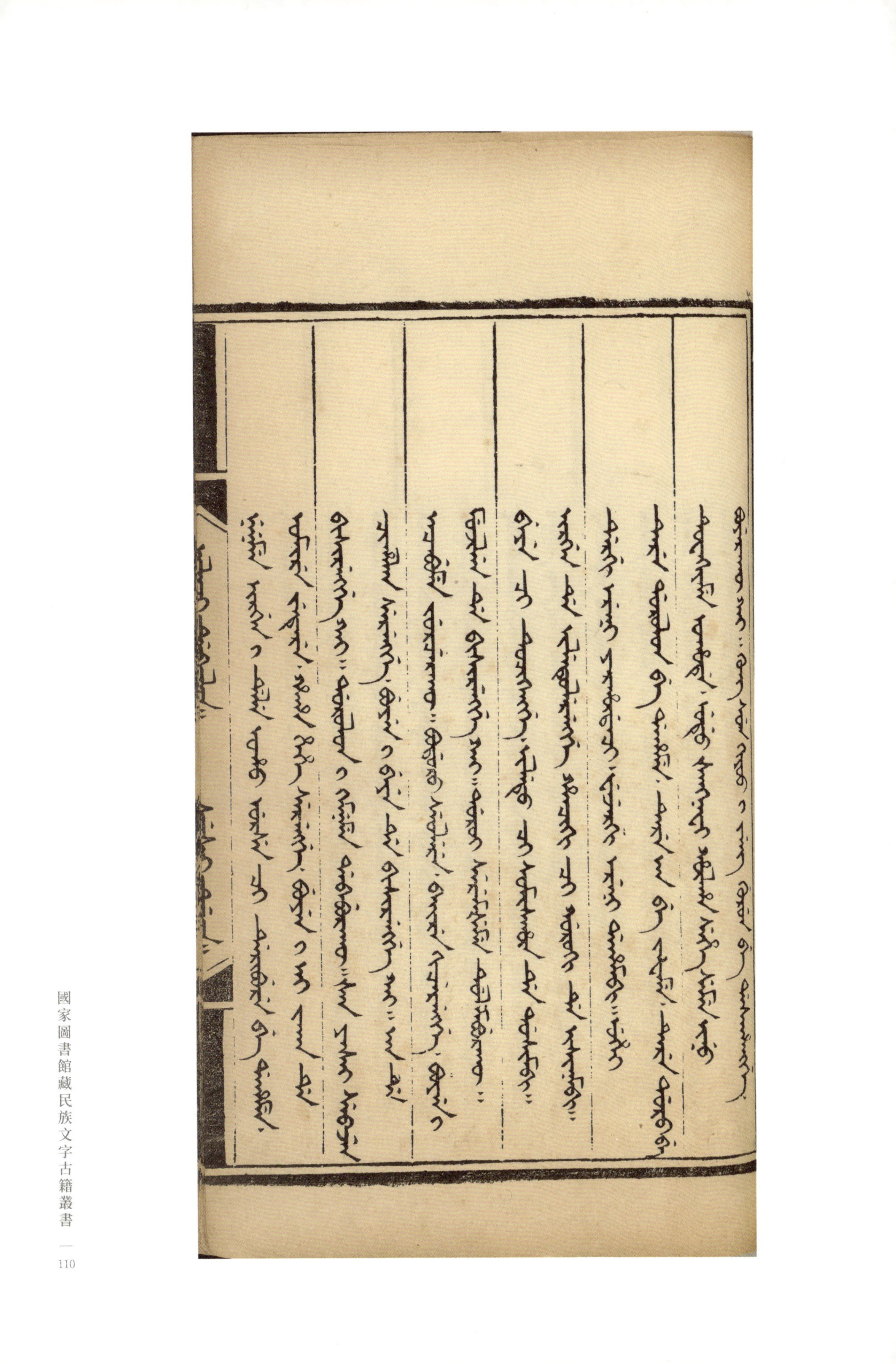

[illegible]

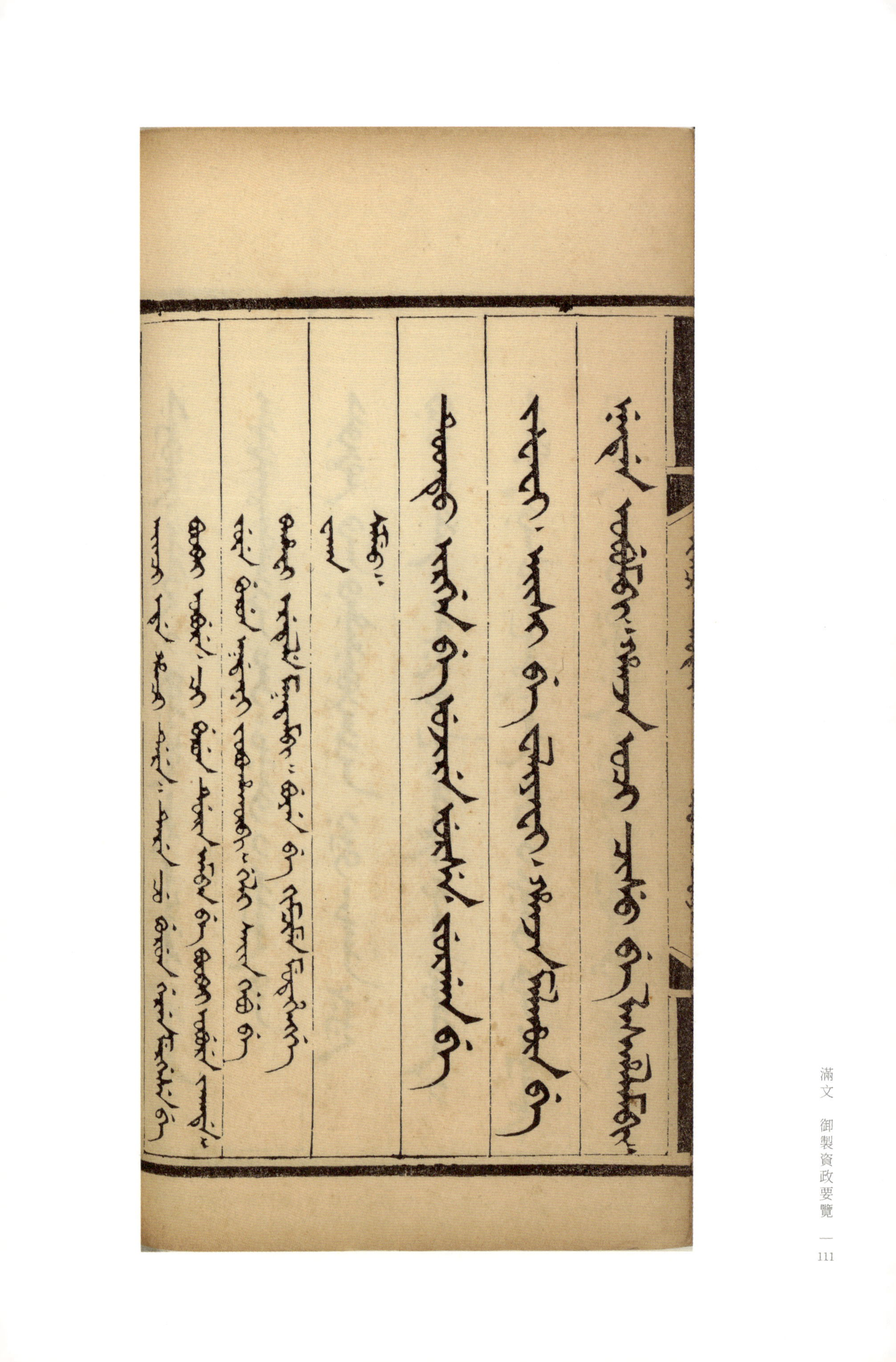

[illegible]

[illegible]

[illegible]

[illegible]

[illegible]

[illegible]

[illegible]

[illegible]

[illegible]

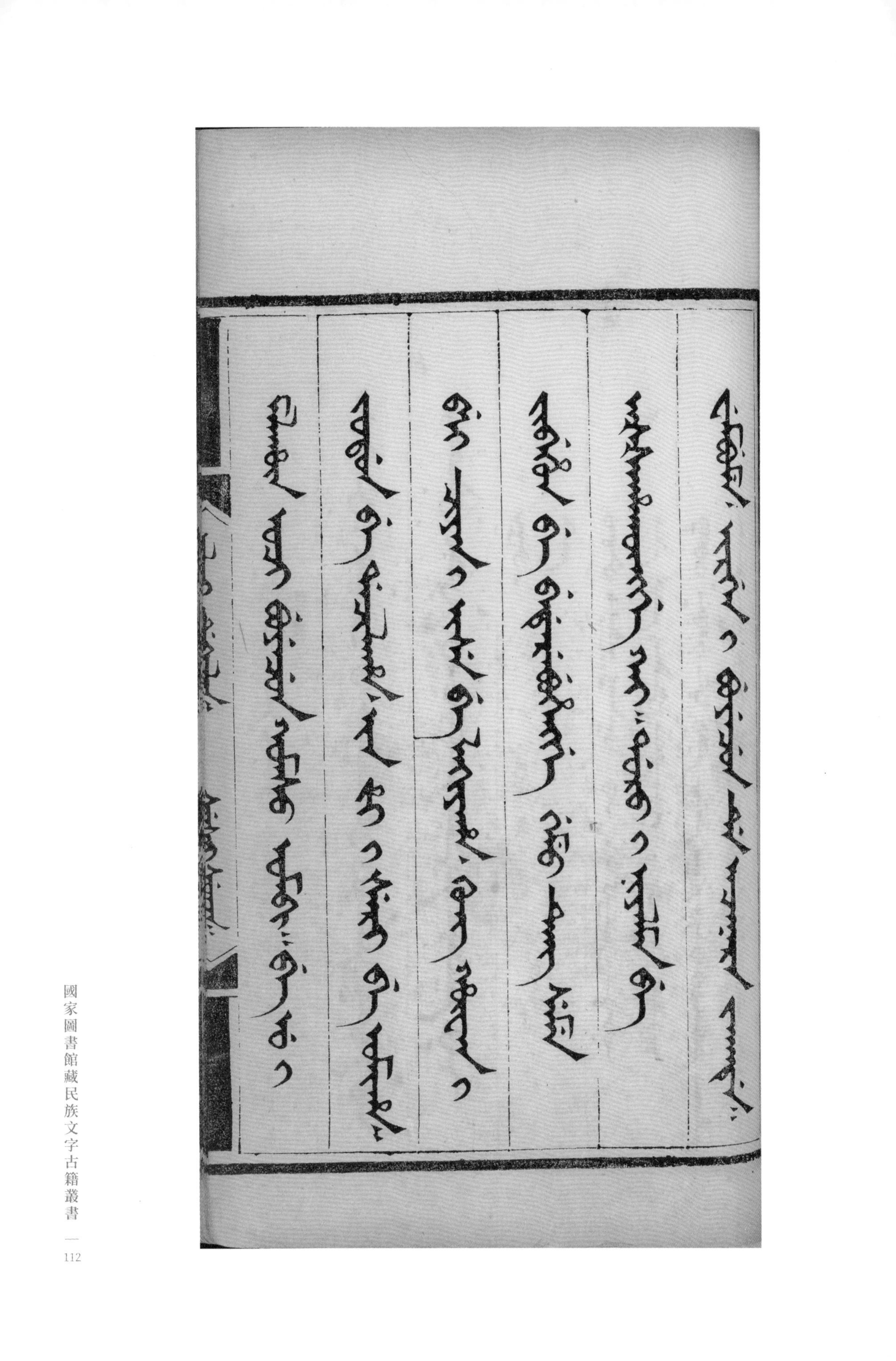

[illegible]

[illegible]

[illegible]

[illegible]

[illegible]

[illegible]

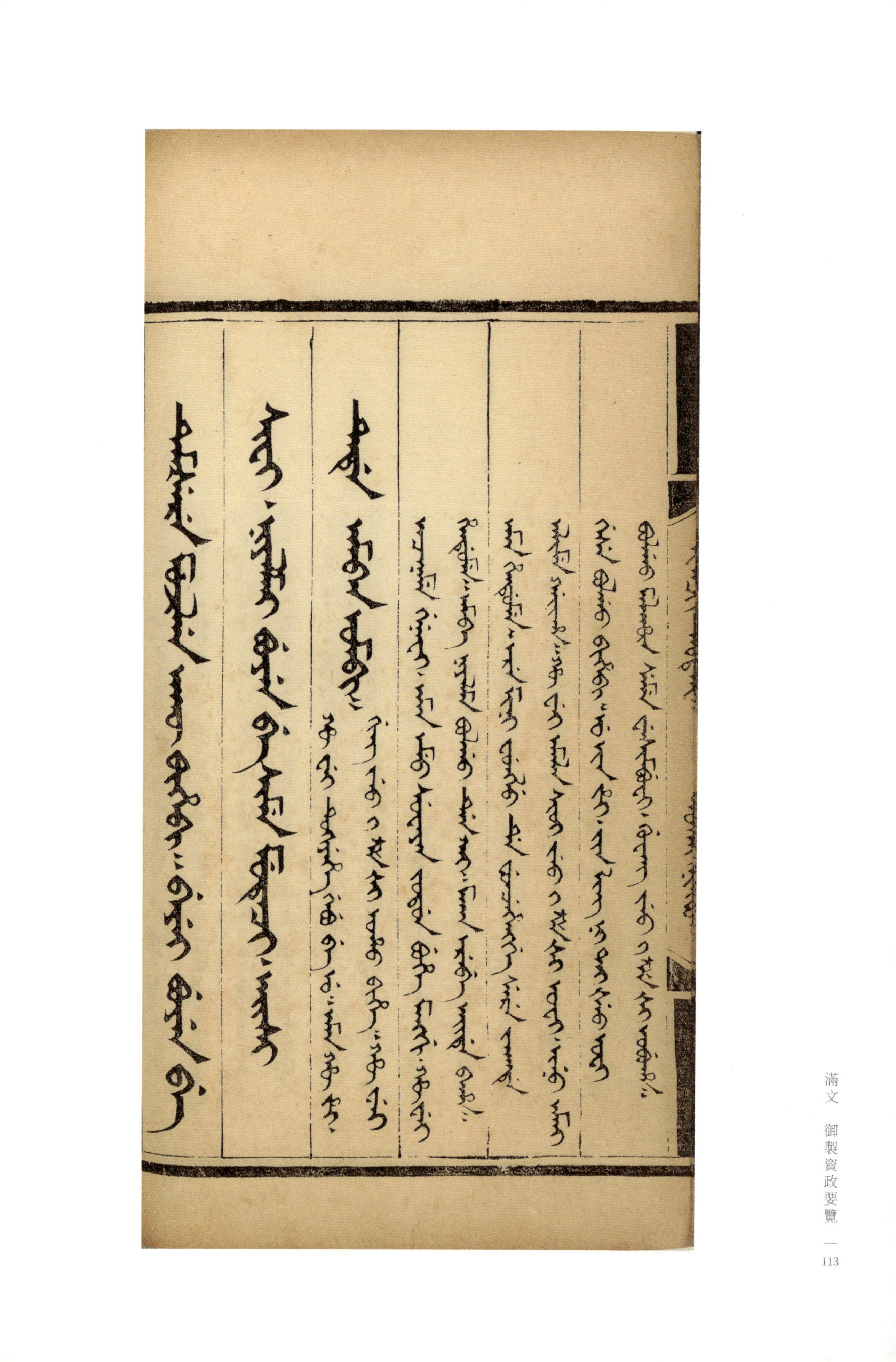

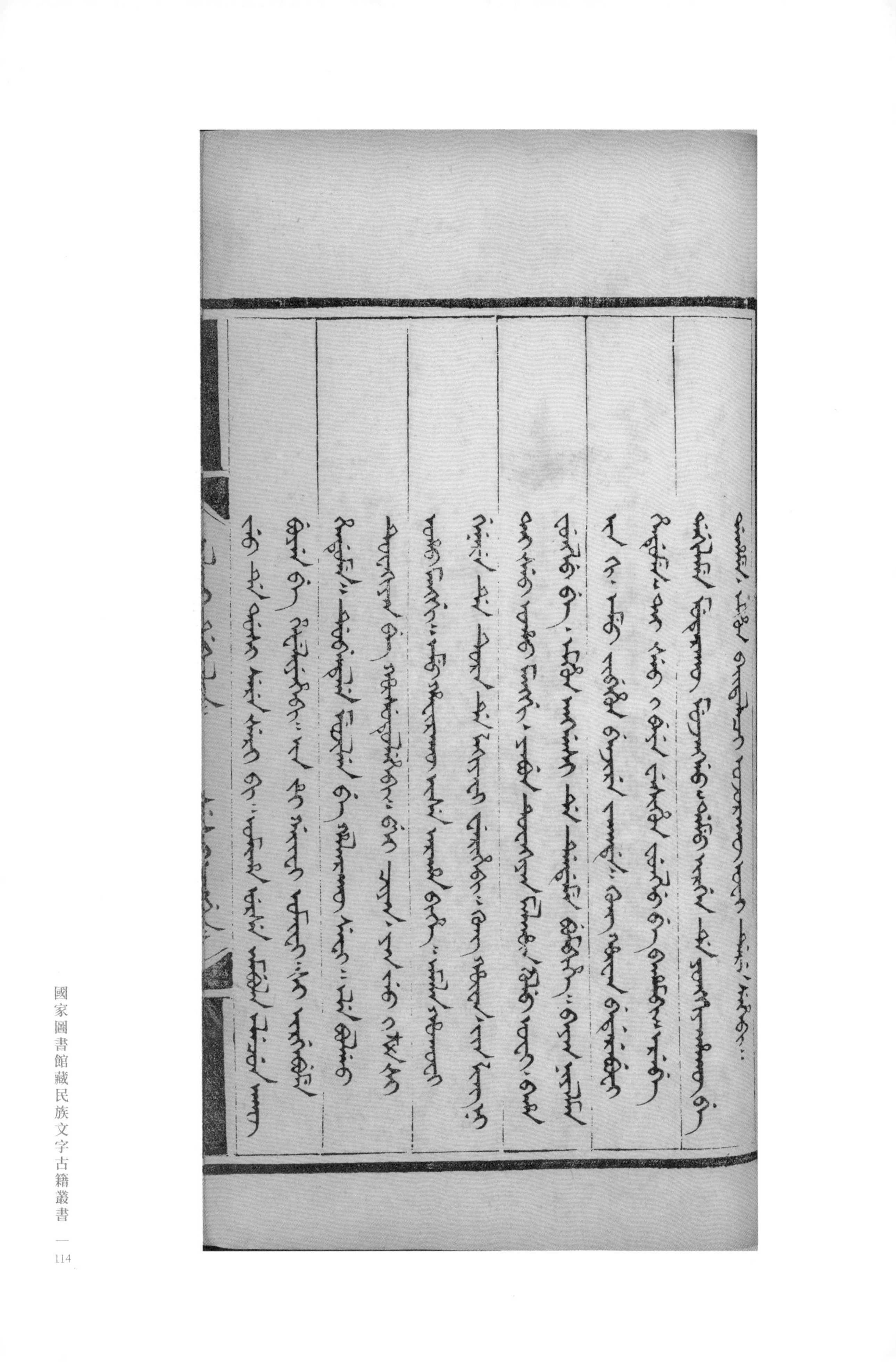

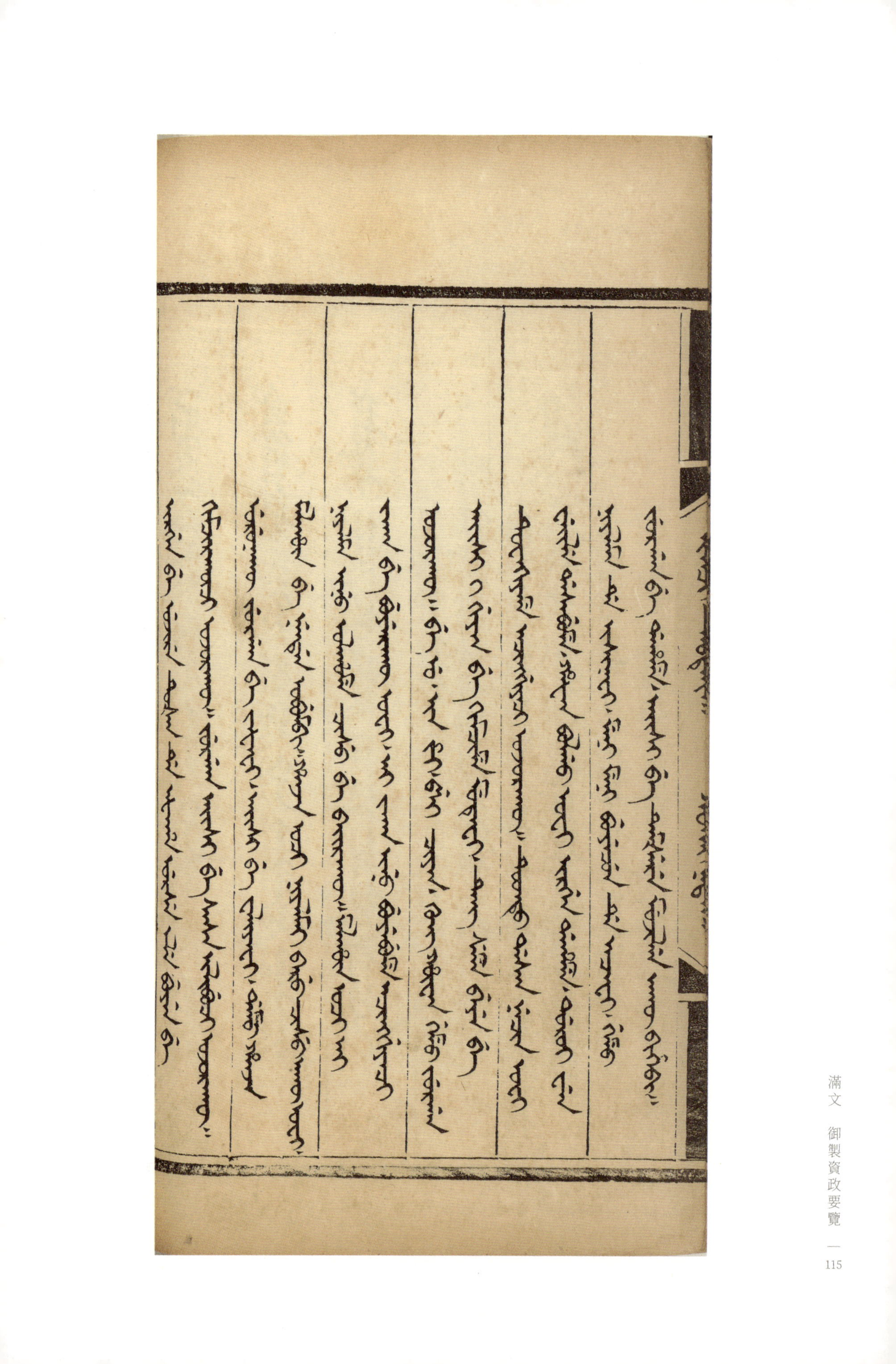

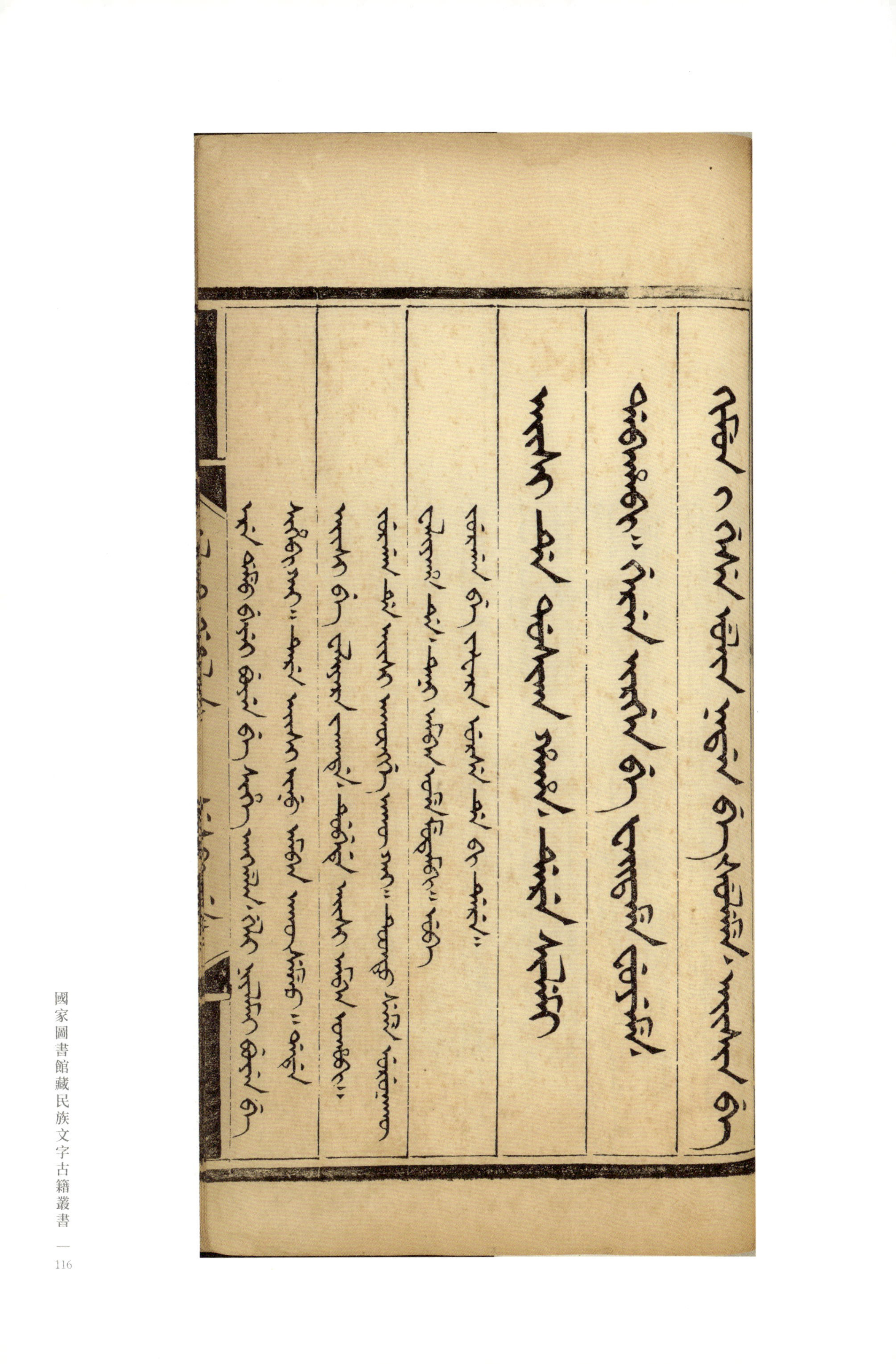

[illegible]

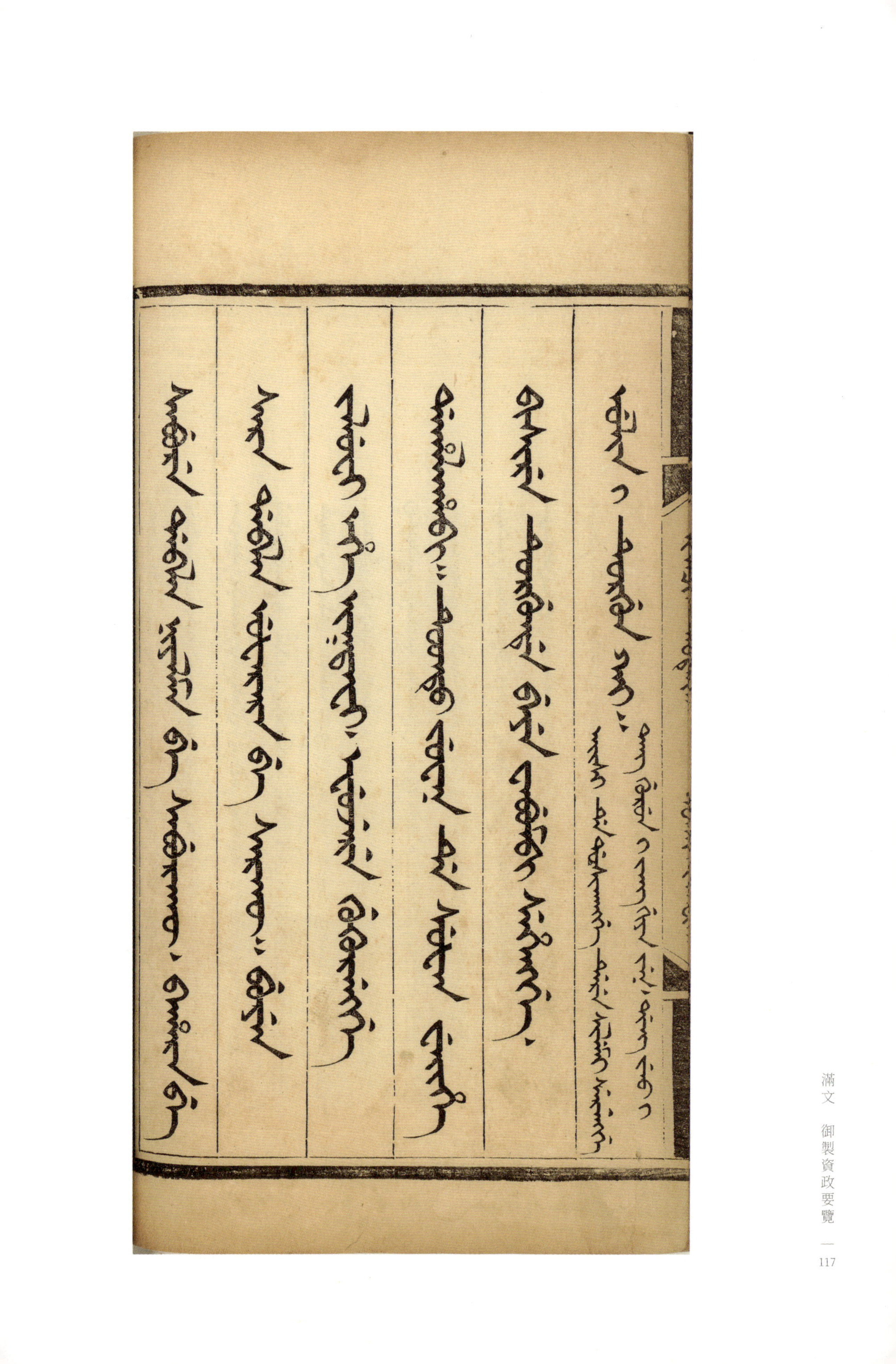

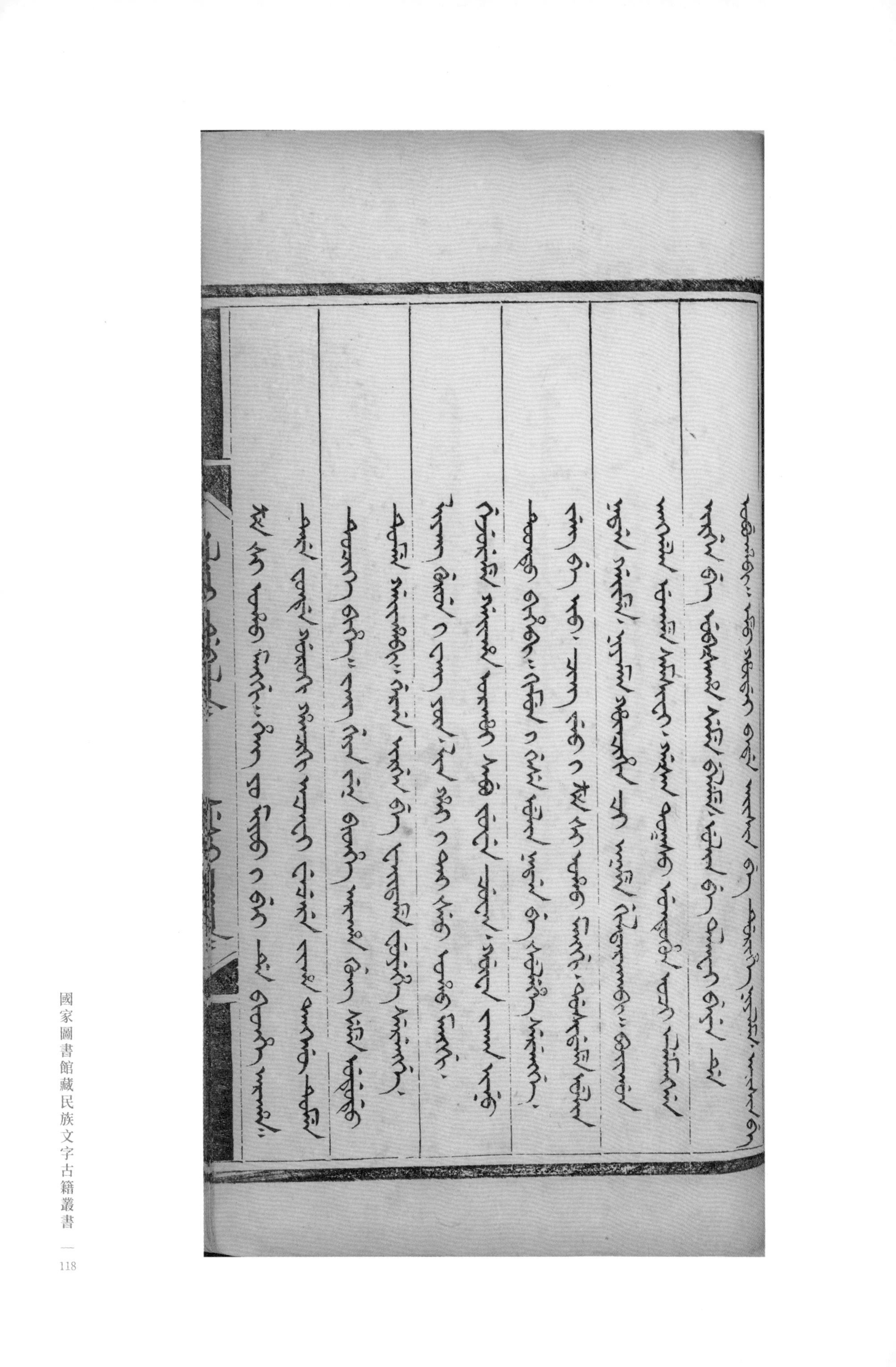

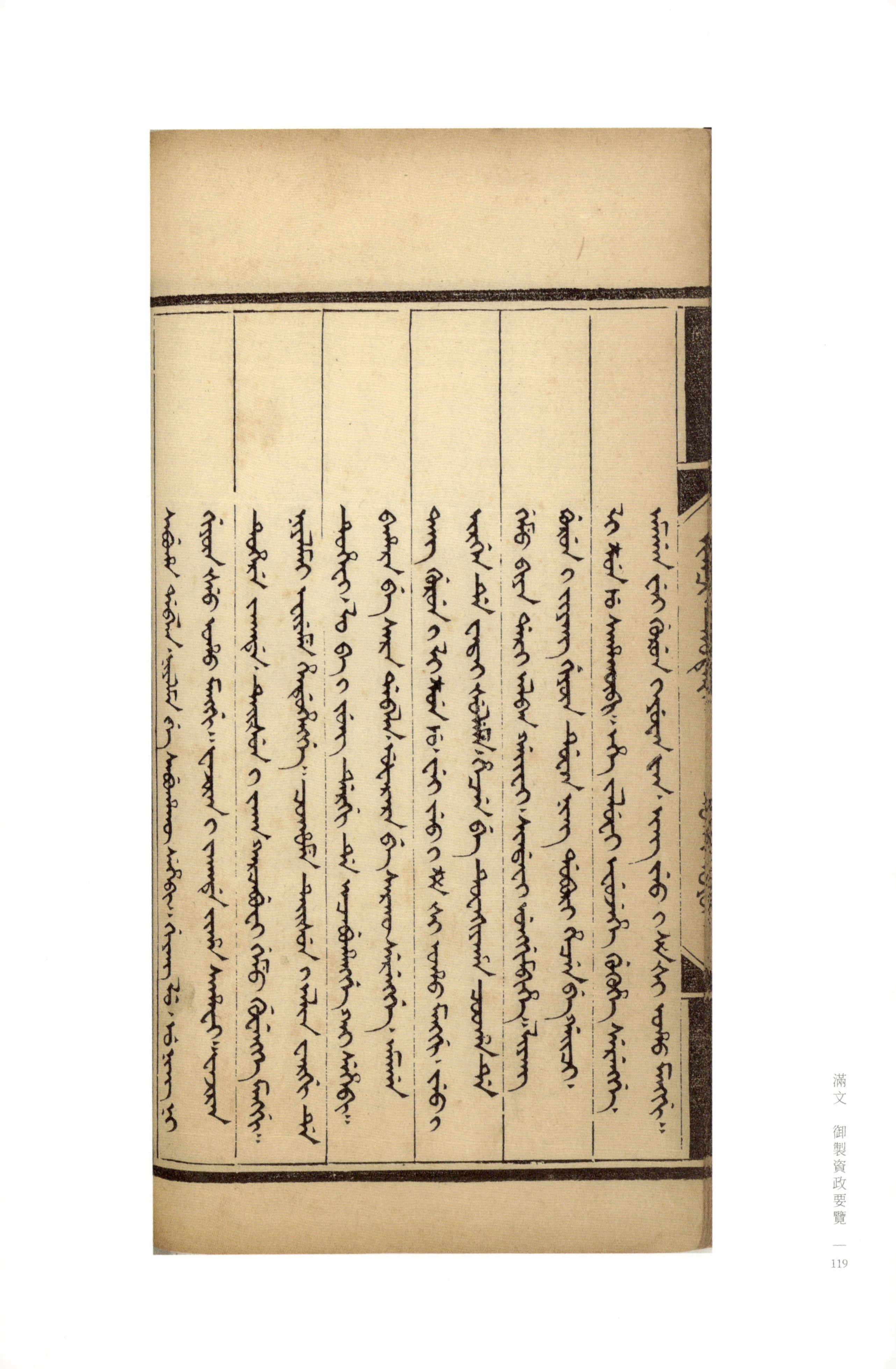

[illegible]

[illegible]

[illegible]

[illegible]

[illegible]

[illegible]

[illegible]

[illegible]

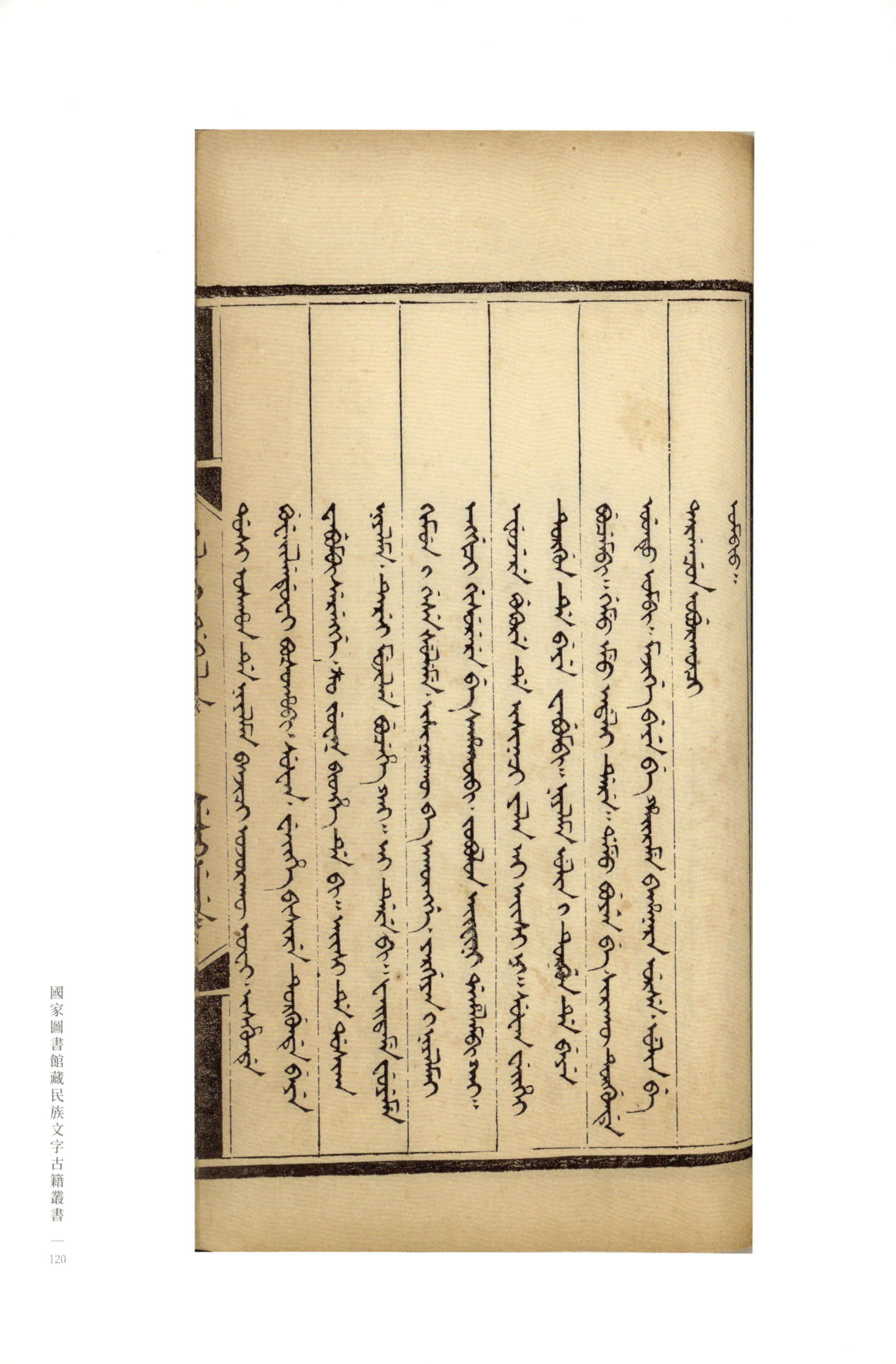

ᠪᠣᠯᠣᡴᠣᠨ ᠪᡝ ᡤᡳᠰᡠᡵᡝ ᡳᠨᡳ ᠮᡠᠵᡳᠯᡝᠨ ᠠᡴᡡ᠉

ᡤᡳᠶᠠᠨ ᡩᡝ ᠪᠣᠣᠨ ᡩᡝ ᠶᠠᠪᡠᡵᡝ ᠪᡝ ᠶᠠᠪᡠ

ᡩᡝ ᡠᠮᡝ᠈ ᠪᠣᠴᡳ ᠶᠠᠪᡠᡵᡝ ᠪᡠᡥᡝᡩᡝ ᠪᡳᠴᡳ ᠮᡳᠨ

ᡩᡝ ᠪᡝ ᠪᡳᠴᡳ᠈ ᠪᡳᠰᡳᠮᡝ ᠶᠠᠪᡠ ᠣᠴᡳ ᡩᡝ

ᠶᠠᠪᡠᡵᡝ ᡤᡳᠰᡠᠨ᠈ ᡤᡳᠰᡠᠨ ᡳ ᠰᡝᡥᡝᠨᡩᡠᡥᡝᡩᡝ ᡩᡠᠪᡝᡩᡝ

ᠪᠣᠣ ᡩᠣᠰᡳᠮᠪᡳ᠈ ᠪᡳᠴᡳ ᠪᡝ ᠰᡠᠸᠠᠯᡳᠶᠠᠮᡝ ᡩᡝ ᡥᡡᠸᠠ

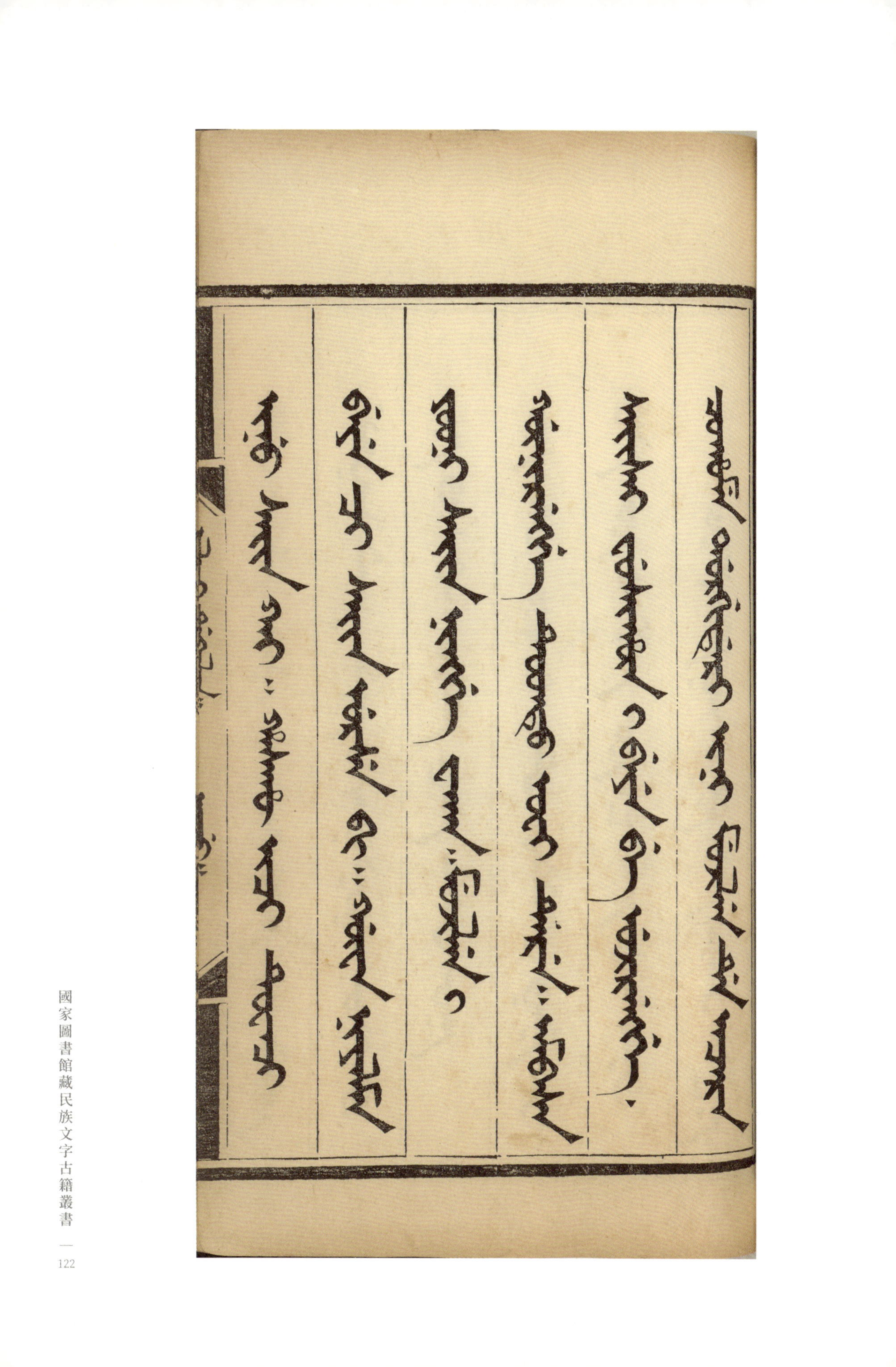

ᡳᠨᡠ [illegible] [illegible] ᠉ [illegible] [illegible] [illegible]

[illegible]

[illegible]

[illegible]

[illegible]

[illegible]

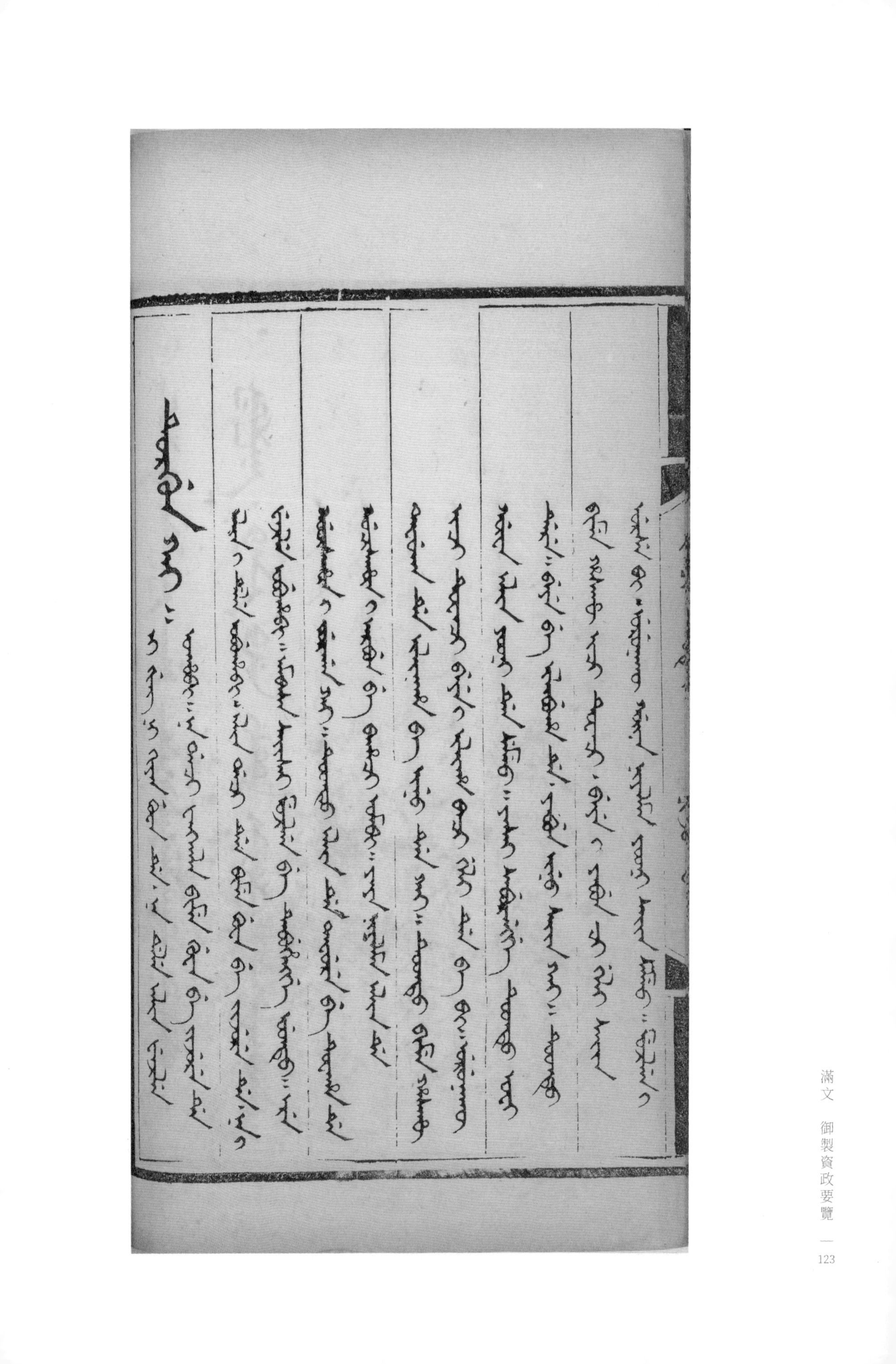

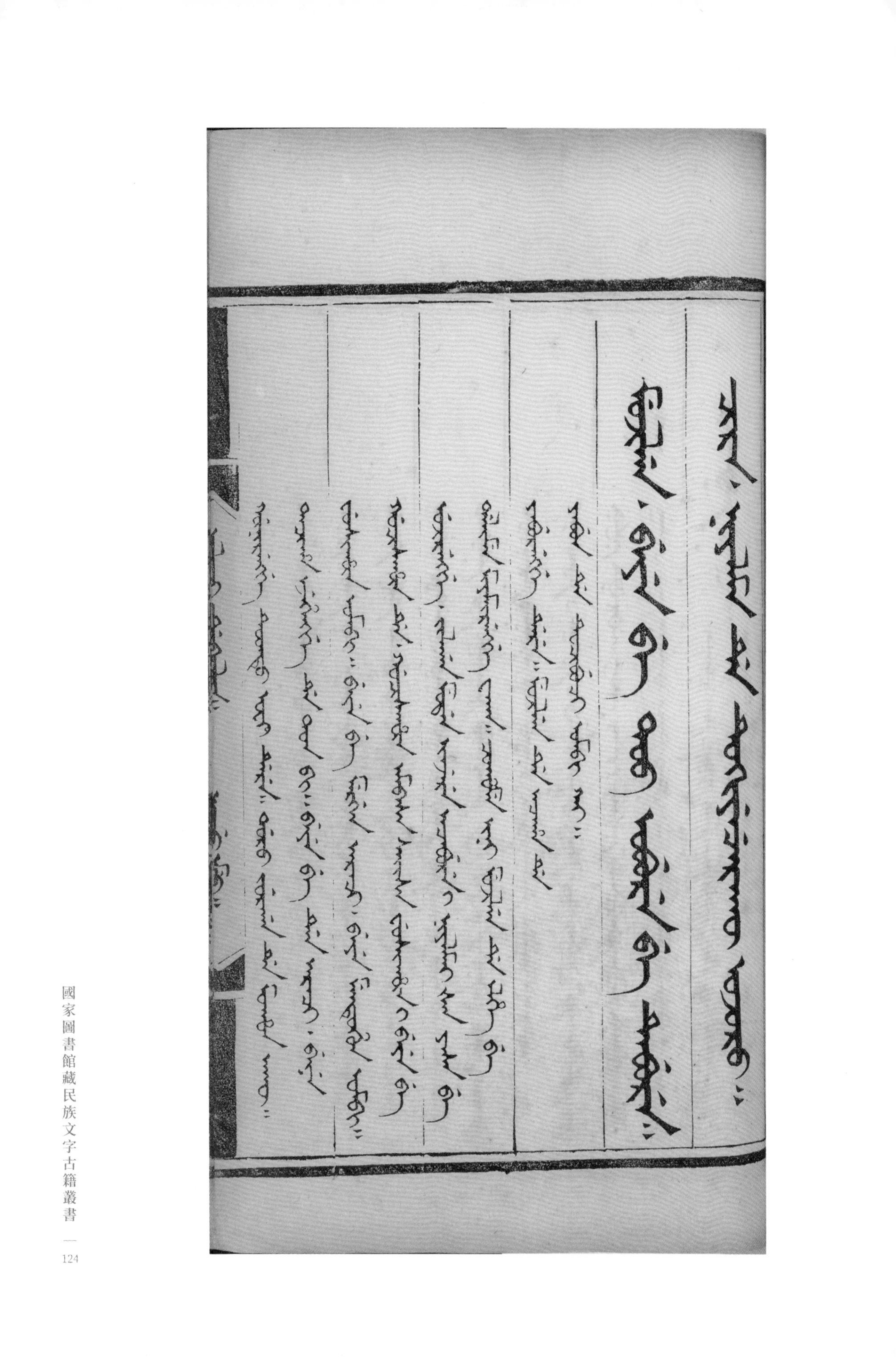

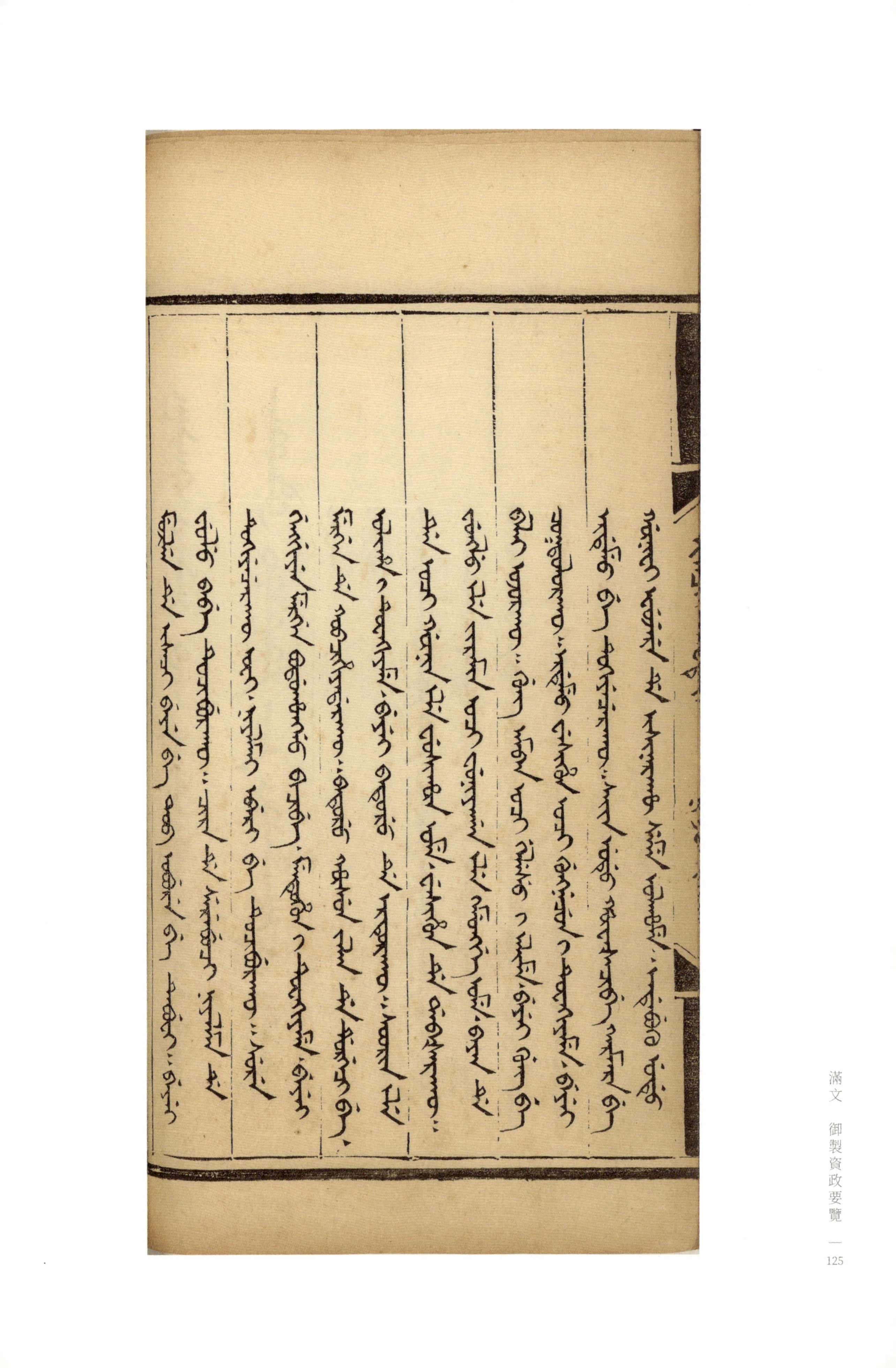

[illegible]

ᠣᠮᡳᠶᠣ ᡠᠪᠠᡳ ᡤᡳᡩᠠᠮᡝ ᡳᠯᡳᠪᡠᡥᡝ ᠪᡝ ᠣᠪᠣᠨᠣ᠈ ᡳᡴᡳᠨᡳ ᠪᡝ
ᠣᡵᠣᡥᠣᠨ ᠣᠣᠣᡵᠣ ᠣᠣᠣᡵᠣ ᡳᠨᡳ ᠣᠣᠣᡵᡳᡥᡝ᠉ ᠪᡳᡥᡝ ᡤᡳᠣᡵᡳ ᠪᡝ
ᠣᠰᡠᡵᡝ ᠪᡝ ᡳᠰᡳᠪᡠᡵᡝᠩᡤᡝ ᡤᡳᠣᡵᡳ ᠪᡝ ᡠᠪᠠᡳᠣᠨ ᠣᠣᠣᡵᡳ ᠪᡝ
ᠠᠰᡠᡵᡝ᠉ ᡴᠠᡵᡳᠶᠠᠨ ᠪᡝ ᠮᡠᡵᠣᠯᠣ ᠠᠨᠠᡵᠠ ᠪᡝ ᡳᠯᡝᡨᡠᠯᡝᠩᡤᡝ ᡳᠣᠣ ᠪᡝ ᠠᠰᠣᡵᡳ
ᠣᠣᠣᡵᡳ ᠪᡝ ᠠᠰᡠᡵᡝ᠉ ᡳᡵᡤᡝᠰᡝ ᡳ ᠮᡠᡵᡳᡵᡳ ᠮᡠᠰᡝᡳ᠉ ᡴᠠᠨ ᡳᡵᡳ
ᠰᡠᠸᠠᠨ ᠠᠰᠠᡥᠠᠨ ᡤᡠᠸᡝᠨ ᡤᡝᠰᡝᠨ᠉ ᠰᡠᠸᠠᠨ ᠠᠰᠠᡥᠠᠨ ᡳᠯᡳᡥᠠ ᠪᡝ ᡳᡵᡳ
ᠰᡠᡵᡝᡳ
ᠠᠨ᠉

ᠪᠣᡥᠣ ᠮᡝᡩᡝᠮᡝᡵᡝ ᠪᡝ ᠪᠣᡥᠣᠰᠣᠨ ᡳ ᡤᡳᠰᡠᠨ᠈
ᠠᠮᠪᠠᠰᠠ ᡳ ᡤᡳᠰᡠᠨ ᠪᡝ ᠠᠨᠠᠮᡝᡥᡝᠩᡤᡝ᠈ ᠮᡠᠨᡳ ᠪᡝ

ᡨᡠᠸᠠᠮᡝ ᡝᠵᡝᠨ ᡳᠨᡳ ᡩᡝ ᡨᡠᠸᠠᠮᠪᡳ :: ᠠᡴᡡᠩᡤᡝ

ᠰᠠᡳᠰᠠᠩᡤᠠ ᡳ ᡨᡠᠸᠠᡵᡝ ᡩᡝ ᠠᠨᠠᠮᠪᡳ ᡳᠨᡳ ᡝᠵᡝᠨ

ᡥᠣᠰᠣ ᡝᠨᡝᡳ ᡩᠣᡵᡤᡳ ᡩᡝ ᡨᡠᠸᠠᠮᠪᡳ ::

ᠠᠨᠠ ᡩᡝ ᠠᠮᠪᠠᠨ ᡳᠨᡳ ᡩᠣᡵᡤᡳ ᡠᡥᡝᡳ ᡩᡝ

ᡩᠣᠰᡳ ᡳᠨᡳ ᡩᠣᡵᡤᡳ ᡝᠨᡝᡳ ᠰᠠᡳᠰᠠᠮᠪᡳ ::

ᠠᠨᠠ ᡩᡝ ᠰᡠᠯᡝᡥᡝ ᡳᠨᡳ ᡩᠣᡵᡤᡳ ᡠᡥᡝᡳ ᡩᡝ

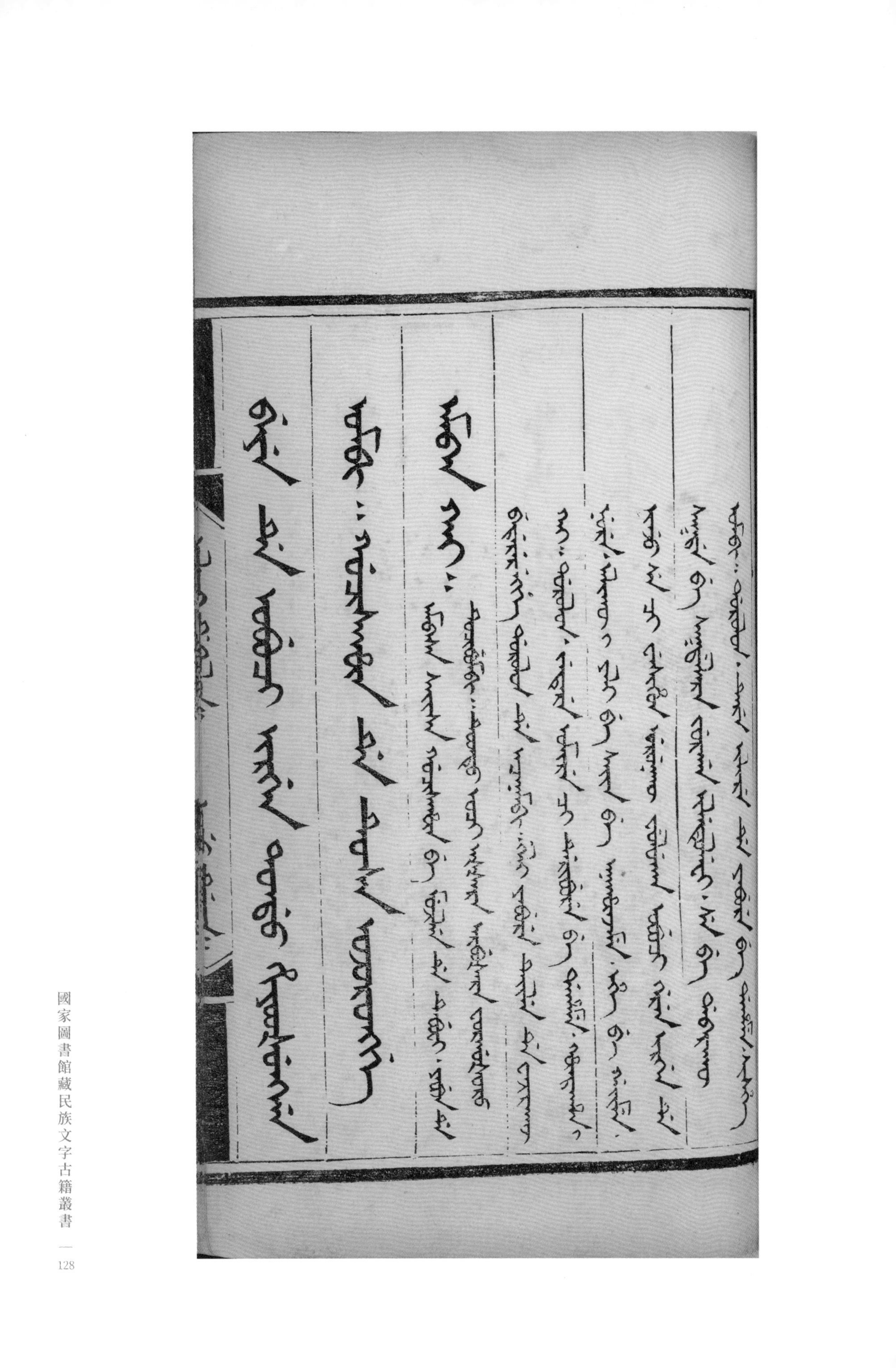

[illegible]

[illegible]

[illegible]

[illegible]

[illegible]

[illegible]

[illegible]

[illegible]

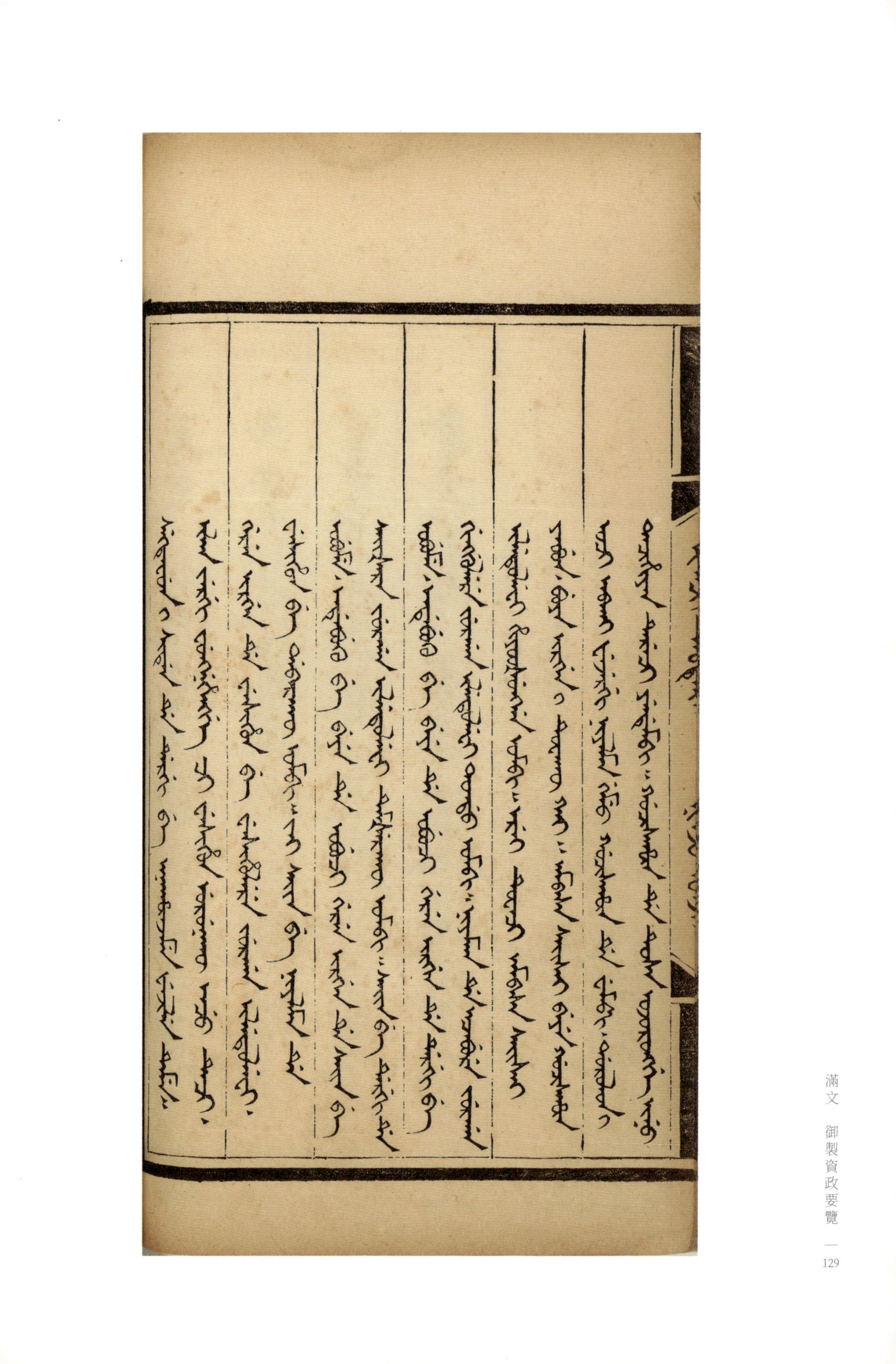

[illegible]

[illegible]

[illegible]

[illegible]

[illegible]

[illegible]

[illegible]

[illegible]

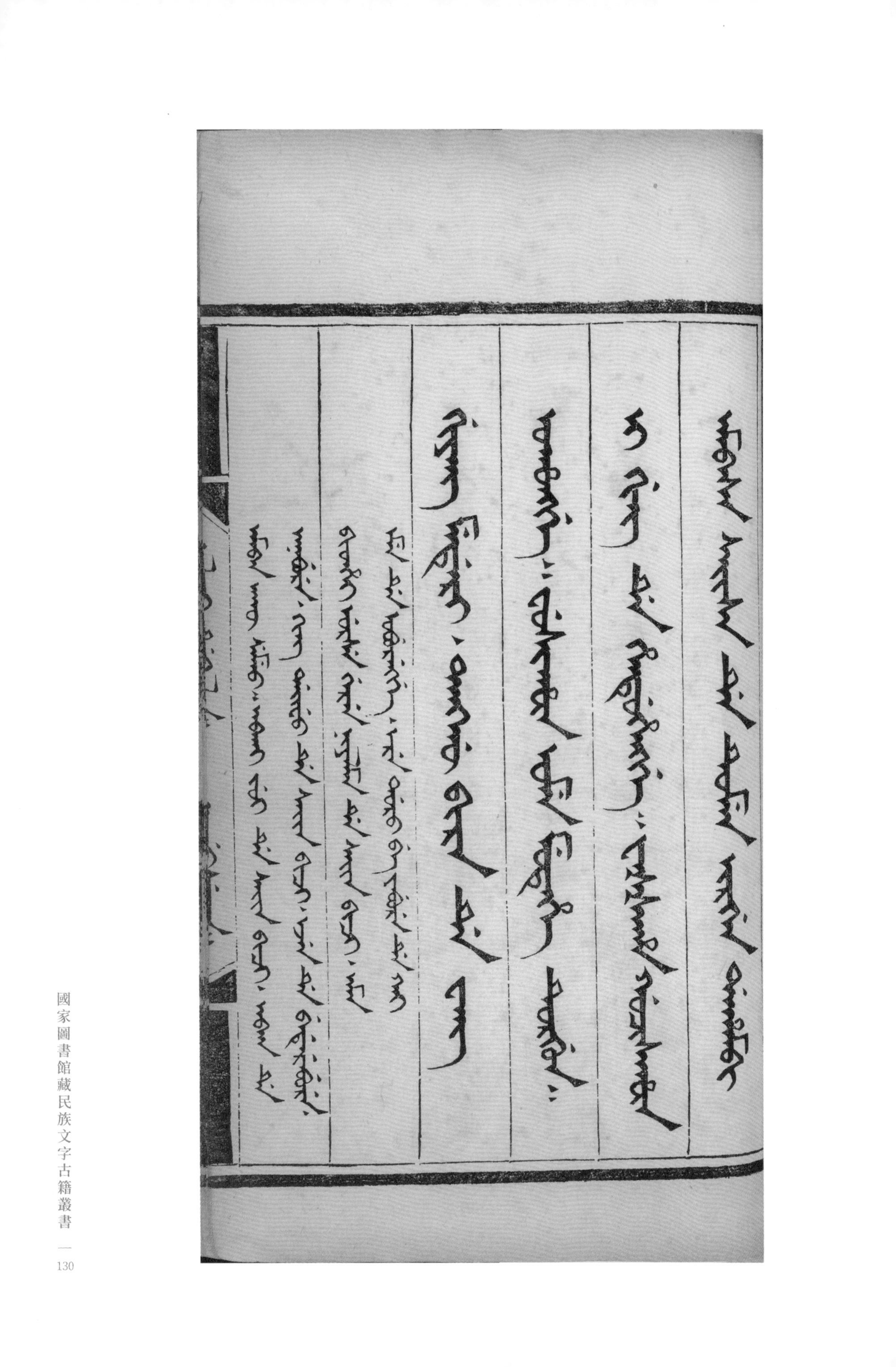

ᠨᡳᠶᠠᠯᠮᠠ ᠪᡝ ᡤᡳᠰᡠᠨ ᠰᡝᠮᡝ ᡩᡝ ᠪᡳ ᡳ

ᡠᠵᡠ ᡳᠰᡳᠪᡠᠮᡝ ᠰᡝᡥᡝᠩᡤᡝ ᡳ ᡤᡡᠨᡳᠨ ᡩᡝ

ᡳ ᠪᡝ ᡳ ᡤᡠᠨᡤᡳ ᡨᡠᠸᠠᠮᡝ ᠰᡝᠮᡝ ᡩᡝ ᠠᡴᡡᠮᡝ᠉

ᡤᡳᠰᡠᠨ ᡤᡡᠨᡳᠨ ᠪᡝ ᡩᡝ ᠰᡳᠨᡤᡝᠪᡠᠮᡝ᠉ ᠪᡝ ᡩᡝ᠈

ᡨᡠᠸᠠ ᠰᡠᠸᡝᠨᡳᠩᡤᡝ᠉ ᠶᠣᠪᠣ ᡠᡵᡝ᠈ ᡥᠠᡵᡳ ᡝᠮᡠ ᡳ

ᠨᡳᡴᠠᠰᠠ᠉ ᡨᡠᡵᡝ ᠪᡝ ᡩᡝ᠈ ᡤᡳᠰᡠᠨ ᡳᠰᡳᠪᡠᡥᡝ ᡳ

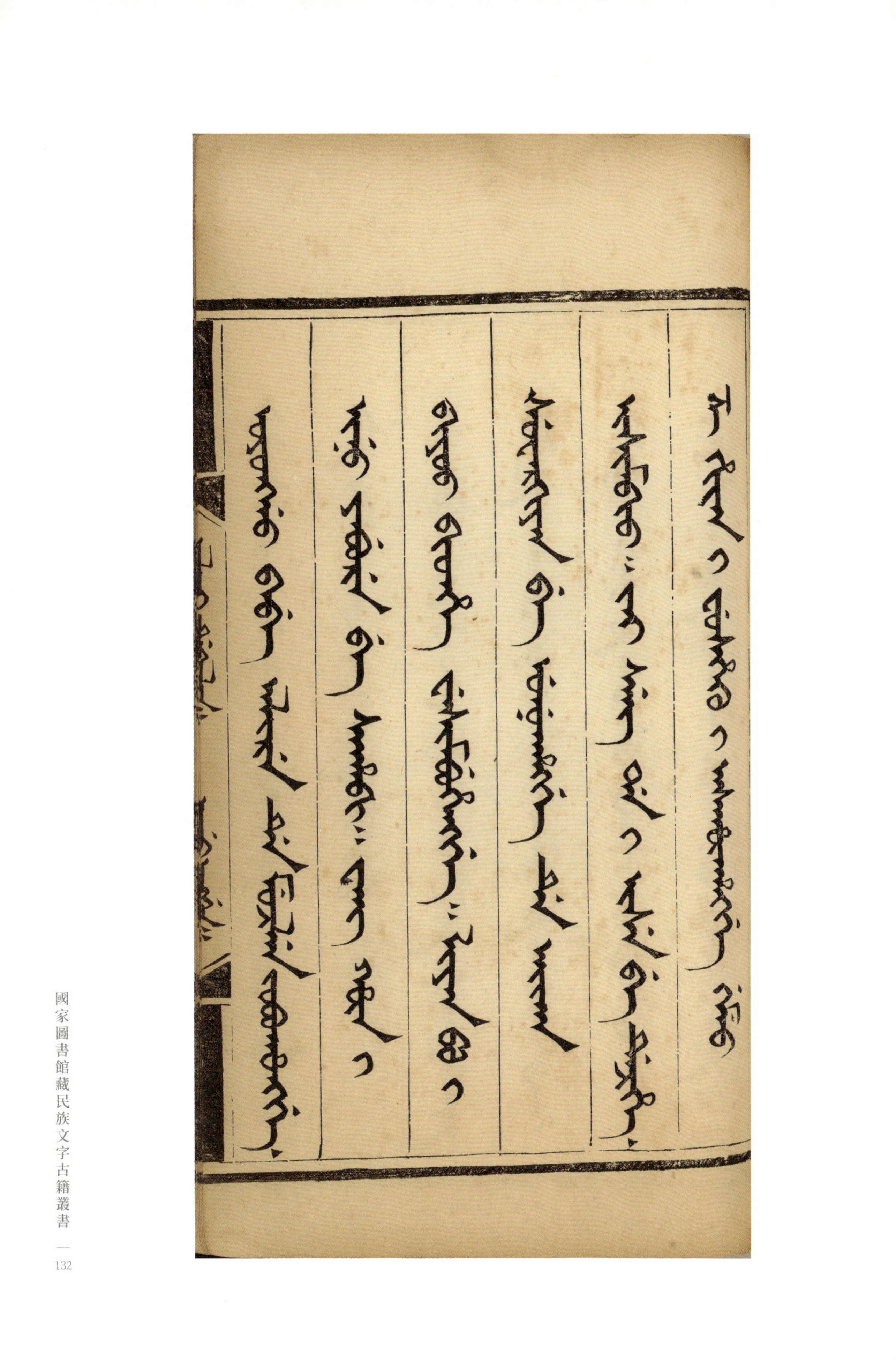

[illegible]

[illegible]

[illegible]

[illegible]

[illegible]

[illegible]

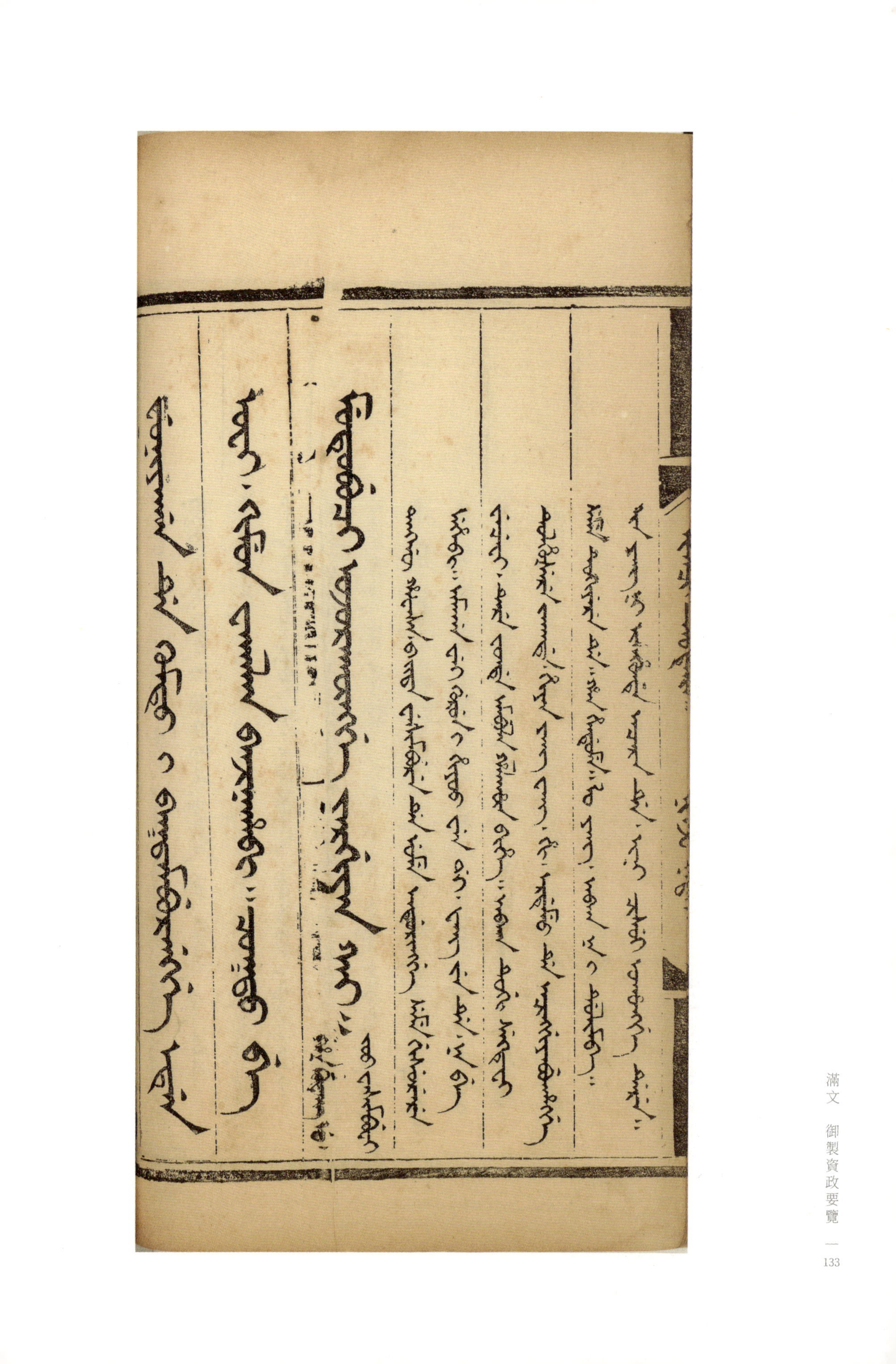

[illegible]

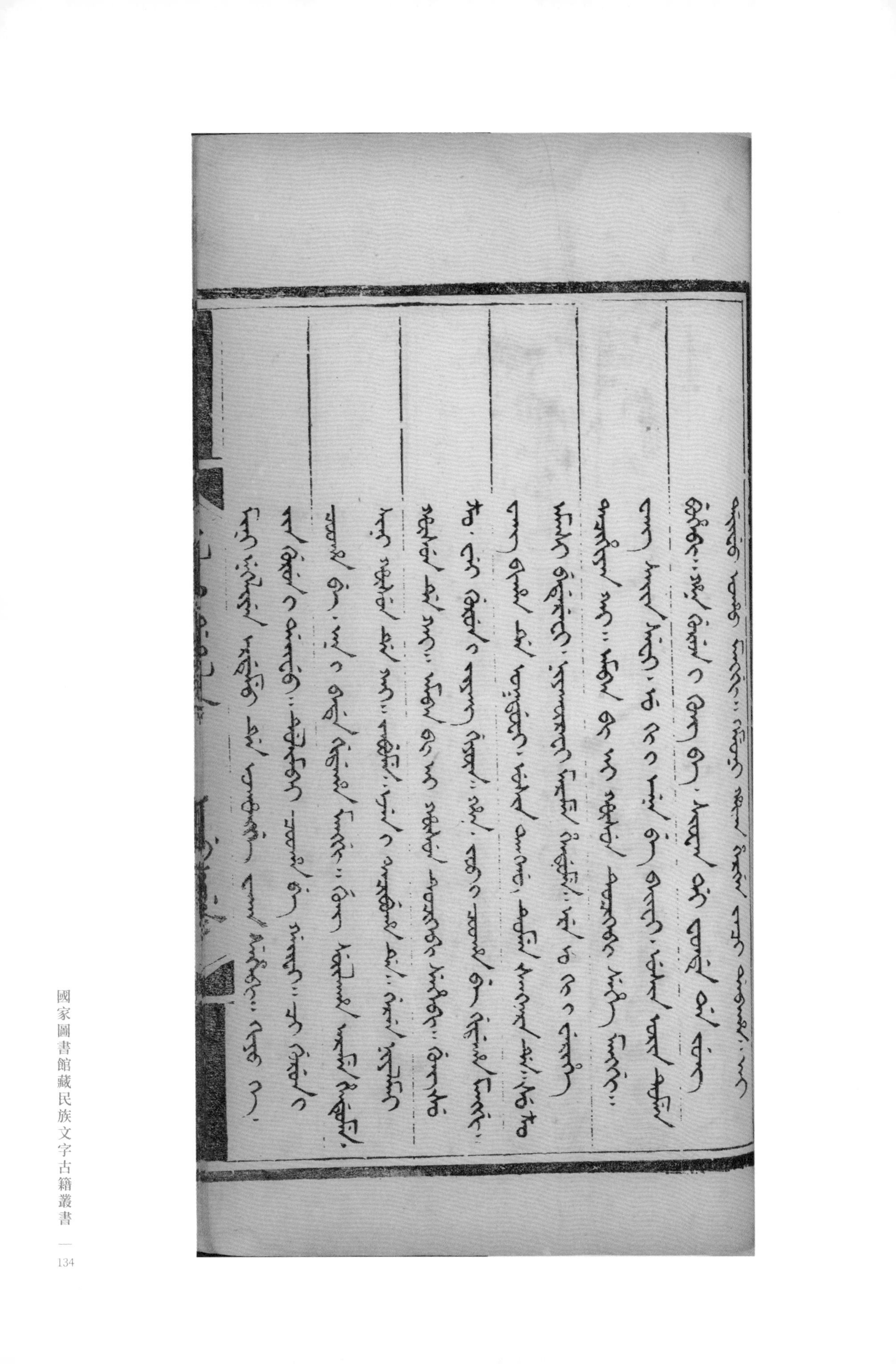

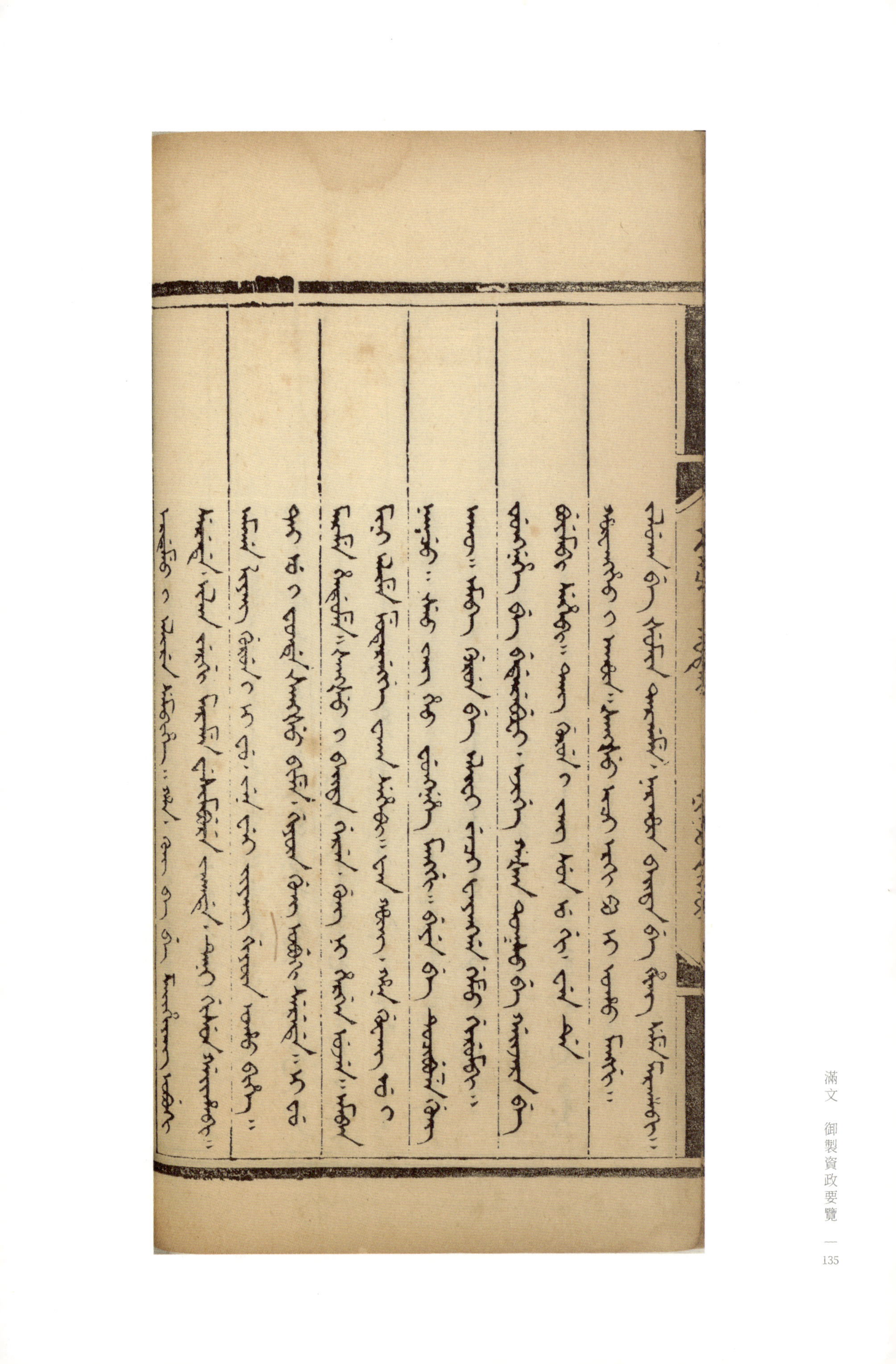

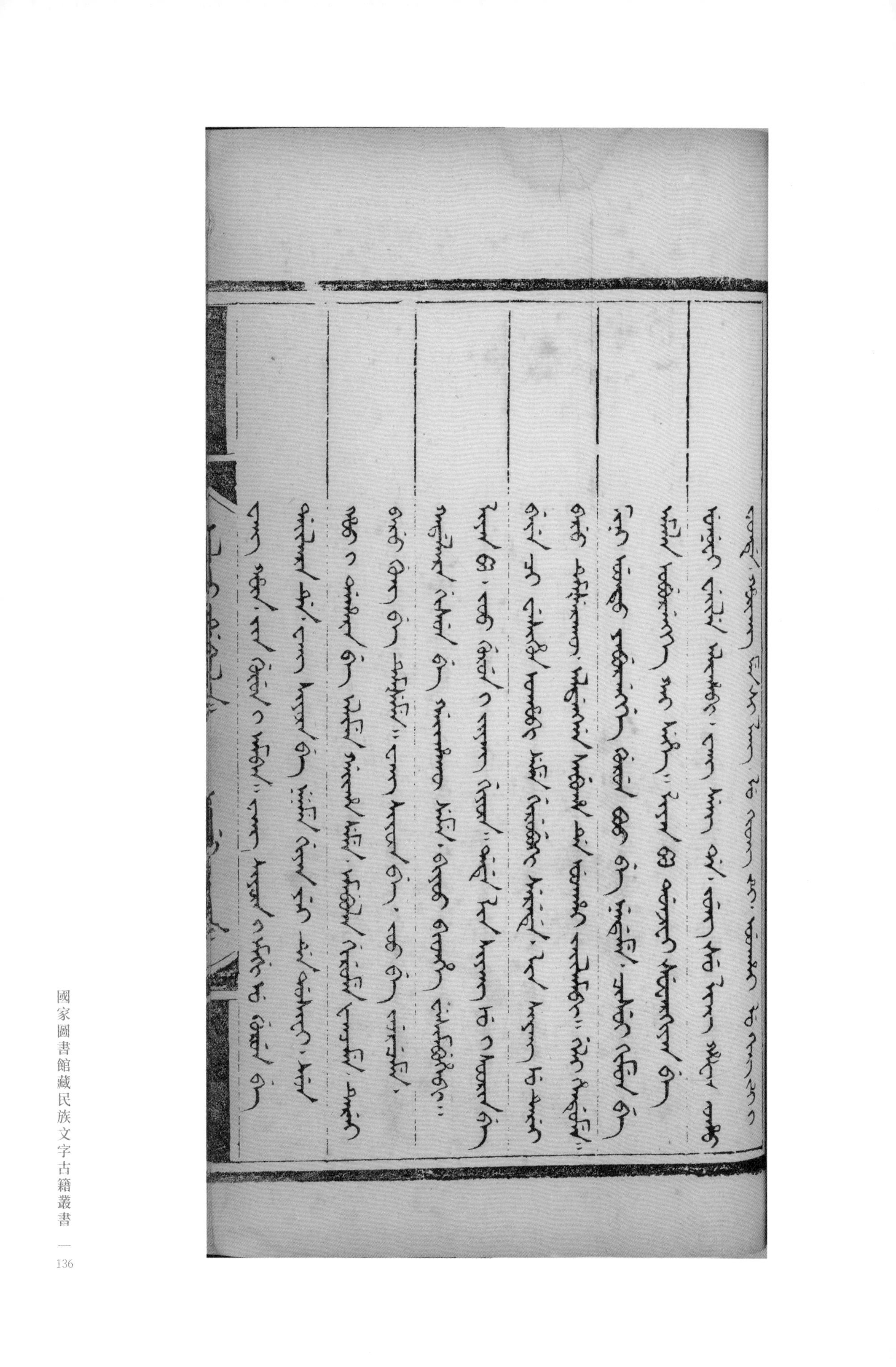

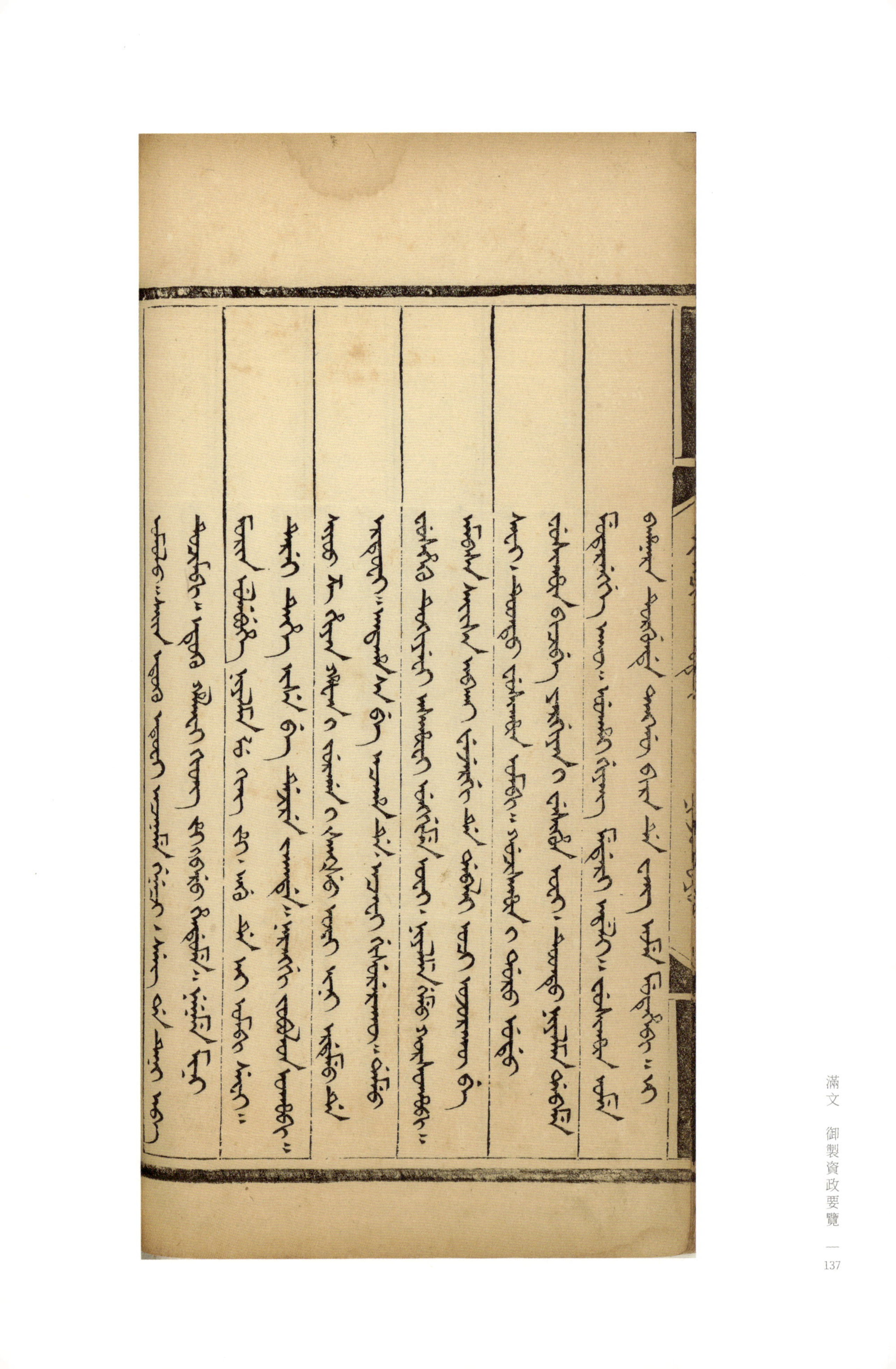

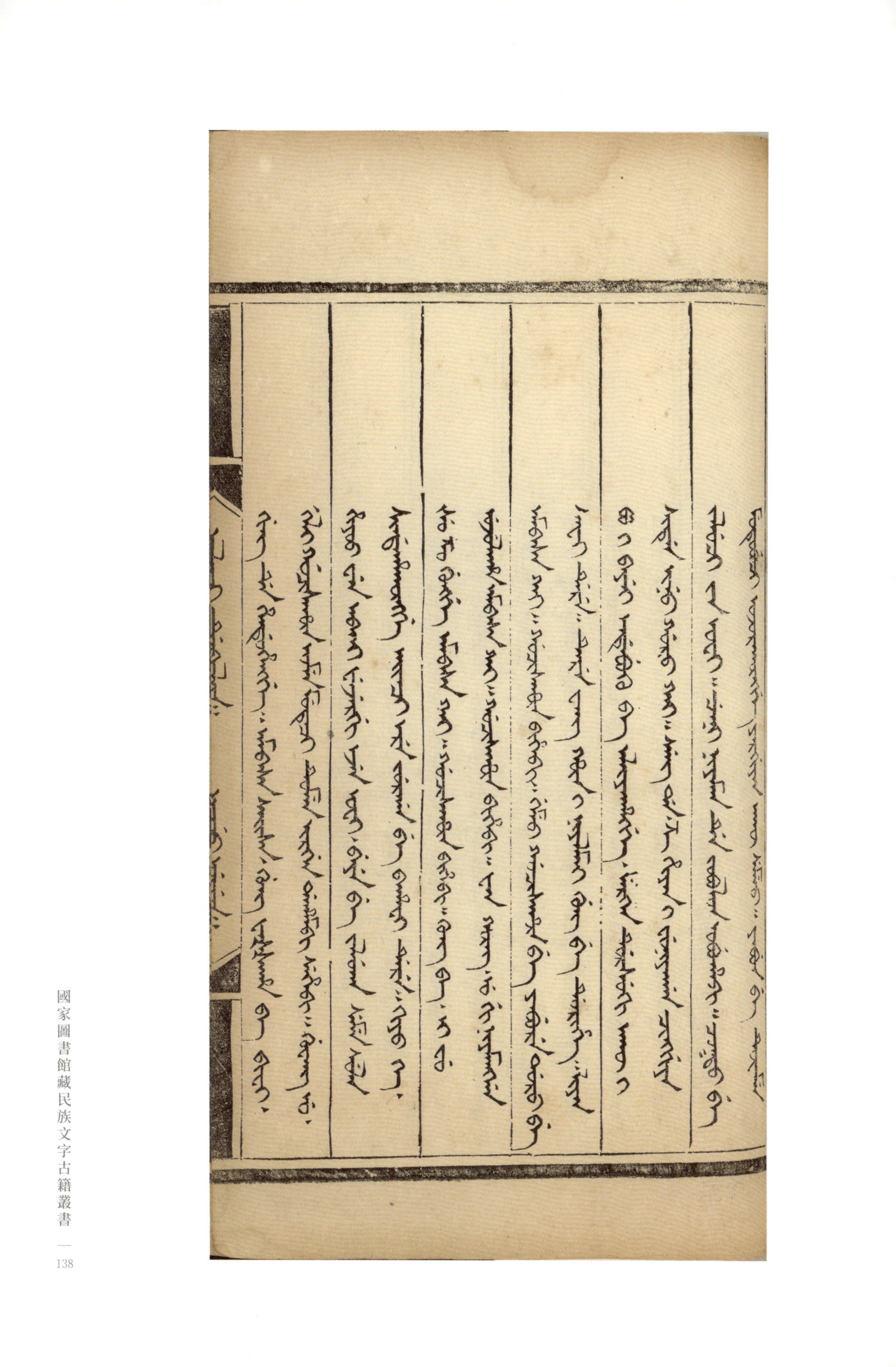

[illegible]

ᠪᠣᡩᠣᡤᠣᠨ ᠪᡝ ᡴᡳᠮᠴᡳᠮᡝ᠈ ᠪᠣᠯᠵᠣᠨ ᡳ ᠰᡳᠨᡩᡝᡵᡝ ᠰᡝᠮᠪᡳ ᡳᠰᡳᠪᡠᡶᡳ ᠪᡠᡥᡝᡵᡝ ᡳ ᠮᡠᡨᡝᠪᡠᡵᡝ ᡳ ᠠᠮᠪᠠ
ᠮᡠᠵᡳᠯᡝᠨ ᠰᠠᡵᡴᡡ ᡤᡳᠩᡤᡠᠯᡝᡵᡝ ᡳ ᠠᠮᠪᠠ ᡩᠣᠣᡵᡳ ᠠᠮᠪᠠᠯᡳᠩᡤᡡ ᠣᠮᠪᡳ᠉

ᡥᠠᠨ ᡳ ᠠᡵᠠᡥᠠ ... ᡩᠣᠰᠣ ...

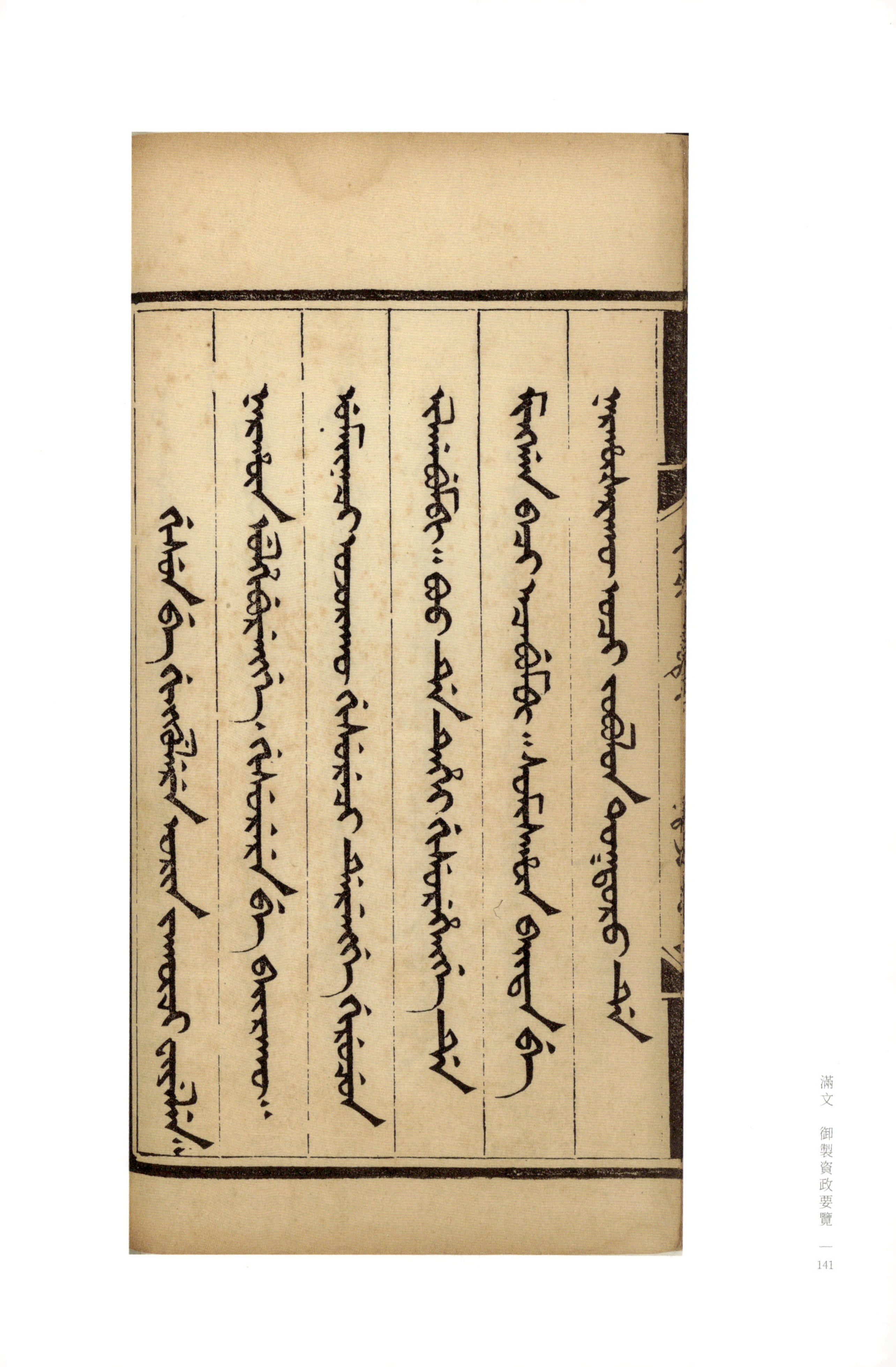

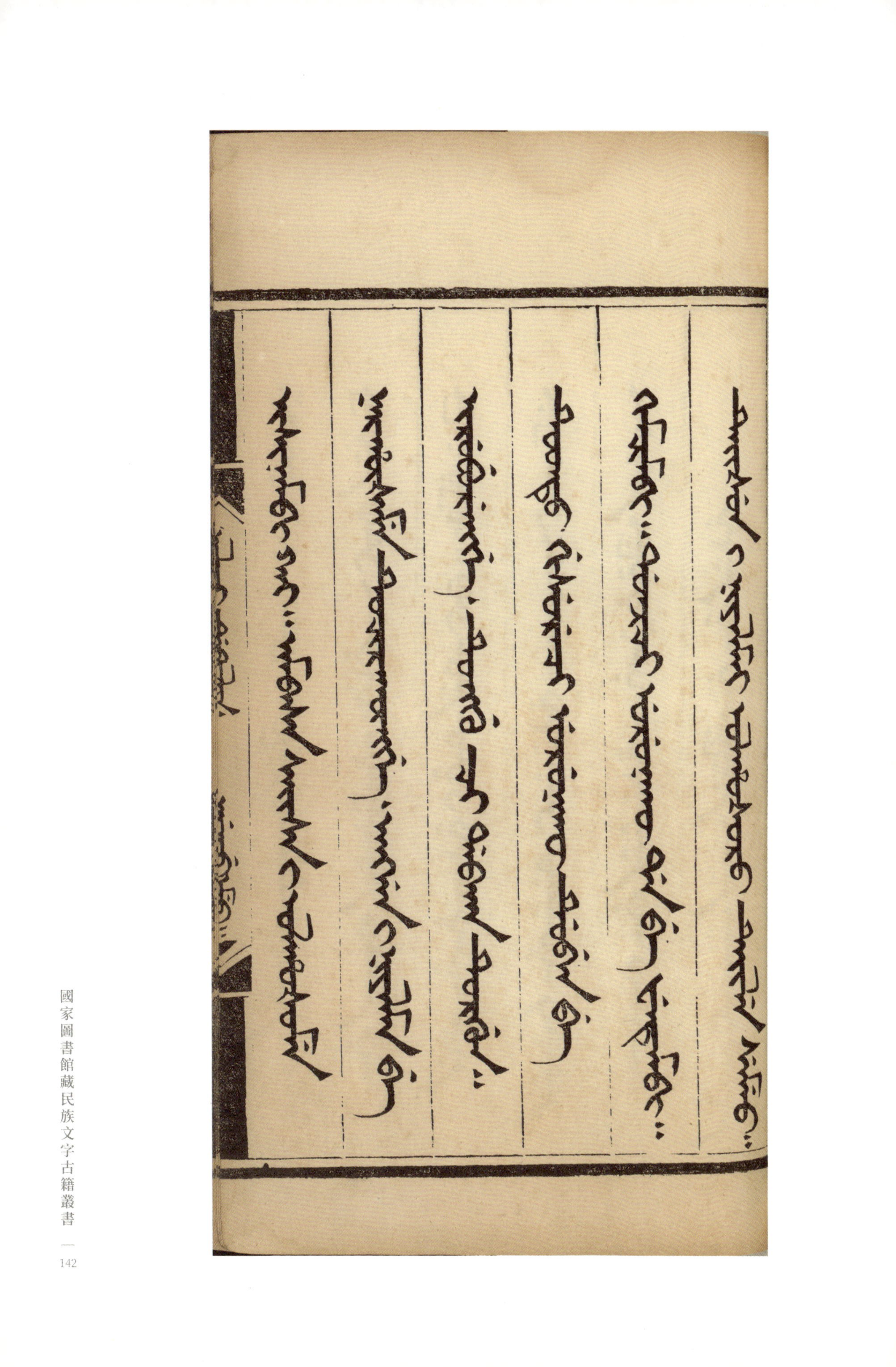

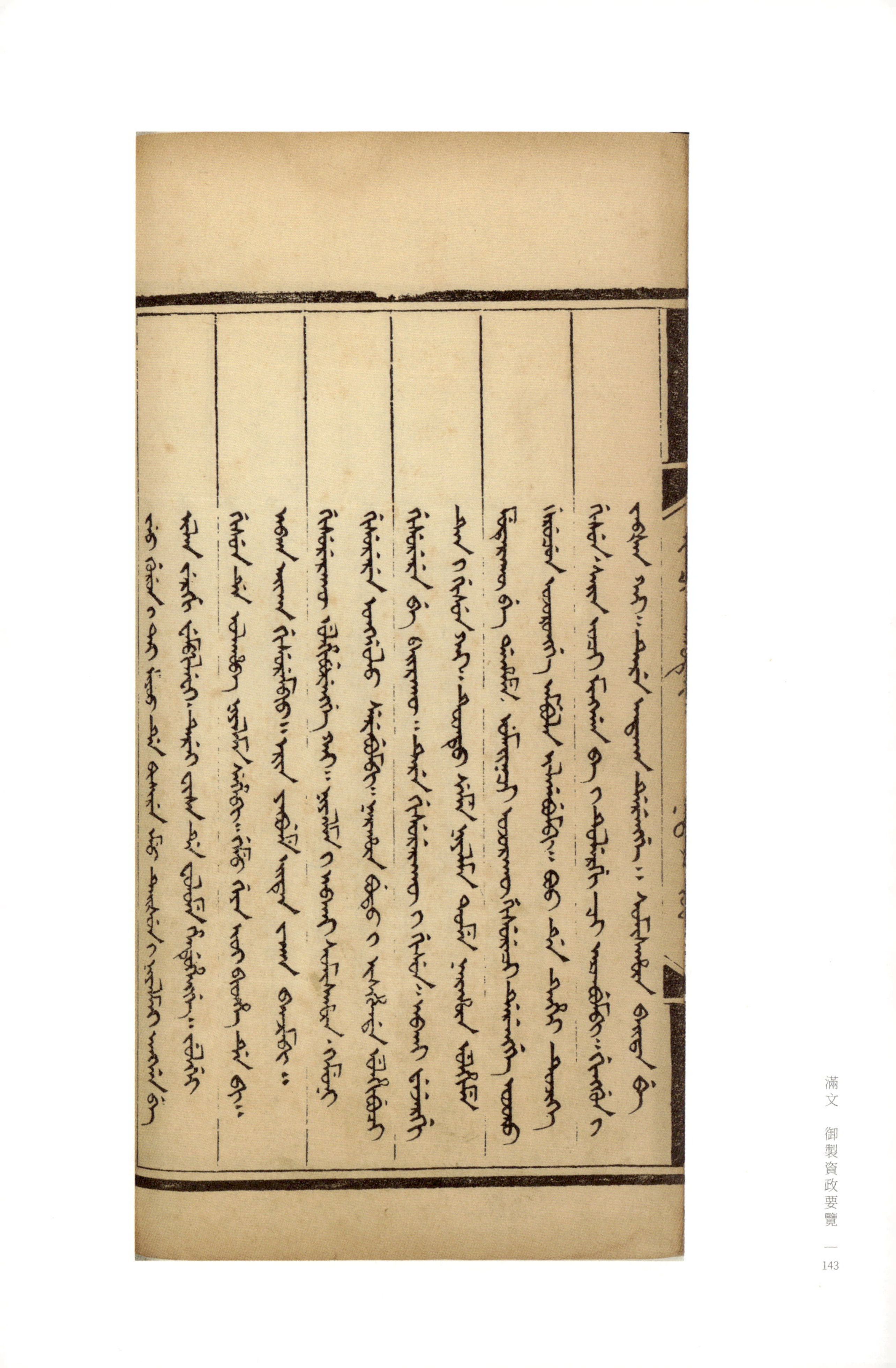

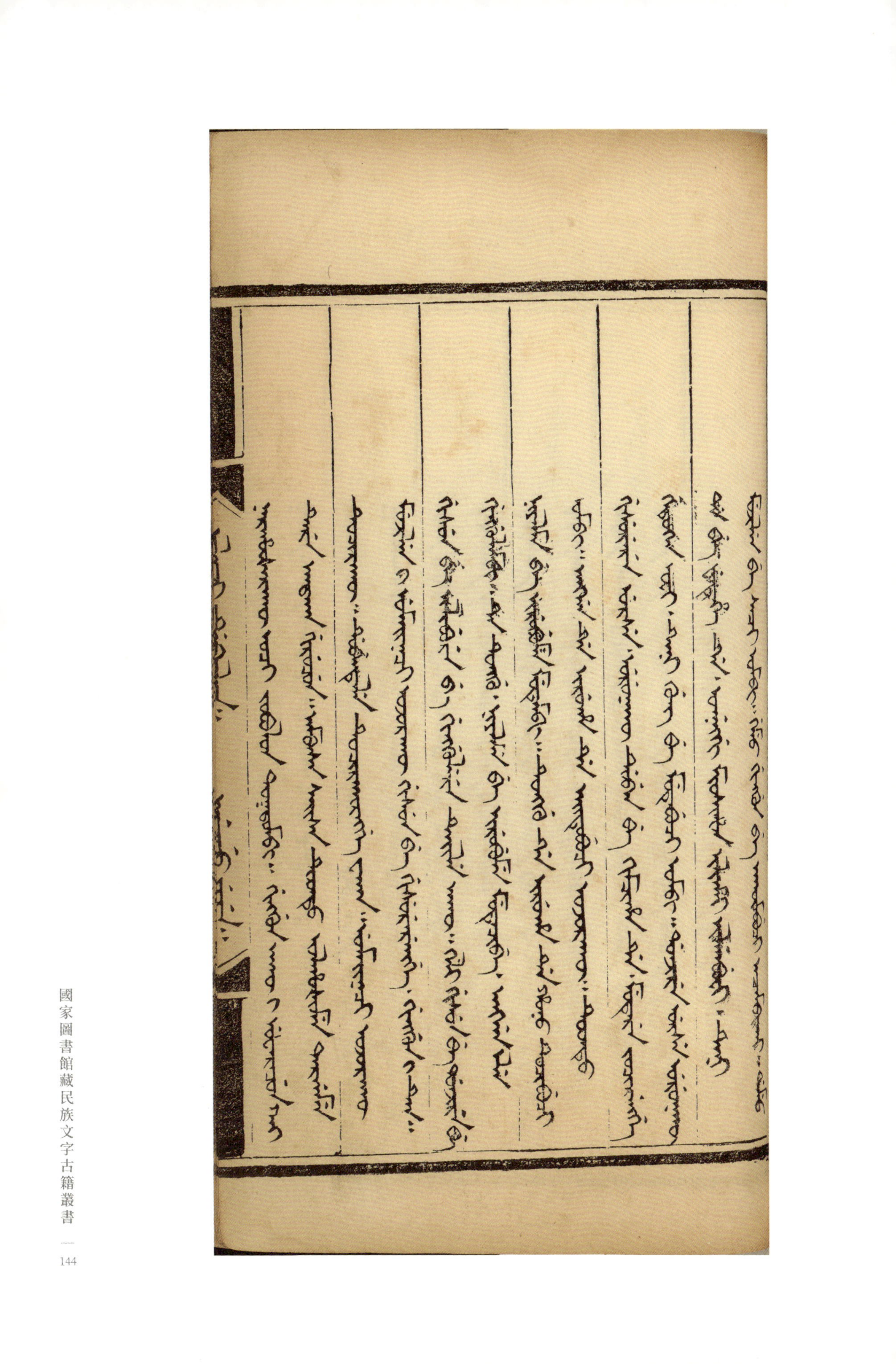

ᡥᡡᠸᠠᠩᡩᡳ ᡳ ᠪᠣᠰᠣᡴᠣ ᡨᡠᠸᠠᠮᡝ ᡳ ᠰᡳᠮᡝᠨ::
ᠰᠠᡳᠨ ᠪᡝ ᡳᠯᡝᡨᡠᠯᡝᠮᡝ ᡝᡵᡝ ᡨᡠᠸᠠᠪᡠᡥᠠ::

ᠪᡳᠴᡳ ᠪᡝᠴᡝ ᠨᡳ ᠰᠠᡳᠨ ᠪᡝ ᡨᠠᠴᡳᠪᡠᡥᠠᠩᡤᡝ᠈ ᡤᡡᠨᡳᠨ ᡳ

ᠪᡠᠰᡝᡵᡝ ᠪᡝ ᡤᡡᠨᡳᠨᠴᡳᡥᠠᠩᡤᡝ᠈ ᡤᡠᠪᡠ ᠪᡝ ᡳ ᠪᡠᡥᡝ ᠪᡝ

ᠪᡳᠰᡳᡥᡝ᠈ ᡨᡠᠸᠠᠴᡳ ᠪᡝᠯᡝ ᡳ ᡨᡠᠮᡝᠨ ᠪᡝ ᠪᡝᡳᡨᡝᠪᡠᡥᠠᠩᡤᡝ᠈

ᡤᡡᠨᡳᡥᠠᠩᡤᡝ ᠠᠮᠪᠠᠨ ᡳ ᡨᠣᠨᡩᠣ ᠪᡝᠶᡝ:: ᠠᠮᠪᠠᠨ ᠪᡳᠮᡝ

ᠪᠠᡳᡨᠠᠯᠠᠪᡠᡥᠠᠩᡤᡝ᠈ ᠵᠠᠯᠠᠨ ᠨᡳ ᡨᡠᠸᠠᠪᡠᡥᠠ ᡳ ᡨᡠᠸᠠᠪᡠᡥᠠ::

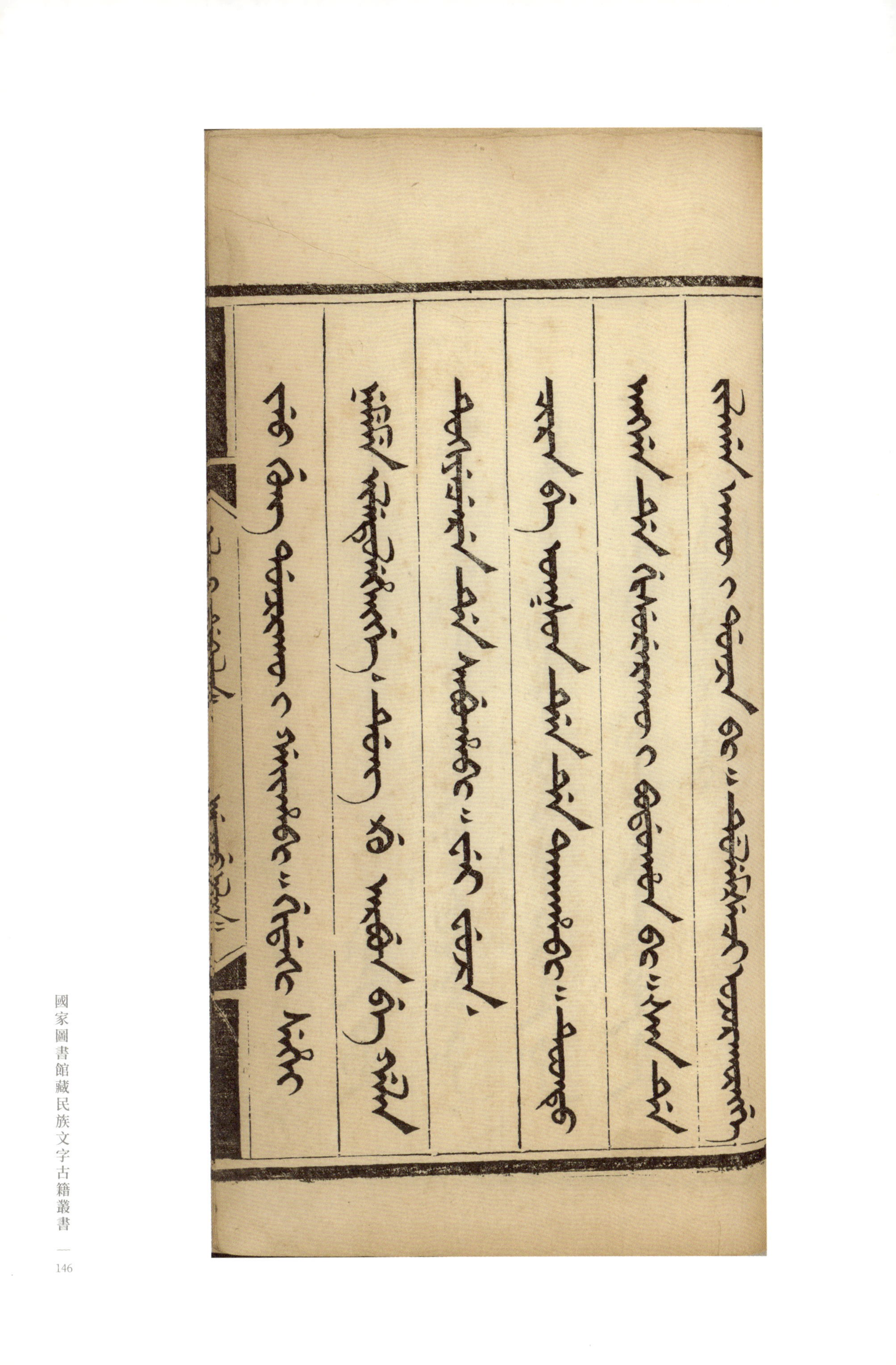

[illegible]

[illegible]

[illegible]

[illegible]

[illegible]

[illegible]

[illegible]

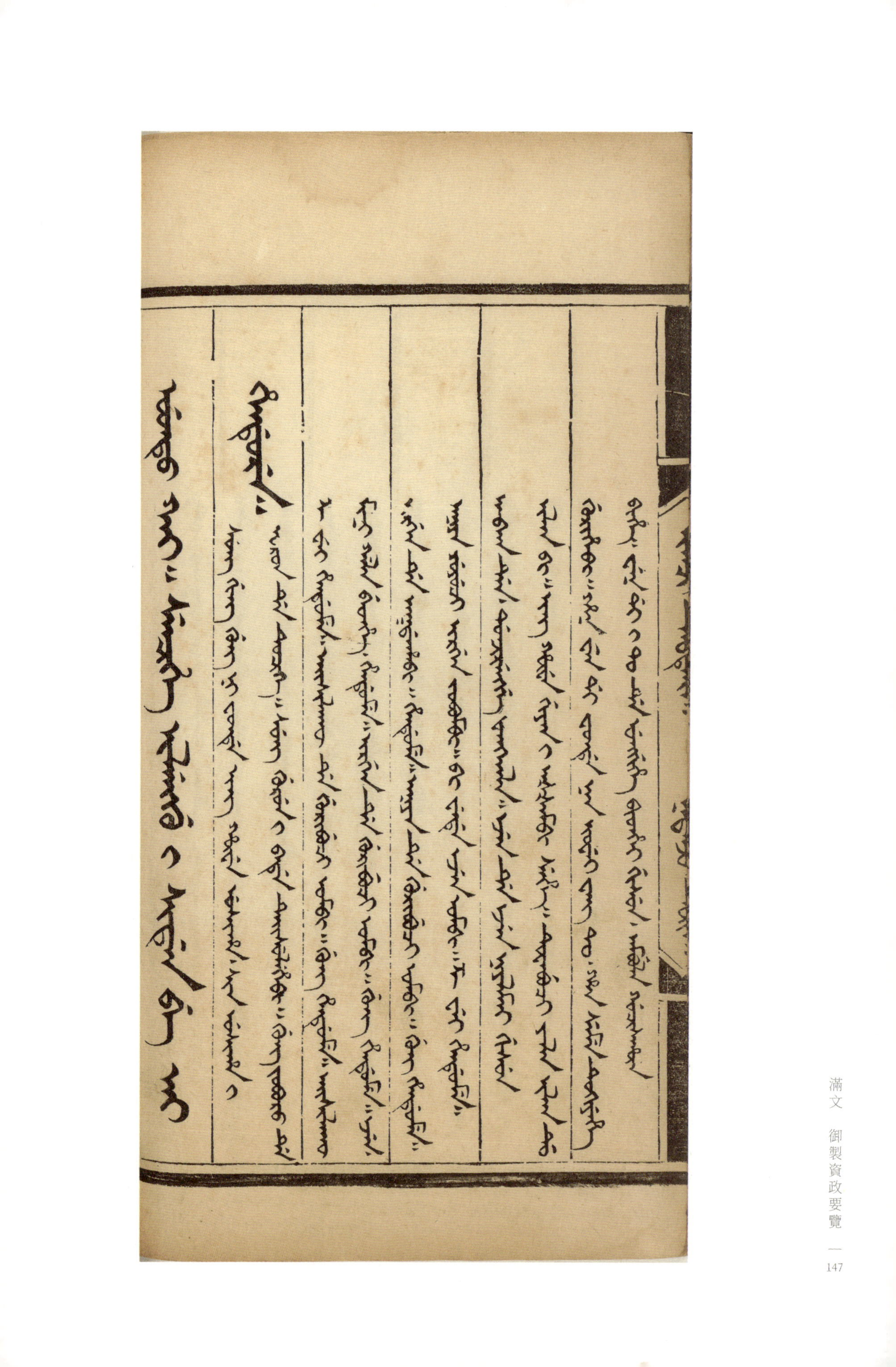

[illegible]

[illegible]

[illegible]

[illegible]

[illegible]

[illegible]

[illegible]

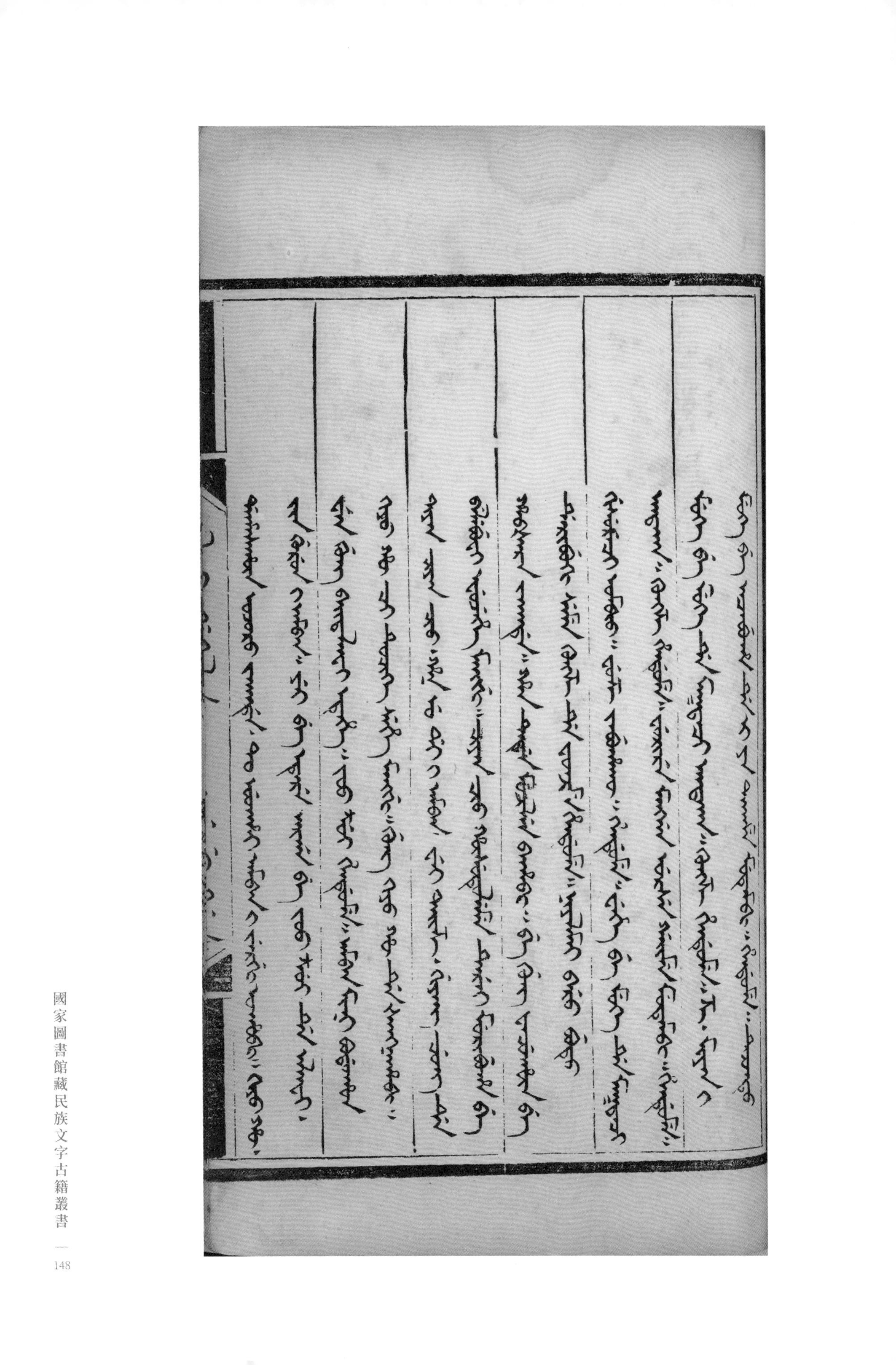

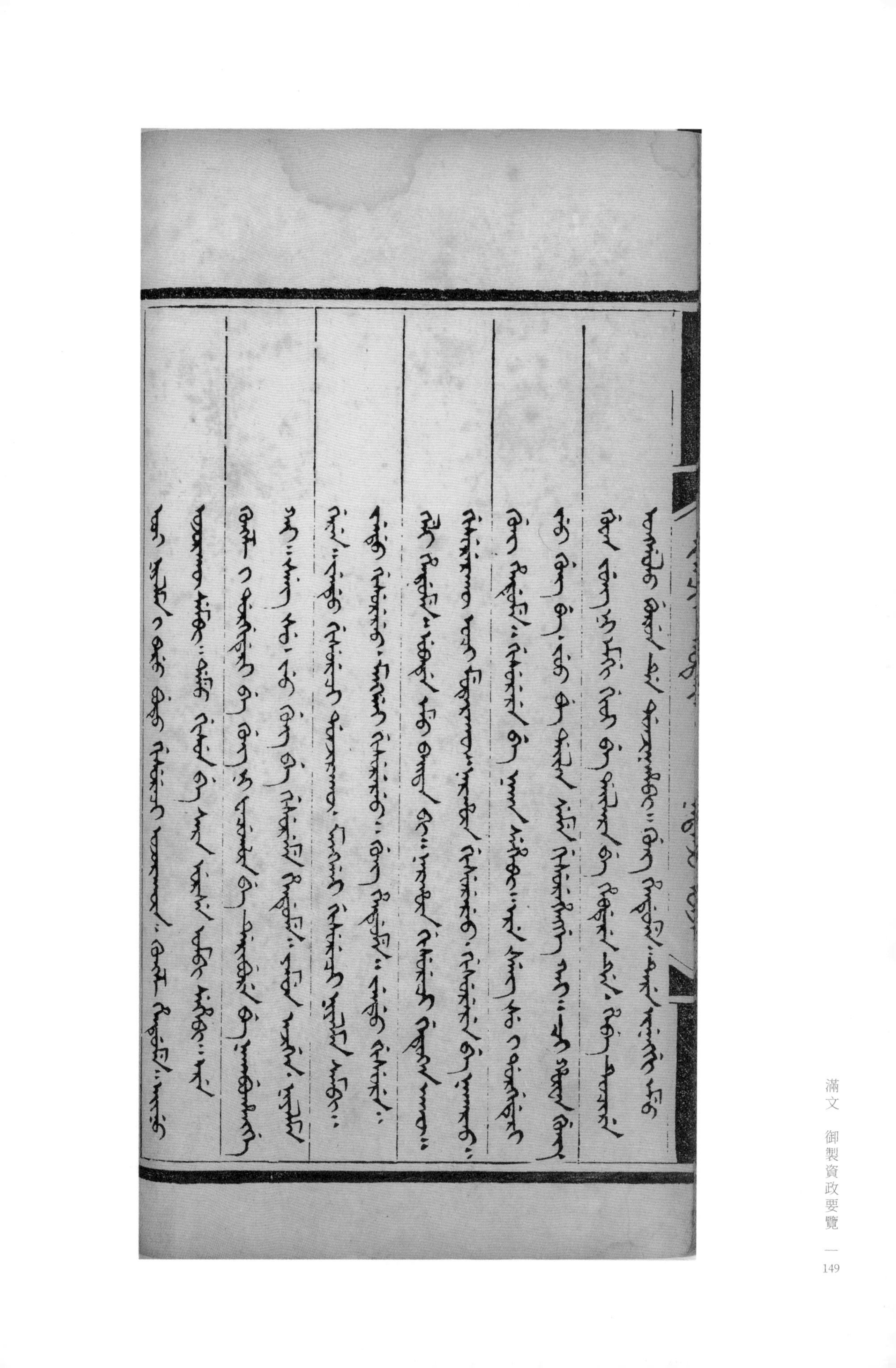

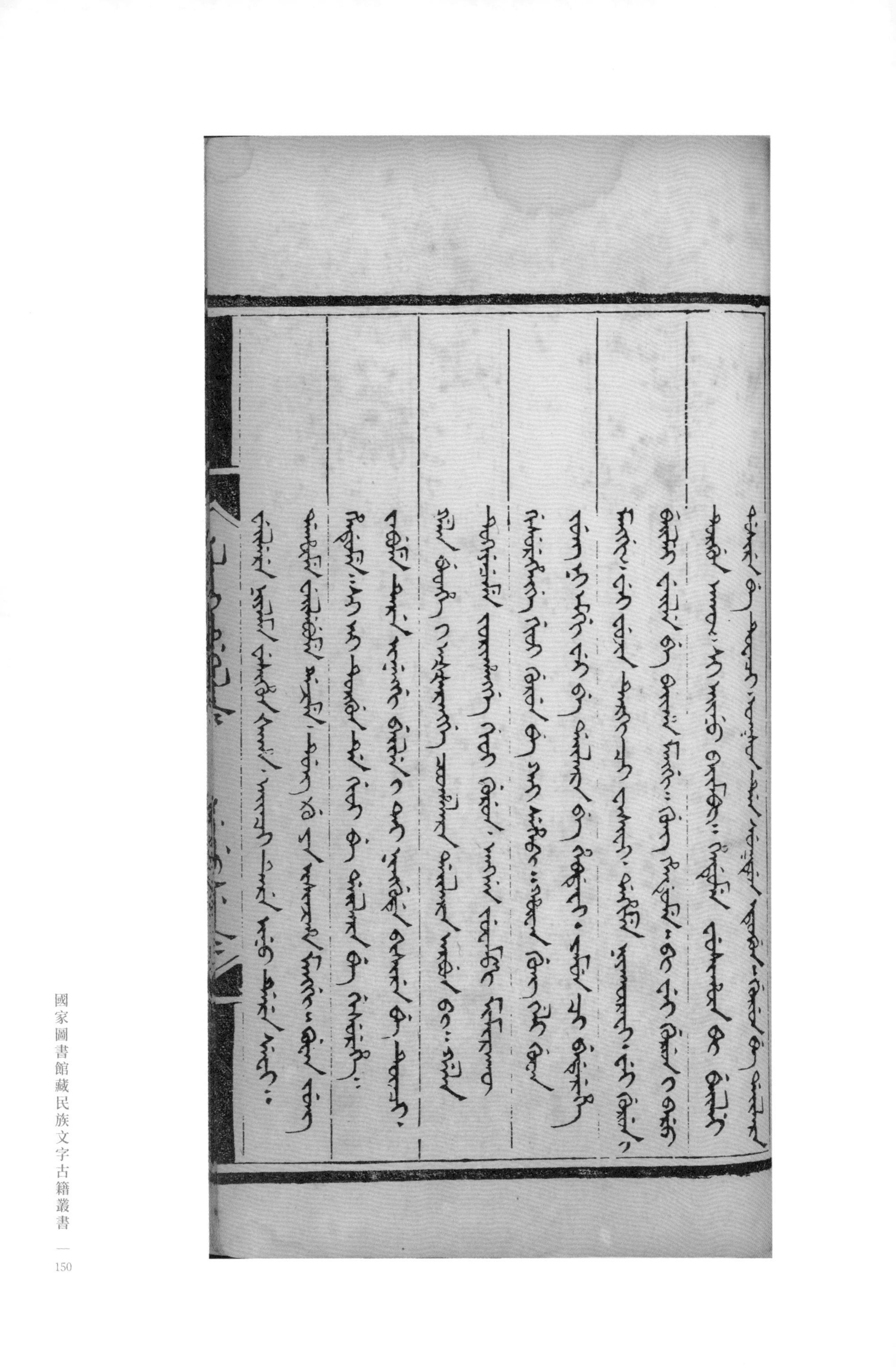

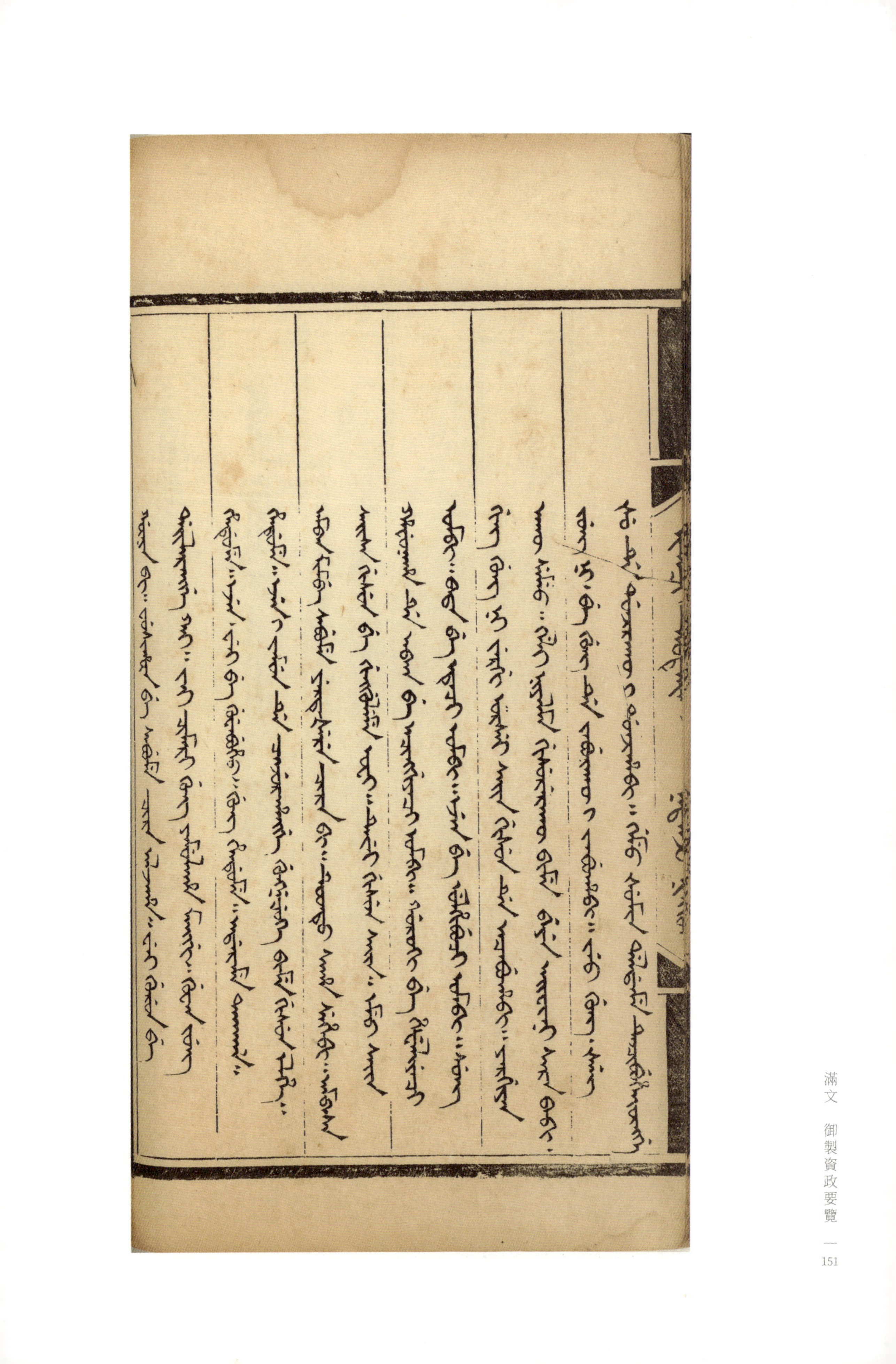

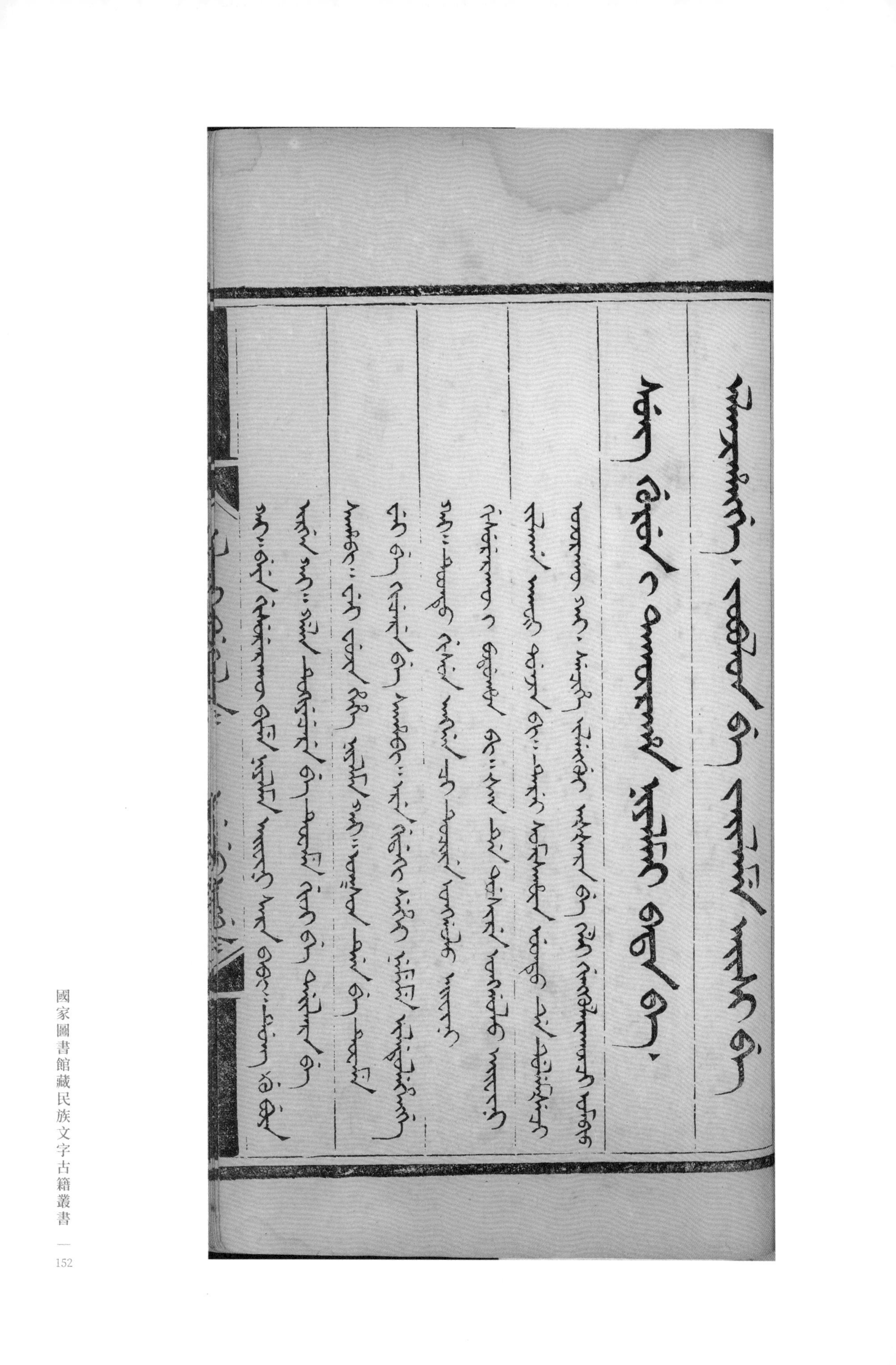

ᠪᠠᡥᠠᠨᠠᠮᠪᡳ᠈ ᡝᠯᡥᡝ ᡳᠰᡳ ᡳ ᡩᠣᡵᠣ ᠪᡝ ᠪᠠᡥᠠᠨᠠᠮᠪᡳ᠈

ᡨᡠᠮᡝᠨ ᠪᡝ ᡩᠠᠰᠠᠨ ᡳ ᡤᡳᠰᡠᠨ ᠪᡝ ᠪᠠᡥᠠᠮᠪᡳ᠉

ᡨᡠᠮᡝᠨ ᡳ ᠪᠠᡳᡨᠠ ᠪᡝ ᠪᠣᡩᠣᠮᡝ᠈ ᠪᠣᡩᠣᠮᡝ

ᡨᡠᠰᡳᠶᡝᠨ ᠪᡝ ᠪᠣᠣ ᠪᡝ ᡩᠣᠰᡳᠮᠪᡳ᠉ ᡨᡠᠸᠠᠮᡝ

ᡨᡠᠸᠠᠮᡝ ᠮᡠᠵᡳᠯᡝᠨ ᠪᠣᠣ ᡨᡠᠮᡝᠨ᠉ ᡤᡳᠰᡠᠨ ᡤᡳᠰᡠᠨ

ᠪᡝ ᡠᠮᡝ ᠪᠣᡩᠣᡵᠣᠩᡤᡝ ᡨᡠᠸᠠᡴᡳᠶᠠᠮᠪᡳ ᠪᡳ ᡨᡠᠸᠠᡵᠠ

ᠪᠣᠯᠭᠣ᠉ ᠨᡳᡴᠠᠨ ᠵᠠᡴᠠ᠈ ᠵᠠᠯᠠᠨ ᡩᡝ ᠵᡝᠮᡝᠩᡤᡝ

ᠠᠮᠪᡠᠯᠠ ᡨᡝᡵᡝ ᠵᡳᠯᡳᠨ ᠪᠣᡩᠣᠮᡝ᠉ ᡤᡝᠮᡠ ᠰᠠᡥᠠᠴᡳ ᠰᡝᡵᡝ

ᡤᡠᠸᠠ ᠠᠮᠪᠠᠯᡳᠩᡤᡡ ᠨᡳᠶᠠᠯᠮᠠ᠉ ᡩᡝ ᠪᡝ ᡨᡝ ᠮᡠᠵᡳᠯᡝᠨ

ᠮᡠᡴᡩᡝᠨ ᡳᠨᡝᠩᡤᡳ ᡩᡝ ᡤᡳᠰᡠᠨ ᠠᡴᡡ ᡨᡝ ᡤᡡᠨᡳᡥᡝ ᠪᡝ

ᠪᡝᡳᠯᡝ ᡤᡡᠨᡳᠩᡤᡝ᠉ ᡳᡵᡠ ᠵᡳᡥᡝ ᠮᡠᠵᡳᠯᡝᠨ ᠪᡝ ᠵᡳ

ᠮᡠᠵᡳᠯᡝᠨ ᠰᡠᠨᠵᠠᠩᡤᠠ᠈ ᠪᠣᡩᠣᠮᡝ ᠵᠠᡴᠠ ᠵᠠᡴᠠ ᠰᡠᠸᠠᠨ

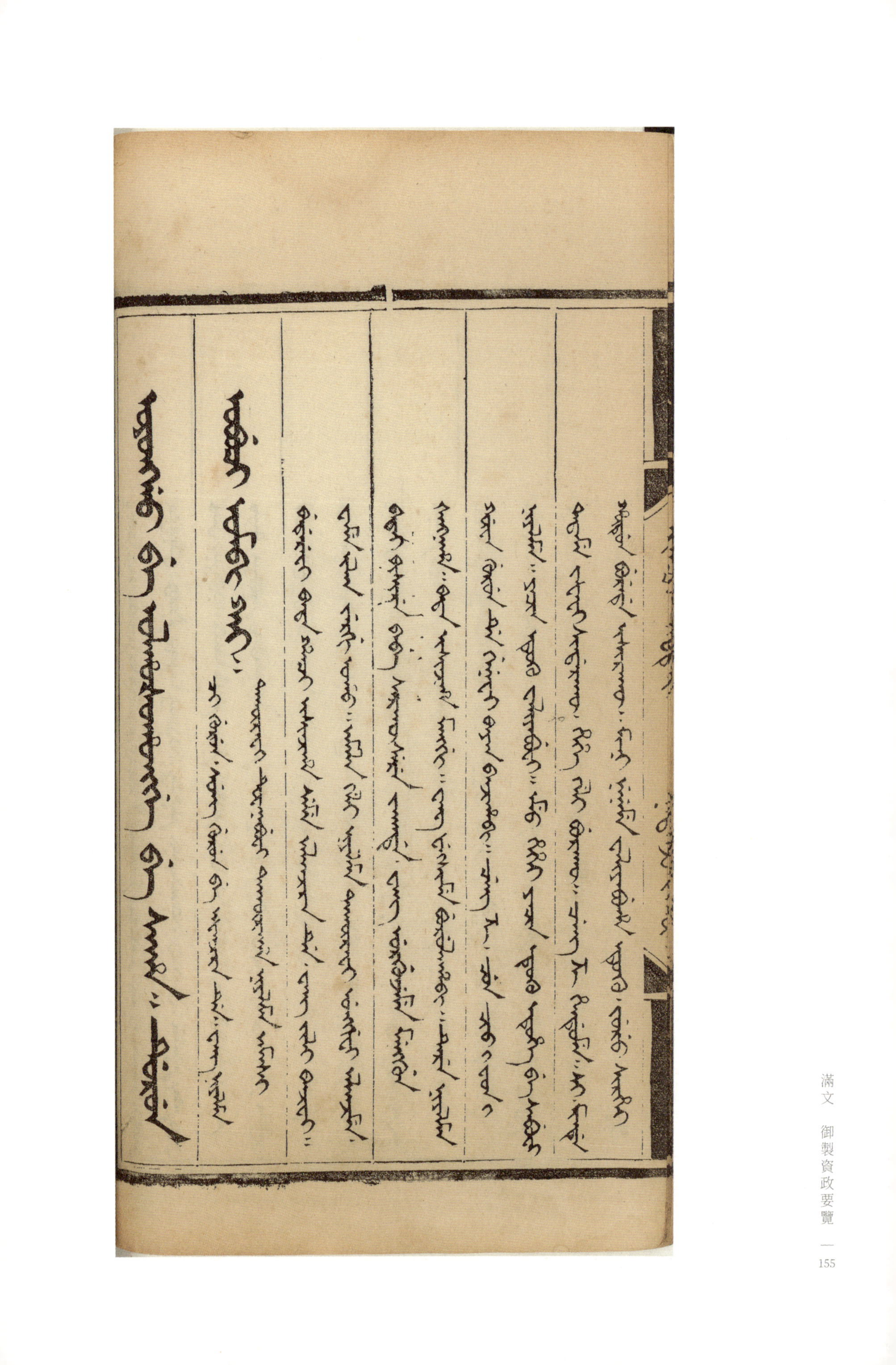

[illegible]

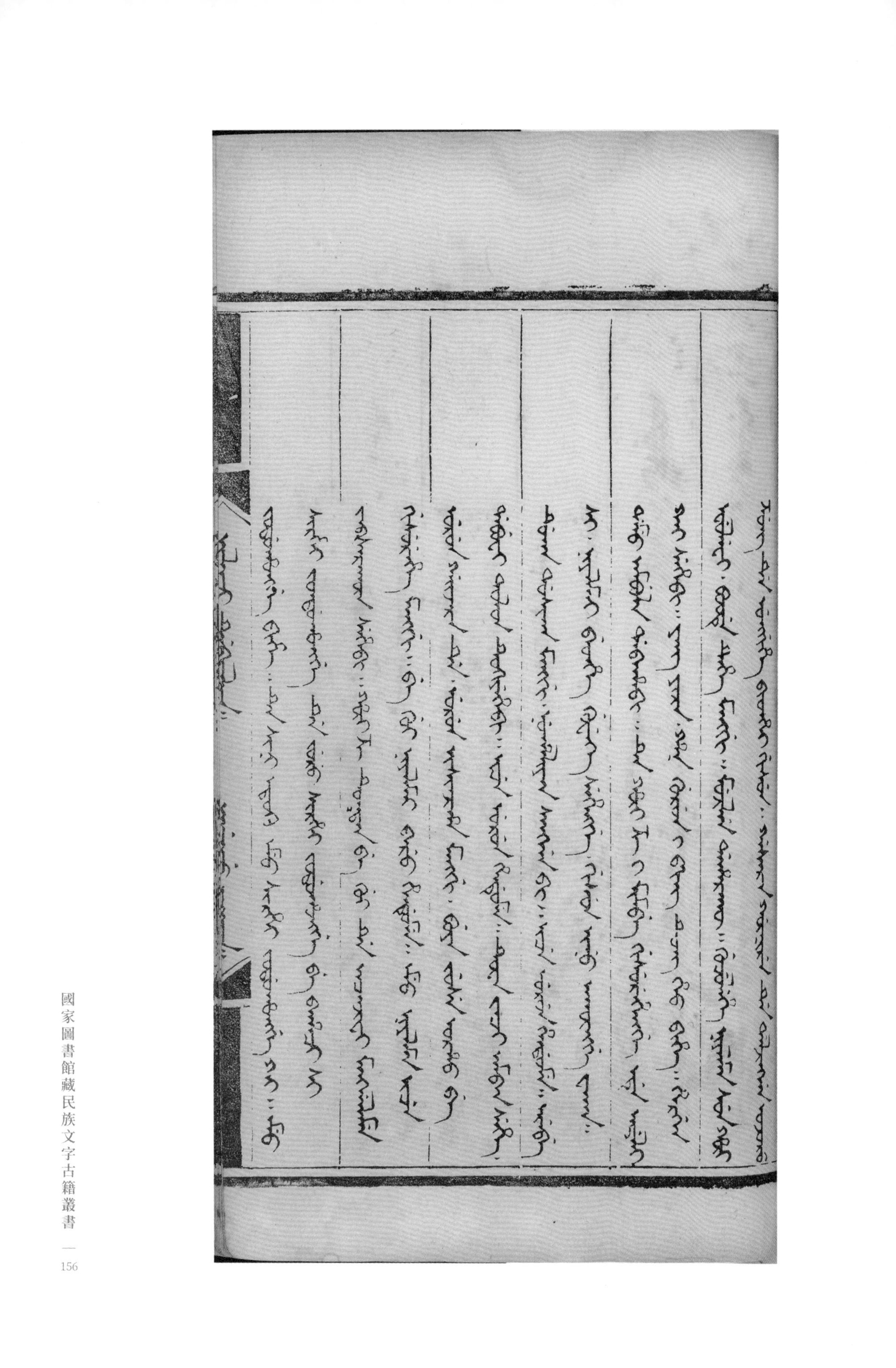

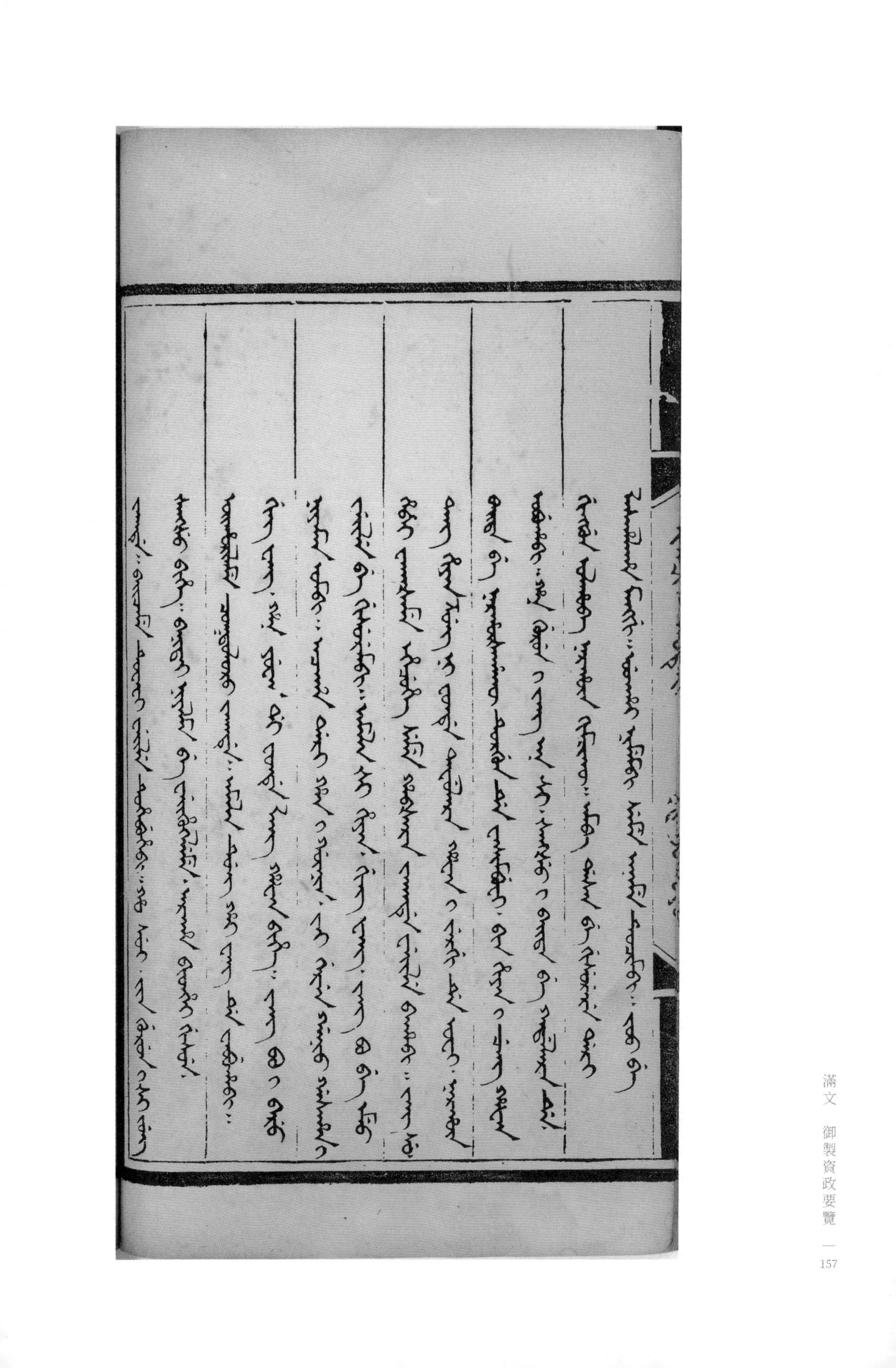

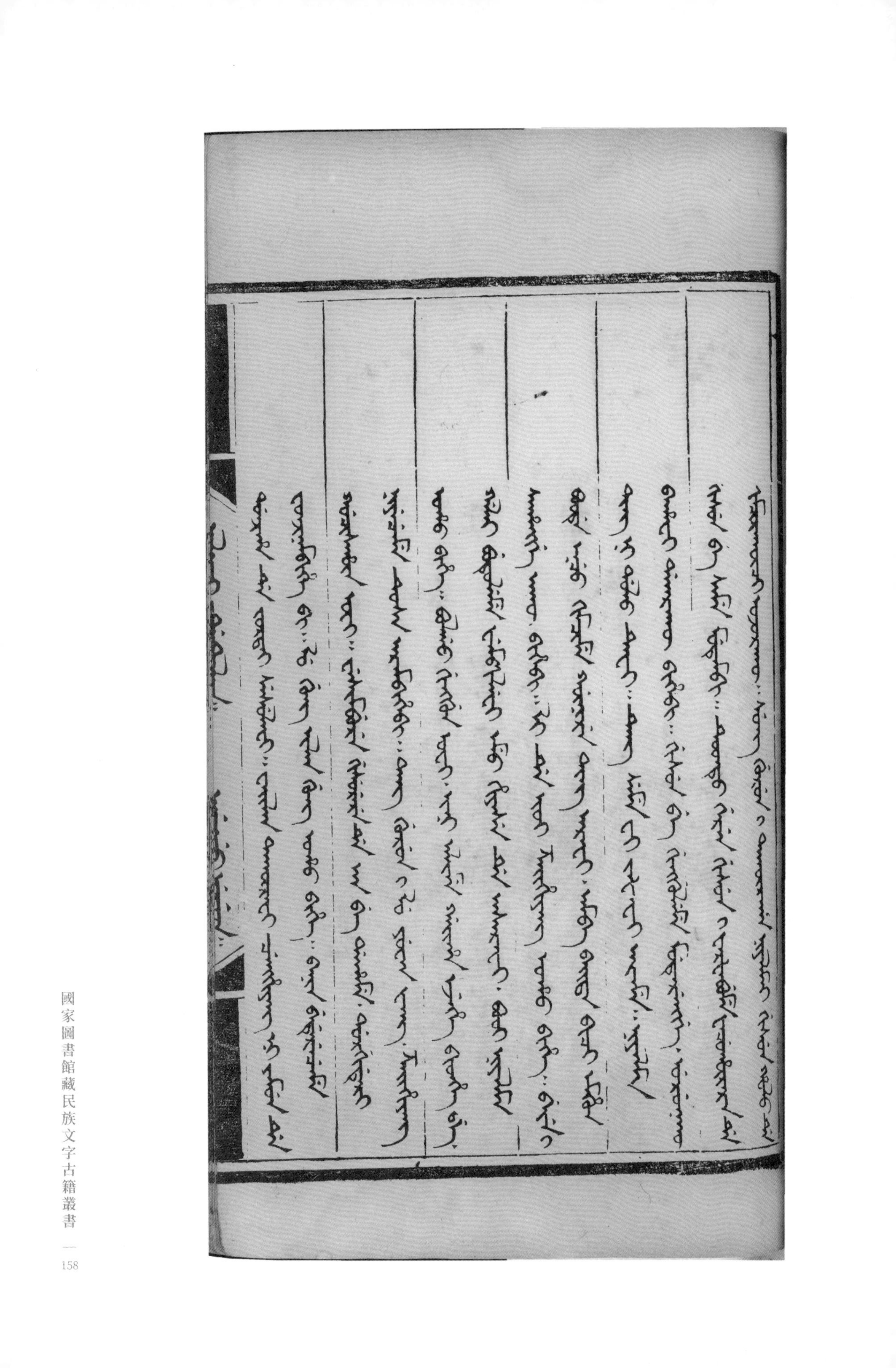

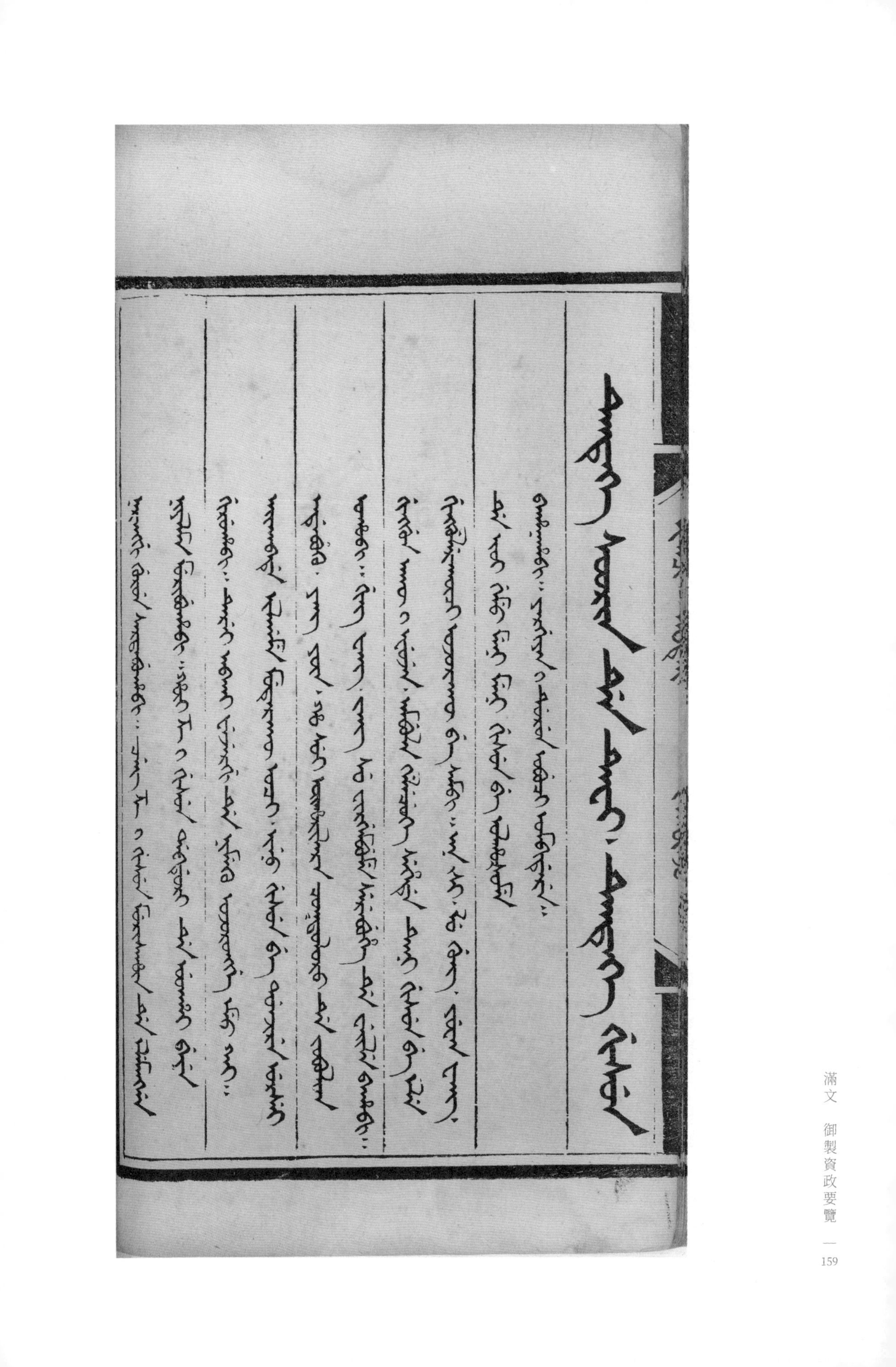

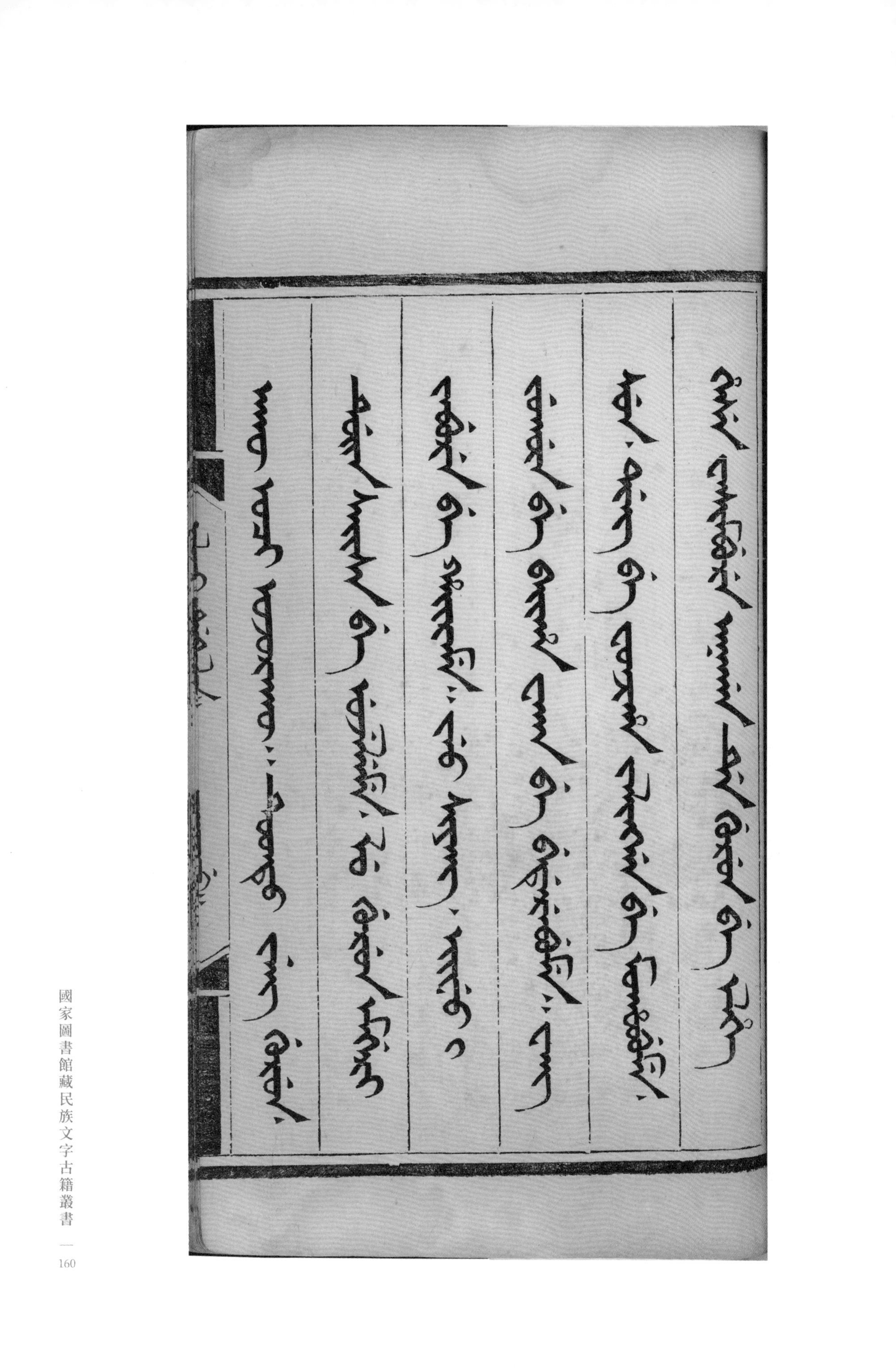

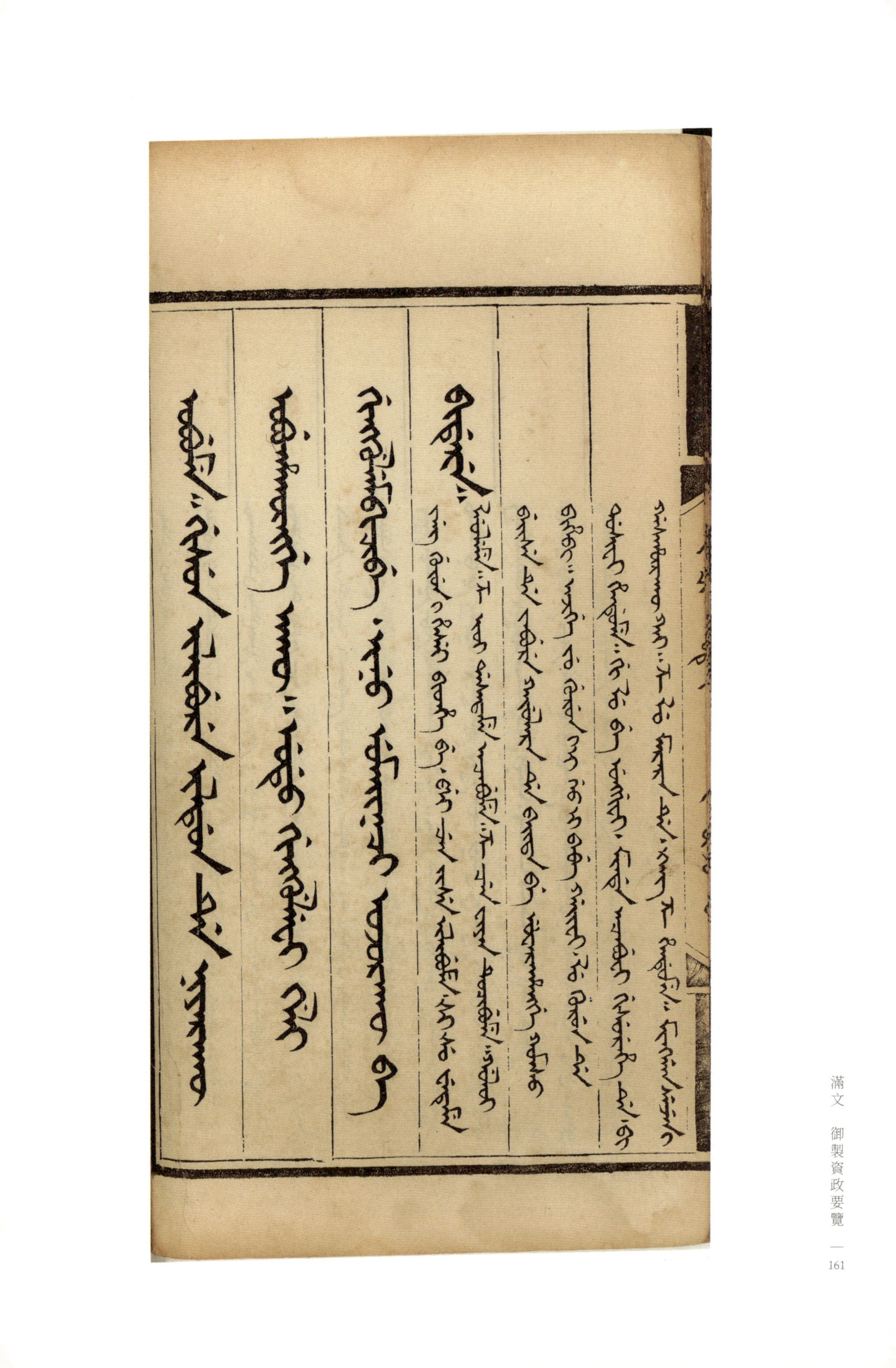

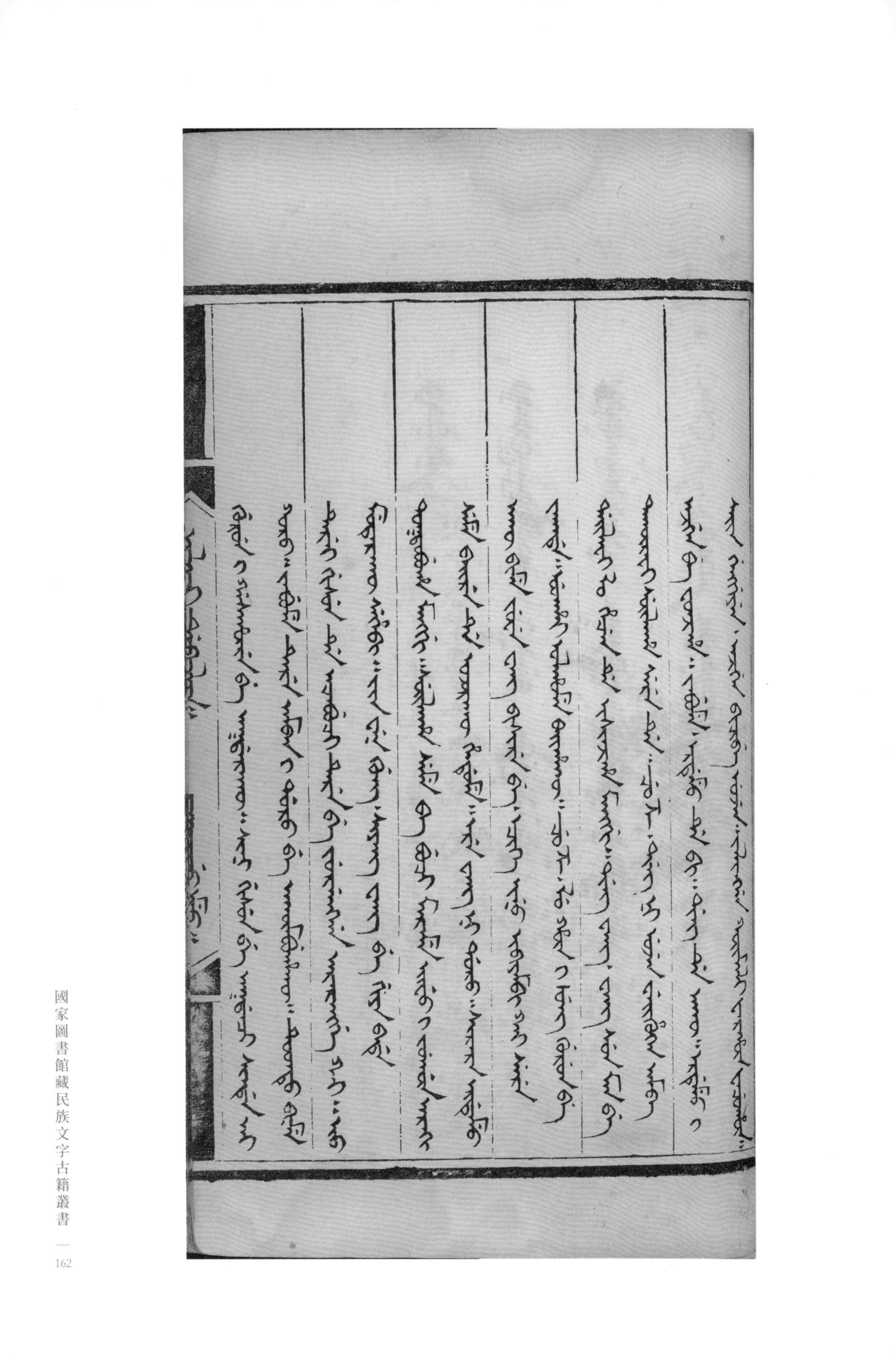

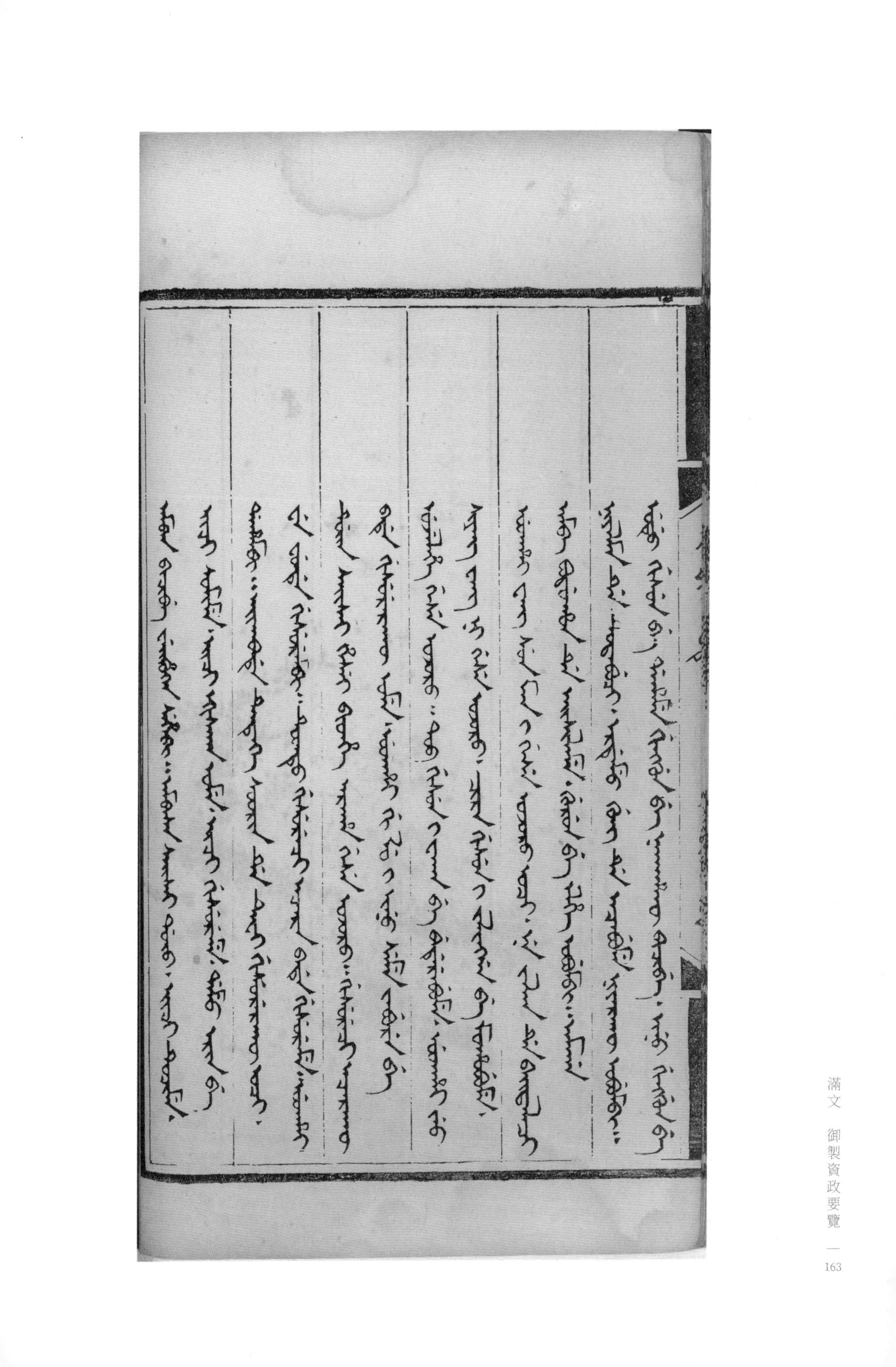

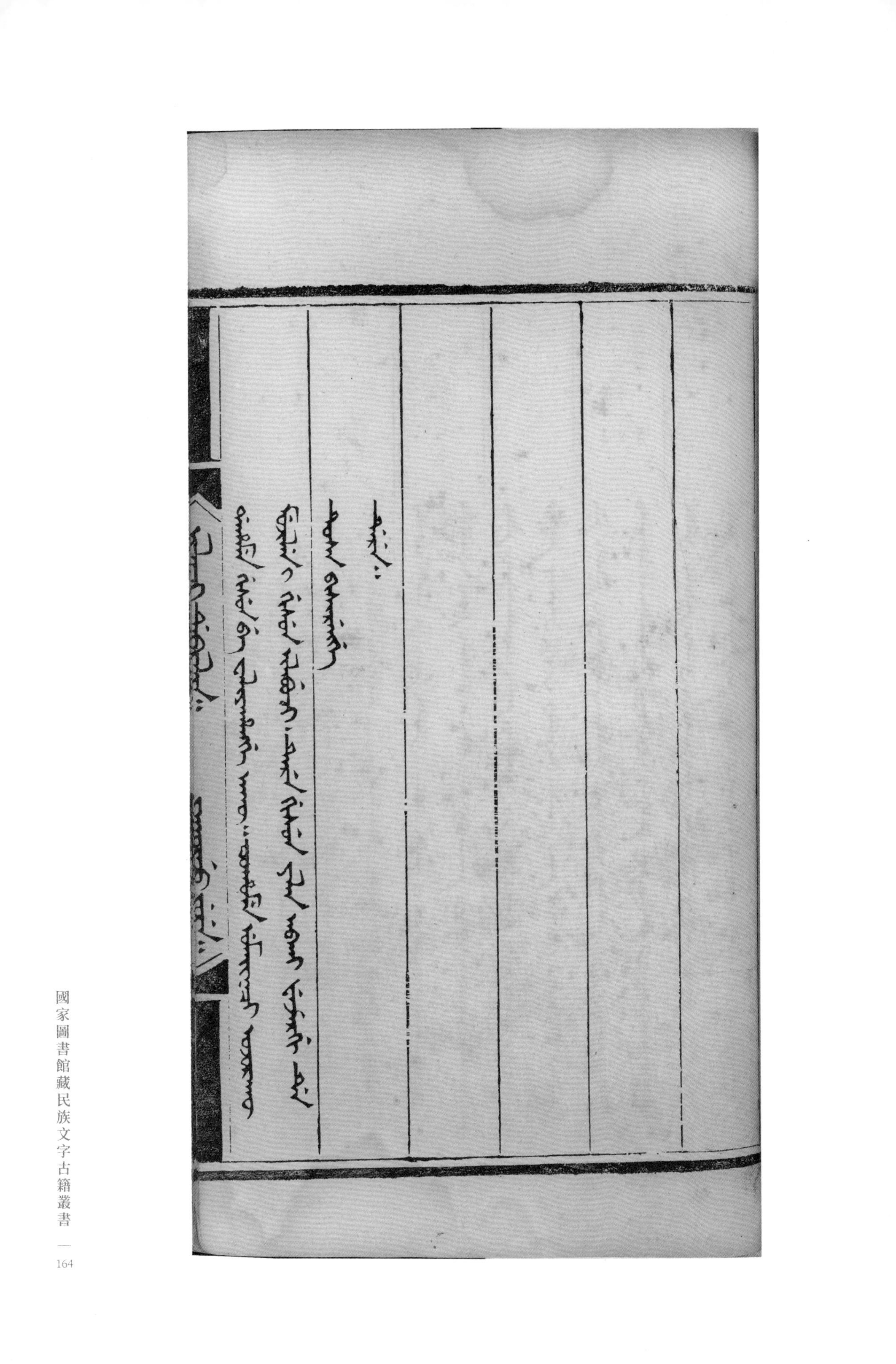

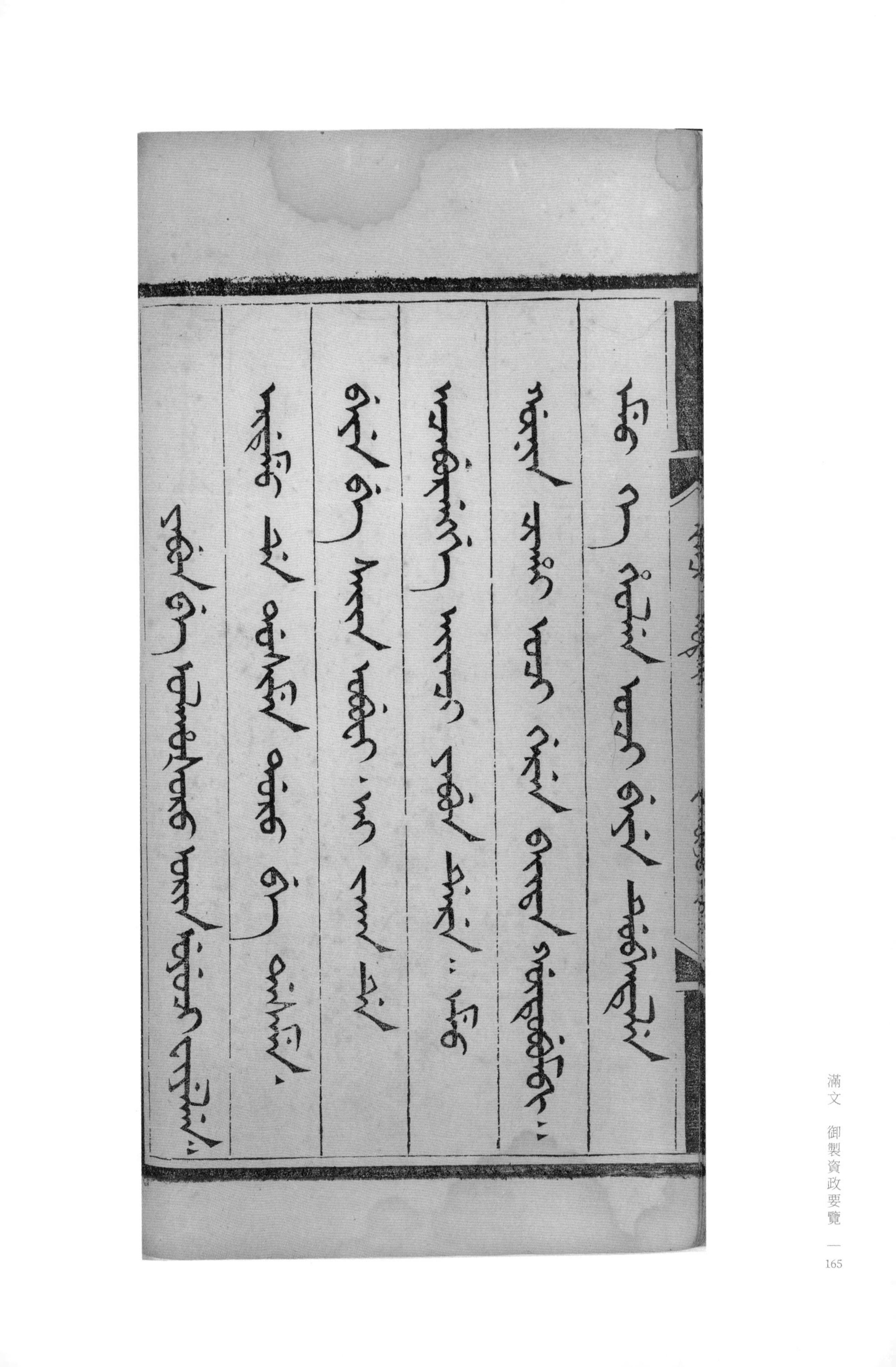

[illegible]

[illegible]

[illegible]

[illegible]

[illegible]

[illegible]

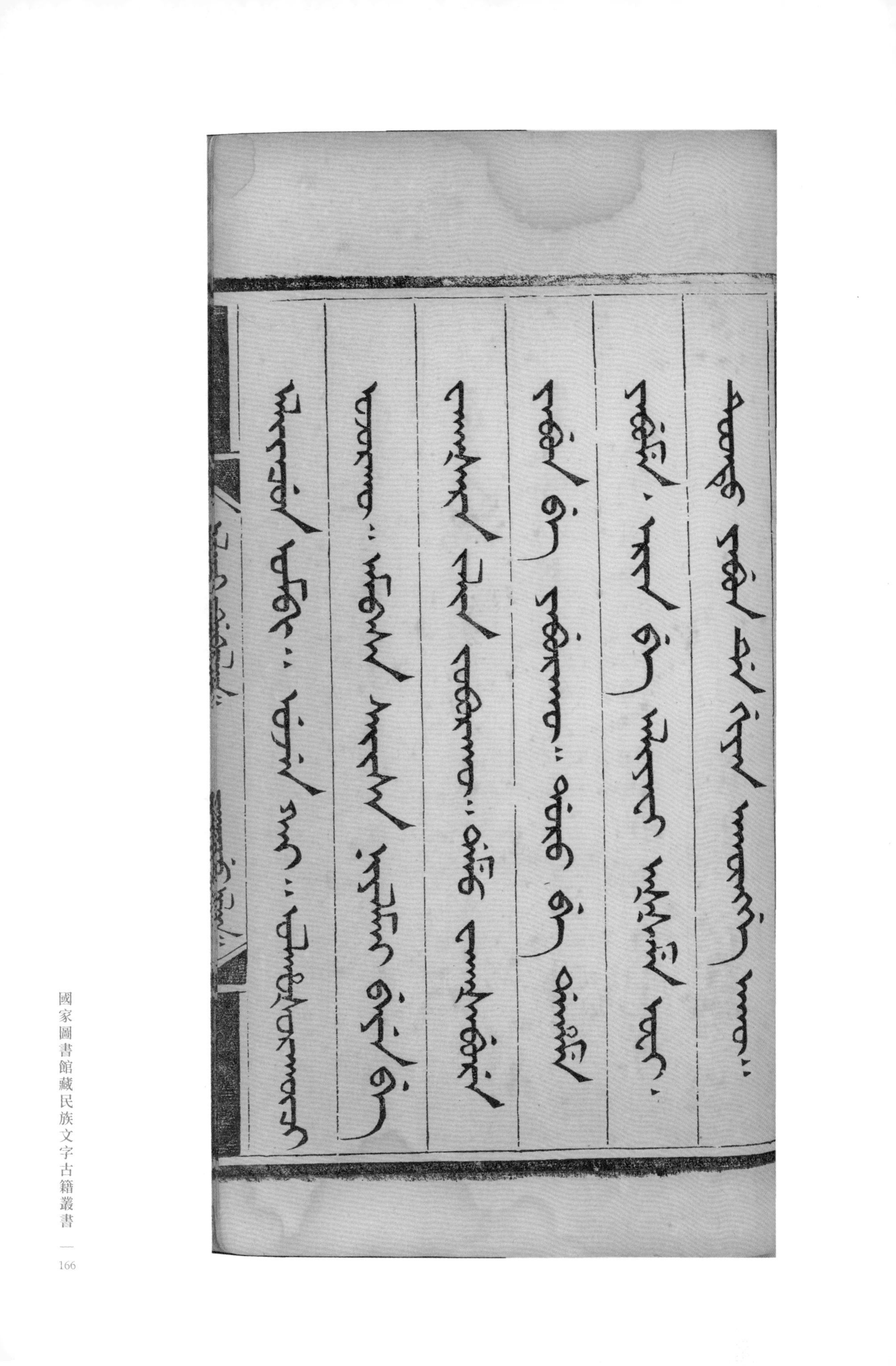

[illegible]

ᡨᡠᠸᠠᠨ ᡳ ᡨᡠᡵᡤᡠᠨ ᠪᡝ ᡨᡠᠸᠠᠮᡝ ᡨᡠᠸᠠᡴᡳᠶᠠᡵᠠ᠈
ᡩᠣᡵᠣᠨ ᡳ ᡨᠣᡴᡨᠣᠪᡠᡵᡝ ᠪᡝ ᠰᠠᡳᡧᠠᠮᡝ ᡨᡠᠸᠠᠮᠪᡳ᠈
ᡩᠣᠯᠣ᠈ ᡨᠣᠪᠣᡥᠣ ᡨᡠᠸᠠᠨ ᠪᡳ ᠪᡝᠶᡝ ᠰᡠᡵᡝᠨ
ᡝᠵᡝᠨ ᠈ ᡩᠠᠰᠠᠯᠠᡴᡡ ᡥᡡᠸᠠᠯᡳᠶᠠᠰᡠᠨ᠈ ᡨᡠᠸᠠᠨ ᡳ
ᡩᠠᠰᠠᠨ ᠪᡝ ᠰᡝᡵᡝᠩᡤᡝ᠈ ᡩᠣᠯᠣ ᠪᡝ ᡤᡳᠩᡤᡠᠯᡝᠩᡤᡝ ᠪᡝ ᡥᡡᠸᠠᠯᡳᠶᠠᠰᡠᠨ
ᠰᡳᠮᡝ ᠄ ᡤᡳᠰᡠᠨ ᡤᡳᠰᠠᠨ ᠪᡳ ᡥᡡᠸᠠᠯᡳᠶᠠᠰᡠᠨ ᠄ ᠰᡝᡵᡝᠨ

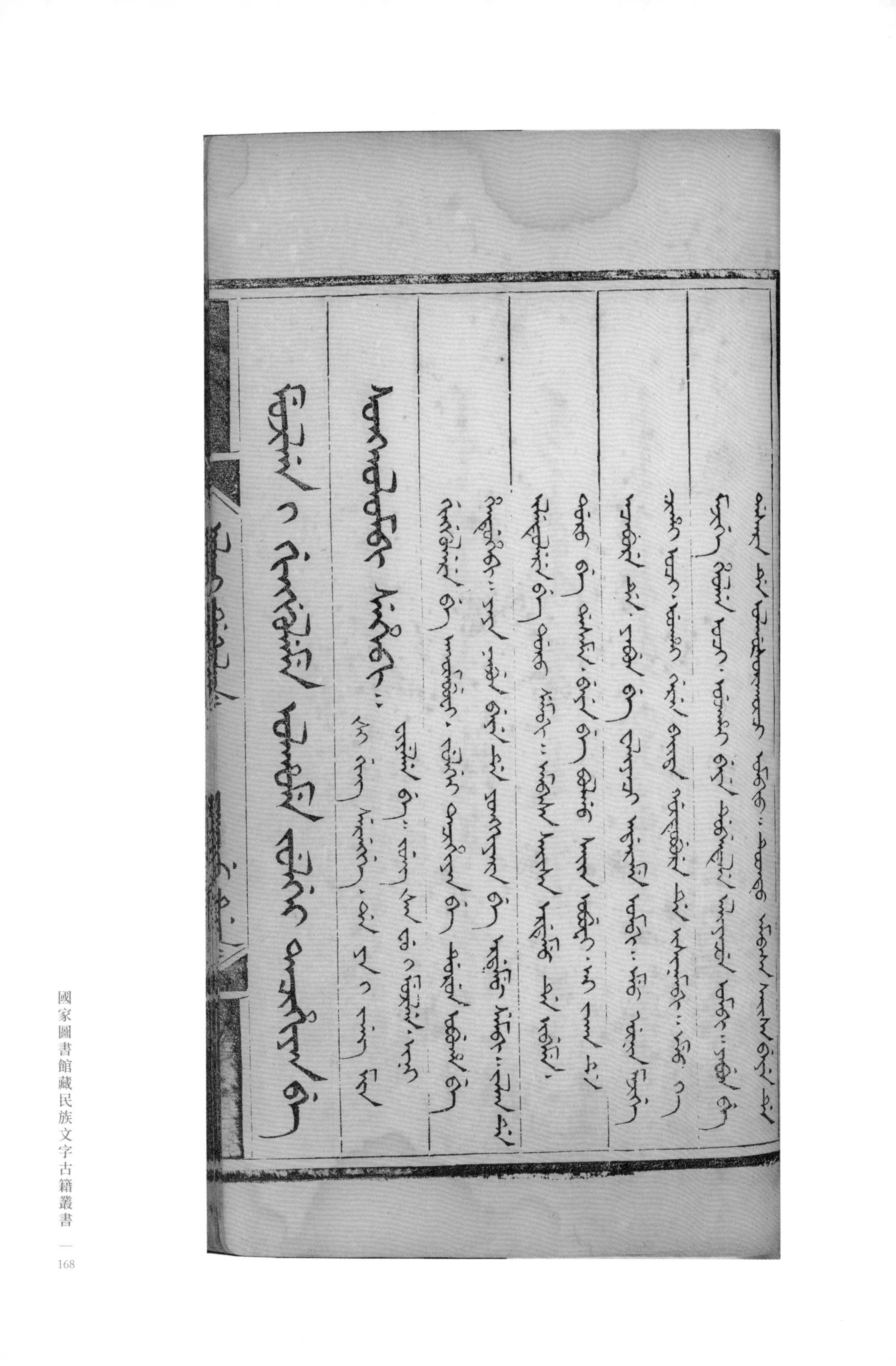

[illegible]

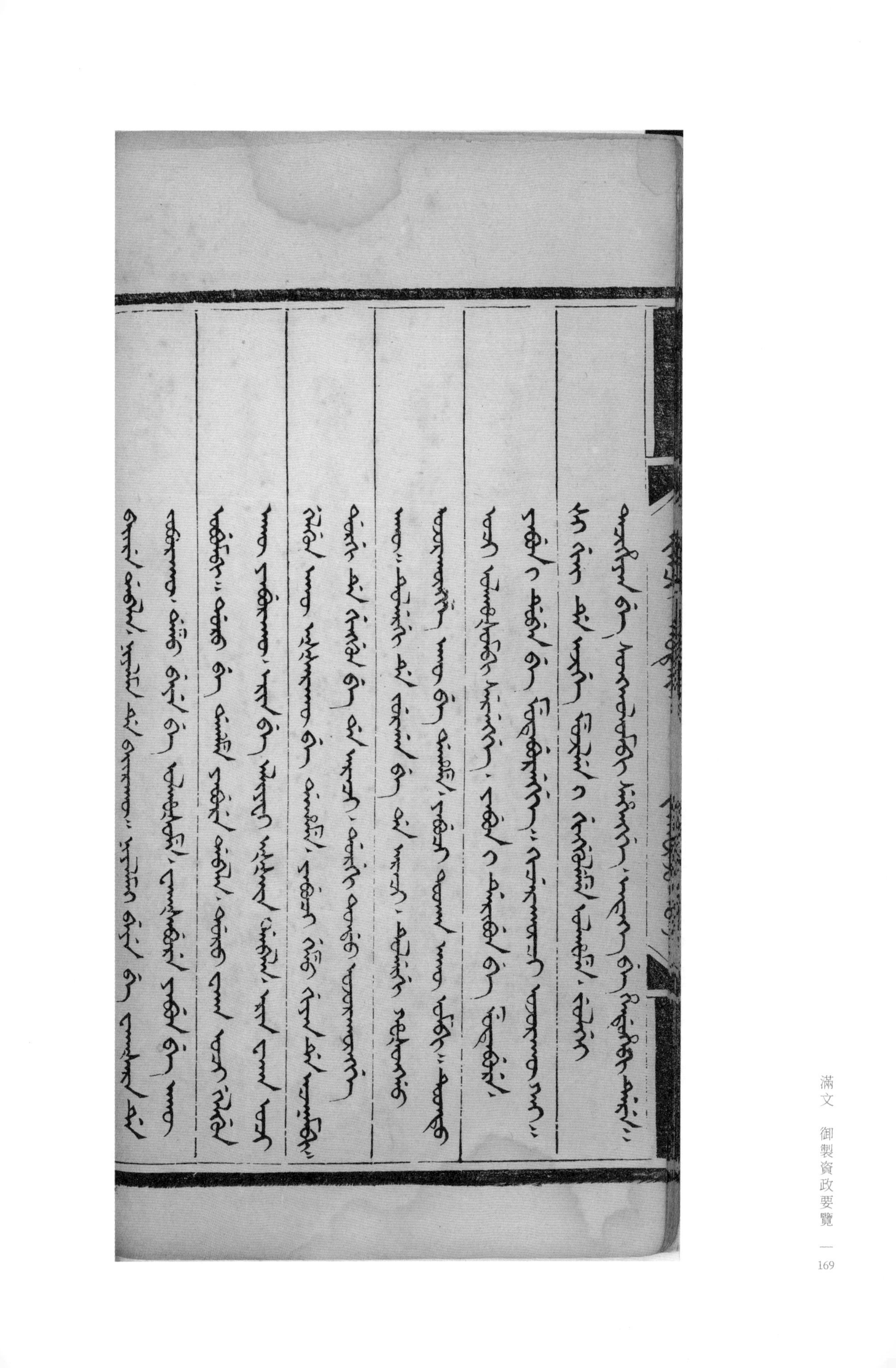

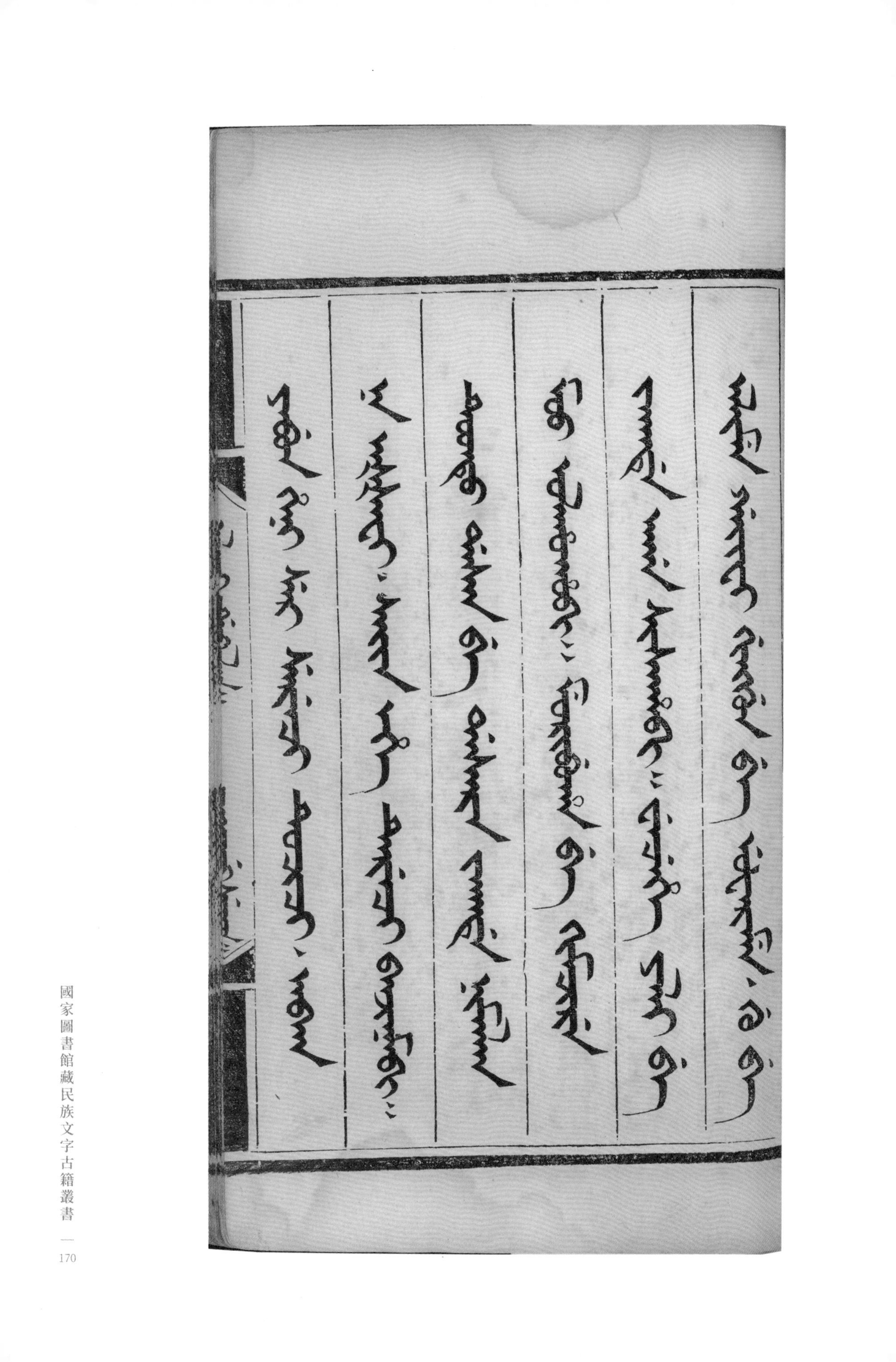

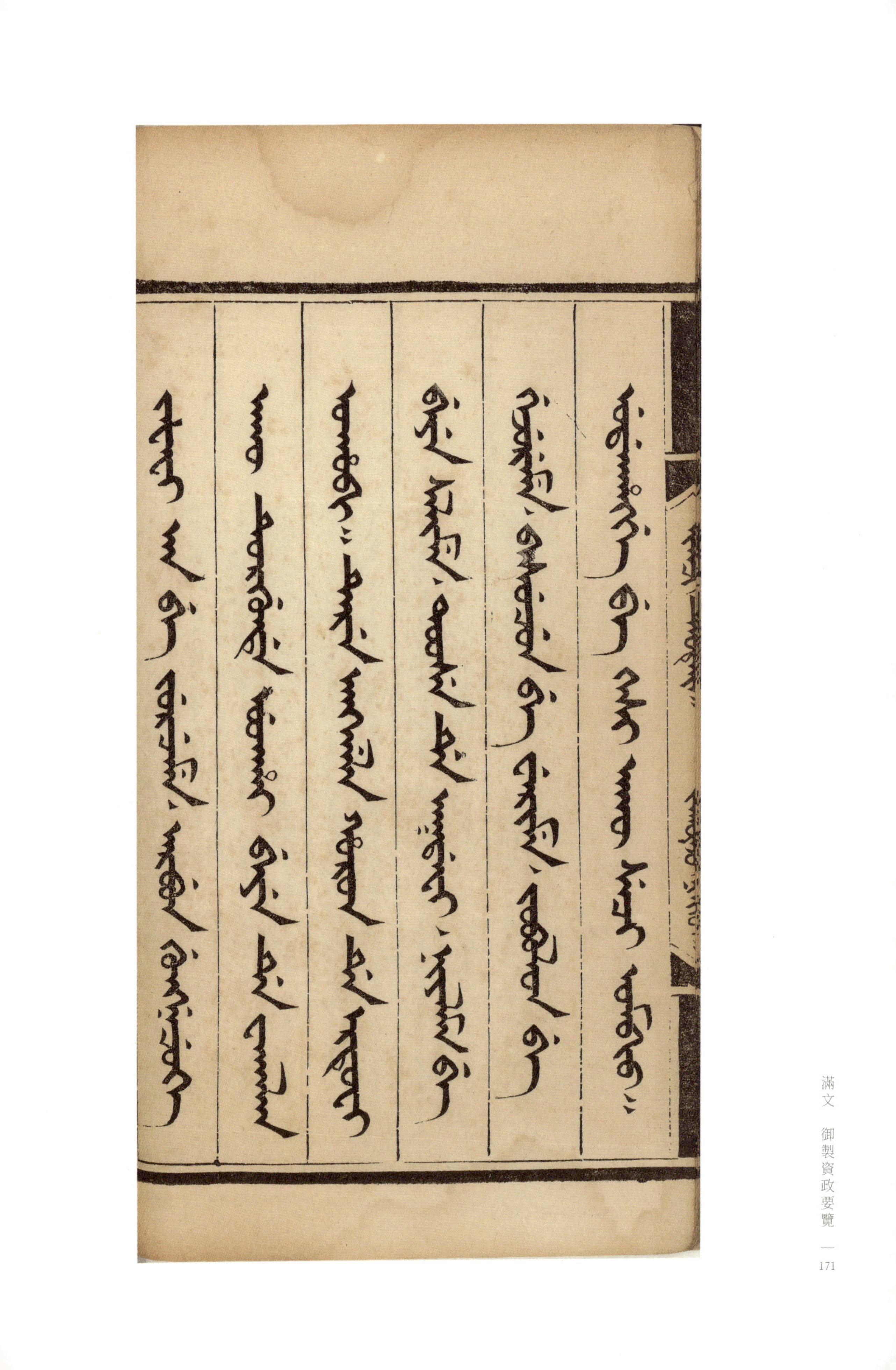

ᡨᡝᡵᡝ ᠪᡝᠶᡝ ᡳ ᠪᠠᠨᡳᡥᠠ ᠰᡝ ᠨᡳᠶᠠᠯᠮᠠ ᡳ ᠪᠣᡩᠣᡵᡝ ᠶᠠᠪᡠᡵᡝ ᠪᡝ ᡤᡝᠯᡝᡵᡝ ᠠᡴᡡ ᠪᡠᡥᡝ᠈
ᠶᠠᠪᡠᡵᡝ ᠨᡳᠶᠠᠯᠮᠠ ᡤᡠᠸᡝᠴᡝᡥᡝᠩᡤᡝ ᠪᠣᡩᠣᡵᠣᠩᡤᡝ ᠮᡠᠰᡝᡩᡝᡥᡝ᠉ ᡨᡝᡵᡝ ᠶᠠᠪᡠᡥᠠᠩᡤᡝ
ᠶᠠᠪᡠᡵᡝᠩᡤᡝ ᡨᡝᡵᡝ ᡳ ᠪᠠᠨᡳᡥᠠ ᠪᡝ ᡤᡳᠰᡠᡵᡝᡥᡝᠩᡤᡝ ᠪᠠᡥᠠᠮᡝ ᡨᡠᠸᠠᠮᡝ᠈ ᠮᡠᠰᡝᡩᡝ ᠨᡳᠶᠠᠯᠮᠠ
ᠶᠠᠪᡠᡵᡝ ᠪᡝ ᠮᡠᠰᡝᡩᡝᠮᡝᡥᡝ᠉ ᡤᡝᡵᡝᠨ ᠰᡳ ᠪᡝᠶᡝ ᡳ ᠰᡝ ᠪᡝ ᠰᡝᡵᡝ ᡳ ᠮᡠᠰᡝᠮᡝ
ᠪᡝᠶᡝ ᡤᡳᠰᡠᡵᡝ ᡳ ᠪᡝ ᡤᡳᠰᡠ ᠮᡠᠰᡝ ᠶᠠᠪᡠᡥᡝ᠈ ᡨᡝᠪᡝ ᡳ ᠮᡠᠰᡝᡩᡝᡥᡝᠩᡤᡝ ᠶᠠᠪᡠᡵᡝ ᠪᡝ
ᠪᡝᠶᡝᡴᡝᠨ᠈ ᡨᡠᠸᠠᠮᠪᡳᡥᡝ ᡤᡳᠰᡠᡵᡝ ᠪᡝ ᠪᡝᠶᡝᡩᡝᡥᡝ᠉ ᠪᡝᠶᡝ ᠰᡝᡵᡝ ᠪᡝᠶᡝᡩᡝᡵᡝᠩᡤᡝ ᠮᡠᠰᡝᡩᡝᠮᡝᡵᡝ
ᠮᡠᠰᡝᡩᡝᡵᡝ ᠮᡠᠰᡝᡩᡝᡥᡝ᠉ ᠰᡳ ᠪᡝᠶᡝ ᡳ ᠪᡠᡩᡠᡥᡝ ᡨᡠᠸᠠᠮᡝ ᠪᡝ ᠪᡝᠶᡝ᠈ ᠰᡝᡵᡝ ᡤᡝᡵᡝᠨᡳᡥᡝ
ᠰᡝᡵᡝ ᠪᡝ ᠮᡠᠰᡝᡩᡝᡵᡝ ᠰᡝᡵᡝᠩᡤᡝ ᡤᡳᠰᡠᡵᡝᡵᡝᠩᡤᡝ ᠮᡠᠰᡝ᠈ ᠰᡝᠪᡝ ᡤᡝᡵᡝᠨ ᠪᡝᠶᡝ ᠰᡝ
ᡤᡳᠰᡠᠪᡠᡥᡝᠩᡤᡝ᠉ ᡨᡠᠸᠠᡥᠠ᠈ ᠮᡠᠰᡝ ᠰᡝ ᡳ ᠪᡠᡩᡠᠪᡠᡥᡝ ᠪᡝ ᠮᡠᠰᡝᡩᡝ ᠪᡝᠶᡝᡴᡝᠨ ᠮᡠᠰᡝᡩᡝᡵᡝᠩᡤᡝ᠈
ᡨᡠᠸᠠᠮᠪᡳ ᡤᡳᠰᡠᡵᡝ ᠰᡝ᠉ ᠪᠣᡩᠣᠮᡝ ᠶᠠᠪᡠᡥᠠ ᠪᡝᠶᡝᡩᡝ ᠪᡳᡥᡝ ᠪᠣᡩᠣ ᡳ ᡨᡠᠸᠠᠮᡝ
ᡤᡳᠰᡠᡵᡝ ᠪᡝ ᠮᡠᠰᡝᠮᡝᡩᡝᡥᡝᠩᡤᡝ ᠰᡝ᠉ ᠪᡝᠶᡝ ᠪᡠᡥᡝ ᡳ ᡤᡳᠰᡠᠪᡠᡥᡝᠩᡤᡝ᠈
ᡳᠨᡳ ᡤᡳᠰᡠᡵᡝ ᠪᡝ ᡩᠠᡥᠠᠮᡝ ᠶᠠᠪᡠᡵᡝᡴᡡ ᠨᡳᠶᠠᠯᠮᠠ ᠪᡳᡥᡝ᠉ ᠰᡳ ᠪᡝᠶᡝ ᡳ ᡨᡝ ᠪᠣᡩᠣ᠈

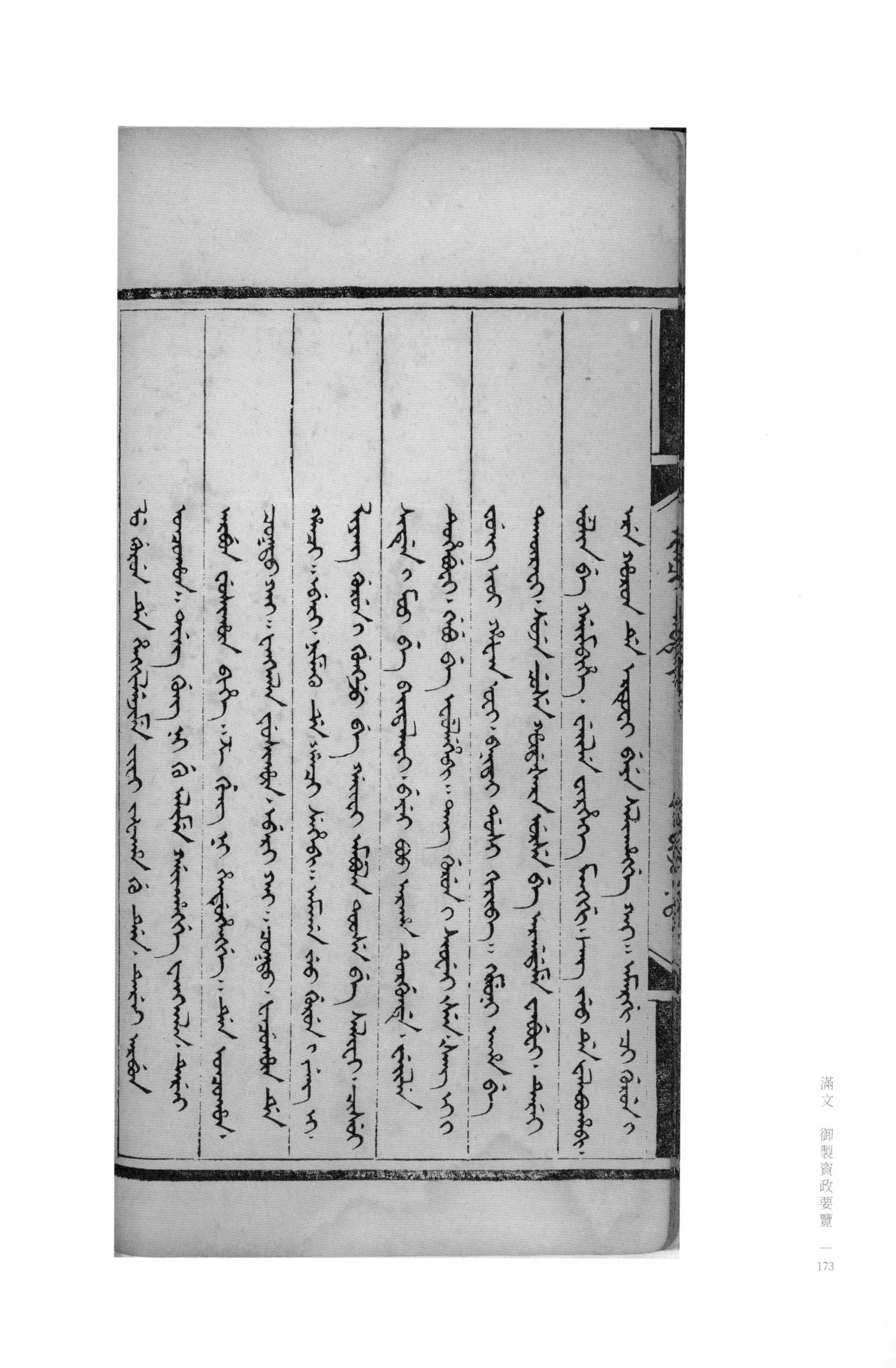

ᡳᠰᡳᠩᡤᡳ ᠣᠵᠣᡵᠣᠩᡤᡳ᠈ ᠰᡠᡳᡨᡝᡥᡝ ᡨᡠᡨᠠᡵᠠ ᡳ ᠮᡝᠨᡩᡝ᠉ ᡝᡵᡳᠩᡤᡝ ᡤᡳᠶᠠᠨ ᡤᡝᡵᡝᠨ ᠪᡝ
ᡳᠰᠠᠪᡠᡥᡳᠩᡤᡝ᠉ ᡤᡝᡵᡝᠨ ᠪᡝ ᠰᡝᡵᡝᡵᡝ ᡳᠰᡳᠨᡝ᠈ ᠵᡠᠸᡝᡵᡤᡝᠯᡝᡥᡝ ᠪᡝ ᠰᡝᡵᡝᡵᡝ

ᠰᡝᡵᡝᡥᡝ᠈ ᡤᡝᡵᡝᠨ ᠪᡠᡩᡝ ᡩᡠᡵᡠᠨ ᡩᡝ ᡩᡠᡵᡠᠨ ᠪᡳᡨᡥᡝᡳ ᠪᠣᡨᡥᠣ ᠵᠠᡴᡡᠨ ᠮᡝᡵᡤᡝᠨ
ᡳᠰᠠᡥᠠ ᡩᡠᡵᡠᠨᡳ᠈ ᡝᠮᡠᠨ ᡩᠠᡵᠠᡥᠠ ᡝᠮᡠ ᠵᡠ ᠪᡝ ᡳᠰᡝᠯᡝᡥᡝᡳᡥᠠ ᠪᡝ

ᠨᠣᠮᡠᠨ ᠪᠣᠯᠣᡥᡠᠨ᠉ ᠰᡳ ᡤᡝᠨᡝᡥᡝ ᡩᡝ ᡳᠰᡳᠨᡳᠶᡝᡵᡝ᠈ ᡳᠰᡳᡥᠠ ᠪᡝ ᡤᡳᠩᡤᡠᠯᡝᡥᡝ ᠨᠠᠨ᠈
ᡳᠰᡳᠩᡤᡝᡵᡝᡴᡠ ᡳᠰᡳᠪᡠᡥᡝ᠉ ᠪᡠᡵᡠᠨ ᡳᠰᠠᡥᠠ ᠪᡝ ᡳᠰᡳᠨᡳᠮᡝ ᡩᡝ ᡩᡠᡵᡠᠨ ᡤᡝᡵᡝᠨ

ᠪᡠᠶᡝ ᡳ ᡤᡝᡵᡝᠨ ᡳᠰᡳᡥᠠ᠈ ᡳᠰᡳᠨ ᡳᠰᡳᡥᡝ ᠪᡝ ᠪᡠᡩᡠᠨ ᡩᠣᠰᡳᡥᡳ ᠪᡝᡨᡝᠯᡝᡥᡝ
ᡳᠰᡳᠨᡝᡥᡝ ᡳᠰᡳᠮᠠᡥᠠᠨᡝᡥᡝ ᡩᡠᡵᡠᠨ ᡩᠣ ᠵᡳᡥᡝ᠈ ᡤᡝᡵᡝᠪᡝ ᡩᡝ ᡳᠰᡳᠨᡳ ᠮᡝᡩᡝᠨ᠈ ᡨᡠᠪᡝ

ᡳᠰᡳᠨ ᡳᠰᡳᠨ ᡳᠰᡳᡥᠠ ᠪᡳᡥᡝ᠉ ᡳᡨᡝ ᡳᠰᡳᠨ ᡩᡝ ᡤᡝᡵᡝᡵᡝᡥᡝ ᡩᡝ᠈ ᡳᠰᡳᡥᡝ ᡳ ᡳᠰᡳᠪᡠᡥᡝ
ᡳᠰᡳᡥᡝᠨ ᡤᡝᠮᡠᠨ ᡳᠰᡳᡥᠠ ᠪᡝ ᡳᠰᡳᠪᡠᡥᡝᠪᡝ᠉ ᡳᠰᡳᡥᠠ ᡤᡝᠮᡠᠨ ᠪᡝᠶᡝ ᡳ ᡩᠣ ᠵᡳᡥᡝ᠈ ᠪᡳᠮᡝ

ᡳᠰᡳᡥᡝ ᡩᡝ ᠪᡝᠶᡝᠨ᠉ ᡤᡝᠮᡠᠨ ᡳᠰᡳᡥᠠ ᡳᠰᡳᠪᡠᡥᡝ ᡩᡝ᠈ ᠵᡠᠸᡝ ᡨᠣᠣ ᡨᠣᠣ ᠪᡳᠶᠠᠨ
ᠵᡠᠸᡝ ᡨᠣᠣ ᡨᠣᠣ ᡳᠰᡳᡥᠣ ᡳᠰᡳᡥᠠ ᠪᡳᡥᡝ᠉ ᡳᠰᡳᠪᡠ ᡳᠰᡳᠨᡝᡥᡝ ᡨᠠᠩᡤᡡᠨ ᠵᡳ

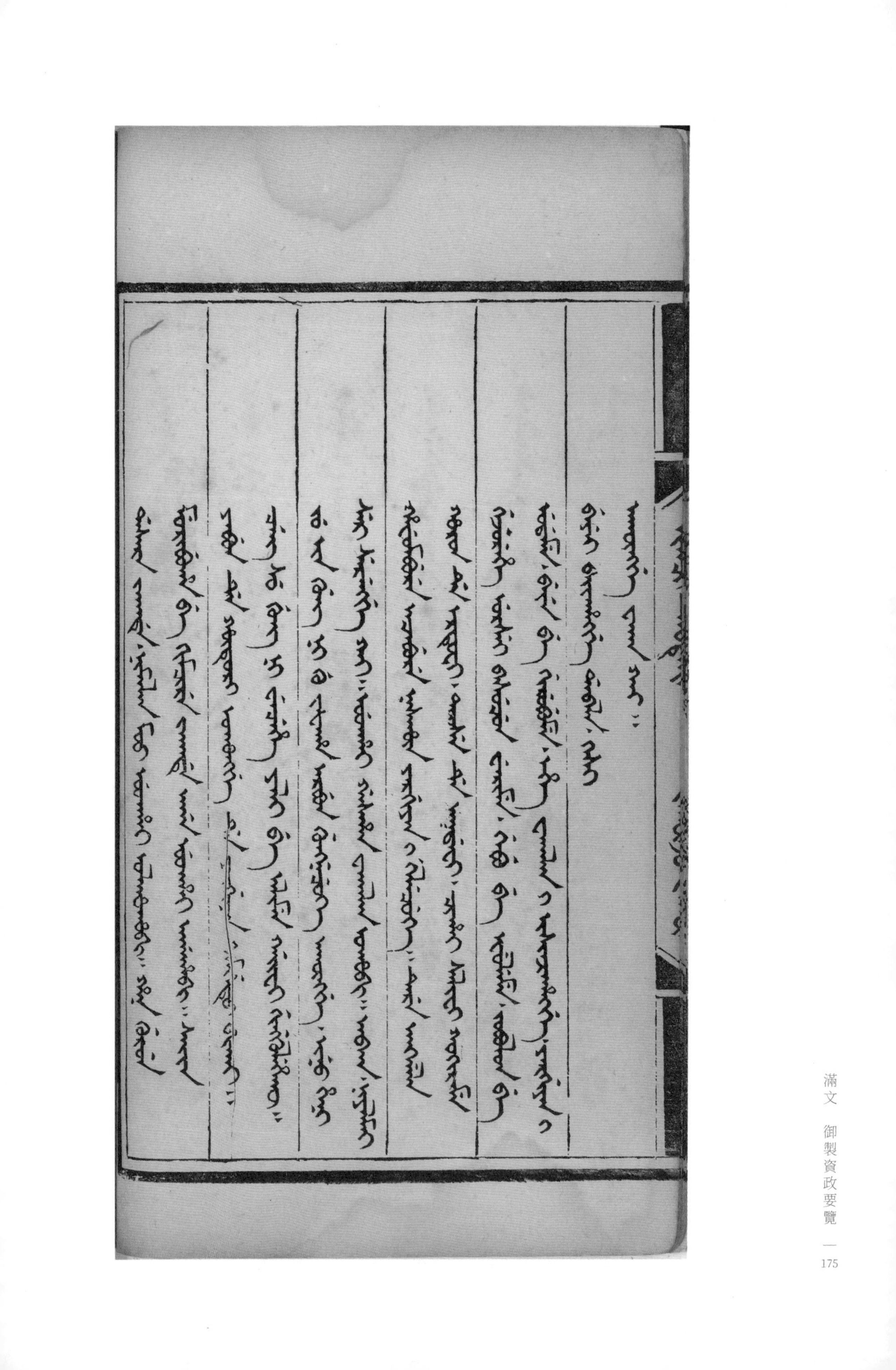

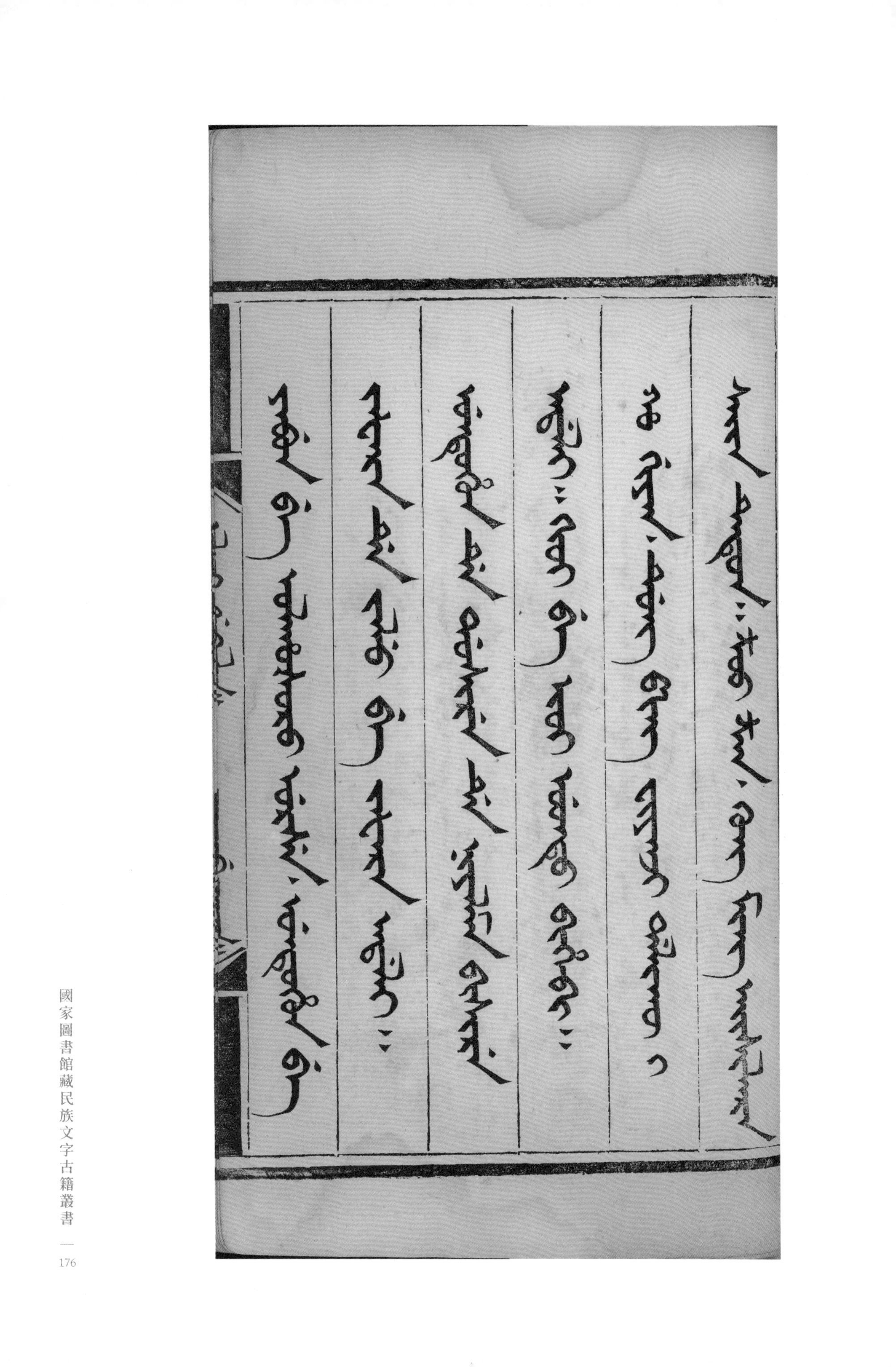

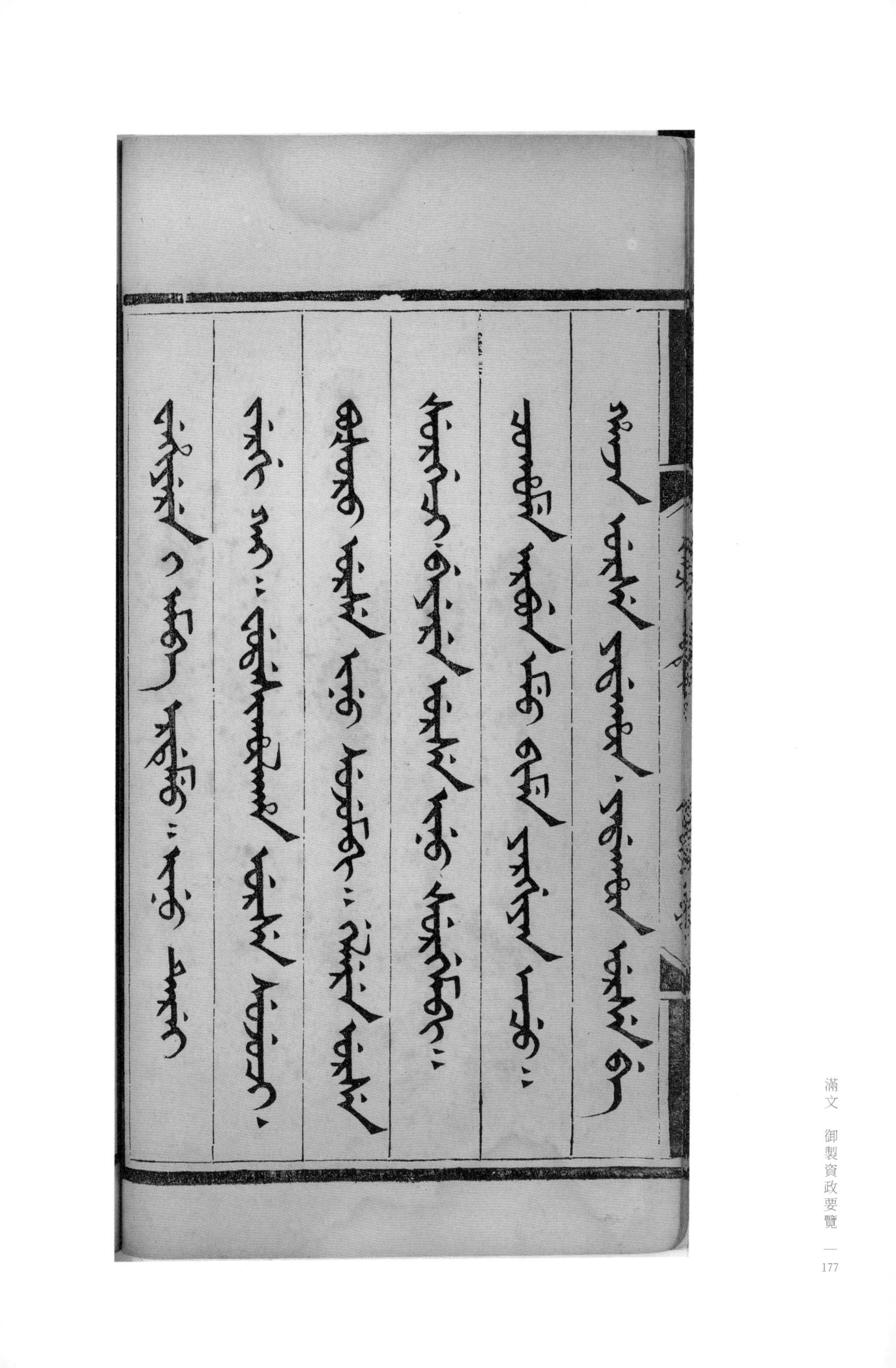

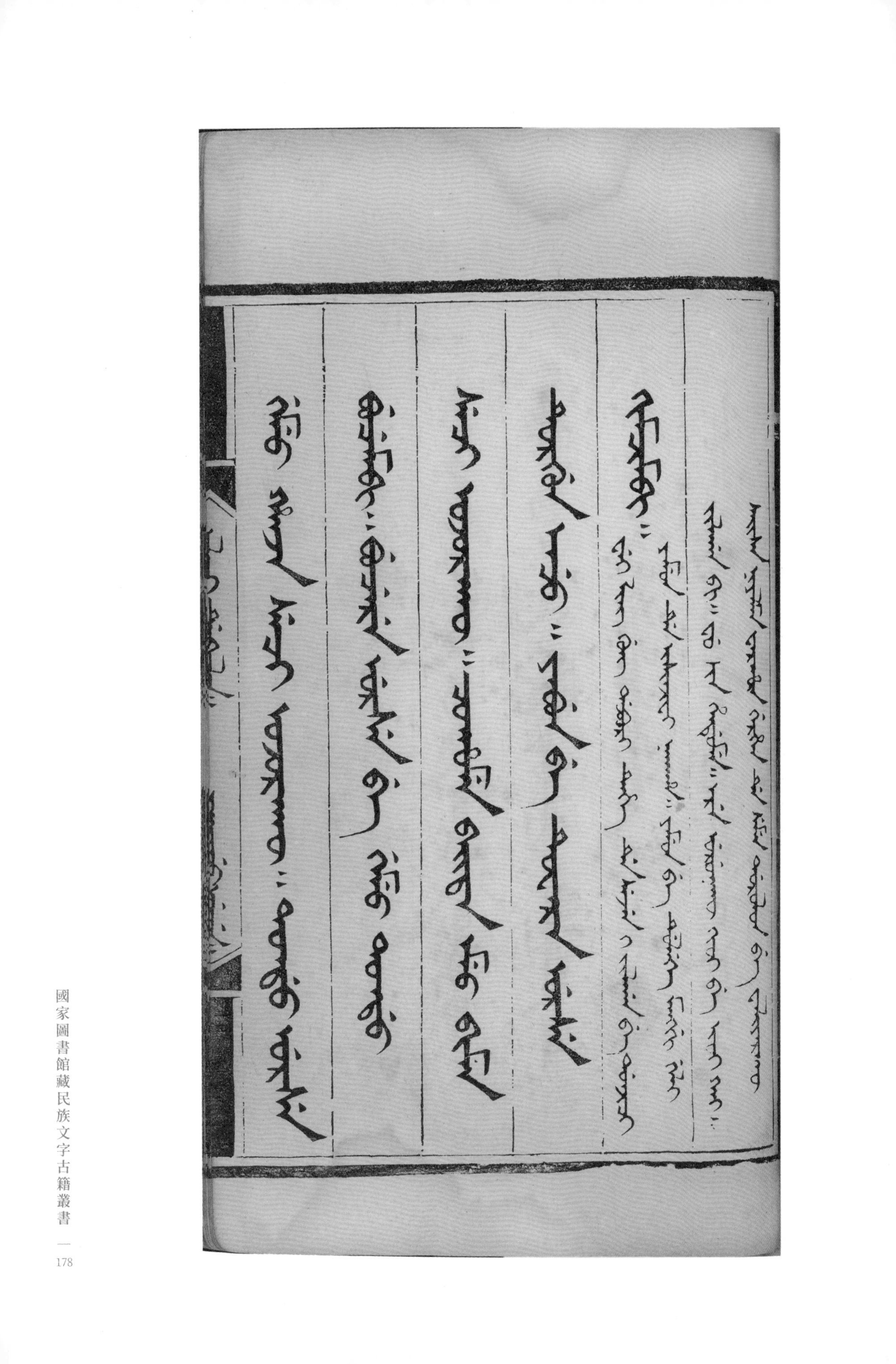

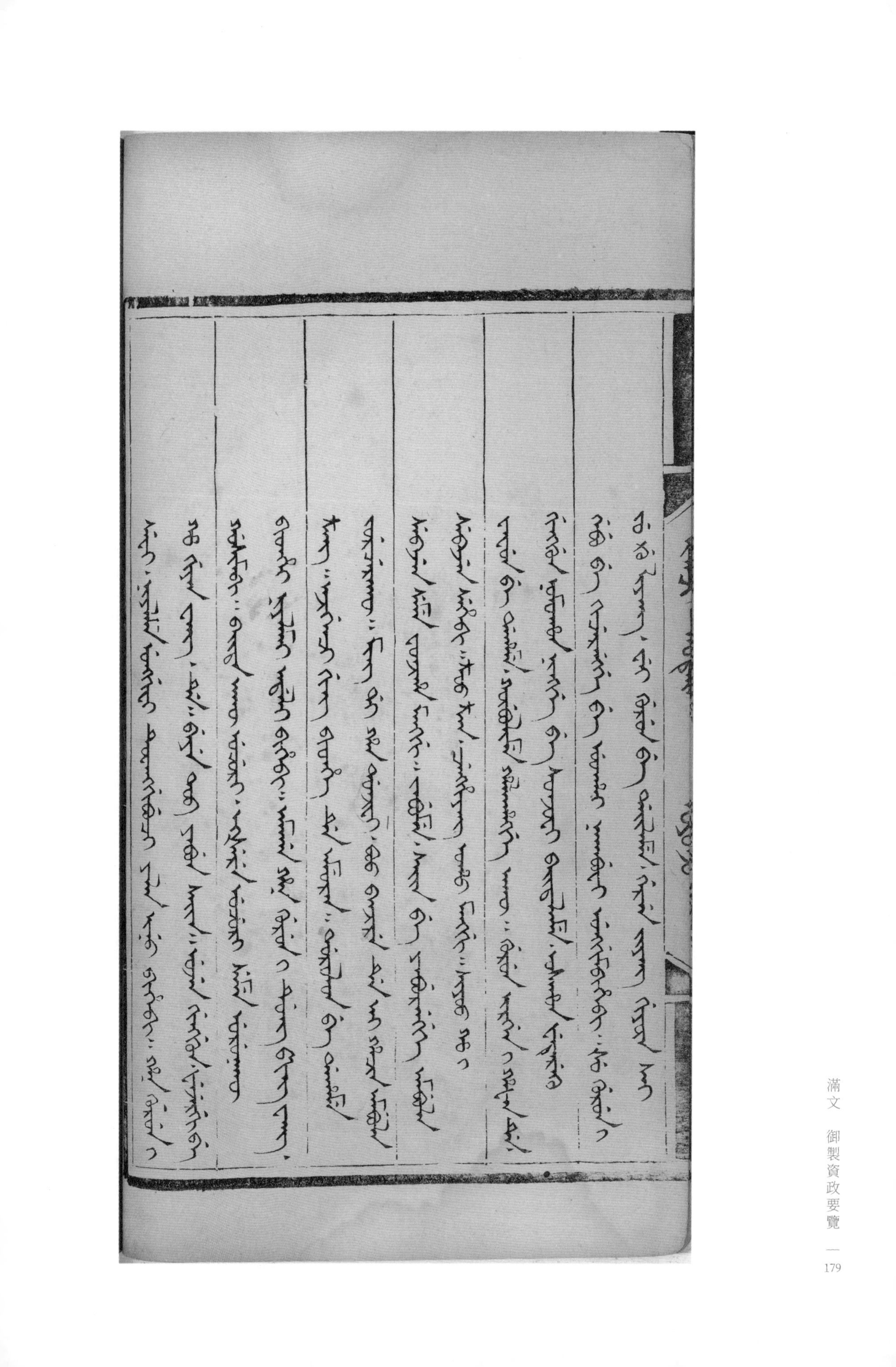

[illegible]

[illegible]

[illegible]

[illegible]

[illegible]

[illegible]

[illegible]

[illegible]

[illegible]

[illegible]

[illegible]

[illegible]

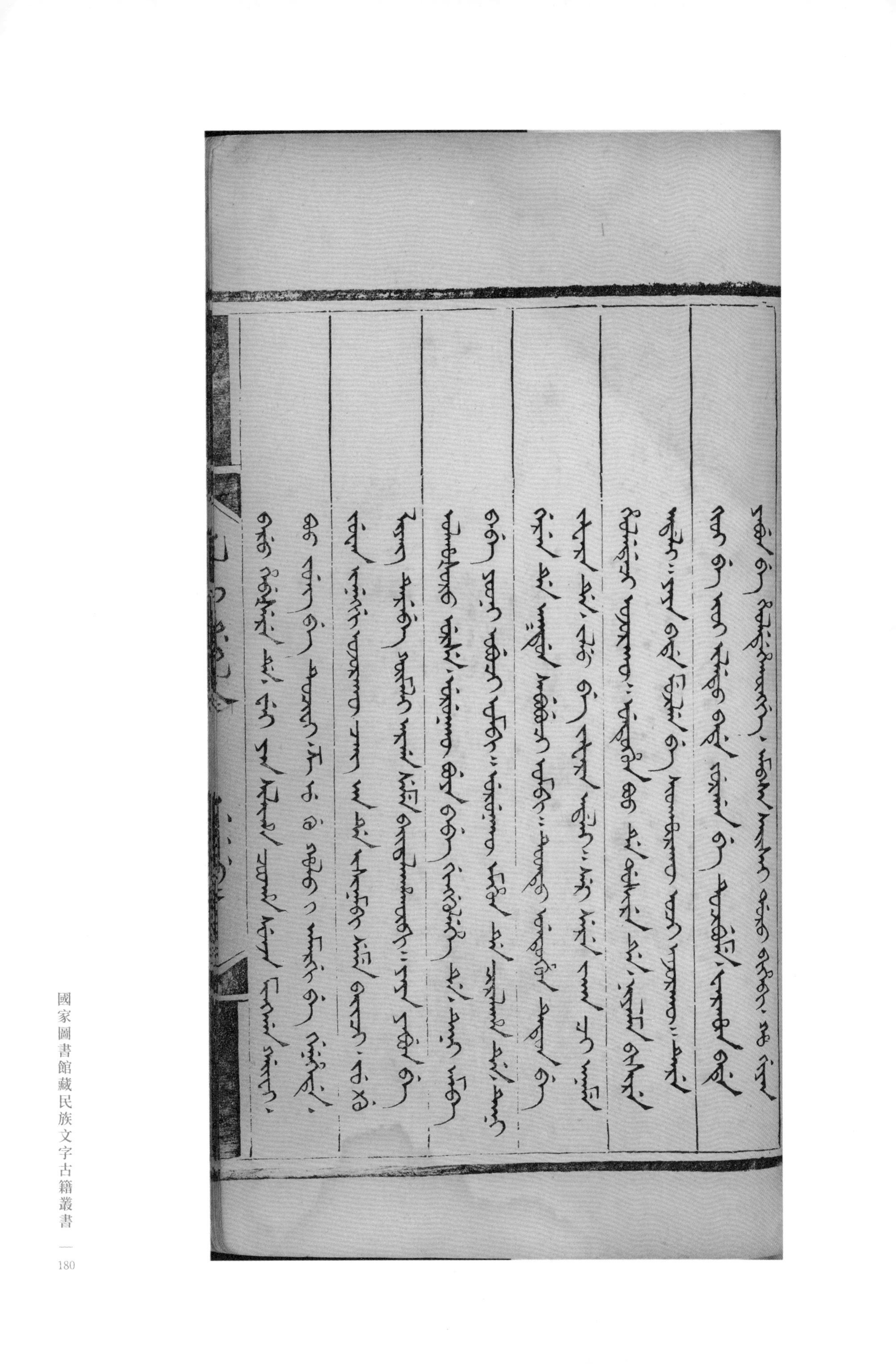

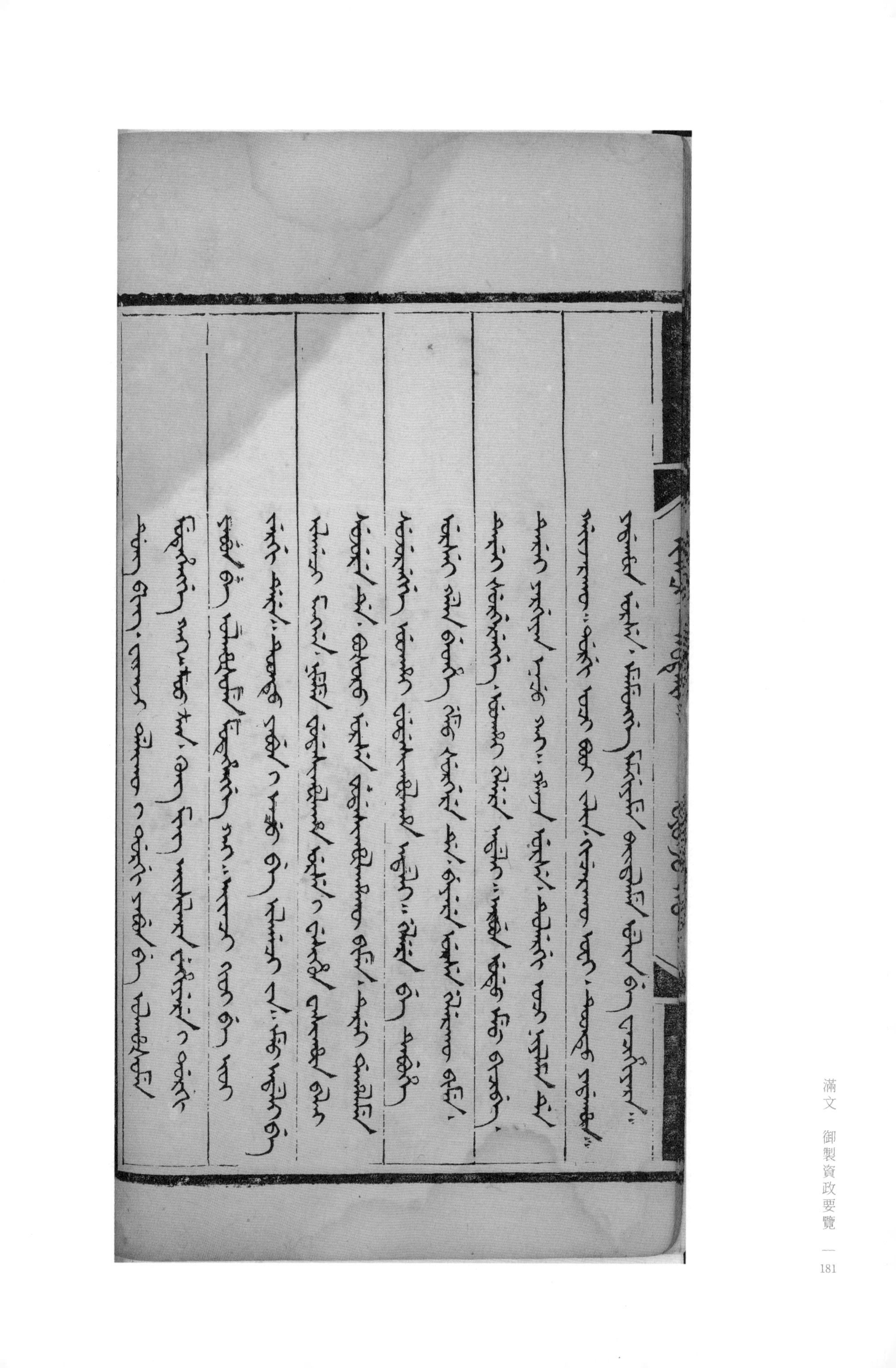

[illegible]

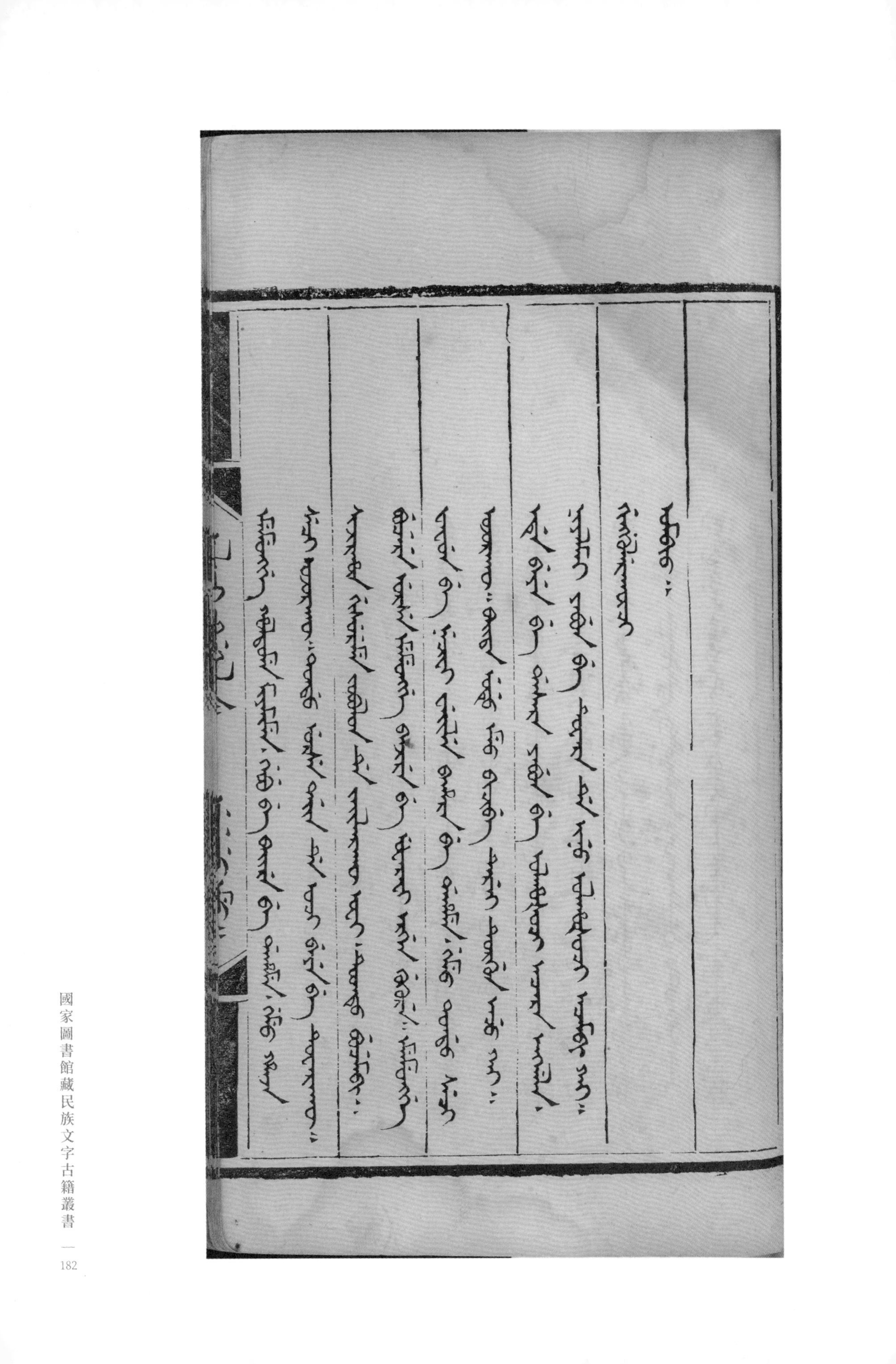

[illegible]

[illegible]

[illegible]

[illegible]

[illegible]

[illegible]

[illegible]

[illegible]

[illegible]

[illegible]

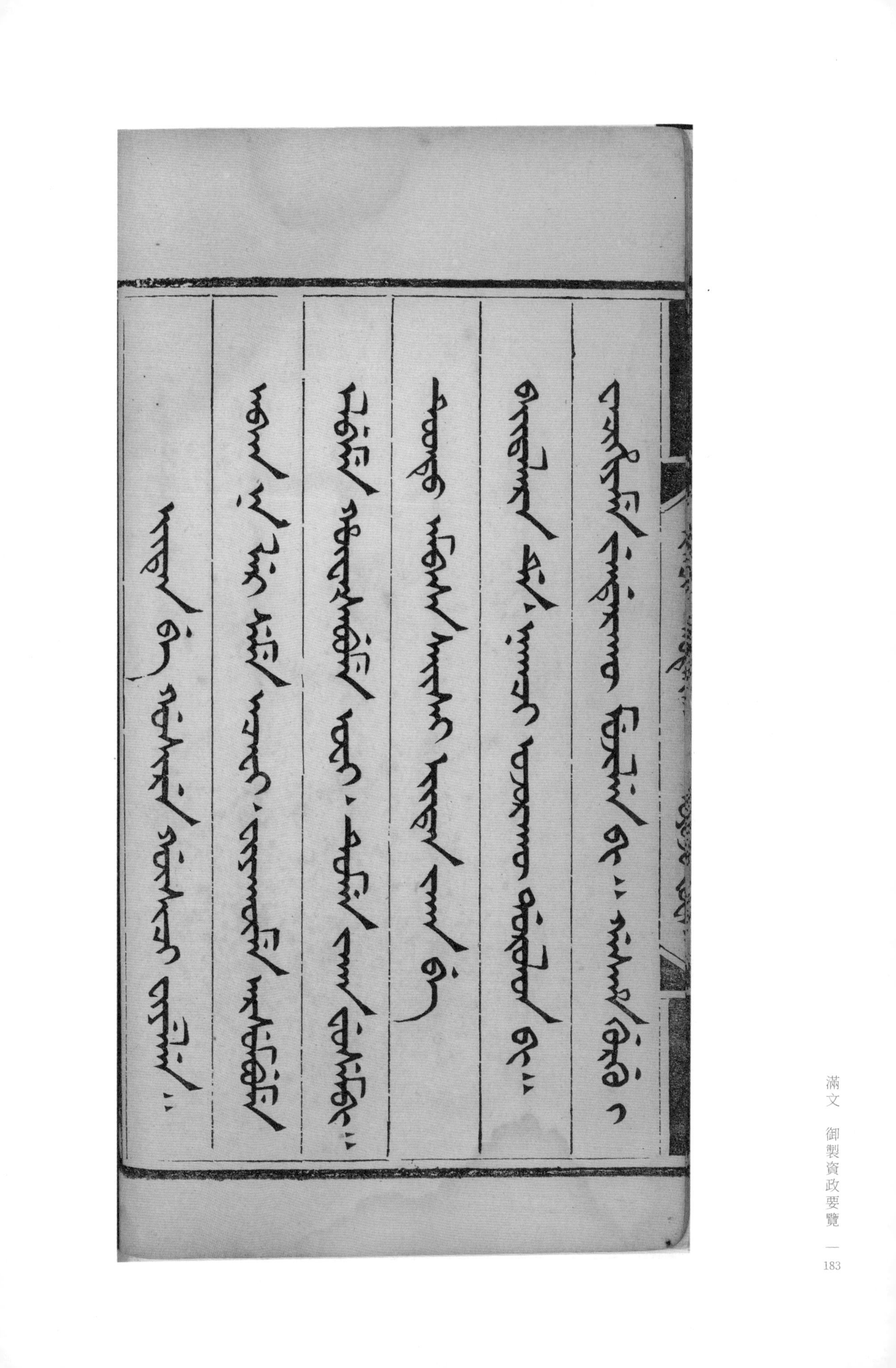

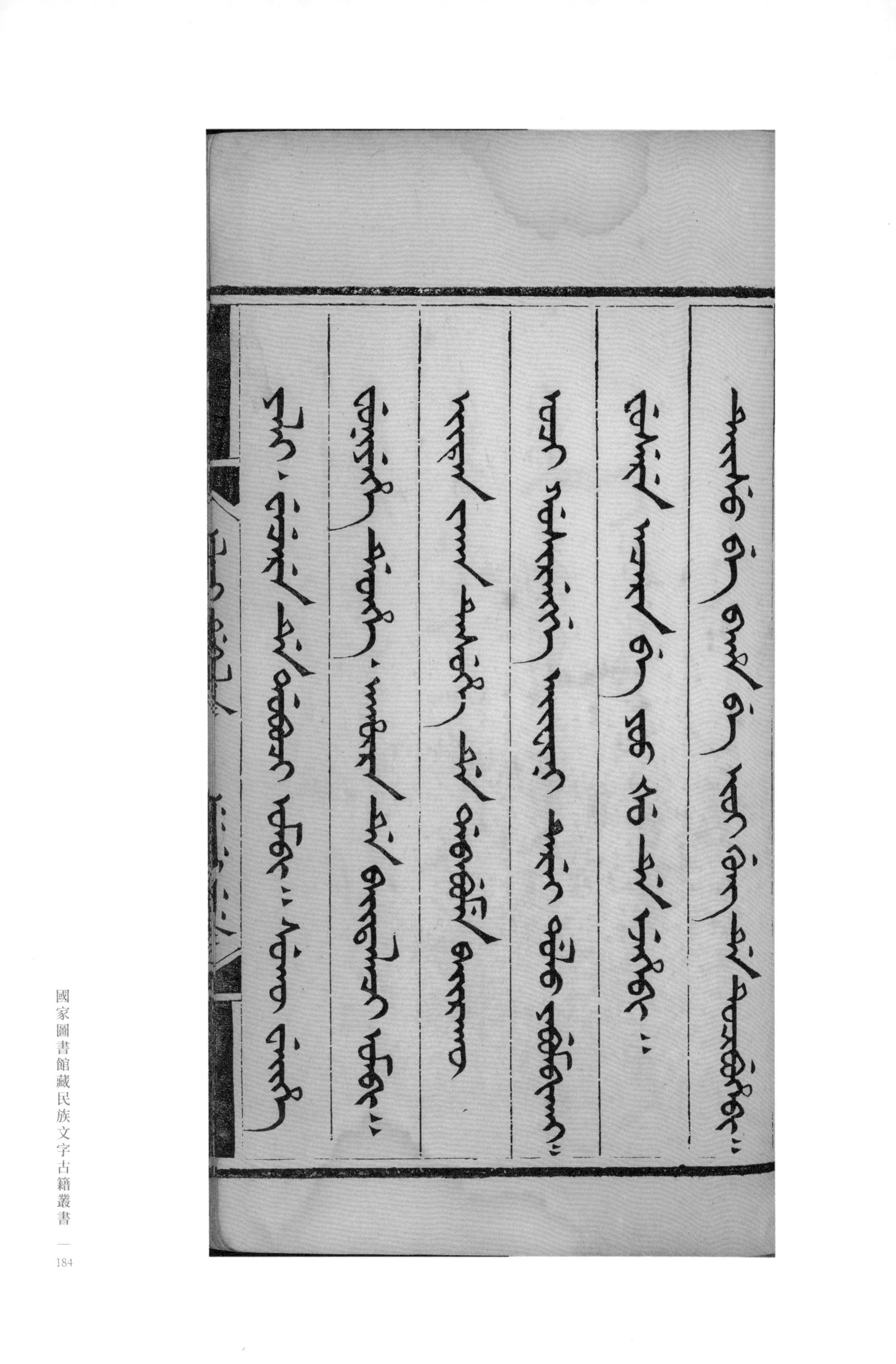

[illegible]

[illegible]

[illegible]

[illegible]

[illegible]

[illegible]

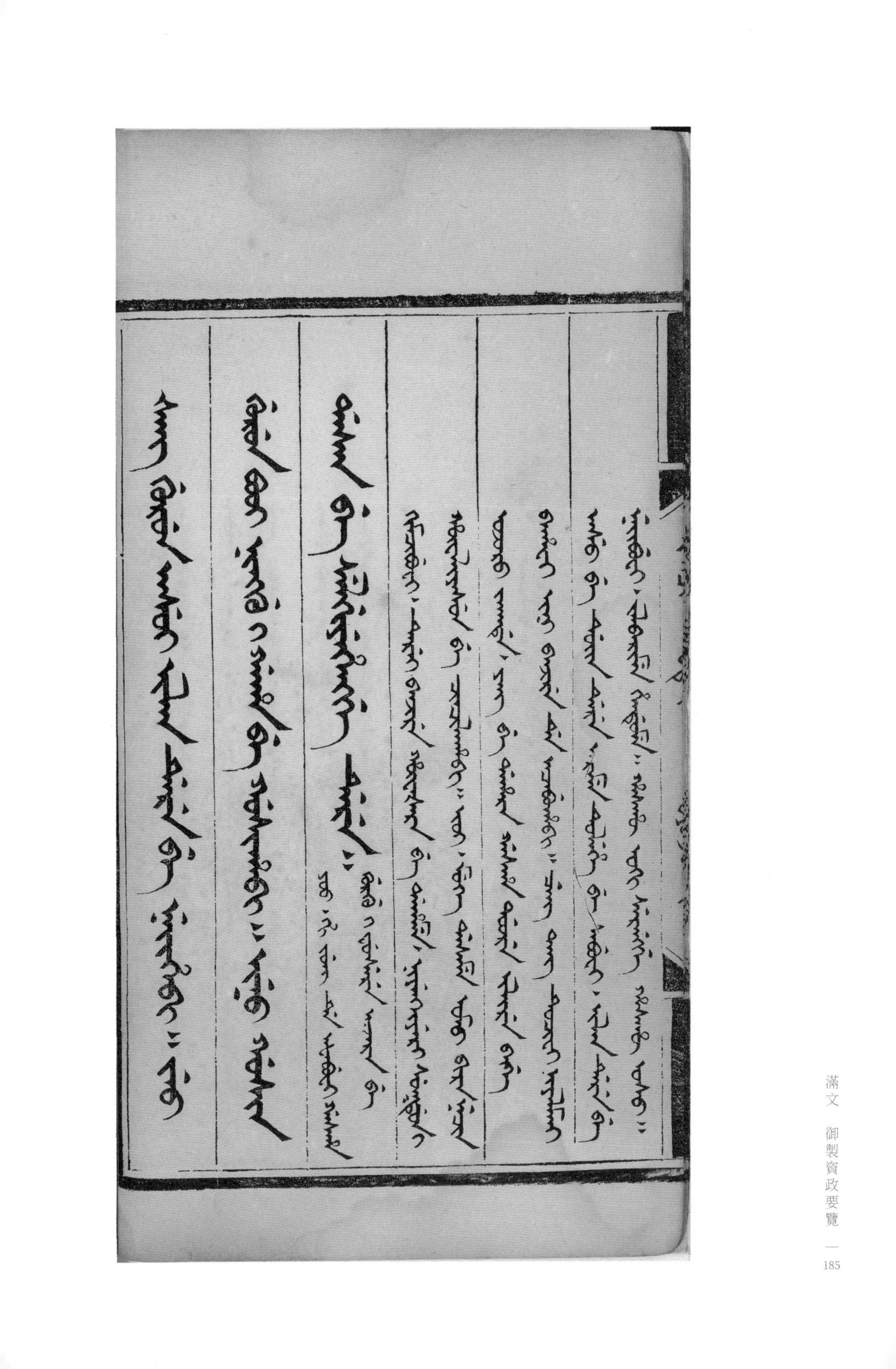

[illegible]

[illegible]

[illegible]

[illegible]

[illegible]

[illegible]

[illegible]

[illegible]

[illegible]

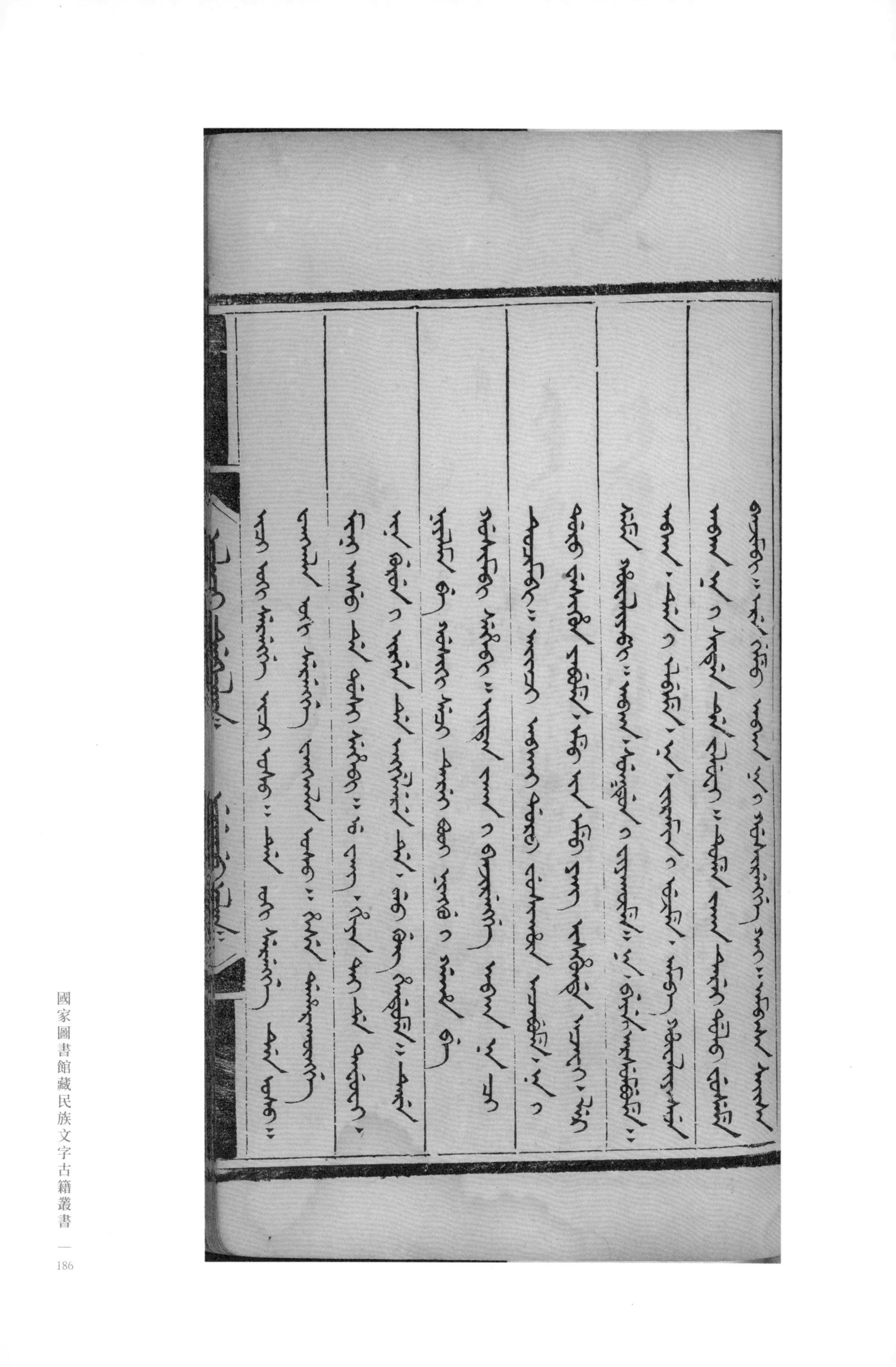

[illegible]

[illegible]

[illegible]

[illegible]

[illegible]

[illegible]

[illegible]

[illegible]

[illegible]

[illegible]

[illegible]

[illegible]

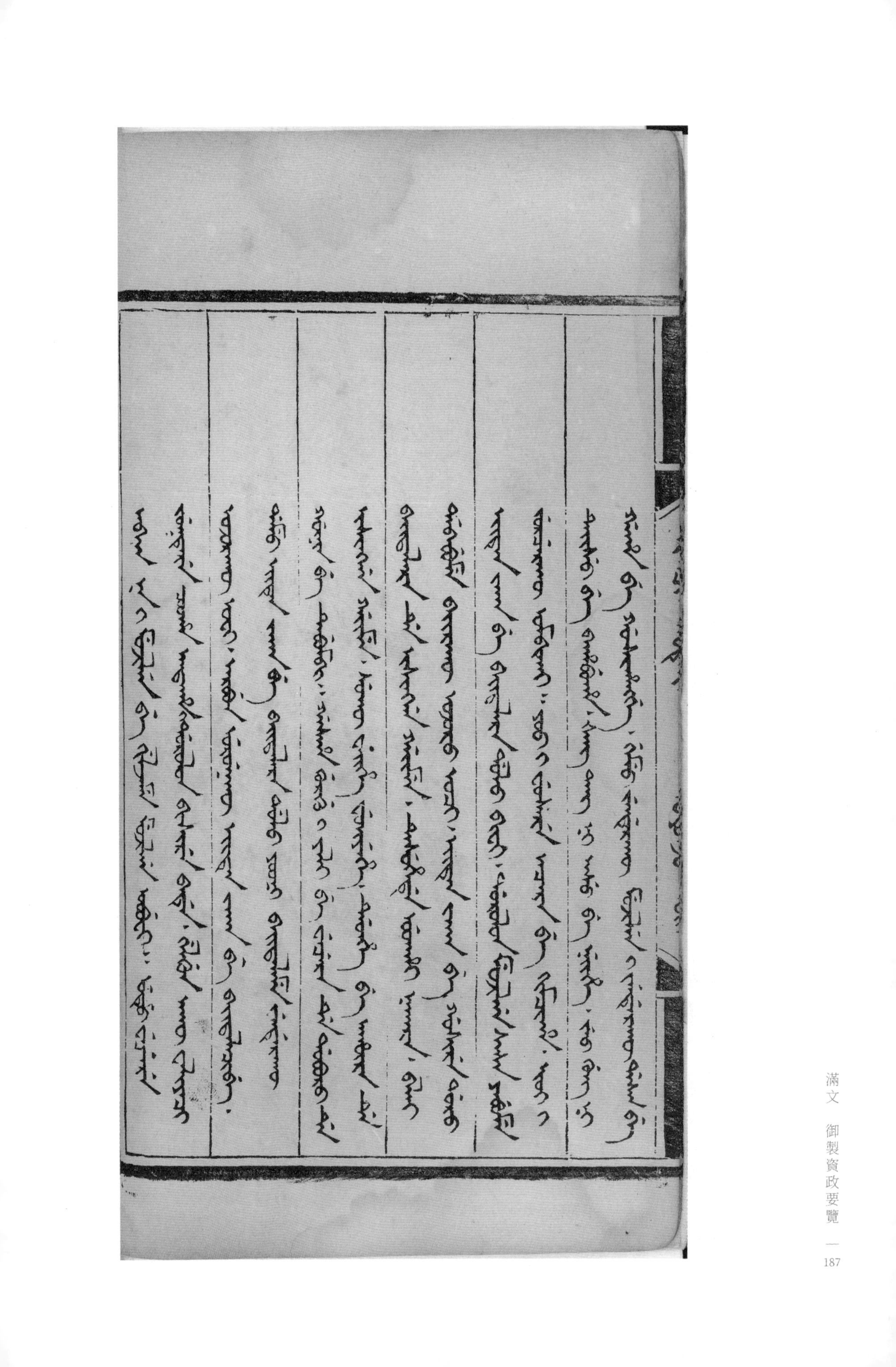

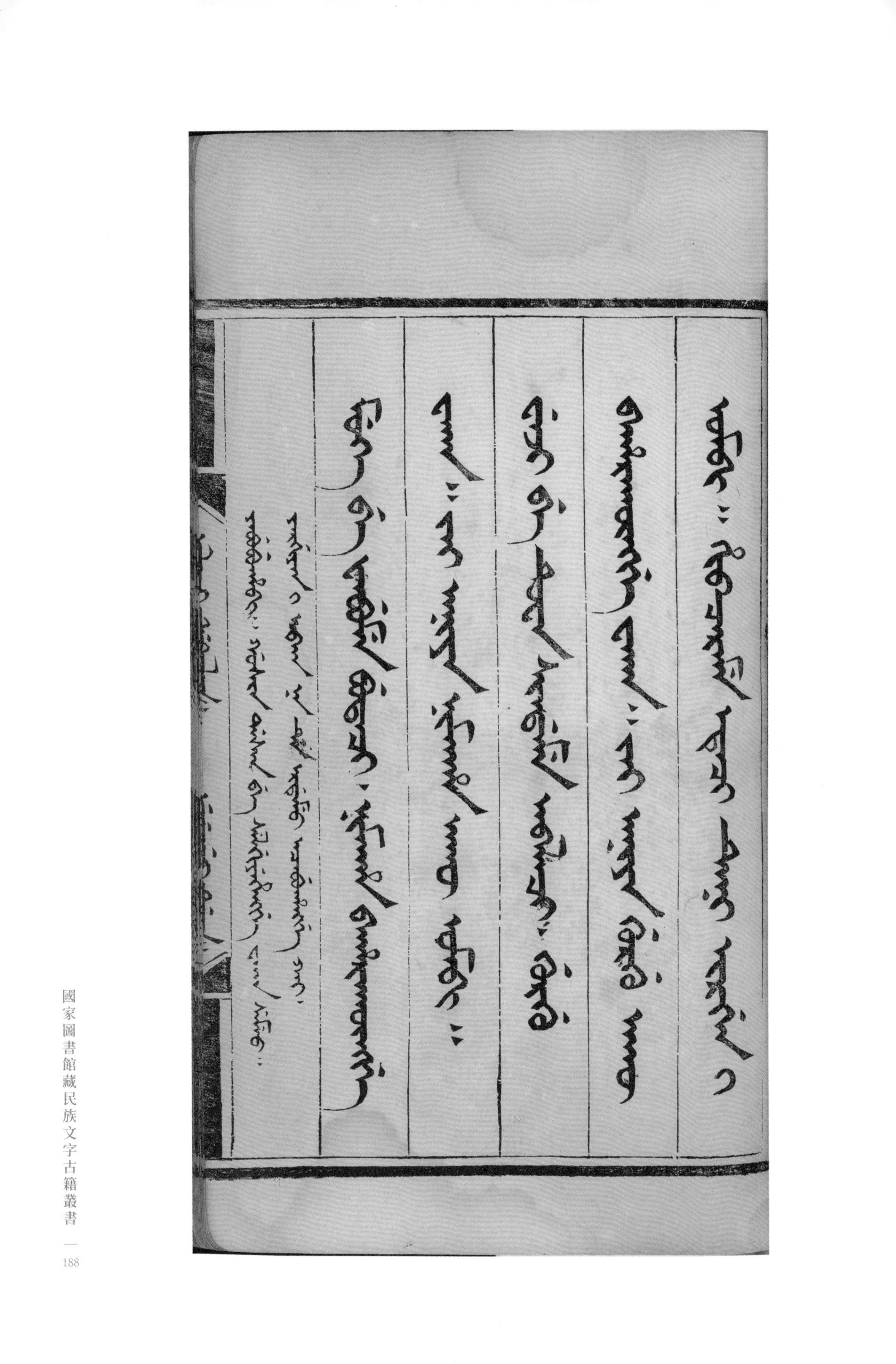

[illegible]

[illegible]

[illegible]

[illegible]

[illegible]

[illegible]

[illegible]

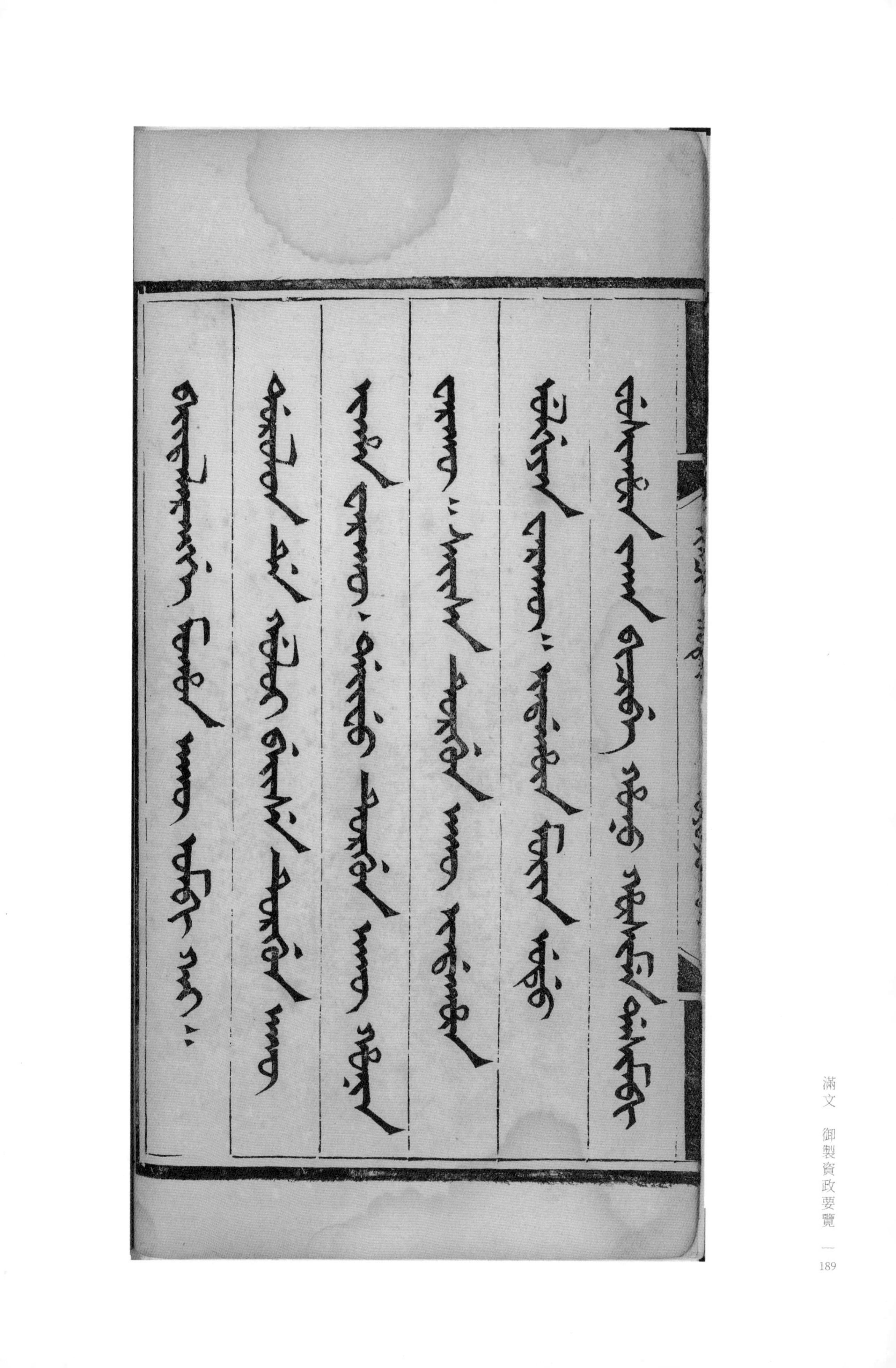

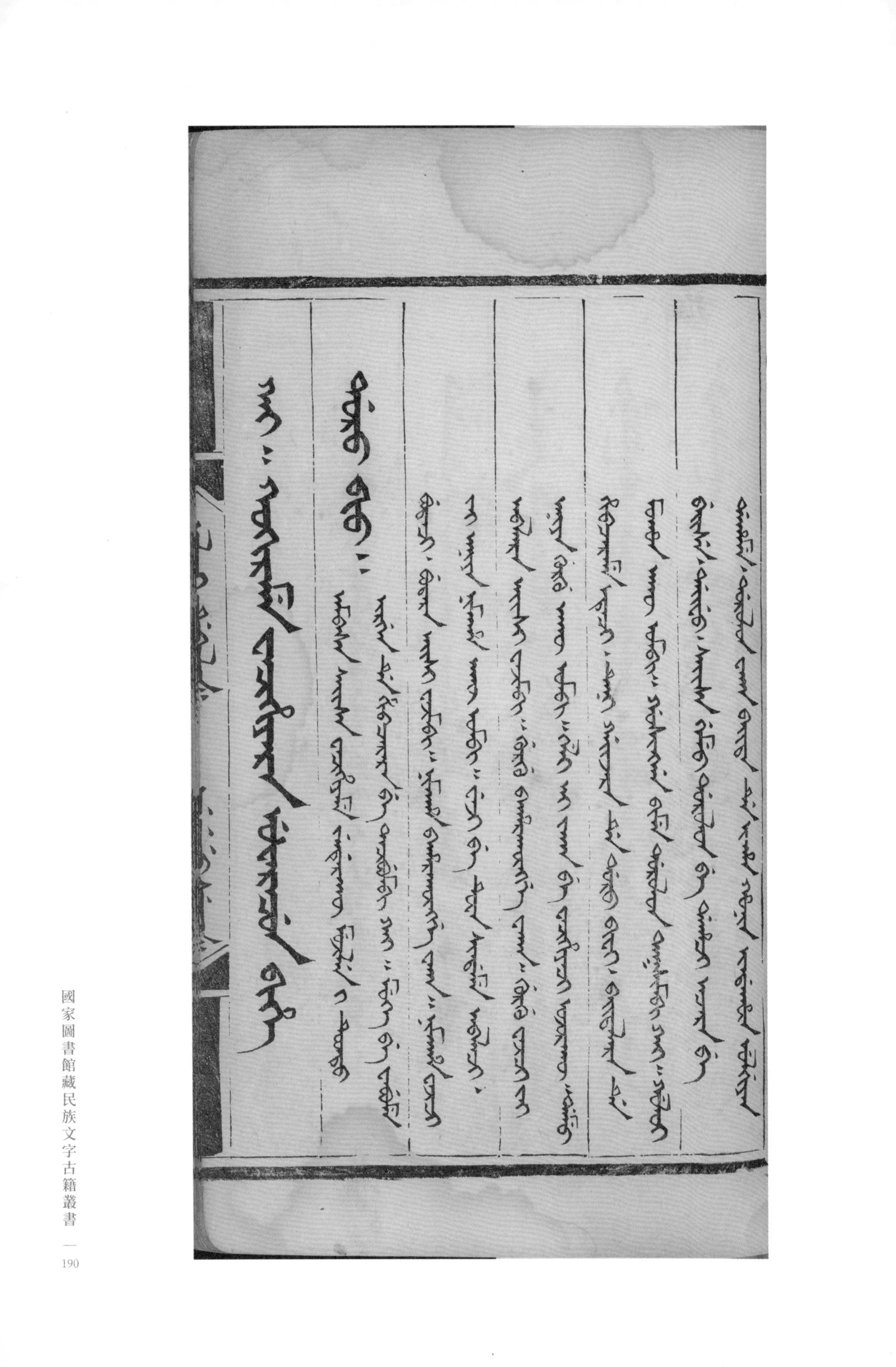

[illegible]

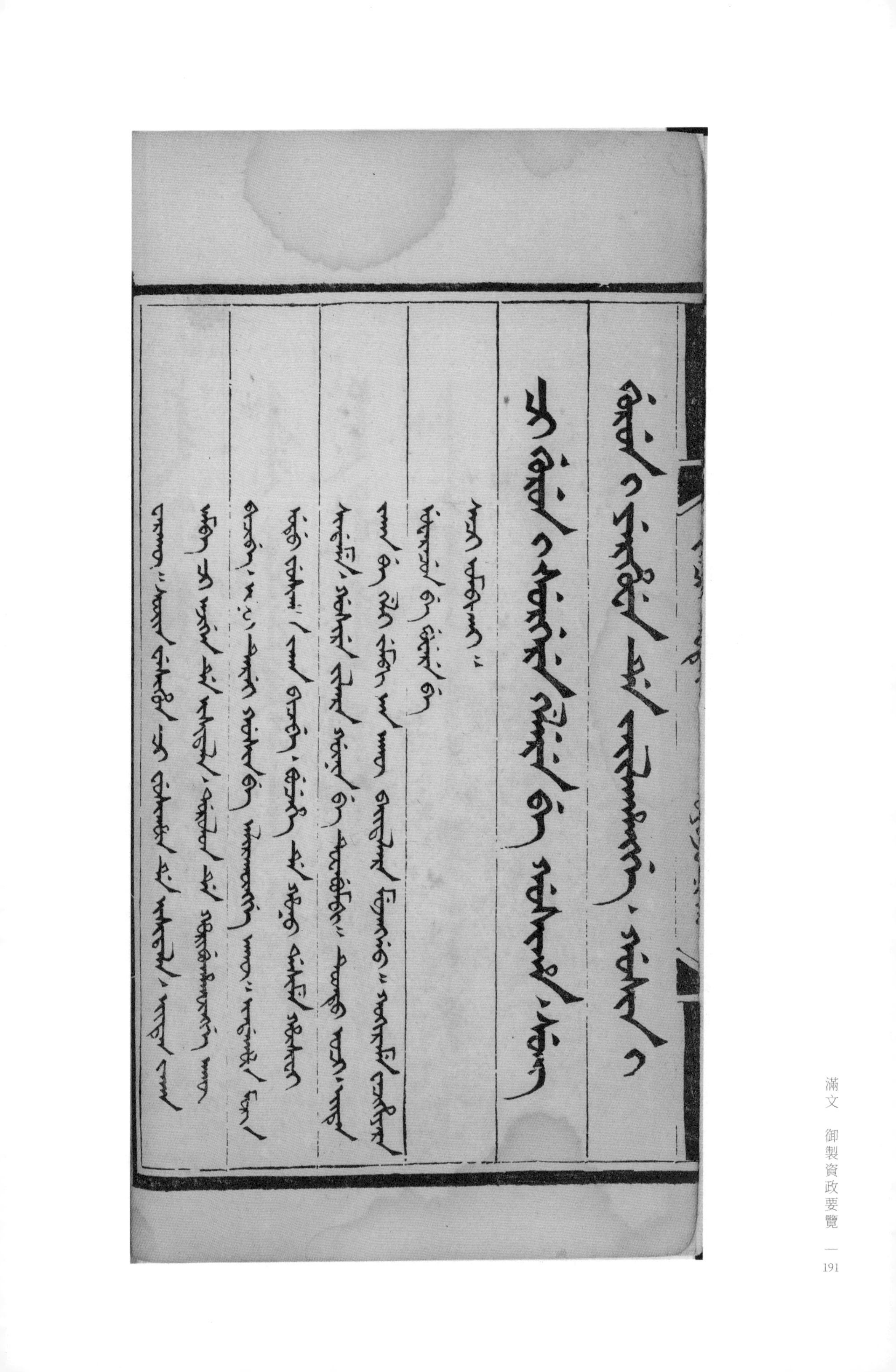

[illegible]

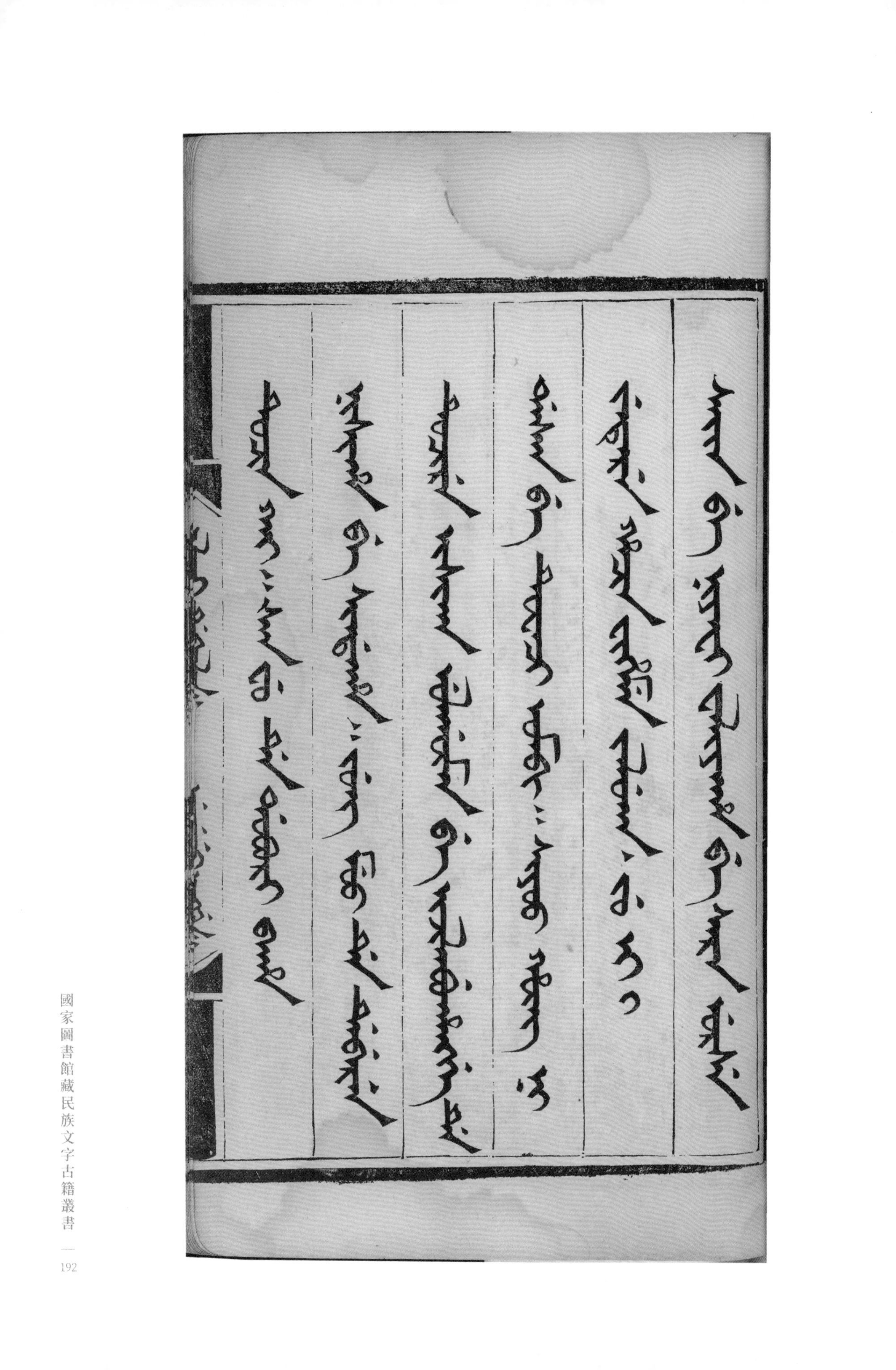

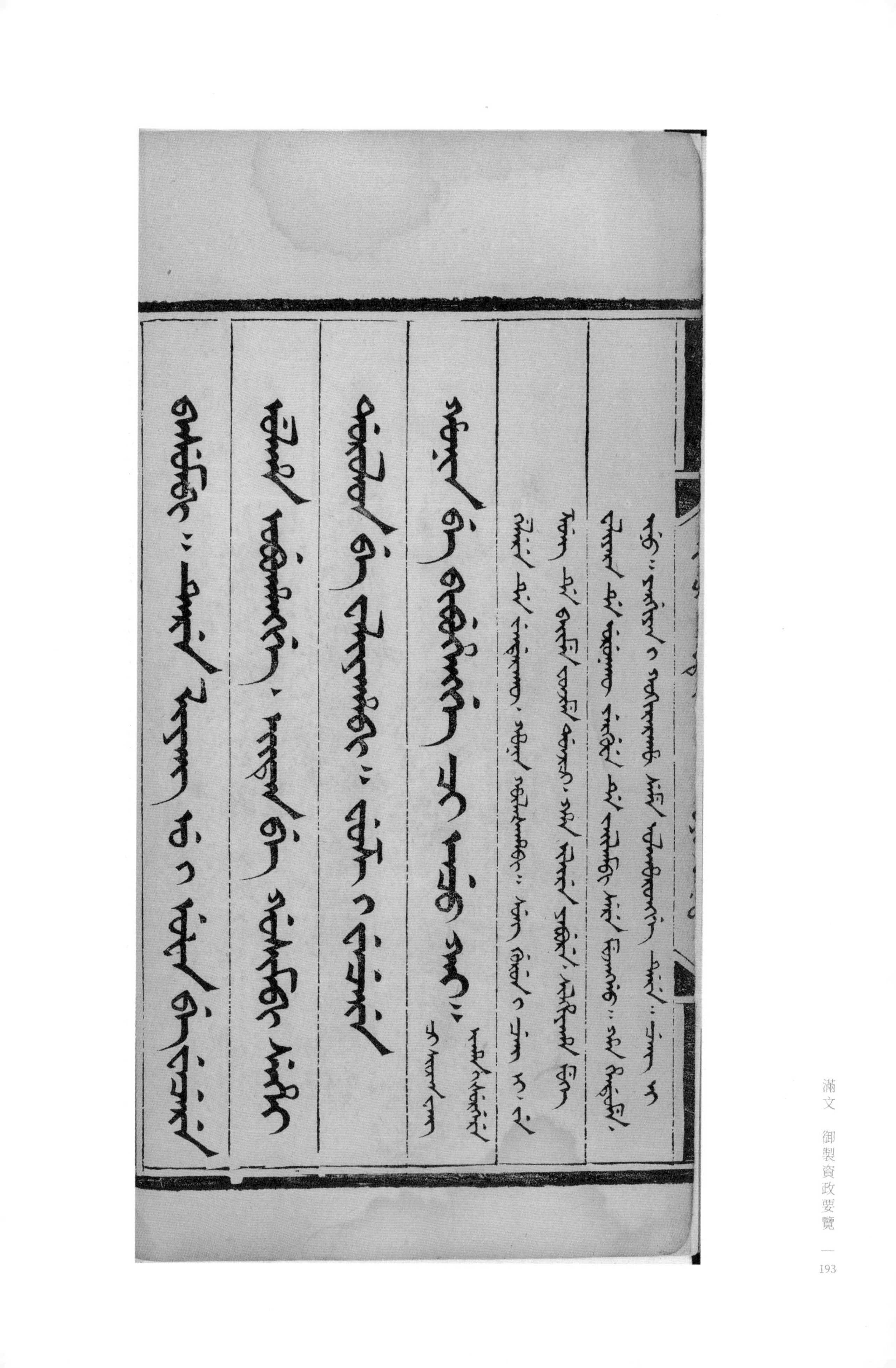

[illegible]

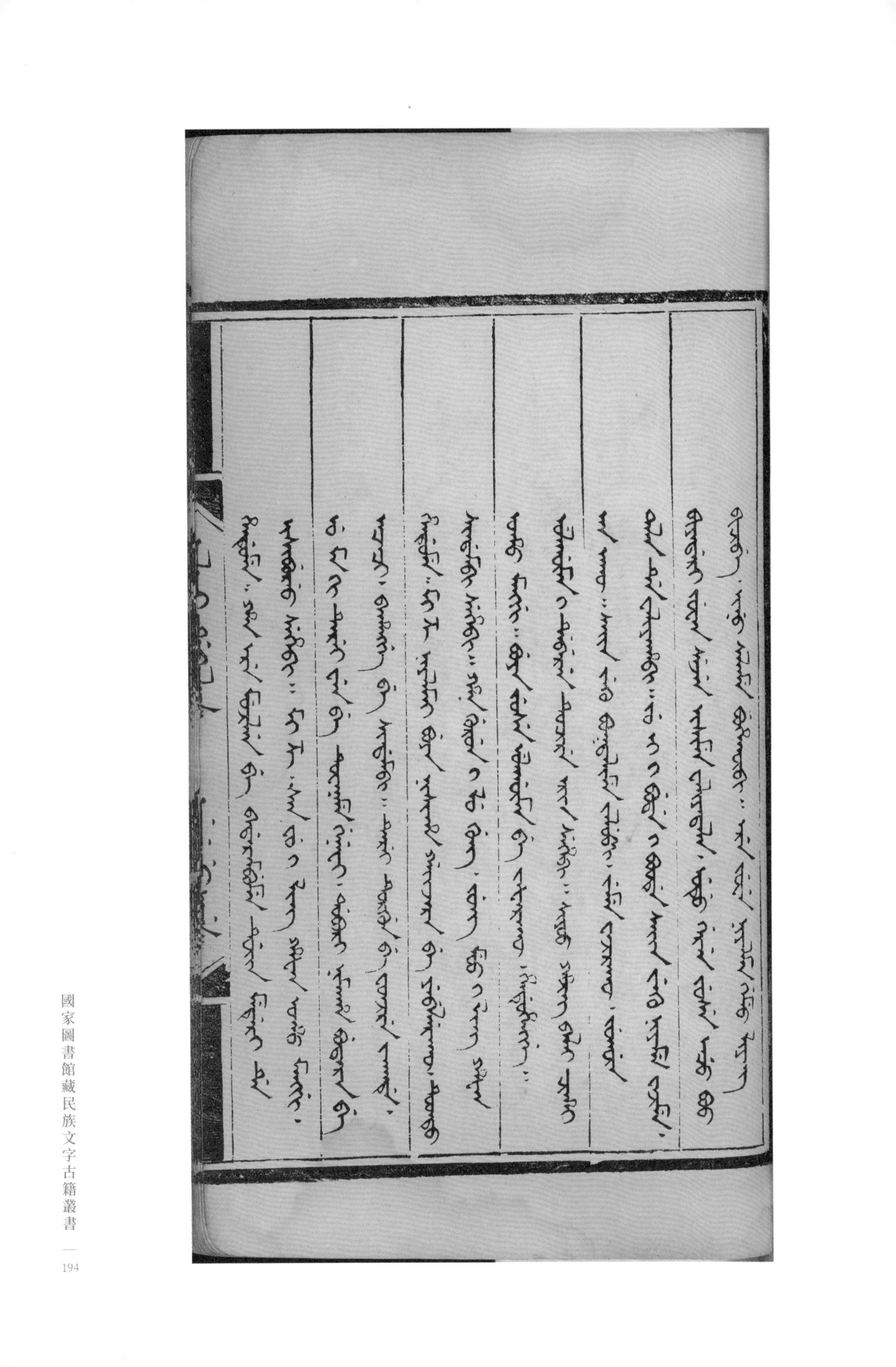

[illegible]
[illegible]
[illegible]
[illegible]
[illegible]
[illegible]
[illegible]
[illegible]
[illegible]
[illegible]
[illegible]
[illegible]

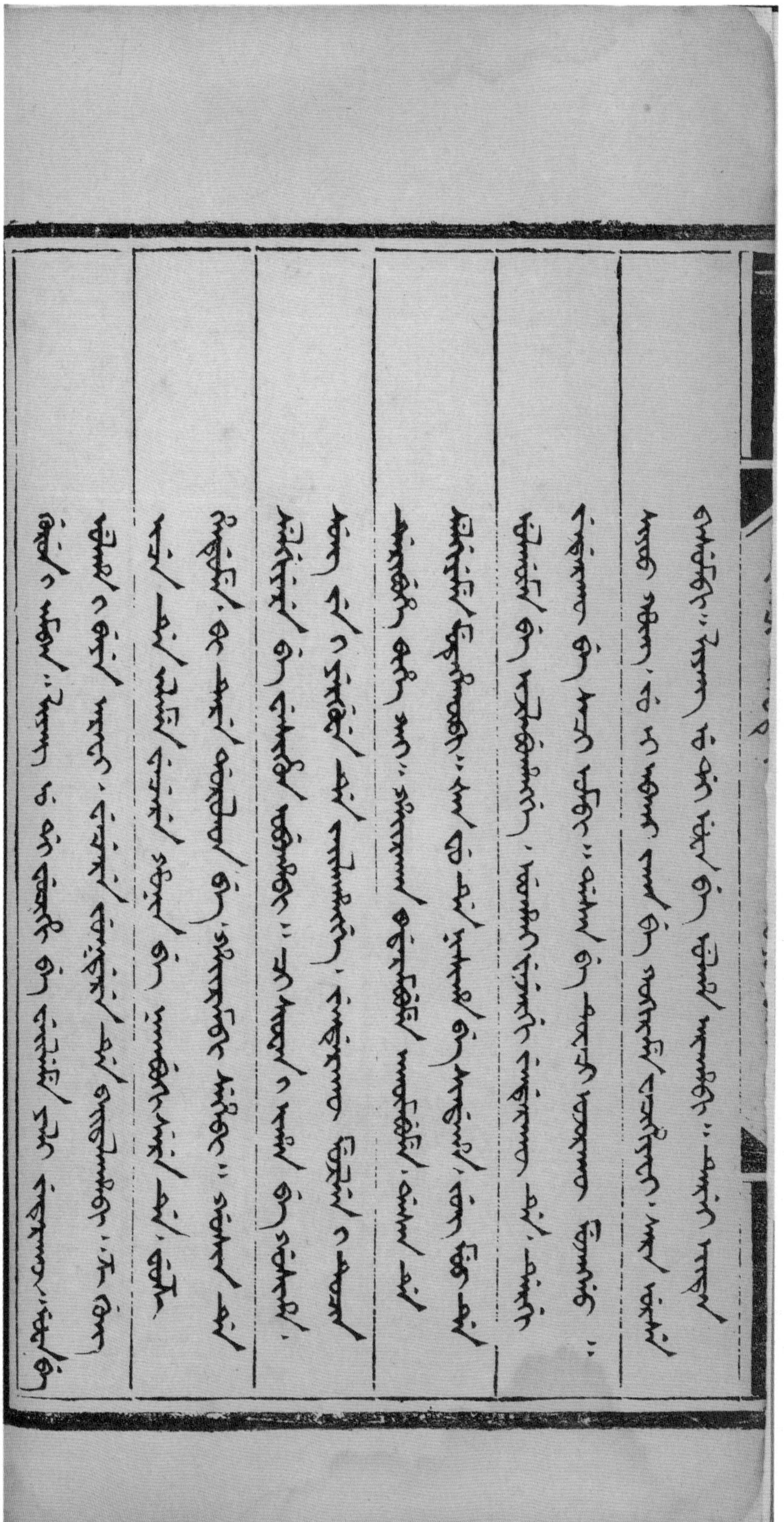

ᠰᠠᡳᠨ ᠪᡝ ᡥᡡᠯᠠᠴᡳ ᠮᡠᠰᡝᡳ ᡝᠮᡠ ᠪᠣᡵᡳ᠈ ᠪᡠᡵᡝᠮᡝ ᠪᡝ ᠠᠯᡳᠮᠪᡠᡥᠠᡴᡡ ᡥᡡᠯᠠᠮᡝ᠉

ᠨᡳᠶᠠᠯᠮᠠ ᠠᡴᡡ ᠪᠣᠣ ᠰᠠᡳᠨ᠈ ᡤᡝᡵᡝᠨ ᡳ ᠪᡠᡵᡝᠮᡝ ᠪᡝ ᡝᡵᡝᠴᡠᠨ ᡝᡵᡝᠮᡝ ᠪᡝ ᠪᠠᡥᠠᡵᠠᡴᡡ

ᡳ ᡨᡠᠸᠠᠮᡝ ᠠᠮᠪᠠ ᠠᡴᡡ ᡤᡝᡵᡝᠨ᠈ ᡳᠯᡝᡵᡝ ᠪᡝ ᡝᡥᡝᠯᡝᡵᡝ ᡩᡝ ᠪᡠᡵᡝᠮᡝ ᠪᡝ

ᡨᡠᠸᠠᡵᠠᡴᡡ᠈ ᡝᠮᡠ ᡝᡵᡝᠮᡝ ᠪᡝ ᡨᡠᠸᠠᠪᡠᡵᠠᡴᡡ᠈ ᠮᡠᡨᡝᡵᡝᡴᡡ ᡤᡝᡵᡝᠨ ᠪᡝ

ᠪᡠᡵᡝᠮᡝ ᠮᡠᡨᡝᡵᡝ

ᠮᡠᡨᡝᠪᡠᡵᡝ ᠪᡳᠮᠪᡳ᠉

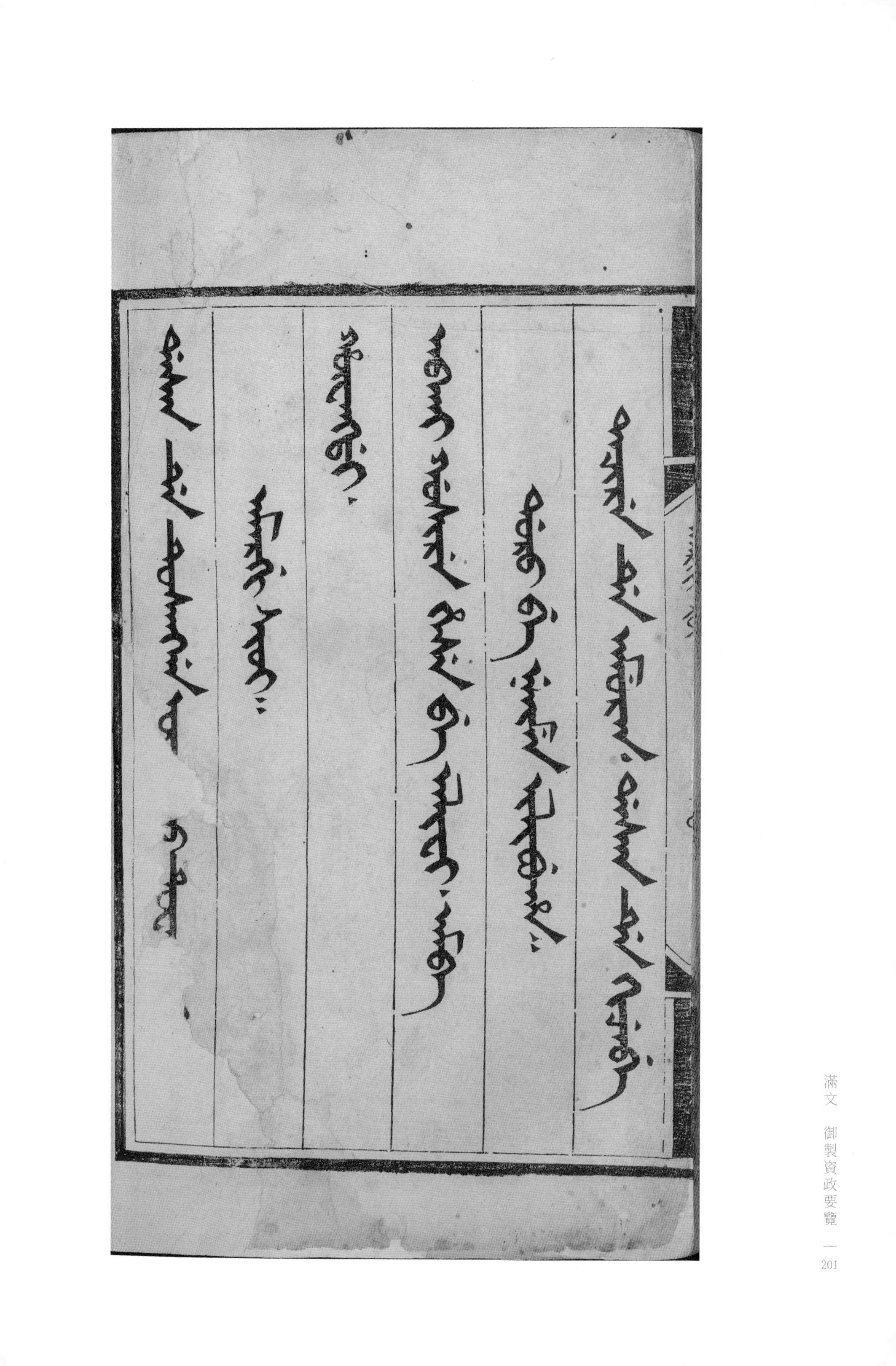

[illegible]

[illegible]

[illegible]

[illegible]

[illegible]

[illegible]

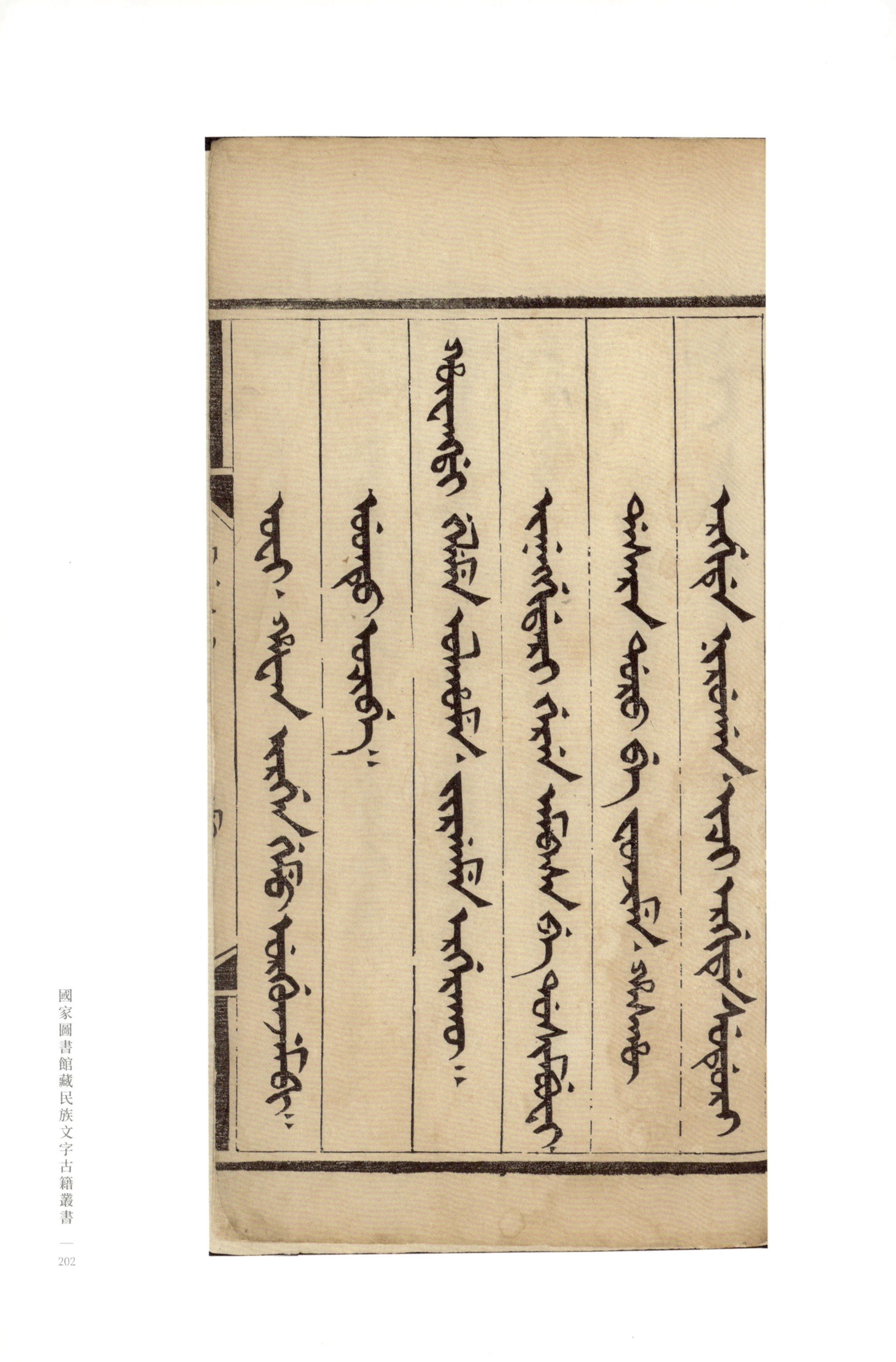

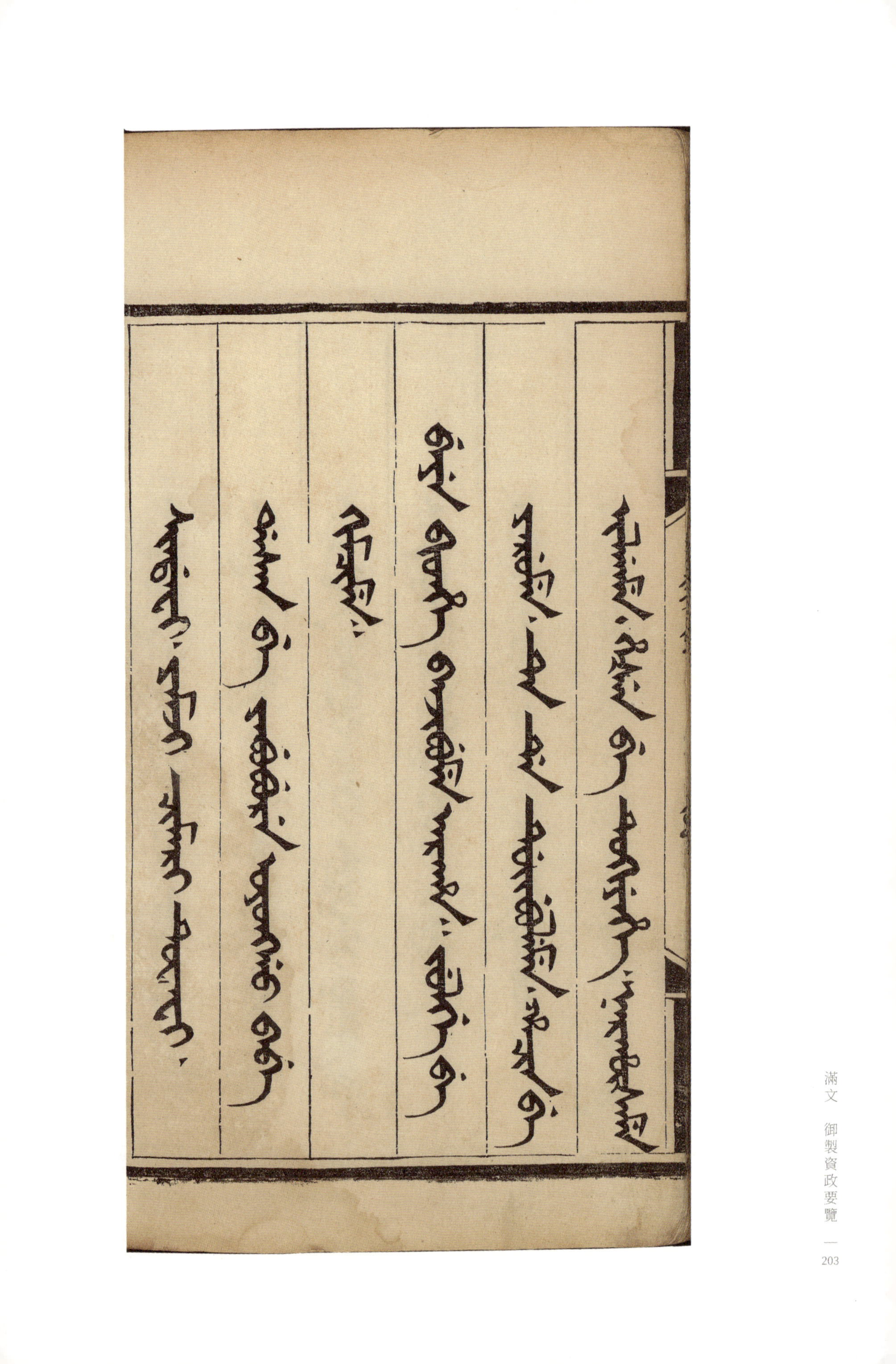

[illegible] [illegible] [illegible] [illegible]

[illegible] ᡩᡝ [illegible] [illegible] ᡩᡝ

[illegible]

[illegible] [illegible] [illegible] [illegible] [illegible] ᡩᡝ

[illegible] [illegible] [illegible] [illegible] [illegible] ᡩᡝ

[illegible] [illegible] ᡩᡝ [illegible] [illegible]

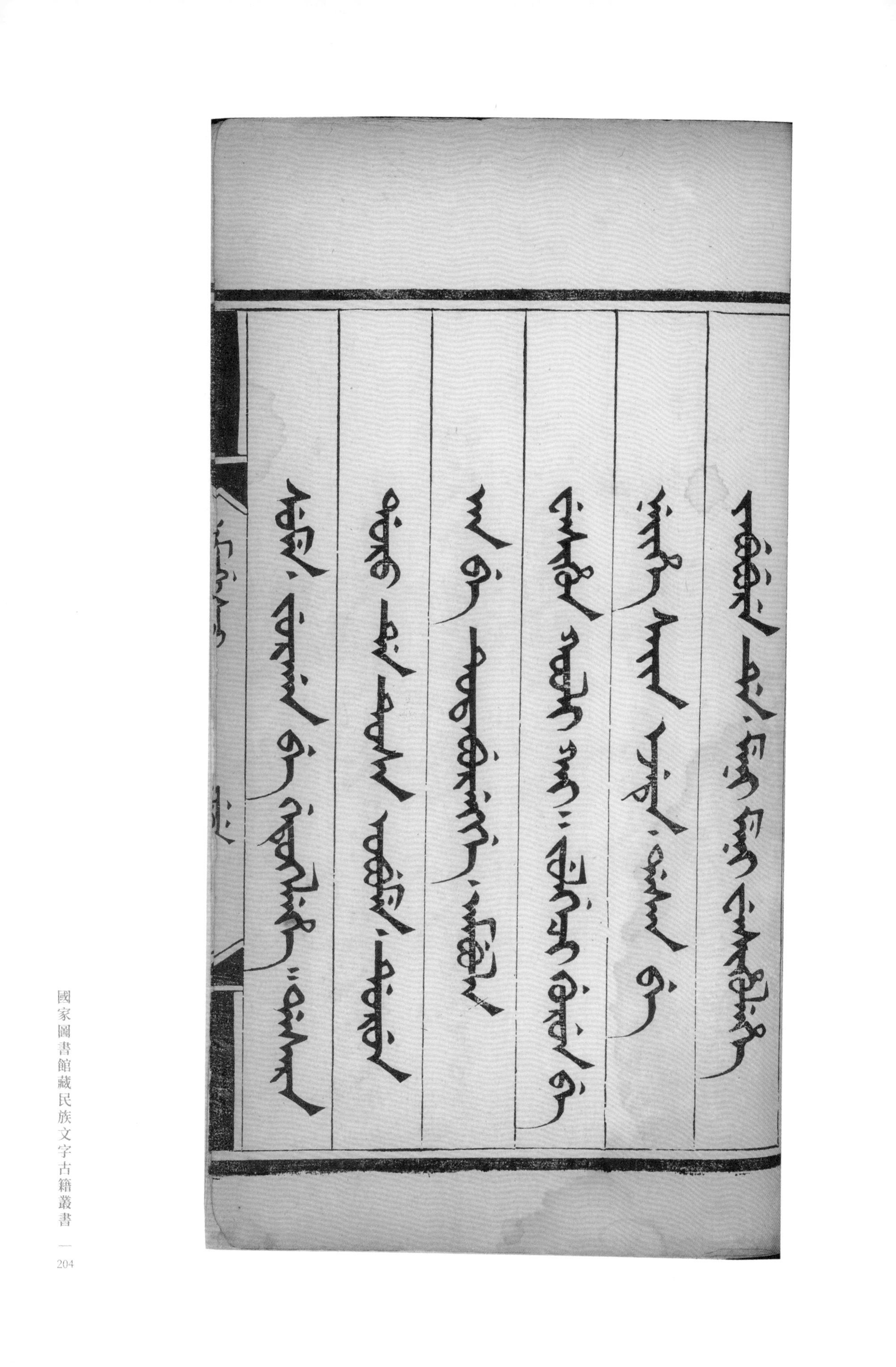

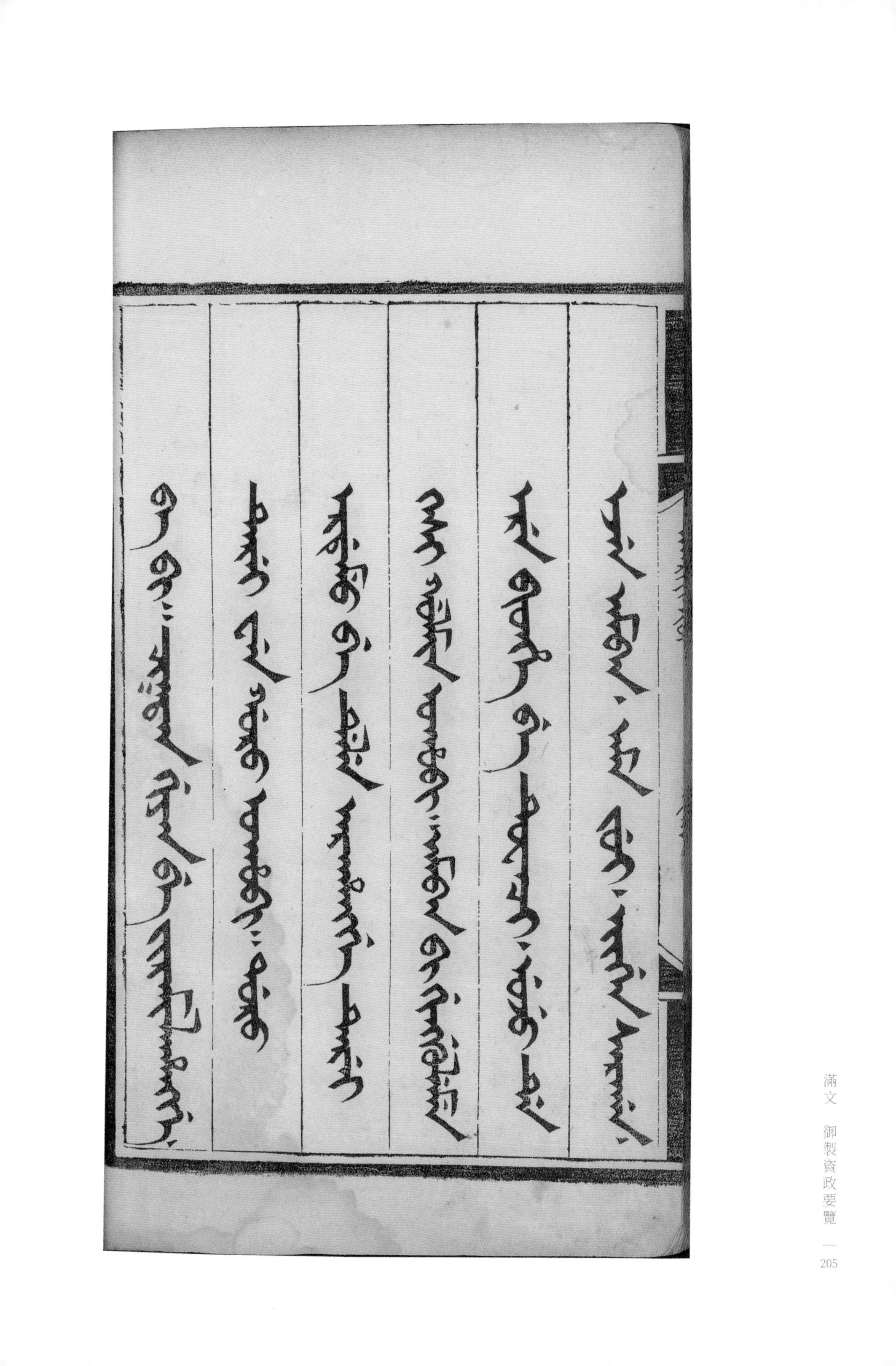

ᠠᠨᡳᠶᠠ ᡤᡝᠮᡠ ᡳ ᡝᠯᡩᡝᠮᠪᡠᡥᡝ ᠪᡝ ᠠᠯᡳᡥᠠ

ᠪᠣᡥᠣᠯᡳᡴᠣᠨ᠈ ᠵᠠᠯᠠᠨ ᡳ ᡤᡳᠰᡠᠨ ᠰᡝᠮᡝ᠉

ᡨᡠᠸᠠᡵᠠ ᡠᡥᡝᡵᡳ ᡝᡵᡤᡝᠨ ᠪᠣᡩᠣᠮᡝ

ᡤᡳᠩᡤᡠᠯᡝᡥᡝ ᠠᠮᠪᠠ᠉ ᡳ ᠪᠣᡩᠣᡵᡝ ᠪᡝ ᡝᡵᡩᡝᠮᡠᠩᡤᡝ

ᠣᠨᡤᠣ ᡳ ᠪᠣᠣᠪᠠᡳ ᡠᠵᡝᠨ᠈ ᡤᡝᡵᡝᠨ ᠪᡝ ᠠᠯᡳᠮᡝ

ᡨᡠᠸᠠᡵᠠ ᠪᡝ ᡠᠵᡝᠯᡝᡵᡝ᠈ ᡴᡝᠰᡳ ᠪᡝ

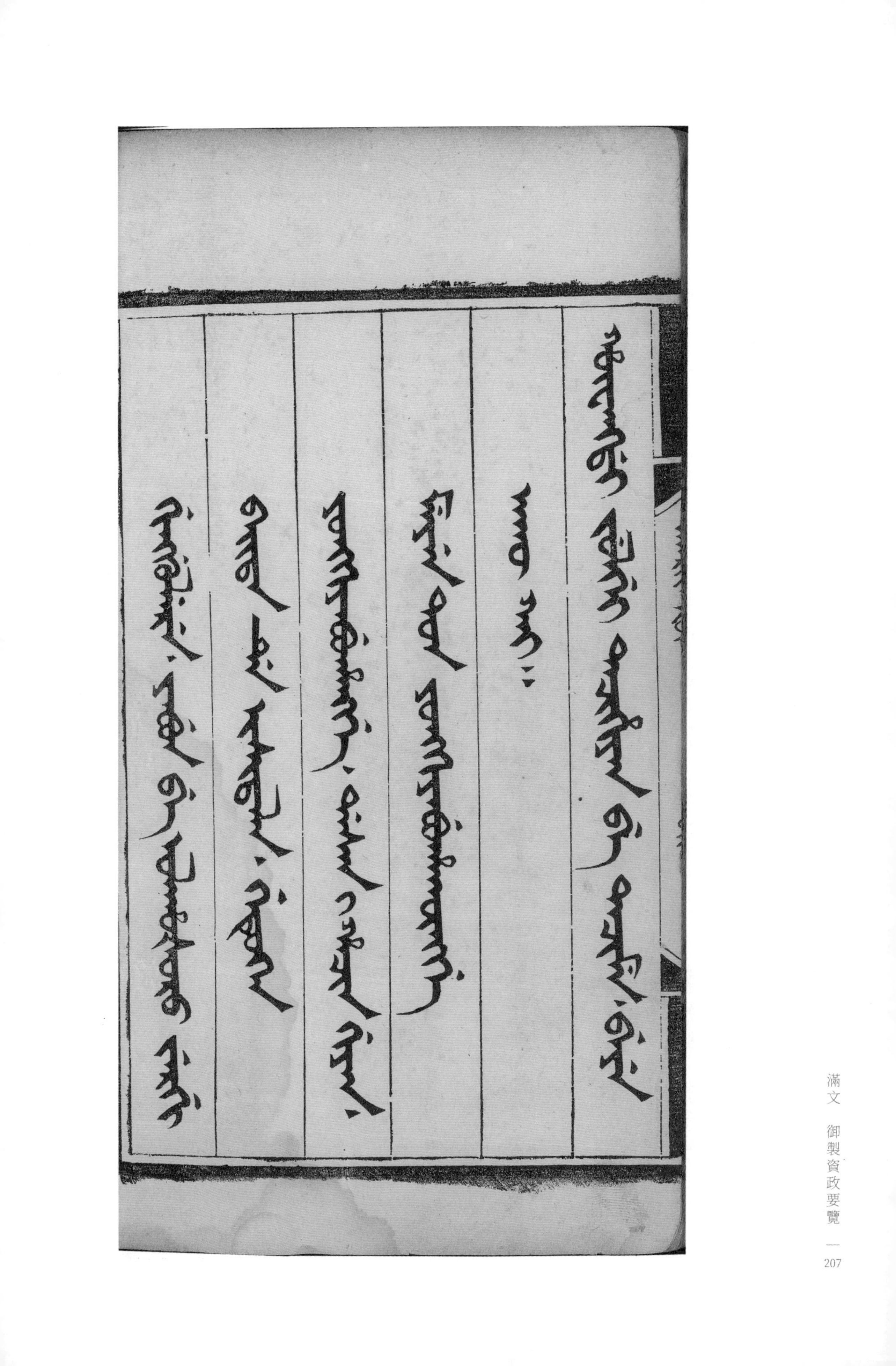

[illegible]

[illegible]

[illegible]

[illegible]

[illegible]

[illegible]

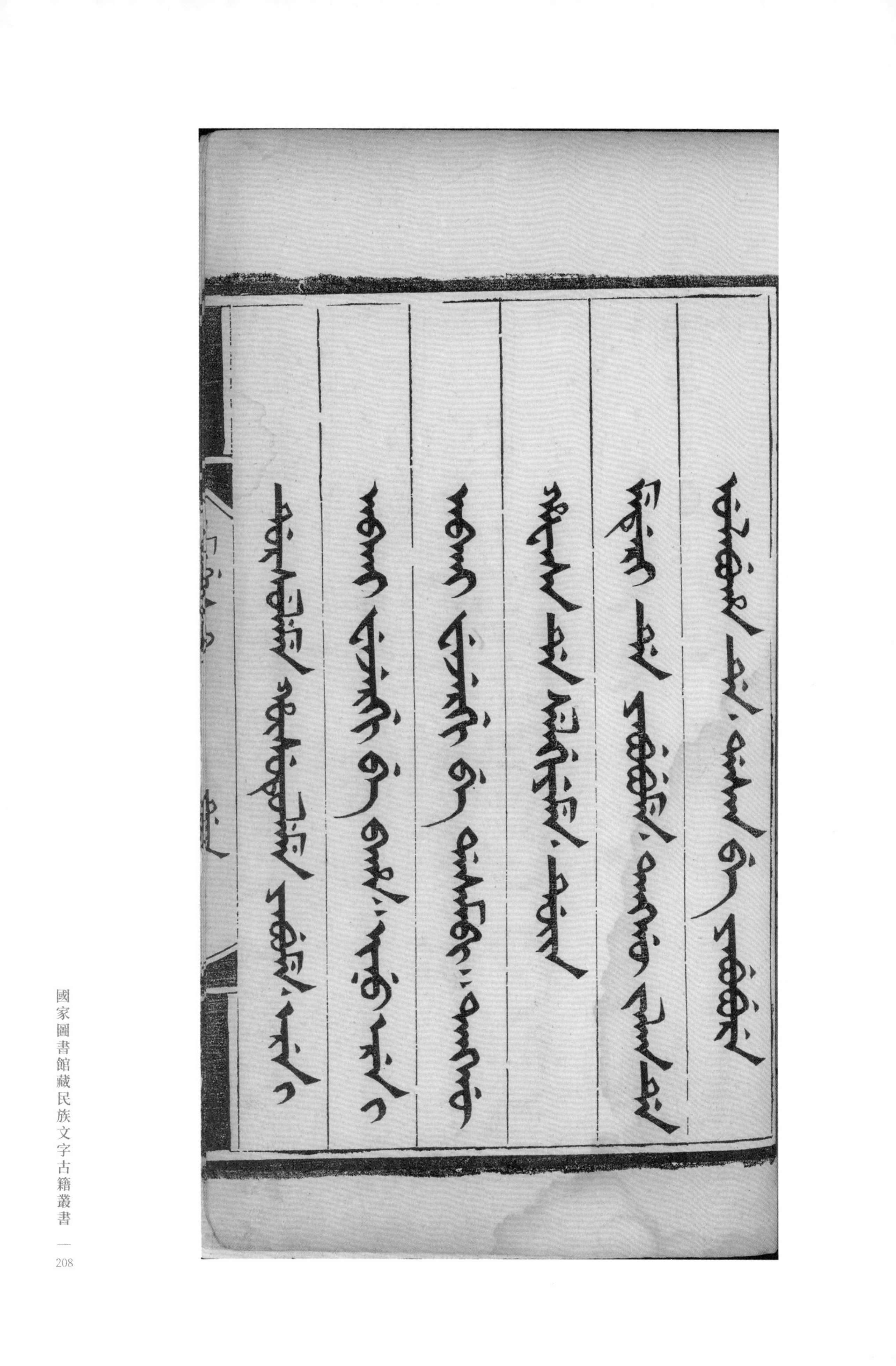

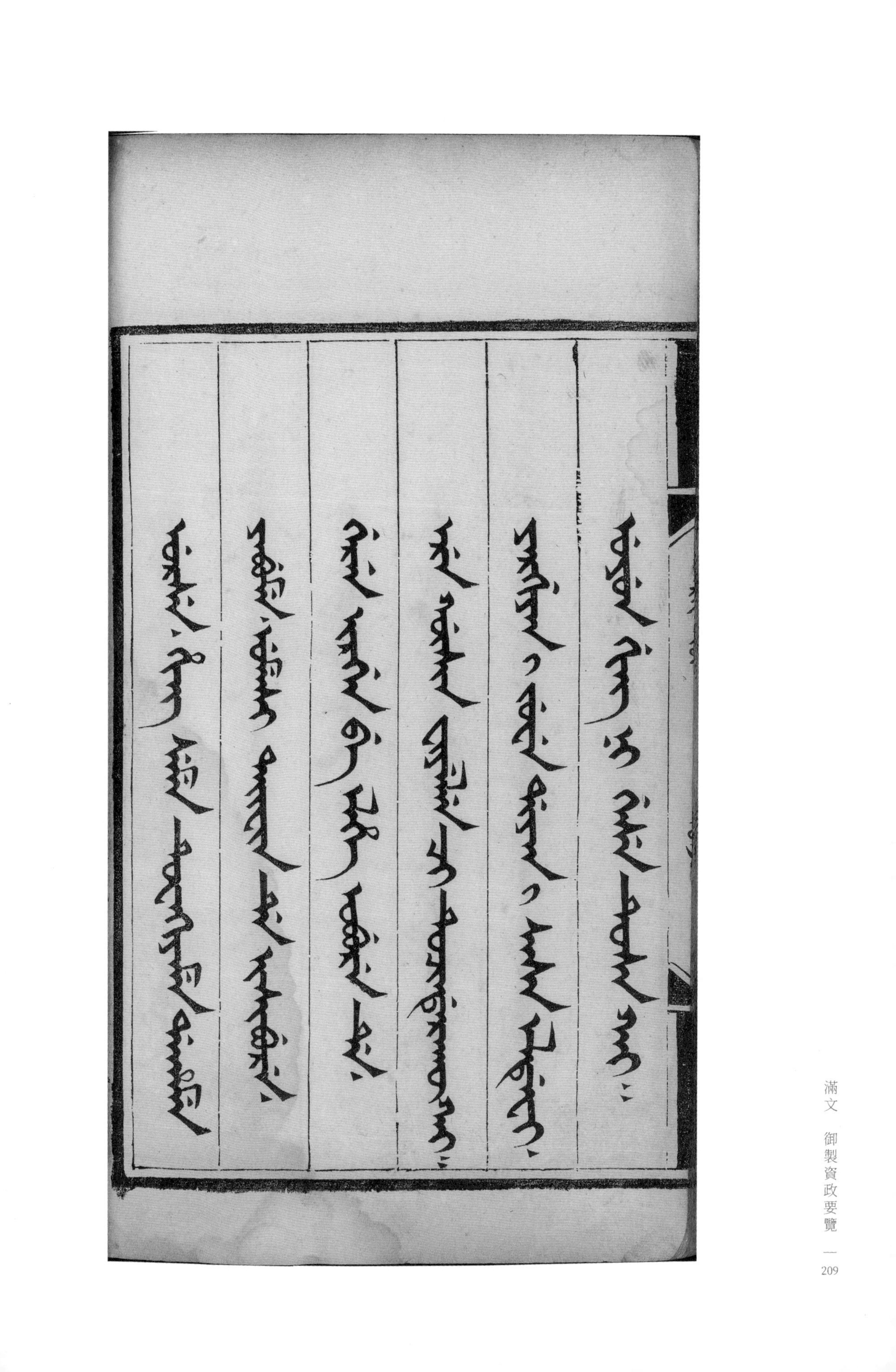

[illegible]

[illegible]

[illegible]

[illegible]

[illegible]

[illegible]

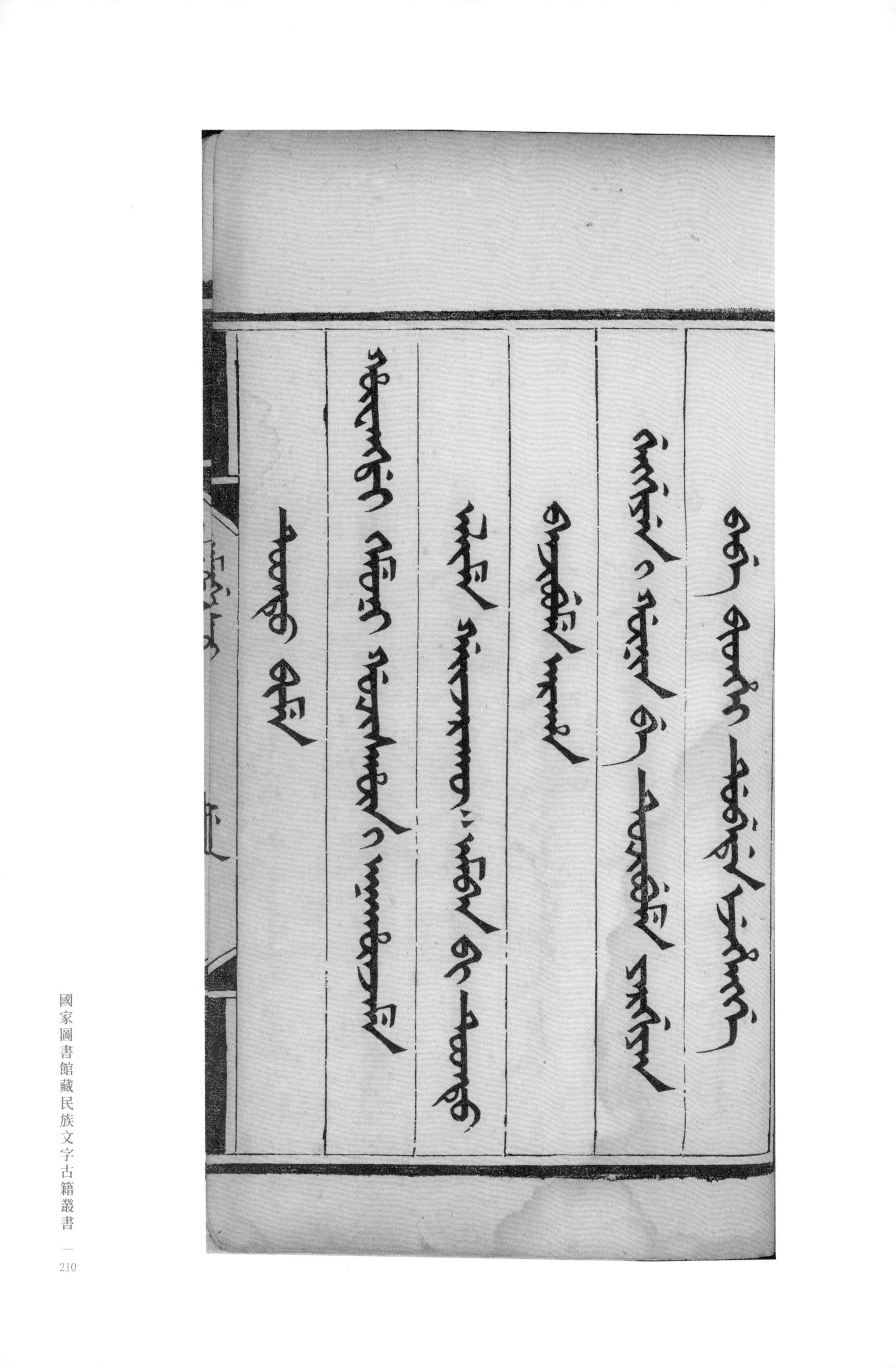

[illegible]

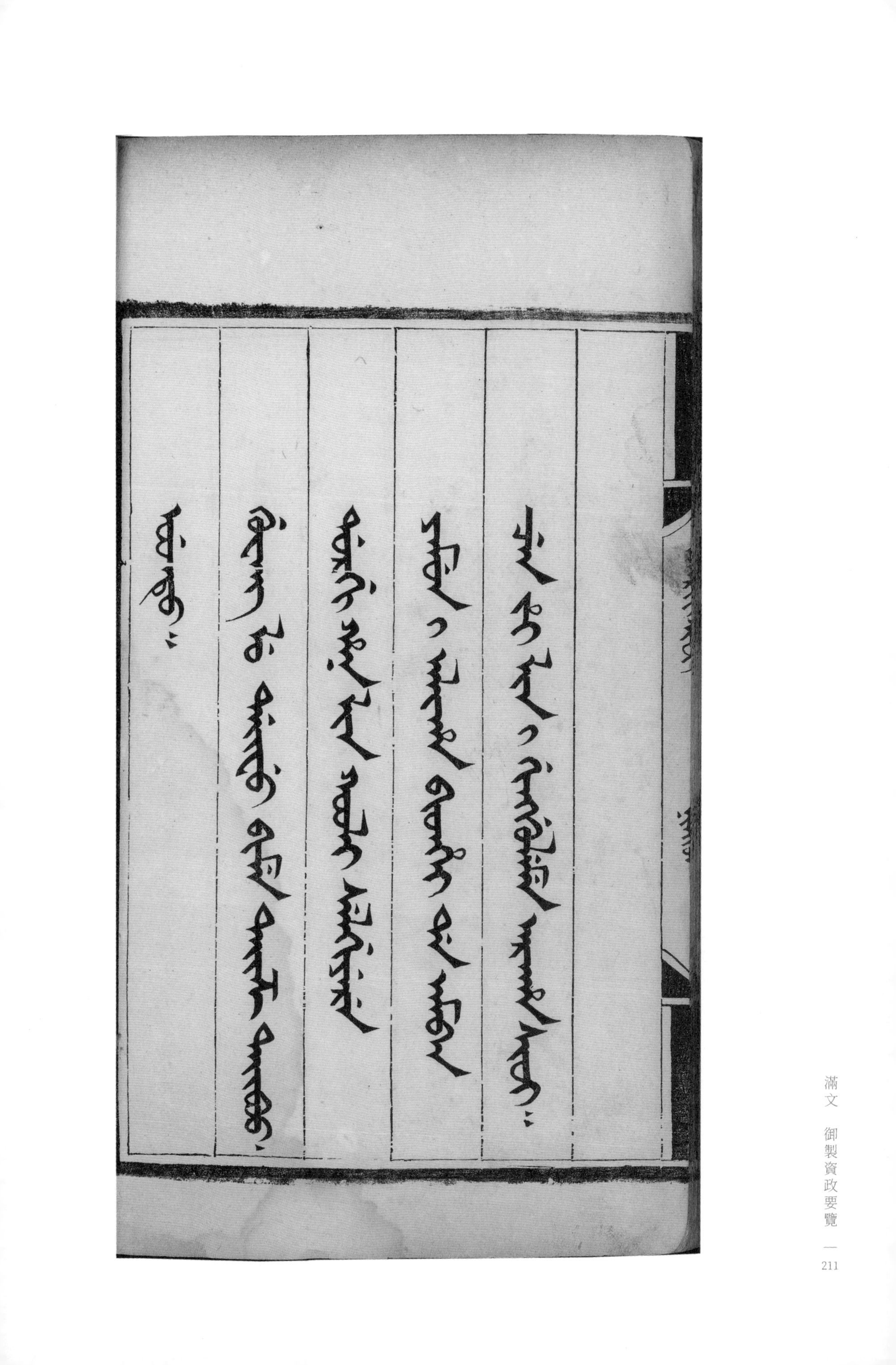

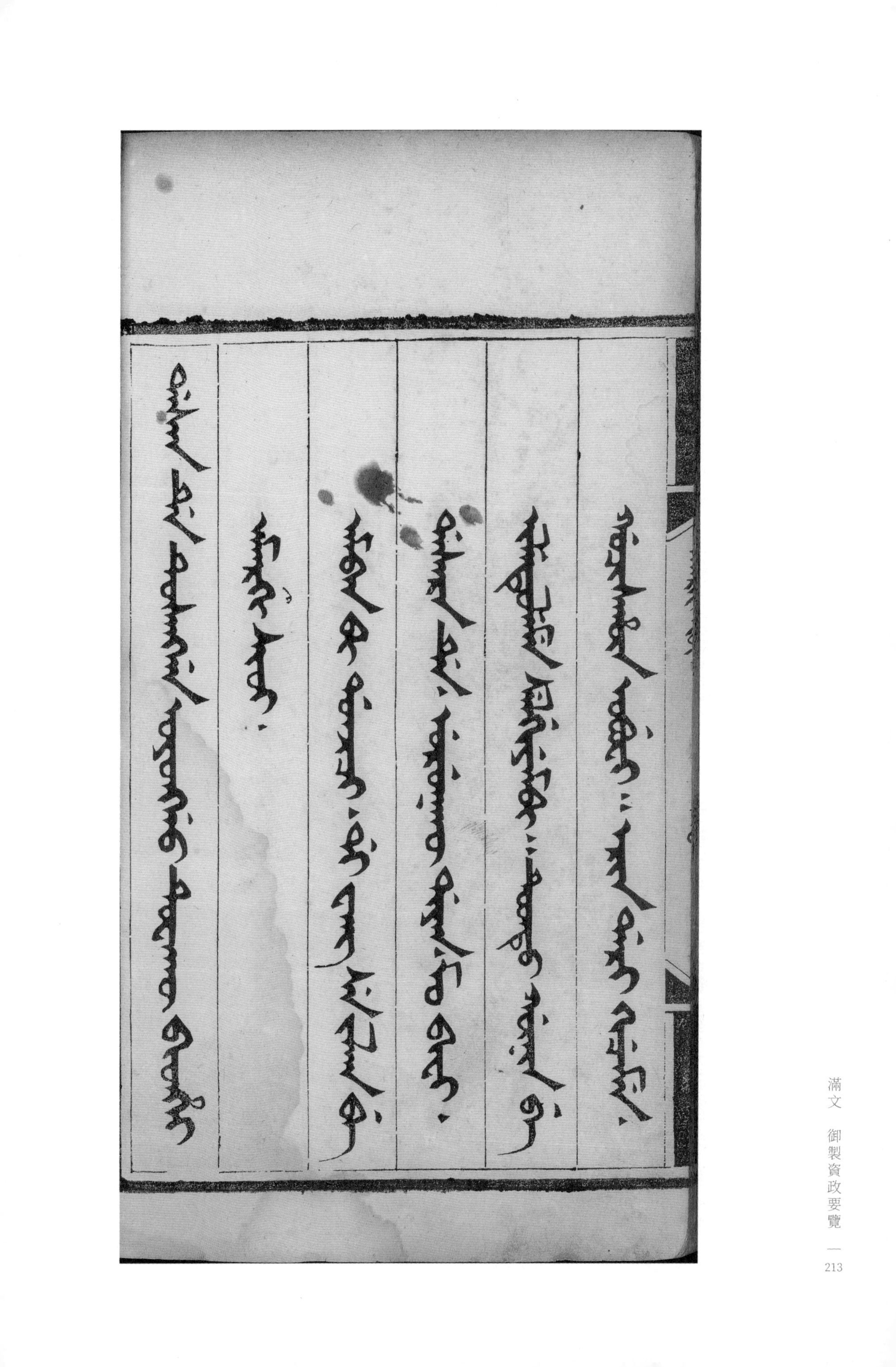

[illegible]

[illegible]

[illegible]

[illegible]

[illegible]

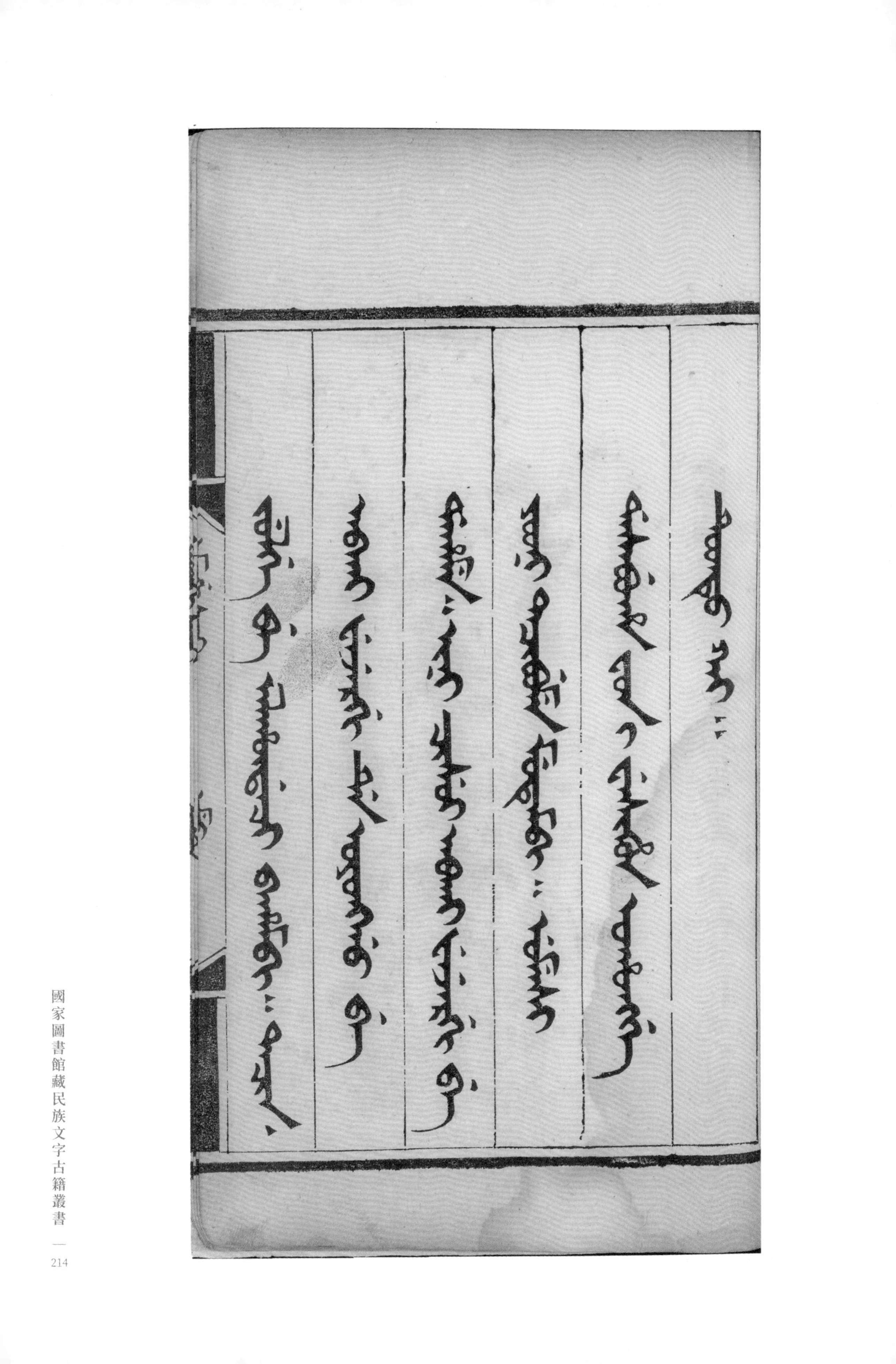

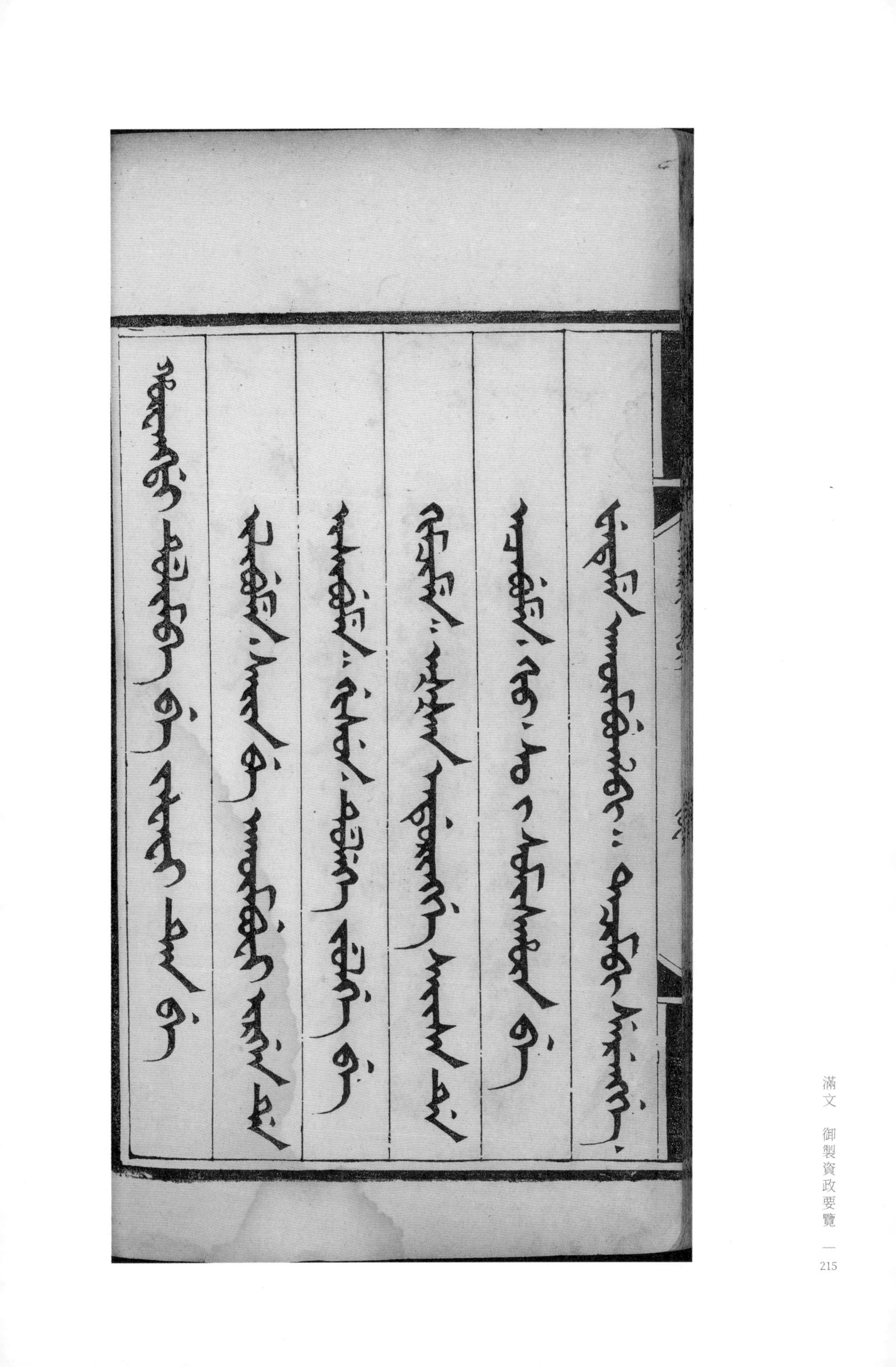

ᡩᡝᡵᡤᡳ ᠪᡝ ᡨᡠᠸᠠᡴᡳᠶᠠᠮᡝ ᡤᡝᠮᡠ ᠪᠣᠣᡥᠣᠨ ᠪᡠᡥᡝ᠉ ᠪᡠᡥᡝ

ᠮᡝᠨᡳ ᡳ ᠰᡠᡩᠠᠯᠠᠮᡝ ᠮᡝᠨᡳᠨ᠉ ᠮᡝᡳ

ᠠᡴᡡ ᡳ ᡝᠮᡠᡨᡝᡵᡝ ᡠᡥᡝᡵᡳᡴᡝᠨ᠉ ᠮᡝᠨᡳ᠉ ᠠᠮᠠ

ᠠᠮᠠ ᡳ ᡨᡝᠨᡳᠩᡤᡝ ᠠᡩᡝᠨᡳᠩᡤᡝ᠉ ᡨᡝᠪᡝ

ᡠᡵᡠ ᠪᡝ ᠪᠠᡳᠴᠠᠮᡝ᠉ ᡩᡠᡵᡠ ᠪᡝ

ᠪᡠᠰᡝᡥᡝᠪᡳᡥᡝ᠉ ᠪᠣᡥᡳᡵᠠ ᠪᡠᡥᡝᠨᡳ᠉ ᡠᠮᡝᠰᡳᡴᡝᠨ

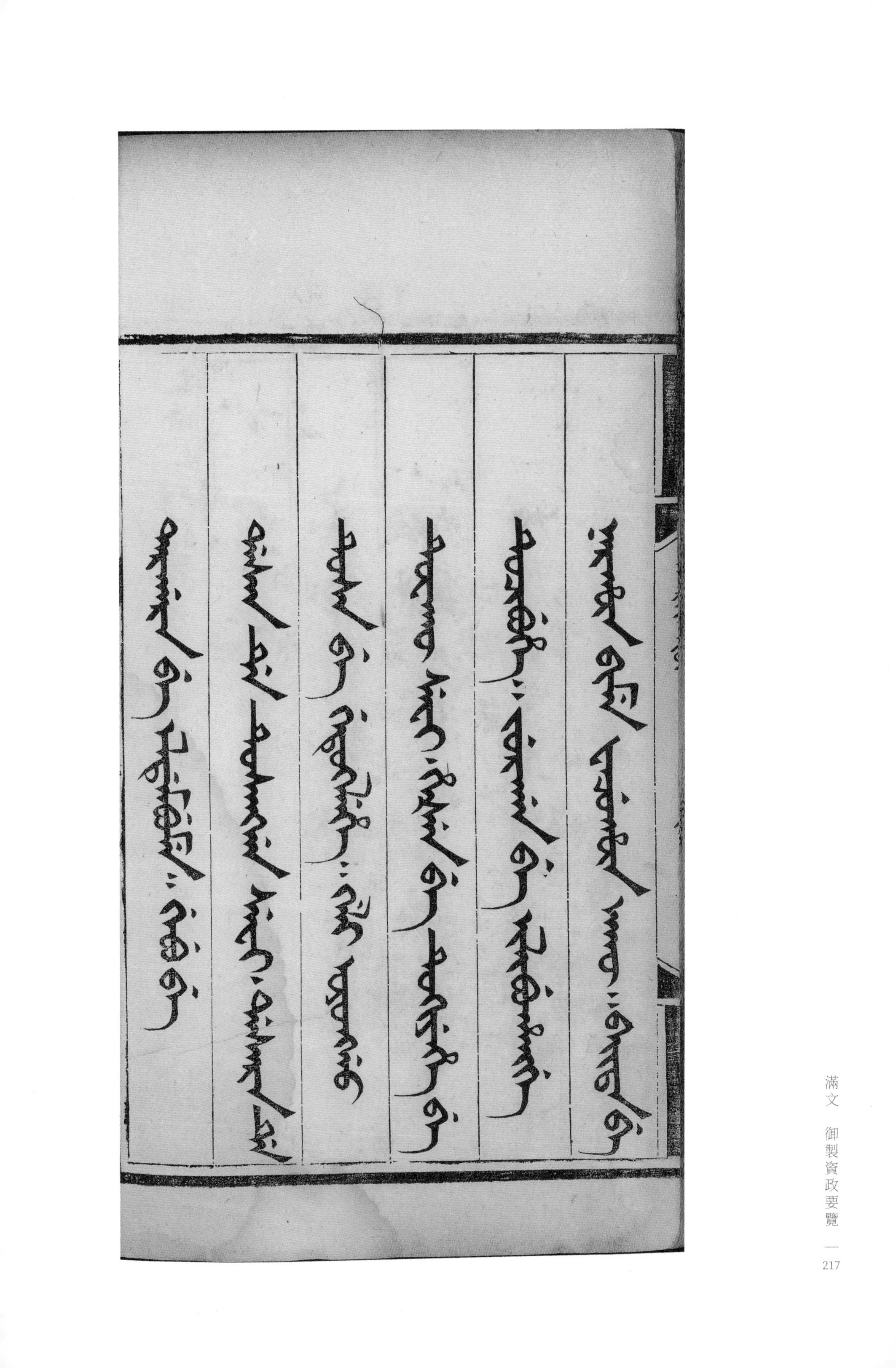

[illegible] ᠪᡝ [illegible] ᠉ [illegible] [illegible]

[illegible] [illegible] [illegible] [illegible] [illegible]

[illegible] ᠪᡝ [illegible] ᠉ [illegible] [illegible]

[illegible] [illegible] [illegible] ᠪᡝ [illegible] ᠪᡝ

[illegible] ᠉ [illegible] [illegible] ᠪᡝ [illegible] [illegible]

[illegible] [illegible] [illegible] ᠉ [illegible] ᠪᡝ

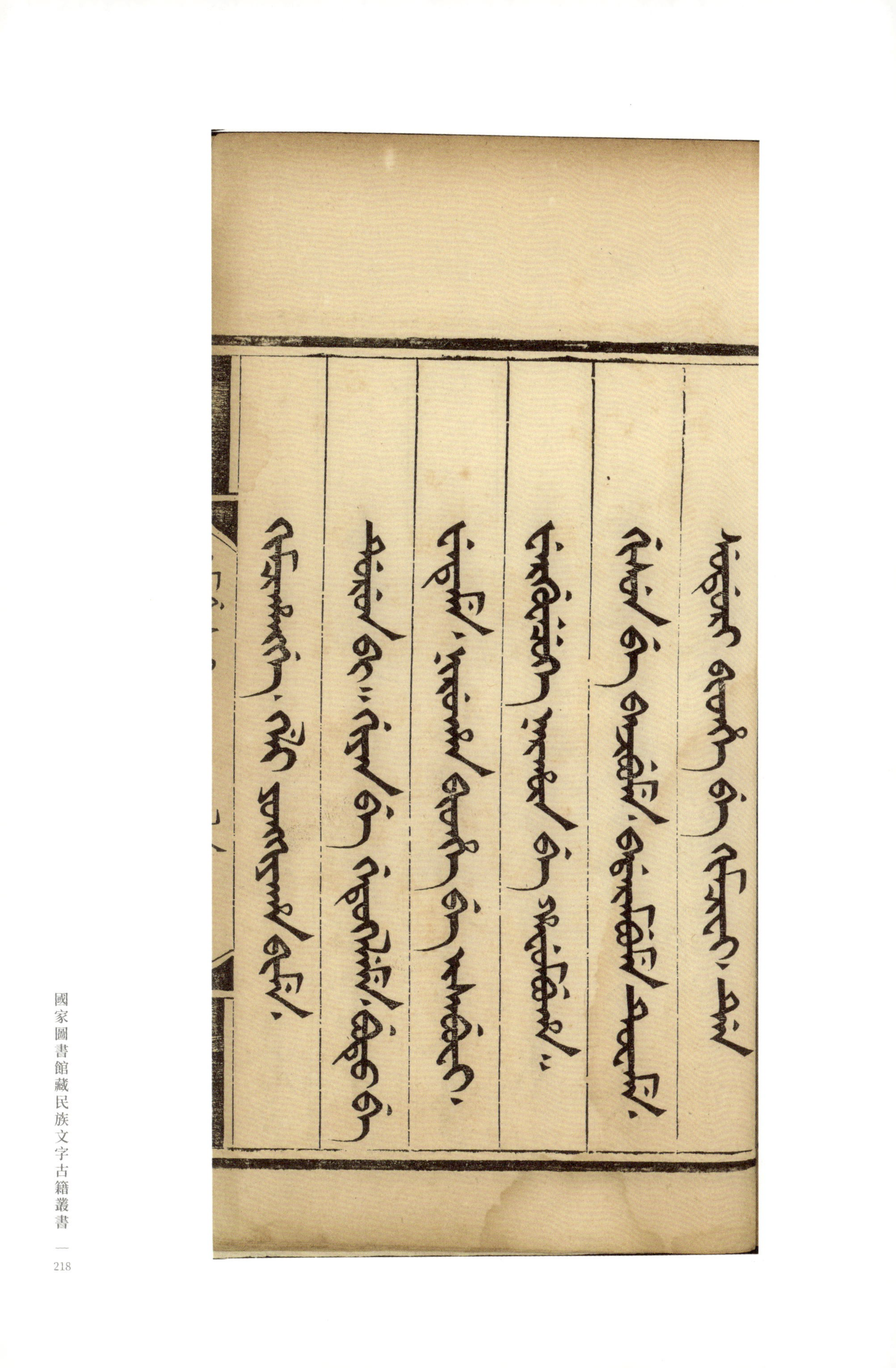

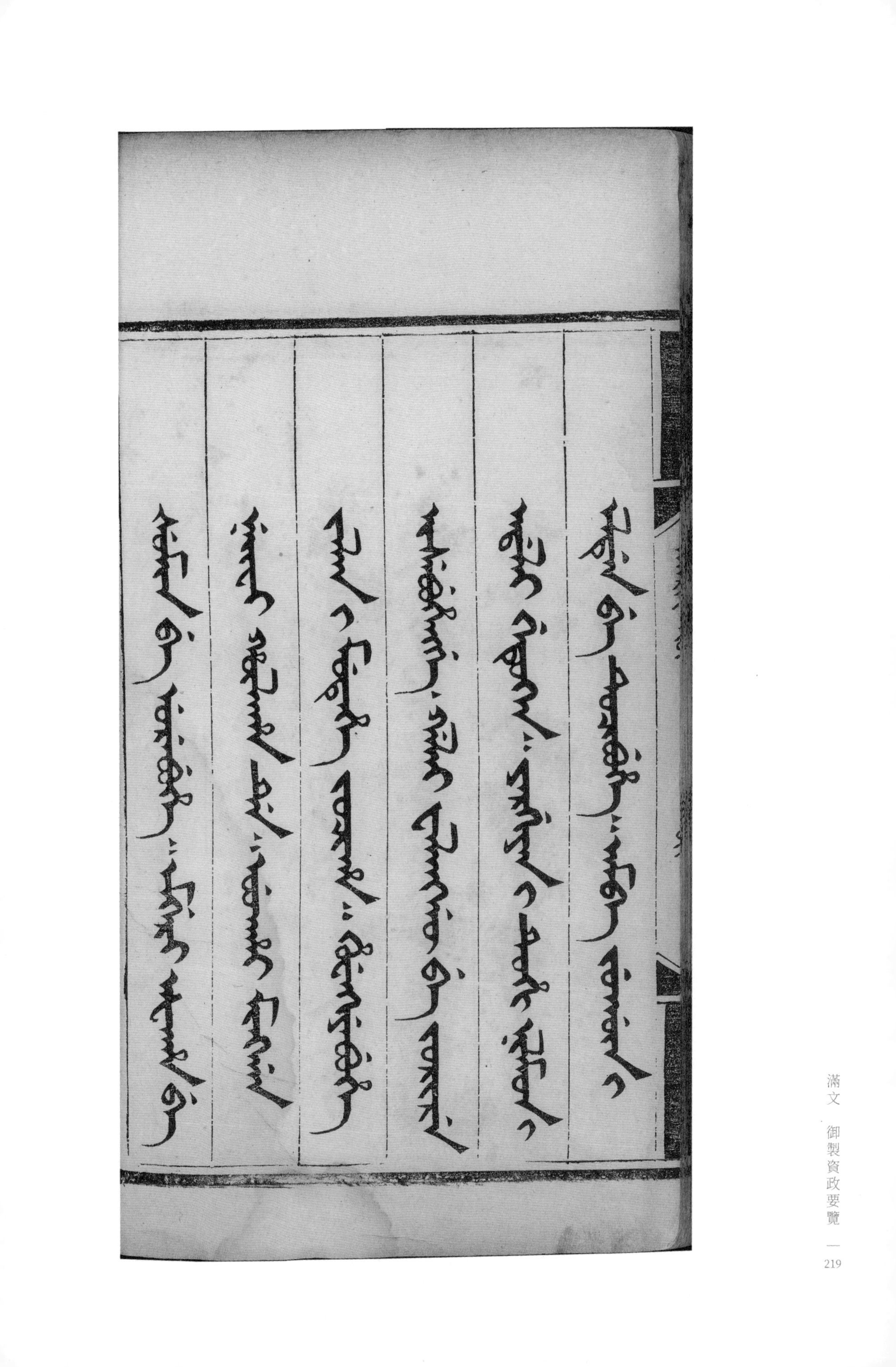

[illegible]

[illegible]

[illegible]

[illegible]

[illegible]

[illegible]

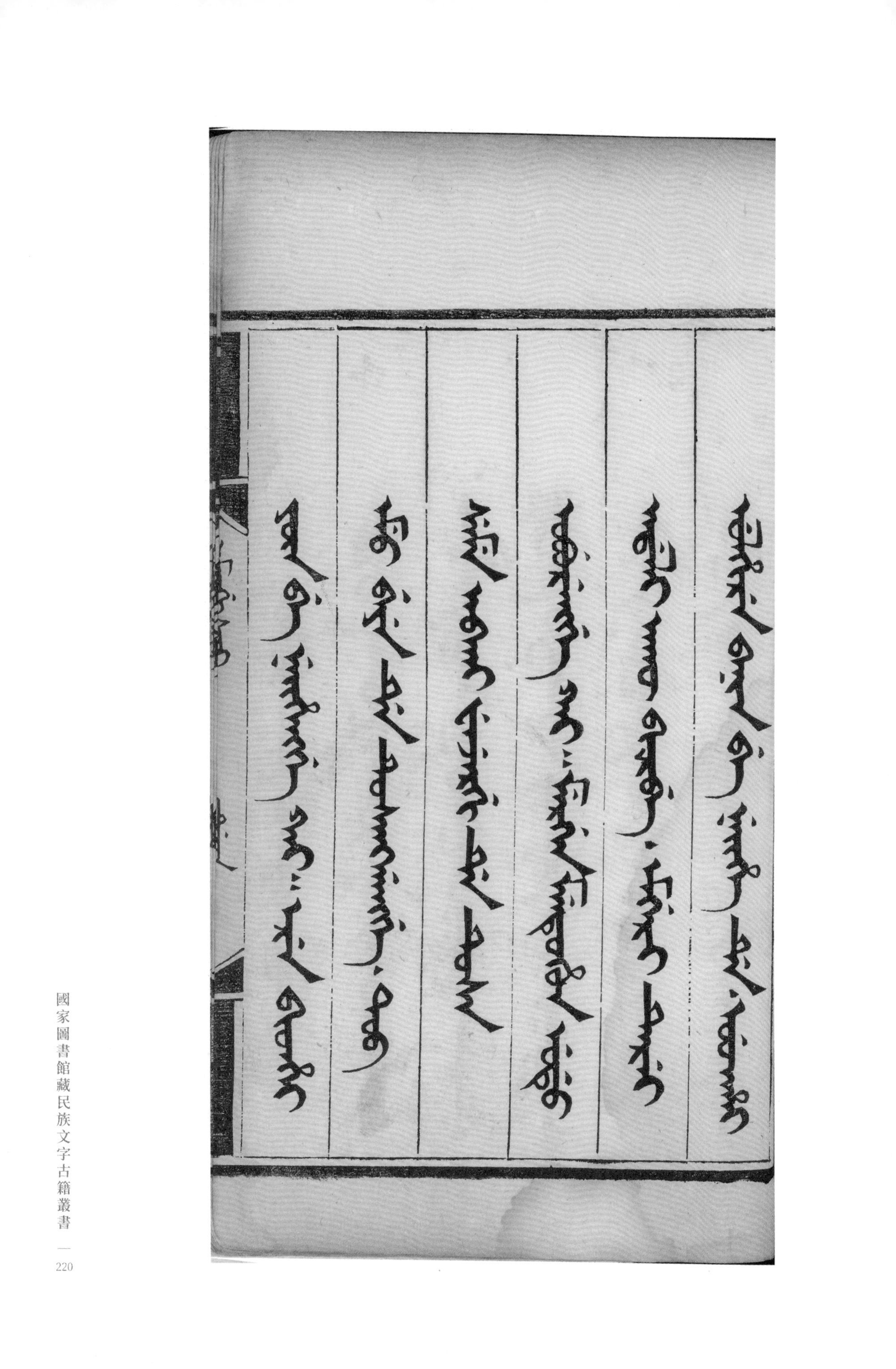

[illegible]

[illegible]

[illegible]

[illegible]

[illegible]

[illegible]

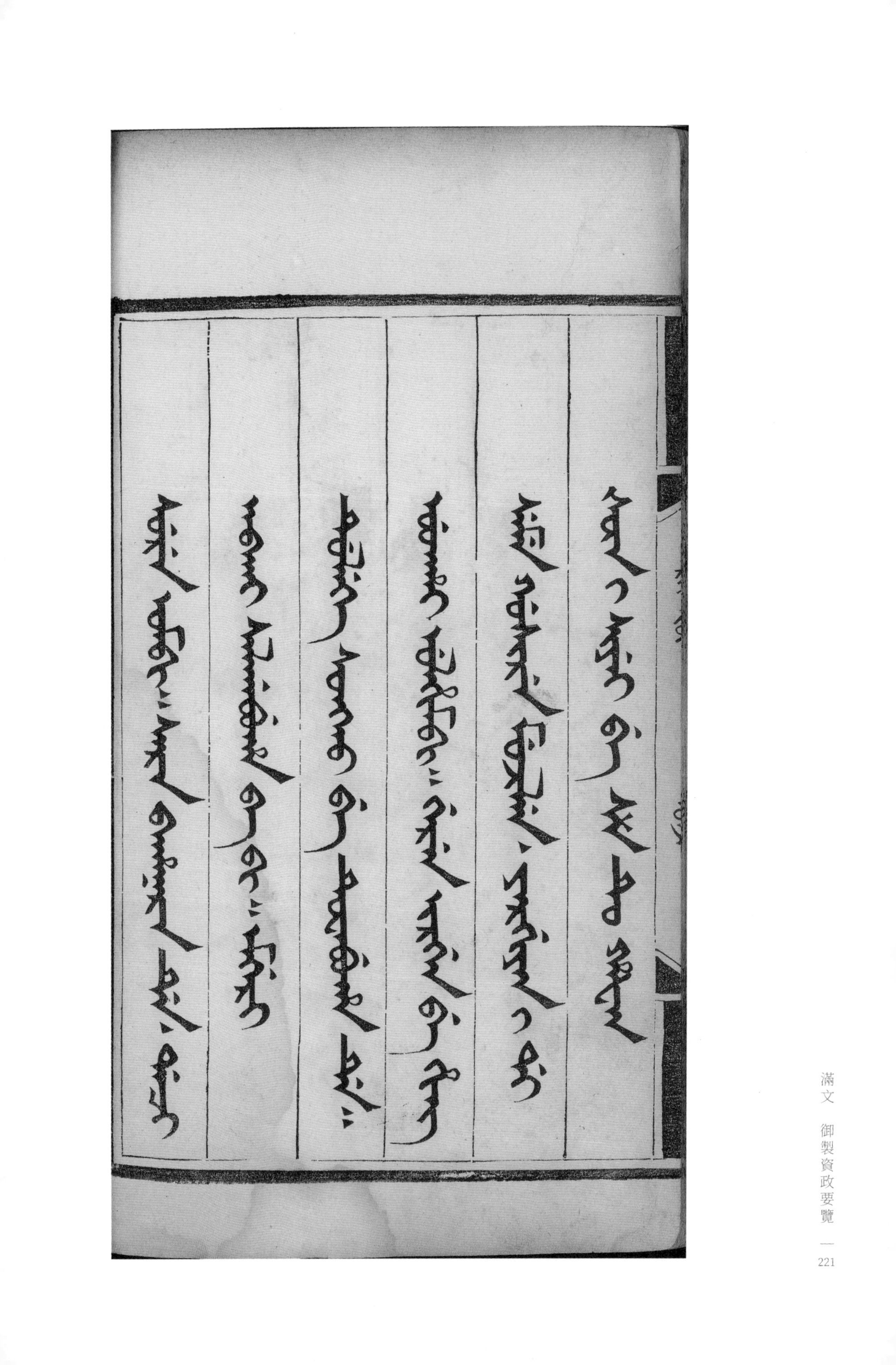

[illegible]

[illegible]

[illegible]

[illegible]

[illegible]

[illegible]

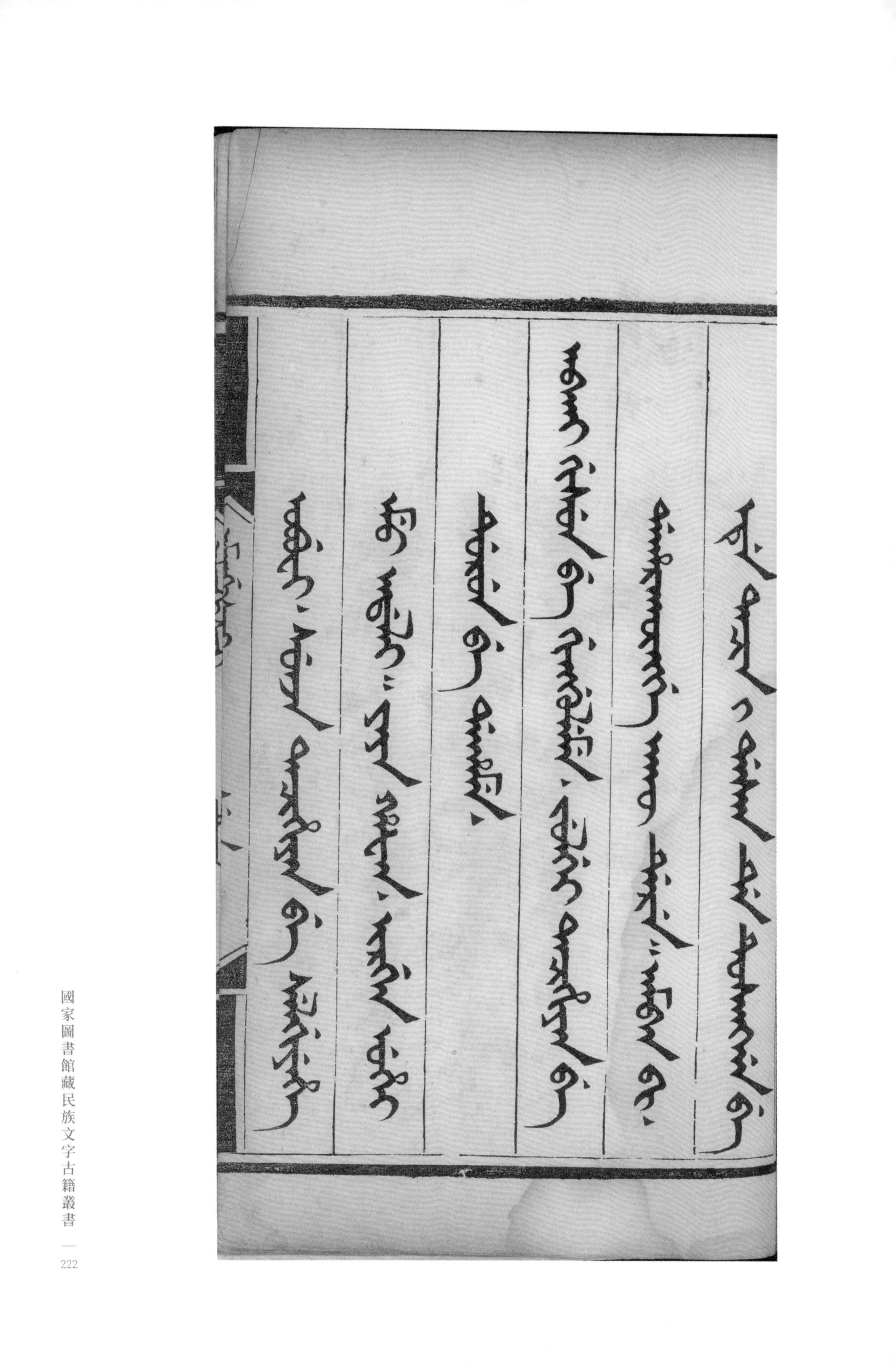

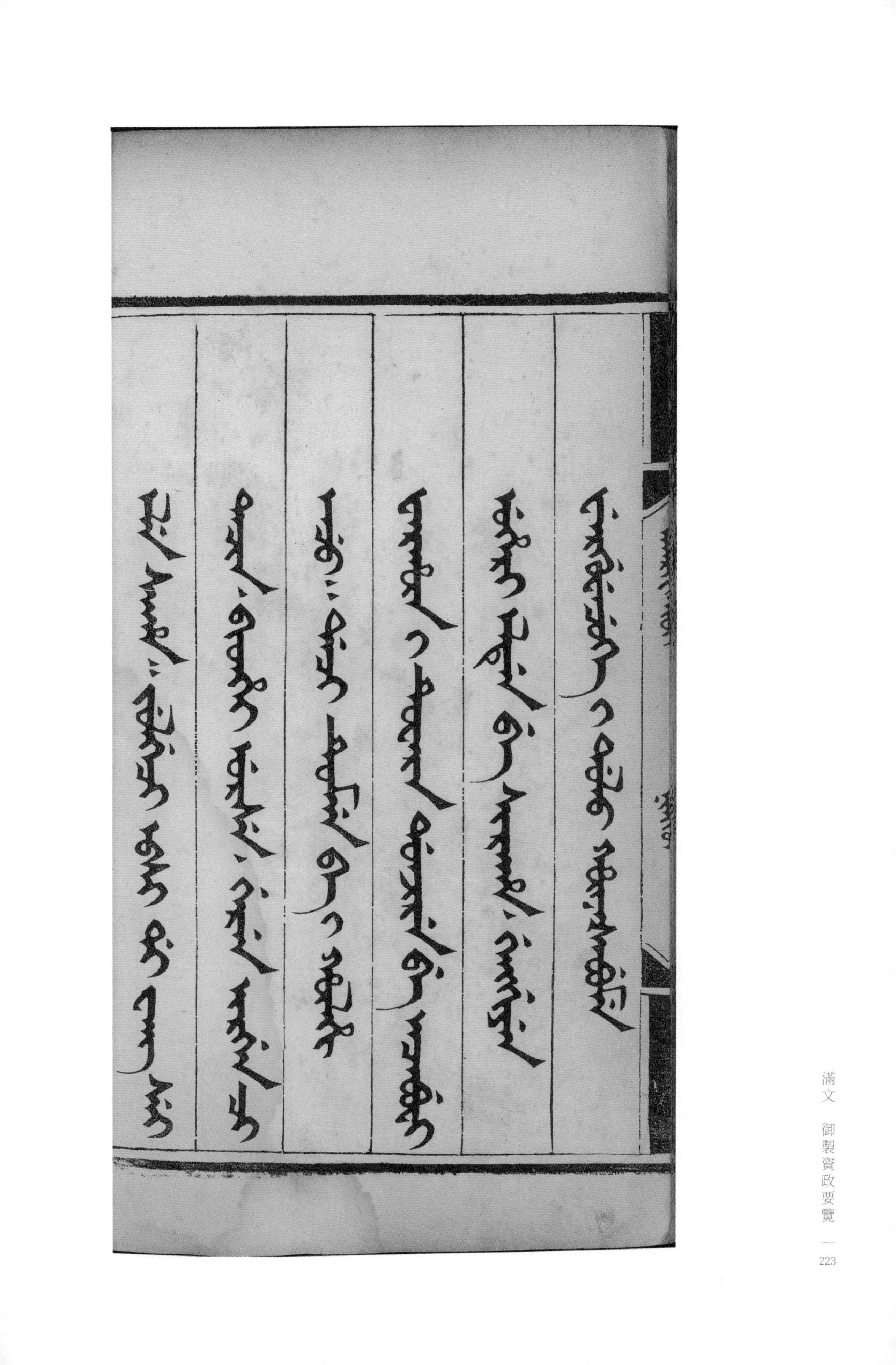

[illegible]

[illegible]

[illegible]

[illegible]

[illegible]

[illegible]

ᠪᡝᡵᡤᡳᠶᡝᠨ ᠠᠨᠠᠮᡝ ᠪᠠᡳᡨᠠ ᠪᡳᡵᡝᠩᡤᡝ ᠪᡝ

ᠪᡳᠶᠠ ᠠᡵᠪᡠᡥᠠᡴᡳᠩᡤᡝ ᠪᠠᠨᠵᡳᡵᡝ ᠴᡳᠮᠪᡠᡥᠠ᠉

ᠪᡝᡵᡤᡝᠨ ᡳᠯᡤᠠᠮᡝ᠉ ᠪᠣᠣ ᡳ ᡩᠣᡵᠣ ᠪᡝ

ᠪᡝᡴᡳᠶᡝᠨ ᠪᠣᡵᡠ ᠪᡝᠰᡝ ᠪᡝ ᠠᡵᠠᠮᡝᡵᡝ᠉

ᠪᡝᡳᡴᡠᠸᡝᠪᡠ ᠪᠣᠪᡠᡵᡝ ᠪᡳ ᠪᡝᠯᡝᠪᡝᡥᠠᠩᡤᡝ

ᠪᠠᡳᡨᠠ ᠠᡵᠠᡥᠠ ᠪᡝ ᠠᡵᠠᠮᠪᡠᡥᠠ᠉ ᠠᡵᡝ

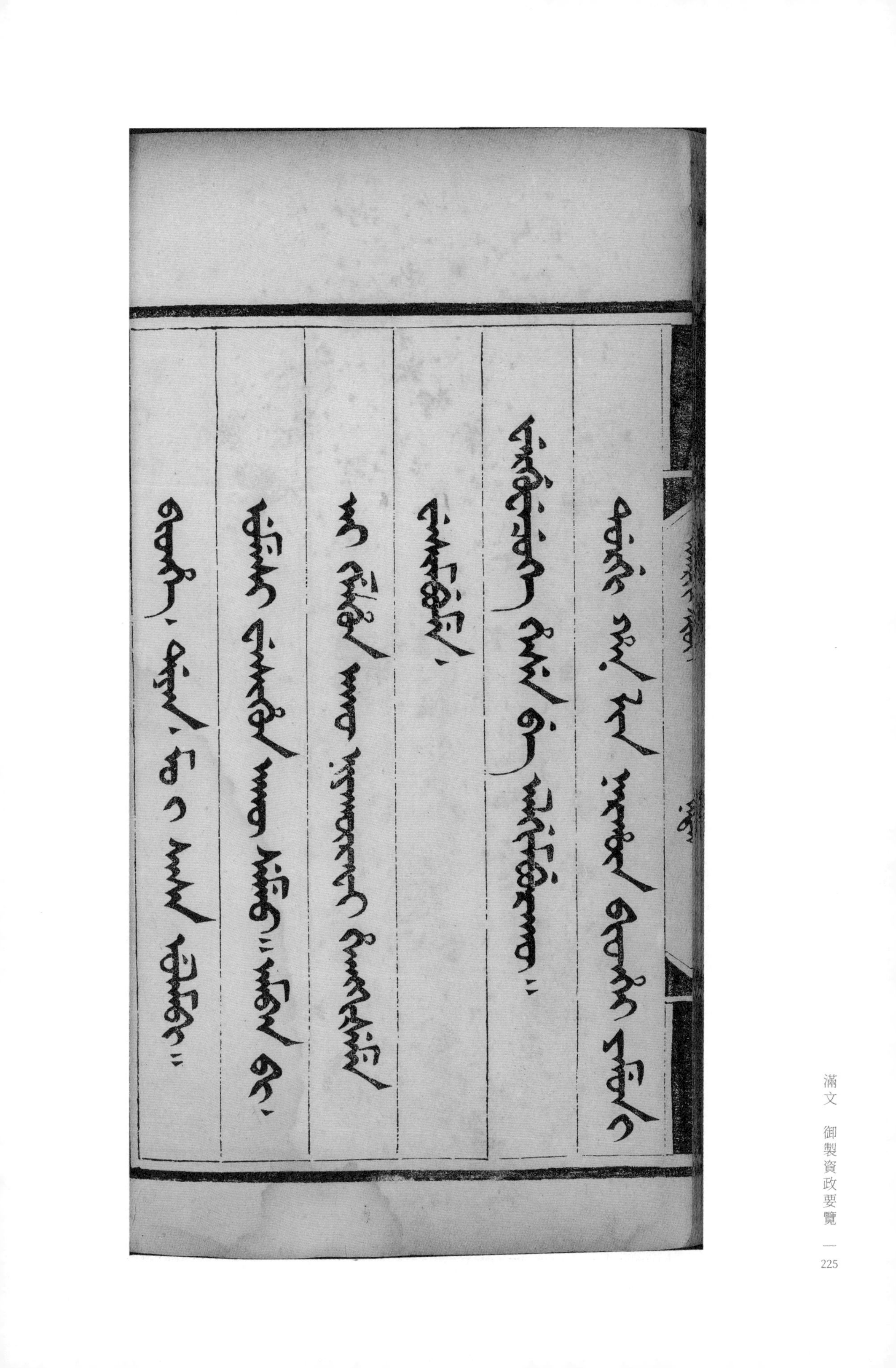

ᠰᡝᠮᡝᠨ ᠪᡝ ᡤᡳᠰᡠᡵᡝᠩᡤᡝ ᠠᡴᡡᠩᡤᡝ ᠪᠣᡩᠣ::

ᡝᡵᡝ ᠨᡳᠶᠠᠯᠮᠠ ᠪᡳᡨᡥᡝ ᡝᡵᡝ᠈ ᡤᡳᠰᡠᠨ ᠠᡴᡡ ᡤᡳᠰᡠᠨ

ᡩᠠᠰᠠᠨ ᡩᡝ ᡨᡠᠰᠠᠩᡤᠠ ᠣᠶᠣᠩᡤᠣ ᡨᡠᠸᠠᡴᡡ ᠪᡳᡨᡥᡝ

[illegible]

ᡠᠮᠠᡳ ᠪᡝ᠈ ᡨᡠᠸᡝᠴᡳᠮᡝ ᡝᡵᡤᡝᠯᡝᡵᡝ ᠠᠰᡠᠨᡳ

ᠪᠣᠯᠣᡵᡳ ᠪᡝ ᡧᡠᠸᡝᡵᡝ ᡨᡠᡵᡤᡠᠨ ᠪᠣᠮᠪᠣ

ᠰᡠᠸᡝ ᠰᡝ ᠪᡠᡳᡥᡝᠩ᠉ ᡨᡠᠸᠠᠨ ᡩᡝᠶᡝᠨ ᠰᡝ

ᡤᡝᡴᡠᠮᡝ ᡠᡵᡠ ᠮᡝᠨᡩᡝ᠉ ᠪᡠᠯᡝᡴᡠ ᠪᡝᡳᡵᡝᠨ ᡳ

ᠮᡝᠨᡳ ᠰᡝᠮᡝ ᡳ ᠮᡝᡳᡥᡝᠨ

ᠠᠮᠠ᠉ ᡧᠣᠪᠣᠯᠣ ᠵᠠᡳ ᠵᡝᠨ ᡨᡝᡳ ᠪᡝᠶᡝ

ᠠᠮᠪᠠᠰᠠᡳ ᠪᠠᠨᠵᡳᡵᡝ᠈ ᡩᠣᡵᠣ ᠪᡳ ᠣᠪᡠᡵᡝ ᡩᡝ

ᠠᠮᠪᠠᠨ ᡳ ᠪᠠᠨᠵᡳᠪᡠᡥᠠ᠉ ᠠᠨᡳ ᠵᠠᠯᠠᠨ ᠵᡳᡩᡝᠨᡝᠨ ᠨᡳ

ᠰᡠᠸᡝᠨ ᡤᡳ ᠪᠣᠯᠣᡥᠣᠨ᠈ ᡨᡠᠸᠠᠨ ᡩᡝ ᠣᠪᡠᡵᡝ ᡩᡝ

ᠠᠮᠪᠠᠰᠠᡳ᠉ ᠠᠨᡳᠶᠠ ᠰᠠᡳᠨ ᠣᠪᡠᡵᡝ ᡩᡝ

ᡩᠣᡵᠣ ᠨᡳ ᠪᡝᠶᡝᠨᡳ᠈ ᡩᠣᡵᠣ ᡩᡝ ᡤᡳᠩᡤᡠᠨ

ᡥᡡᠸᠠ ᡩᡝ ᠪᠠᠨᠵᡳᡵᡝ ᠠᡥᡡᠨ᠈ ᠣᠪᡠᡵᡝ ᡩᡝ

ᠪᠠᡳᡨᠠ ᠪᡝᠶᡝᠩᡤᡝ ᠪᡝ ᡩᠣᠰᡳᠮᠪᡠᡵᡝ ᠪᡝ

ᡨᡠᠸᠠᠮᠪᡳᡥᡝ ᠠᡴᡡ ᠄ ᠠᡴᡡᠨ

ᡨᡠᠸᠠᠪᡠᡶᡳ ᠪᡝ ᠮᡠᠵᡳᠯᡝᠨ ᠪᡝᠶᡝᠪᡝ

ᠮᡠᠰᡝᡳ ᠪᡝ ᡨᠣᡴᡨᠣᠪᡠᡶᡳ ᡥᡡᠸᠠᡵᡤᠠᠰᡳᠮᠪᡠᡵᡝ

ᠮᡠᠰᡝᡳ ᠵᡳᡥᡝ ᡤᡝ ᠨᡝᡳᠨᡝᠮᡝ ᠪᡠᡵᡝ

ᠪᡠᠴᡝ ᠠᡴᡡ ᠄

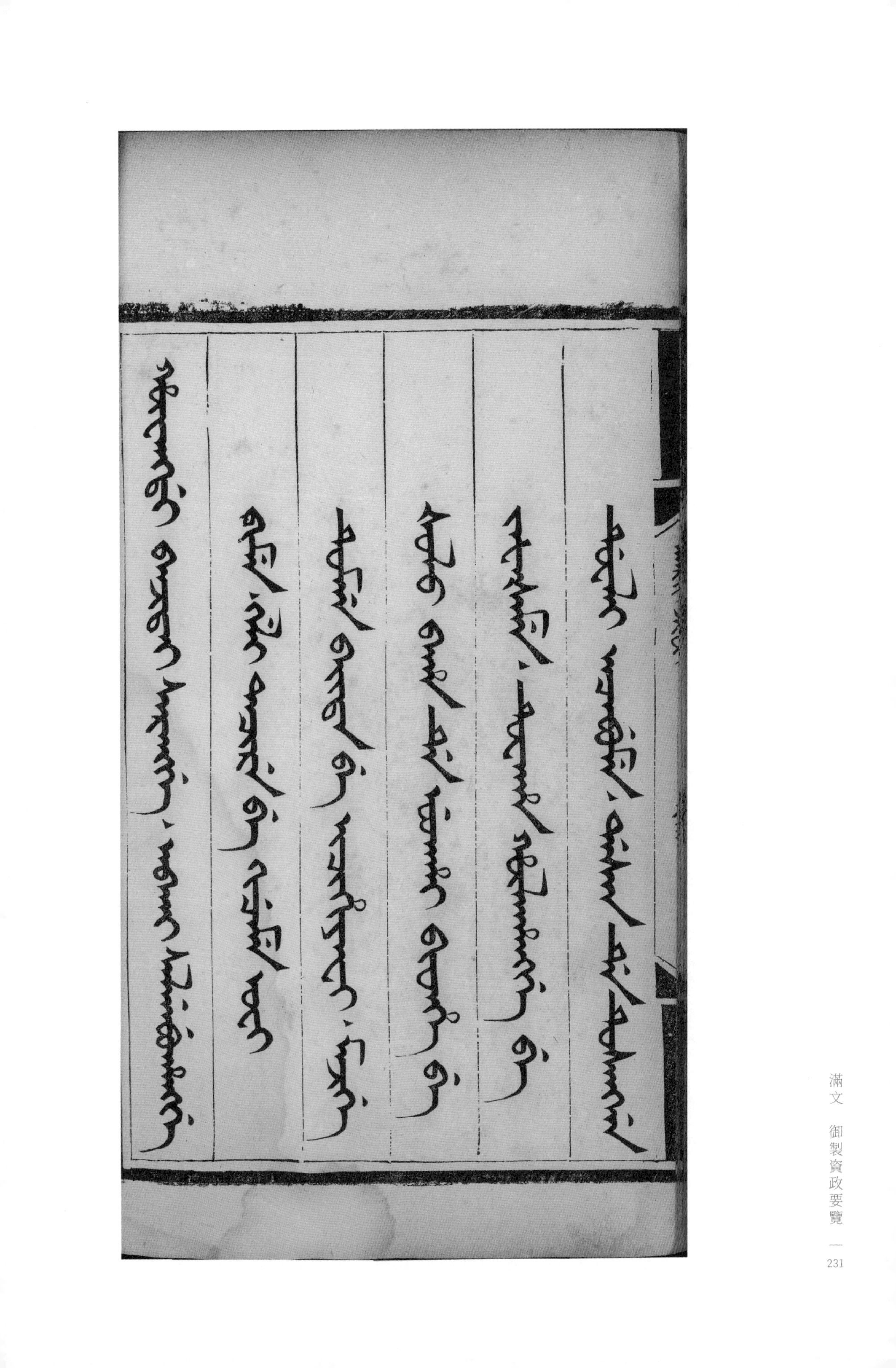

[illegible]

[illegible]

[illegible]

[illegible]

[illegible]

[illegible]

ᡩᠣᠪᠣᠨᡳᠣ ᠪᠣᡩᠣᡵᠣ ᡨᡝᠨᡳᠩᡤᡝ ᠪᠣᡥᠣ ᠪᠣᡩᠣᠨᠣ

ᠪᠣᡩᠣᠮᡝ ᠰᡠᠸᠠᠮᡝ ᠰᡝᠮᡝ ᡥᡝᠨᡩᡠᡵᡝ ᡤᡳᠰᡠᠨ᠈

ᠰᡠᠸᡝ ᠪᡝ ᡨᡠᠸᠠᠮᡝ ᠵᡝᡵᡤᡳ ᡤᡳᠰᡠᠨᡩᡝᡵᡝ

ᡥᠣᡧᠣᡵᡳ ᡨᡠᠸᠠᠮᡝ᠈ ᡥᠣᠯᠣ ᠮᡝᠨᡝ ᡤᡝᠮᡠ

ᡩᠠᠰᠠᠮᡝ᠈ ᠵᠠᠯᡳᠨ ᠰᡠᠸᡝᠨᡳ ᠵᠠᠯᡳᠨ ᡤᡝᠮᡠ᠈

ᠰᠠᠪᡠᡴᡳᠨᡳ ᠪᠠᠨᡳᠨ ᠪᡠᠮᡝ ᠰᡝᠮᡝ

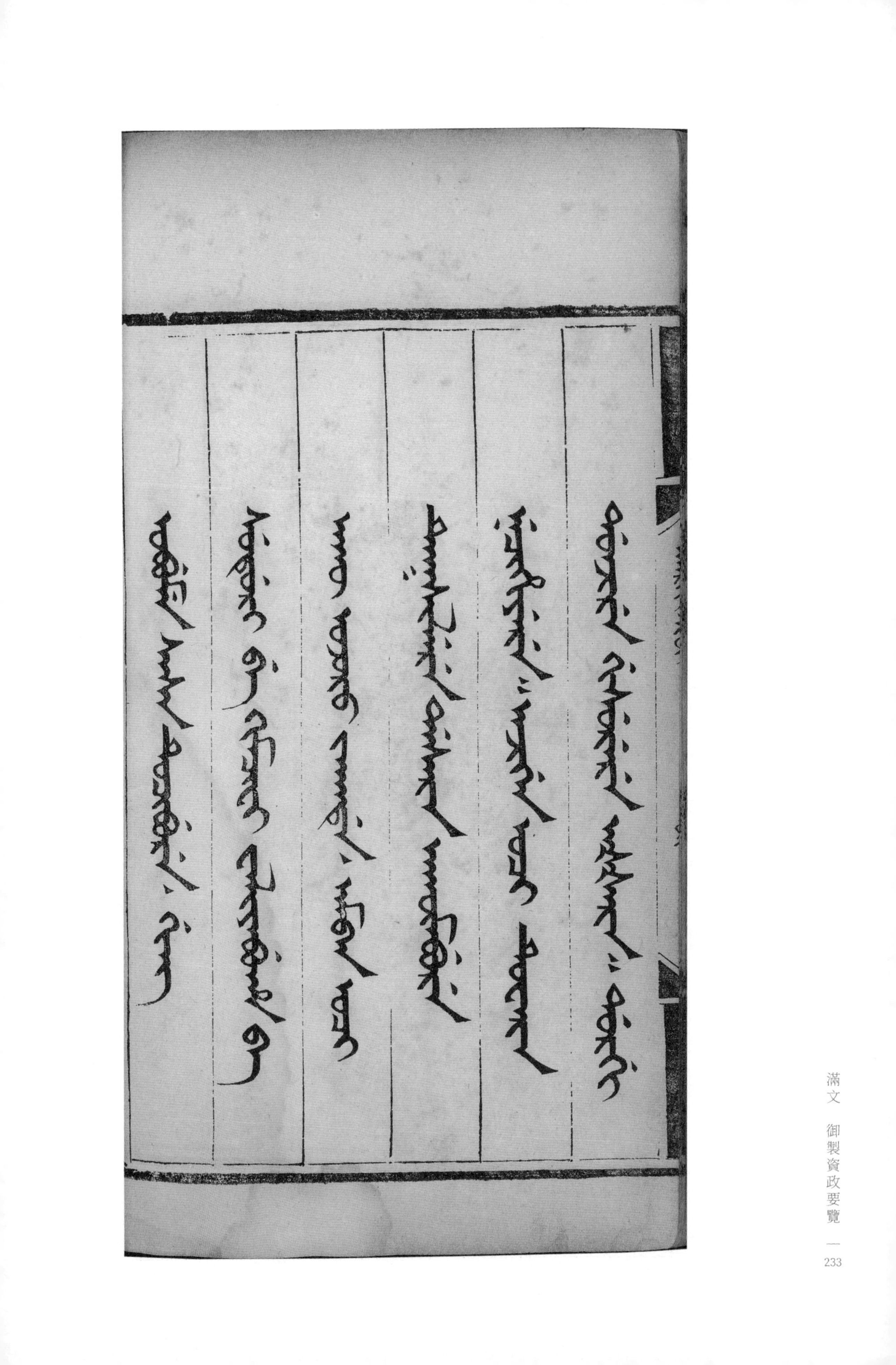

[illegible]

[illegible]

[illegible]

[illegible]

[illegible]

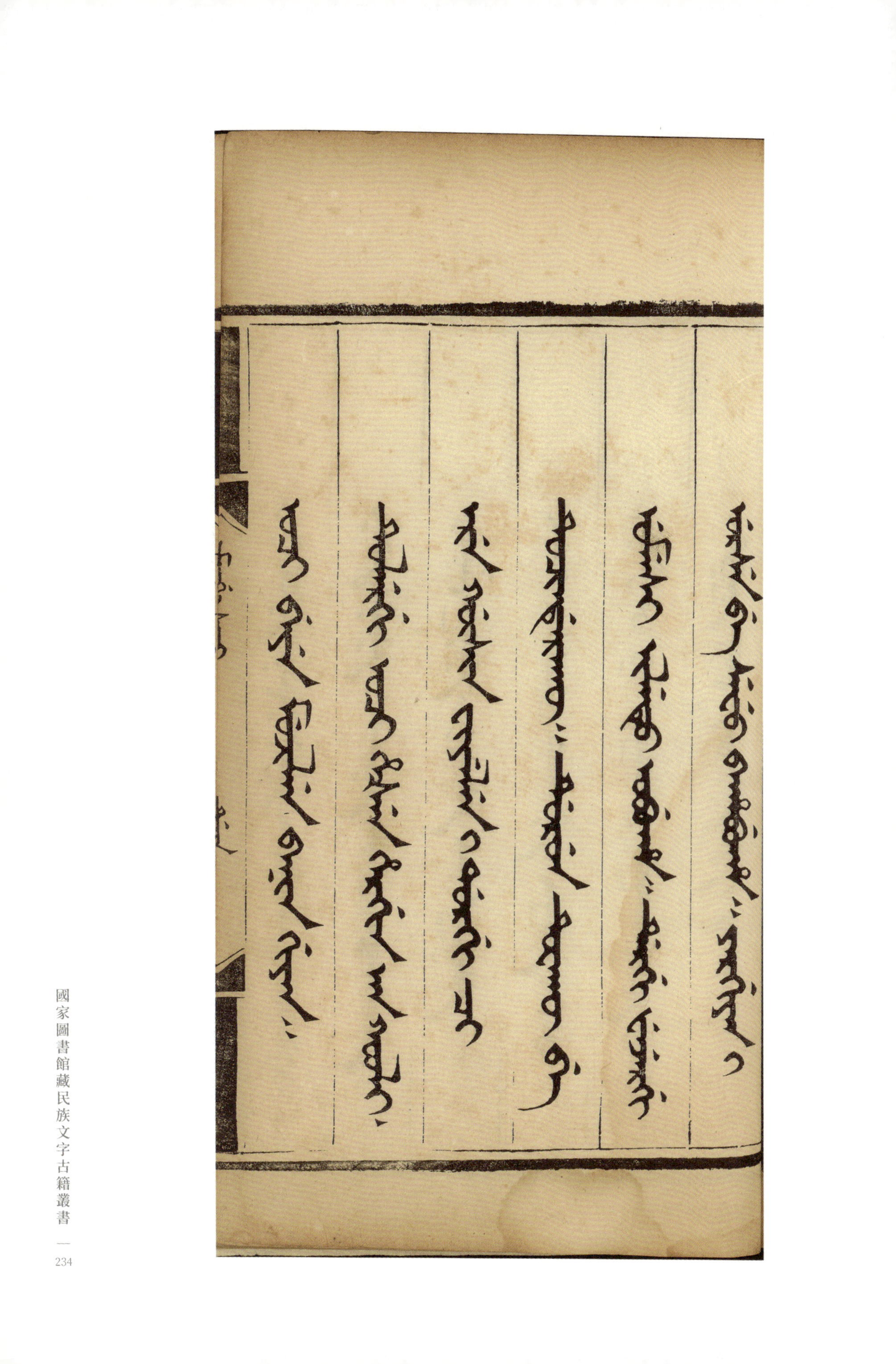

[illegible]

[illegible]

[illegible]

[illegible]

[illegible]

[illegible]

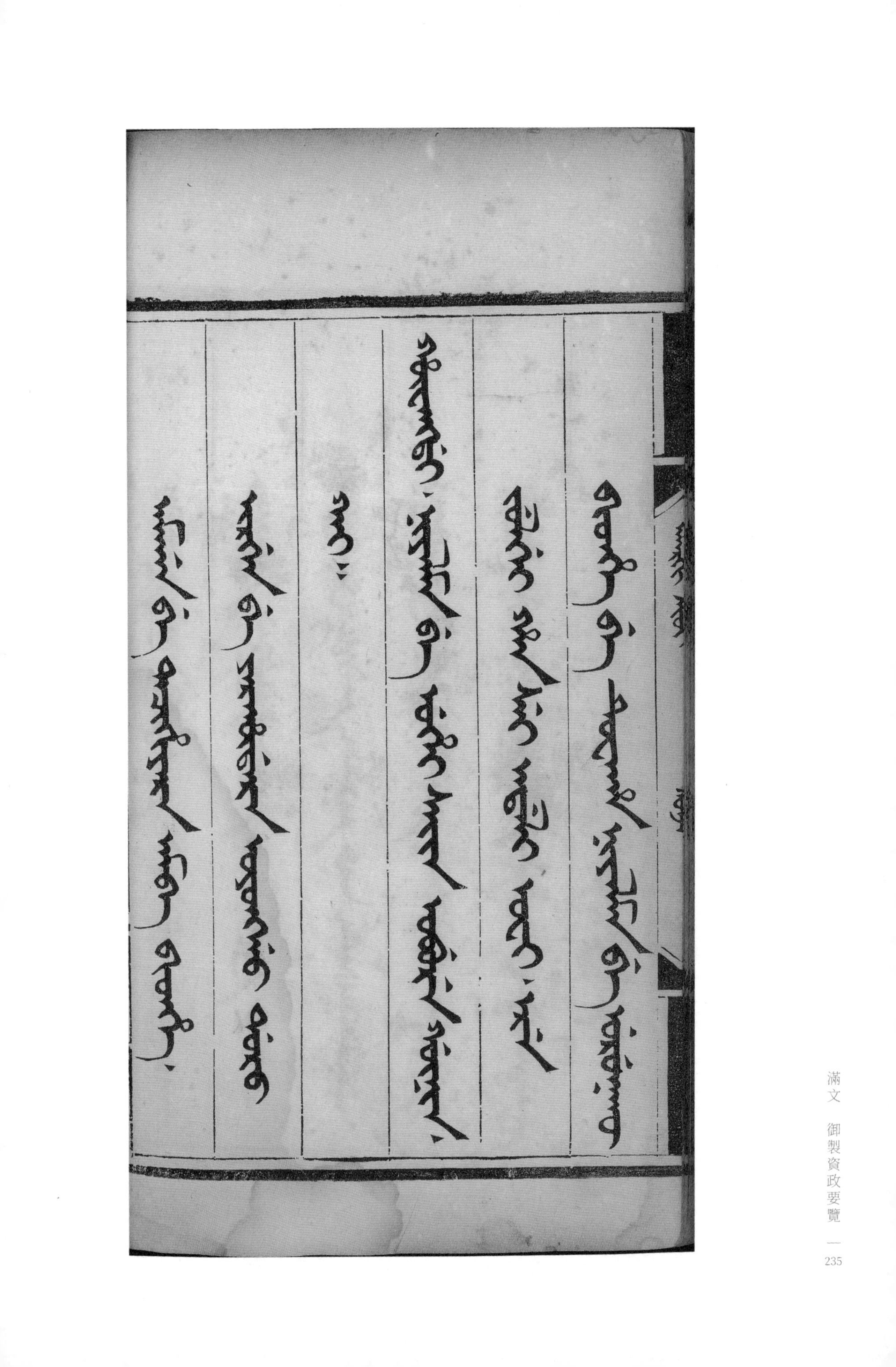

[illegible]

[illegible]

[illegible]

[illegible]

[illegible]

[illegible]

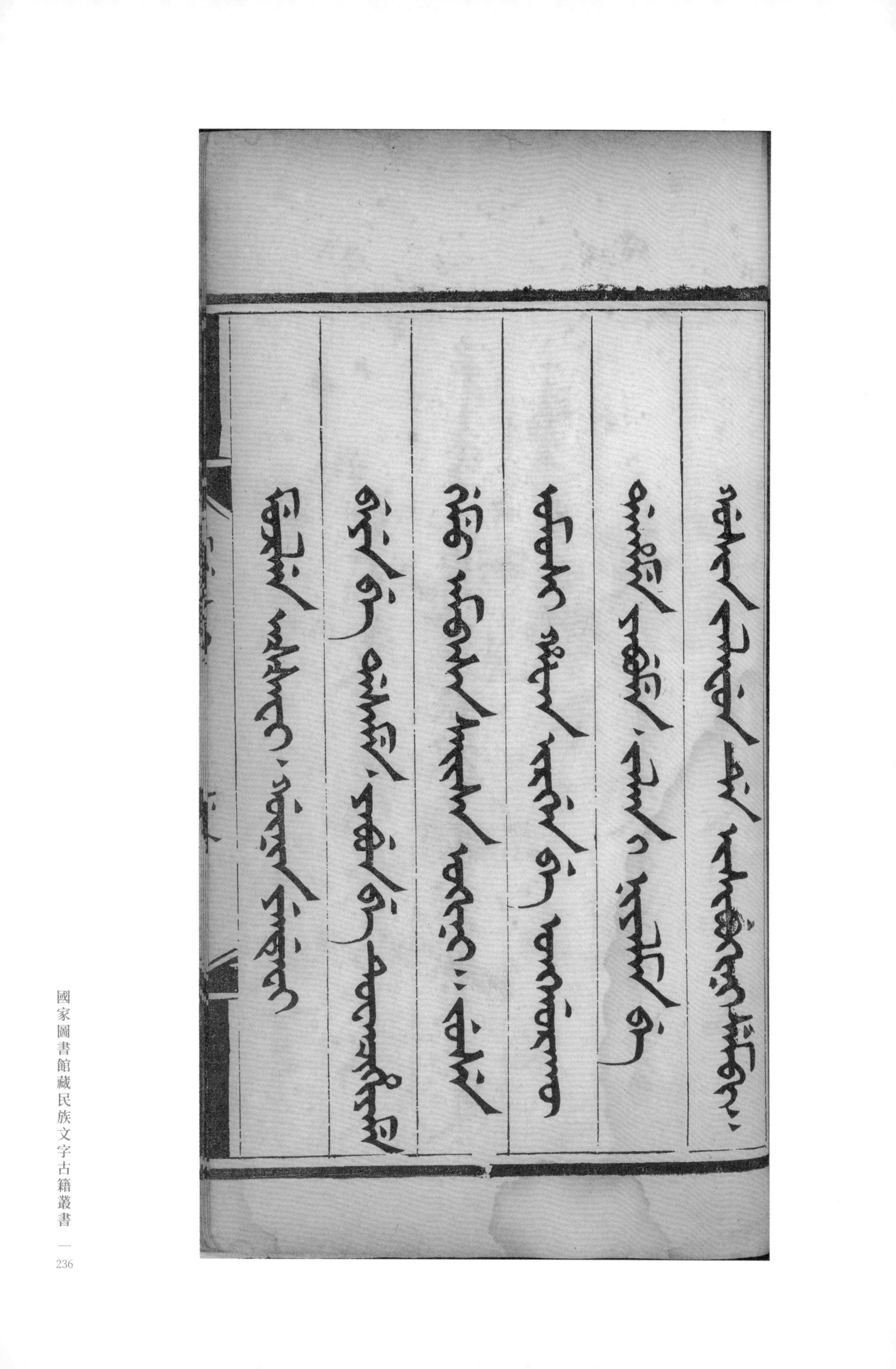

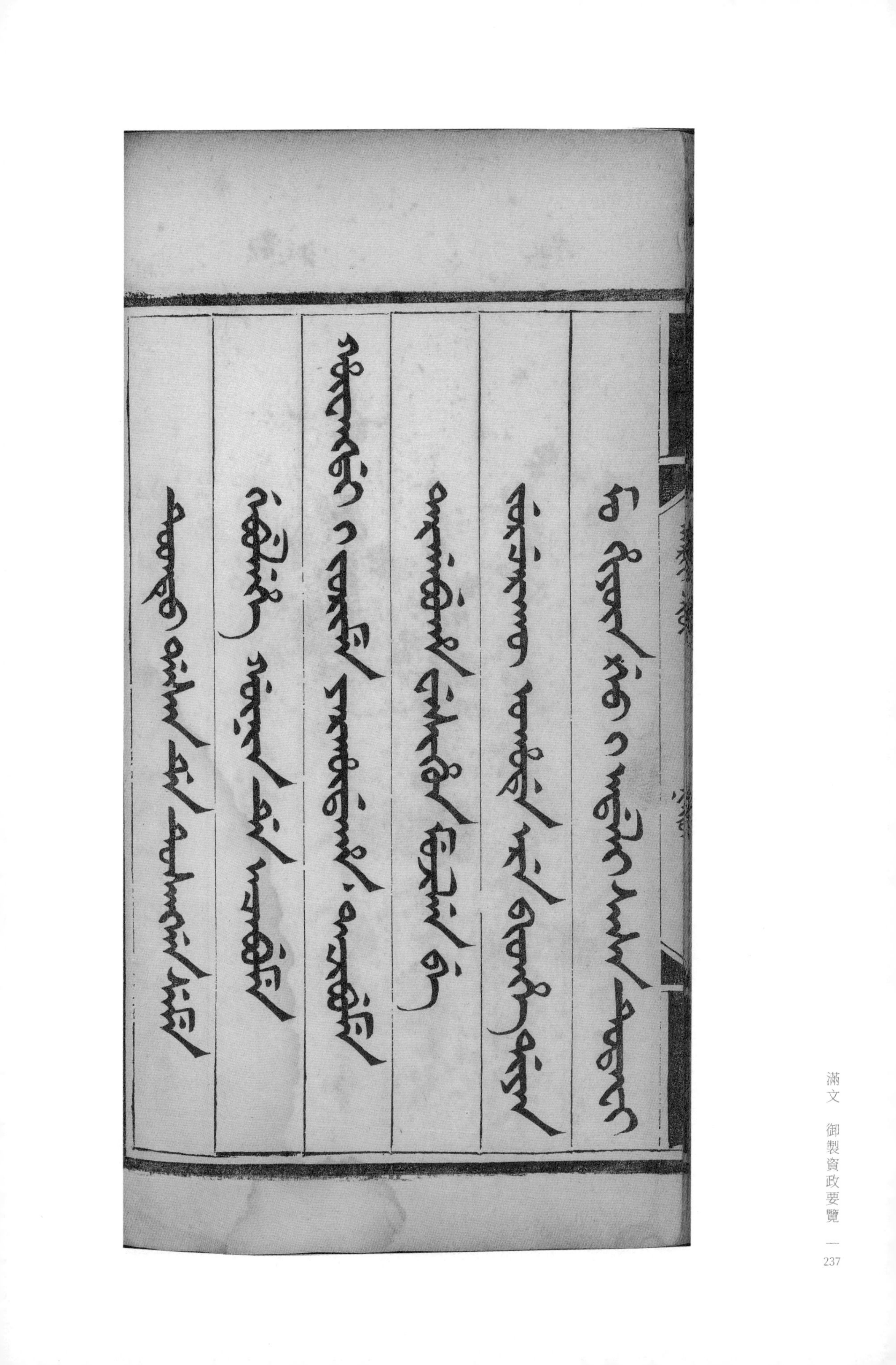

[illegible]

[illegible]

[illegible]

[illegible] ᡳ [illegible], [illegible]

[illegible]

ᠪᡝ [illegible] ᡳ [illegible]

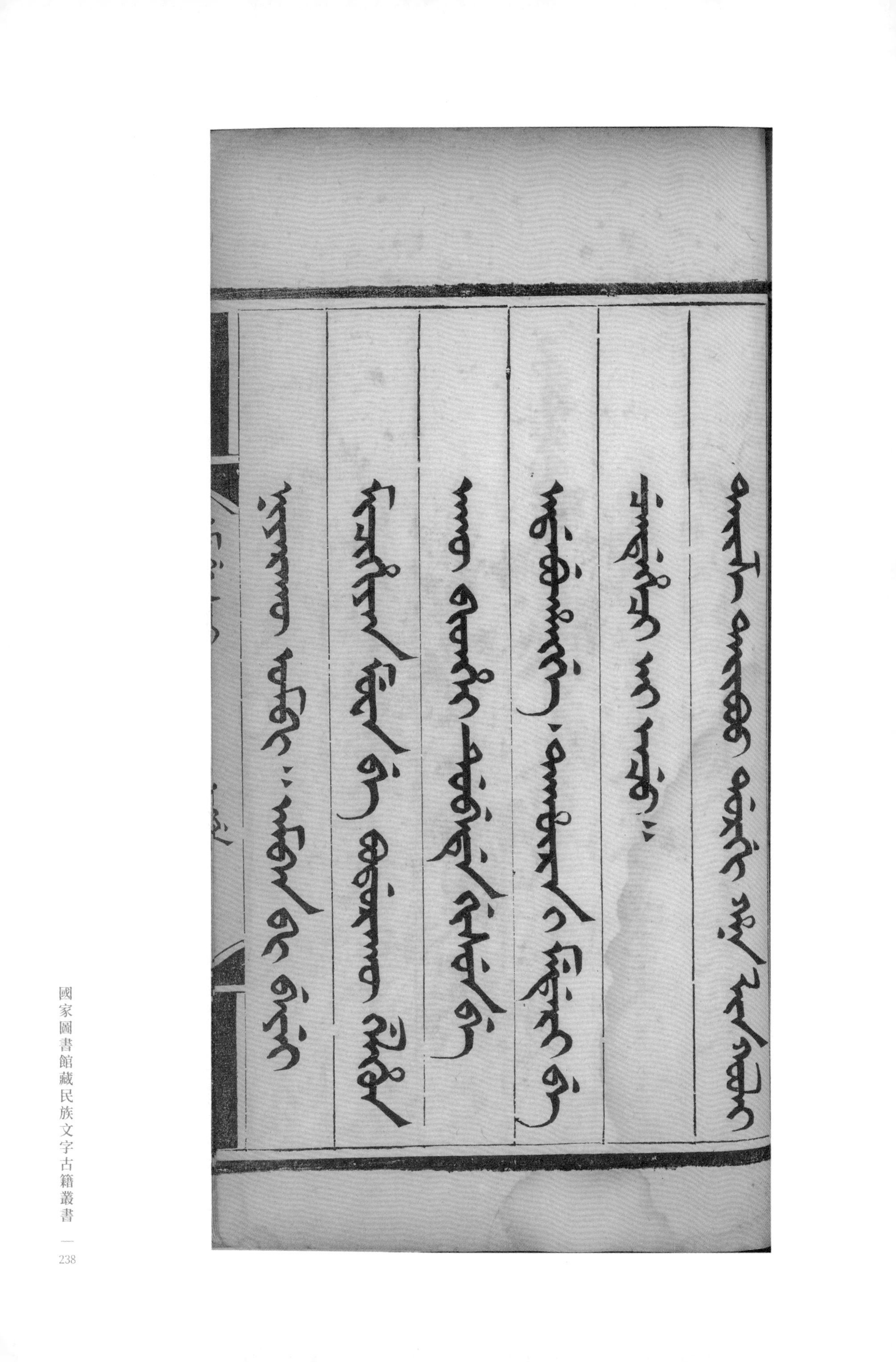

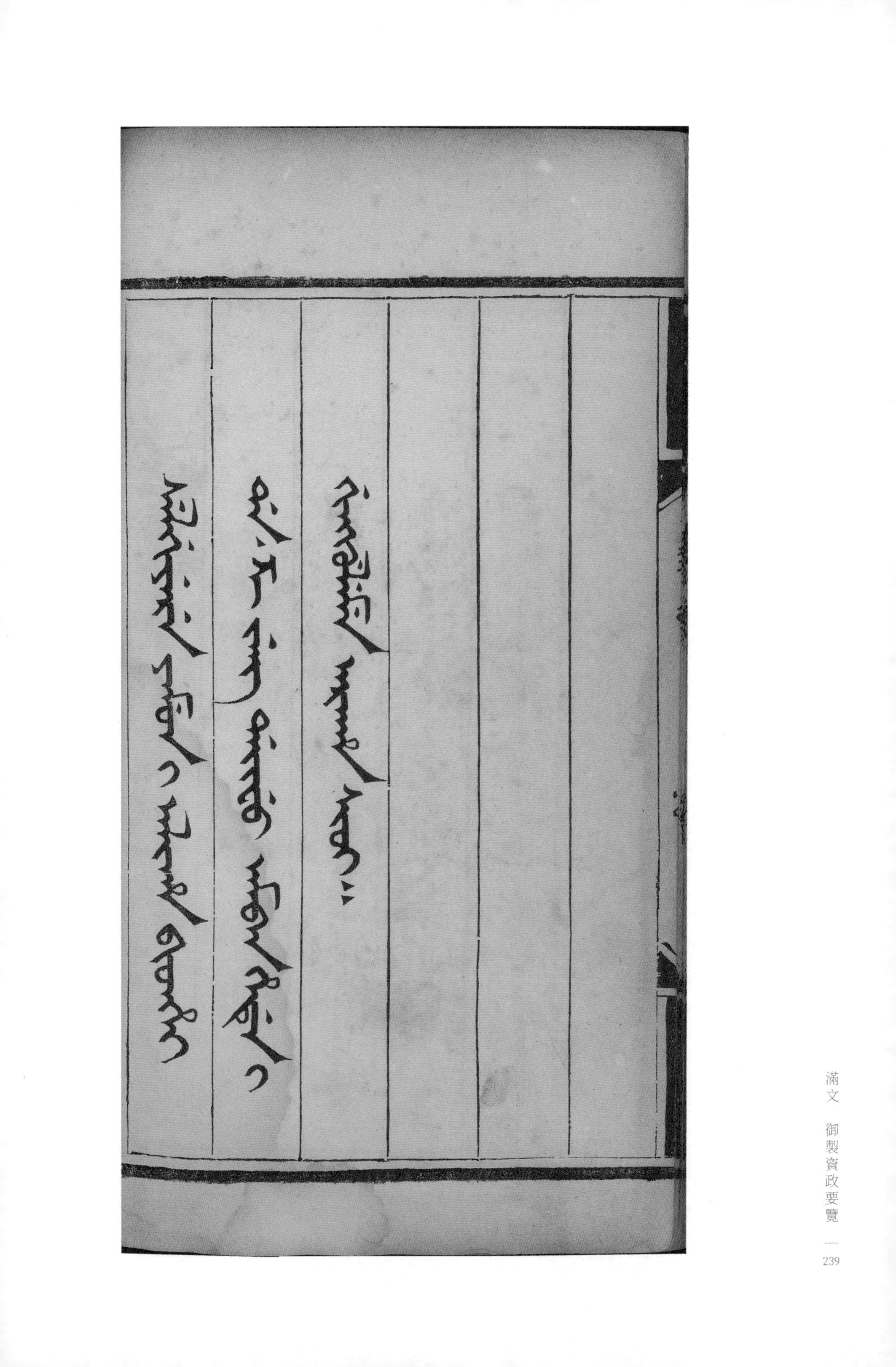

[illegible]

[illegible]

[illegible]

ᠨᡳᠶᠠᠯᠮᠠ ᠪᡝ ᠪᠠᡳᡨᠠᠯᠠᡵᡝ ᠪᠣᡩᠣᡵᡳᠩᡤᡝ ᠪᠣᡩᠣᠮᠪᡳ ᠪᠣᠵᡳᠩᡤᡝ
ᡤᡳᠩᡤᡠᠯᡝᠮᡝ ᡤᡳᠰᡠᡵᡝᠮᠪᡳ᠉
ᡥᡡᠰᡠᠨ ᠪᡝ ᠪᡠᠯᡳᠩᡤᡝ ᠪᡝᠶᡝ ᡩᡝ ᡤᡳᠰᡠᠨ
ᠪᠣᠵᡳᡥᠣ᠂ ᡩᠣᠣ ᡥᠣᡧᠣ ᡩᡝ᠂ ᠰᠠᡳᠨ᠈ ᠪᠣᠣᠯᡳᠪᡠ
ᠪᡳᡨᡝᡥᡝ ᡩᡝ ᠵᡳ ᡤᡳᠩᡤᡠᠯᡝᠮᡝ ᠣ ᡩᡝ ᠵᡳ
ᠮᡠᠵᡳᠯᡝᠨ ᠪᡝ ᡤᡠᠰᡠᡴᡝᠨ ᠪᡝᠶᡝ᠂ ᡥᡡᠰᡠᠨ ᡤᡳᠩᡤᡠᠯᡝᡵᡝ

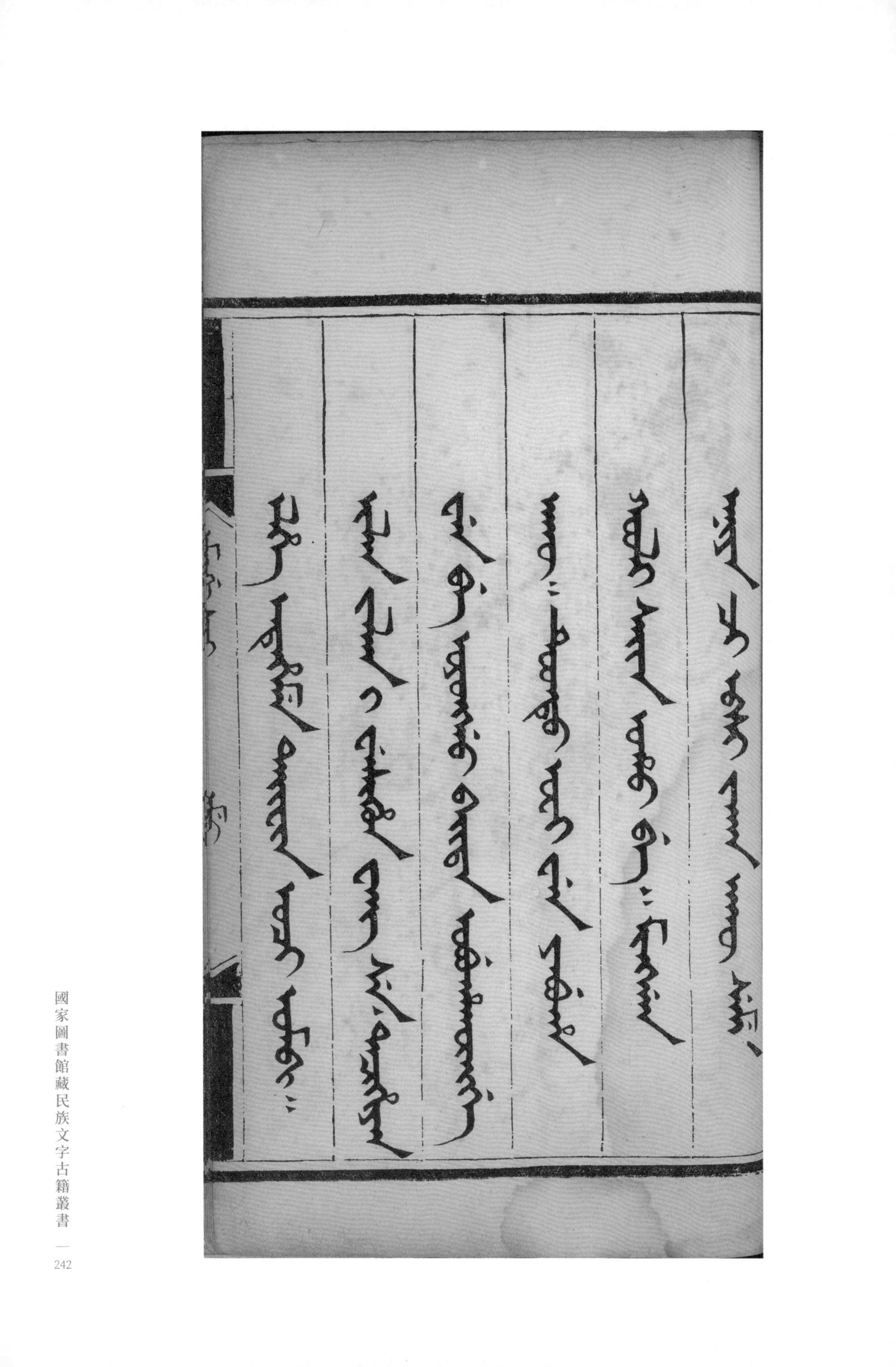

[illegible]

[illegible]

[illegible]

[illegible]

[illegible]

[illegible]

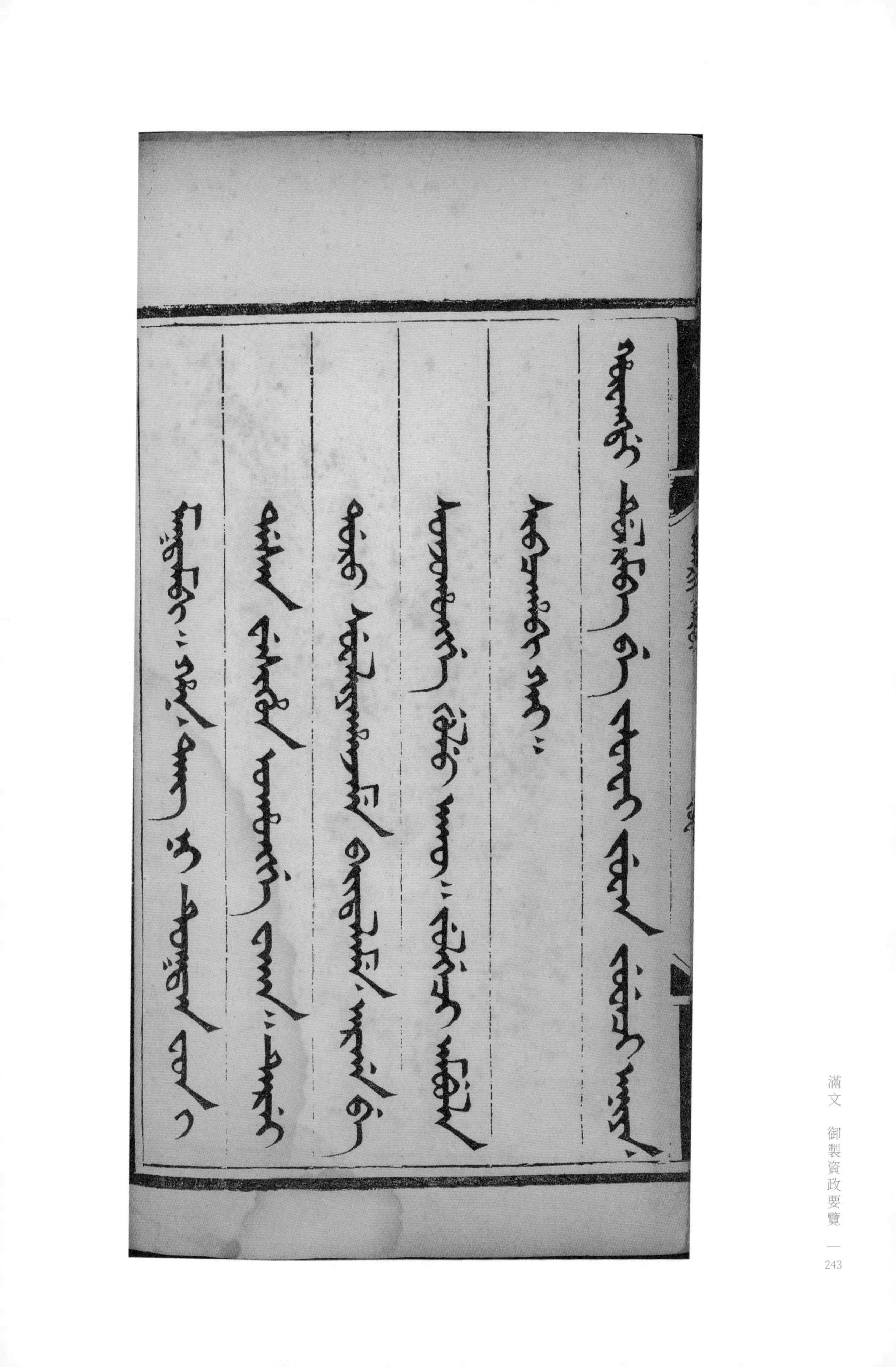

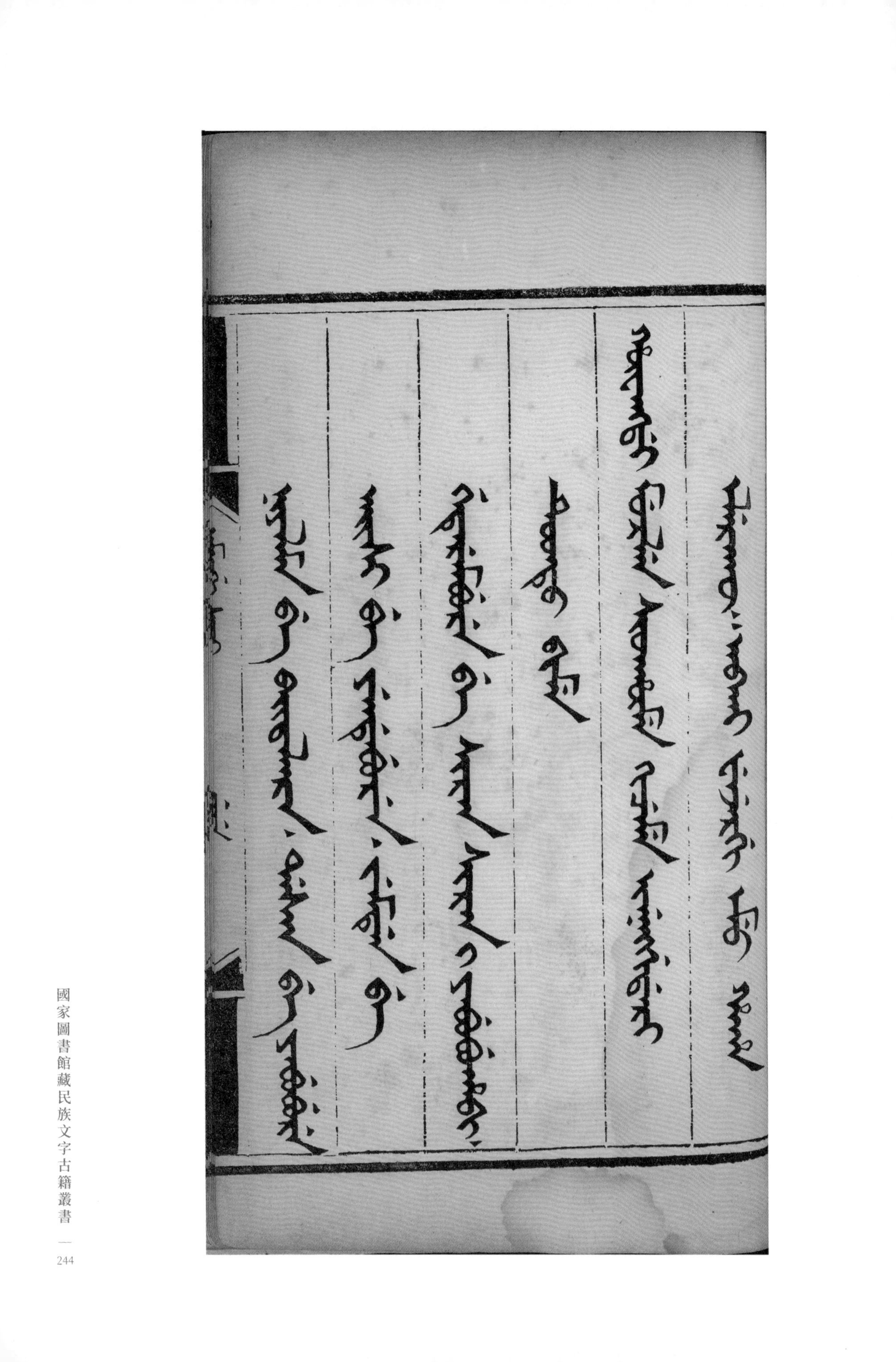

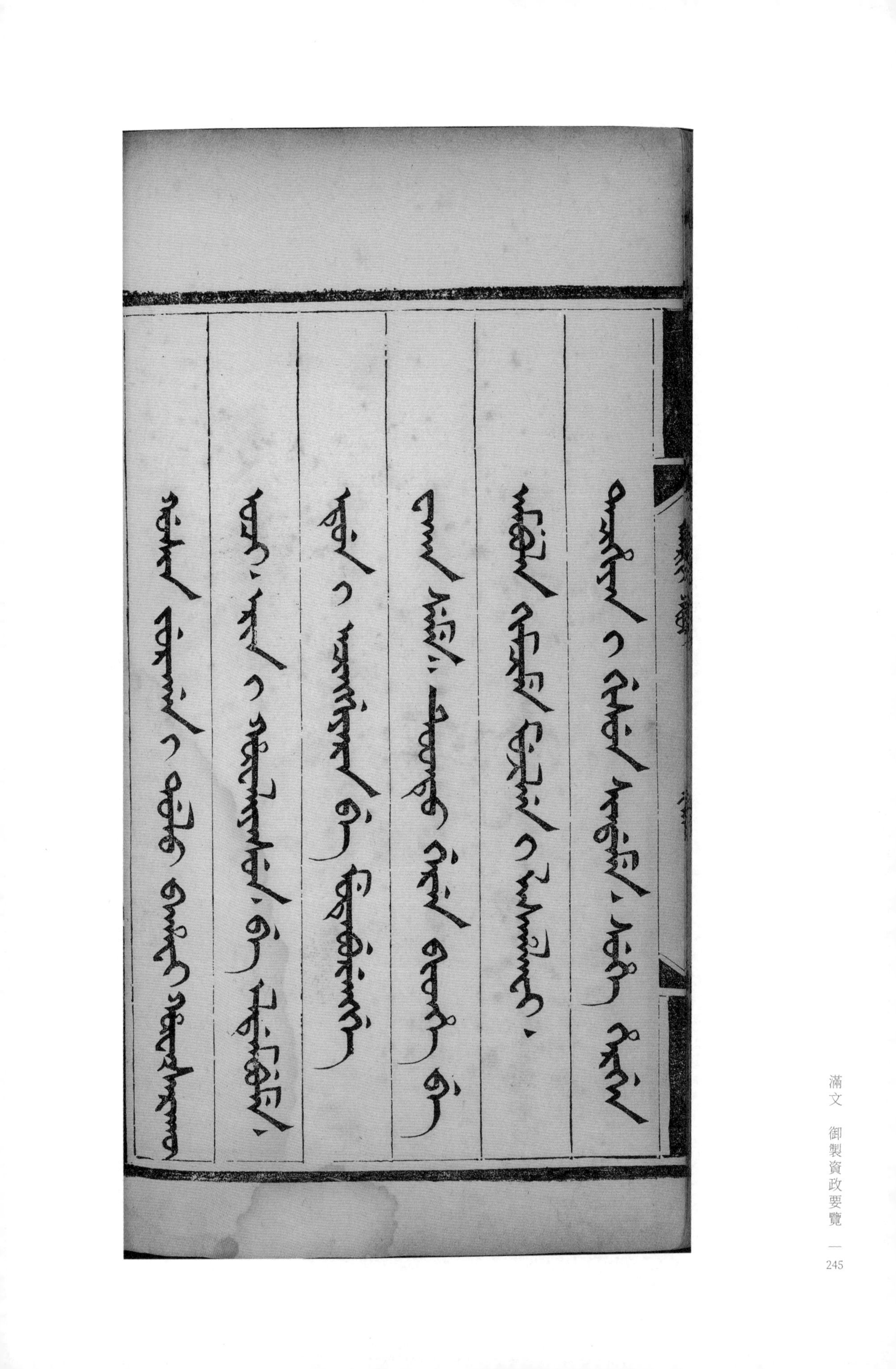

[illegible]

[illegible]

[illegible]

[illegible]

[illegible]

[illegible]

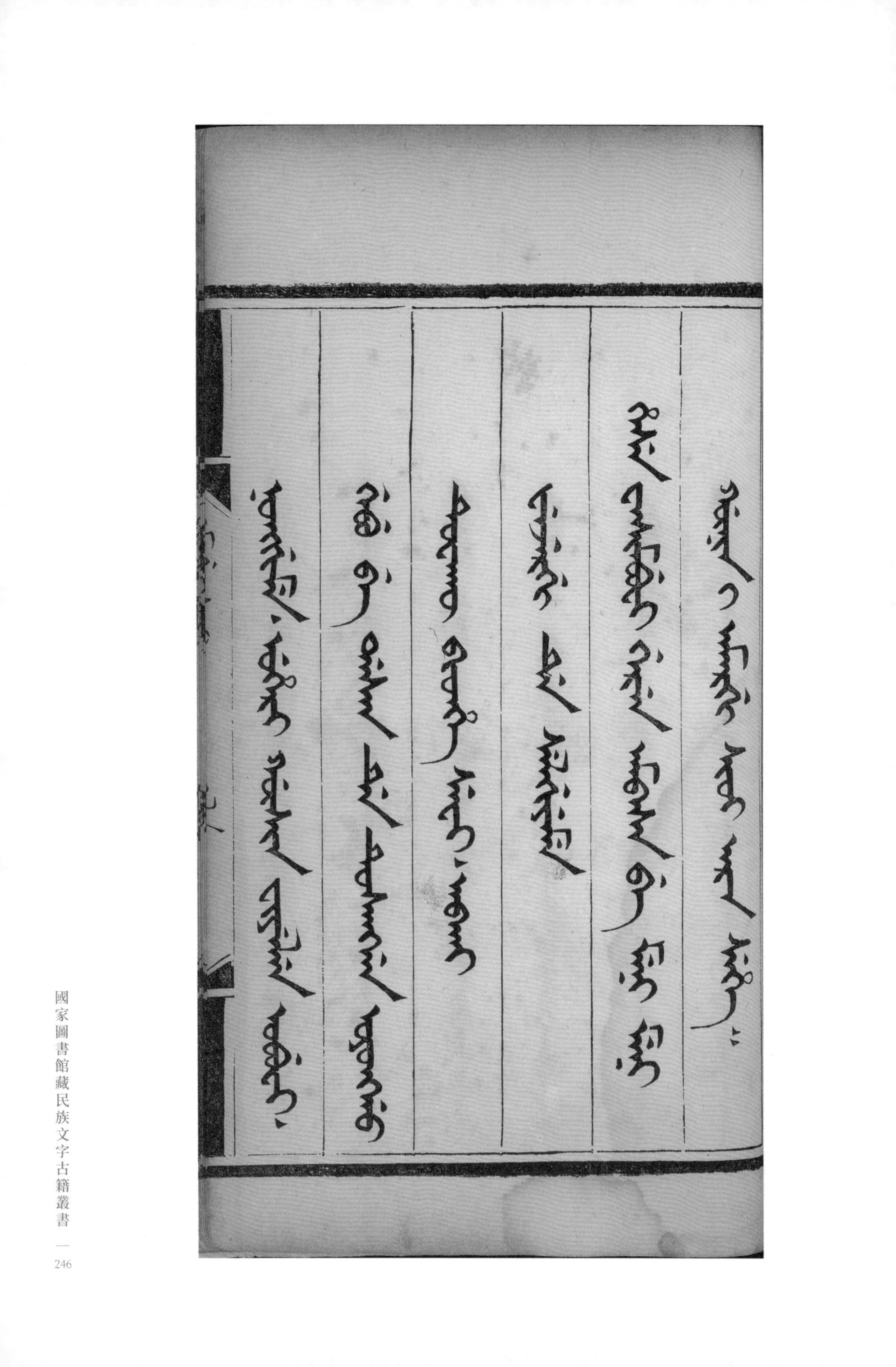

[illegible]

[illegible]

[illegible]

[illegible]

[illegible]

[illegible]

ᠰᡝᠪᡩᡝ ᠪᡝ ᡴᠣᠪᡨᠣᠯᠣᠮᠪᡳ ᡨᡠᠸᠠᠨᠴᡳᡥᡳᠶᠠᠮᠪᡳ ᠪᠣᠴᡳ ᠰᡝᠮᡝ᠉

ᡨᡝᠪᡠ ᠪᡝᠶᡝ ᠪᠣᠰᡳ ᡳ ᠰᡳᠮᠪᡳᡥᠠᡵᠠ ᡠᠪᠠ

ᡩᠠᠰᠠᠯᠠᡵᠠ ᡨᡠᠰᠠ᠈ ᠵᡝ ᡤᡝᡵᡤᡝᠨ᠈ ᠪᠣᡳᡥᠣᠨ ᡳ

ᠪᡳᠰᡳᡵᡝ᠈ ᡤᡠᠸᠠᠯᡳᠶᠠᠪᡠᡵᡝ ᡨᡠᠰᡳᠶᠠᠯᠠᡵᠠ ᡩᡝᡵᡤᡳᠯᡝᡵᡝ

ᠰᡳᠮᠠᠨ᠉ ᡤᡝᠨᡝ ᡳᠨᡝᠩᡤᡳ ᠪᡝᡩᡝᡵᡝ ᡤᡝᠯᡝᠮᡝ ᡤᡝᠮᡠ

ᠰᡠᠸᡝ᠉ ᡥᡡᠸᠠᠩᡩᡳ ᠪᡝ ᠪᠠᡳᡥᠠᠨᡳ ᡨᡠᠮᡝᠨ ᠪᡳ᠉

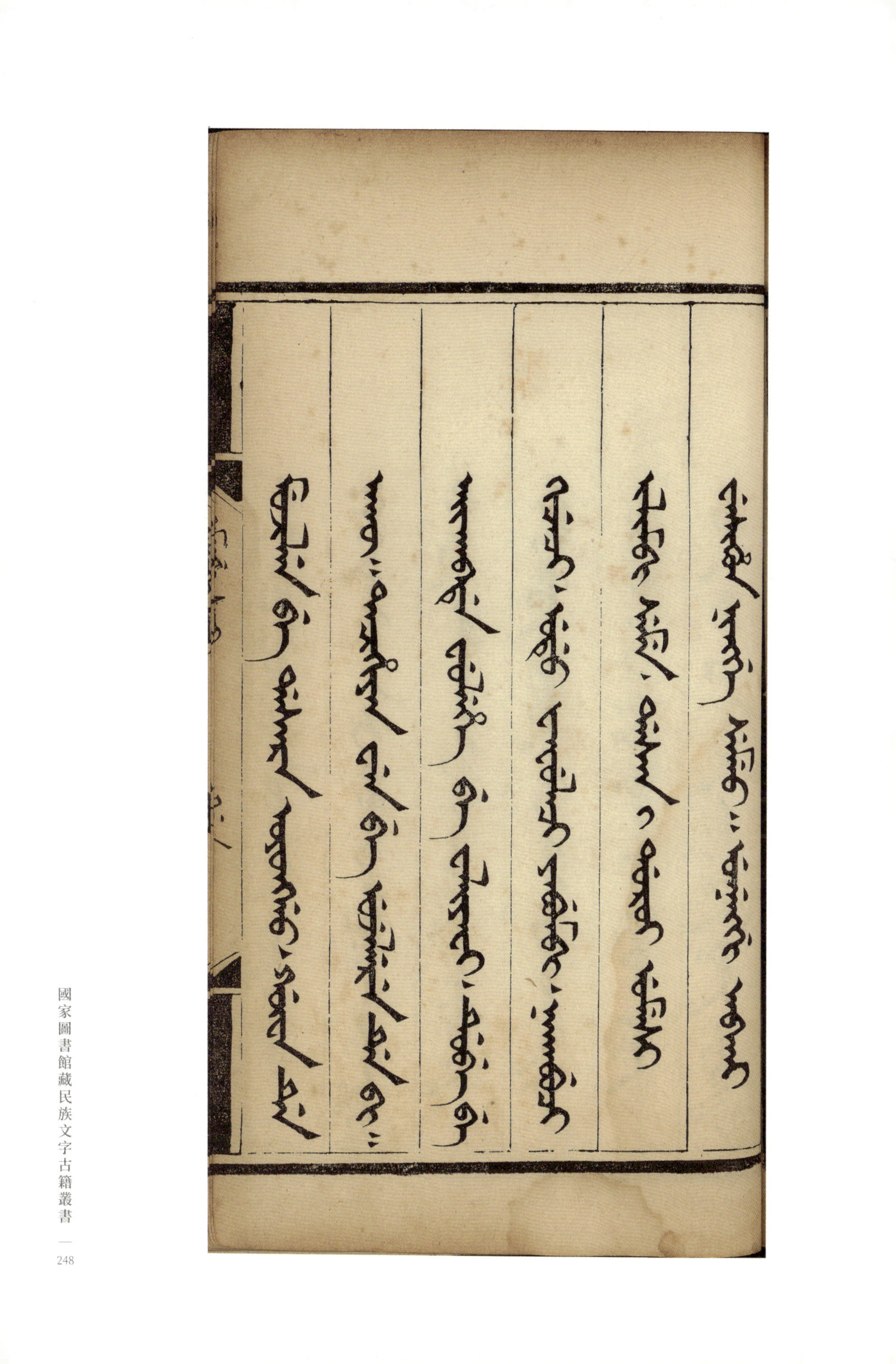

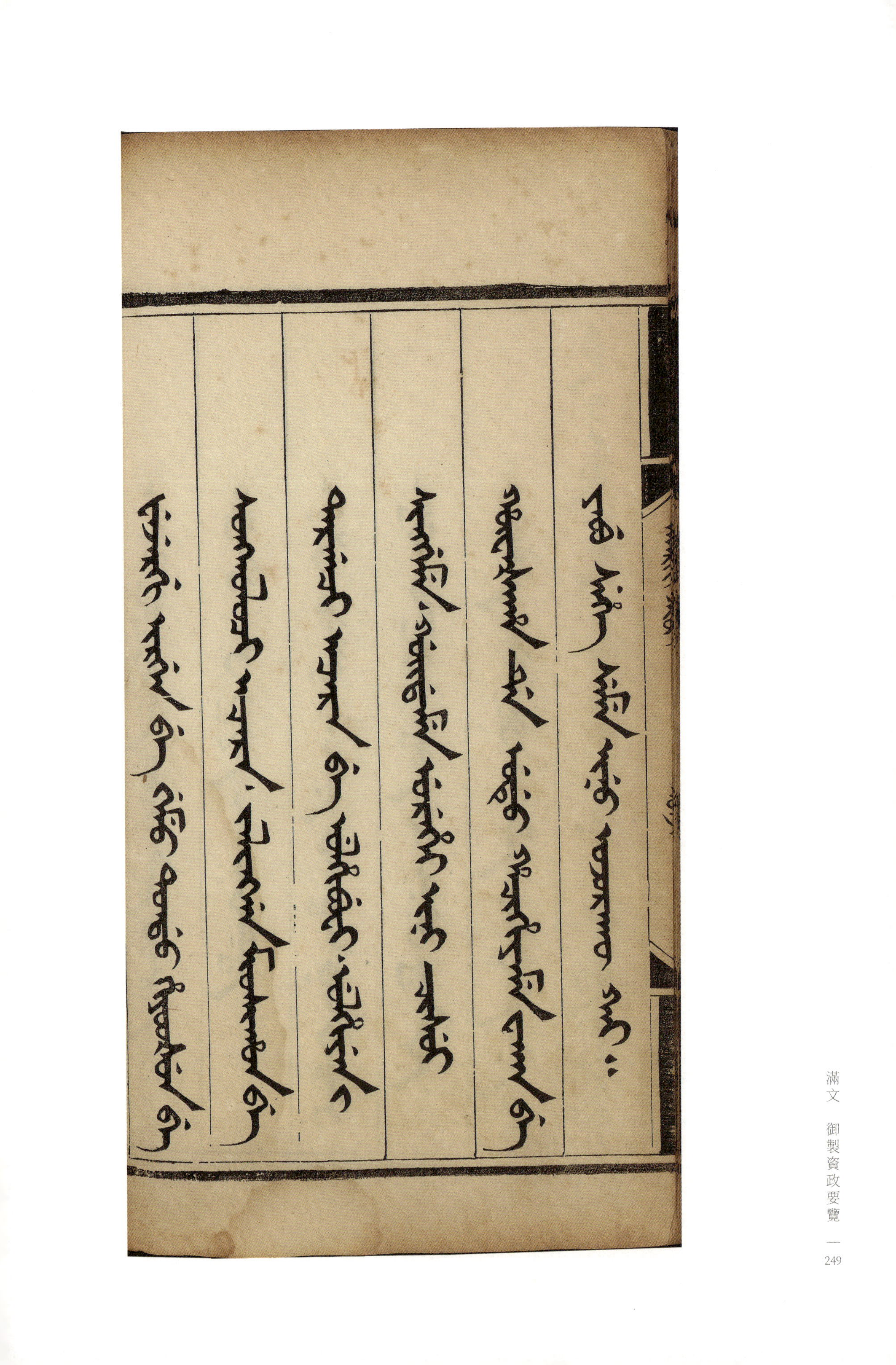

[illegible] ᠵᡝᡵᡤᡳ ᡩᡝ [illegible]

[illegible]

[illegible] [illegible] ᡩᡝ [illegible]

[illegible]

[illegible]

[illegible] ::

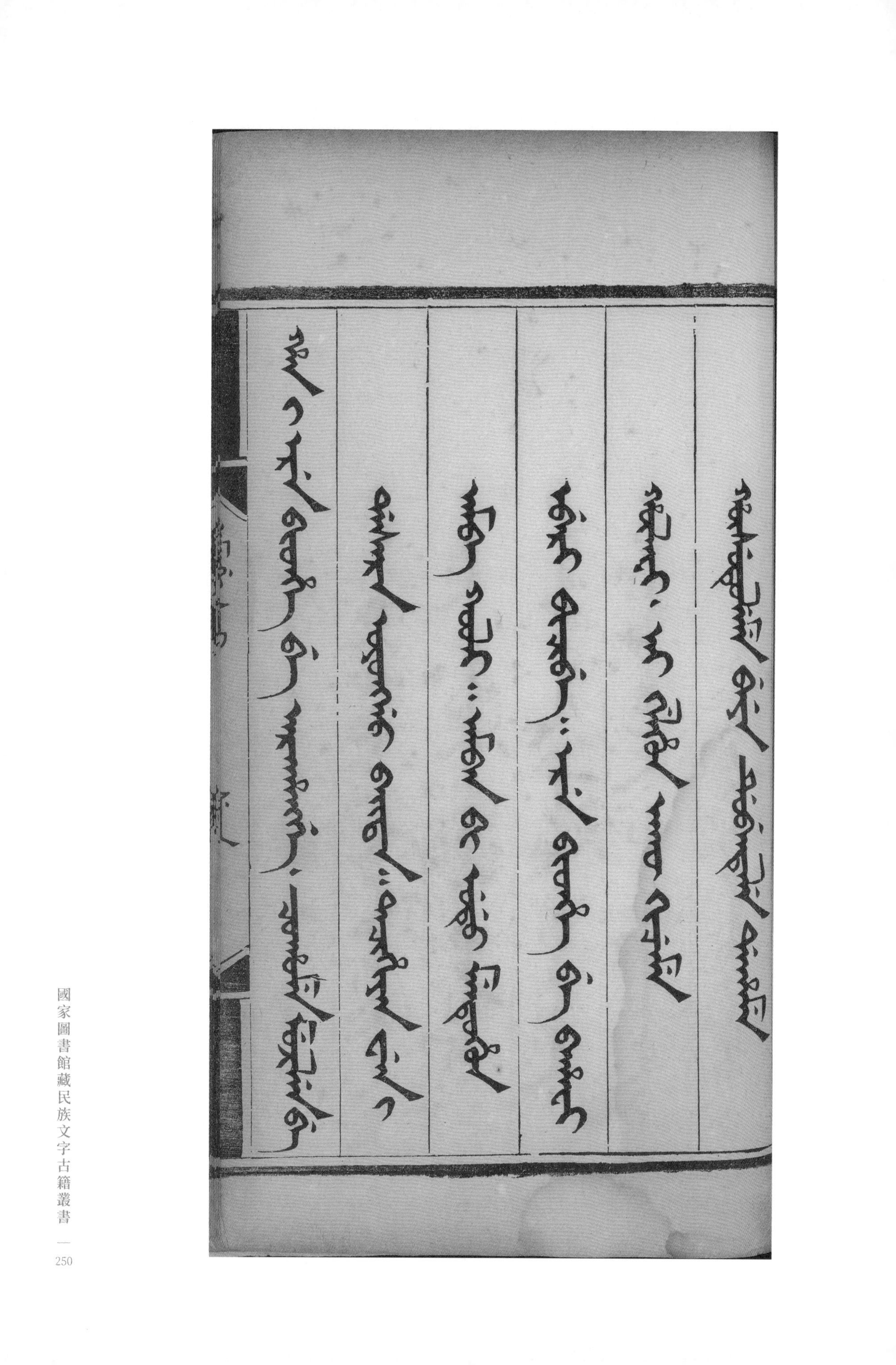

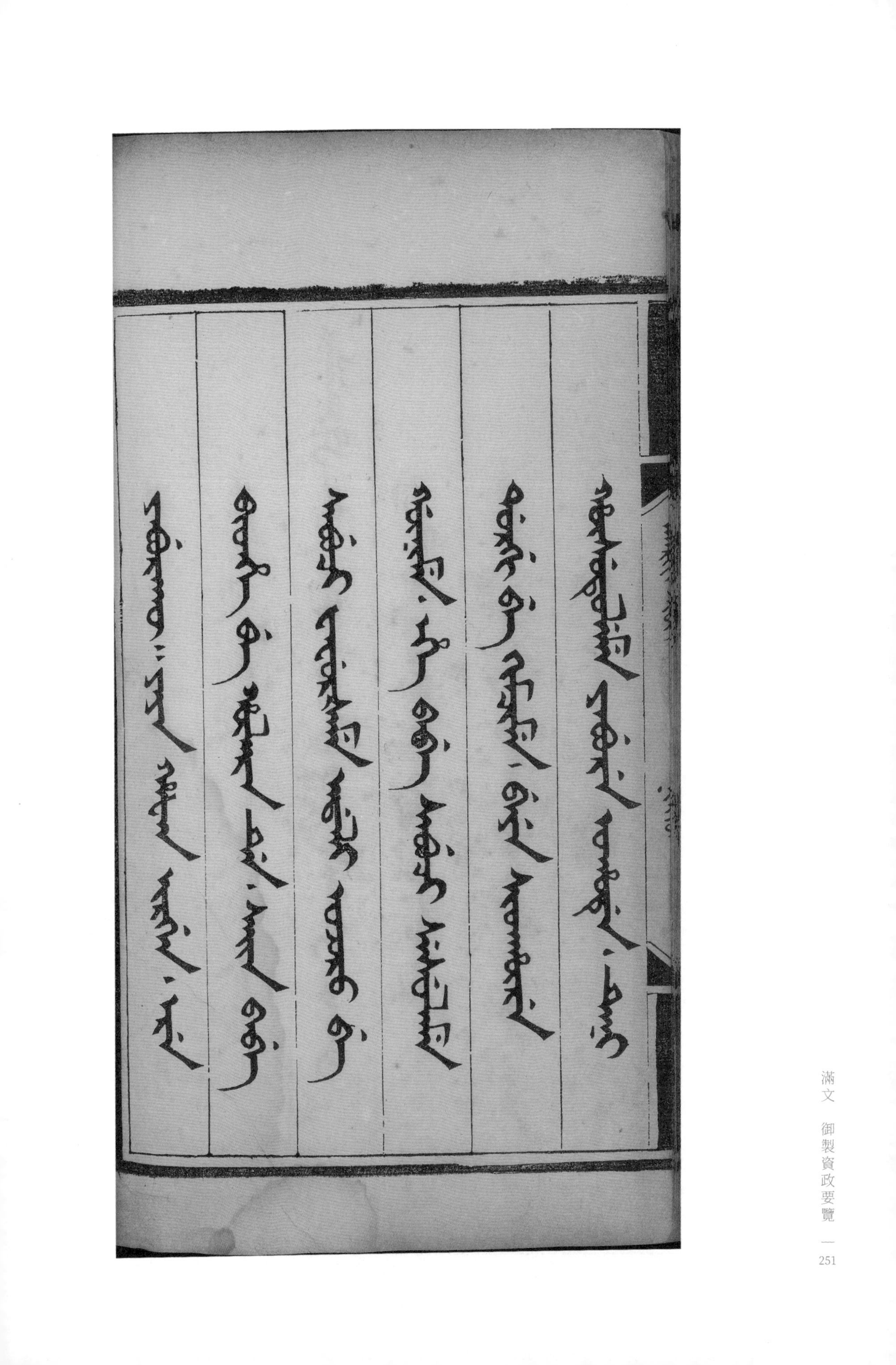

[illegible]

[illegible]

[illegible]

[illegible]

[illegible]

[illegible]

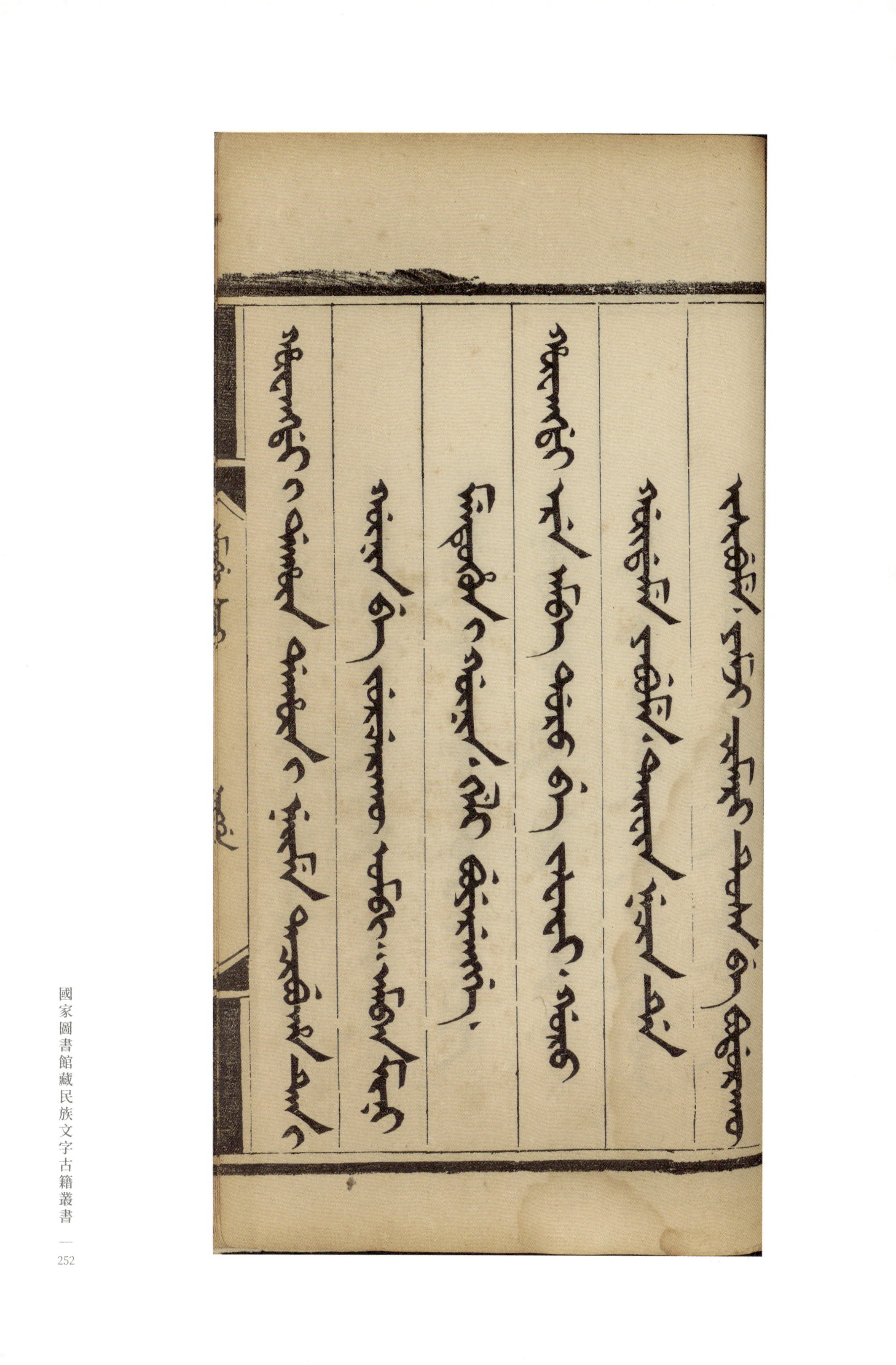

[illegible]

ᡩᠣᠰᠣᠪᡠᡵᡝ ᠶᠠᡵᡤᡳᠶᠠᠨ ᡩᡝ ᡨᡠᠸᠠᡴᡳᠶᠠᡵᠠ ᠵᡠᡤᡡᠨ ᡩᡝ

ᠪᡠᠰᡠᡴᡡᠰᡠᠨ ᠪᡝ ᠣᡴᠣ ᠵᠠᠯᠠᠨ ᡥᠠᠰᡥᡡ ᠪᡝᡳᡩᡝᠮᡝ

ᡨᡠᠸᠠᠮᡝ ᠮᡠᠵᡳᠯᡝᠨ ᡝᠮᡠ ᠣᠮᡝ ᡳ

ᡥᠠᠯᡥᡡᠨ ᡩᡝ ᡨᡠᡨᡨᡠ ᠰᡝᡵᡝ ᠵᡝᠪᡠᠮᡝ᠉

ᠪᡳᠰᡳᡵᡝ ᡩᡝ ᡨᡝᠪᡳᡵᡝ ᡳᠮᡝᡨᡝᡴᡝ ᠪᡳᠴᡳ ᡳ

ᡝᠨᡩᡠᡵᡳᠩᡤᡝ ᡨᠠᠴᡳᡥᡳᠶᠠᠨ ᡩᡝ ᠰᡠᠩᡤᡳᠶᡝᠨ ᡩᠠᡥᠠᠮᡝ ᡳ

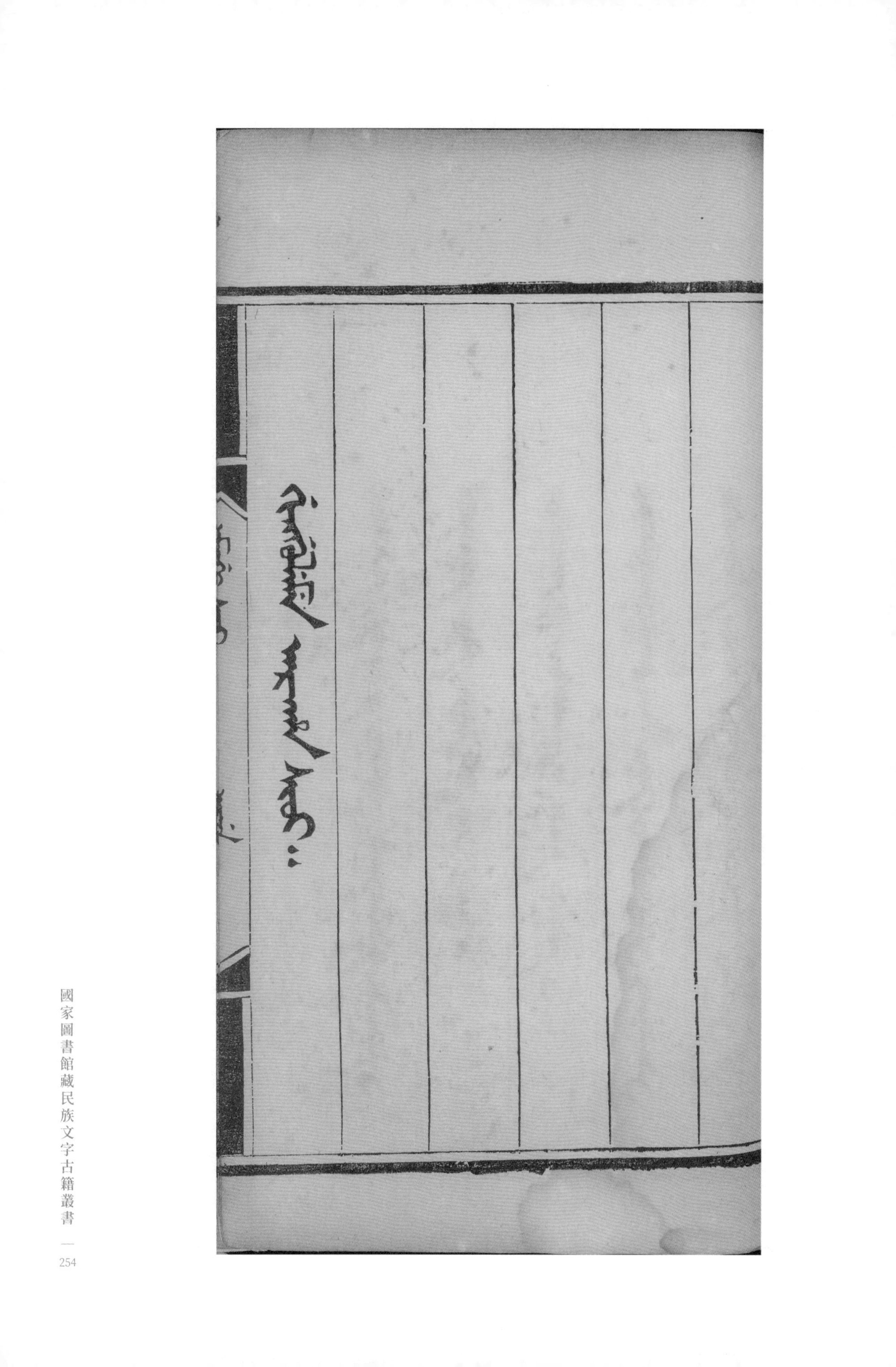

[illegible] ᡩᡝᠪᡨᡝᠯᡳᠨ ᡩᡠᠪᡝ᠉

ᡤᡡᠨᡳᠮᡝ ᠪᡝ ᠪᠣᡩᠣᠮᠪᡳᠮᡝ ᠶᠠᠪᡠᠪᡠᡵᡝ ᠪᠣᡩᠣᠷᠣᠩᡤᡝ ᠪᠣᠯᠣᡴᡳᠨ

ᠮᡠᡴᡩᡝᠮᠪᡳ ᠪᡠᠰᡝ᠉

ᡳᠯᡳᠪᡠᡥᠠᡴᡡ ᠪᠣᡩᠣᡵᠣᠩᡤᡝ᠈

ᠪᠣᡩᠣᠮᠪᡳᡶᡳ ᠪᡝ ᠮᡠᠵᡳᠯᡝᠨ ᠪᡝ ᠮᡠᠵᡳᠯᡝᠨ ᠪᠣᡩᠣᠷᠣ ᠪᡝ

ᠪᡝᡵᡝ᠈ ᡤᡡᠨᡳᠨ ᡳ ᠮᡠᠵᡳᠯᡝᠨ ᠪᡝ ᡳᠯᡳ ᠪᡝ

ᡝᡩᡝ ᡳ ᡤᡡᠨᡳᠨᡳ᠈ ᠶᠠᠪᡠᡵᡝ ᡳ ᠮᡠᠵᡳᠯᡝᠨ ᠪᡝ᠈

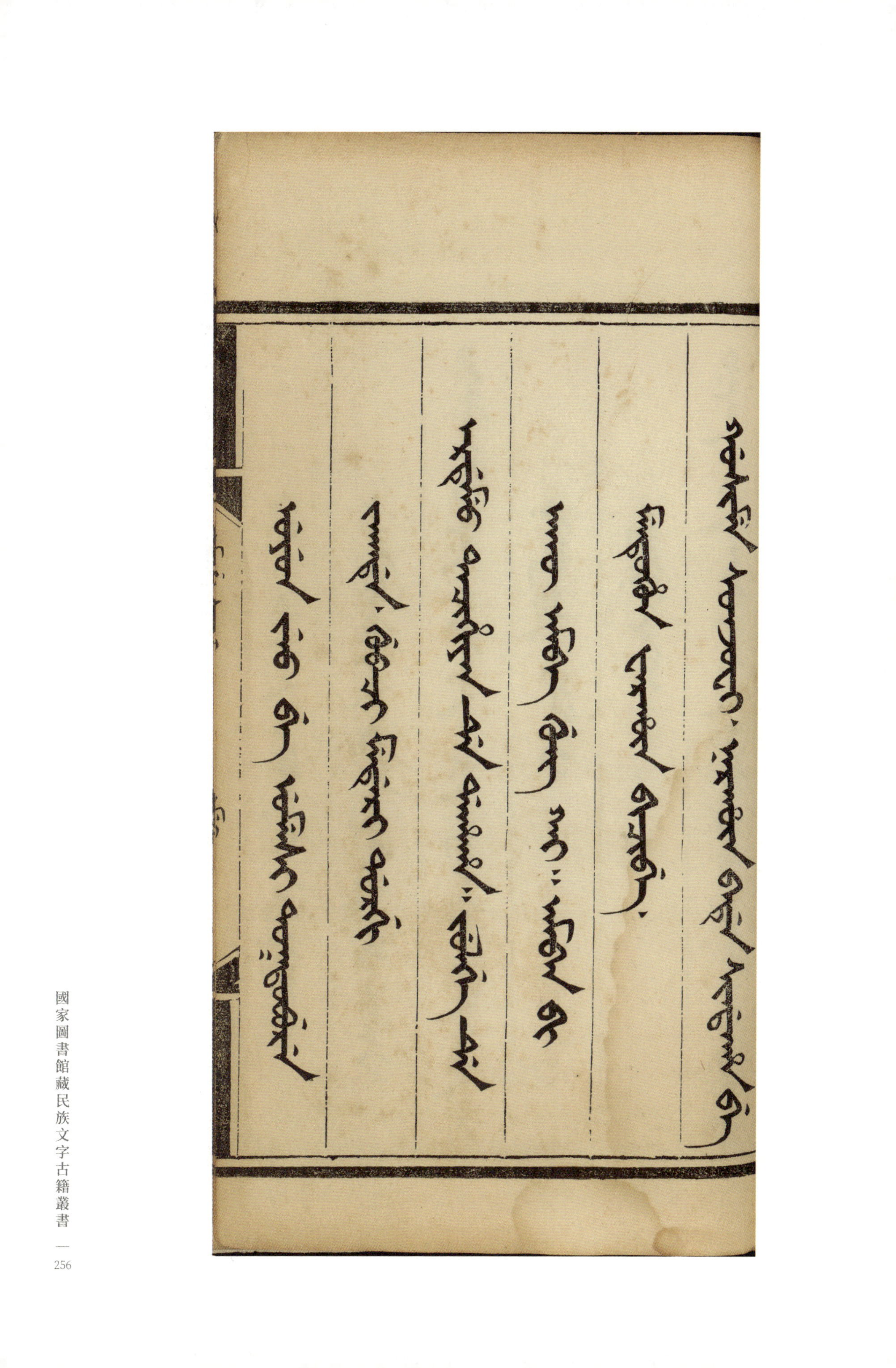

[illegible]

[illegible]

[illegible]

[illegible]

[illegible]

[illegible]

ᠪᠠᠨᠵᡳᡵᡝ ᠪᡝ ᡨᠣᠨᡩᠣ ᠰᡳᠵᡳᡵᡥᡡᠨ

ᡨᡝ᠈ ᠪᠣᡩᠣᠮᡝ ᠪᠣᡩᠣᡤᠣᠨ᠈ ᡳᠴᡳᡥᡳᠶᠠᡵᠠ ᠪᠣᡩᠣᠨ

ᡳᠵᡳᠰᡥᡡᠨ᠈ ᡩᠠᠰᠠᠨ ᡥᡝᠰᡝ ᡨᡠᠸᠠᡴᡳᠶᠠᠮᡝ᠈ ᠨᡳᠶᠠᠯᠮᠠ ᠮᡠᠵᡳᠯᡝᠨ

ᡤᡳᠰᡠᡵᡝᠮᡝ ᡥᡡᠰᡠᠨ ᡳ ᡝᡵᡩᡝᠮᡠ ᠪᡝ ᠶᠠᠪᡠᠪᡠᡵᡝ᠈ ᡨᠣᡴᡨᠣᠪᡠᠨ ᠪᡝ

ᠪᠣᡩᠣᡵᠣ᠉

ᠪᠠᠨᠵᡳᡵᡝ᠈ ᠪᠠᡳᡨᠠ ᡝᠯᡝ ᡨᠣᡴᡨᠣᠪᡠᡵᡝ ᠪᡝ ᠪᠣᡩᠣᡵᠣ

ᡤᡳᠶᠠᠨᡳ ᠪᡝᡵᡤᡳ ᠠᠰᠠᡵᠠᠪᡠᡥᡠ᠉ ᠪᡝᡳᡤᡝ ᡤᡳᠰᠠᠨ

ᠪᡠᠴᡝᠪᡠᡥᡝ ᠪᡠᠯᡳᠪᡠᡥᡝᠩᡤᡝ᠈ ᡤᡳᠰᡠᠨ ᡳ

ᠰᡝᡵᡤᡝᠰᡳᠨᡳ ᡳᠯᠠᡳ ᡳ ᠪᡠᡵᡤᠠᠰᡠᡴᡠ

ᠠᠨᡳᠶᠠᠯᠠ ᠪᡝ ᠪᡝ ᠪᡠᡴᡩᠠᡥᠠ᠉ ᡤᡳᠰᡠᠨ ᠪᡝᠨᡳ

ᠪᡝᡳᠯᡝ ᡳ ᡨᡠᡵᡤᡠᠨ ᡩᡝ᠈

ᠠᠨᡳᠶᠠ ᠶᠠᠯᡳ ᡳ ᡤᡳᠰᡠᠨ ᠪᠠᡳᡨᠠᠯᠠᠮᠪᡳ᠈ ᡤᡝᠮᡠ

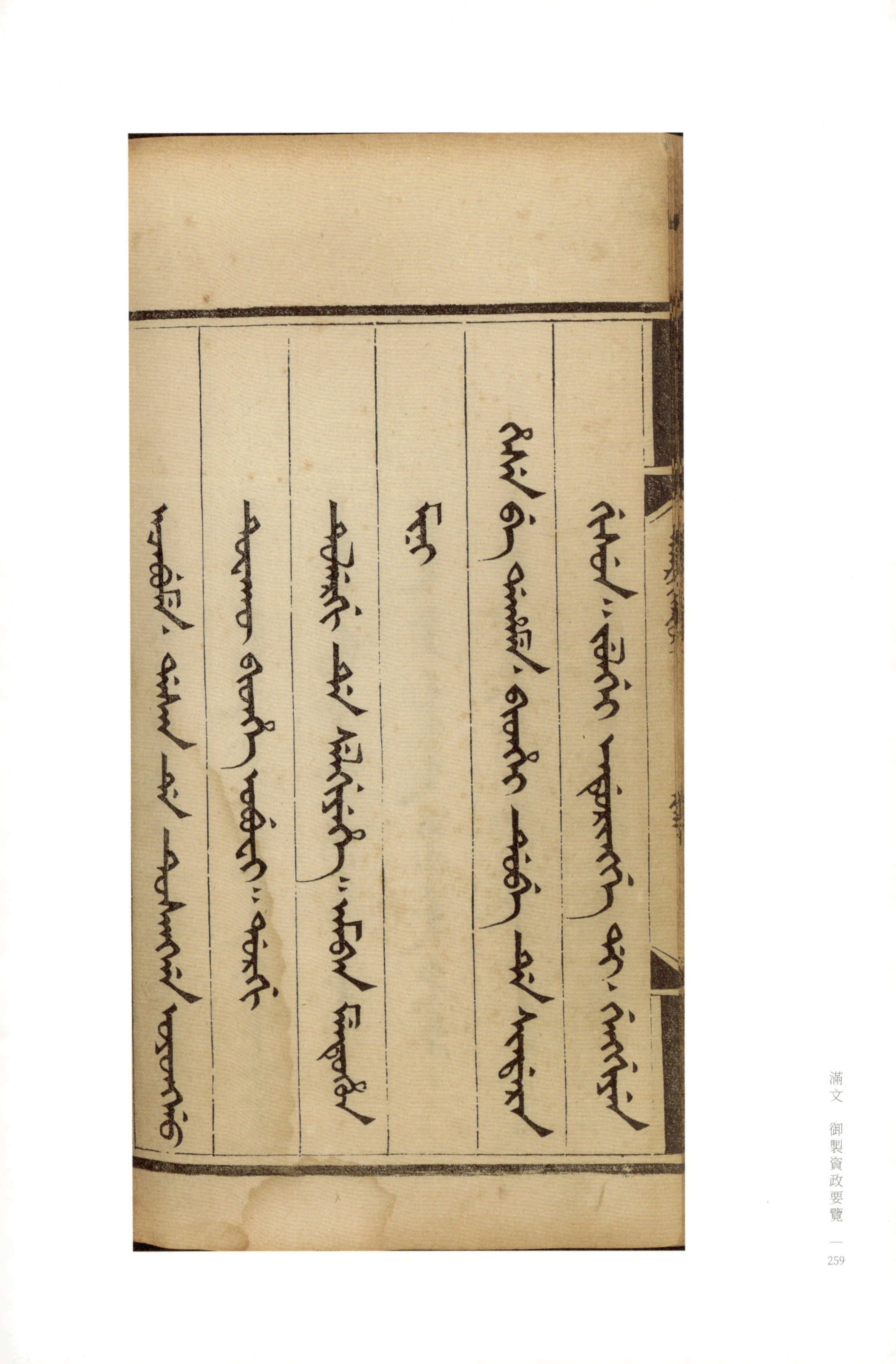

[illegible]

[illegible]

[illegible]

[illegible]

[illegible]

[illegible]

ᠪᠣᡳ᠈ ᠪᠣᡳᡤᠣᠨ ᡩᡝ ᠰᠠᡳᠰᠠ ᠪᠣᡳᡥᠣᠨ ᡩᡝ

ᡩᠠᡳᠰᡳᠨ ᡨᡝᠨ᠈ ᡤᡡᠨᡳ ᡩᠣᡵᡤᡳ ᡩᡝ ᡨᠣᠮᠣᠰᡳᠮᠪᡳ

ᡩᠠᡳᠰᡳᠨ ᡩᡝ ᠰᡳᠮᡳᠩᡤᡝ ᠪᠣᡳᡥᠣᠨ ᡤᡳᠩᡤᡠᠯᡝ᠉

ᠪᡠᠰᡠᡵᡝ ᡤᡡᠨᡳᠨ ᡩᡝ ᡤᡳᠩᡤᡠᠯᡝᡥᡝ᠈ ᡩᠣᡵᡤᡳᠮᠪᡳ

ᡤᡠᡳ ᠣ ᡤᡳᠩᡤᡠᠯᡝᡥᡝ ᡩᡝ ᠰᡳᠮᡳᠩᡤᡝ ᡩᡝ ᡳᠨᡝᠩᡤᡳ

ᡩᠣᠰᡳᠨᡳ ᡩᡝᡵᡤᡳᡥᡝ᠉

ᠪᠣᡩᠣᡤᠣᠨ ᠪᠣᠯᠣᡴᠣᠨ ᠪᡳᠰᡳᡵᡝ ᡳ ᡨᡠᠸᠠᠮᡝ ᡤᡳᠰᡠᠨ᠉

ᡤᡳᠩᡤᡠᠯᡝᠮᡝ ᡨᡠᠸᠠᡵᠠ ᡩᠣᡵᠣ ᠪᡳᡨᡥᡝ ᡳ ᡤᡳᠰᡠᠨ ᡩᡝ

ᠪᠠᠨᡳᠶᠠ᠈ ᡩᠣᡵᠣ ᠪᡠᠨᡳᡥᡝ ᡩᡝ ᠪᡝᠶᡝ ᡩᠣᠨᠵᡳᡥᡝ᠈

ᡩᠣᡵᠣ ᡩᡝ ᠰᡝ ᡤᡳᠰᡠᠨ ᡤᡳᠩᡤᡠᠯᡝᠮᡝ ᡨᠣᠮᠣᠰᡳ ᡤᡳᠩᡤᡠᠯᡝᡥᡝ

ᠵᡠᡵᡤᠠᠨ ᡩᡝ ᠰᡳᠮᠨᡝᠮᡝ ᡤᡳᠰᡠᡵᡝᡥᡝ ᡩᡝ

ᡤᡝᠩᡤᡳᠶᡝᠨ ᡨᡠᠸᠠ᠈ ᡤᡝᠮᡠᠨ ᡳᠯᡝᡵᡳ

滿文　御製資政要覽　一　261

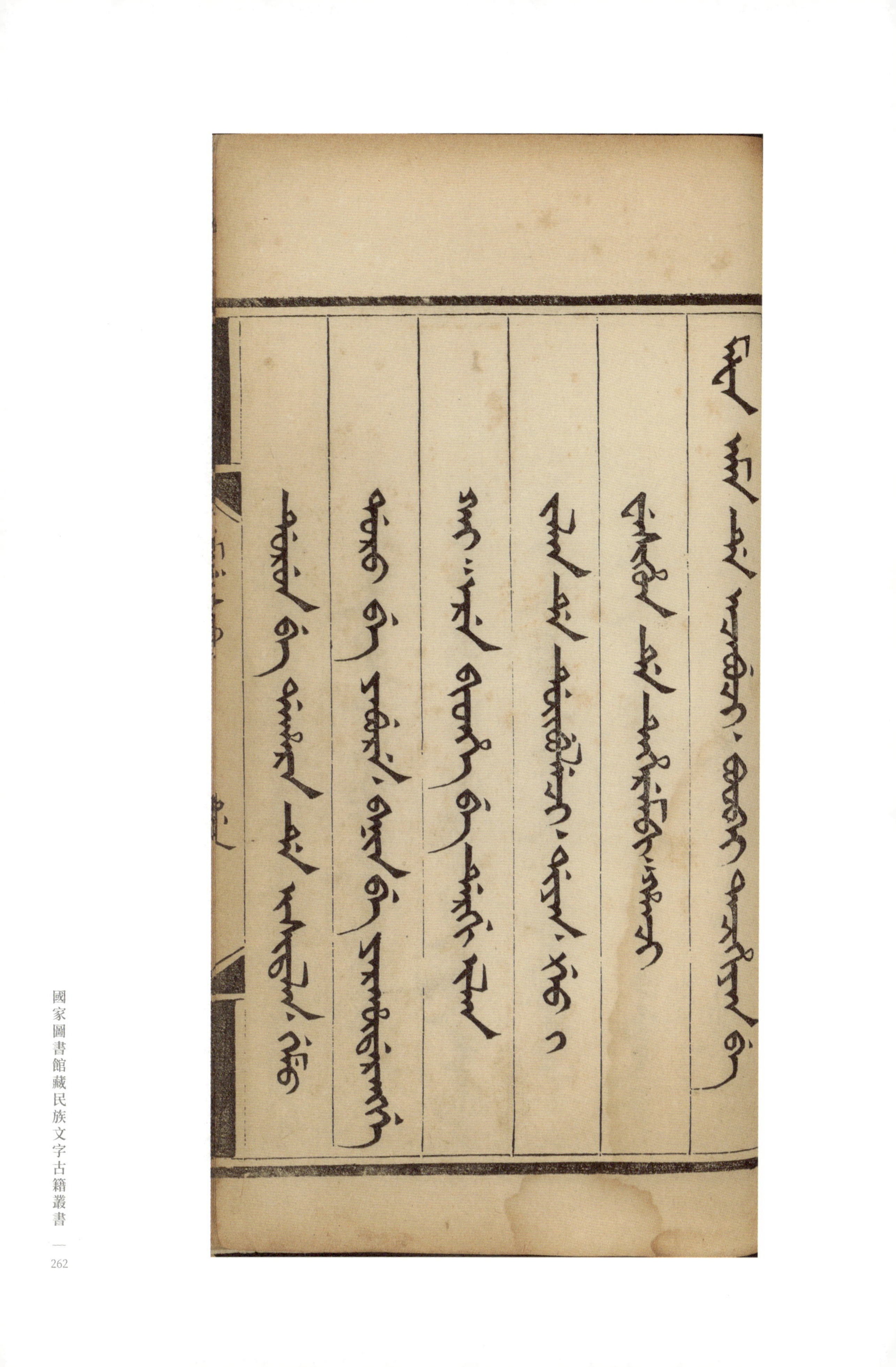

[illegible]

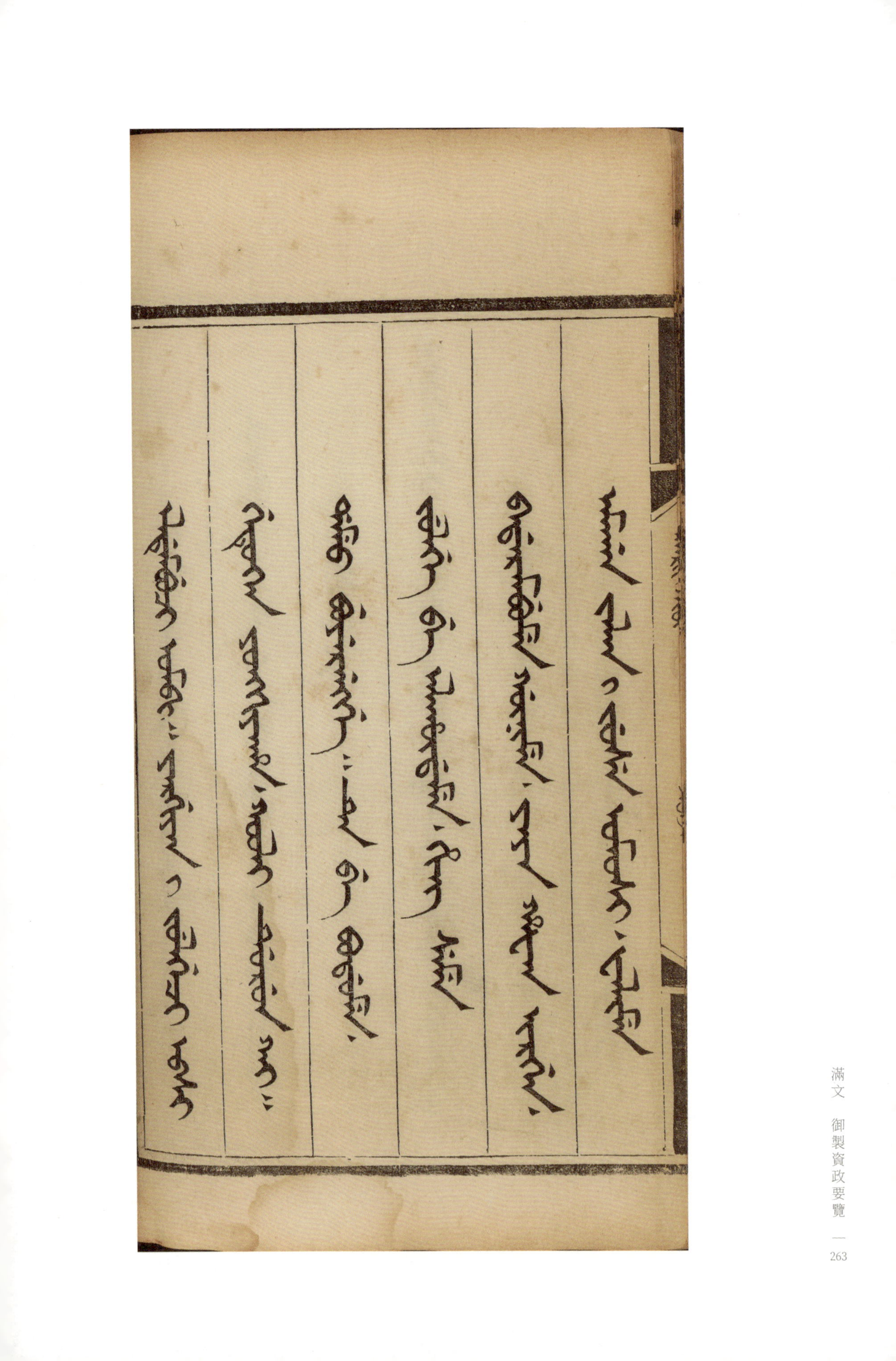

[illegible]

ᡠᠪᡠ ᠣᡵᡠᠨ ᠪᠠᡳᠨ ᠮᡠᠰᡝᠩᡤᡝ ᡳ
ᡩᡠᡵᡤᡳᠶᡝᠩᡤᡝ ᠨᡝᠩᡤᡝ ᠪᡝ ᡤᡳᠶᠠᠩᡴᠠ ᠮᡳᠨᡤᡝᠨ ᡝᠯᡝᠮᡝ᠉
ᡤᡳᠩᡤᡠᠯᡝᡴᡝᠨᡳ
ᡥᠠᠰᠠᡵᡳᠩᡤᡝ ᡳ ᡨᡠᠪᡳᡝ ᠪᠣᠣ ᠪᡝ ᡤᡳᠶᠠᠨ ᠰᠠᡳᠨ ᠪᡝ
ᠶᠠᠪᡠᠪᡠᡥᠠ᠉
ᡝᠨᡳᠨ ᡨᡠᠮᡝᠨ ᠪᠣᡩᠣᠩᡤᡝ ᡳ ᠪᡝᠶᡝᡳ

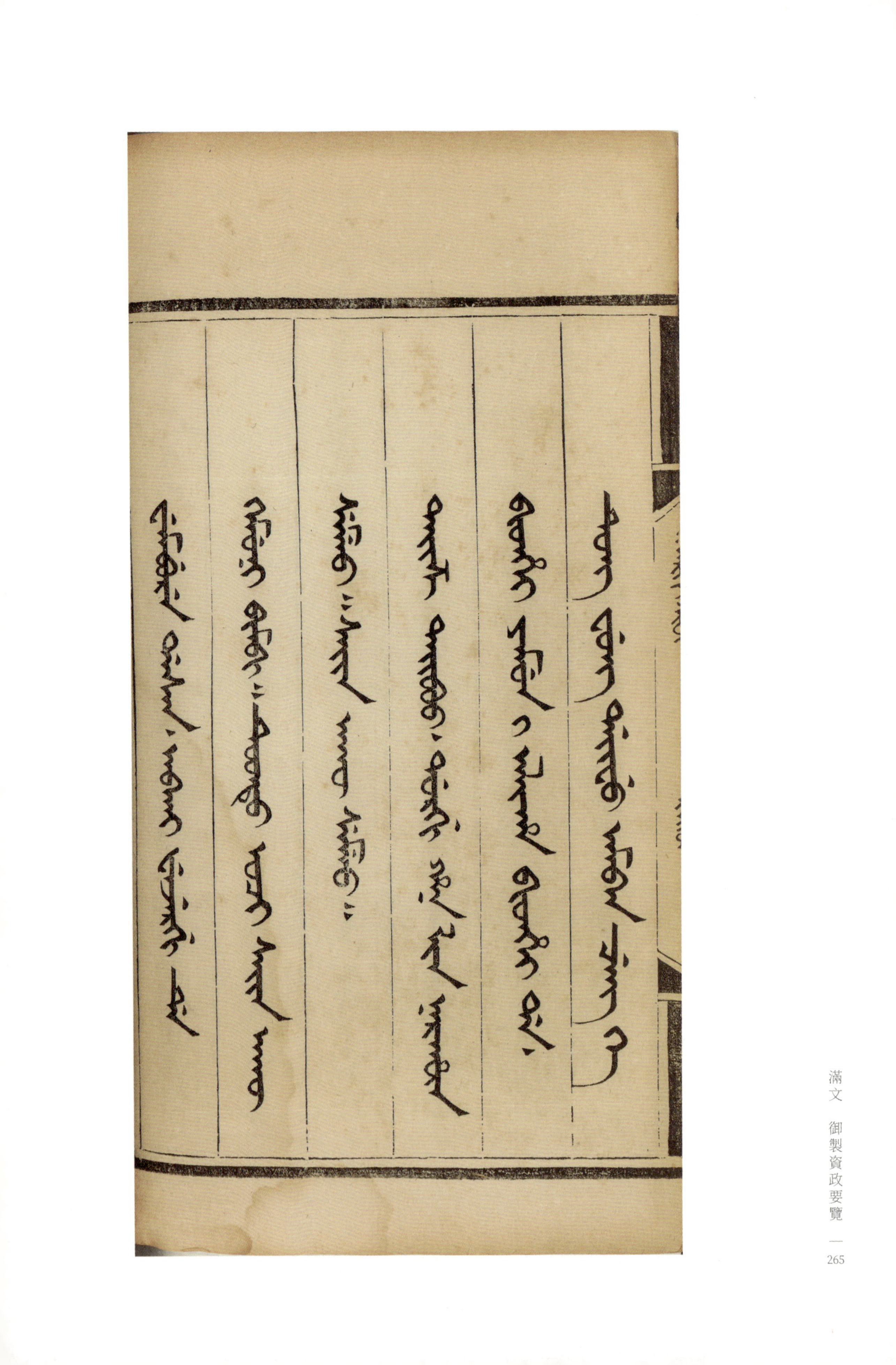

ᠪᡳᡨᡥᡝ ᠨᡳ ᡤᡳᠰᡠᡵᡝᠨ ᠰᡠᠨᠵᠠᠴᡳ ᡩᡝᠪᡨᡝᠯᡳᠨ᠉

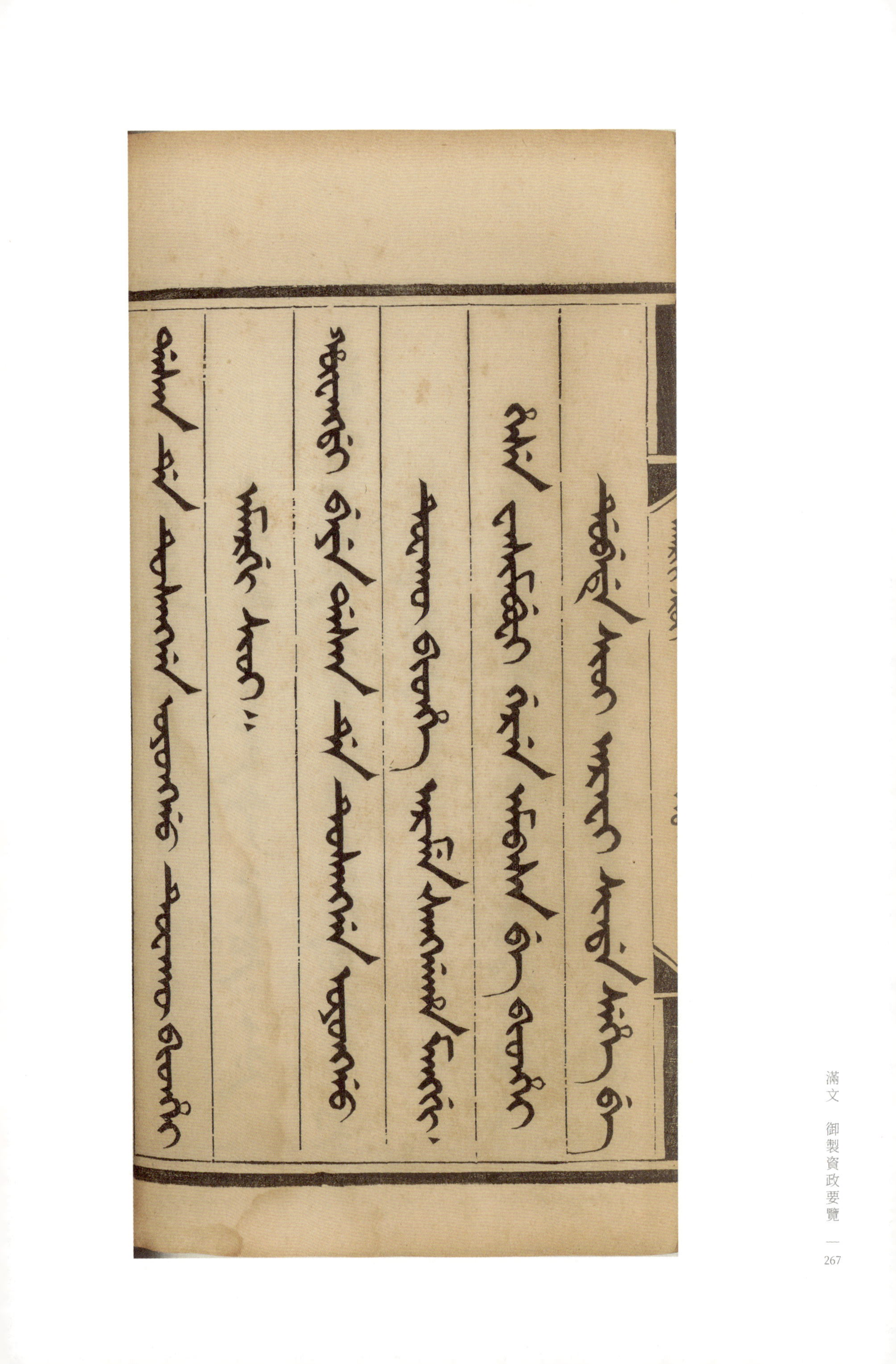

[illegible]

ᡝᠵᡝᡥᡝ᠈ ᠰᡠᠯᡝ ᡩᡝ ᡨᡠᠸᠠᠮᡝ ᠠᠴᠠᠪᡠᡥᠠ᠈

ᡝᡵᡩᡝᠮᡠ ᡨᠣᡴᡨᠣᠪᡠᠮᡝ ᡨᡠᠮᡝᠨ ᡤᡝᡵᡤᡝᠨ ᠪᡝ

ᡨᡠᠸᠠᠨᠴᡳᡥᡳᠶᠠᠮᡝ ᠪᡠᠶᡝᠨ ᡨᡠᡵᡤᡠᠨ᠈

ᠪᠣᡩᠣᡥᠣᠨᡳ ᠰᠠᡳᠨ ᠣᡵᡤᠣᠨ᠈ ᠠᠮᠪᠠᠰᠠ ᠪᡝ ᡨᠣᡴᡨᠣᠪᡠᡵᡝ ᠪᡝ ᡨᡠᠮᡝᠨ

ᠠᠮᠪᠠᠰᠠ ᡥᠠᡶᠠᠰᠠ ᠪᡝ ᡤᡝᡵᡤᡝᠨ᠈ ᡳᠨᡝᠩᡤᡳ

ᠪᠣᡩᠣᡥᠣᠨ ᠪᡝ ᡨᠣᡴᡨᠣᠪᡠᡵᡝ᠈ ᡨᡠᠸᠠᠨᠴᡳᡥᡳᠶᠠᡵᠠ

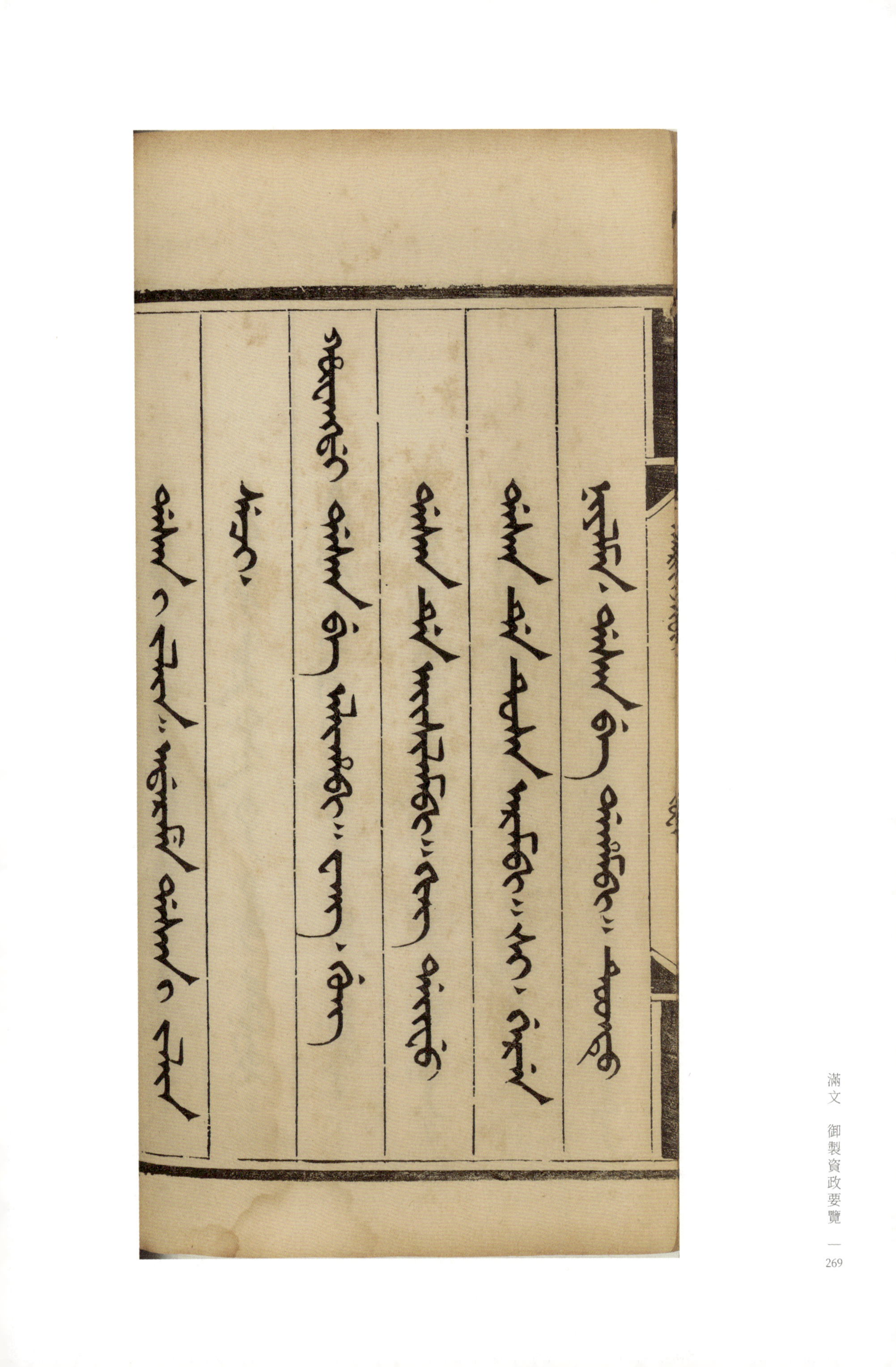

[illegible]

[illegible]

[illegible]

[illegible]

[illegible]

[illegible]

ᡨᡠᠸᠠᠴᡳ᠈ ᡩᠠᠰᠠᠨ ᡳ ᠶᠠᠪᡠᠪᡠᡵᡝ᠈ ᠪᠣᡥᠣᠨ ᡤᡳᠩᡤᡠᠯᡝᡵᡝ ᡩᡝ

ᠪᡝᡨᡝᠪᡠᡥᡝ ᡤᡳᠰᡠᠨ ᠠᡴᡡ᠉ ᠶᠠᠪᡠᠪᡠᡵᡝ ᠪᠣᠣ

ᠠᠴᠠᠪᡠᡥᡝ᠈ ᡩᠠᠰᠠᠨ᠈ ᠶᠠᠪᡠᠪᡠᡵᡝ ᠪᠣᡥᠣ ᡩᡝ᠉

ᠪᡝᠶᡝᡳᠯᡝᡵᡝ ᡩᡝ ᡤᡳᠩᡤᡠᠯᡝᡵᡝ ᡩᡝ ᠪᠣᠣ ᠪᠣᡥᠣᠨ᠉

ᠮᡠᠵᡳᠯᡝᠨ ᡩᡝ ᡤᡡᠨᡳᠨ ᡩᡝ ᠪᠣᠣ ᠪᠣᡥᠣᡵᡝ᠉

ᠰᡠᠩᡤᡳᠶᠠᠨ ᡩᡝ ᠪᠣ ᡤᡡᠨᡳᠨ ᡩᡝ ᠪᠣᠣ ᠪᠣᡥᠣᠨ᠈

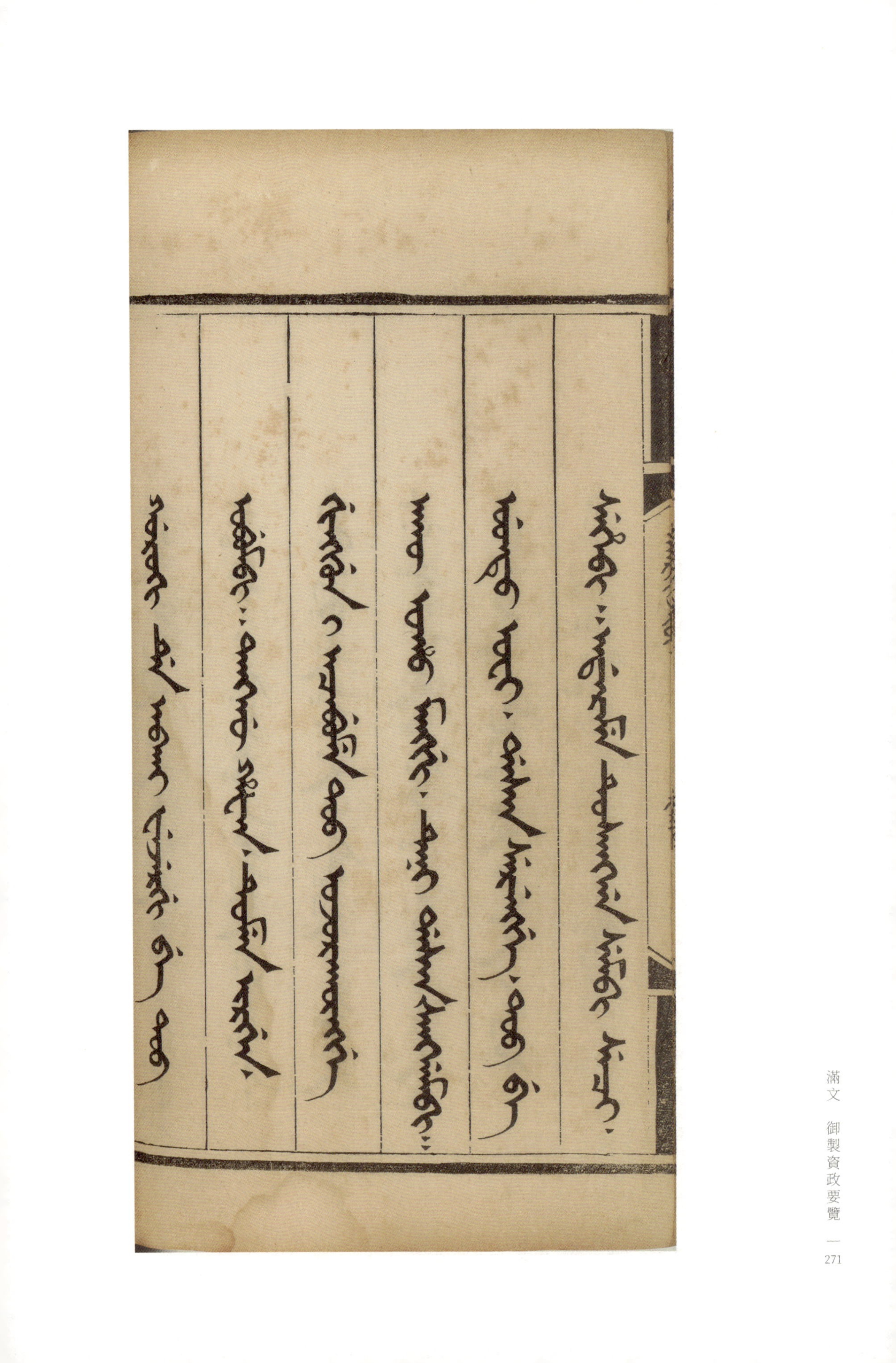

[illegible]

[illegible]

[illegible]

[illegible]

[illegible]

[illegible]

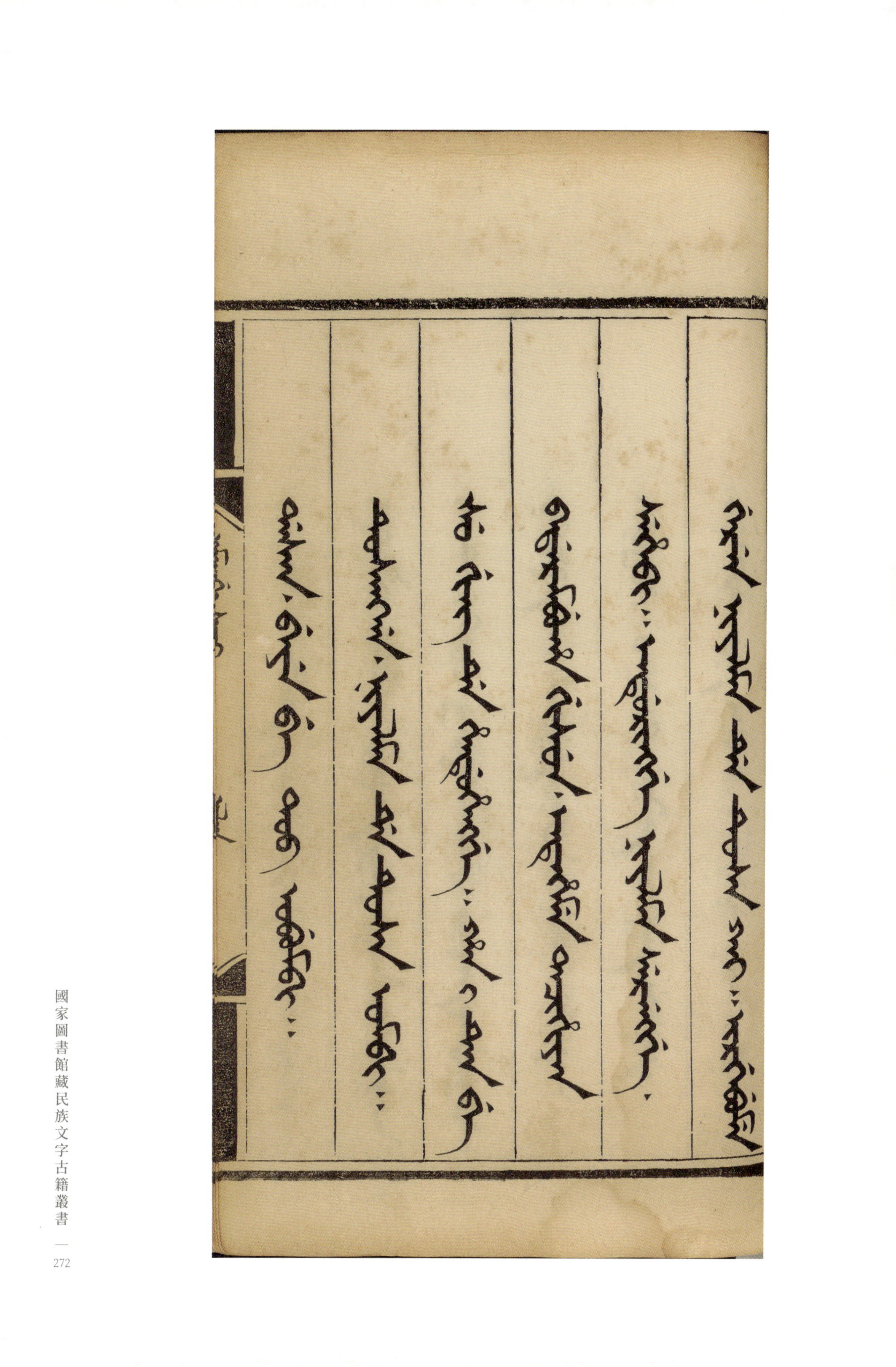

[illegible]

[illegible]

[illegible]

[illegible]

[illegible]

[illegible]

ᠰᠣᠨᡳᠮᠪᡠᡥᡝᠩᡤᡝ:: ᡨᠣᠨᡩᠣ ᡨᠣᠨᡩᠣᠩᡤᠣ ᠨᡳᠶᠠᠯᠮᠠ ᠪᡝ
ᡨᠣᠪᡠᡥᡝᠩᡤᡝ ᡤᡳᠩᡤᡠᠯᡝᡵᡝ ᡨᡠᠸᠠᡴᡳᠶᠠᡵᠠ::
ᡤᡳᠰᡠᠨ ᡤᡳᠩᡤᡠᠯᡝᡵᡝ ᠠᡩᠠᠯᡳᠩᡤᡝ ᡤᡝᠮᡠ ᡤᡳᠩᡤᡠᠯᡝᡵᡝᠩᡤᡝ
ᡤᡳᠩᡤᡠᠯᡝᠮᡝ ᠪᡝ ᠰᠠᡳᠨ ᡤᡠᠨᡳᠨ:: ᠪᠠᡳᡨᠠ ᡤᡝᠮᡠ ᡤᡳᠩᡤᡠᠯᡝᡵᡝ
ᠪᠣ ᠴᡳ ᡨᡠᠮᡝᠨ ᠵᡠᠸᡝ ᡳᠯᠠᠨ ᡳᠯᠠᠨ ᡤᡳᠰᡠᠨ ᠪᡝ
ᠵᡠᠸᡝ ᡳᠯᠠᠨ ᠰᡠᠨᠵᠠ ᡳᠯᠠᠨ ᠵᡠᠸᡝ ᠪᠠᡥᠠ ᠨᡳᠶᠠᠯᠮᠠ ᠪᡝ

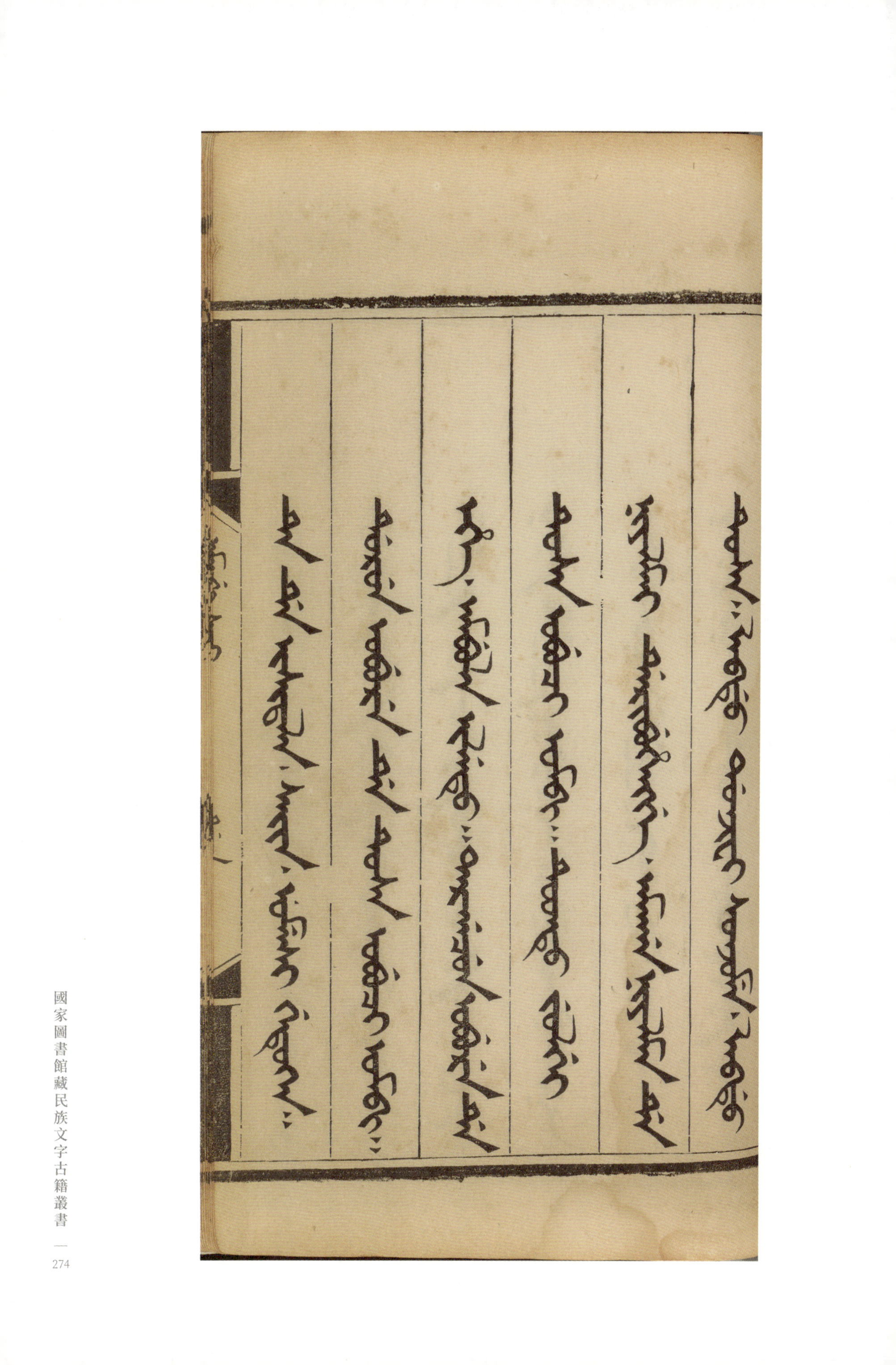

[illegible]

[illegible]

[illegible]

[illegible]

[illegible]

[illegible]

ᡝᡵᡝ ᠵᡝᡵᡤᡳ᠈ ᠨᡳᠶᠠᠯᠮᠠ ᠰᠠᡳᠨ ᡳ ᠪᠣᡩᠣᡵᠣᠩᡤᡝ

ᡤᡠᠨᡳᠨ ᡤᡠᠨᡳᡤᠠᠨ ᡩᡝ ᡩᡝ᠉ ᡤᡠᠨᡳᡤᠠᠨ ᡩᡝ

ᡥᠠᡶᠠᠨ ᡥᠣᡨᠣᠨ ᡥᠠᡶᠠᠰᠠ᠈ ᠰᡠᠸᡝ ᠪᠠᡳᡨᠠᠯᠠᠨ ᡥᠠᡶᠠᠨ

ᠪᠣᡩᠣᡵᠣᠩᡤᡝ ᠪᠣᡩᠣᠪᡠ᠉ ᠰᡝᡵᡝᠩᡤᡝ ᠪᠣᡩᠣᡵᠣᠩᡤᠣ ᠰᡝᡵᡝᠩᡤᡝ

ᠰᡝᡵᡝ᠈ ᠪᠣᡩᠣᠰᡝᡵᡝ ᠰᡝᡵᡝᠩᡤᡝ ᠪᠣᡩᠣ ᠪᡝ᠉

ᠪᠣᡩᠣᡵᠣᠩᡤᠣ ᠰᡝᡵᡝᠩᡤᡝ ᠪᠣᡩᠣᠮᠪᡳ ᠪᡝ᠉ ᠰᡝᠮᠪᡳ

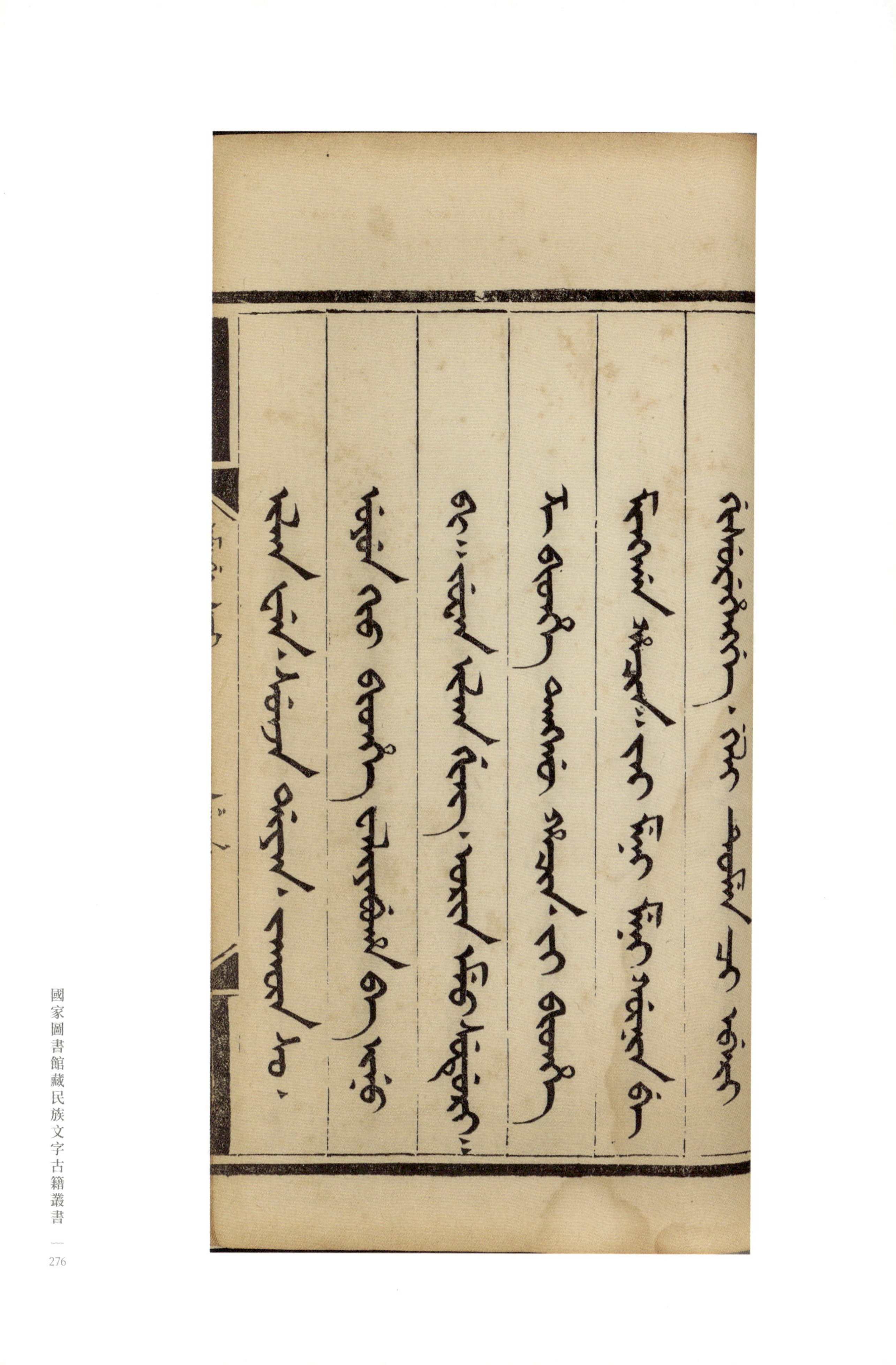

[illegible]

ᠰᡝᠮᠪᡳ᠉ ᡝᠵᡝᠨ ᡳ ᡩᠣᠰᡳᠮᠪᡠᡵᡝ ᡤᡳᠰᡠᠨ ᠪᡝ

ᡤᡡᠨᡳᠨ ᠪᡝ᠈ ᡴᡠᠮᡠᠨ ᡩᡝ ᡳᠰᡳᠪᡠᠮᡝ ᠴᡳᠮᠠᡵᡳ

ᠨᡳᠶᠠᠯᠮᠠ ᡩᡝ ᠰᠠᡳᠨ᠈ ᡩᠠᠰᠠᡵᠠ ᠪᡝ

ᠵᡳᡥᡝ ᠵᡠᠪᡝ ᡤᡝᠮᡠ ᠪᡠᡵᡝ ᡳᠯᡳᠨᡵᡝ ᡳ᠉

ᡤᡳᠰᡠᠨ ᡝᠮᡠ ᠰᡝᠮᡝ᠈ ᡨᡝᠮᡝ ᡝᠯᡝᠮᡝ

ᡨᡠᠸᠠᡵᠠ ᠰᠠᡳᠨ ᡝᠯᡝᠪᡠᡵᡝ ᠪᡝ

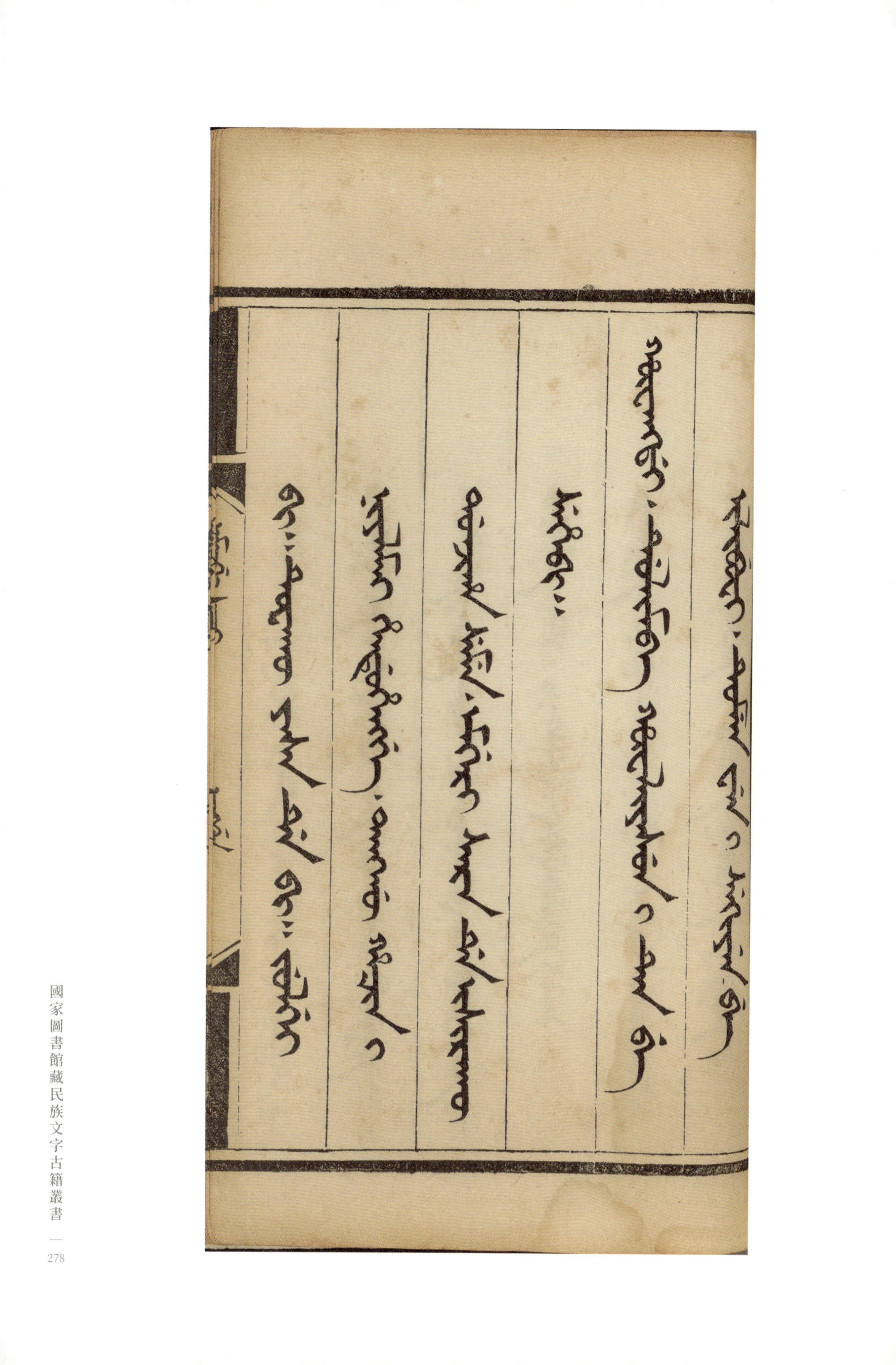

[illegible]

[illegible]

[illegible]

[illegible]

[illegible]

[illegible]

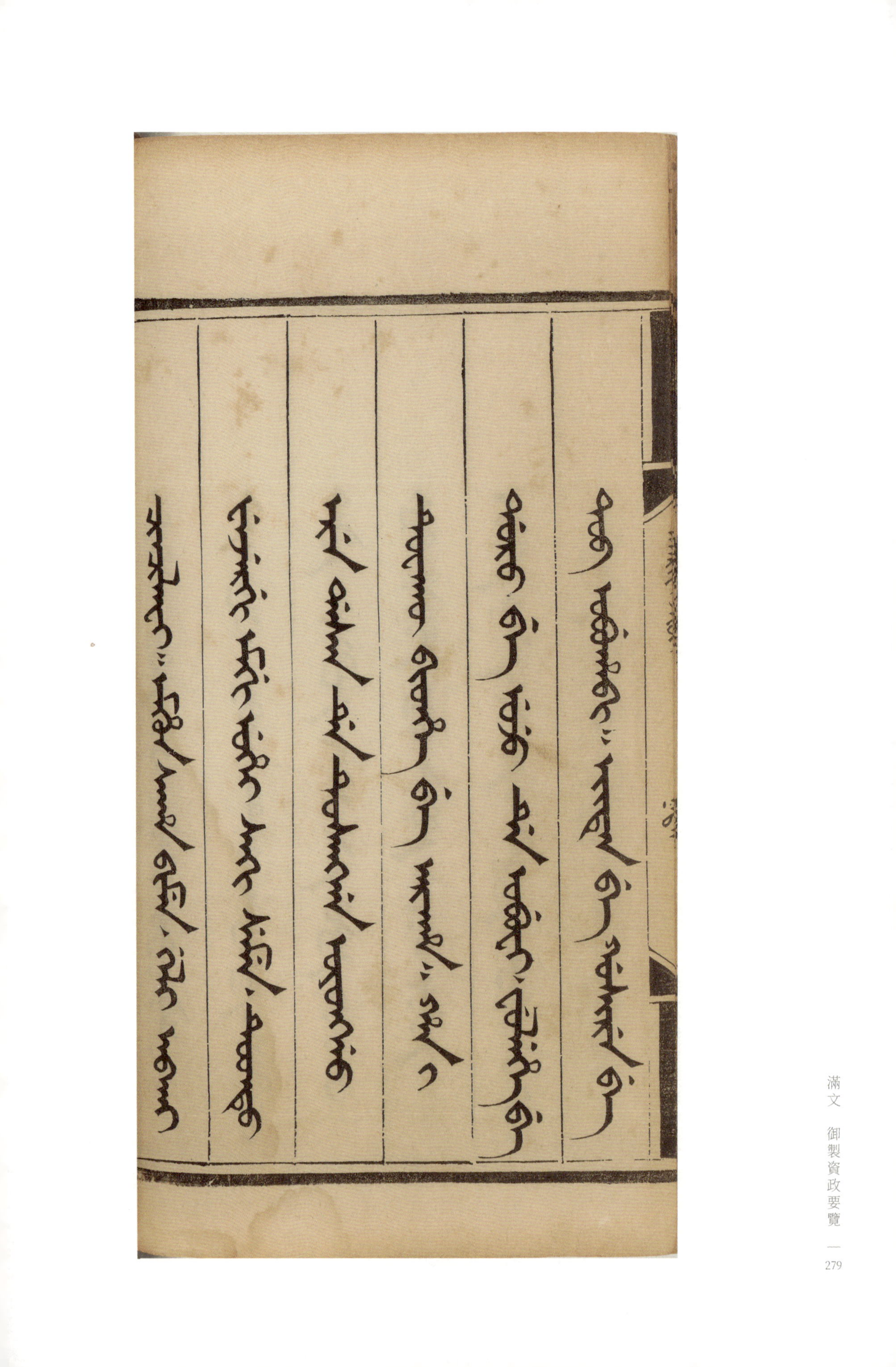

[illegible] ᠉ [illegible] ᠈ [illegible]

[illegible]

[illegible]

[illegible] ᠉ [illegible]

[illegible] ᡩᡝ ᡩᠣᠷᠣ [illegible]

ᠪᠣᠣ ᠪᠣᡳᡤᠣᠨ ᠉ [illegible]

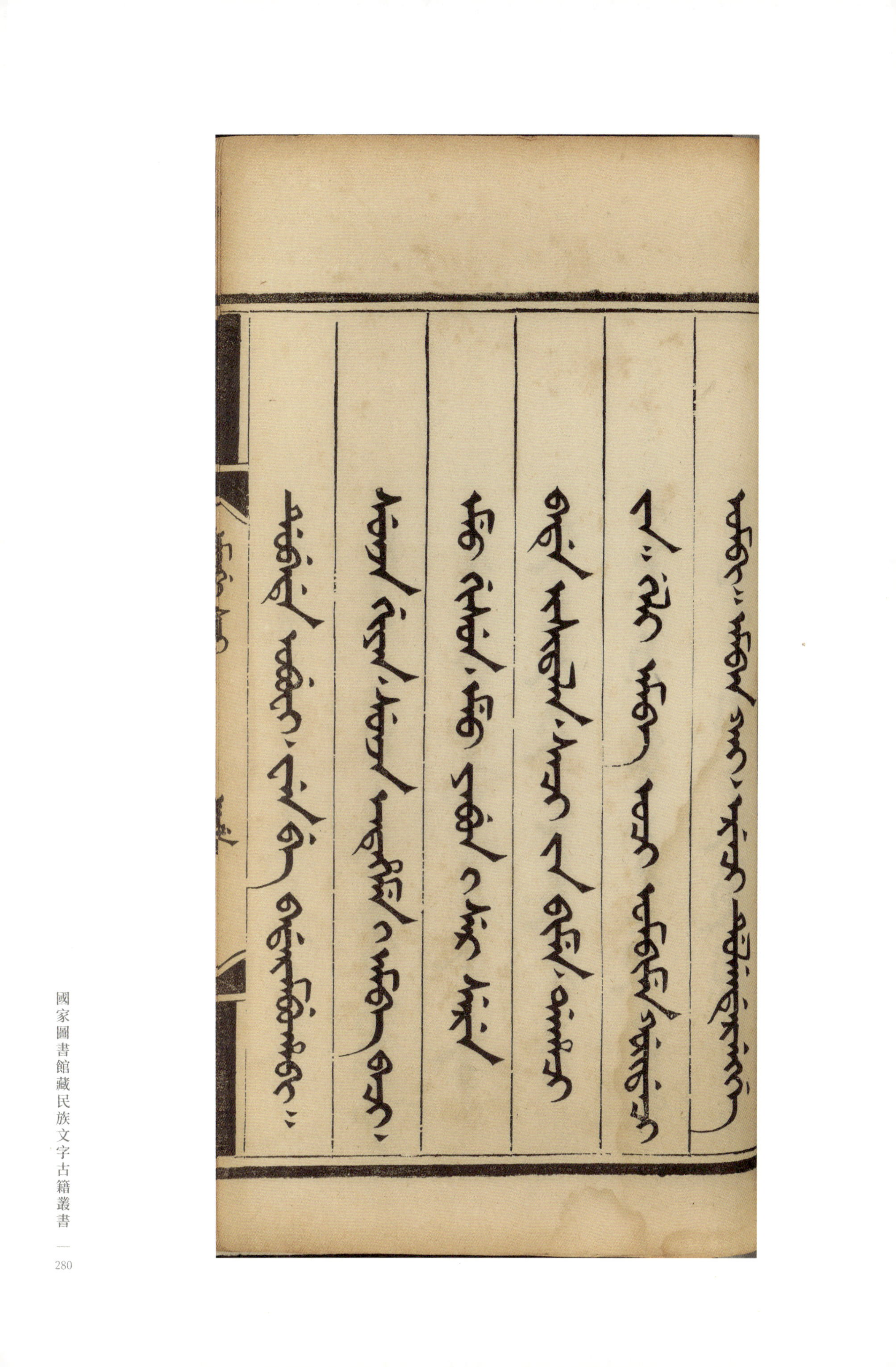

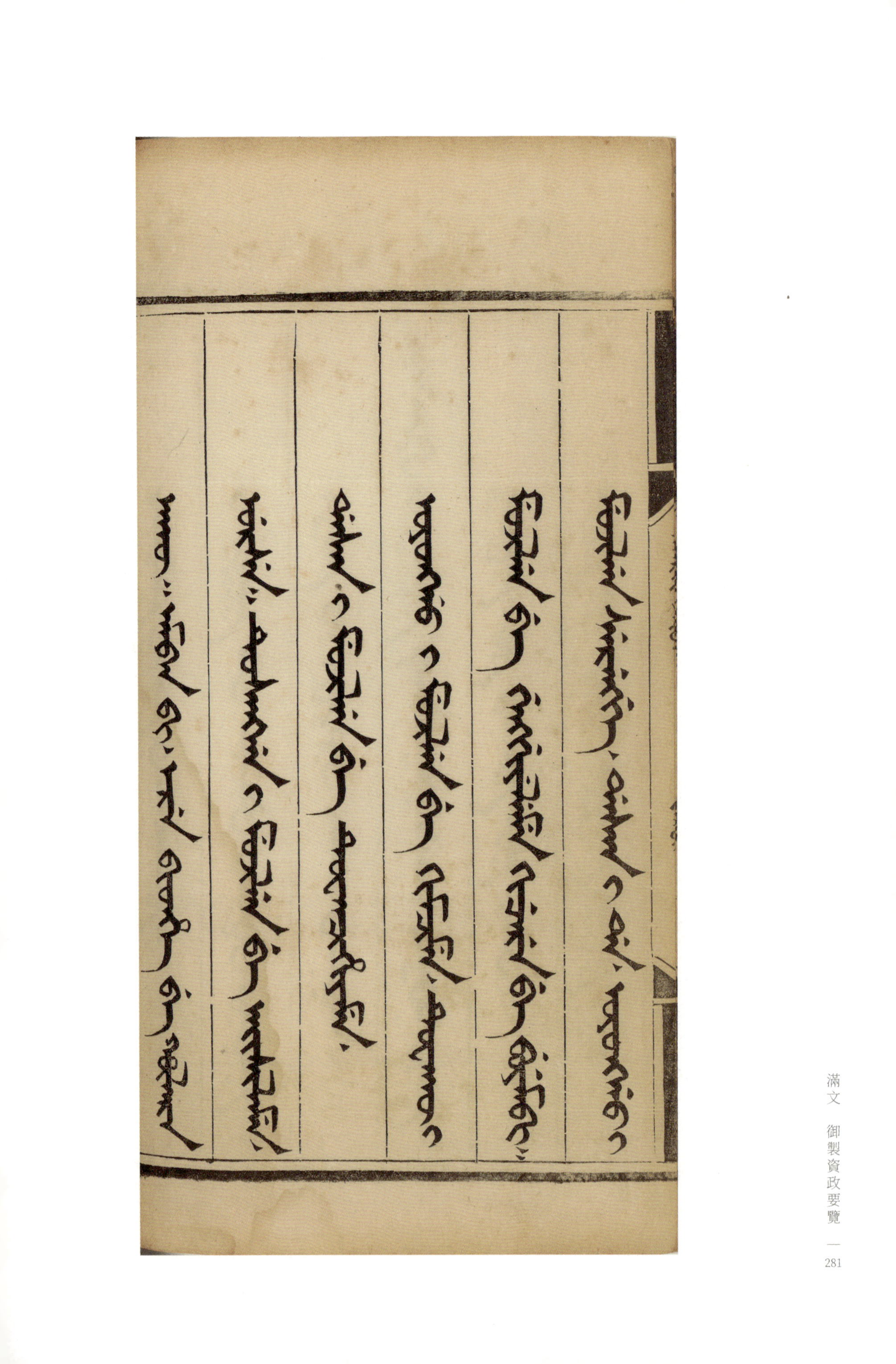

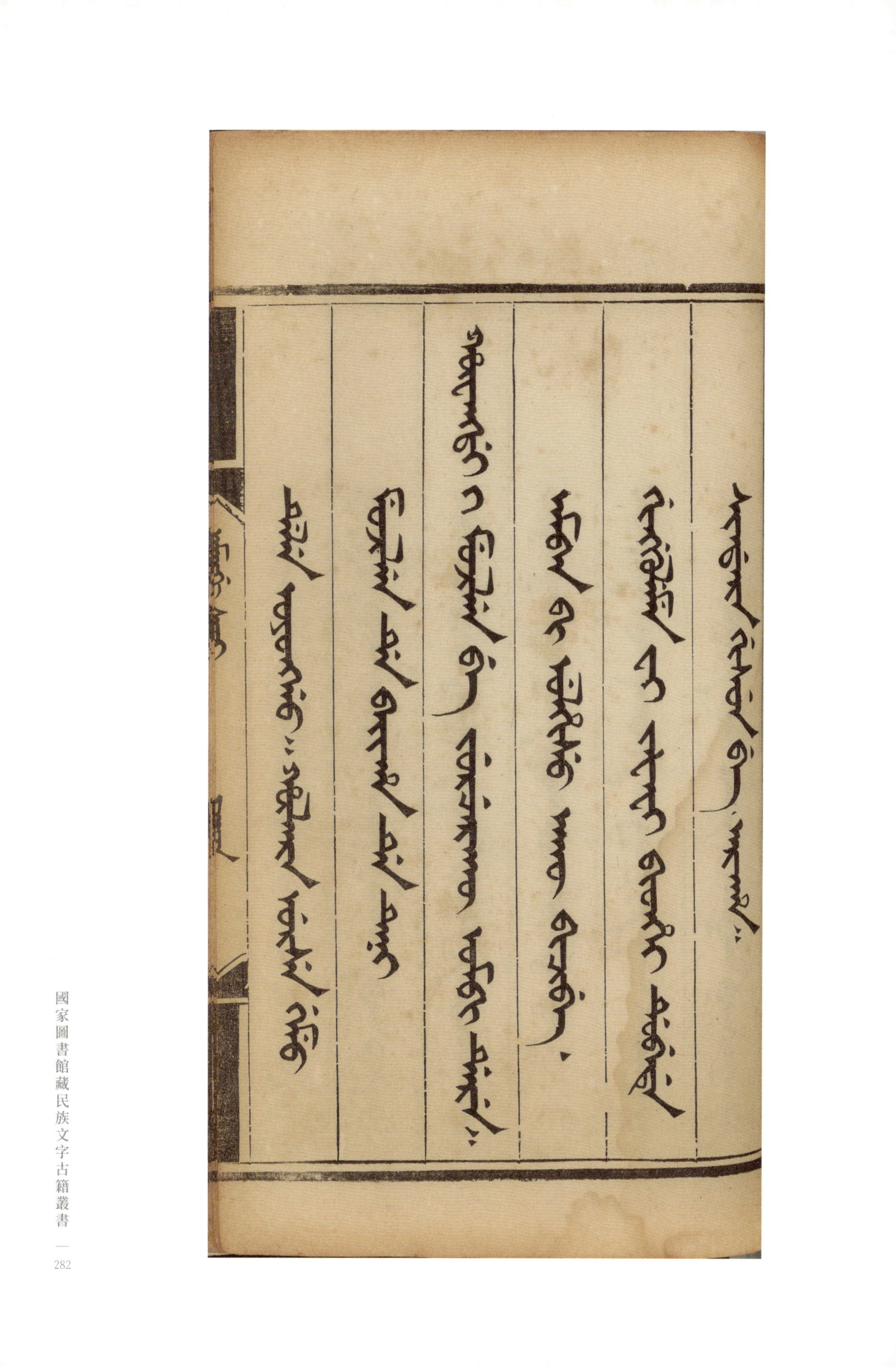

[illegible]

[illegible]

[illegible]

[illegible]

[illegible]

[illegible]

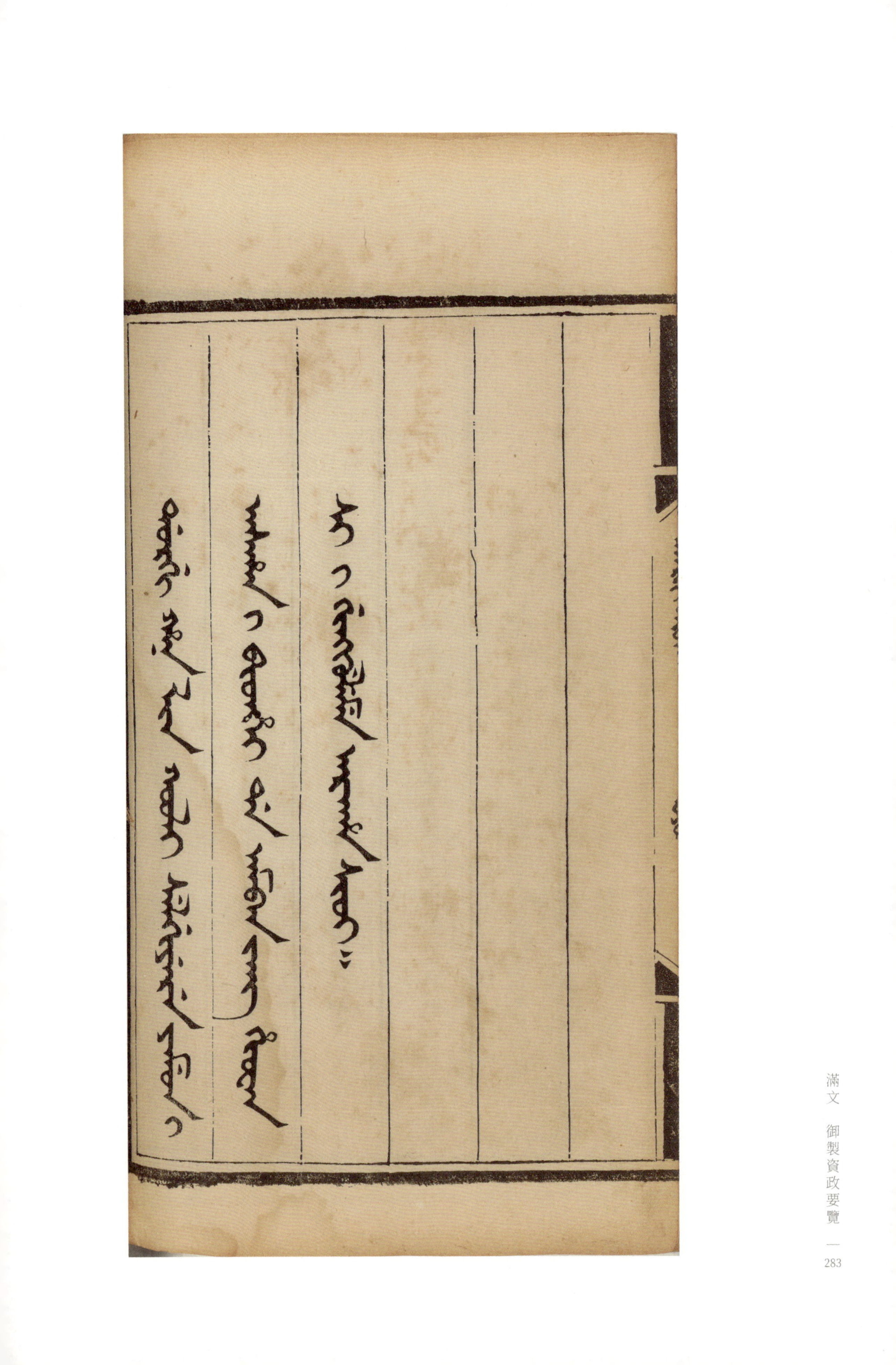

[illegible]

[illegible]

[illegible]

ᠪᠠᠨᠵᡳᡵᡝ ᡩᡝ ᡨᡠᠸᠠᠨᡳᠩᡤᡝ ᠶᠣᠨᡳᠩᡤᠠ ᡨᡠᠸᠠᠮᠪᡳ ᠪᡝᠶᡝᠪᡝ

ᠮᡝᠨᡝᡵᡝᡴᡝ ᠪᠣᠴᠣ ᠈᠈

ᠪᠣᠯᡤᠣᠮᡳᠨ ᠈ ᠣᡴᠣ ᠪᠠᡳᡵᡝ ᠪᡳᡵᡝ ᠪᡝ

ᠪᠣᠯᡤᠣᠮᡳᠮᡝ ᠪᡝᠶᡝᠨ ᡩᡝ ᠪᡝ ᠈ ᡨᡠᠸᠠᡵᡝ ᠪᡝ ᠈᠈ ᠪᡝ

ᠵᠠᠯᠠᠨ ᡩᡝ ᠣᡴᠣ ᠪᠠᡳᡵᡝ ᡩᠣᡵᠣᠨ

ᠪᠠᠨᠵᡳᡵᡝ ᡩᡝ ᠈ ᡨᡠᠸᠠᠨᡳᠩᡤᡝ ᡩᡠᡵᡤᡝᠨ ᡩᠣᡵᠣᠨ

ᠪᡝᠶᡝ ᡳ ᠪᠠᡳᡨᠠ ᠪᡝ ᠠᠮᠪᠠᠯᡳᠩᡤᡡ ᠠᠩᡤᠠ᠉

ᠰᡳᠮᡝᠩᡤᡝ ᠪᠣᡩᠣᡥᠣᠨ ᠵᡝᡴᡝ ᠰᡳᠮᡝᡵᡝ᠈ ᠪᠣᠣᡳ ᠠᠮᠪᠠ

ᠵᡝ ᡤᡳᠰᡠᠨ ᡴᡝᠰᡳᡵᡝ᠈ ᠰᡳᠮᡝᠩᡤᡝ ᡤᡝᡵᡝᠨ ᠰᡝᠮᠪᡳ

ᠪᠣᠣ ᠪᠣᠣᡳ᠈ ᡤᡝᡵᡝᠨ ᠰᡝ ᡤᡝᡵᡝᠨ᠈ ᠰᡝᠮᡝ ᠰᡳ

ᠰᡝ ᡤᡝᡵᡝᠨ ᡤᡝᡵᡝᠨ ᠪᠣᠣ ᡴᡝᠰᡳᡵᡝ᠈ ᠰᡳᠮᡝᠩᡤᡝ

ᠪᠣᡩᠣᡳ ᡩᡝ ᠪᠣᡥᠣ ᡤᡳᠰᡠᠨ ᠪᠣᡥᠣ ᡤᡝᡵᡝᠨ ᠨᡝᡴᡠ

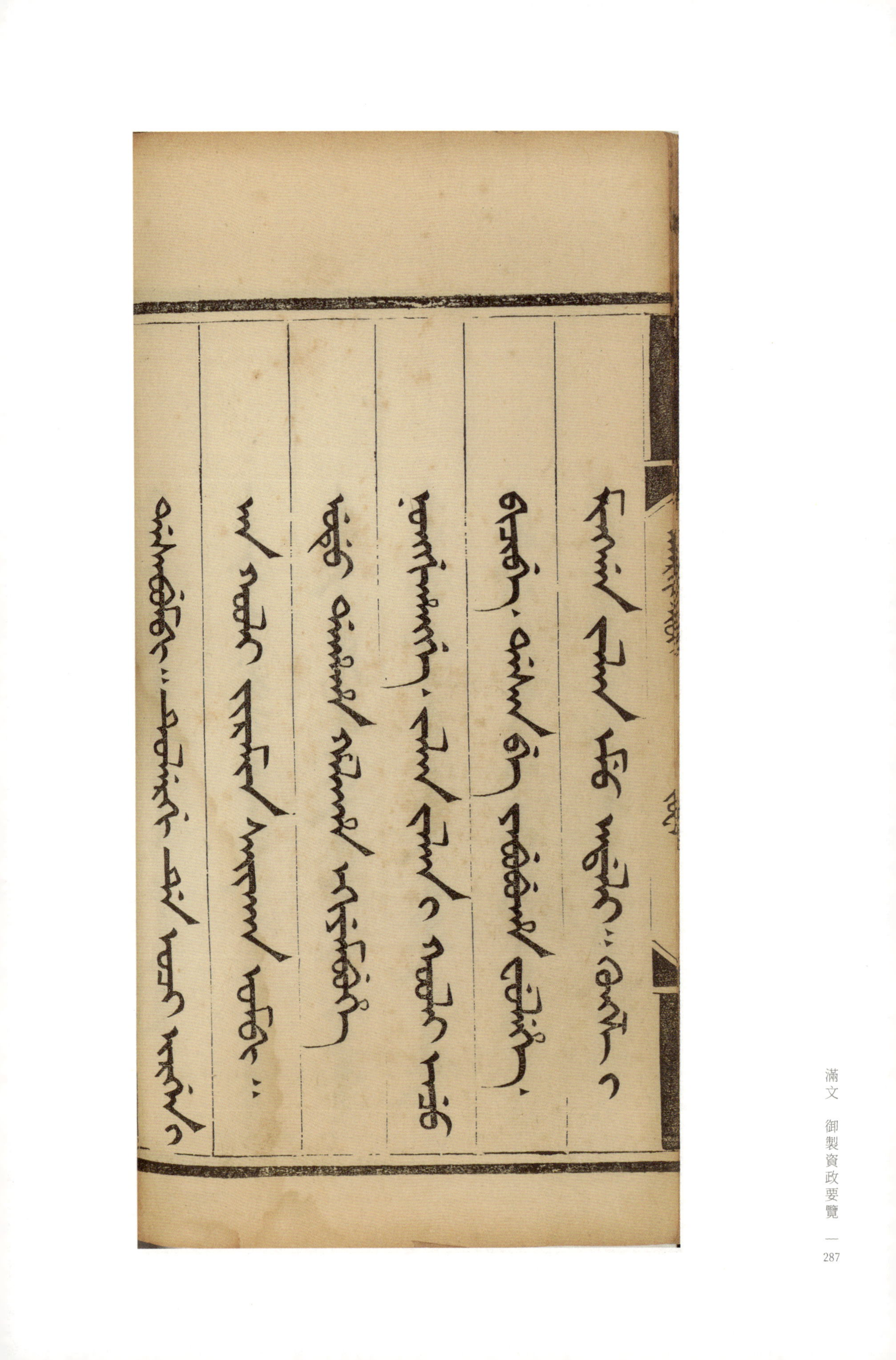

ᠠᠮᠪᡠᠯᠠᠨ᠈ ᠨᡳᠶᠠᠯᠮᠠ᠈ ᠵᠠᡳ ᡩᡝ ᡩ

ᠵᡳᠯᡤᠠᠨ᠈ ᠮᡠᡴᡠᠨ ᠪᡝᠶᡝ ᠠᠮᠪᡠ

ᠵᡳᠯᡤᠠᠨ ᠪᡝ ᠶᠠᠪᡠᠮᠪᡳ ᠪᡝᡳᠯᡝ ᠠᠮᠪᠠᠨ᠈

ᠮᡝᠩᡤᡝᠨ᠈ ᡤᡝᠯᡝᠮᠪᡳ ᡝᠯᡝ ᠪᡝ ᠪᡠᠯᡝᡴᡠ

ᠪᠠᡳᠨᡳ ᠵᠠᡴᠠᠨ ᠠᠮᠪᠠᠯᡳᠩᡤᡡ ᠠᠮᡠᠯᠠ ᠠᠮᡠᠯᠠᠪᡠ᠈

ᠨᡳᠩᡤᡠ ᠠᠮᠪᡠᠯᠠᠨ᠈ ᠵᡳᠨᡳᡵ ᠪᠠᡳᡨᠠᠰᠠᠮᡝ

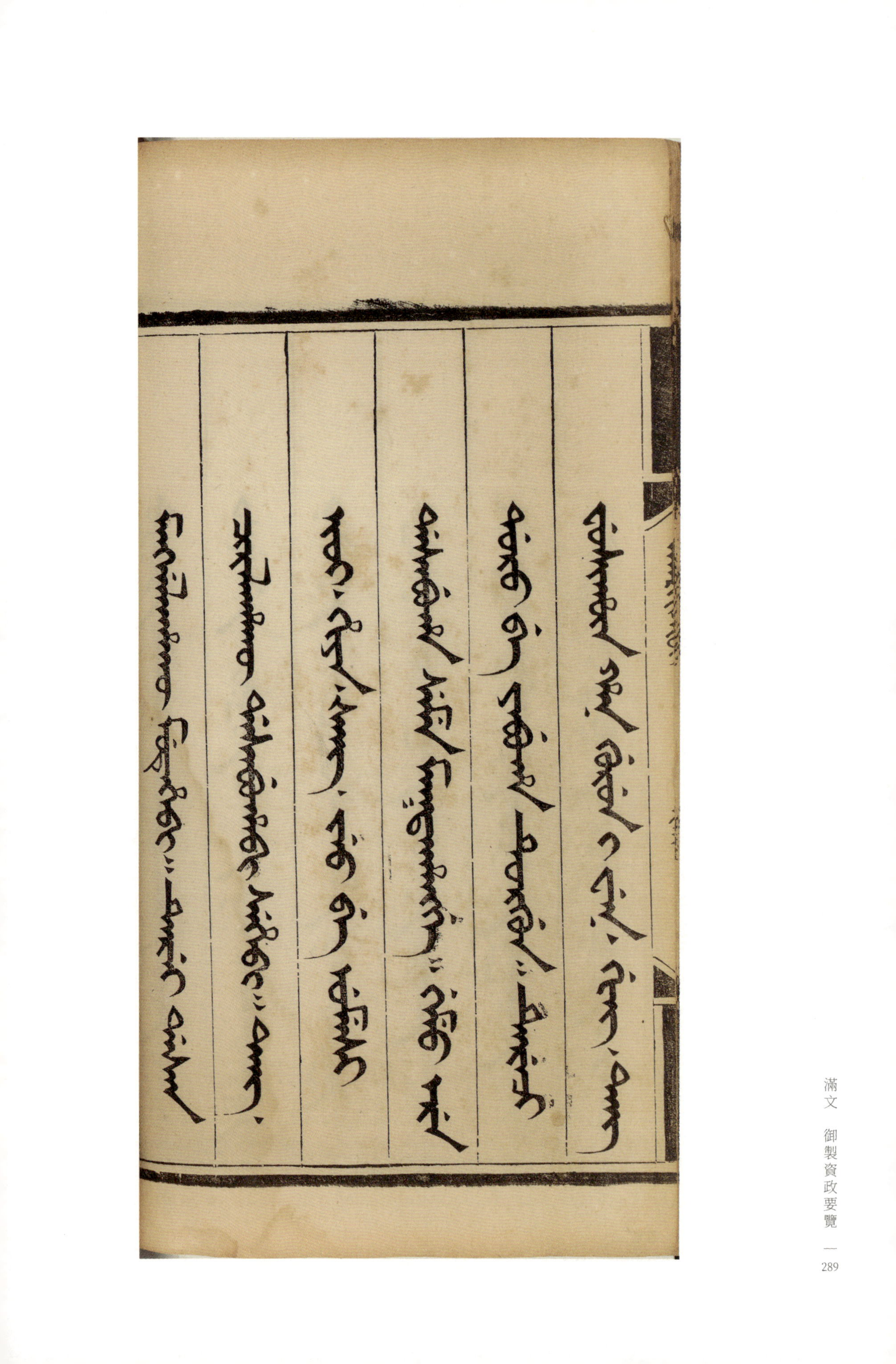

[illegible]

[illegible]

[illegible]

[illegible]

[illegible]

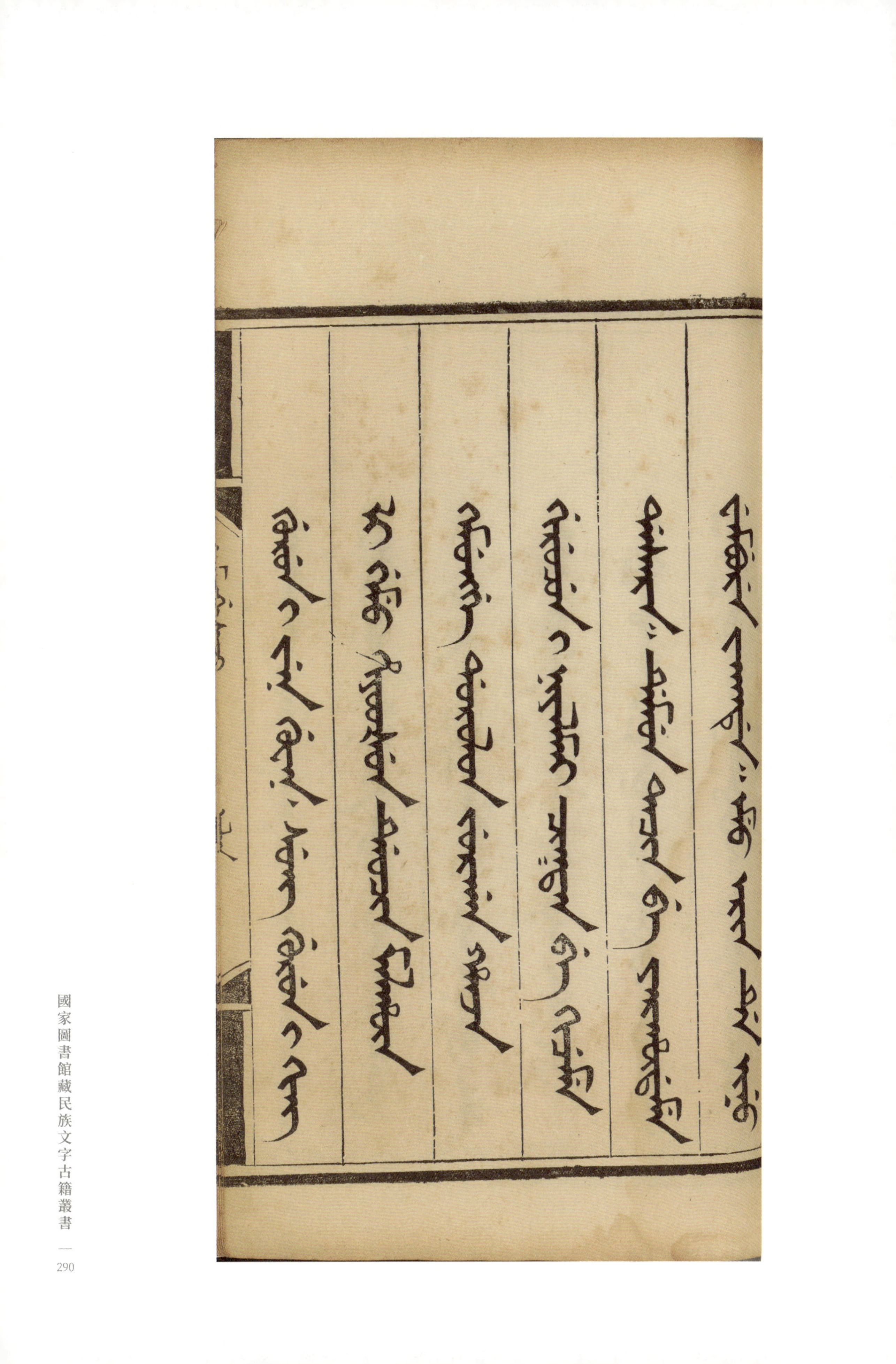

[illegible]

[illegible]

[illegible]

[illegible]

[illegible]

[illegible]

ᡨᠠᠴᡳᡥᡳᠶᠠᠨ ᠰᠠᠮᠠ᠉ ᡥᠣᠯᠣ ᠪᡳᠣ
ᠰᠠᠮᠠ᠈ ᡳᠨᡠ ᡩᡝ ᡨᡠᠸᠠᡴᡳᠶᠠᡵᡝ ᠪᡳᠣ
ᠰᠠᠨᡳ ᡩᡝ ᡨᡠᠸᠠᡴᡳᠶᠠᡵᡝ ᠨᡳᠶᠠᠮᠠ ᠨᡳᠶᠠᠮᡳᠶᠠᠨ
ᡥᡠᡴᠣ ᠰᠠᠨᠠᠮᡝ ᡩᡝ ᠰᠠᡵᡳ ᠪᡠᡥᡝ᠉
ᡥᡠᠸᠠᡴᡳᠶᠠᠨ ᠰᠠᠨᡳᠶᠠᠨ ᠪᡠᡥᡝᡵᡝ᠉ ᡥᠠᠴᡳᠨ ᠨᡳᠶᠠᠮᡳᠶᠠᠨ
ᠪᠠᠰᠠᠨ ᠰᡠᠨ ᠪᡠᡥᡝᡵᡝ᠉ ᠰᠠᠨ ᡳ ᠪᠠᠰᠠᠨ

ᡤᡳᠩᡤᡠᠯᡝᠮᡝ ᠸᡝᠰᡳᠮᠪᡠᡵᡝ ᠪᡝ ᠵᠠᠯᡳᠨ ᡩᡝ ᠪᠠᡳᠨ
ᡥᡝᠰᡝ ᠸᡝᠰᡳᠮᠪᡠᡥᡝ ᠄ ᠪᠠᡳᠮᡝ ᠰᠠᡥᠠ
ᡝᠯᡥᡝ ᠪᠠᡳᠮᡝ ᠪᠠᡳᠨ ᠰᡳᠨᡳ ᠪᡠᡥᡝᠨ
ᠰᡝᡥᡝ ᠄
ᠪᡠᠰᡝᠯᡝ ᡤᡳᠩᡤᡠᠯᡝᠮᡝ ᠪᡝ ᠰᡳᠨᡳ ᡩᡝ ᠪᡠᠮᡝ
ᠰᠠᡳᠰᠠᠩᡤᠠ ᠄ ᡤᡝᠯᡝᠨ ᠪᡝᡥᡝ ᠪᡝ ᠰᠠᡳᠰᠠᠩᡤᠠ

ᠪᠣᡩᠣᠨ᠈ ᡤᡠᠸᠠᠩᡤᠠ ᡳ ᠰᡠᡵᡝ ᠪᡝᠶᡝ

ᠪᡝᡳᡝ᠈ ᠰᡠᡵᡠᠨ ᡩᠣᠣᡵᡝ ᡳᠰᡳ ᠪᡝᠶᡝ

ᡳᠰᡳ ᡤᡠᠸᠠᠩᡤᠠ᠄ ᠪᠣᡩᠣᠣ ᠪᡝ ᠶᡝ ᡳᠰᡳᠨᠵᡳᠮᡝ

ᠵᡳᠯᡝᠨ ᡳᠰᡳᠨᠵᡳᡵᡝ᠈ ᠪᠣᡩᠣᡥᠣᠨ ᡳᠰᡳ ᡤᡠᠸᠠᠩᡤᠠ

ᡝᠨᡩᡠᡵᡝ ᠪᡝ ᡳᠯᡝᠨ ᠴᡳ ᠪᠣᡩᠣ᠄ ᡳᠰᡳ ᡩᠣᠣᡵᡝ

ᠠᠩᡤᠠ᠈

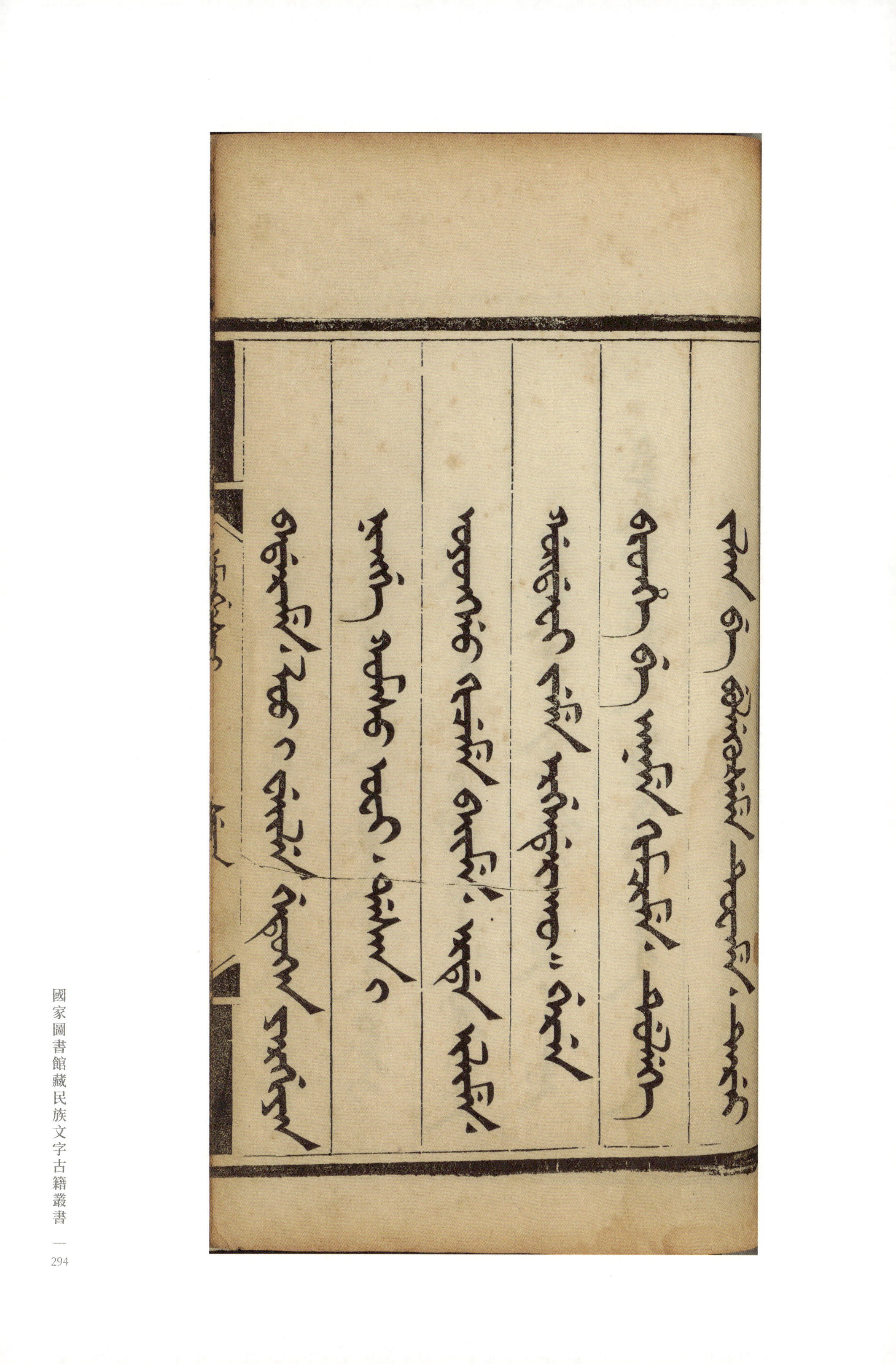

[illegible]

[illegible]

[illegible]

[illegible]

[illegible]

[illegible]

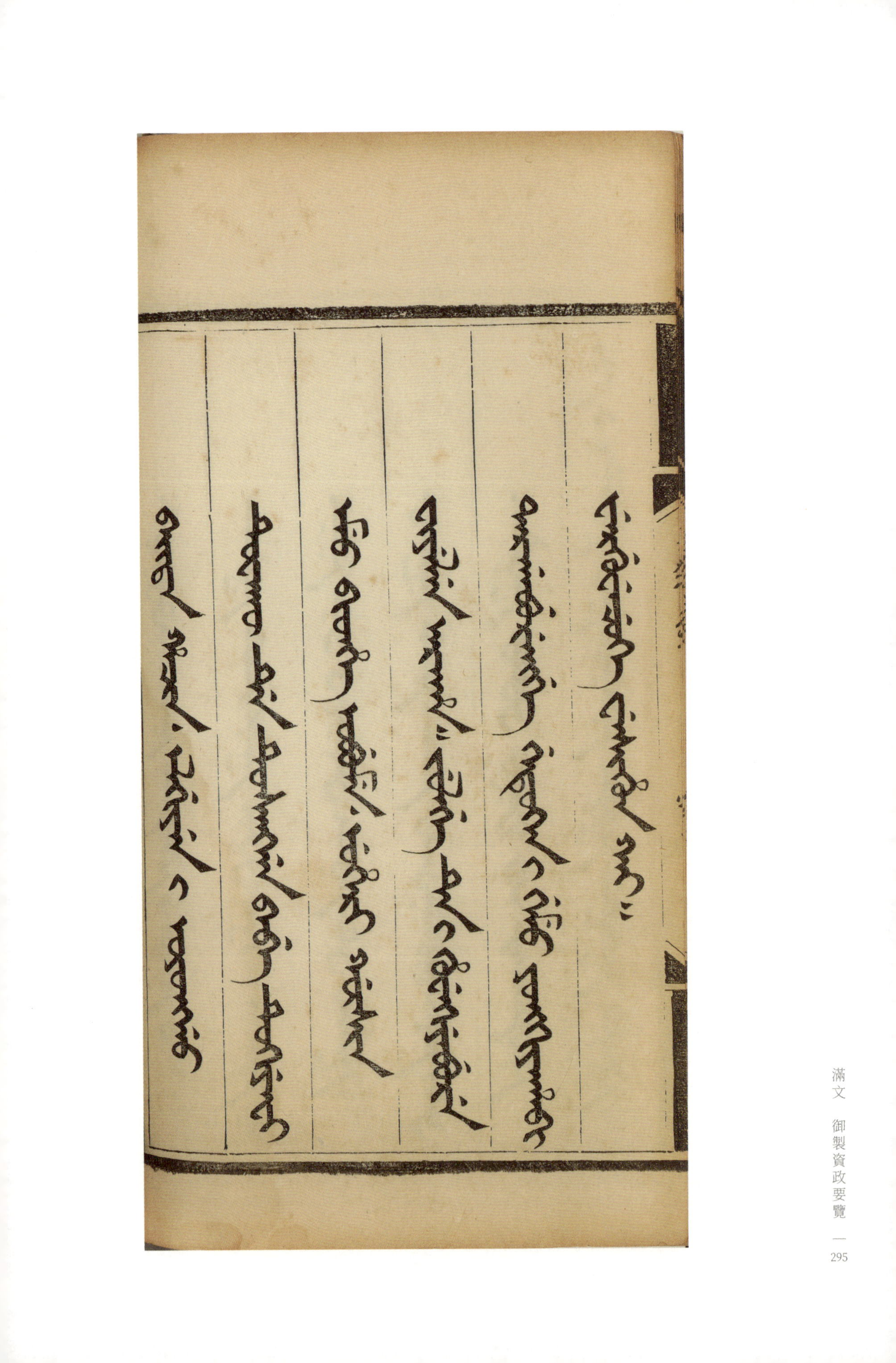

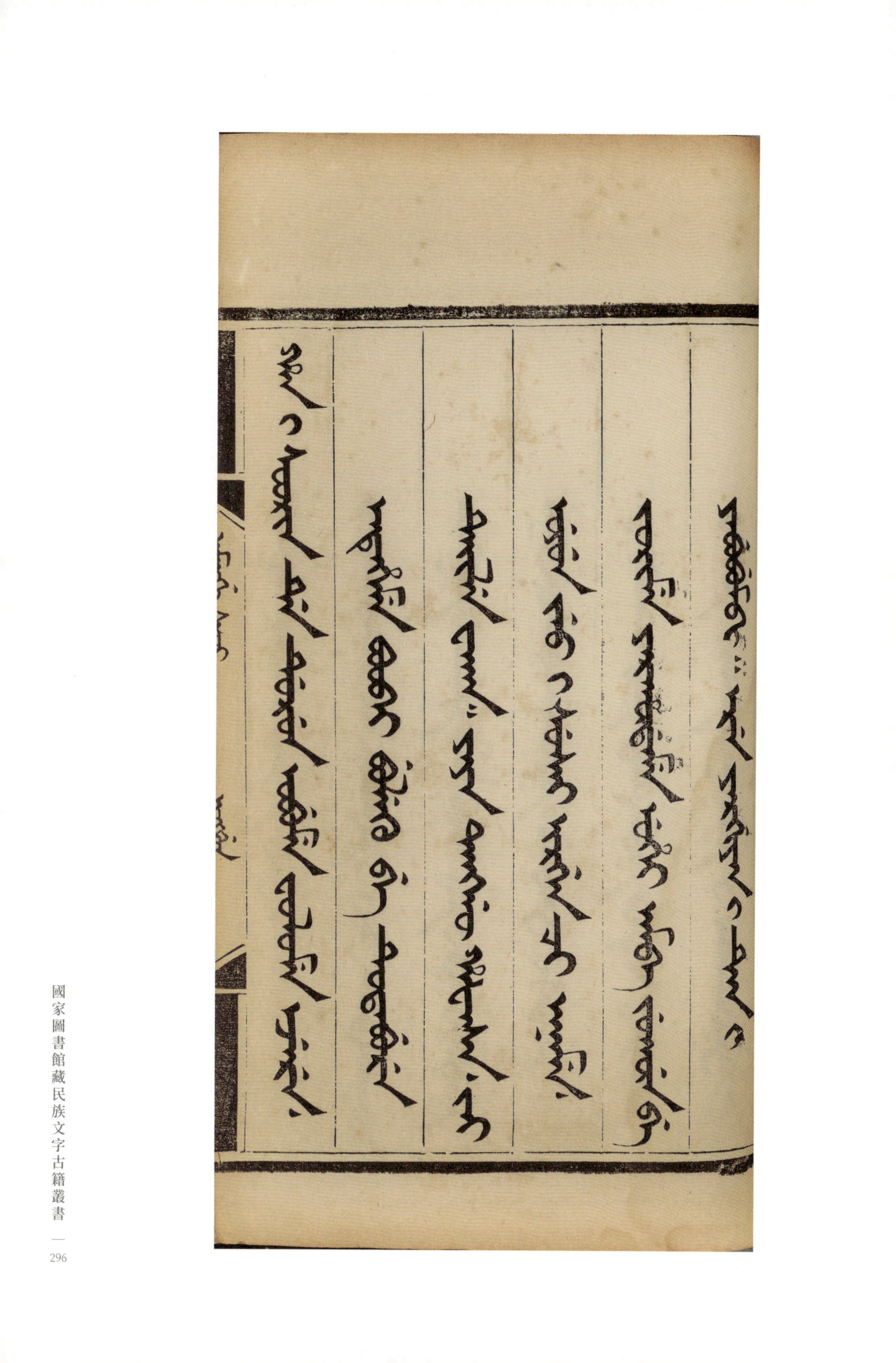

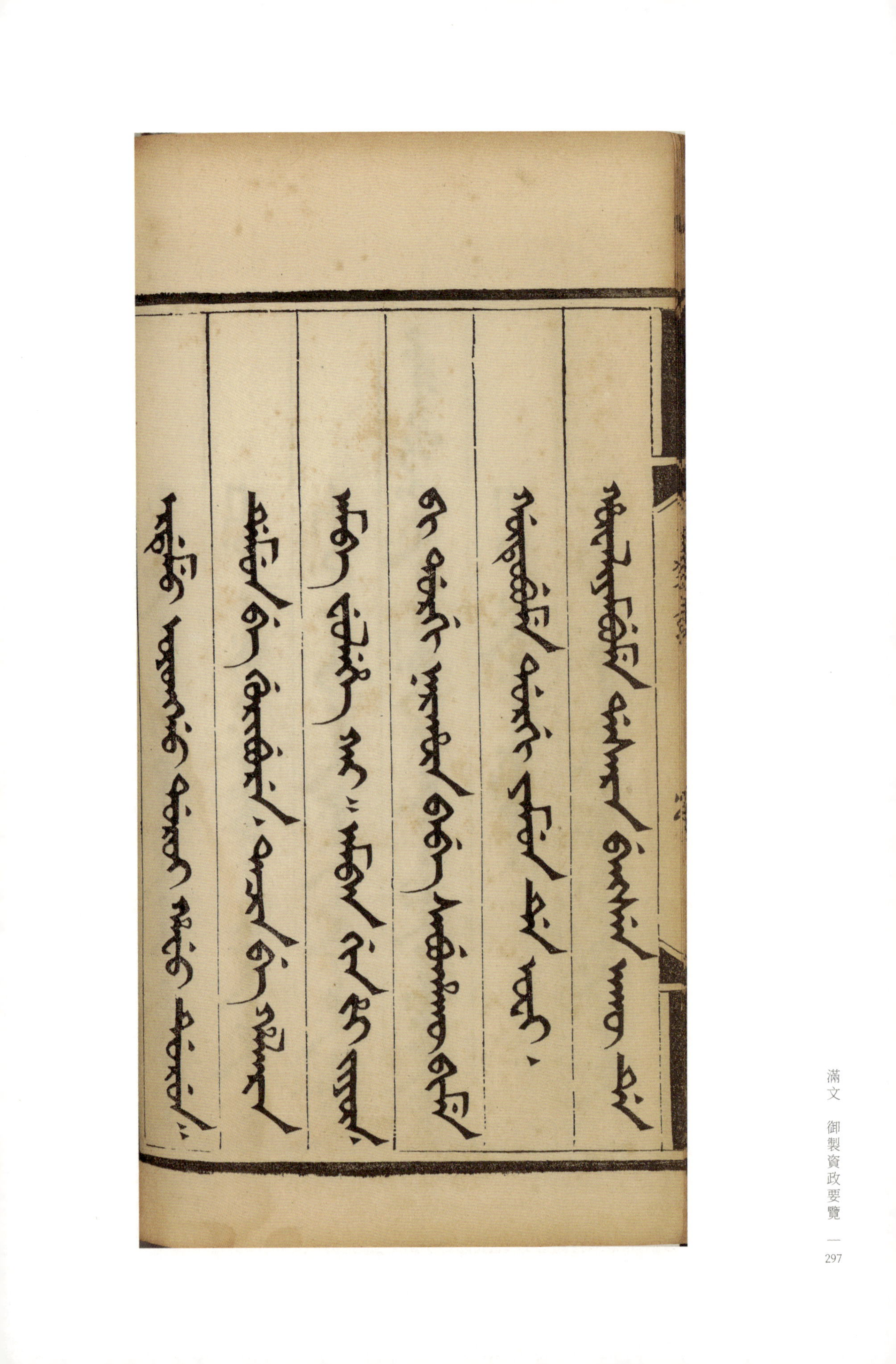

[illegible]

[illegible]

[illegible]

[illegible]

[illegible]

[illegible]

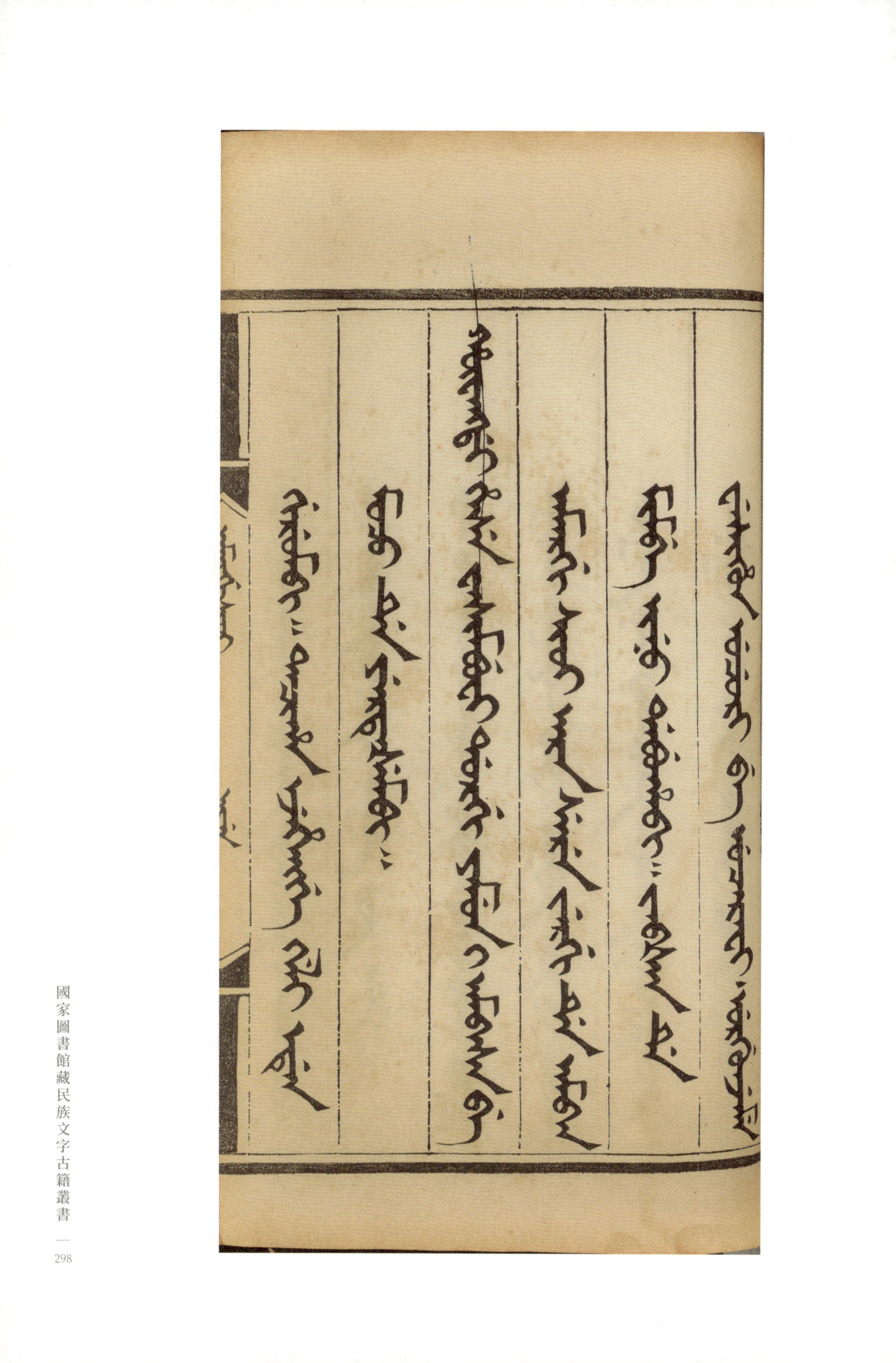

[illegible]

[illegible]

[illegible]

[illegible]

[illegible]

[illegible]

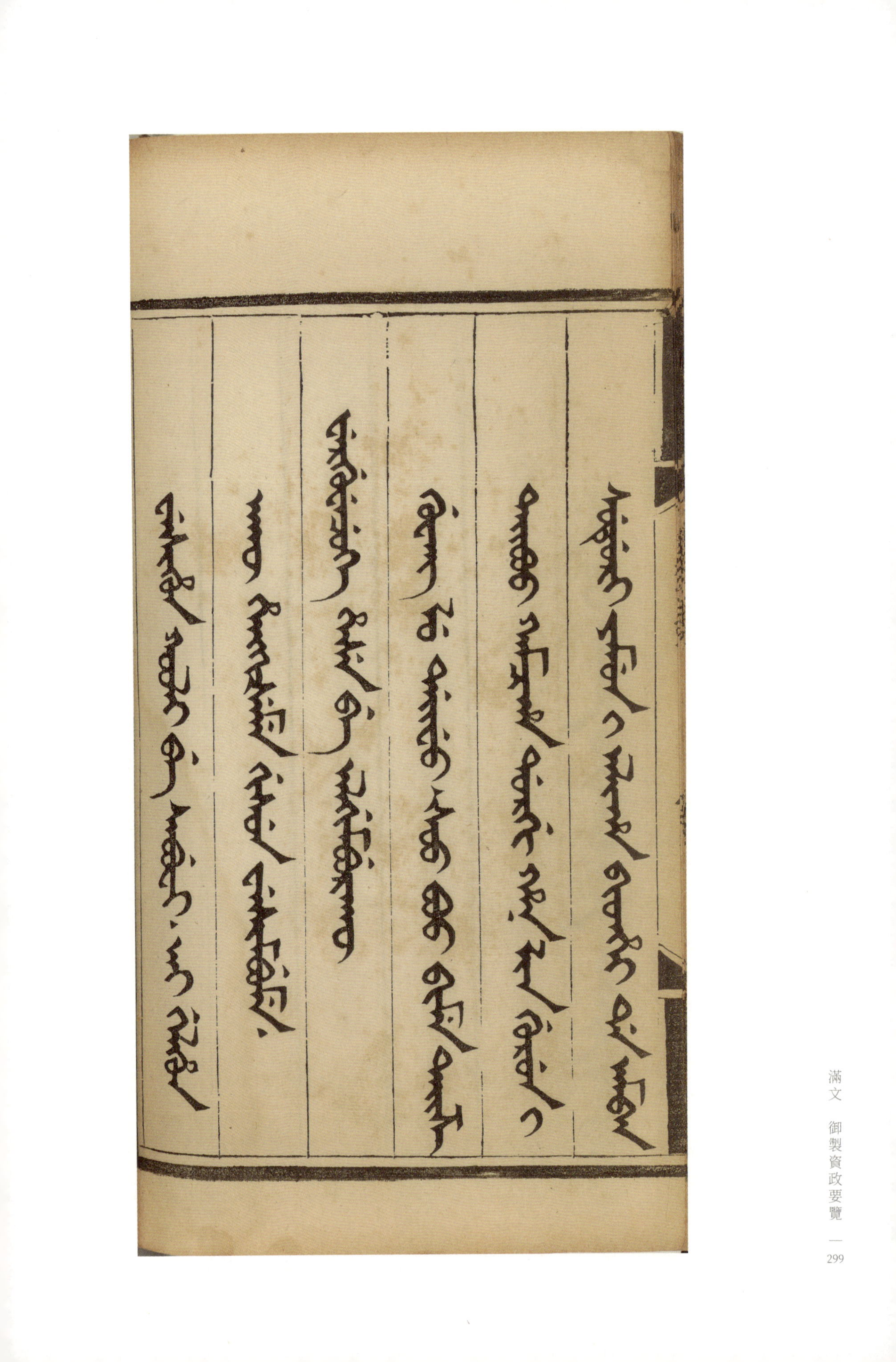

ᡤᡳ ᠪᡝ ᠠᠮᠠᠯᠠ ᡤᡳᠩᡤᡠᠯᡝᠮᡝ ᡥᠠᡵᠠᠩᡤᠠ ᡨᡠᡵᡤᡠᠨ

ᠪᠠᠨᡳᠨ ᡩᡝ ᡨᡠᠰᠠᠩᡤᠠ ᡨᠣᠪᠣᠩᡤᠣ ᡨᠣᠪᠣ ᠪᠣᠣᡵᠣ

ᠰᡠᡵᡝᠩᡤᡝ ᠣᠮᠪᡳ᠉

ᠪᠣᠣ ᡳ ᠵᡠᠰᡝ ᠪᠠᠨᡳᠨ ᡩᡝ ᡨᠠᠴᡳᠪᡠᡵᡝ ᡨᠣᠪᠣᠩᡤᠣ

ᡨᠣᠪᠣ ᠪᠣᠣᡵᡝ ᠠᠮᠠᠰᡳᠨᡤᡠ

ᡩᡠᡵᡠᠨ ᠠᡴᡡ ᠠᡴᡡ ᡩᠣᠣ ᡩᡝ ᠠᠮᠠᠰᡳ᠉ ᠣᡥᠣ

ᡤᡳᠰᡠᠨ ᠠᠮᠪᡠᠯᠠ ᡩᡝ

ᠰᡠᡵᡝ ᡨᡠᠸᠠᡴᡳᠶᠠᡵᠠ᠈ ᠮᡝᠩᡤᡝ ᡝᠮᡠ ᡤᡳᠰᡠᠨ ᠪᡝ ᡤᡳᠰᡠᡵᡝᡵᡝ᠈

ᡨᠣᡵᡤᠣ ᠪᡝ᠈ ᠰᡝᠮᡝ ᡳ ᠪᠣᠣ ᡳᠰᡳᠨᠵᡳᠮᡝ

ᡨᡠᠸᠠᠨ ᠪᠠᡳᡨᠠᡴᡠ ᠶᠠᠪᡠᠪᡠᡥᡝ ᡤᡡᠨᡳᠨ᠈ ᡳᠰᡳ᠈

ᡨᡝᠨ ᠪᡝ ᡳ ᡨᡝᡨᡝᡴᡠ ᠪᠣᠣ ᡳᠮᡝᠷᡝ ᡳᡵᡝ

ᠮᡠᡴᡩᡝᠨ᠈ ᡨᡝᠮᡝ ᠪᡝ ᡳ ᡨᡠᠸᠠᠮᡝ ᠮᡳᠨᡳ ᡳᠮᡝᡵᡝ ᡳᡵᡝ

ᡨᡝᠨᡤᡤᡝᠨ ᡨᡠᡵᡤᡠᠨ ᡳ ᠮᡝ ᡳᠯᡳᡵᡝ᠈ ᡤᡳᠰᡠᠨ

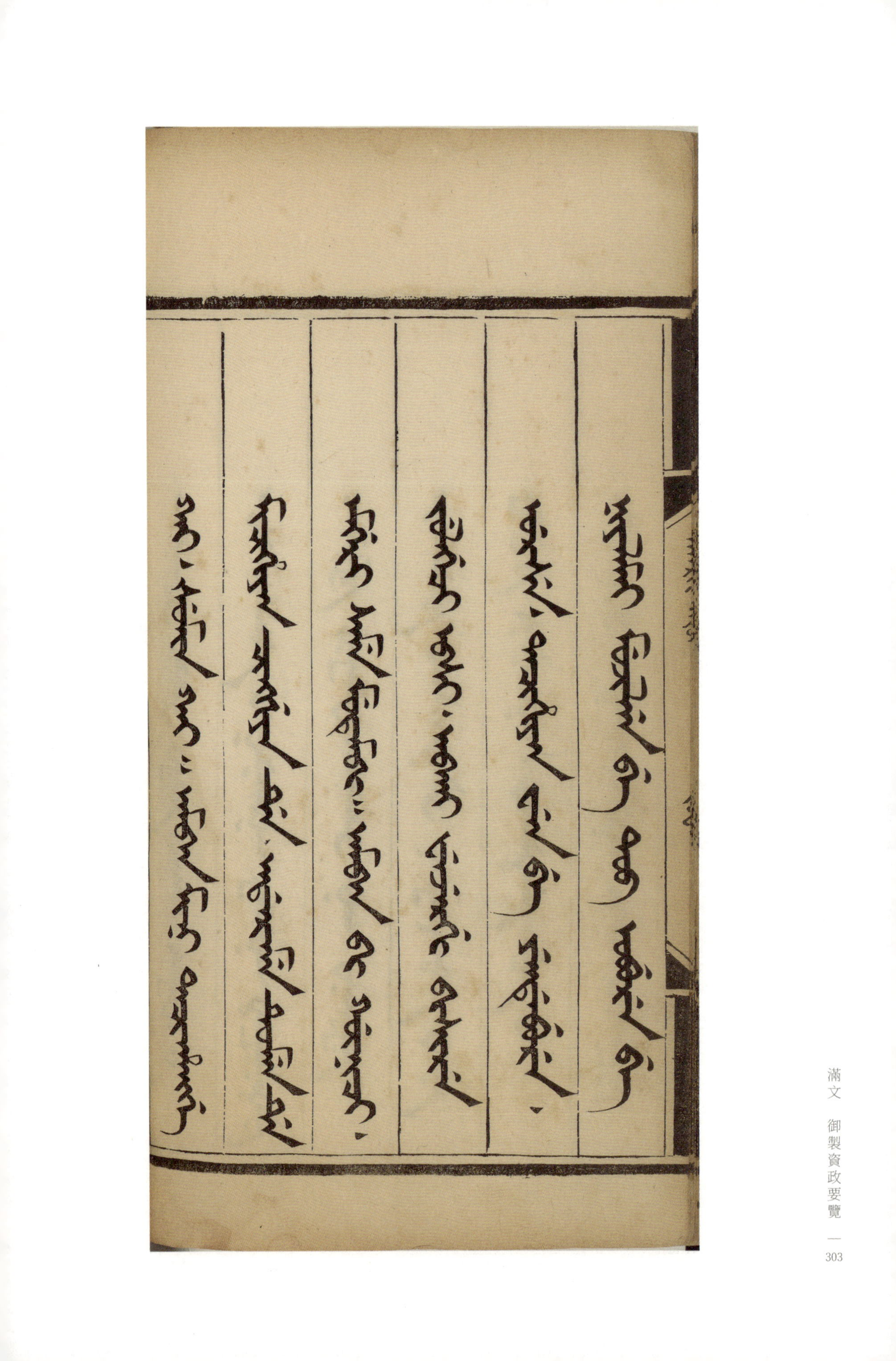

[illegible]

[illegible]

[illegible]

[illegible]

[illegible]

[illegible]

ᠪᠣᠣᡳᠶᠣ ᠪᡠᠰᡠᡴᡳᠶᡝᠨ ᠰᡝᠮᡝ ᠉ ᡤᡝᠩᡤᡳᠨ

ᡤᡝᠩᡤᡳᠶᡝᠨ ᠰᡝᡵᡝᠩᡤᡝ ᠈ ᠮᡝᠩᡤᡝ ᡨᡝᠨ ᠊ᠣ

ᠪᠣᡩᠣᡵᡳ ᡨᡝ ᠉ ᠪᡠᡵᡠ ᠮᡠᠩᡤᠠᠩᡤᡝ ᡤᡝᠮᡠ

ᠰᡳᠩᡤᡳᠶᡝ ᠰᡠᠩᡤᡝ ᠪᠣᠣᠪᠣ ᡳ ᠰᡝᠮᡝᡵᡝ ᠈

ᠪᠣᠣᡩᠠᠨᡳᡵᡝ ᠪᡠᠰᡠᡴᡳᠶᡝ ᡤᡝᠩᡤᡳᠨ ᡤᡝᠩᡤᡳᠶᡝᠩᡤᡝ

ᡩᠣᠣᠪᡠ ᡨᡝ ᡤᡝᠮᡠ ᠠᡴᡡ ᠪᠣᡩᠣ ᠉

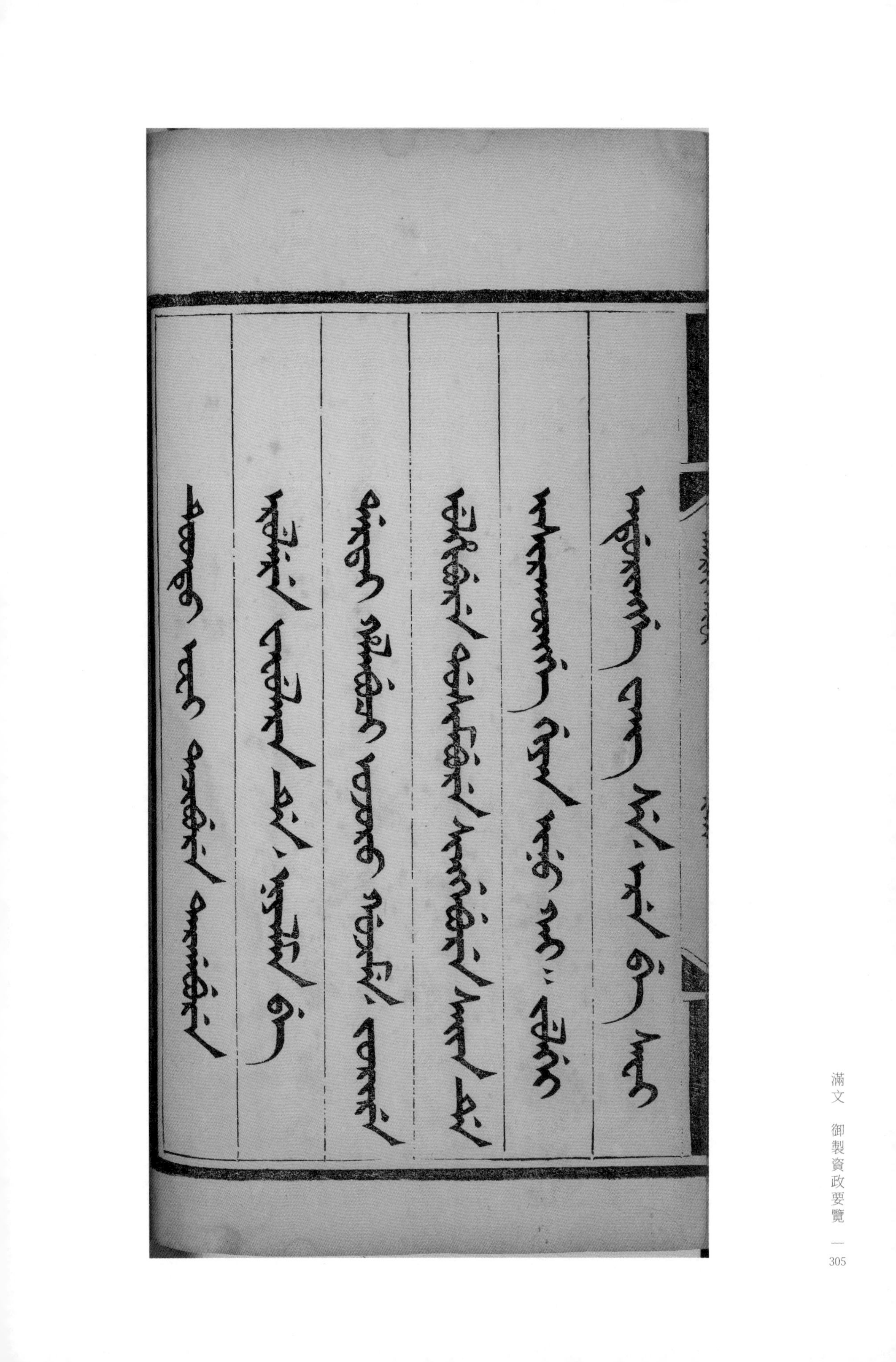

[illegible]

[illegible]

[illegible]

[illegible]

[illegible]

[illegible]

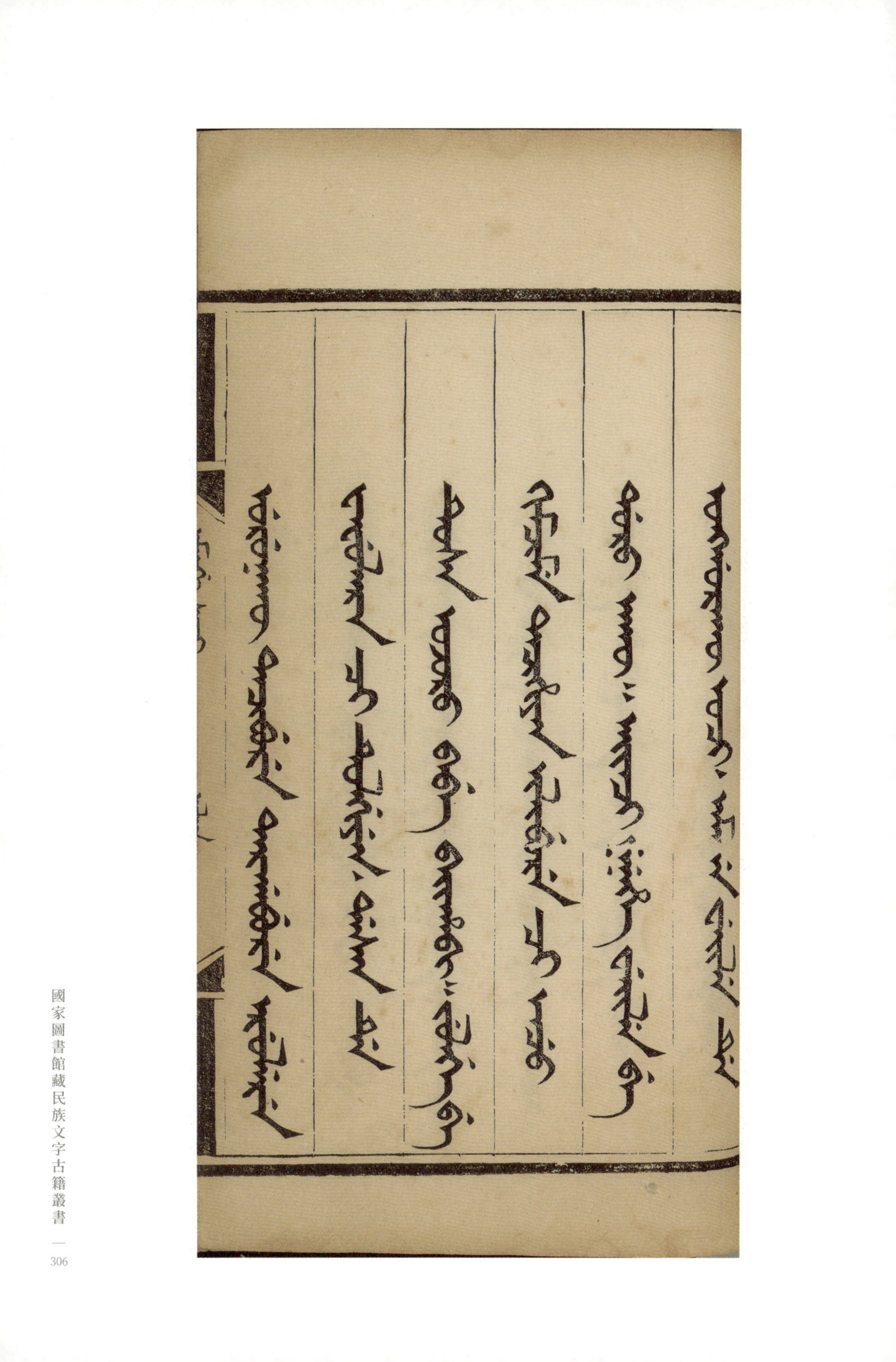

[illegible]

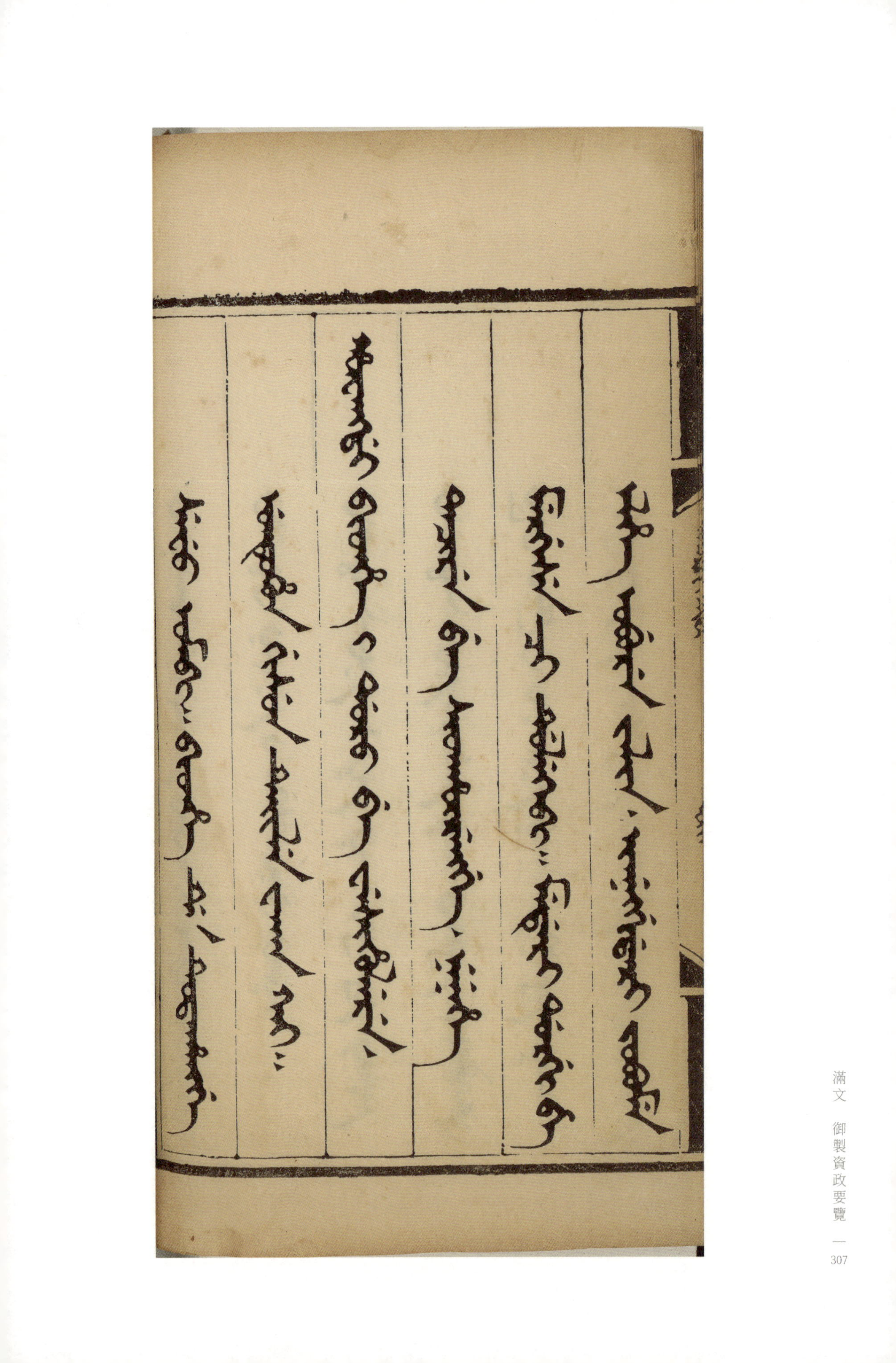

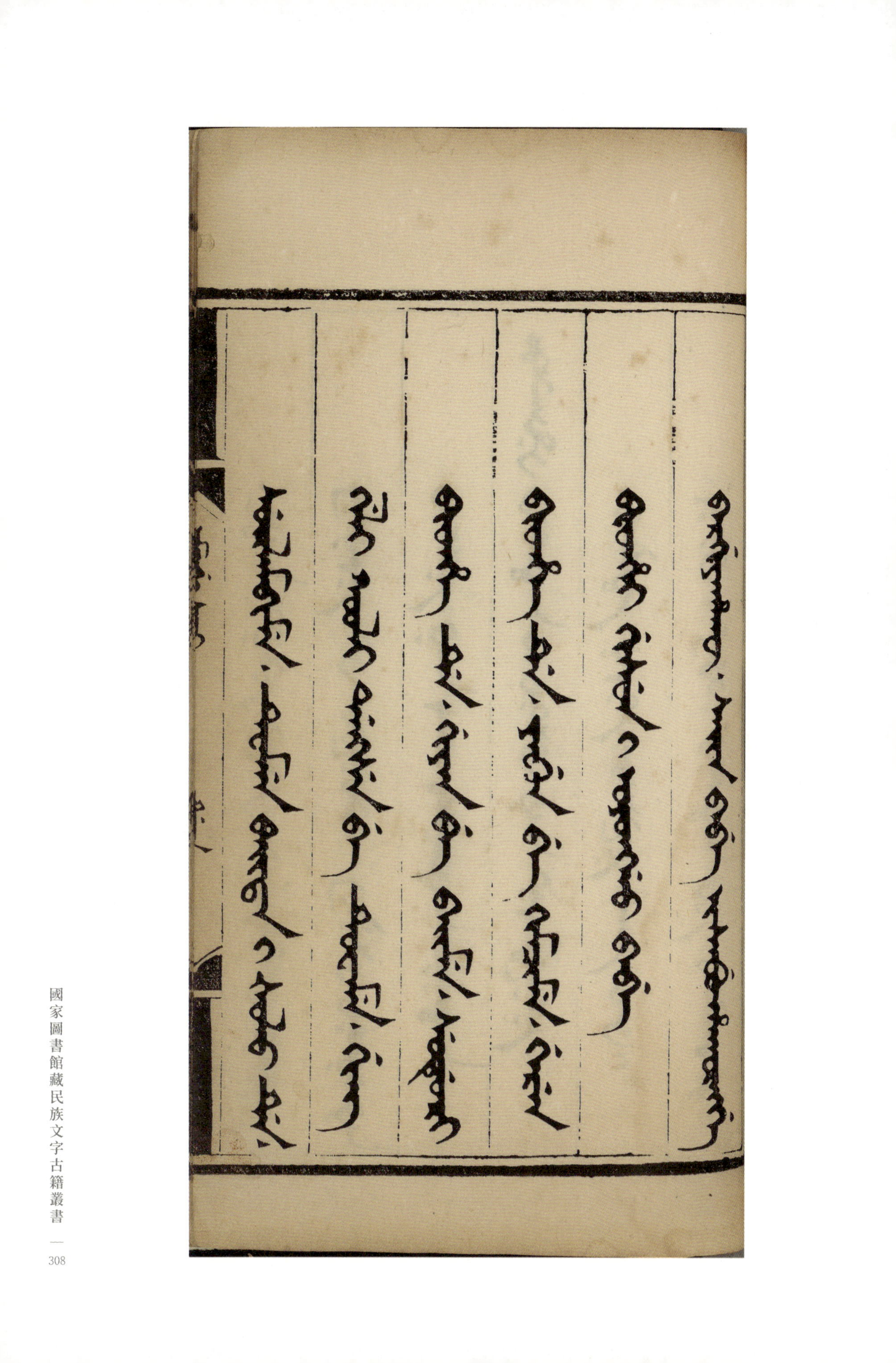

[illegible]

[illegible]

[illegible]

[illegible]

[illegible]

[illegible]

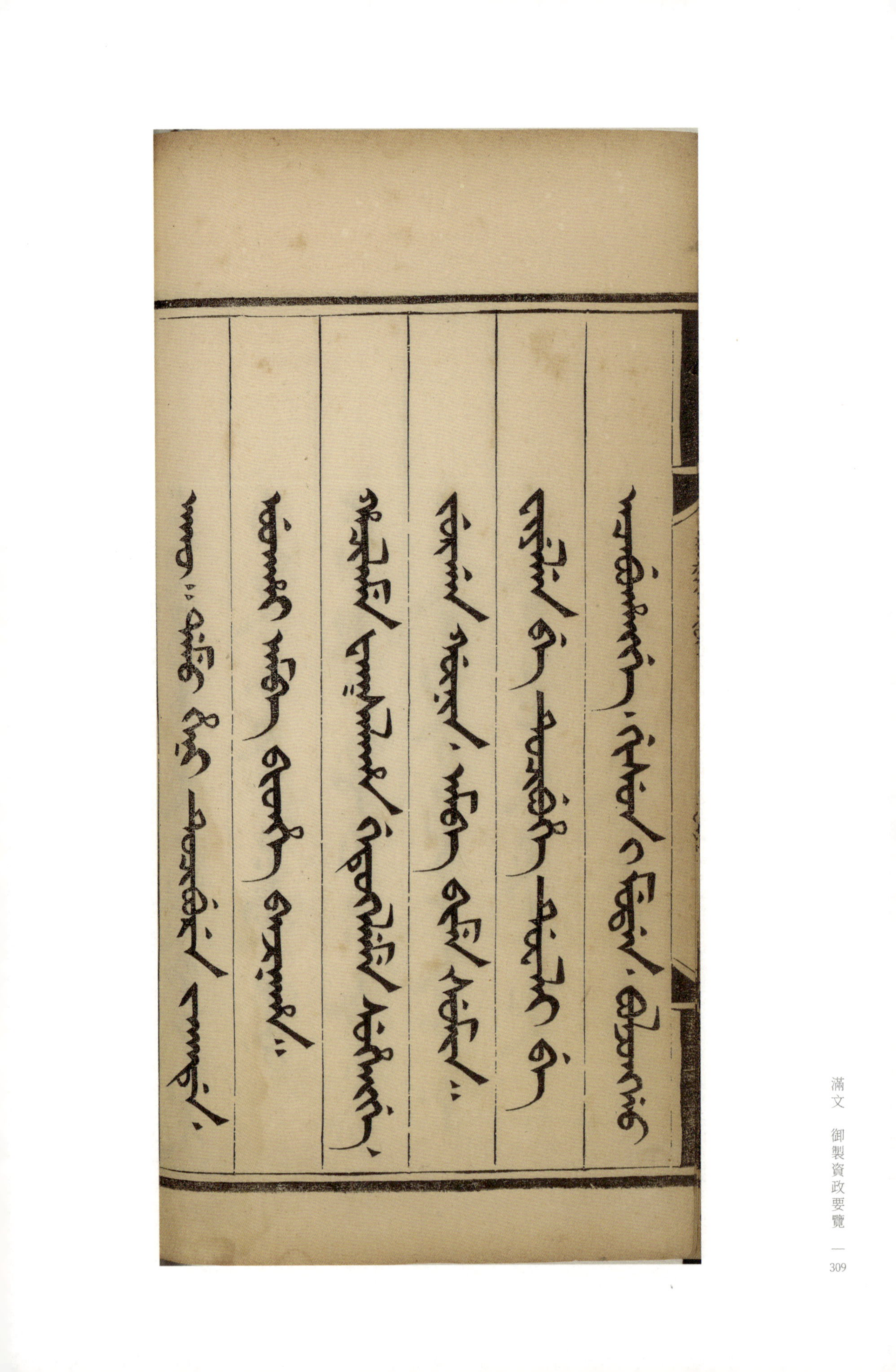

ᠰᡝᠮᠪᡳ ᠉ [illegible]

[illegible]

[illegible]

[illegible]

[illegible]

[illegible] ᡳ [illegible]

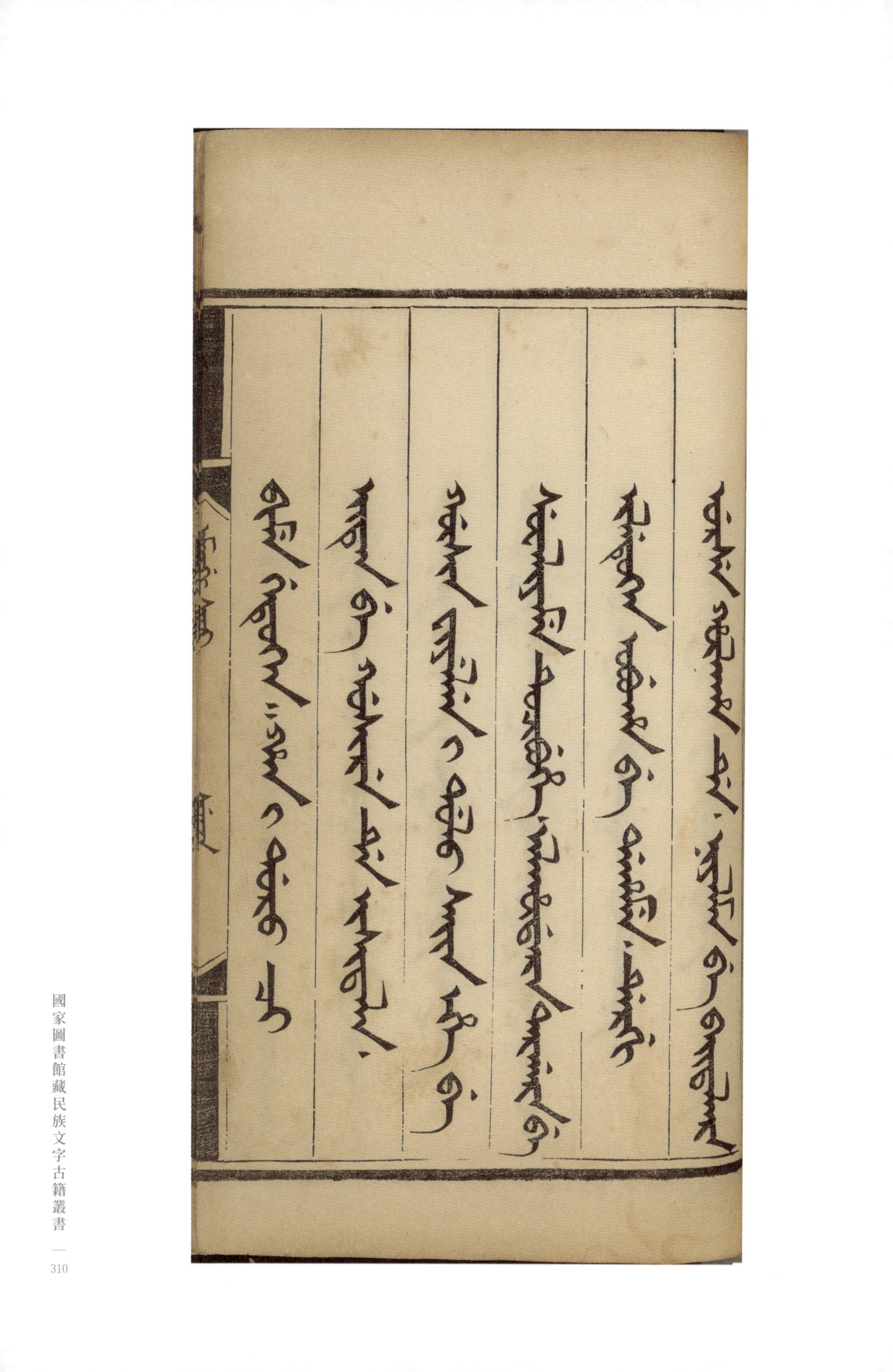

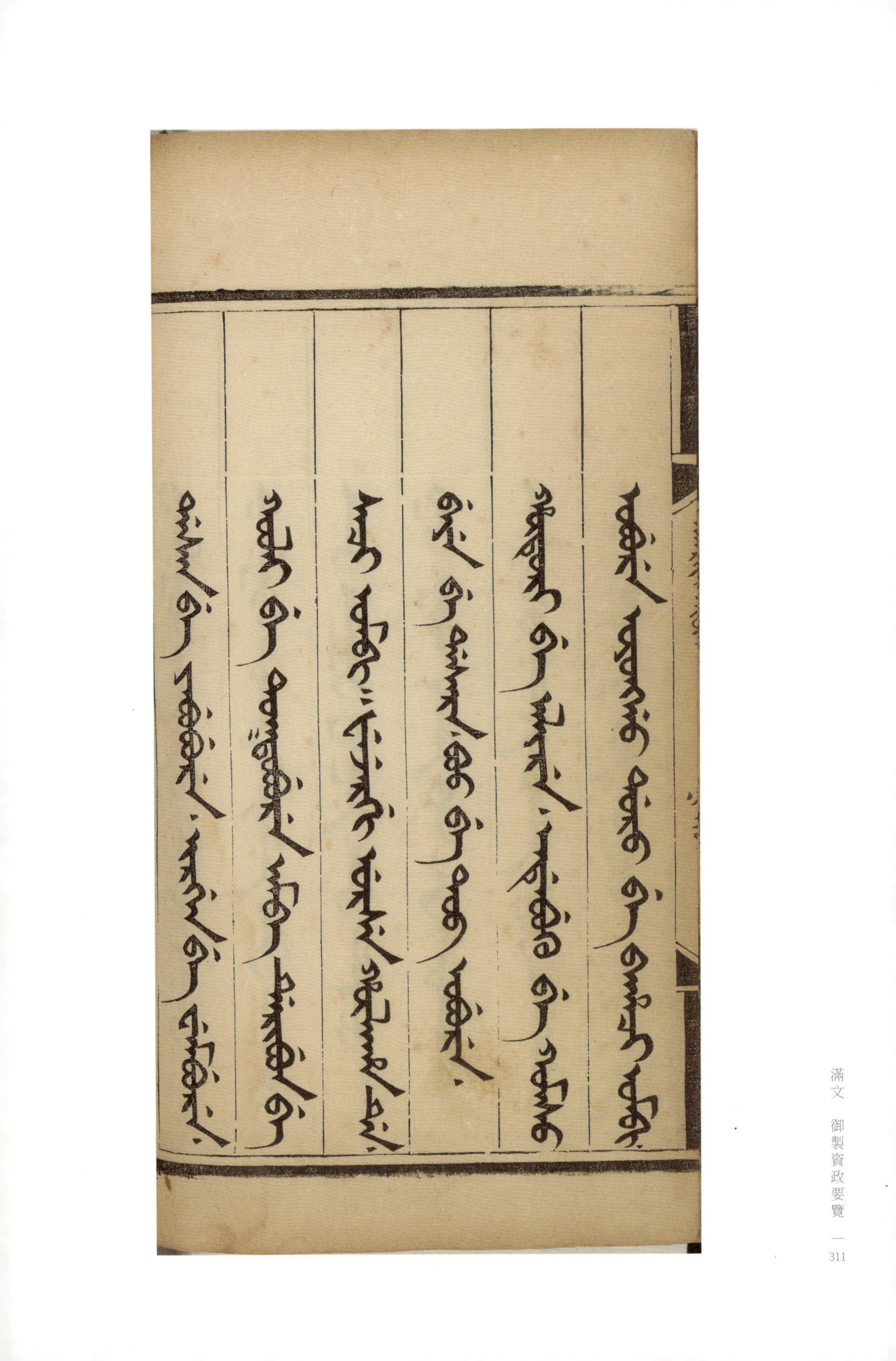

ᡨᡝ ᠨᡳᠩᡤᡠᠨ ᠪᡳᡥᡝ᠈ ᡤᡳᠰᡠᠨ ᠪᡝ ᠪᡳᡥᡝ

ᠮᡠᡴᡡᠨ ᠪᡝᡳᠯᡝ᠈ ᠪᡝᡳᠰᡝ ᡤᡠᠩ ᠪᠣᠣᠪᠠᡳ

ᡤᡝᠮᡠ ᡥᡝᠴᡝᠨ ᠪᡝ ᡤᡳᠩ᠉ ᠪᠣᠣᠪᠠᡳ

ᡥᡝᠪᡝ ᡳᠰᡳᠨᠵᡳᡶᡳ ᠵᡠᠸᡝᠨ ᡤᡝᠨᡝᡥᡝ ᠰᡝᡥᡝ

ᠵᡠᠯᡤᡝᡵᡳ᠉ ᠪᡝᡳᠰᡝᠨ ᡤᡳᠩ ᡤᡝᠩ ᠰᡝᡥᡝ

ᡥᠣᡧᠣᡳ᠉ ᠪᡝᡳᠰᡝᠨ ᡳ ᠵᡠᠯᡤᡝᠨ ᠰᡝᡥᡝ

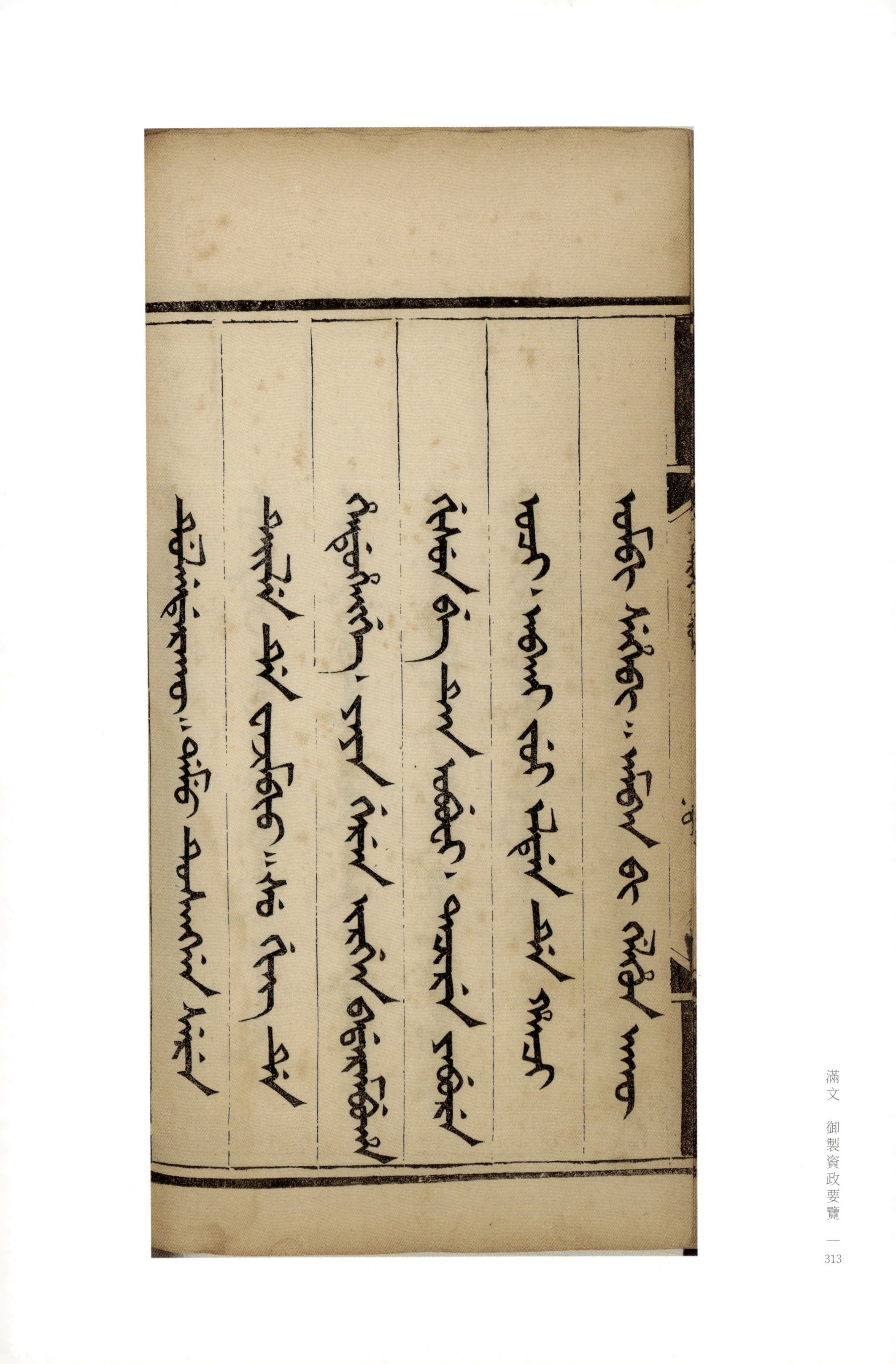

[illegible]

[illegible]

[illegible]

[illegible]

[illegible]

[illegible]

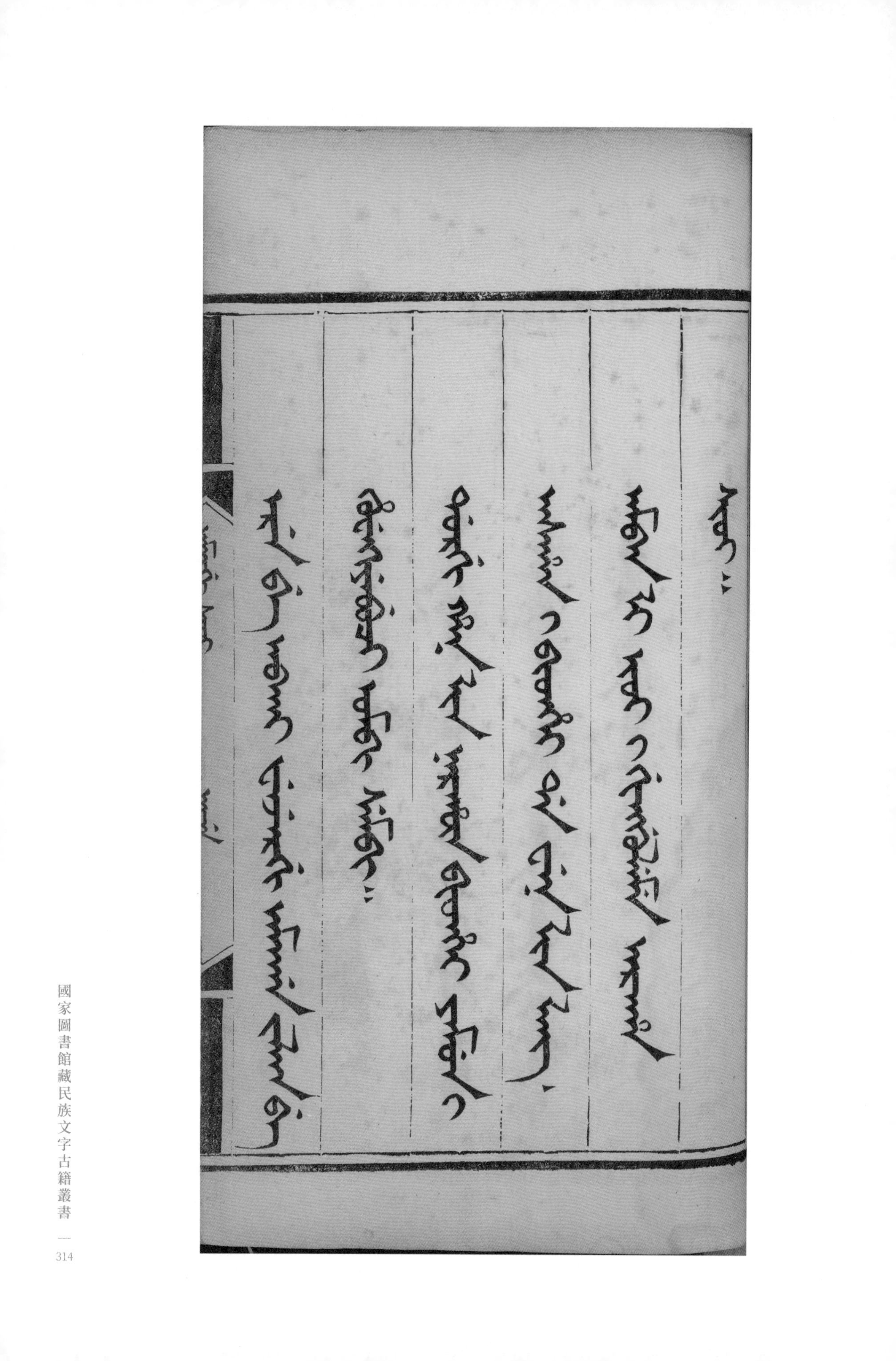

[illegible]

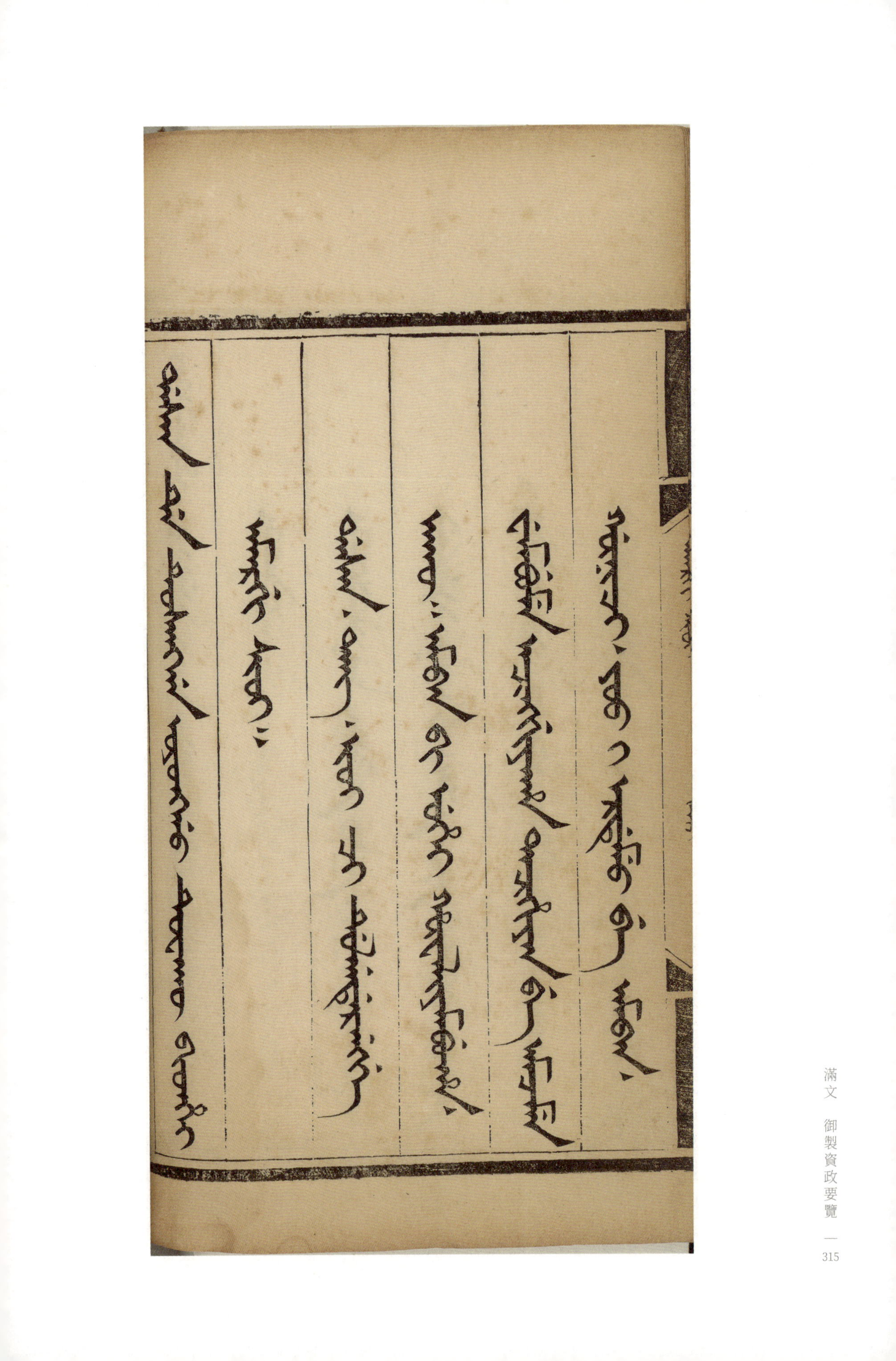

[illegible]

[illegible] ::

[illegible]

[illegible] :: [illegible]

[illegible]

ᡤᡠᡵᡠᠨ ᠪᠣᠣ ᡳ [illegible] ᠪᡝ [illegible]

ᡤᡝᠮᡠ ᡳ ᡨᡠᠮᡝᠨ ᠪᡝ ᡤᡝᠮᡠᠨ ᡥᡝᠴᡝᠨ ᡤᡳᠰᡠᠨ ᠪᡝ

ᠮᠠᠨᠵᡠᠰᠠ ᡳ ᡨᡠᠮᡝᠨ ᡳ ᠮᡠᠰᡝ

ᠵᡠᠯᡤᡝᡵᡤᡳ ᠪᡝ ᠪᡳᠯᡠᠮᡝ ᡤᠠᠰᠠᡵ ᠪᠠᡳᡨᠠ ᠪᡠᠮᡝ

ᠪᠣᠣᠰᡝ ᠰᡝᡵᡝ ᠪᡝᠶᡝ ᡤᠠᠰᠠ ᠰᡝᡵᡝ

ᠪᡝᠶᡝᠪᡝ ::

ᠠᠮᠪᠠᠯᡳᠩᡤᡡ ᡝᡵᡩᡝᠮᡠ ᠪᡝ ᠰᠠᡳᡴᠠᠨ ᡤᡳᠩᡤᡠᠯᡝᠮᡝ

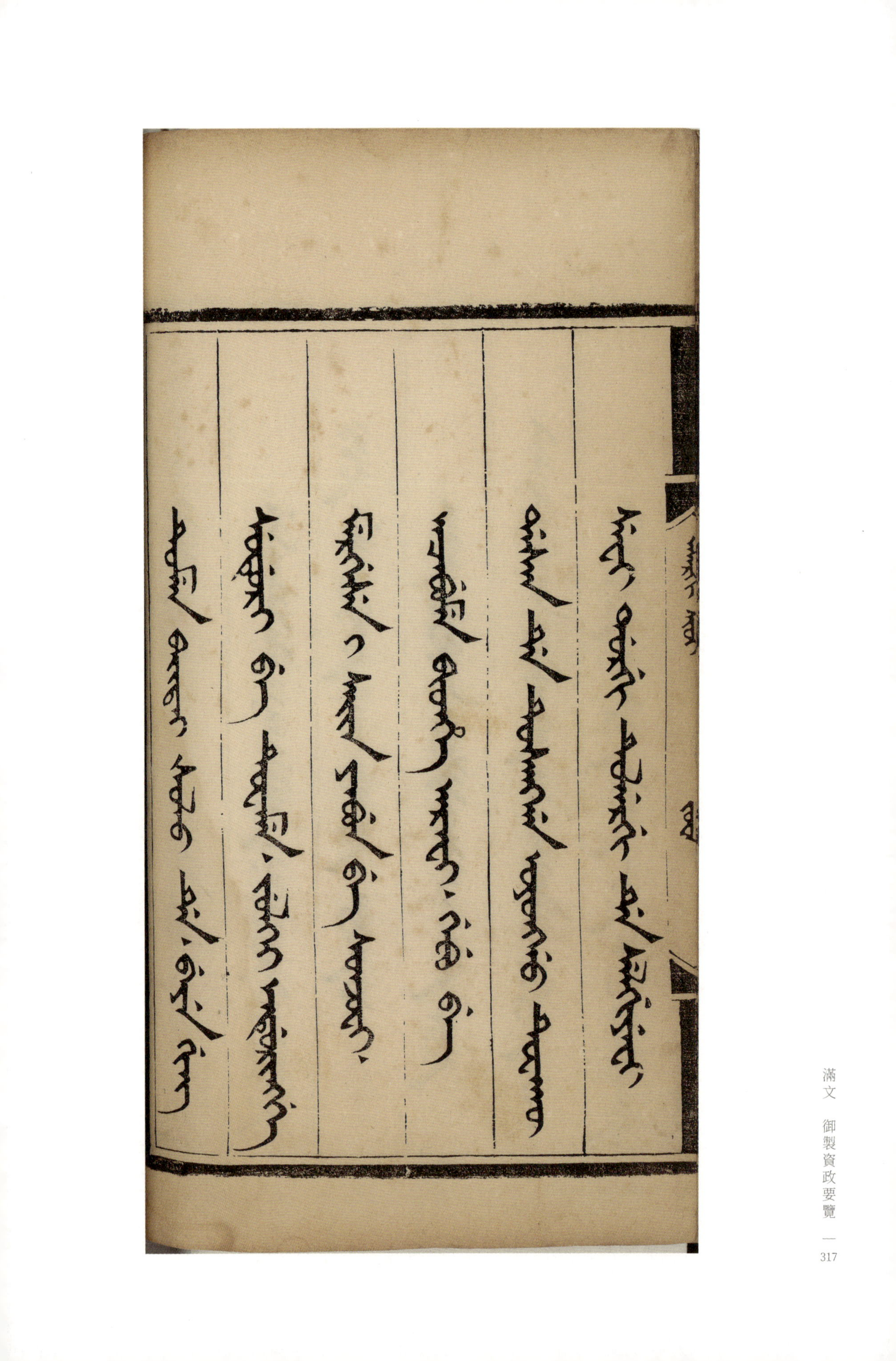

[illegible]

ᡤᡠᠪᠴᡳᠪᡝ᠈ ᠮᡝᡩᡝᡵᡳ ᠴᡳᠮᠠᡵᡳ ᠵᡳᡶᡳ ᠰᡝᠮᠪᡳ ᠪᡠᡥᡝᠪᡳ᠉
ᡨᡠᡵᡤᡠᠨ ᠪᡝᠨᡳᠩᡤᡝ ᡳ ᡝᠮᡠᠰᡝ ᡥᡝᡨᡝᡵᡝᠨ ᠨᡳ᠉
ᠠᠯᡳᠨ ᡳᡵᡤᡝᠨ ᠠᠮᠪᠠᠯᡳᠩᡤᡡ ᡥᠠᠴᡳᠨ ᠠᡴᡡ ᡥᠠᠨ
ᠪᡳᠶᠠ ᡨᠠᠴᡳᠪᡠᡥᡝ ᠪᡝ ᠪᠠᡥᠠᠪᡳ᠈ ᠠᡤᡝ ᠪᡳ
ᡨᡠᠴᡳᠪᡠᡥᡝ ᠨᡝᠨᡝᡥᡝᠨ ᡳᠯᠠᠮᠪᡠᡥᡝ ᠵᠠᡴᠠᠪᡝ
ᠶᠠᠪᡠᠮᠪᡳ᠉

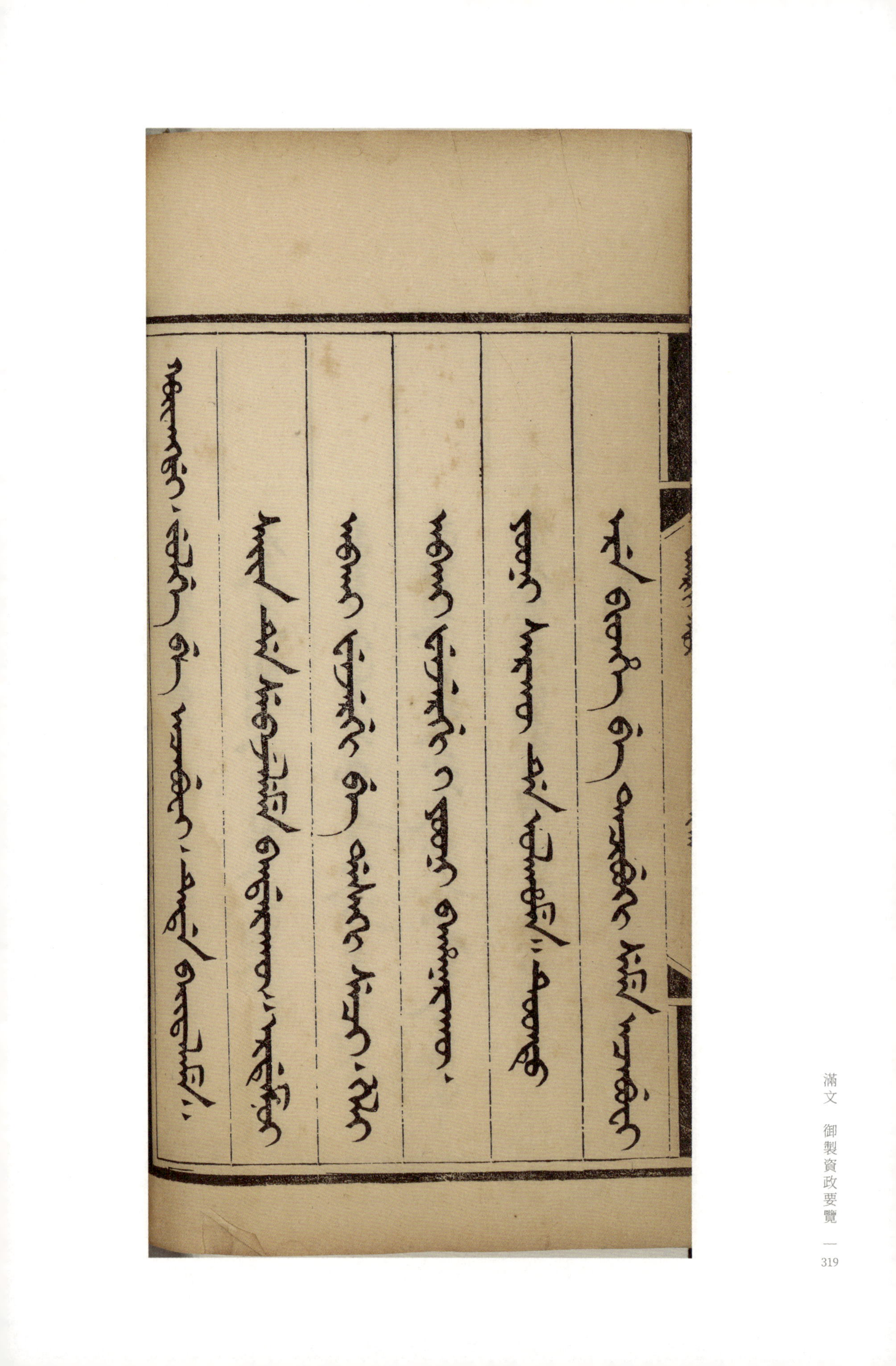

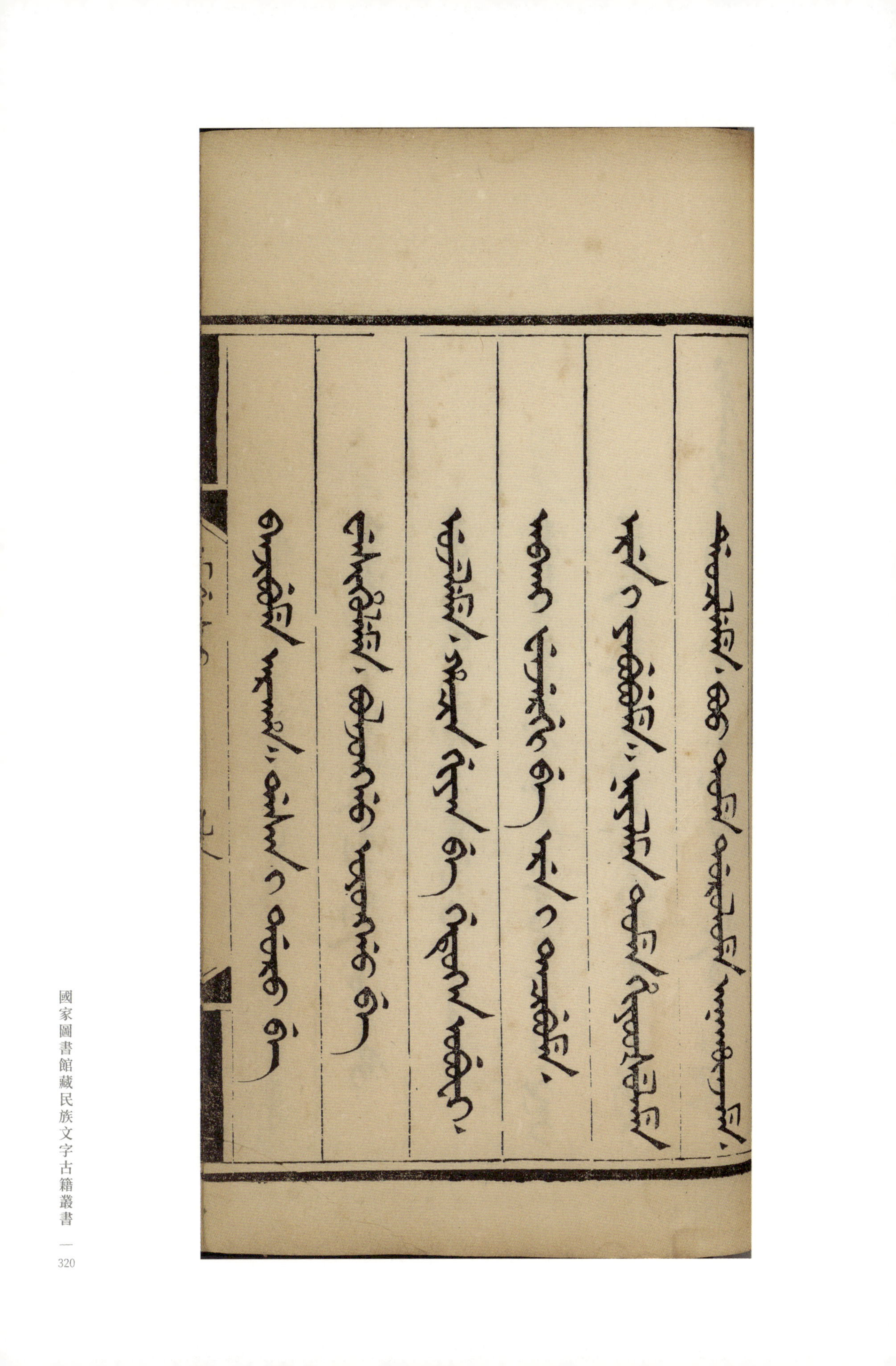

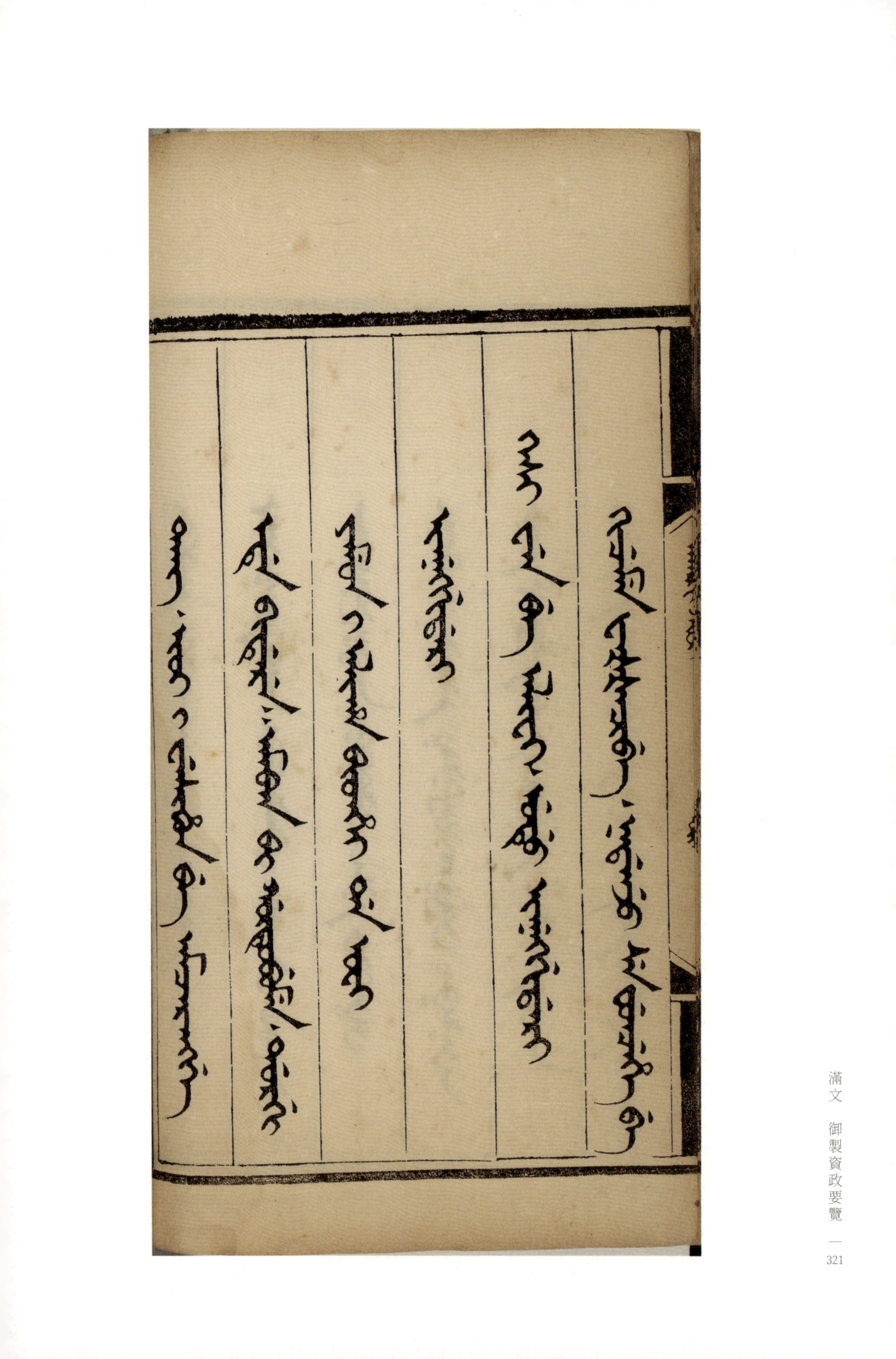

[illegible]

[illegible]

[illegible]

[illegible]

[illegible]

[illegible]

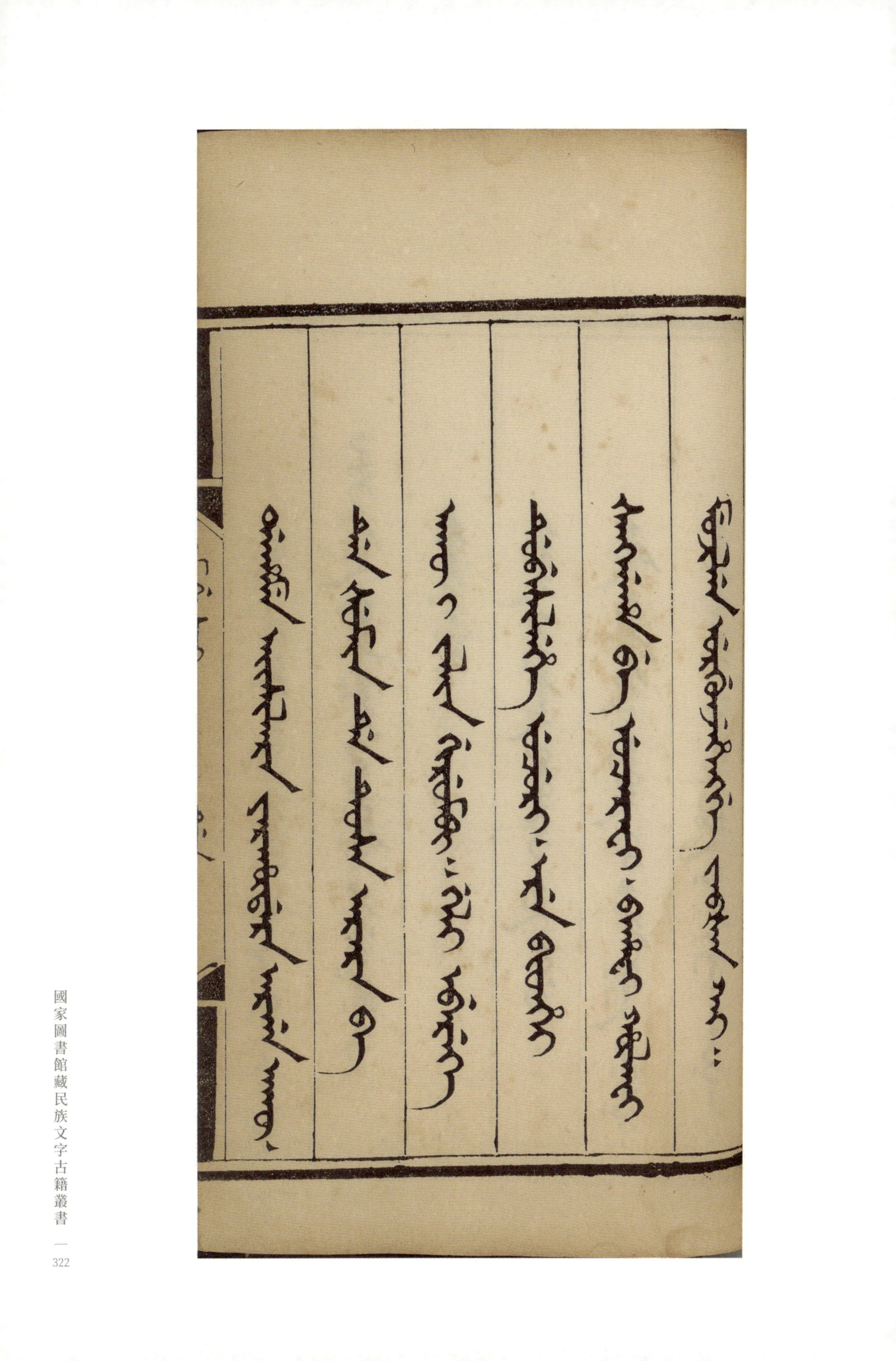

[illegible]

[illegible]

[illegible]

[illegible]

[illegible]

[illegible]

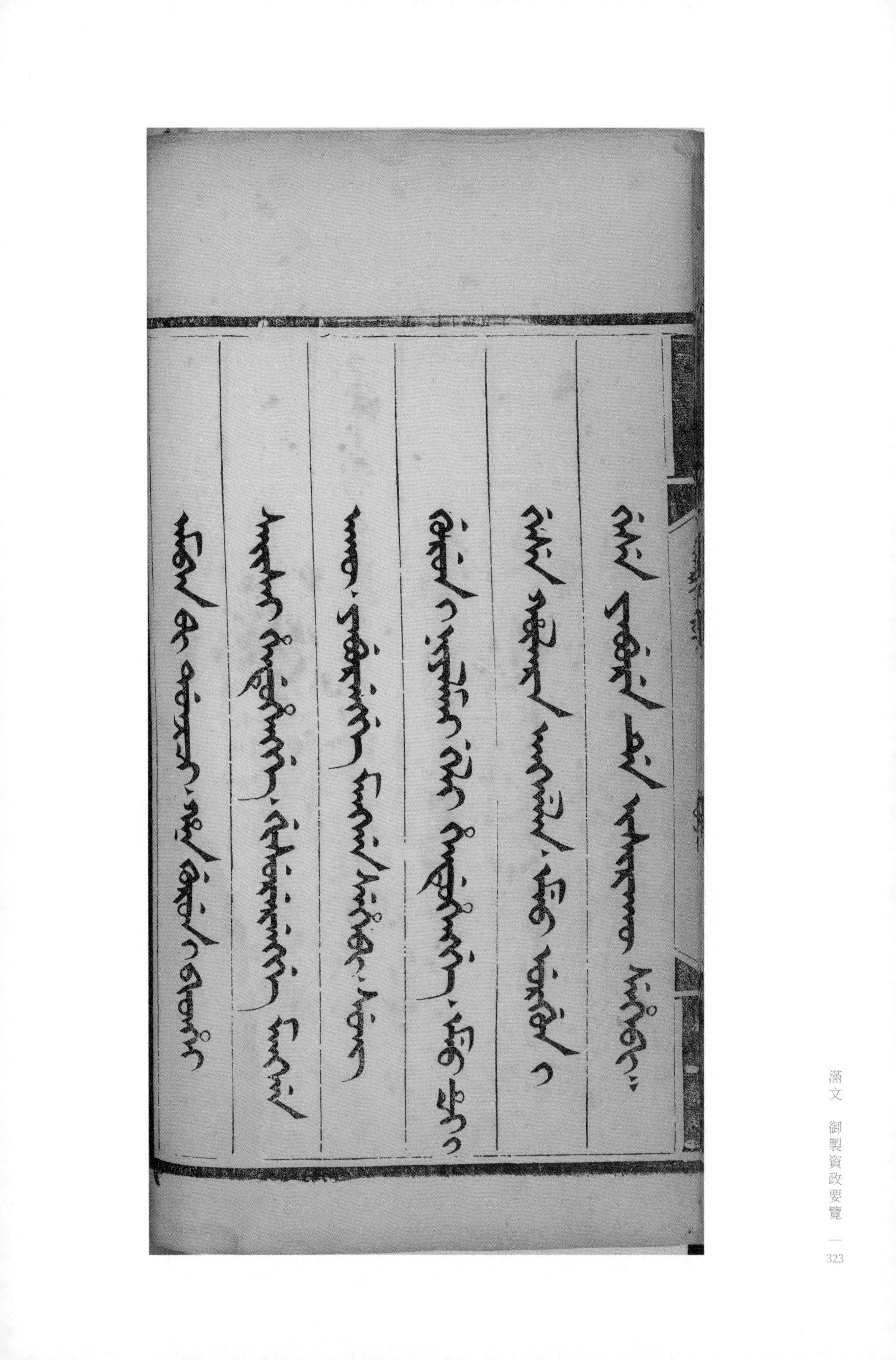

[illegible]

[illegible]

[illegible]

[illegible]

[illegible]

[illegible]

ᠪᡠᡵᡤᡳᠨ ᡝᠵᡝᠨ ᠰᡠᡴᡨᡝᠮᠪᡳ᠈ ᠰᡠᡴᡨᡝᠮᠪᡳ ᡥᡠᠰᡠᠨ

ᠪᡝ ᠰᡠᠴᡠᠩᡤᠠ ᡨᡠᠮᡝᠨ ᡳ ᡨᡠᠮᡝᠨ ᠵᡳᠯᡤᠠᠨ ᡳ

ᠰᡝᠩᡤᡝ ᡳᠯᡳᡥᠠ᠈ ᠪᡠᡵᡤᡳᠨ ᡳᠯᡳᡥᠠ᠉

ᠪᠣᡩᠣᡵᡤᠣᠨ ᠪᡠᡵᡤᡳᠨ ᡩᡝ ᠪᡠᡵᡤᡳᠨ ᡩᡝ ᠰᡠᡴᡨᡝᠮᠪᡳ᠉

ᠪᡠᠰᡠᠴᡠ ᡤᡝᠮᡠ ᡩᡝ ᡳᠴᡳ ᡨᡠᠮᡝᠨ

ᠪᠣᡩᠣᡵᠣ᠈ ᠰᡠᡵᡝ ᡤᡠᠨᡳᠨ ᠪᡳᠰᡳᡵᡝ᠉

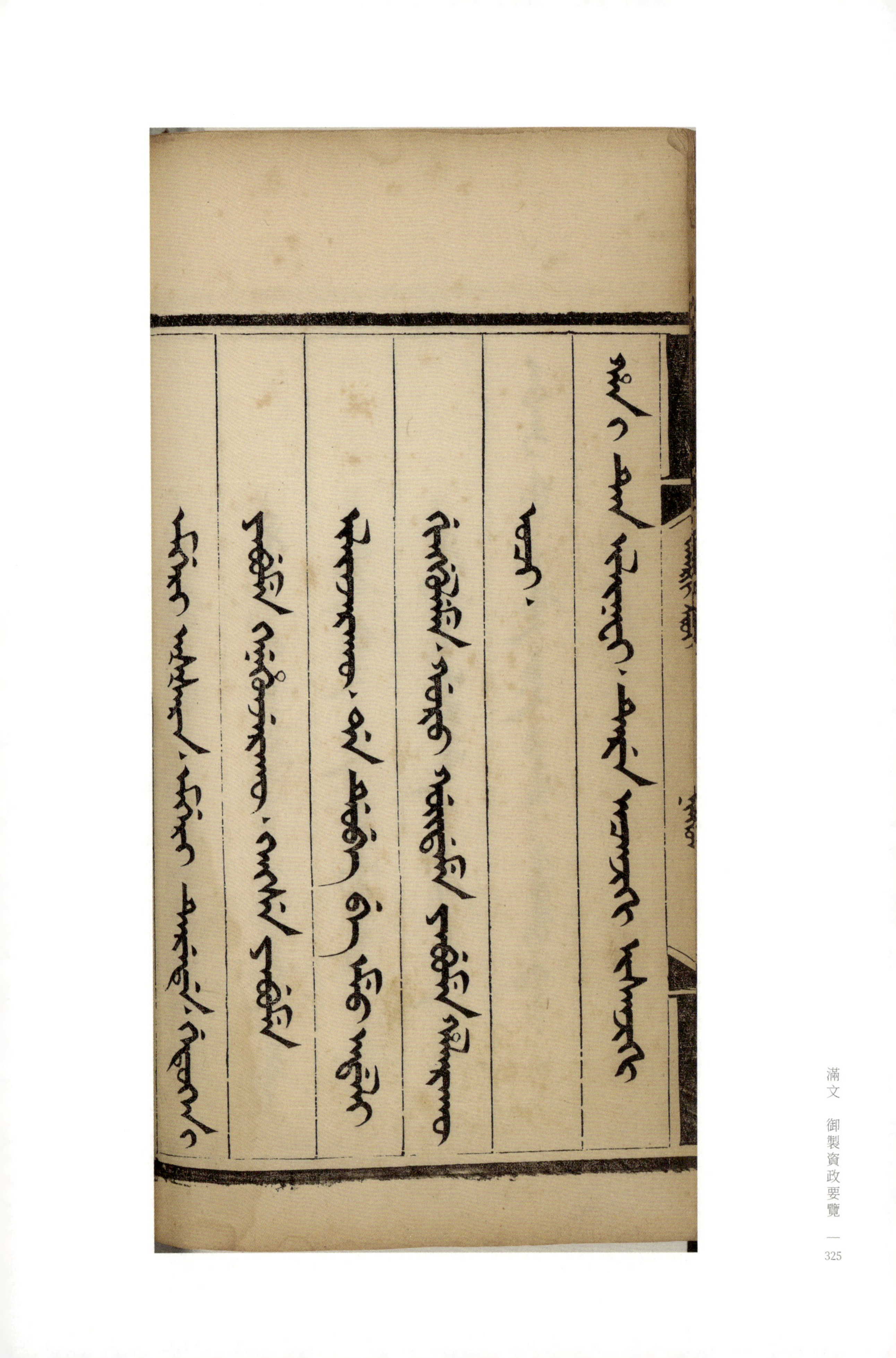

[illegible]

[illegible]

[illegible]

[illegible]

[illegible]

[illegible]

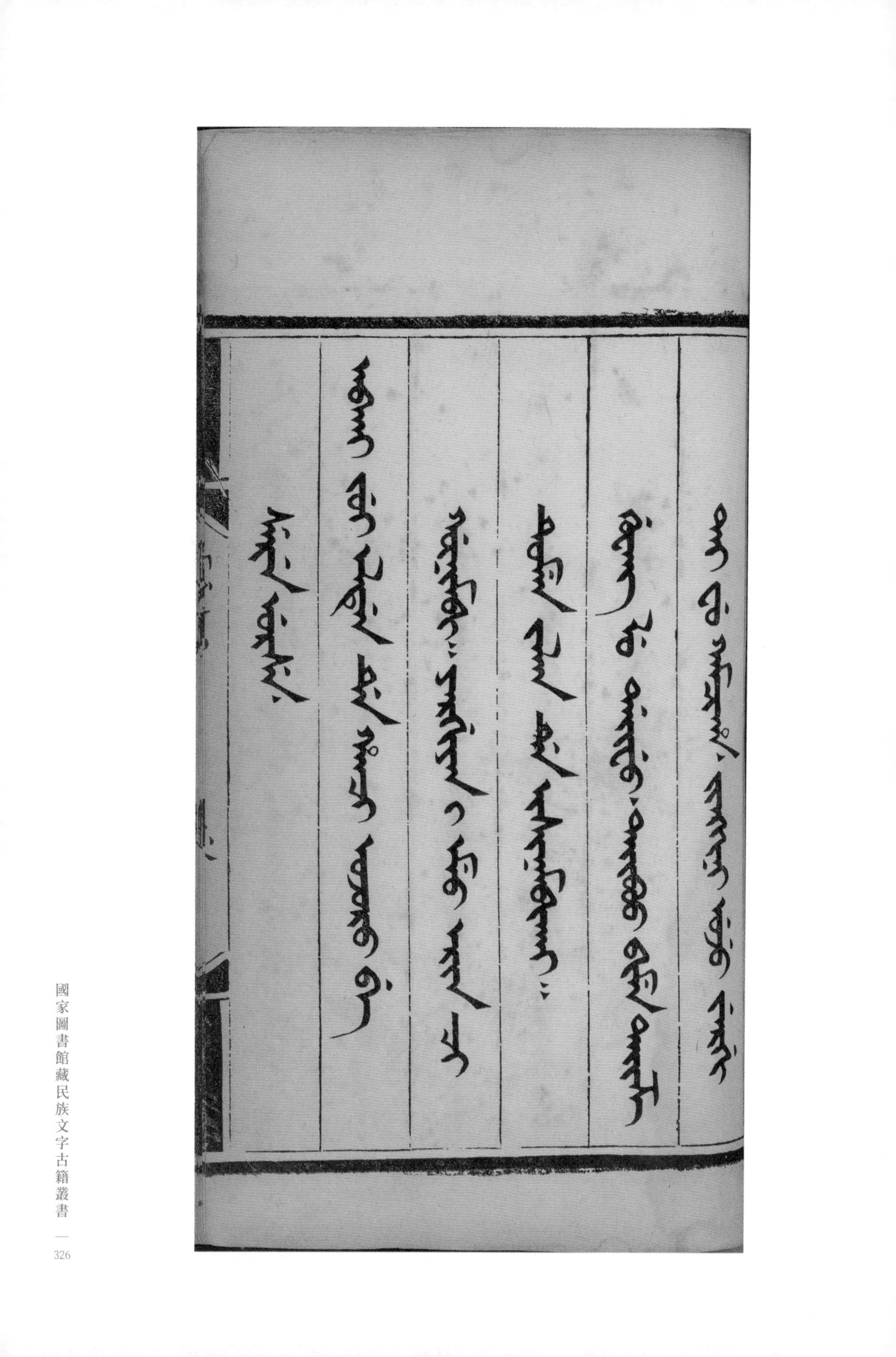

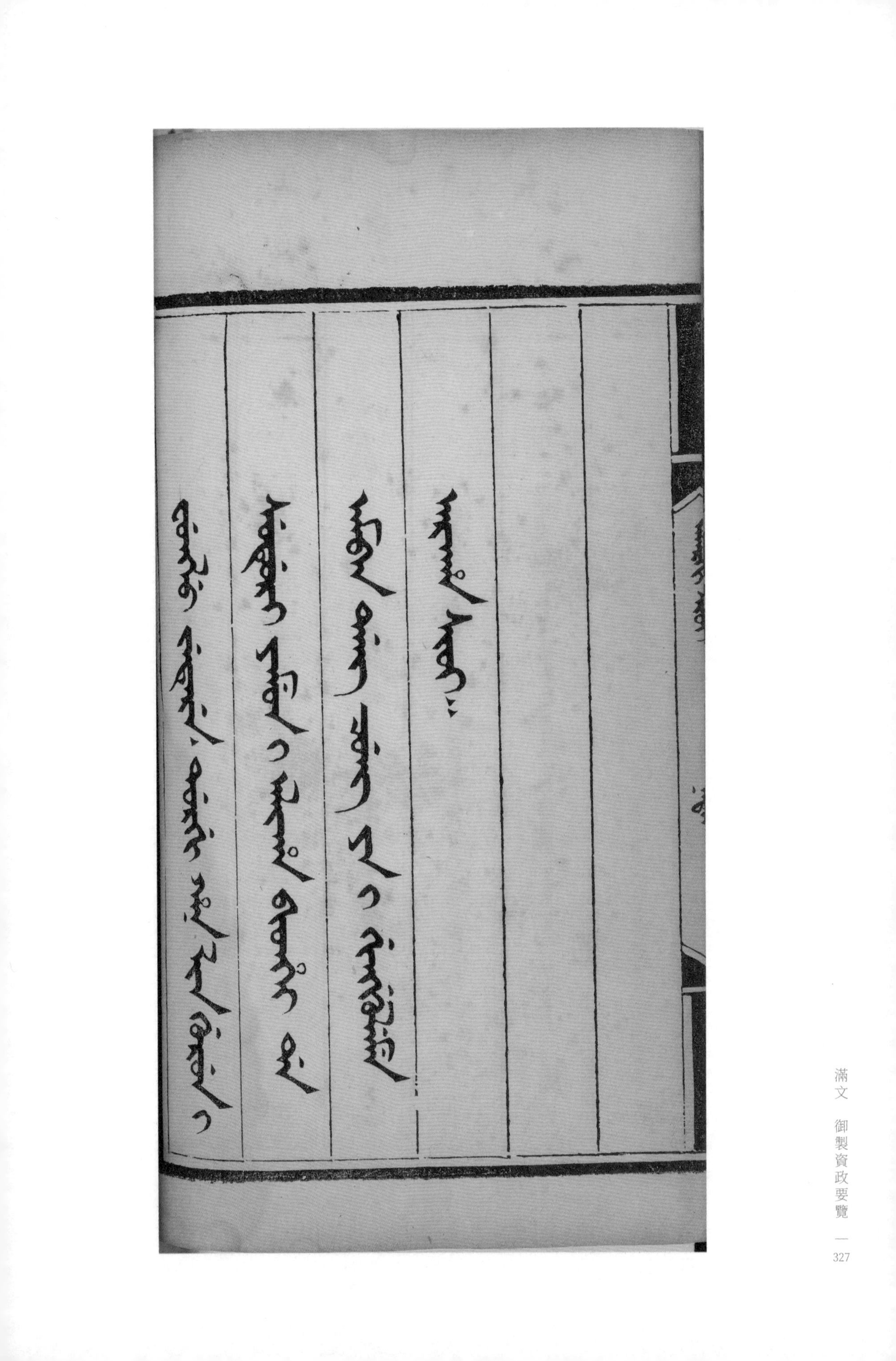

[illegible]

[illegible]

[illegible]

[illegible] ::

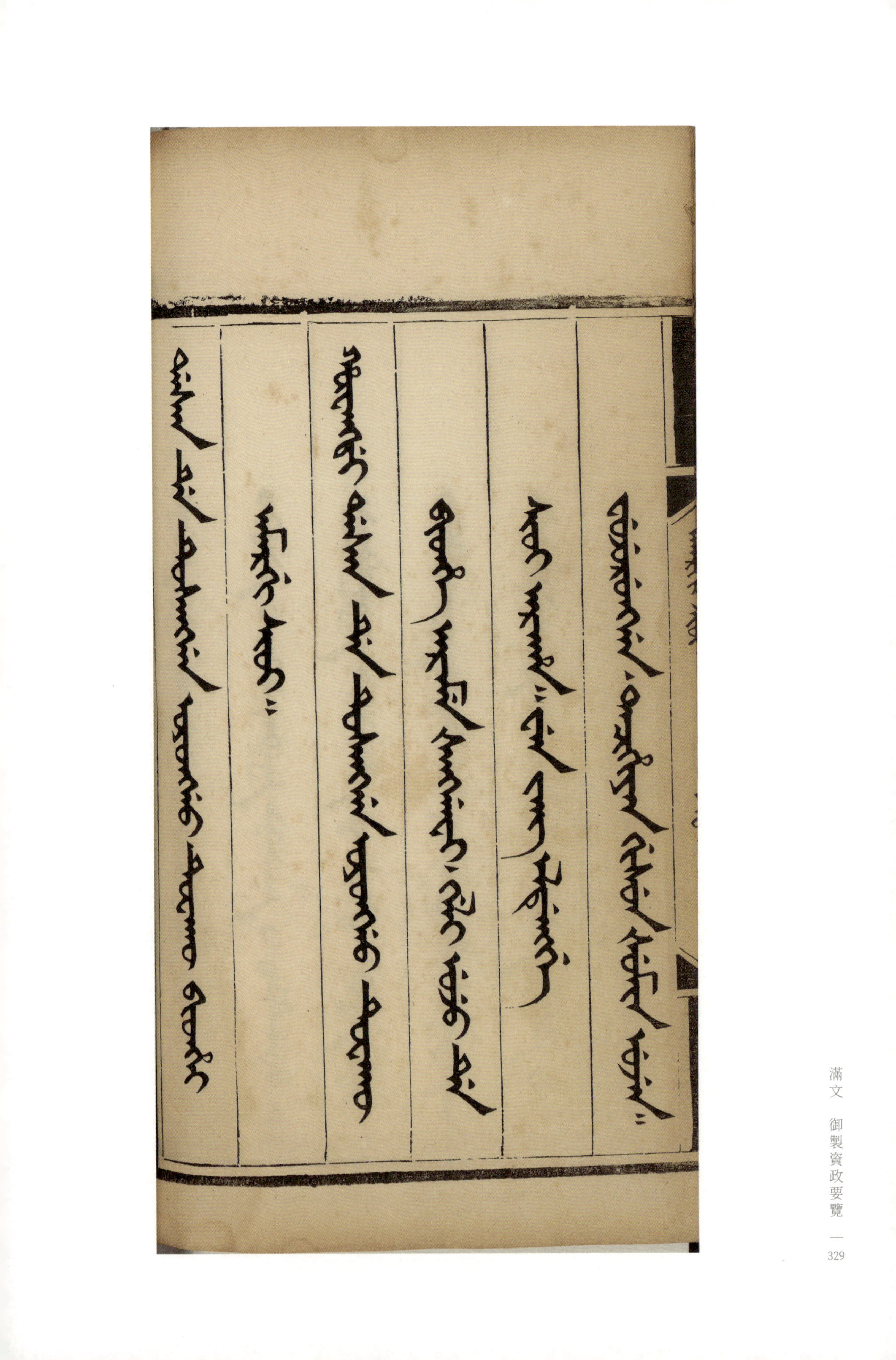

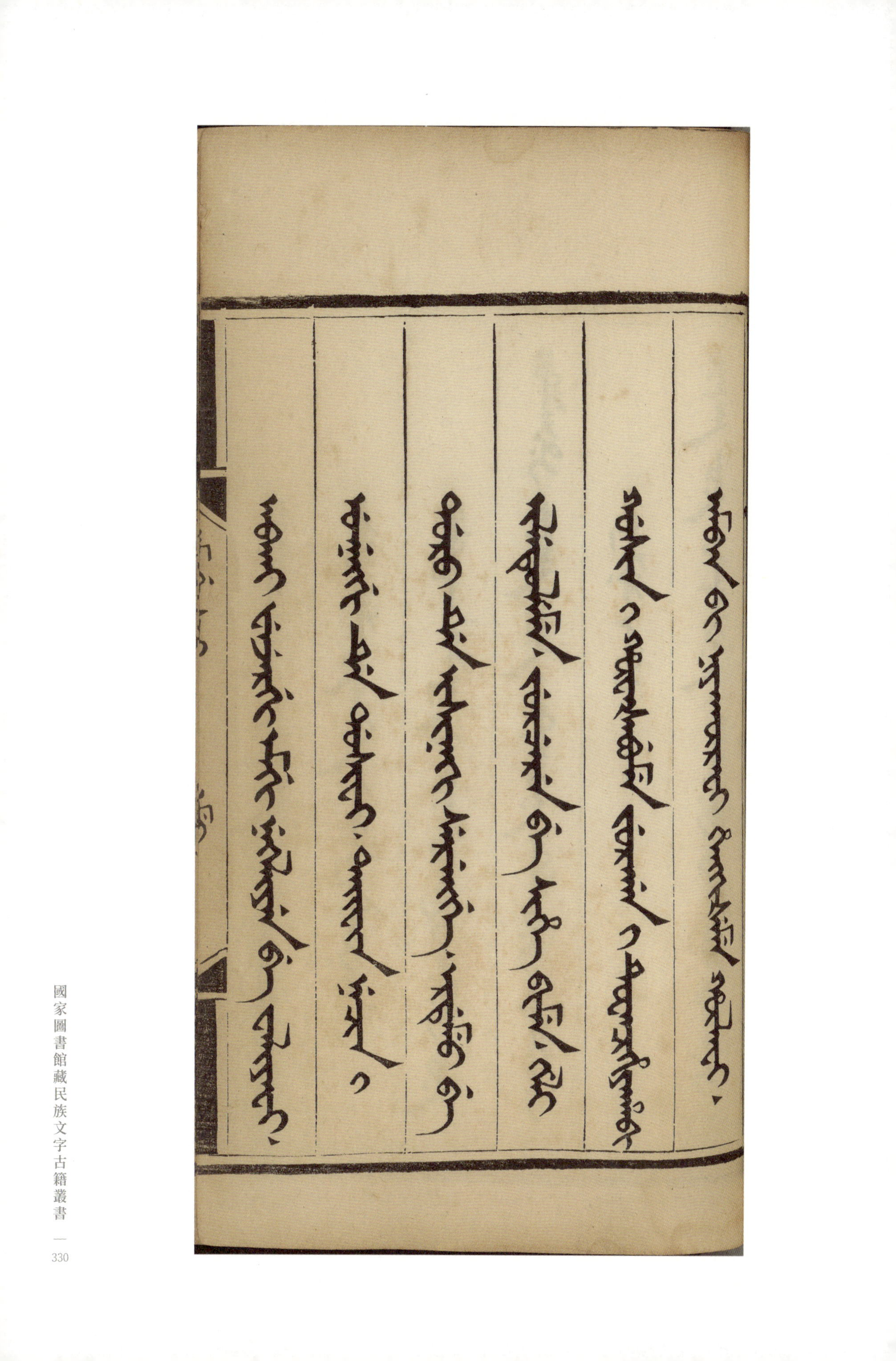

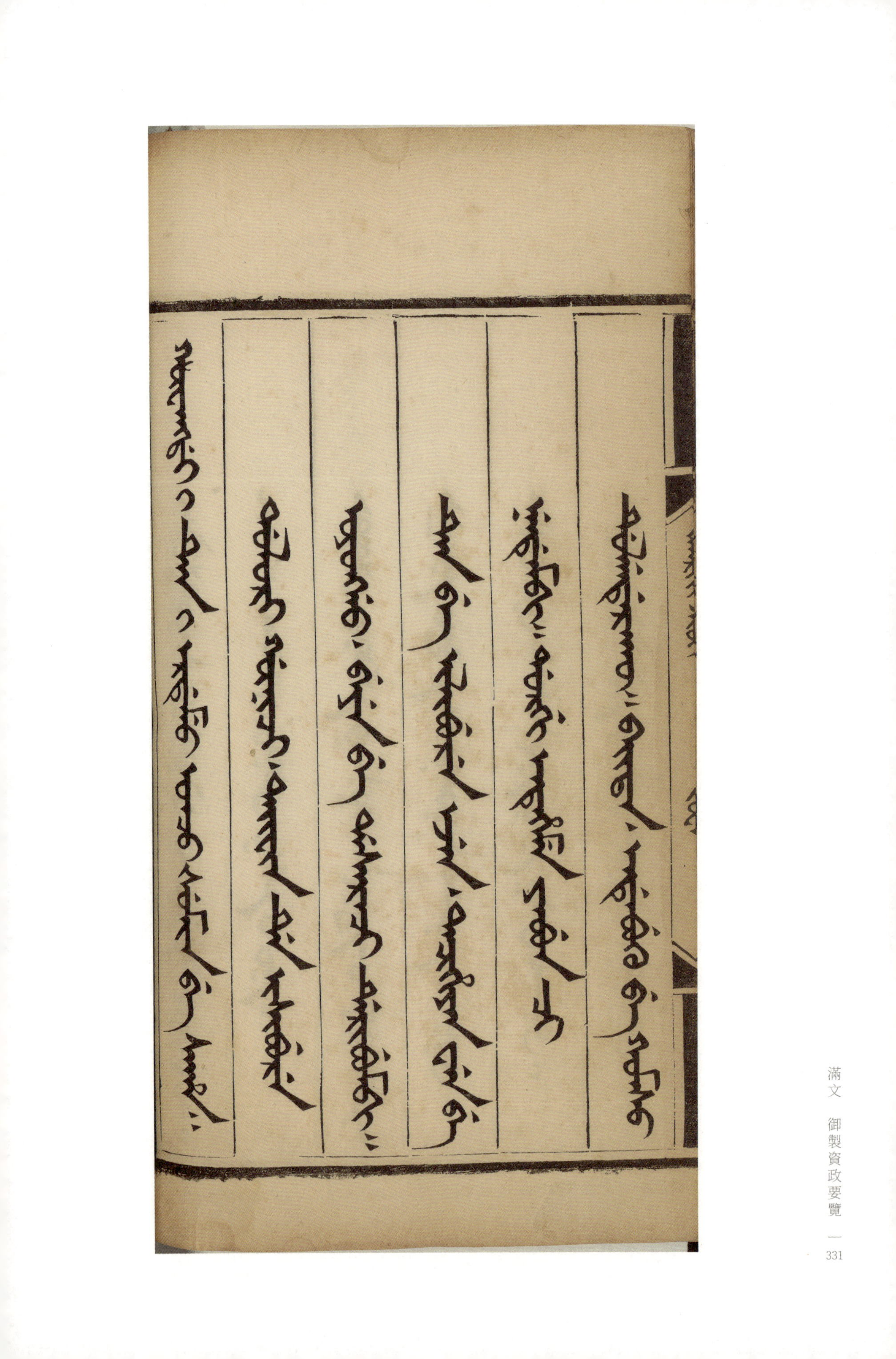

[illegible]

[illegible]

[illegible]

[illegible]

[illegible]

[illegible]

ᡨᡠᠸᠠᠪᡠᠩᡤᡝ ᡤᡳᠰᡠᠨ ᠪᡝ ᡝᡵᡩᡝᠮᡠᠩᡤᡝ᠉ ᡨᡠᠸᠠᠴᡳ

ᠮᡠᠰᡝᡳ ᠪᡝ ᠰᡝᡵᡝ ᡳᠴᡳ ᠪᡠᠯᡝ ᡝᠮᡠ᠉

ᡤᡳᠰᡠᠨ ᡤᡠᠰᡝ ᡨᡠᠸᠠᡶᡳ ᡤᡳᠰᡠᠨ ᠪᡝ ᡨᡠᡥᡝ

ᡨᡠᠸᠠᠮᡝ ᡤᡳᠰᡠᠨ ᠪᡝ ᡳᠰᡳᠨᠵᡳ ᡝᡵᡝ ᡨᡠᠸᠠᠮᡝ

ᡳᠰᡳ᠈ ᡳᠰᡳᠨᠵᡳ ᡨᡠᠸᠠ ᡤᡳᠰᡠᠨ ᡝᠮᡠ᠈

ᡨᠣᠨᡳᠶᠣᠰᡳᠮᡝ ᡩᠣᠰᡳᠮᠪᡠᡥᡝ ᠨᡳᠶᠠᠯᠮᠠ ᡩᠣᠰᡳᠮᠪᡠᡥᠠ᠉

ᠪᠠᠨᠵᡳᠨ ᡳ ᡨᡠᠸᠠᠨᠴᡳᠮᡝ ᡴᡳᠯᡳᠮᠪᡠᡵᡝ ᡩᡝ ᠰᠠᡳᠴᡳᠩᡤᠠ

ᡤᡳᠰᡠᠨ ᠪᡝ ᠰᡠᡵᡝ ᠪᡠᠨᡝ ᡩᡝ ᡨᡝᠮᡝᡵᡤᡝᠯᡝ ᠵᡝᠯᡝ ᡳ

ᠪᡝᠶᡝᡳ ᡩᡝ ᠪᡳᠨᡝᡨᡳᠮᡝ ᠰᡳᠨᡝᠵᡝᠨ᠈ ᠪᡠᠰᡝ

ᡶᡠᠵᡳᡵᡳᠨᡤᡤᠣ ᠵᡝᡴᡠᠨ ᠵᡠᠸᡝ ᡨᡝᠮᡝᡵᡤᡝ ᡩᡝ ᠵᡳᠰᡠᡥᡝᠩᡤᡝ᠈ ᡠᠮᡝ ᡳ

ᡤᡳᠩᡤᡠᡵᡝ ᠰᡳᠮᡝᡵᡤᡝᠨ᠉

ᠰᡝ ᠪᡠᠯᡝ ᡳ ᠵᡝᠯᡤᡳᠩᡤᡝ᠈ ᠵᡠᠸᡝ ᡤᡳᠩᡤᡠᠯᡝ

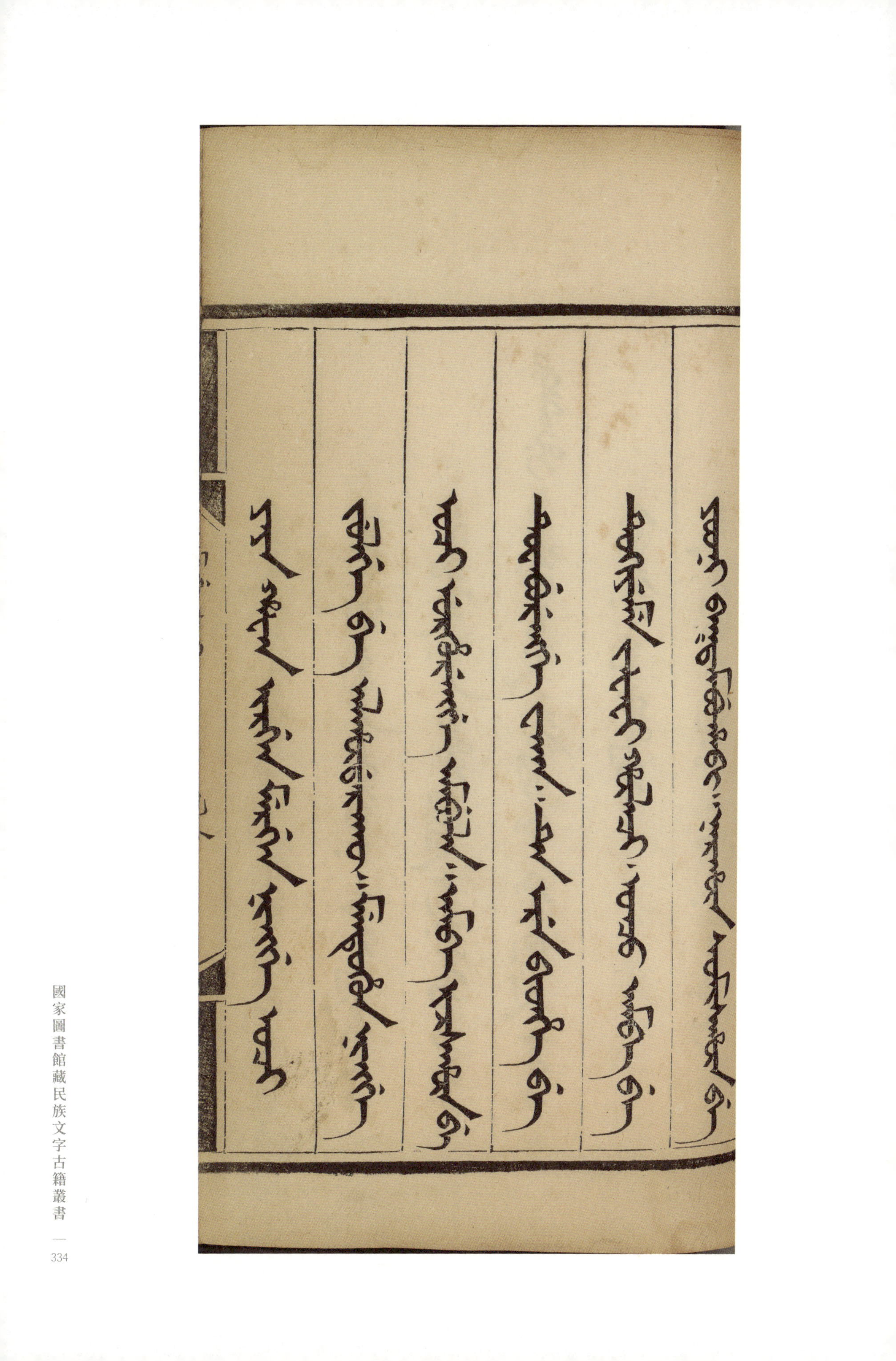

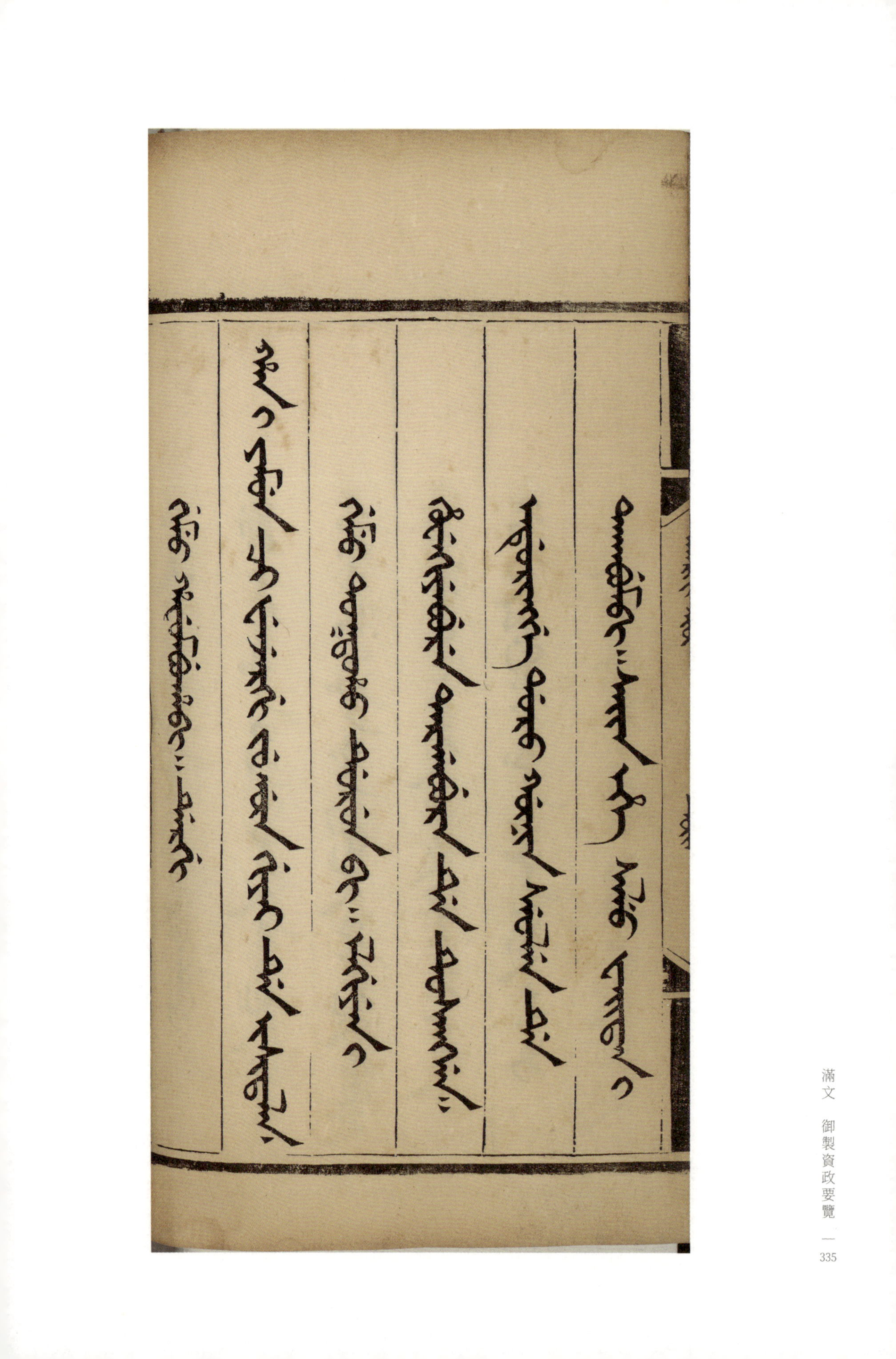

[illegible]

[illegible]

[illegible]

[illegible]

[illegible]

[illegible]

ᠨᡳᠶᡝᠨ ᡨᡠᠸᠠᠪᡠᡥᠠ᠉ ᠰᡝᠮᡝ ᠪᠣᠪᠣ ᠪᠣᠵᡳ ᠪᡝᡴᡝᡵᡝ

ᡤᡳᠰᡠᡵᡝᠨ ᠠᠯᡳᠨᠠᡥᠠᡵᠠ ᡤᡳᠰᡠᠨ ᡨᡝᠰᡝ ᡝᡵᡝ

ᠪᠣᡥᠣᠨᠠᡥᠠ᠉ ᡨᠣᡴᠣ ᠪᠠᡳᠯᡳ ᠪᠠᠨᡳᡥᠠ ᠰᡝᠴᡳ

ᠪᠣᠯᠣᠴᡳᡵᠠ ᠠᠮᠠ ᠪᡠ ᡤᡳᠰᡠᡴᡝ ᠪᠠᡥᠠᠯᡝ ᠰᡳᡴᡳᡳ

ᡥᡡᠰᡠ ᠠᠨᠠᠰᡳᡵᠠ ᡨᡝᠰᡝ᠉ ᡨᡠᡨᡝ ᠠᠨᠠᠨᡤᡳ ᡤᡳᡵᡝ

ᡝᠵᡝᠨ ᡳ ᠠᠮᠠᠨ ᡨᠠᠴᡳᡥᡳᠶᠠᠨ ᠪᡝ ᠪᠣᠪᠣᠮᡝ

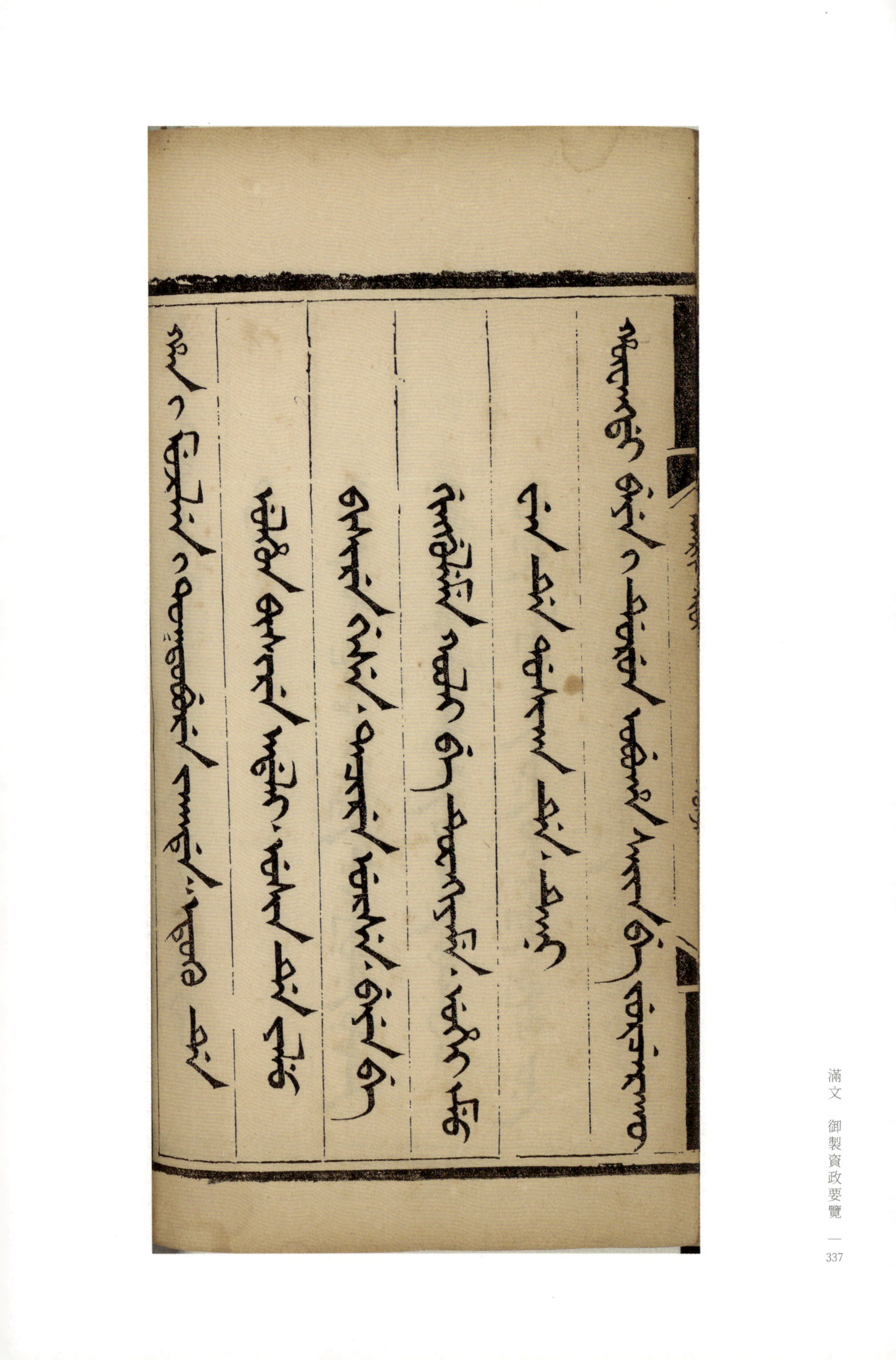

[illegible]

[illegible]

[illegible]

[illegible]

[illegible]

[illegible]

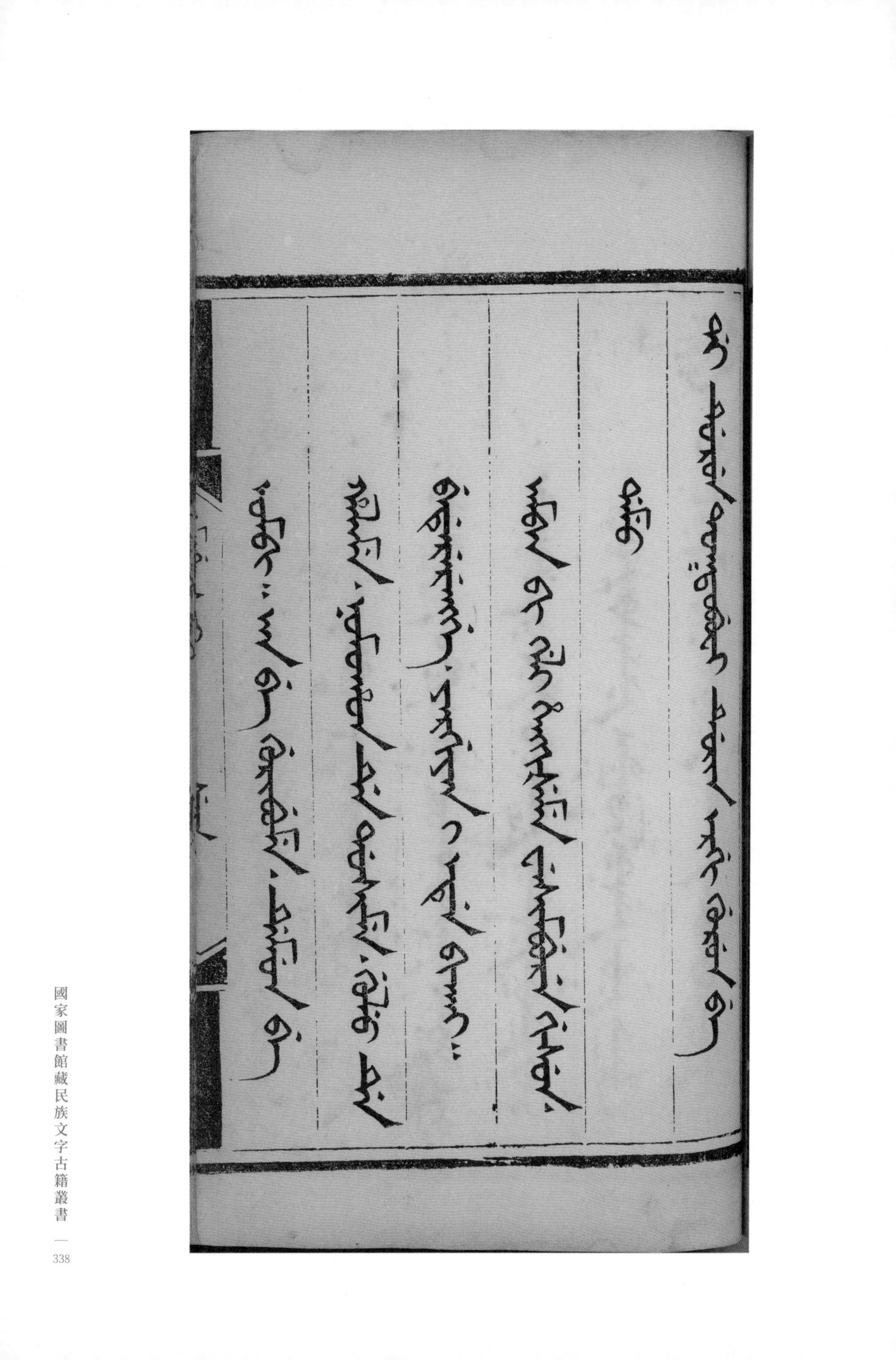

[illegible]

ᠠᠰᠠᡵᠠᠪᡠᠮᠪᡳ᠉ ᠠᠨᡳᠶᠠ ᠪᡝ ᡨᡠᠸᠠᠴᡳ ᠮᡠᠵᡳᠯᡝᠨ

ᡤᡳᠰᡠᡵᡝᠮᠪᡳ᠉ ᠪᡳᠰᡳᡵᡝ ᡝᠮᡠ ᡤᡡᠨᡳᠨ᠈ ᠪᡝ

ᠪᠣᠣᡥᠣᠯᠣᡥᠣ᠈ ᠪᡳᠰᡳᡵᡝ ᠪᠣᠣᡥᠣᠯᠣᡥᠣ

ᠮᡠᠰᡝᡳ ᠵᡠᠸᡝ ᡝᠵᡝᠨ ᠠᡴᡡ ᡤᡳᠰᡠᡵᡝᠨ ᡝᡵᡝᠨ ᡨᡠᠸᠠᠮᡝ᠉

ᠪᠣᡳᡥᠣᠨ ᠠᡵᡤᠠ ᡤᡳᠰᡠᡵᡝᠮᡝ ᡳ ᡩᠣ ᡨᡠᡵᡤᡠᠨ᠈ ᠪᡳᠰᡳᡵᡝ

ᡝᠵᡝᠨ ᠰᡠᡵᡝ ᡩᠣᡵᠣᠨ ᠪᡝ ᡳ ᡤᡳᠩᡤᡠᠯᡝᠮᡝ ᠮᡠᠰᡝᡳ

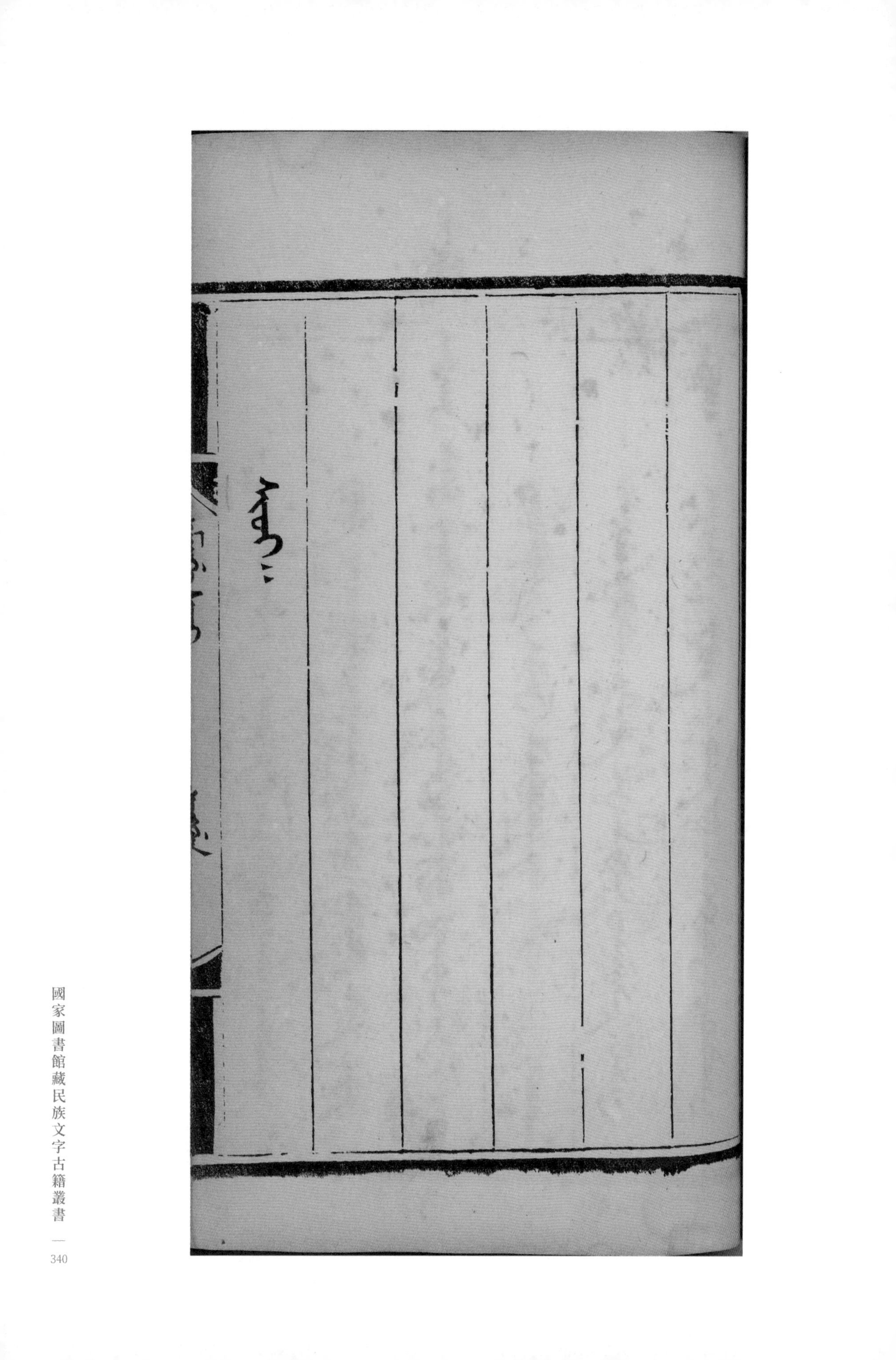

ᠰᠣᠣ᠉

ᡩᠠᠰᠠᠨ ᡩᡝ ᡥᠠᡶᠠᠰᠠᠨ ᠪᠣᠣᡥᠣᠨᡳ ᠪᠣᠣ ᠪᠣᡩᠣᡵᠣ

ᠶᠠᠪᡠᡵᡝᠩᡤᡝ ᠰᡝᡵᡝ ᠪᡳ᠉

ᡥᡡᠸᠠᠩᡤᡳᠶᠠᠨ ᡩᠠᠰᠠᠨ ᡩᡝ ᡥᠠᡶᠠᠰᠠᠨ ᠪᠣᠣᡥᠣᠨᡳ ᠪᠣᠣ

ᠪᠣᡩᠣᡵᠣ ᠰᠠᡳᠨ ᡤᡡᠨᡳᠨ ᡳᠰᡳᠨᠵᡳᠨᡳ᠈ ᡥᠠᠯᠠᡵᠠ ᠪᡝ

ᡤᡝᠩᡤᡳᠶᡝᠨ ᠮᡠᠵᡳᠯᡝᠨ ᠮᡠᠵᡳᠯᡝᠨ ᡨᡠᠮᡝᠨ ᡤᡝᡵᡝᠨ᠈ ᡝᠰᡝ

ᡤᡡᠨᡳᠨ ᡩᡝ ᠪᡝᠶᡝ ᠰᡝᠮᡝ ᠪᠣᡩᠣᠮᡝ ᡨᡠᠪᡳᠰᡝ

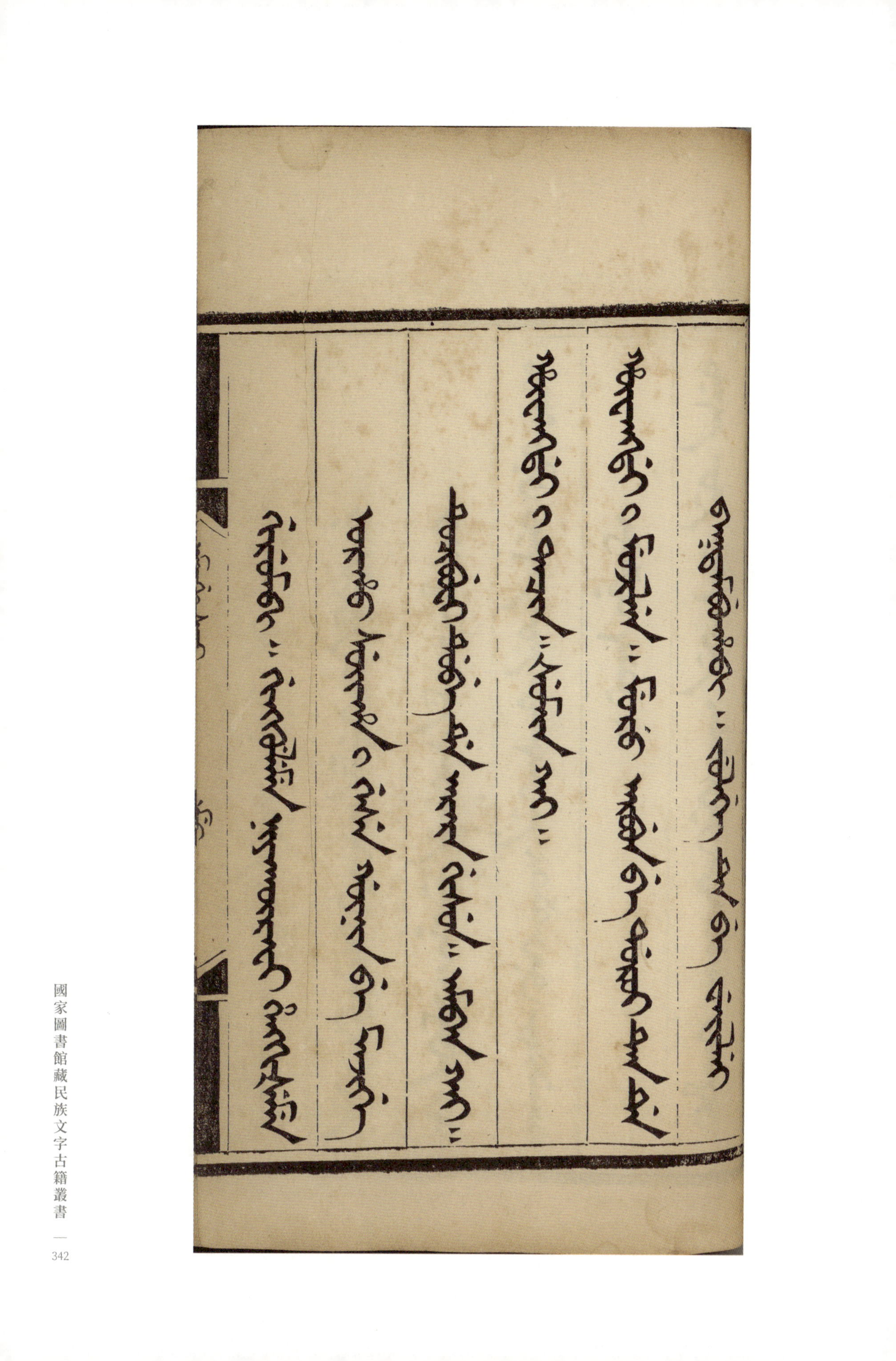

[illegible]

[illegible]

[illegible]

[illegible]

[illegible]

[illegible]

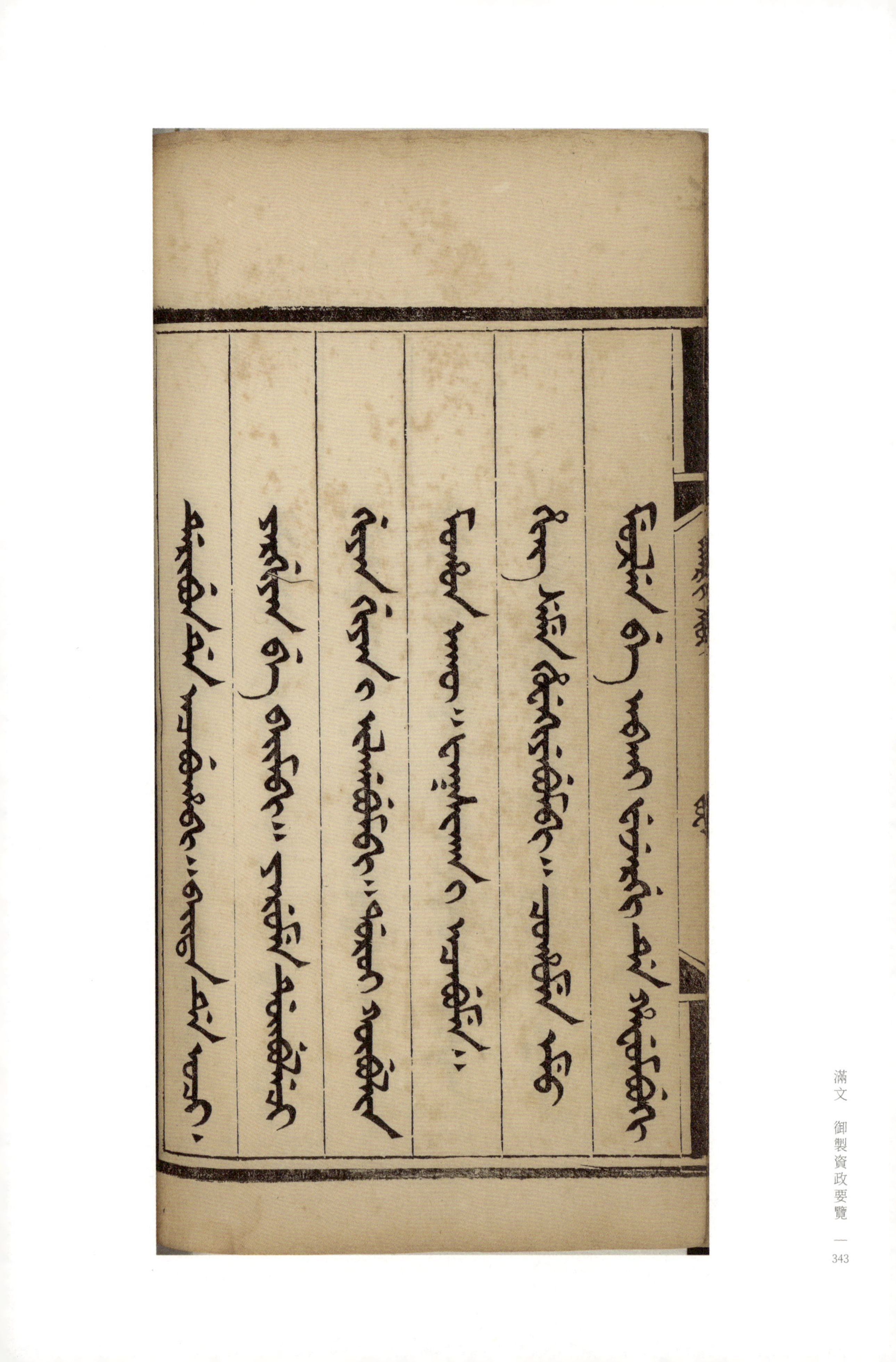

[illegible]

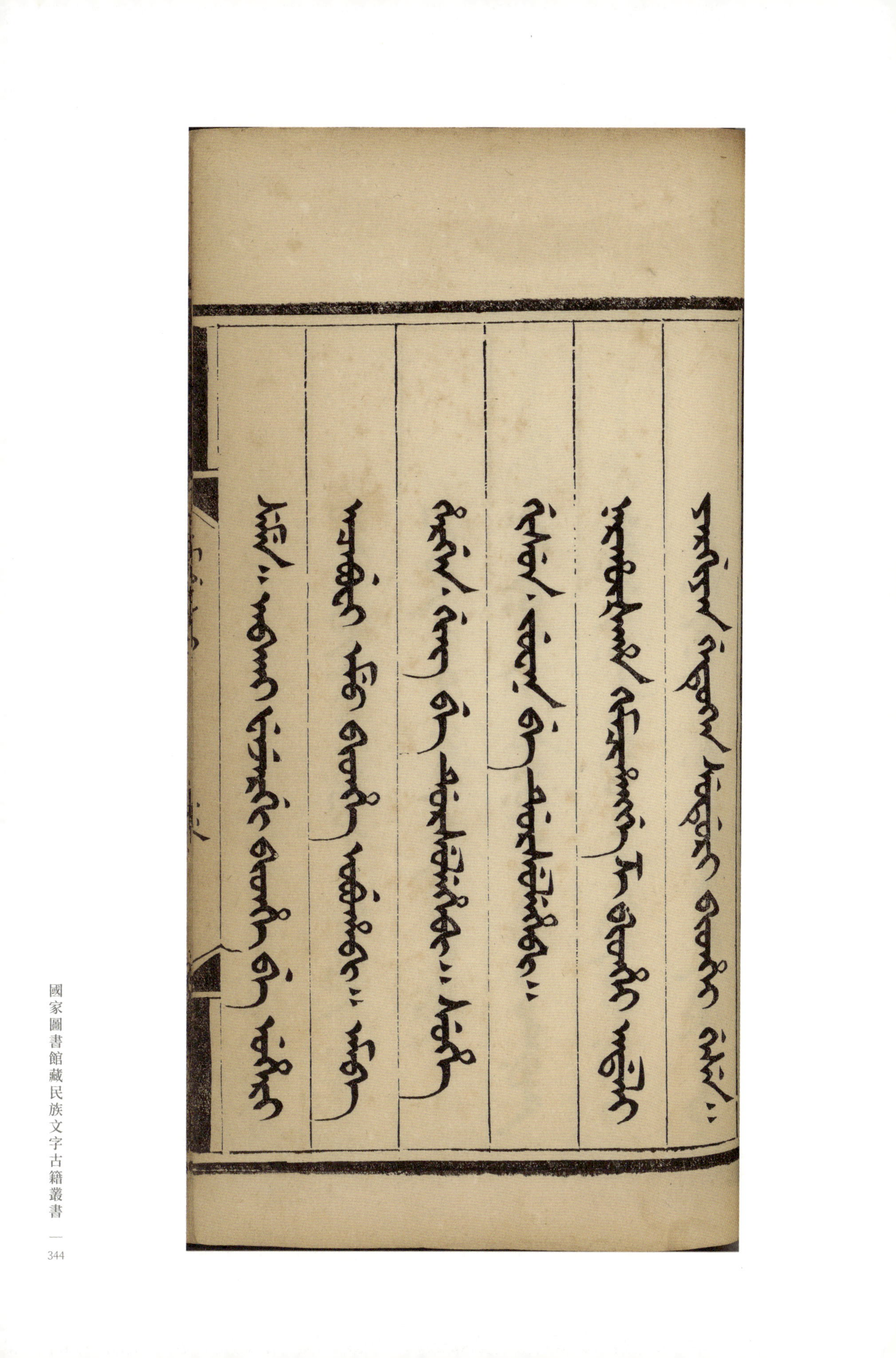

[illegible]

[illegible]

[illegible]

[illegible]

[illegible]

[illegible]

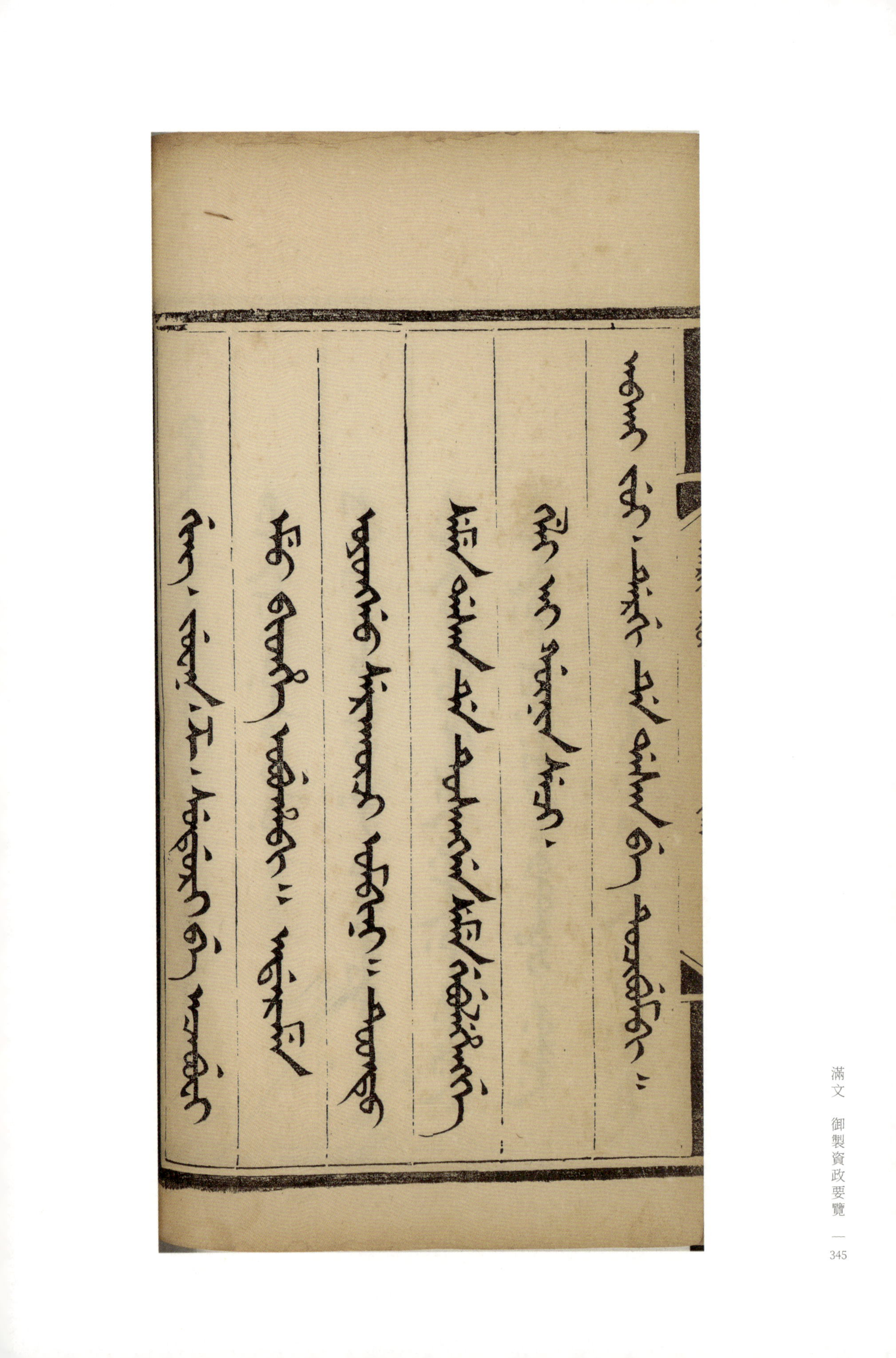

[illegible]

[illegible]

[illegible]

[illegible]

[illegible]

[illegible]

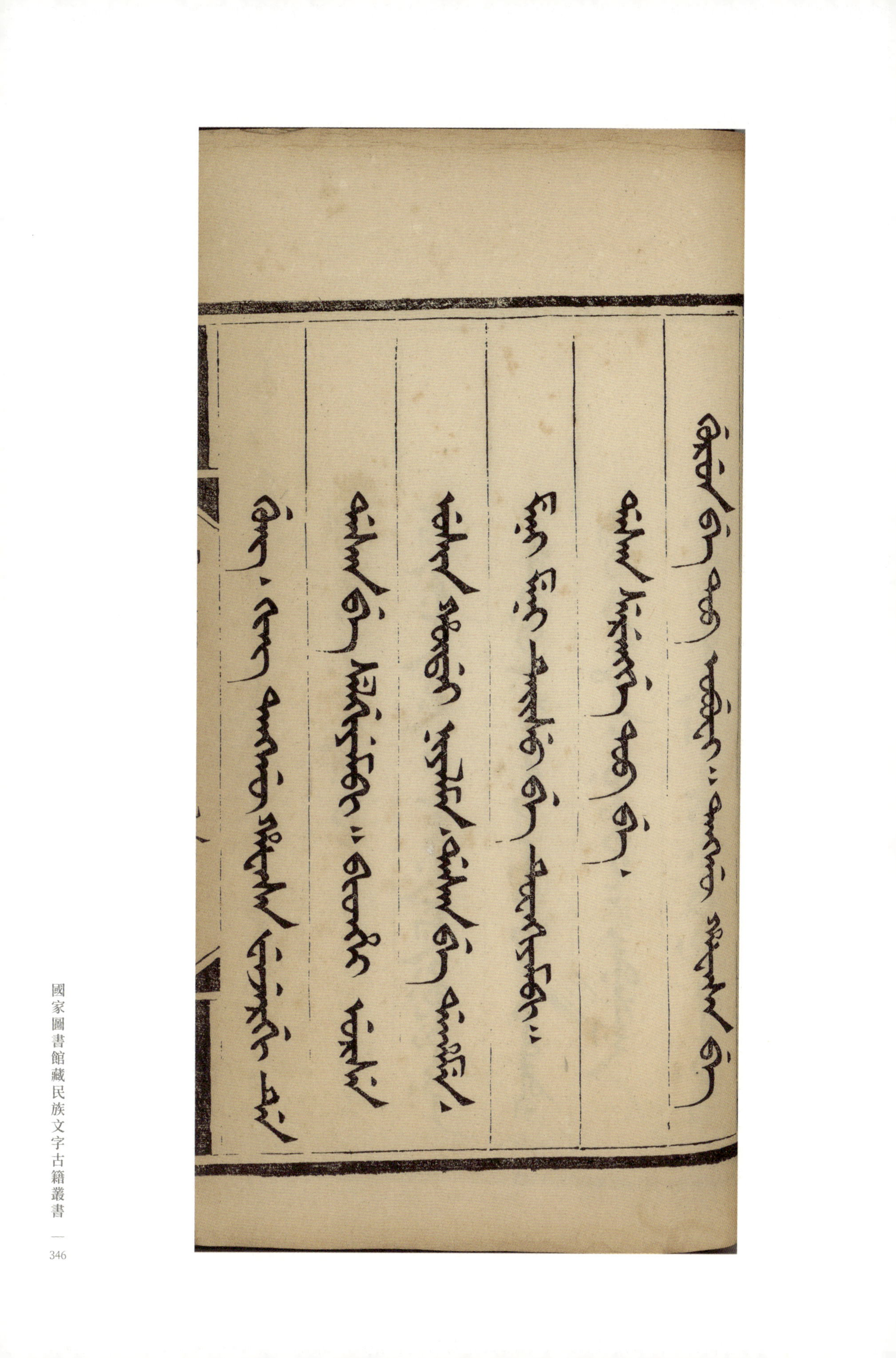

[illegible]

[illegible]

[illegible]

[illegible]

[illegible]

[illegible]

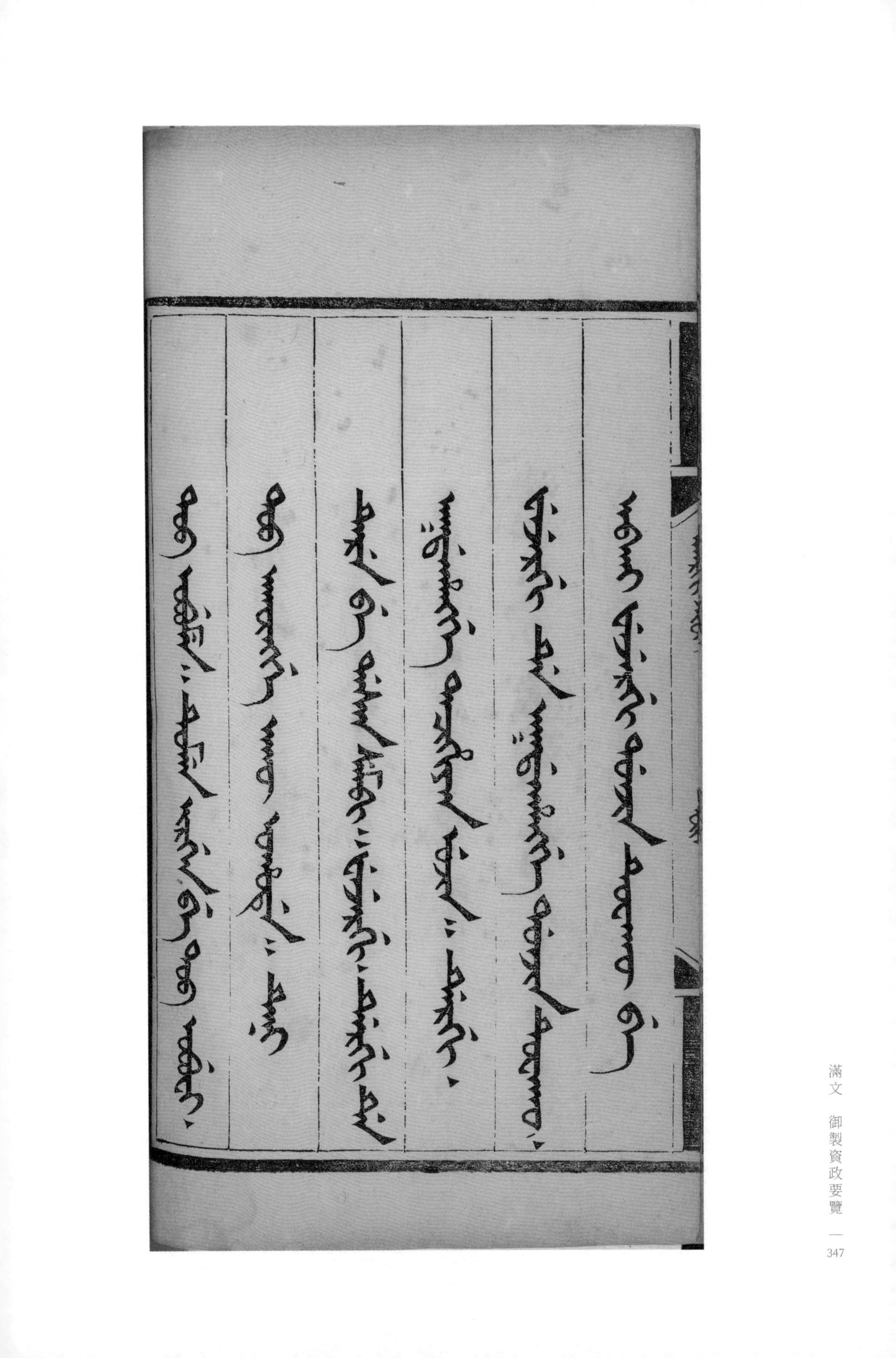

ᠪᠣᠣ [illegible]

ᠪᠣᠣ [illegible]

[illegible]

[illegible]

[illegible]

[illegible]

ᠪᡝᡳᠯᡝᡥᡝ᠈ ᠰᡠᠸᡝ ᡤᡝᠩᡤᡳᠶᡝᠨ ᠪᡳᠴᡳ

ᡤᡝᠨᡝᡥᡝ ᠪᡝ ᠪᡠᠰᡝᠨ ᠨᡳᠶᠠᠯᠮᠠ᠉ ᡝᡵᡝ ᠪᡳᡥᡝ

ᡥᡡᠸᠠᠩᡩᡳ ᡥᡡᠸᠠᡵᡤᠠᠨ ᡤᡝᠯᡝᡥᡝ ᡤᡝᠨᡝᡥᡝ ᡝᠮᡠ ᠰᡝ᠉

ᡤᡳᠶᠠᠨ ᠶᠠᠪᡠᠮᡝ ᡝᠮᡠ ᠪᡳᠶᡝ᠈ ᠪᡝᠶᡝ ᡤᡝᠨᡝᠮᡝ

ᡥᡠᠸᠠᡵᡤᠠ᠉ ᠪᠣᡴᠣ ᡤᡝᠮᡠᠨᡳ ᠰᡝᠮᡝ ᠰᡠᠯᡳᠮᡝ᠉

ᠰᡳᠨᡳ ᡝᠮᡠ ᡳᠰᡳ ᡤᡝᡵᡳᠮᡝ ᠪᡳᠴᡳ ᠪᡝ ᡤᡝᠮᡠ

ᠰᠠᠨ ᠪᡝ ᠵᠠᠯᡳᠨ ᠰᡝ ᠨᡳᠩᡤᡠᠨ ᠪᡠᠯᡝᡴᡠᡧᡝᠮᠪᡳ᠈
ᠪᡠᠰᡝ ᡳᠨᡝ ᡤᡳᠰᡠᠨ ᠰᡝ ᡝᡵᡝᠨ ᠰᠠᡳᠰᡝᠮᠪᡳ᠉
ᠮᡠᠵᡳᠯᡝᠨ ᠪᡝ ᠰᠠᠮᡝ᠉ ᠪᡠᠰᡝᡳ ᠰᡝ
ᠰᡠᡵᡝᠨ ᠪᡝ ᠪᠠᡳᡵᡝ ᠠᠮᠠ᠉
ᠪᡠᠯᡝᡴᡠᠮᠪᡳ᠈ ᡤᡠᠨᡳᠨ ᠰᡝ ᠪᡠᠰᡝᠨᡝᡳ ᠪᡝ᠉ ᠰᠠᠨᡤᡤᠠ ᠰᡝ
ᠪᡠᠯᡝᠨ ᠪᡝᡳᡤᡝ᠉ ᠮᡠᠰᡝ ᡤᡳᠰᡠᠨ᠉

ᠠᠮᠪᡠᡥᡝ , ᠠᡳᠨᠴᡳ ᠮᡝ ᠠᠴᠠᠨ ᠪᡝᠶᡝ ᡥᠠᠷᡤᠠᠰᠠᠮᠪᡳ::
ᡳᠯᡥᠣ ᠰᡳᠨᡤᡝᠮᠪᡳ:: ᠪᡠᠰᡝᡵᡝ ᡨᡠᠸᠠᠨᠴᡳ ᠪᡝᠶᡝ
ᠪᡠᠵᡳᡵᡝ ᠰᡝᠮᡝ ᡤᡝᠨᡤᡝᠨ ᠪᡠᠰᡝᡵᡝ ᠪᡝ ᡨᡠᠸᠠᠮᡝ
ᠰᡳᠨᡤᡝᡵᡳ ᠪᡝ ᡨᡠᠸᠠᠮᡝ ᠰᡠᠸᠠᠨ ᠰᡠᠸᠠᠮᠪᡳ::
ᡨᡠᠸᠠᠨᠴᡳ ᠪᡠᠵᡳᡵᡝ:: ᡤᡳᠰᡠᠨ ᠰᡝ ᠴᠠᠩᡤᡳ
ᡨᡠᠸᠠᠨᡤᡳ ᠪᡝᠶᡝ ᡨᡠᠸᠠᠨᠴᡳ ᠪᡝ:: ᠪᠣᠴᠣ ᠪᡝᠶᡝ

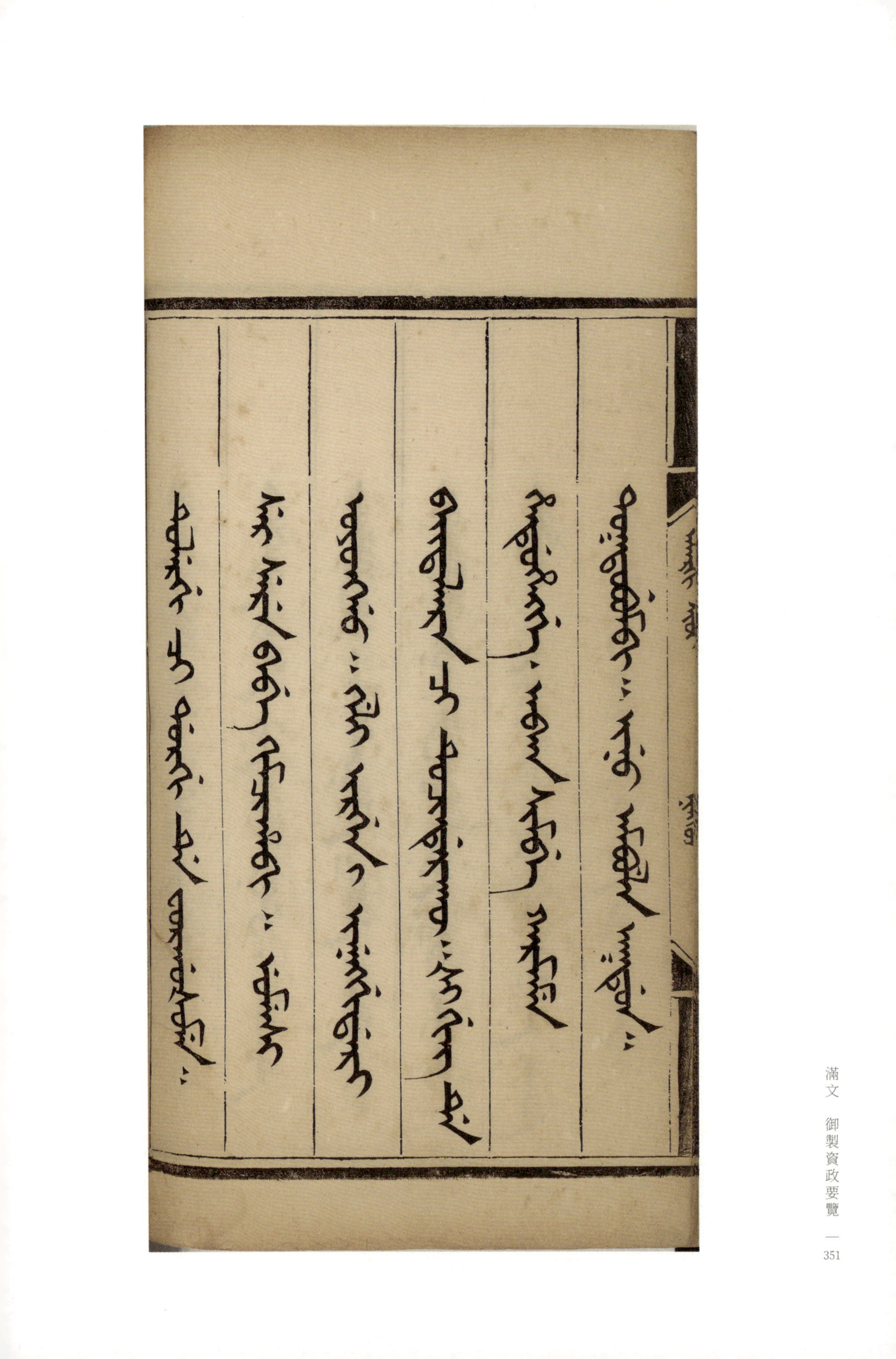

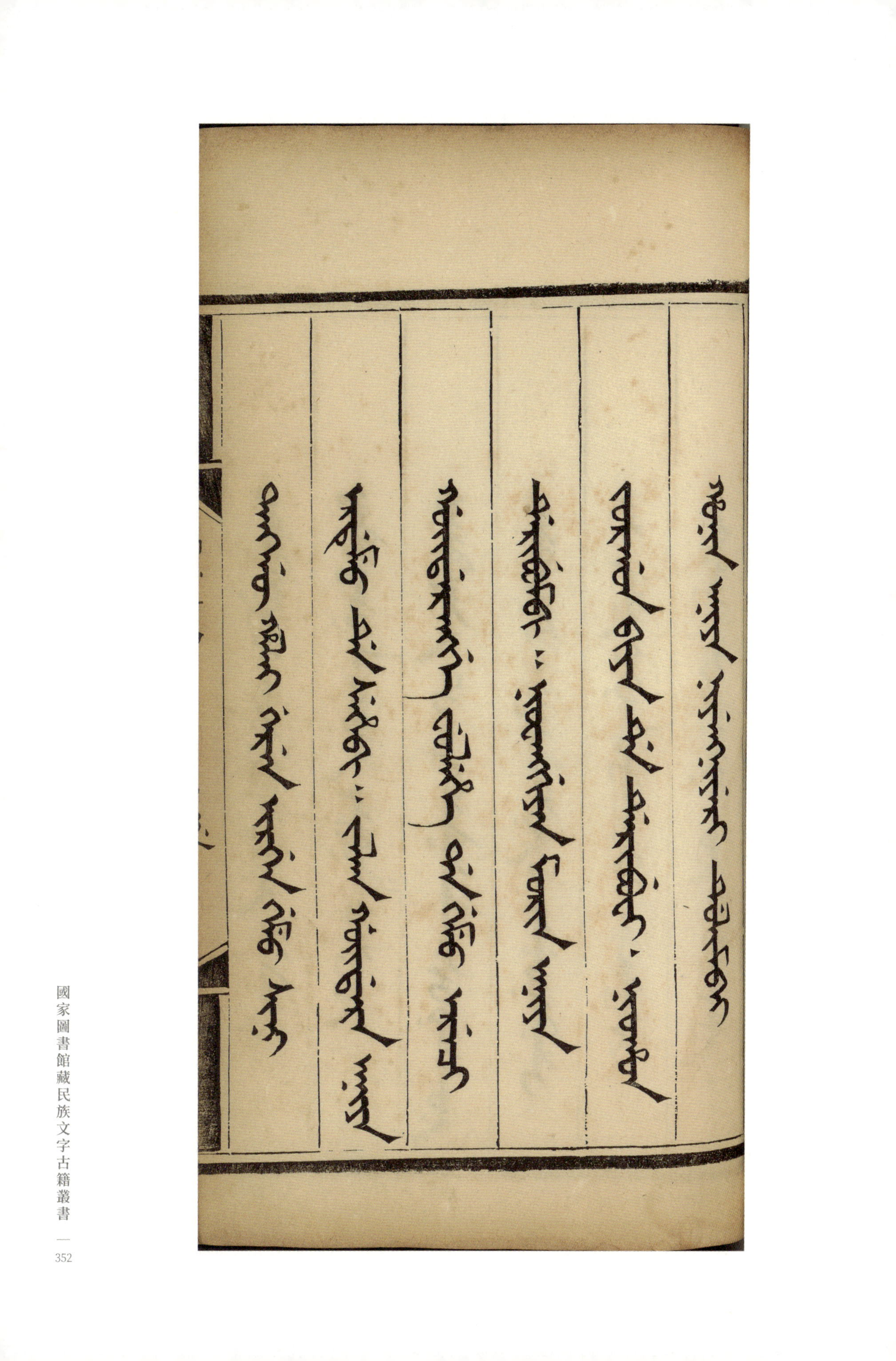

[illegible]

[illegible]

[illegible]

[illegible]

[illegible]

[illegible]

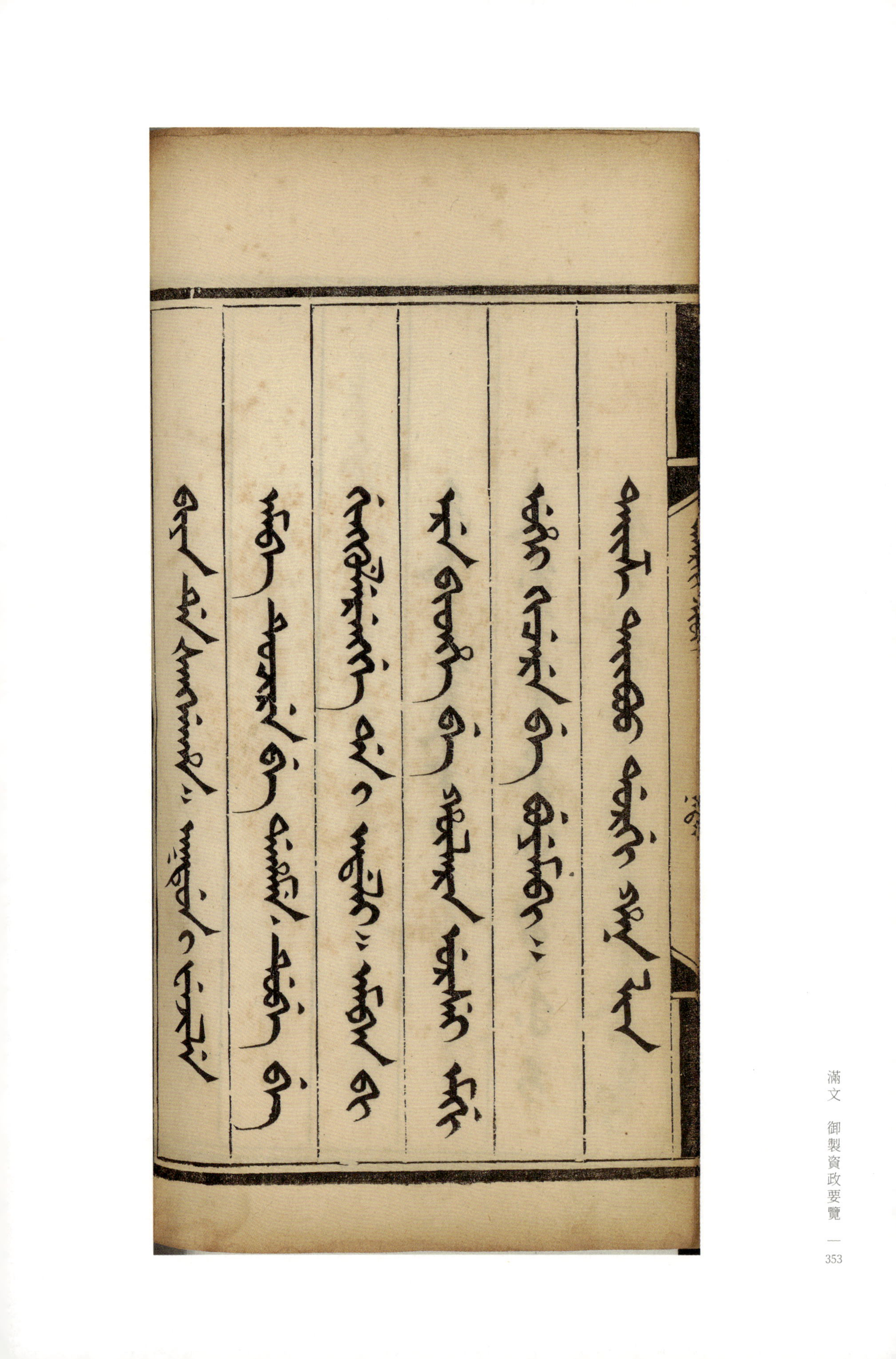

ᠮᡠᠵᡳᠯᡝᠨ [illegible]

[illegible] ᡩᡝ [illegible]

[illegible] ᡩᡝ [illegible]

[illegible] ᡳ [illegible]

[illegible] ᡩᡝ [illegible]

[illegible] ᡳ [illegible]

ᡩᠣᡵᠣᠨ ᠪᡠᡥᡝ ᡤᡝᡵᡤᡳ ᡳ ᠰᡝᡵᡝ ᠪᡠᡥᡝ
ᠪᡳ ᠪᡠᠨ ᠰᠠᠨ ᠪᡠᡵᡝ ᠰᡝᠮᡝ ᠪᡳ ᠰᡝ
ᠠᠮᠠᠨ ᡳ ᠠᠮᠪᠠᠰᠠ ᠪᡝ᠉

ᡝᠵᡝᠨ ᡩᡝ ᡨᠣᠨᡩᠣ ᠣᠶᠣᠩᡤᠣ ᡨᡠᠸᠠᠮᡝ ᠪᠣᠣᡥᡳ

ᡤᡳᠩᡤᡠᠯᡝᠮᡝ ᠪᠣᠣ᠉

ᡨᡠᠮᡝᠨ ᡩᠣᡵᠣ ᡝᠵᡝᠨ ᡩᡝ ᡨᠣᠨᡩᠣ ᠣᠶᠣᠩᡤᠣ

ᡨᡠᠸᠠᠮᡝ ᠪᠣᠣᡥᡳ ᠰᠠᡳᠨ ᠠᠮᠪᠠᠰᠠᡳ ᠵᡠᡵᡤᠠᠨ᠈

ᡩᠣᡵᠣᠨ ᠠᠮᠪᠠᠨ ᡩᡝ ᡤᡳᠩᡤᡠᠯᡝᠮᡝ᠉ ᠠᠮᠪᠠᠨ

ᠪᡝ ᠠᠮᠪᠠᠨ ᡩᡝ ᡤᡳᠩᡤᡠᠯᡝᡵᡝ ᡝᡵᡩᡝᠮᡠ ᠵᡠᡵᡤᠠᠨ ᡩᡝ

ᡤᡳᠰᡠᡵᡝᡥᡝᠩᡤᡝ ᡤᡳᠰᡠᡵᡝᠮᡝ ᠪᡝᡳᡩᡝᠮᡝ᠈ ᡤᡳᠰᡠᡵᡝᡶᡳ ᠪᠣᡩᠣᠮᡝ
ᡳ ᠪᡝ ᡨᡠᠸᠠᠴᡳ ᠪᠠᡳᡨᠠ᠉ ᠪᡠᠰᡝ ᡤᡝᠯᡝᠨ
ᠪᡝᠯᡝ ᡳ ᠵᡳᡨᡝᡵᡝ ᡩᡝ ᠵᡠᠸᡝ ᠵᡳᡨᡝᡵᡝ᠈ ᡨᡠᡥᡝᡴᡝ ᡳ
ᠪᡠᠯᡝᡴᡠ ᠪᡠᠯᡝᡴᡠᠰᡝᠮᡝ᠉ ᡨᡠᠸᠠᠨᠠᠮᡝ ᡨᡠᠸᠠᠨᠠᠮᡝ
ᠰᡳᠨᡤᡤᡳᠶᠠᡵᠠ ᡨᡠᠸᠠᠨᠵᡳᡵᡝ᠈ ᠵᡝᡨᡝ ᡩᡝ ᠪᡠᠰᡝ ᡤᡝᠯᡝᠨ ᠵᡳᡴᡝ
ᠪᠠᡳᡨᠠ᠈ ᡨᡠᠸᠠᠨᠠᠮᡝ ᠰᡝᡳᠯᡝᠮᡝ᠈ ᠪᡠᠰᡝ ᠪᡳᠰᡳ᠉

ᡥᡡᠸᠠᡧᠠᠪᡠᡵᡝ ᠠᠮᠪᠠᠯᡳᠩᡤᡡ ᠮᡝᡵᡤᡝᠨ ᡳᠯᡝᡨᡠ᠉ ᠵᠠᡳ
ᡳᠨᡝᠩᡤᡳ ᠵᡠᠸᡝᠨ ᡨᡠᠮᡝᠨ ᠪᡝ ᠰᠠᡳᠰᠠᡴᠠᠩᡤᡝ
ᠰᡳᠮᠪᡳᠰᡝ᠈ ᡤᡳᠰᡠᠨ ᠪᡝ ᡳᠯᠠᡳ ᠪᡝᠶᡝ ᡨᡠᠸᠠᠪᡠᡥᠠ᠉
ᡤᡳᠨ ᠪᡝ ᠪᡠᠯᡳᠩᡤᡠᠪᡝ᠈ ᠠᡴᡡᠮᠪᡳᠨ ᠪᡝ
ᡤᡠᠩᡤᡠᡥᡝ᠈ ᠣᠪᡠᡥᠠ ᠰᠠ ᠪᡝᠶᡝ ᠠᡳᠰᡳᠯᠠᡥᠠ᠉
ᡥᠣᡨᠣᠨ ᡨᡠᠸᠠᡴᡡ ᠣᠮᠪᡳ ᡳᠨᡝᠩᡤᡳ ᡨᡠᡥᡝᠨ᠈ ᡥᡝᡵᡤᡝᠨ

ᠪᡳᠨᡳ ᠪᠣᠯᡳᠨ ᠪᡝ ᠪᠣᡤᠣᠨ ᡨᠠᠨᡤᠠᠨ

ᠪᡳᡨᡥᡝᠨ᠉ ᡨᡠᠮᡝᠨᡳᠨ ᡨᠠᠮᡳᠨ ᡳᠰᡳ᠉

ᠪᠣᠯᠣᡴᠣᠨ ᠪᠠᠨᠠᠨ ᠪᡝ ᡨᡠᠩᡤᡳᠨ ᡨᡠᠮᡝᠨ ᡨᡠᠮᡝᠨ ᠰᡝᡵᡝ

ᠠᠮᠪᠠᡴᠠᠨ ᡨᡠᠮᡝᠨ ᡨᠠᠨ ᠪᡝ ᠪᡳᡨᡥᡝ

ᡠᠨᡝᠩᡤᡳ᠈ ᡨᡠᠮᡝᠨᡳ ᠪᠠᡳᡨᠠᠯᠠᠮᡝ

ᡩᠣᡵᠣᠨ ᠪᡝ ᠪᡝᡳᡥᡝᠨ᠈ ᡠᠨᡝᠩᡤᡳ ᠪᠣᠩᡤᠣ

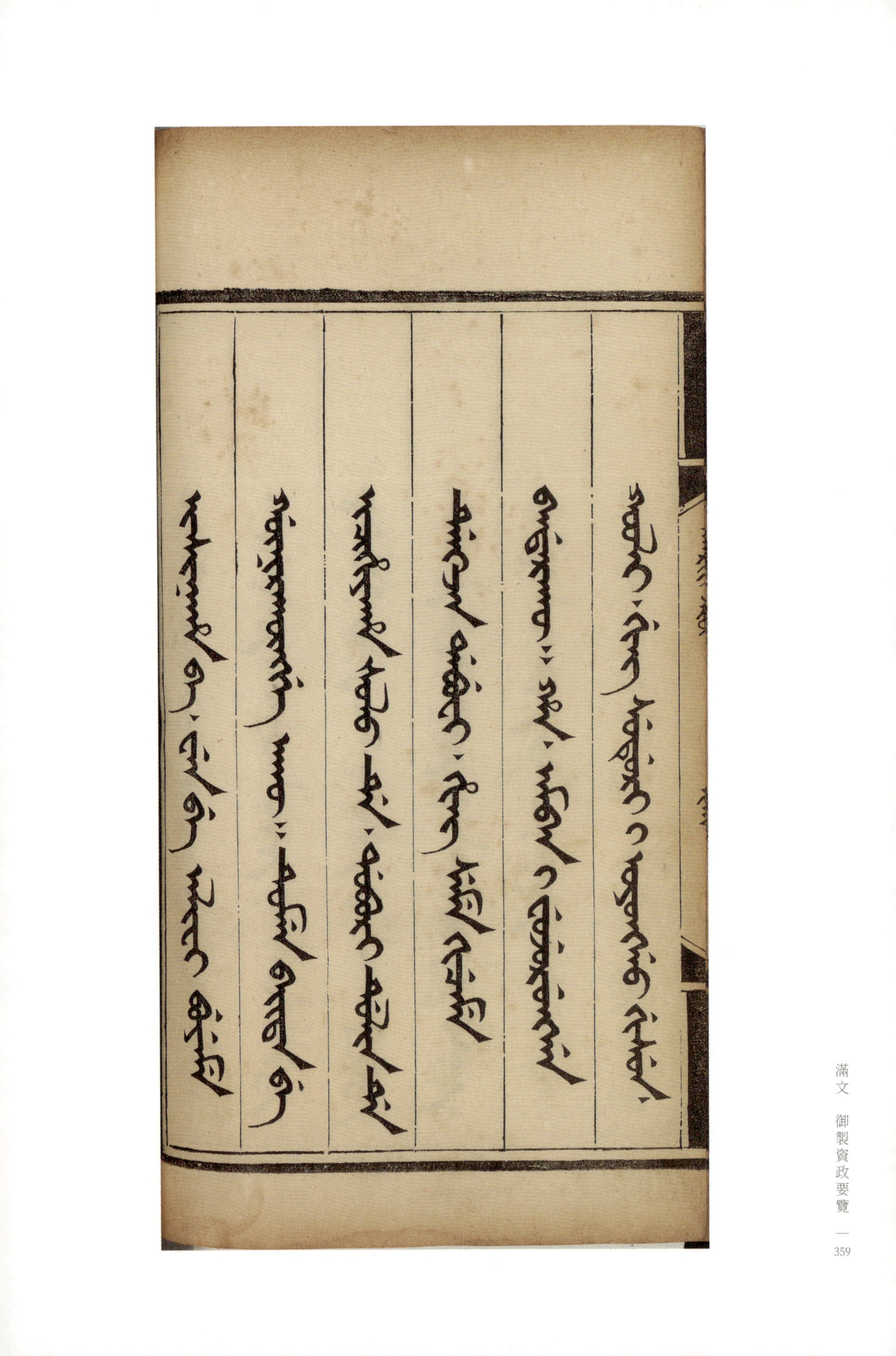

[illegible]

[illegible]

[illegible]

[illegible]

[illegible]

[illegible]

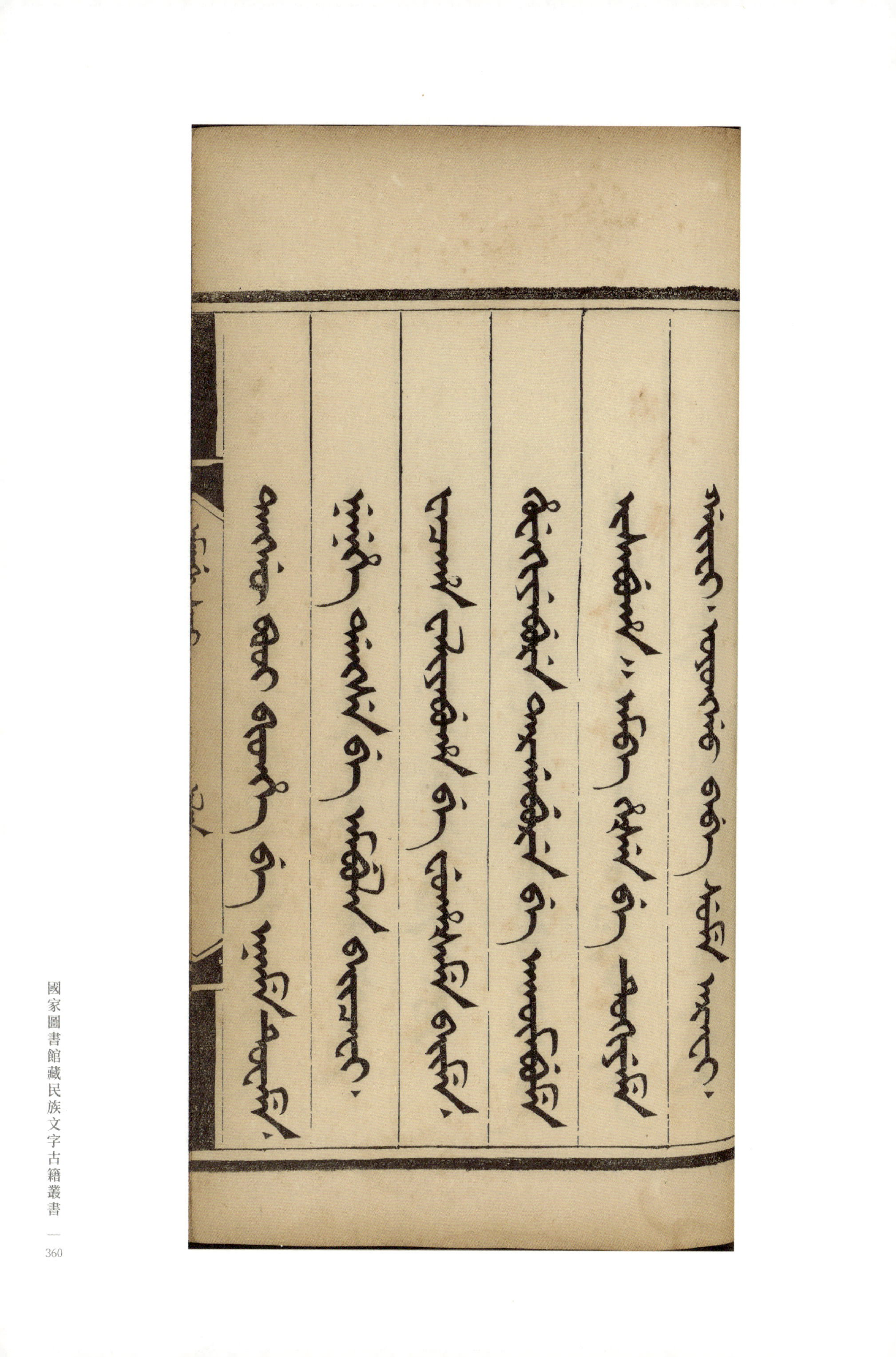

[illegible] ᡩᡝ [illegible]

[illegible] ᡩᡝ [illegible]

[illegible] ᡩᡝ [illegible]

[illegible] ᡩᡝ [illegible]

[illegible] ᡩᡝ [illegible]

[illegible] ᡩᡝ [illegible]

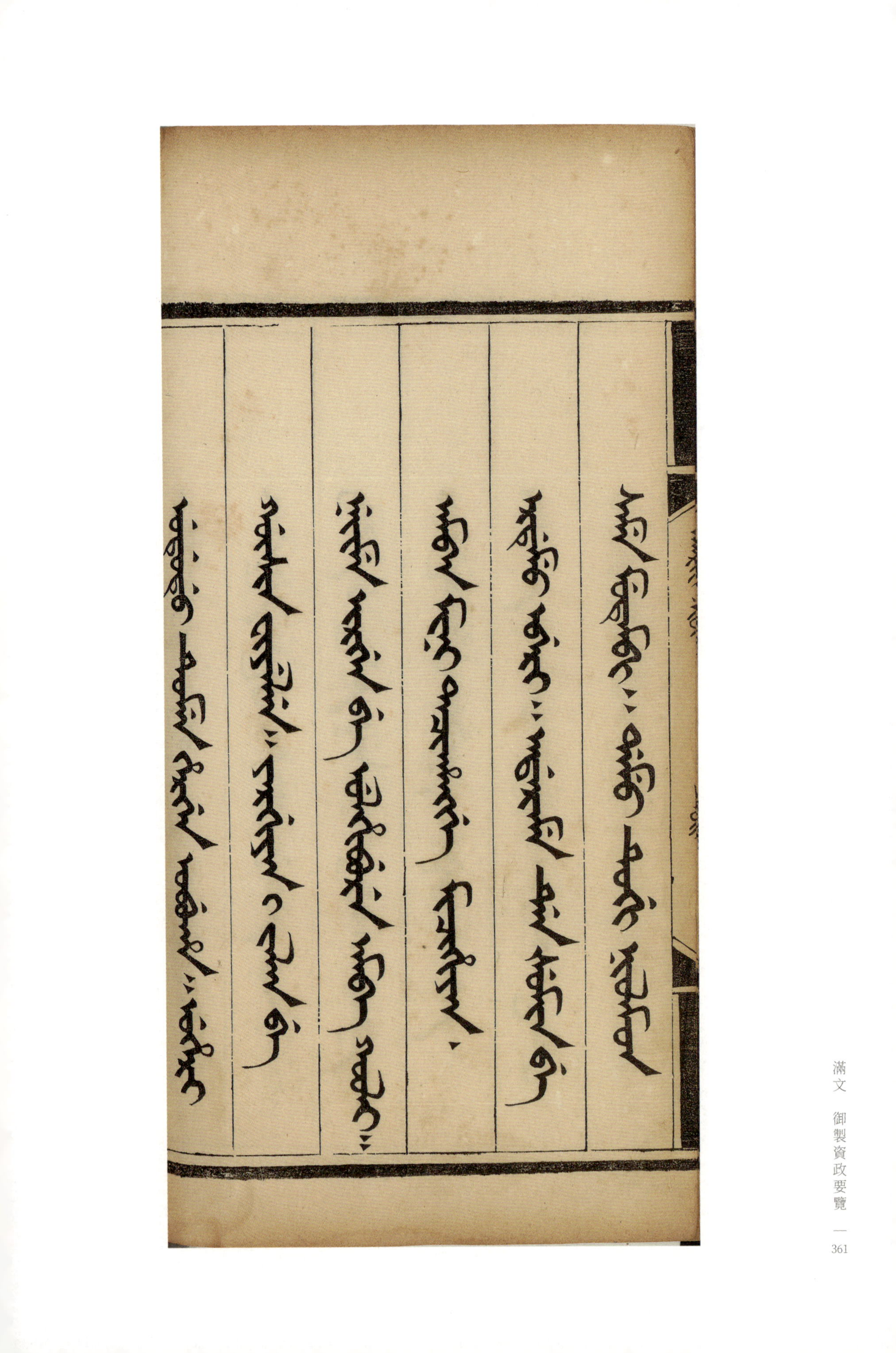

ᠨᡳᡴᠠᠨ ᡨᡠᡵᡤᡠᠨ᠈ ᠨᡳᠩᡤᡠ ᠨᡳᡵᡤᡝ ᠪᡠᠴᡝᠮᠪᡳ ᡳ

ᠰᠠᡳᠰᠠᠩ ᠪᡝ ᠪᠣᠯᡤᠣᠮᡝ᠉ ᠵᠠᠪᡩᡝ᠈ ᡨᡠᡵᡤᡠ

ᡥᠣᡨᠣᠰᡳᠩᡤᡝ ᠪᡠᠯᡳᠩ᠈ ᠪᡠᠯᡠᠨ ᠰᠠᠪᡠᡥᠠ

ᠪᡳᠰᡳᠨ ᡳ ᠪᡳᠰᡳᠨ ᠪᡝ ᠪᠣᠯᡤᠣᠮᠪᡳ᠉ ᠪᡝᠰᡝ

ᠰᠠᡳᠰᠠᠨ᠈ ᠪᡳᠰᡝ ᠪᡠᠯᡤᠣ ᠨᡳᠩᡤᡠ ᠪᡝ

ᡥᠣᡨᠣᠰᡳᠩᡤᡝ᠈ ᠰᡠᠰᡠᠩᡤᡝ ᡳ ᡥᡡᠰᡠᠨ᠈ ᡳᠰᡳᠨ

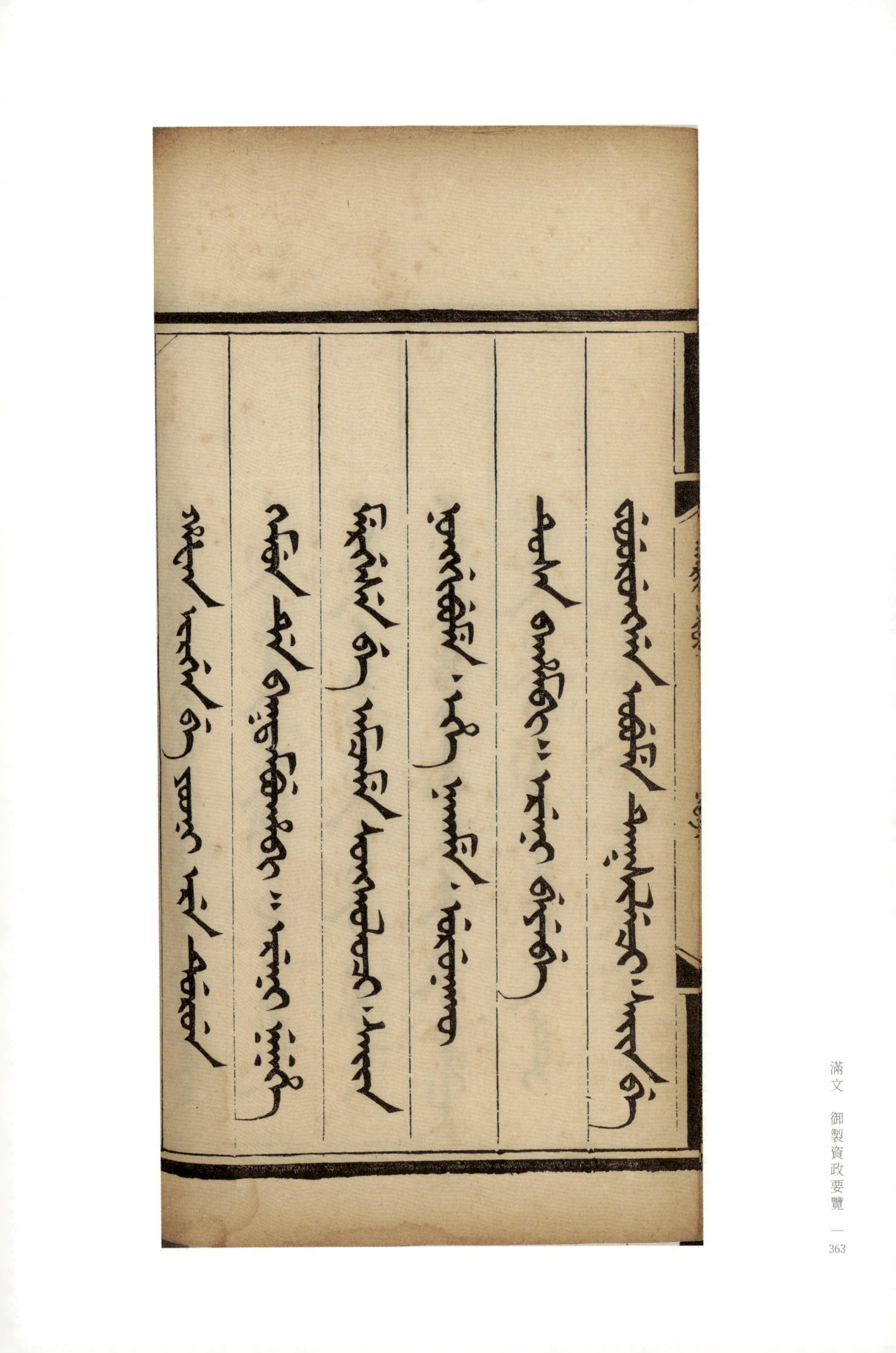

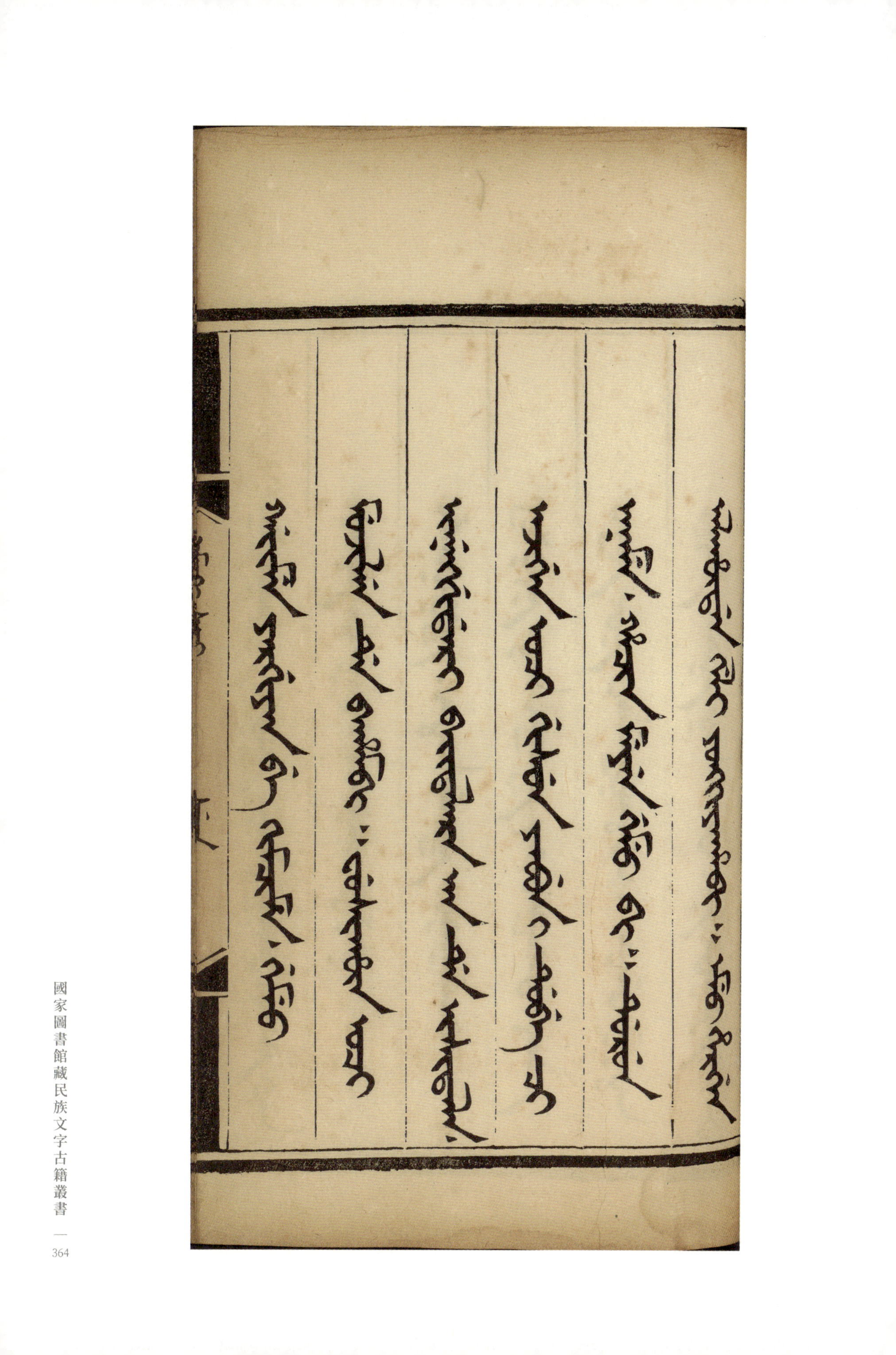

[illegible]

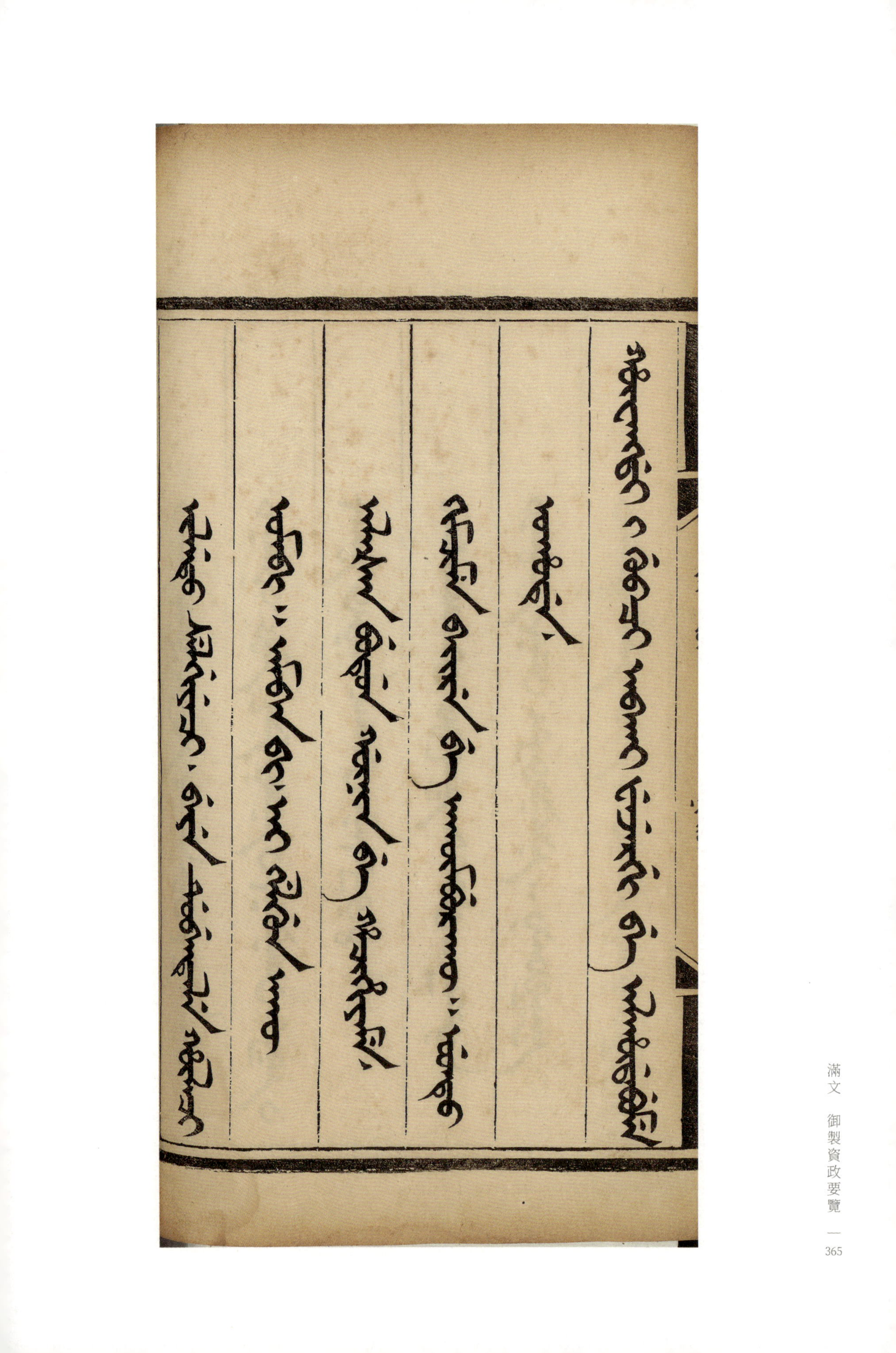

[illegible]

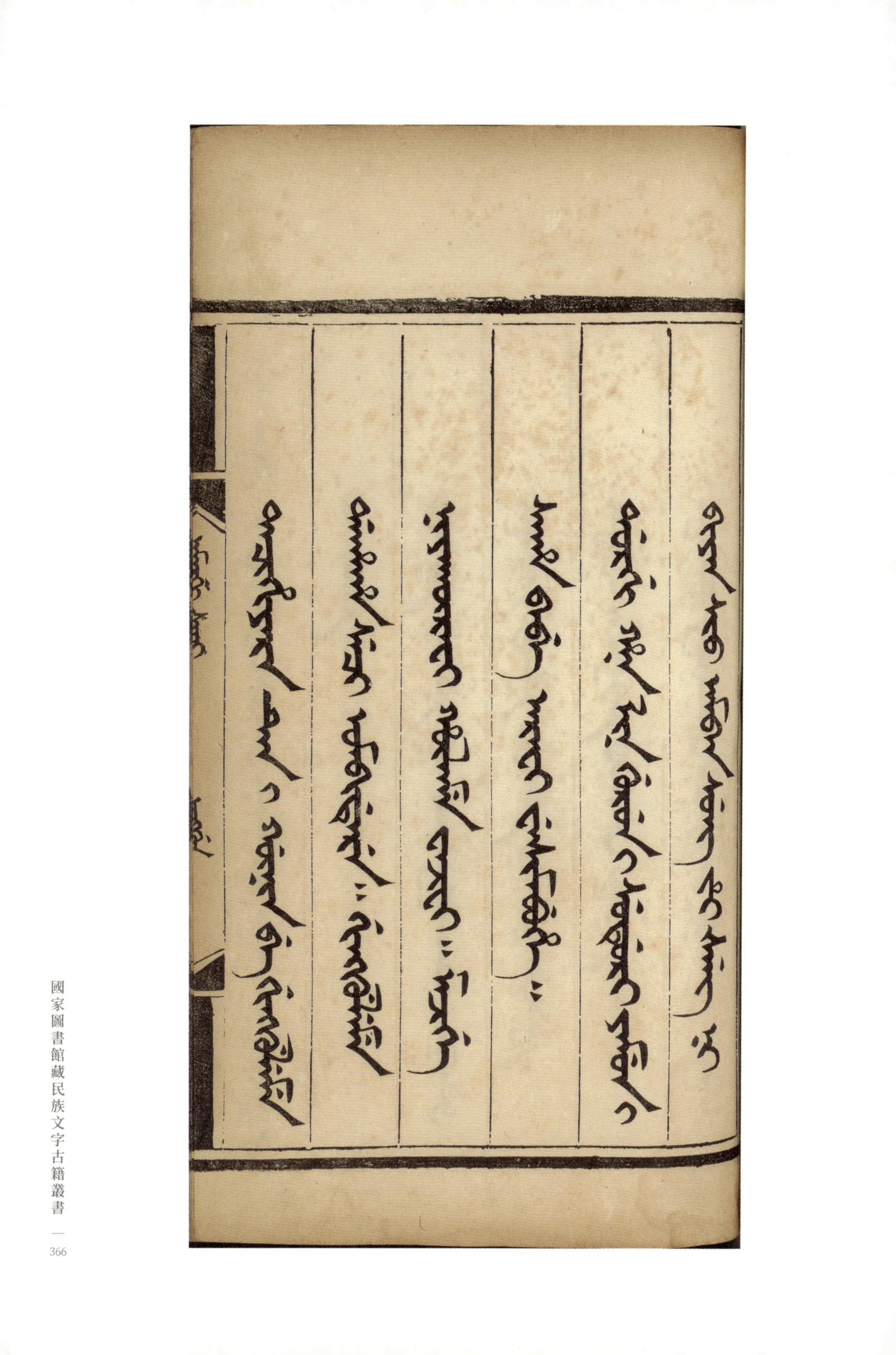

[illegible]

[illegible]

[illegible]

[illegible]

[illegible]

[illegible]

[illegible]

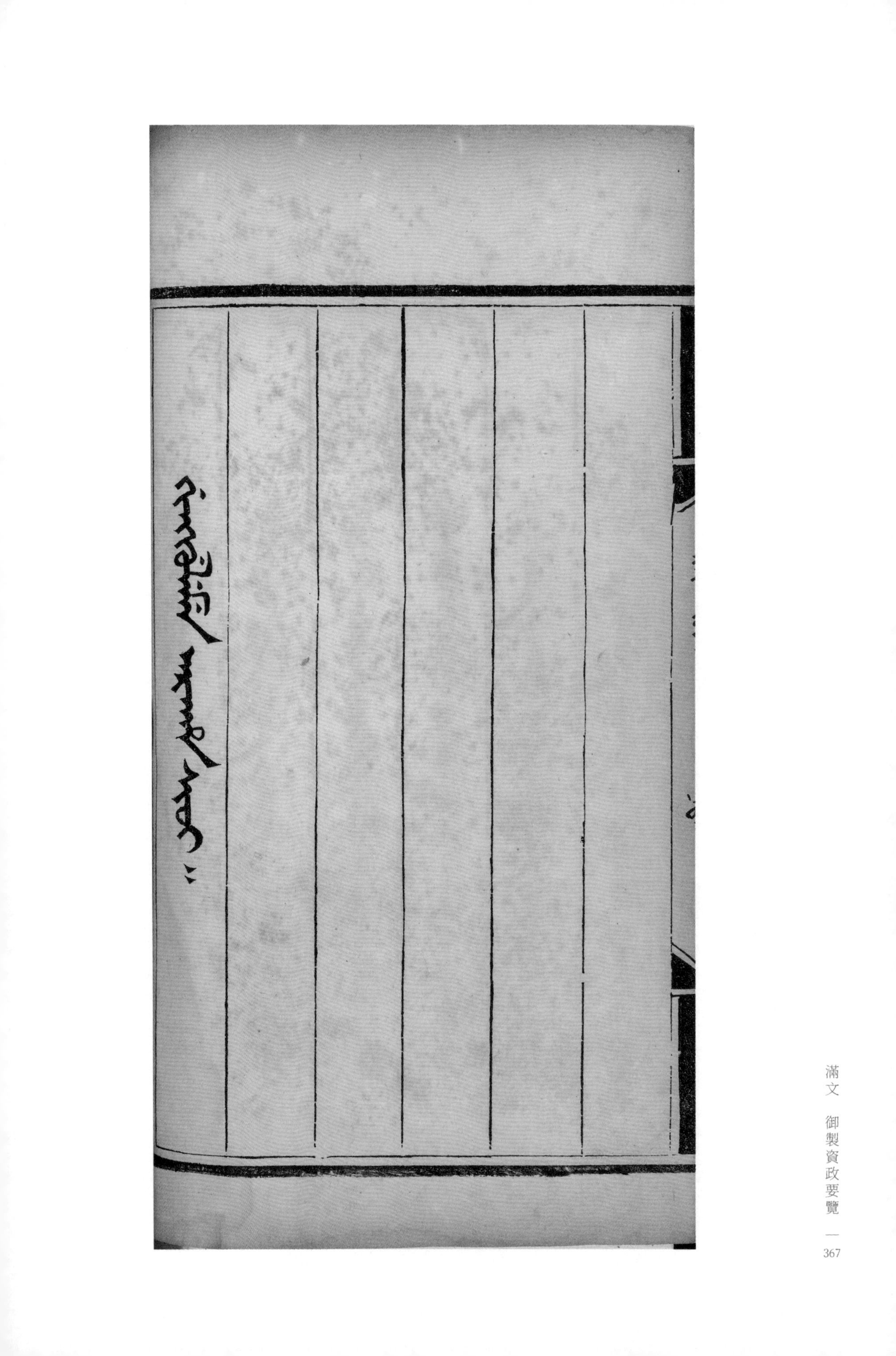

ᠨᡳᠩᡤᡠᡵᡳ ᠠᡴᡡᠮᠪᡠᠮᡝ ᠣᠮᠪᡳ ᠉

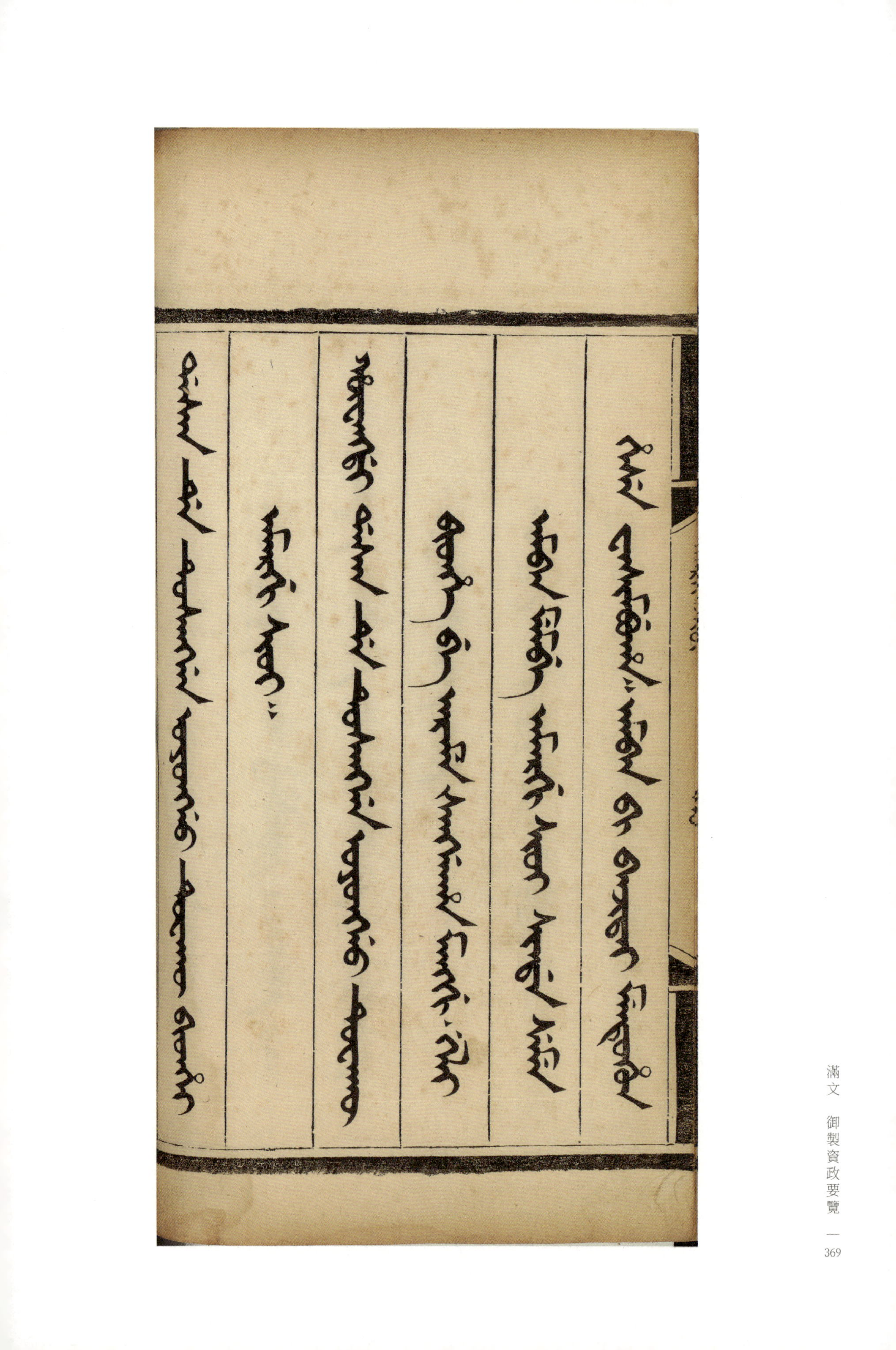

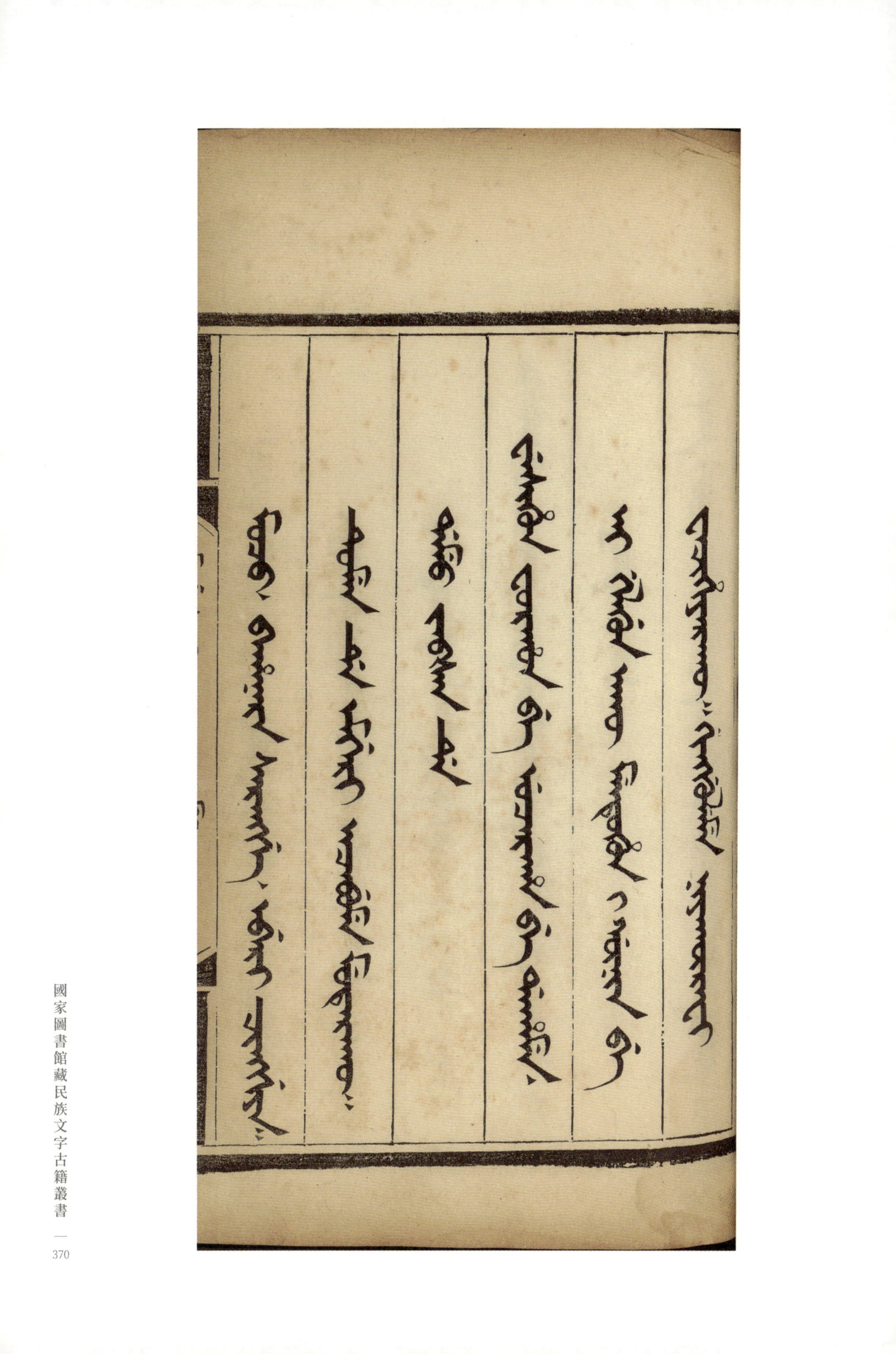

[illegible]

[illegible]

[illegible]

[illegible]

[illegible]

[illegible]

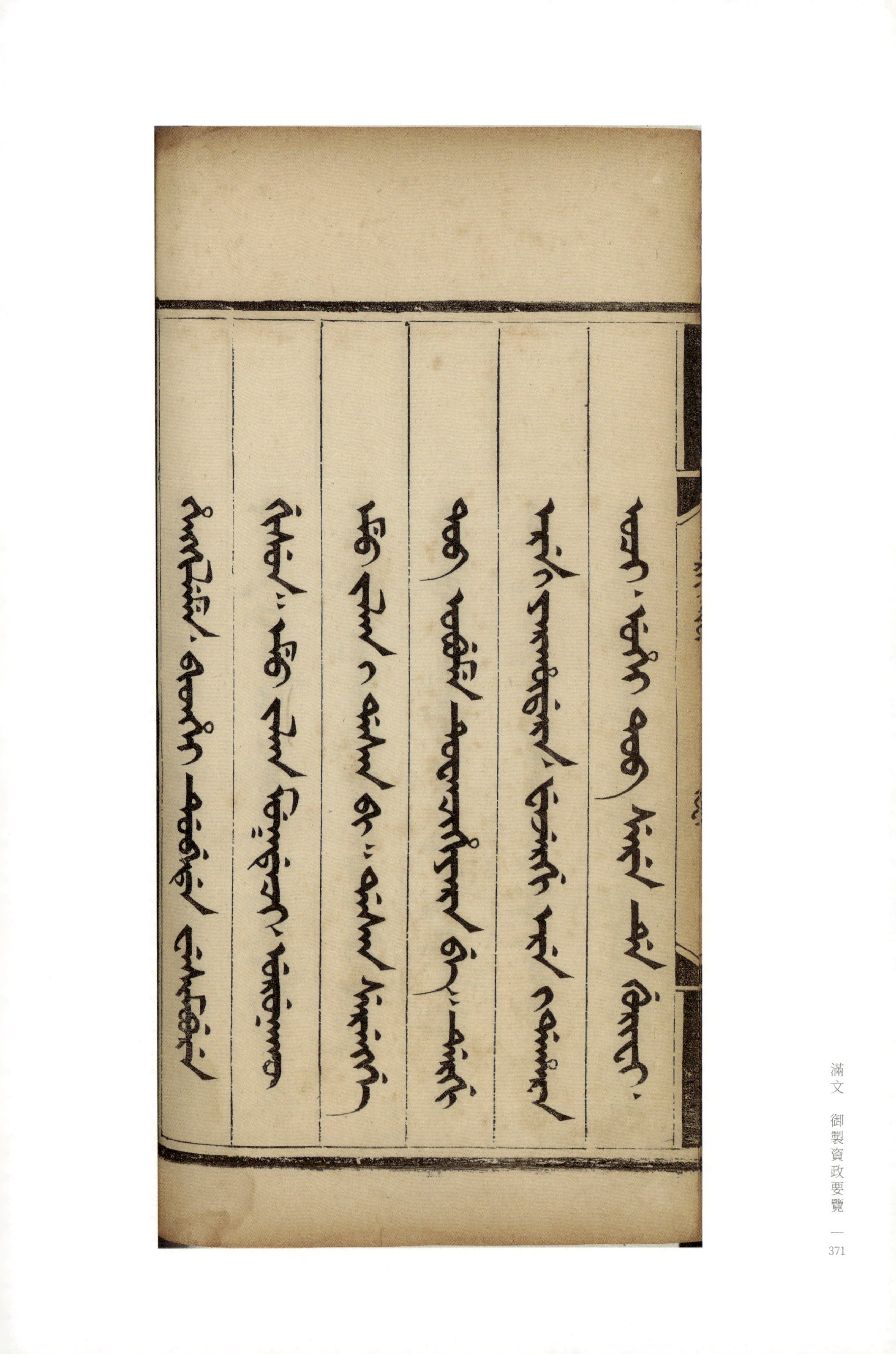

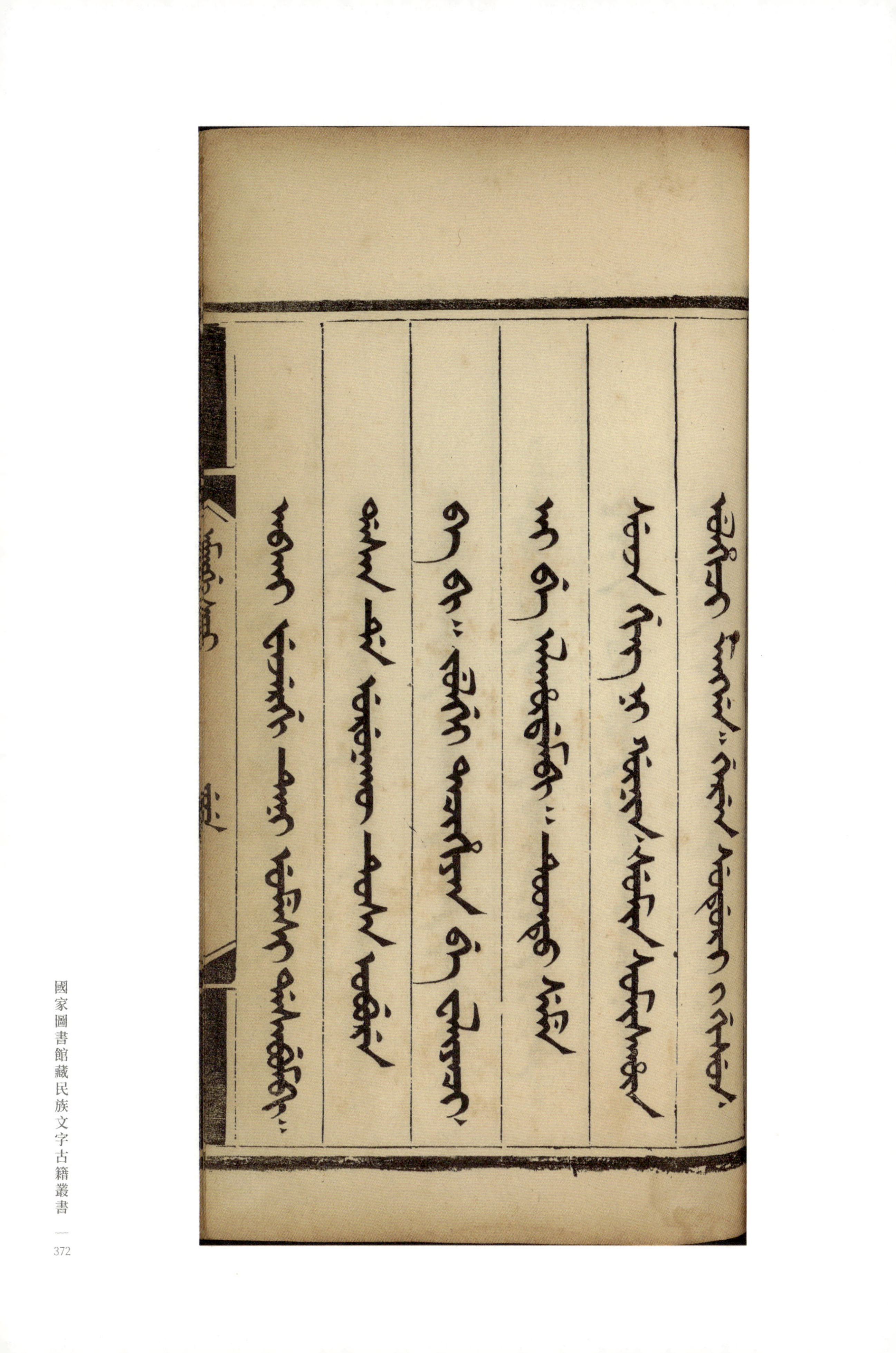

[illegible]

[illegible]

[illegible]

[illegible]

[illegible]

[illegible]

ᡤᡠᡵᡠᠨ ᠪᠣᡳᡤᠣᠨ ᠪᡝ ᡩᠠᠰᠠᡵᠠ᠈ ᡨᡠᠯᡝᡵᡤᡳ ᠪᡝ ᡩᠠᡥᠠᠪᡠᡵᡝ

ᠠᠪᡴᠠᡳ ᡶᡠᠯᡳᠩᡤᠠ᠉

ᠰᡠᡵᡝ ᡥᠠᡶᠠᠰᠠ ᡳ ᠪᡝᡳᠯᡝᠨ᠈ ᡳ

ᠠᠮᠪᠠᠰᠠ ᠮᡠᠰᡝ ᠵᡝᡵᡤᡳ ᠠᠮᠪᡠᠯᠠ ᠪᡝ

ᡥᠠᡶᠠᠰᠠᡳ ᠪᡝ ᡨᠠᠴᡳᠪᡠᡵᡝ ᡥᡝᠰᡝ᠈

ᠠᠮᠪᠠᠨ ᡥᠠᡶᠠᠰᠠᡳ᠈ ᠣᠵᠣᡵᠣ ᠠᠮᠪᡠ᠉ ᡨᠠᠴᡳᠪᡠᡵᡝ

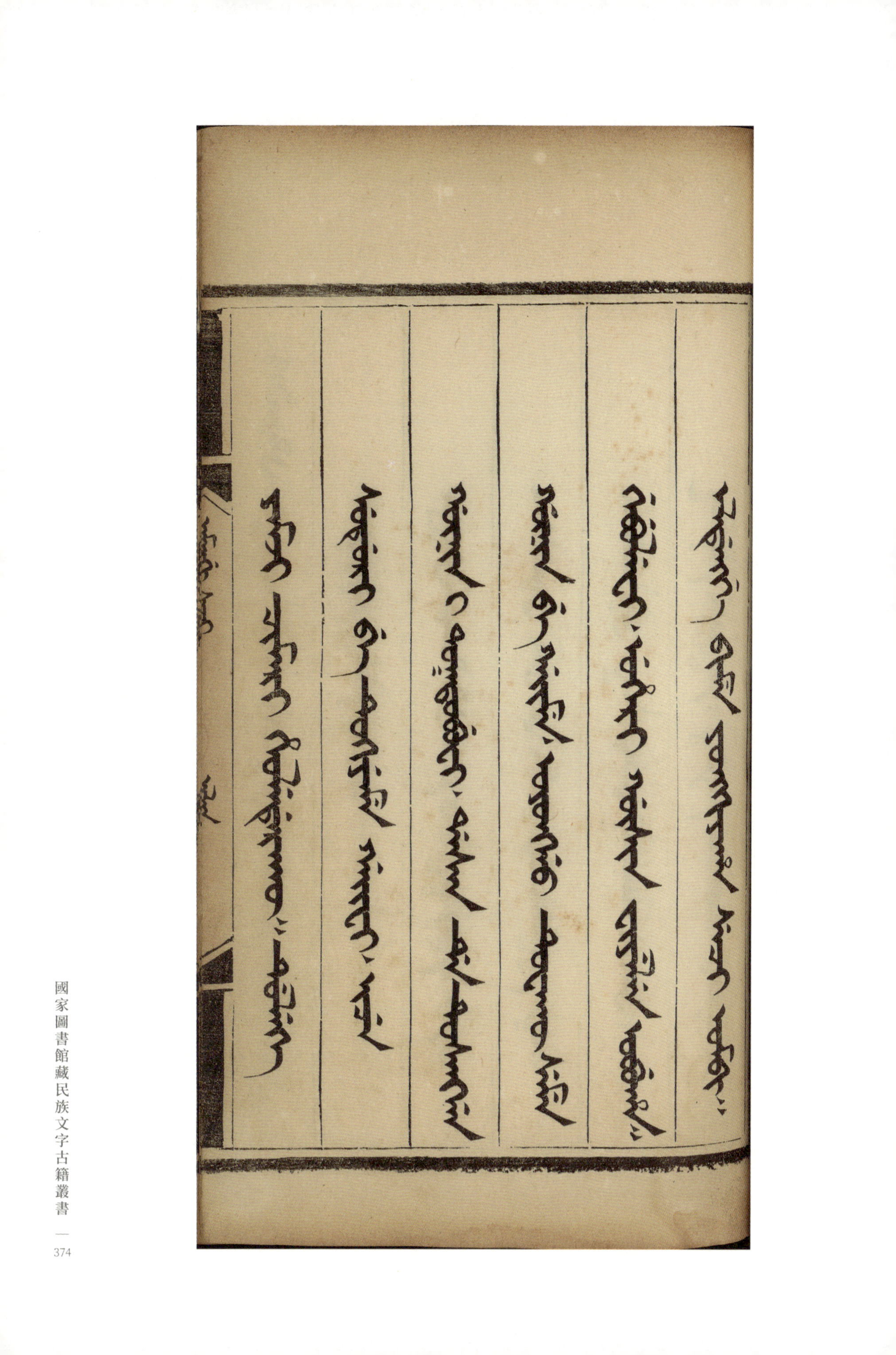

[illegible]

[illegible]

[illegible]

[illegible]

[illegible]

[illegible]

ᡝᠵᡝᠨ ᡳ ᡩᠣᡵᠣ ᡩᡝ ᡨᡝᡵᡝ ᡩᡝ ᡥᠠᡵᡤᠠᠰᠠᡳ ᡩᡝ ᡤᡡᠨᡳᠨ ᠪᡝ ᠪᠣᡩᠣᠮᡝ

ᠰᠠᡳᠨ ᡩᡝ ᡤᠣᡳᠪᡠᡵᡝᡤᡝ ᠪᡝᠶᡝ ᠵᡳᡥᡝ ᡩᡝ

ᠶᠠᠪᡠᡵᡝ ᡩᡝ ᡨᡠᠸᠠᡵᠠ ᡤᡠᡵᡠᠨ ᠪᡝ

ᠰᡝᠮᡝ ᡩᡝ ᡩᠣᡵᡤᡳᠵᡳᠮᡝ ᡥᠣᠰᠣᠨ ᡩᡝ ᡥᠠᠨᡳ ᡨᡝᡵᡝ

ᡨᡝᠰᡝ ᡤᡳᠰᡠᠨ ᡩᡝᡵᡤᡳ ᠠᡴᡡᠮᡝ ᠪᠠ

ᡳᠨᡝᠩᡤᡳ ᡩᡝ ᠪᡳᠰᡳᡵᡝ ᡩᠣᡵᡤᡳᠨ ᡨᡠᡵᡤᡠᠨ

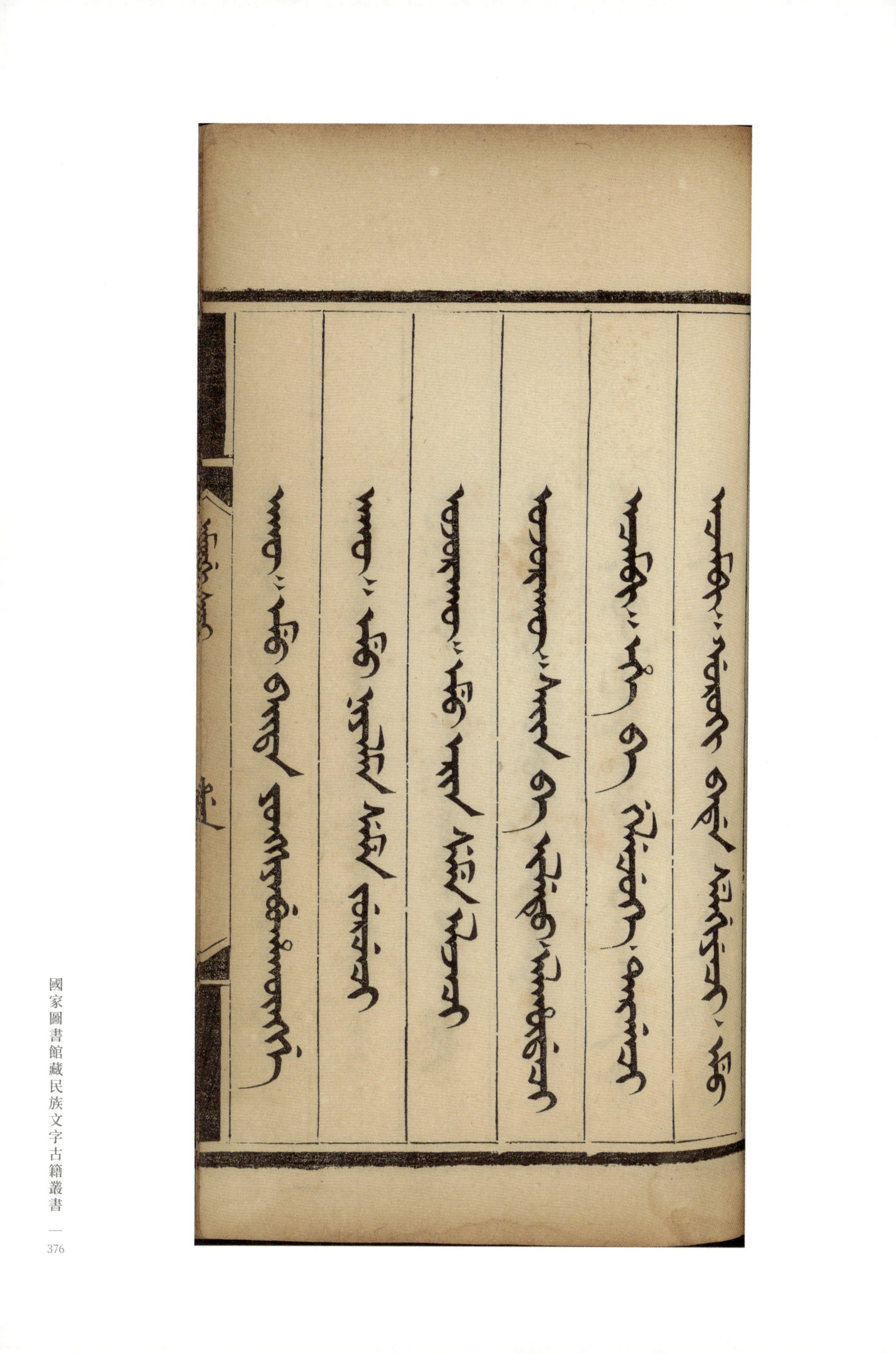

[illegible]

[illegible]

[illegible]

[illegible]

[illegible]

[illegible]

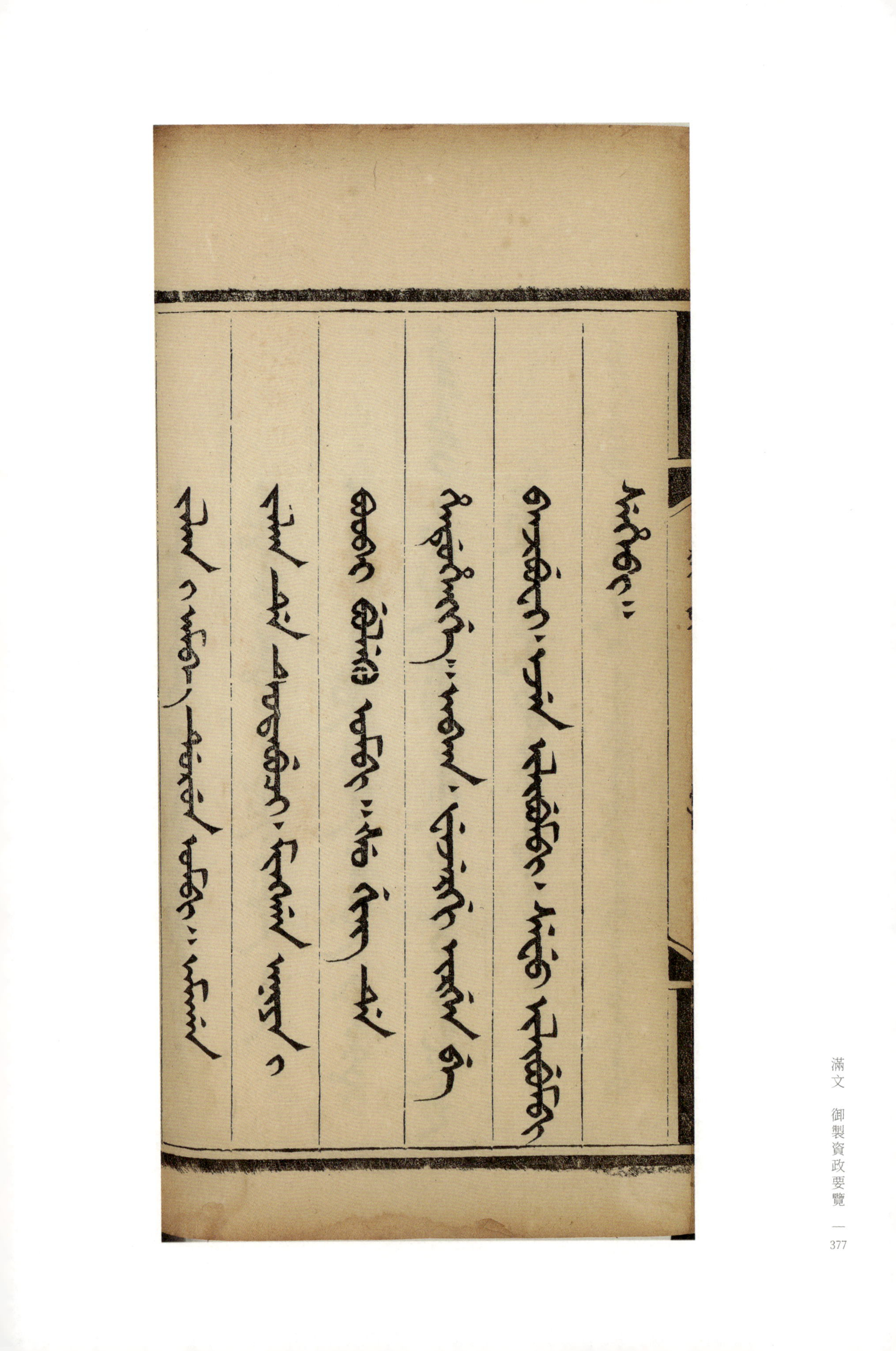

[illegible]

[illegible]

[illegible]

[illegible]

[illegible]

[illegible]

ᡥᡡᠸᠠᠩᡩᡳ ᡳ ᡤᡝᠩᡤᡳᠶᡝᠨ ᡳ [illegible] ᠪᡝ:: ᡨᡠᡨᡨᡠ

[illegible] [illegible] ᠪᡝ [illegible]᠈

ᡥᡡᠸᠠᠩᡩᡳ ᡳ [illegible]᠈ [illegible] [illegible] ᠪᡝ [illegible] [illegible]

[illegible] [illegible] [illegible] [illegible] ᠪᡝ [illegible]

[illegible]᠈ [illegible] [illegible] ᠪᡝ

[illegible] [illegible] [illegible]:: [illegible] ᠪᡝ

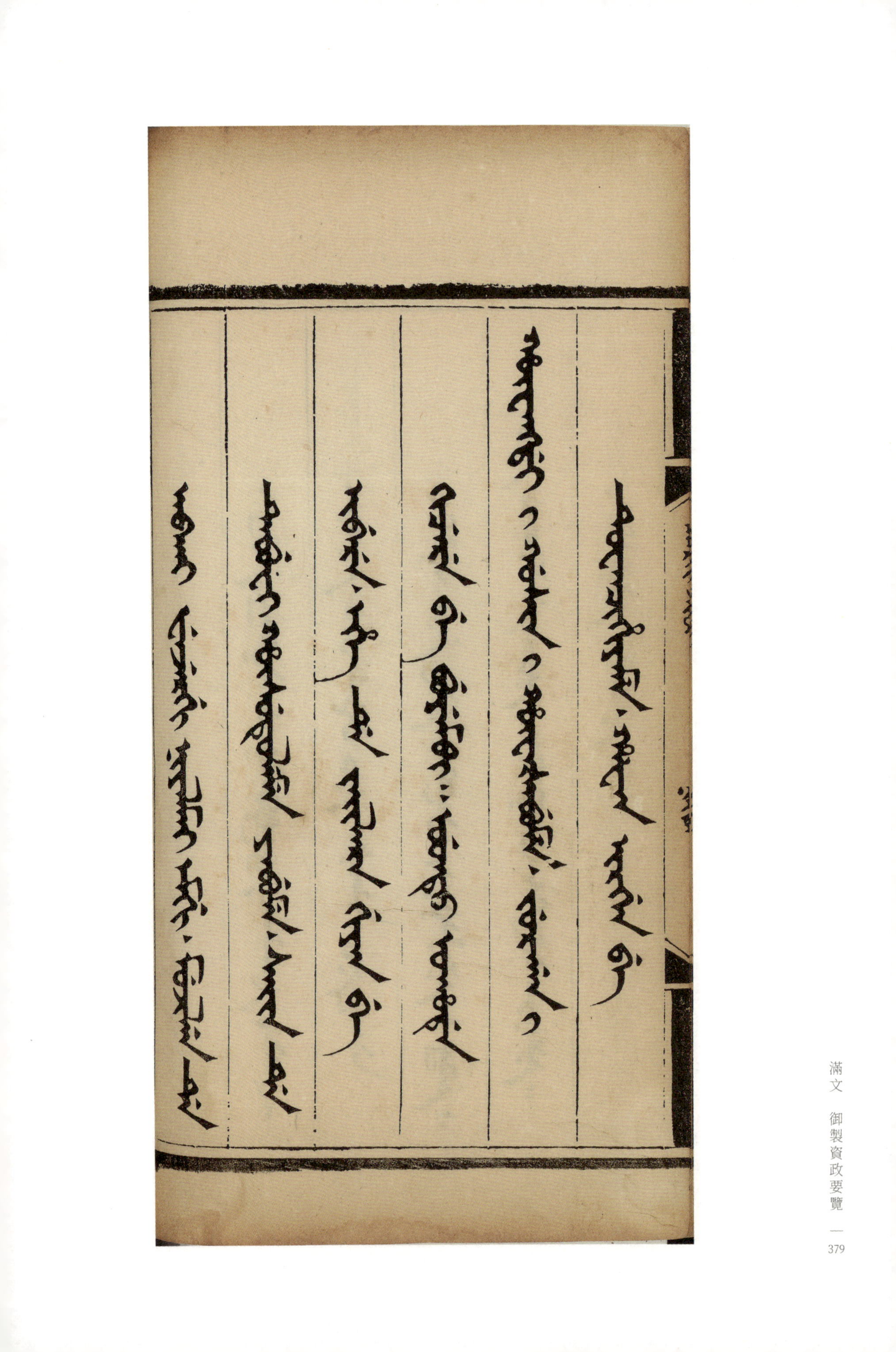

[illegible] ᡩᡝ

[illegible] ᡩᡝ

[illegible] ᡩᡝ [illegible] ᠪᡝ

[illegible] ᠪᡝ [illegible]

ᡥᡡᠸᠠᠩᡩᡳ ᡳ [illegible]

[illegible] ᠪᡝ

ᠣᠪᡠᡥᠠᠩᡤᡝ ᠨᠣᠨᡳᠨ

ᡥᠠᠨ ᡳ ᡤᡳᠰᡠᠨ ᠪᡝ ᠰᡠᠸᡝᡩᡝ ᠪᠣᠯᡤᠣ ᠪᡝᠶᡝ ᠪᡳ᠉

ᠪᠣᠯᠣᡵᡳ ᠪᡝ ᠪᡝ ᡠᡥᡝᠨ ᡤᡳᠰᡠᠨ ᡩᡝᡵᡳ ᡳ

ᠰᡳᠮᡝ ᡳ ᡤᡳᠰᡠᠨ ᠪᡝ ᠨᡳᠮᡝ ᠪᡝᠶᡝ ᠰᡝ

ᠮᡝᠩᡤᡠᠨ ᡳ ᡤᡝᡵᡝᠨ ᠰᡝᠮᡝ ᡨᡠᠸᠠ᠉

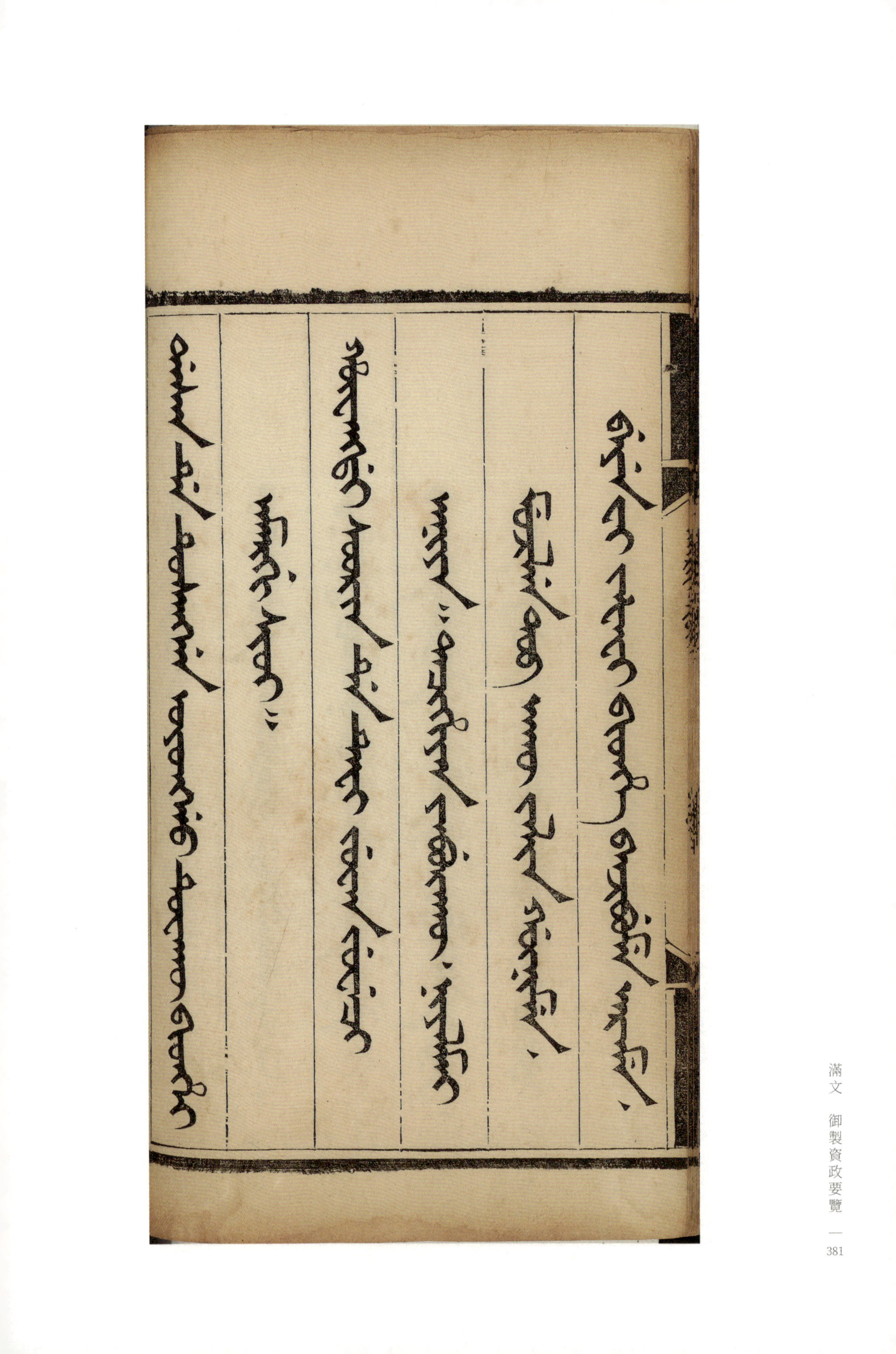

[illegible]

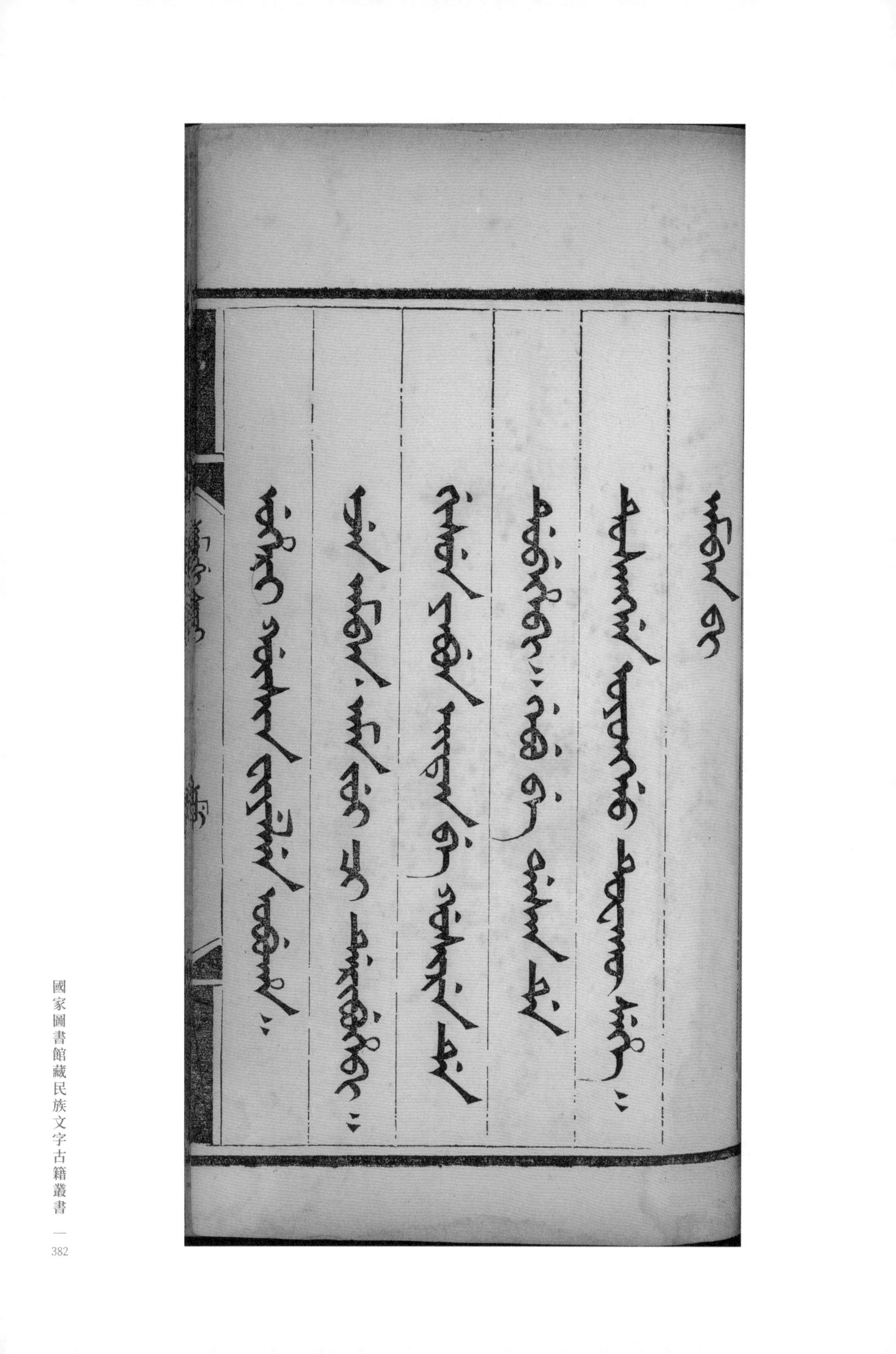

[illegible] ᠉

[illegible] ᠉

[illegible] ᠉ [illegible]

[illegible]

[illegible] ᠉

[illegible]

ᡩᡝᡵᡤᡳ ᠠᠪᡴᠠ ᡩᡝ ᠠᠯᡳᡥᠠ᠈ ᠰᡠᠸᠠᠨ ᠪᡝ

ᡩᠣᡵᠣ ᡩᡝ ᠠᠯᡳᡥᠠ

ᡤᡠᠰᡳᠨ ᠪᡝ ᠶᠠᠪᡠᠮᠪᡳ᠈ ᠶᠠᠪᡠᡵᡝ ᠪᡝ ᡤᡝᠨᡳᠨ

ᡨᡠᠮᡝᠨ ᡳᡵᡤᡝᠨ᠈ ᡤᡠᠩᡤᡝ᠈ ᠨᡳᠶᠠᠯᠮᠠ ᠪᡝ

ᡤᠣᠰᡳᠩᡤᠠ ᡤᡡᠨᡳᠨ ᠰᡝᠮᠪᡳ ᠪᡝ ᠠᠮᠪᠠ ᡥᡝᠰᡝ

ᠠᡳ ᡤᡡᠨᡳᠨ ᠠᡴᡡ

ᡤᡡᠰᡳᠨ ᠪᡝ ᠪᡳᡨᡥᡝ ᠮᡠᠰᡝ ᡠᠮᡝᡳᠶᡝᡥᡝ ᠨᡳᡵᠠᠮᠪᡳ

ᠣᠰᡳᡥᠠᠨᡳᠩᡤᡝ ᠪᡝ ᡳᠰᡳᡥᠠ ᡤᡝᡵᡤᡝᠨ ᠰᡝᠮᠪᡳ ᠉

ᠪᡝᡳᡨᡝ ᠠᡴᡡ ᡳᠨᡝᠩᡤᡳ ᠪᡝ ᡤᡡᠨᡳᠮᠪᡳ ᠉

ᠵᡳ ᡤᡳᠰᡠᡵᡝᠨ ᠪᡳᡨᡥᡝ ᡳᠨᡝ ᡤᡝᡵᡤᡝᠨ ᠪᡝ

ᠰᡳᠮᡝᠩᡤᡝ ᠮᡝᠨᡳ ᡤᡳᠰᡠᠨ ᠪᡝ ᡤᡡᠨᡳᠮᠪᡳ

ᠵᠠᡳ ᠵᠠᠯᠠᠨ ᡳ ᠪᠣᠯᡤᠣ ᠪᡝ ᠪᡠᠯᡝᡴᡠ

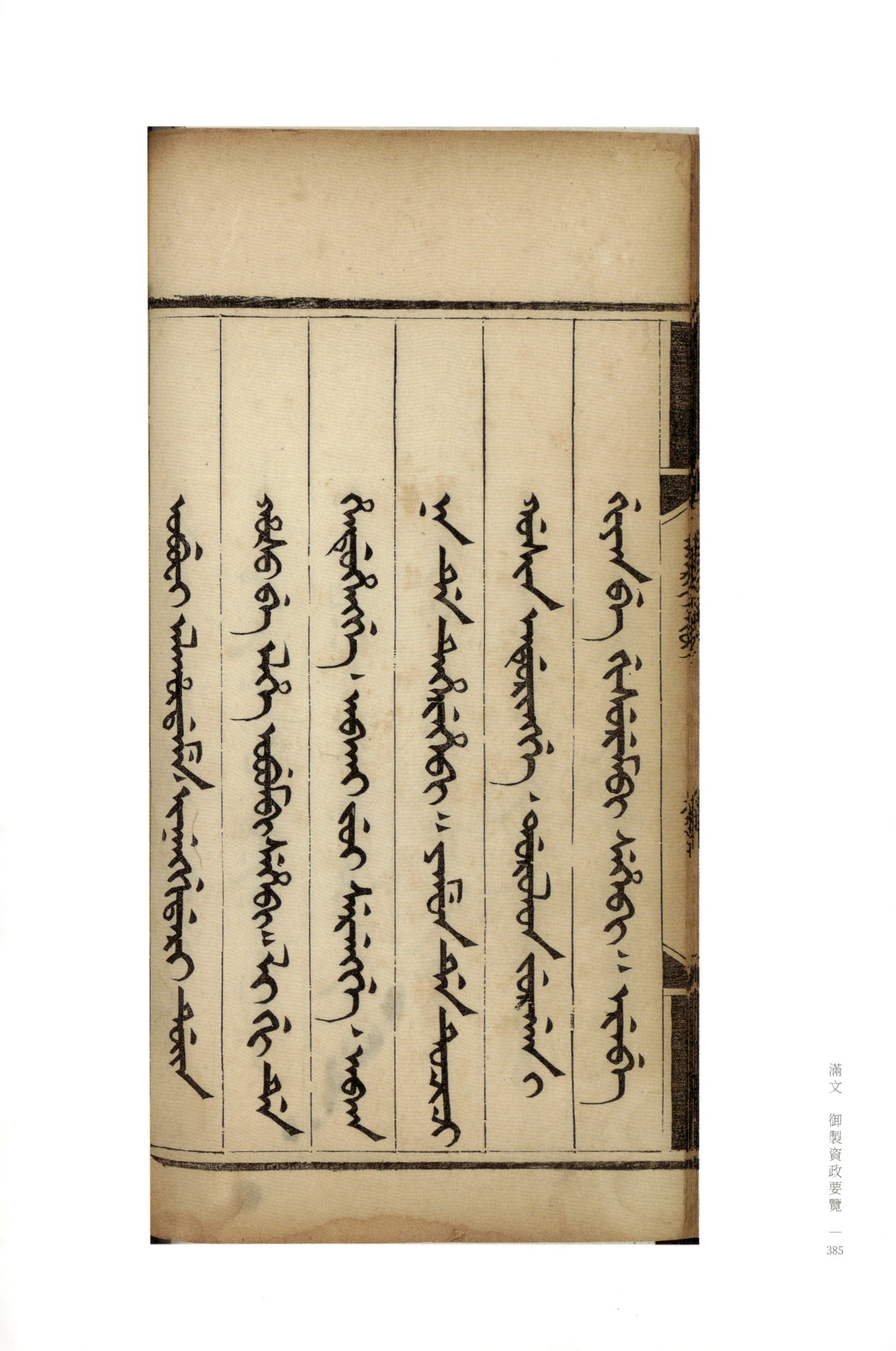

ᠪᠣᡳᡥᠣᠩᡤᡝ᠈ ᠠᡵᠠ ᠰᡠᠸᡝᠨᡳ ᠴᡳᡥᠠᠩᡤᠠ᠈
ᠰᡠᠸᠠᠨ ᡩᠣᡵᠣ ᠪᡠᡥᡝ ᡥᡝᠰᡝ ᠪᡳᠴᡳ᠈ ᡨᡠᠸᠠ
ᠪᡝᠩᠰᡝᠨ ᡩᡝ ᡩᠣᠰᡳᠨᠠᡥᠠ ᠠᠯᡤᡳᠮᡝ ᡩᡝ
ᠨᡳᠩᡤᡠᠨᠵᡝᠨ᠈ ᡩᠣᡵᠣ ᡩᡝ ᡩᡝᠨᠵᡳᠨ᠈
ᠣᡴᠣᡴᡨᠣᠨ ᡩᡝ ᠰᠠᡳᠰᠠᡥᠠ ᡩᡝ ᠵᡳᠯᠠᠨ
ᡥᠣᠰᡳᠩᡤᠣ ᡥᠣᡨᠣᡥᠣ᠉ ᡩᡝ ᠠᡵᡠ᠈ ᡤᡳᠰᡠᠨ

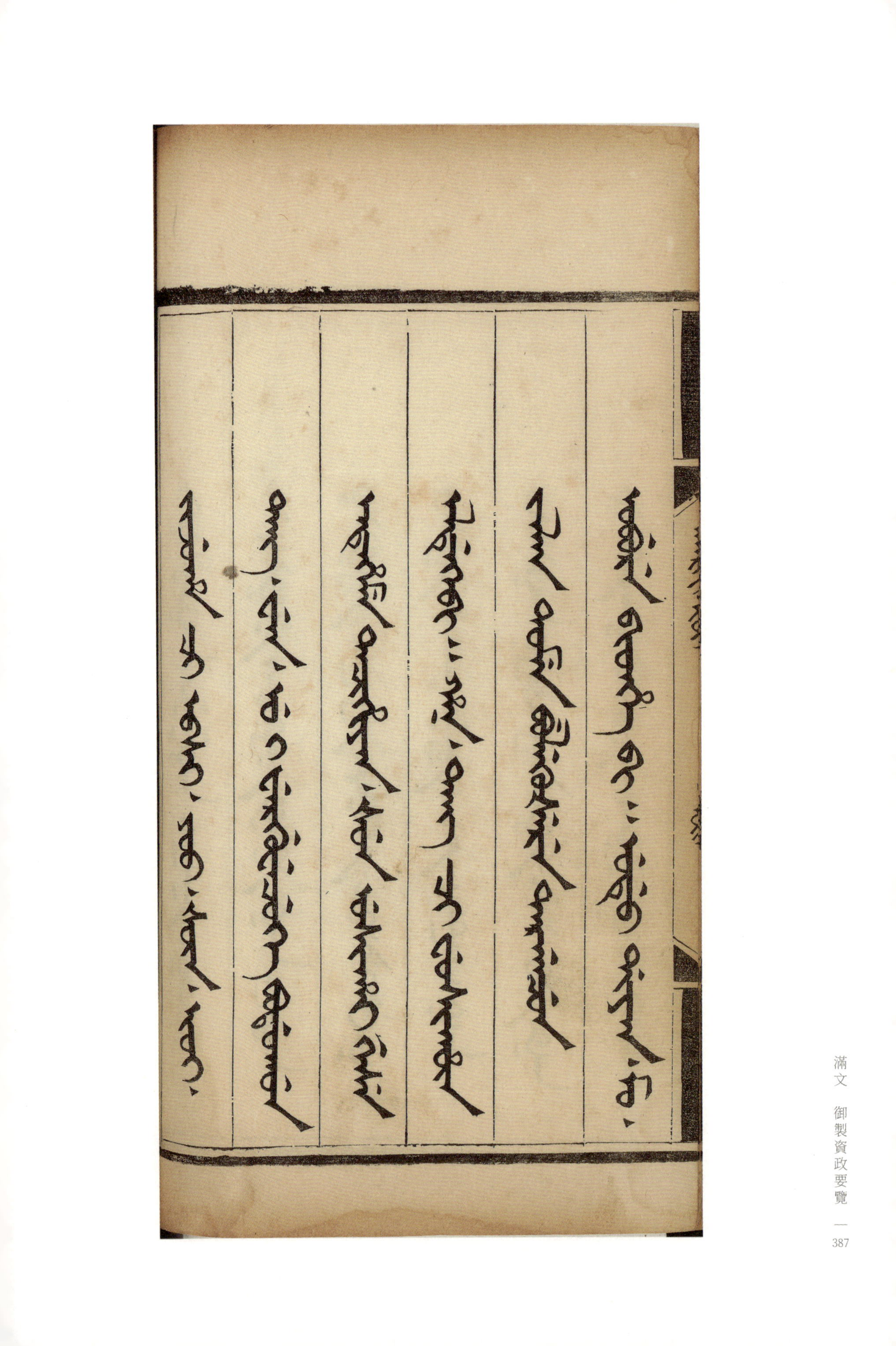

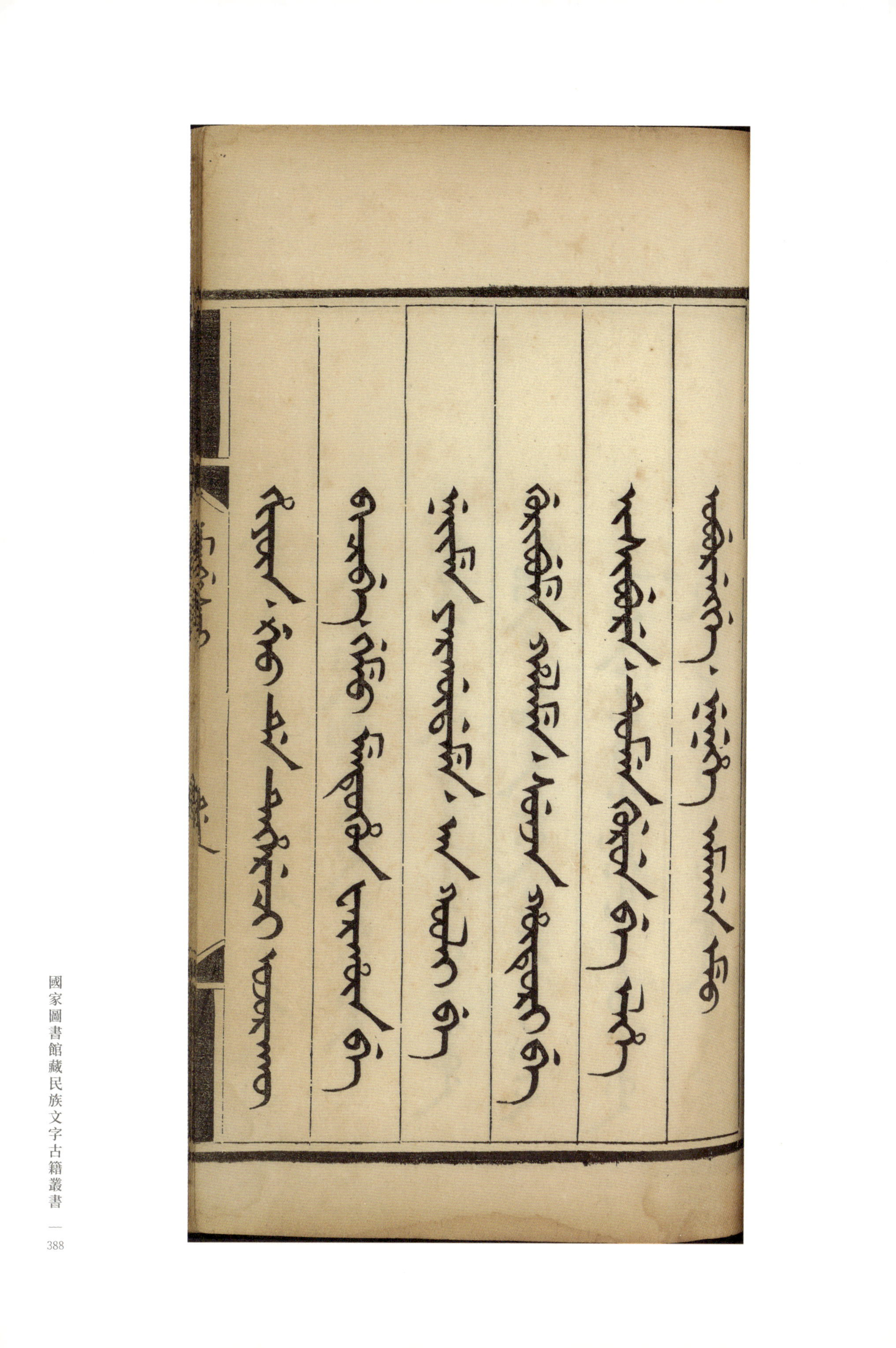

[illegible]

[illegible]

[illegible]

[illegible]

[illegible]

[illegible]

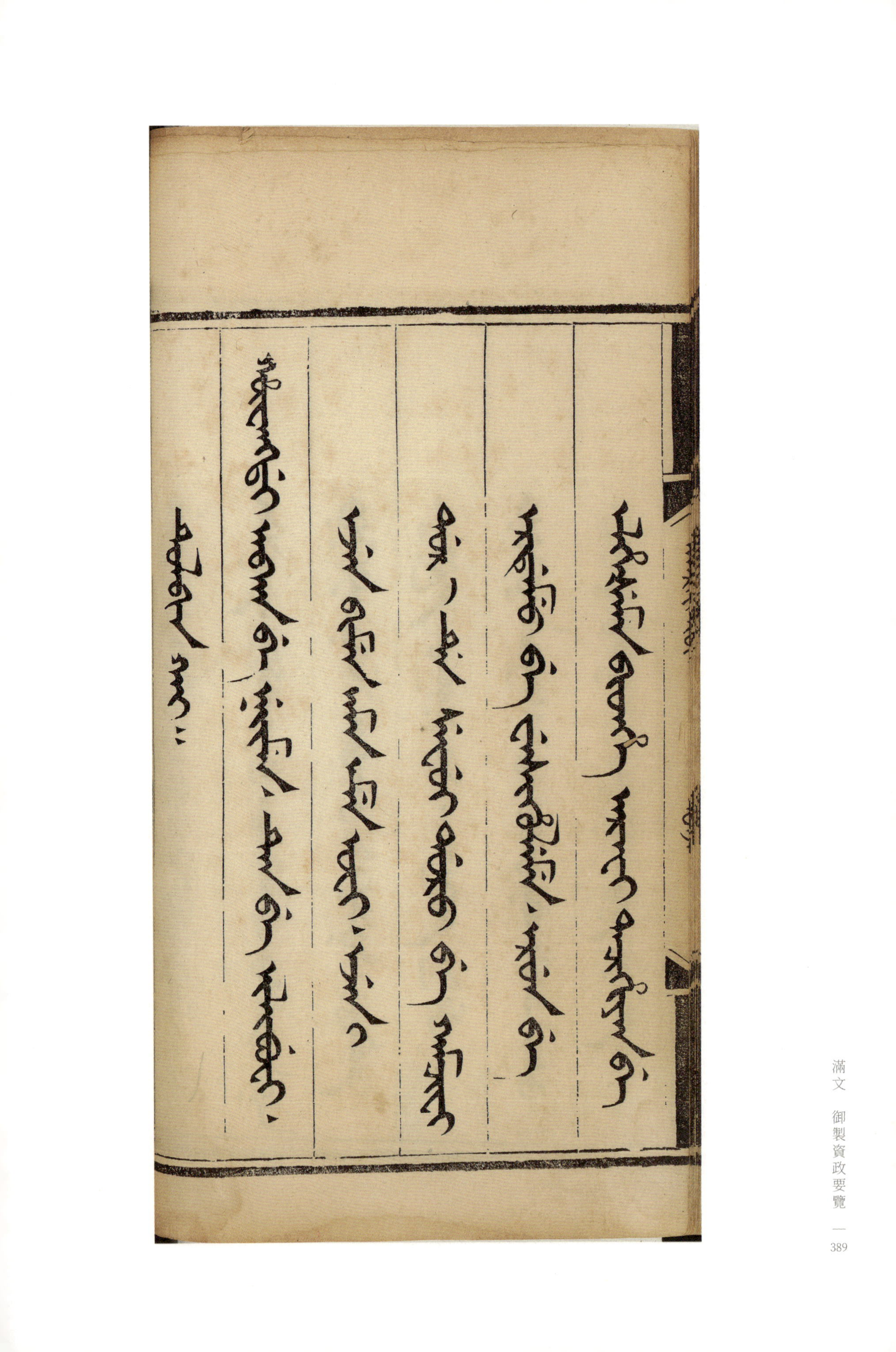

[illegible] ᡳᠨᡠ ::

ᡥᡡᠸᠠᠩᡩᡳ [illegible] ᡩᡝ [illegible] [illegible] [illegible] [illegible]

[illegible]

[illegible]

[illegible]

[illegible]

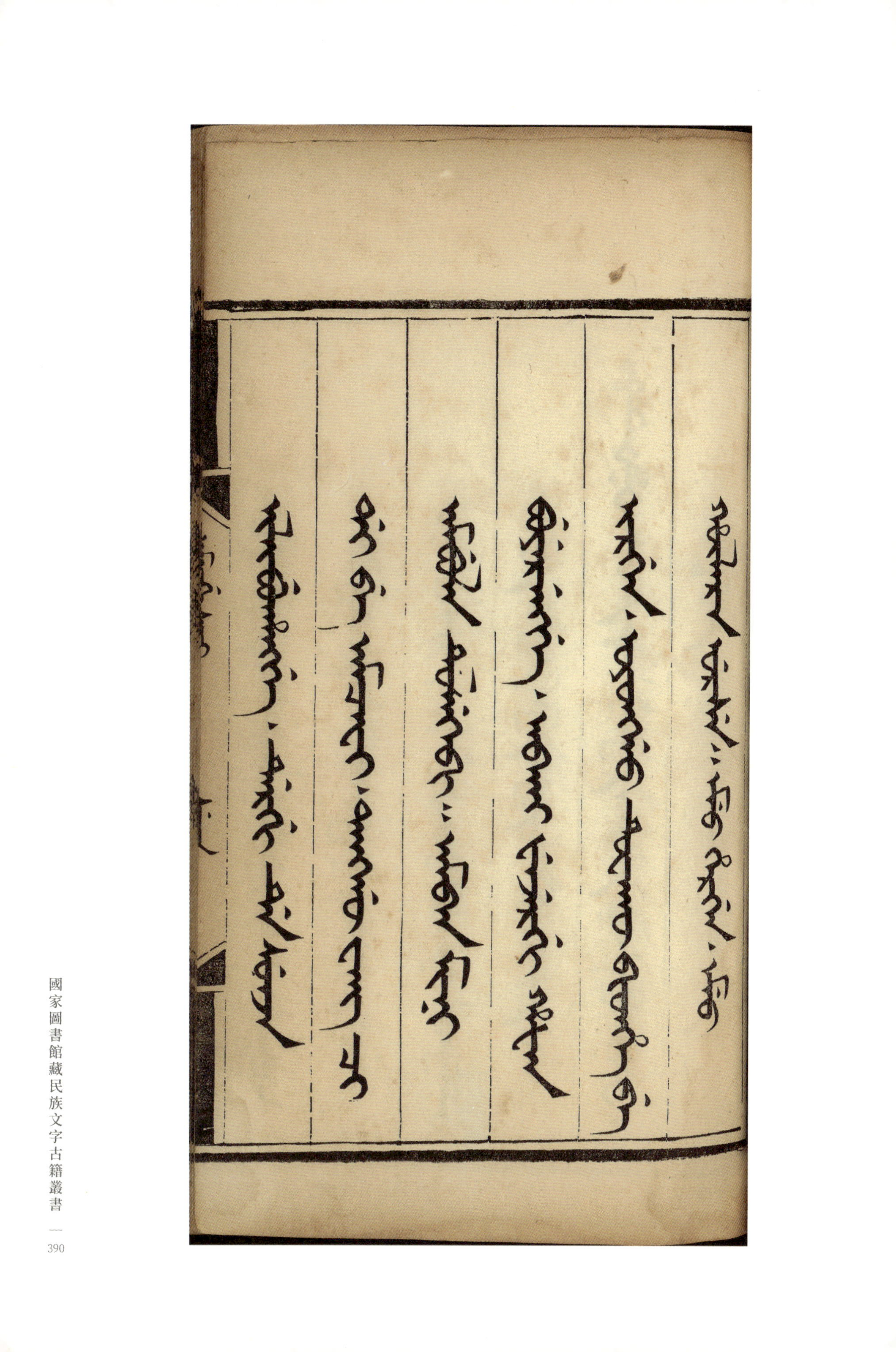

[illegible]

[illegible]

[illegible]

[illegible]

[illegible]

[illegible]

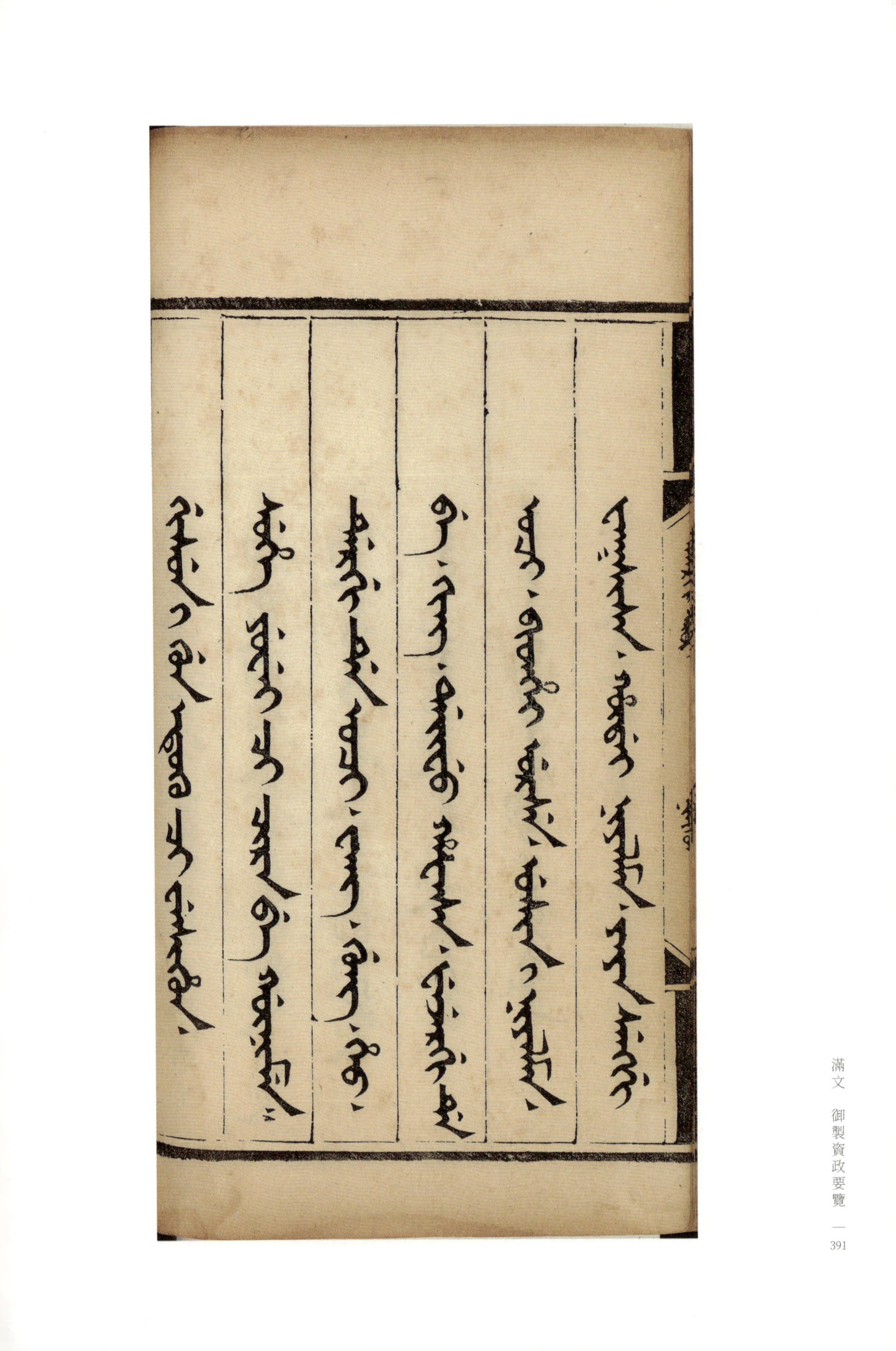

[illegible]

[illegible]

[illegible]

[illegible]

[illegible]

[illegible]

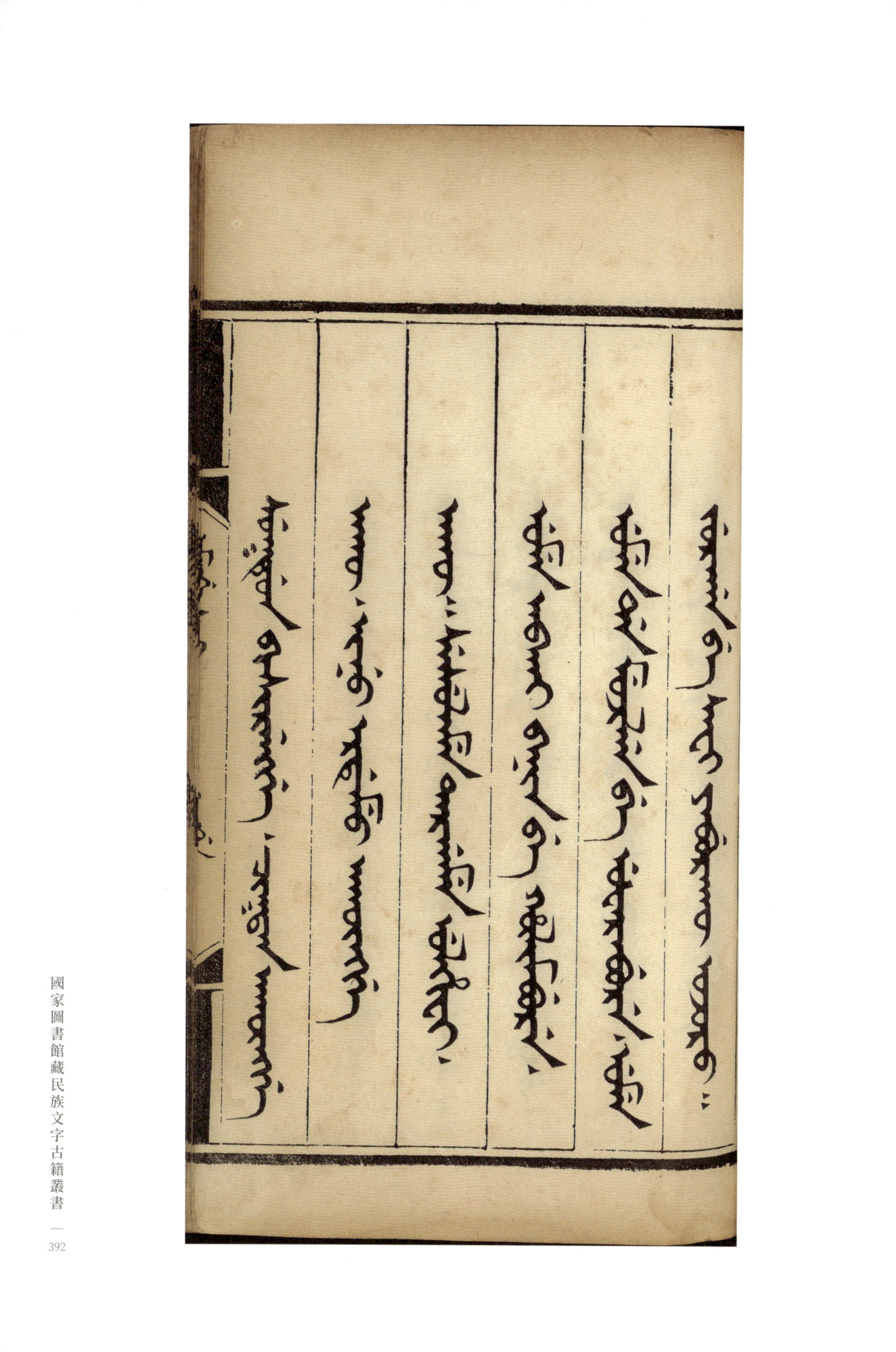

[illegible]

[illegible]

[illegible]

[illegible]

[illegible]

[illegible]

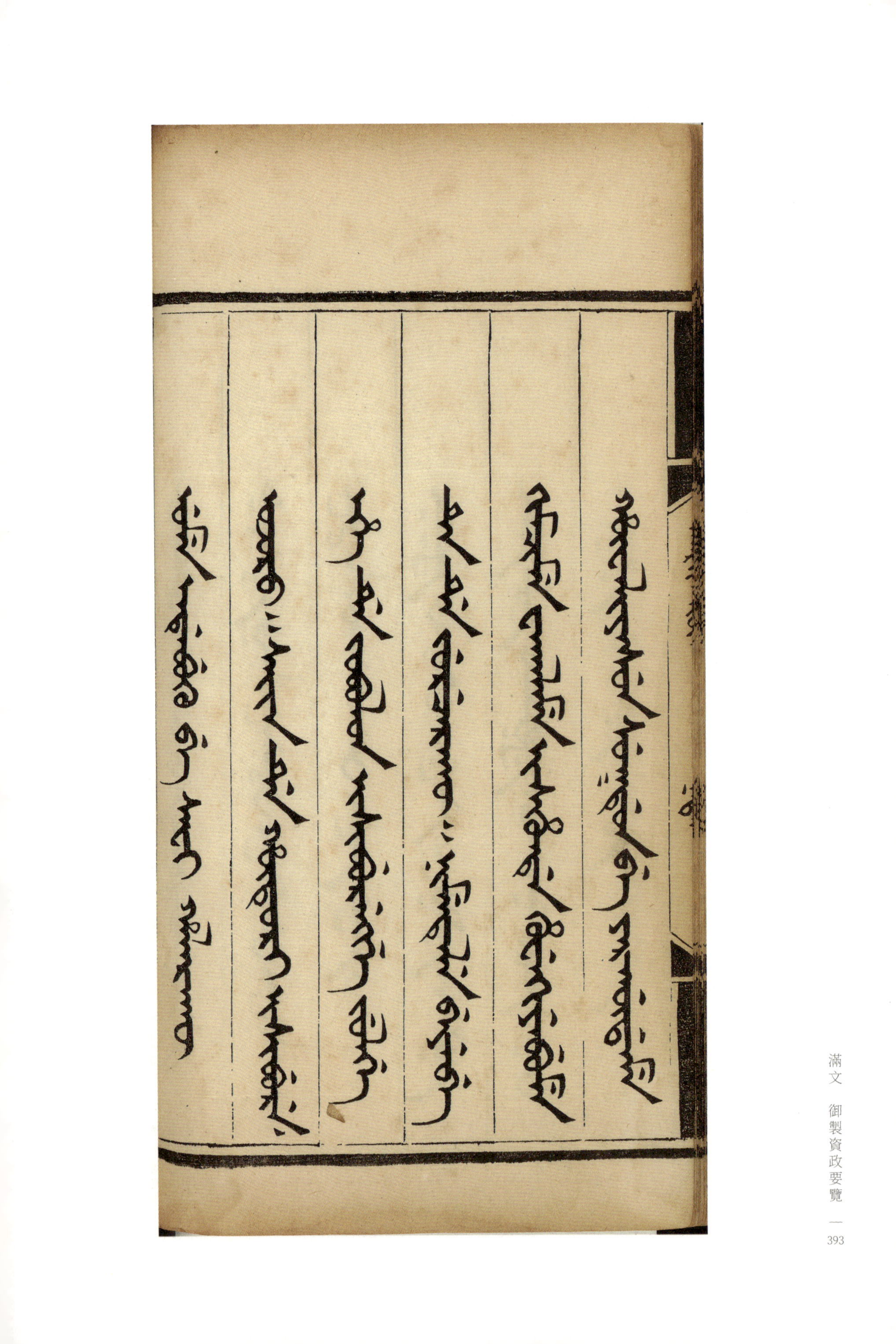

[illegible]

[illegible]

[illegible]

[illegible]

[illegible]

[illegible]

ᠰᠣᠪᠣᡥᡳ ᠪᠣᠯᡤᠣᡥᡳ᠈ ᠠᠮᠪᠠ ᡩᠠᡵᡤᠠᠨ

ᡩᡝᡵᡝ ᠵᡳᡥᡝ ᡝᠯᡩᡝᠮᠪᡠᡥᡝ᠈ ᠪᠠᠨᠵᡳᠪᡠᡥᡝ ᡤᠣᡵᡤᡳ ᠪᡝ

ᠪᡝᡳᠯᡝᡥᡝ ᠪᠣᠯᡤᠣᡥᠣ᠈ ᡤᡳᠩᡤᡠᠨ ᡤᡳᠩᡤᡠᠯᡝᡥᡝ᠈ ᡨᡠᠮᡝᠨ

ᡤᡳᠩᡤᡠ᠉ ᠪᠠᡳᡨᠠ ᡨᡠᠸᠠ ᡤᡳᠰᡠᠨ ᡤᡳᠰᡠᡵᡝ

ᡤᡳᠩᡤᡠᠯᡝᡥᡝ ᠪᡝ ᡳᠯᡨᡠᠨ ᠠᡵᠠᠪᡠᡥᠠ ᡨᡠᠸᠠᠪᡠᡥᠠ᠉

ᠪᠣᠣᡥᠣ ᡨᡠᠸᠠ ᠪᠠᡳᡨᠠ ᡤᡳᠰᡠᠨ ᡨᡠᠸᠠᠪᡠᡥᠠᠩᡤᡝ

ᠪᡝᠩᠰᡝᠨ ᠮᡝᡵᡤᡝᠨ ᠰᡝᡵᡝ ᠪᡝᡥᡝᠨᡝ ᡳ ᠪᠣᡩᠣᡤᠣᠨ

ᡨᡠᠸᠠᠮᡝ ᠰᠠᡳᠰᡳᡵᡝᠩᡤᡝ ᠰᡝᠮᡝ᠉

ᡤᡳᠰᡠᠨ ᡤᡳᠰᡠᡵᡝ ᡳ ᠰᠠᡳᠨ ᠨᠠᡴᠠᡵᠠᡴᡡ ᡨᡠᠸᠠᡵᡝ᠉

ᡤᡳᠰᡠᠨ ᠪᡳᡨᡥᡝ ᠪᡝ ᡤᡝᡵᡝᠨ ᡤᡳᠰᡠᠨ ᠰᡝᡥᡝᠩᡤᡝ᠉

ᠪᡳᠰᡠᡵᡝ ᠪᡝᠨ ᠪᡳᠰᡠᡵᡝ ᠰᡠᡵᡝ ᠪᡝᠨ ᠪᡝᡥᡝᠩᡤᡝ᠉

ᠪᠣᠣᡥᡠᠯᡝᠮᡝ ᠪᠣᠣᠰᡠᠮᠪᡠ ᠪᡳᡥᡝ ᠪᠣᠣᠰᡠᠨ

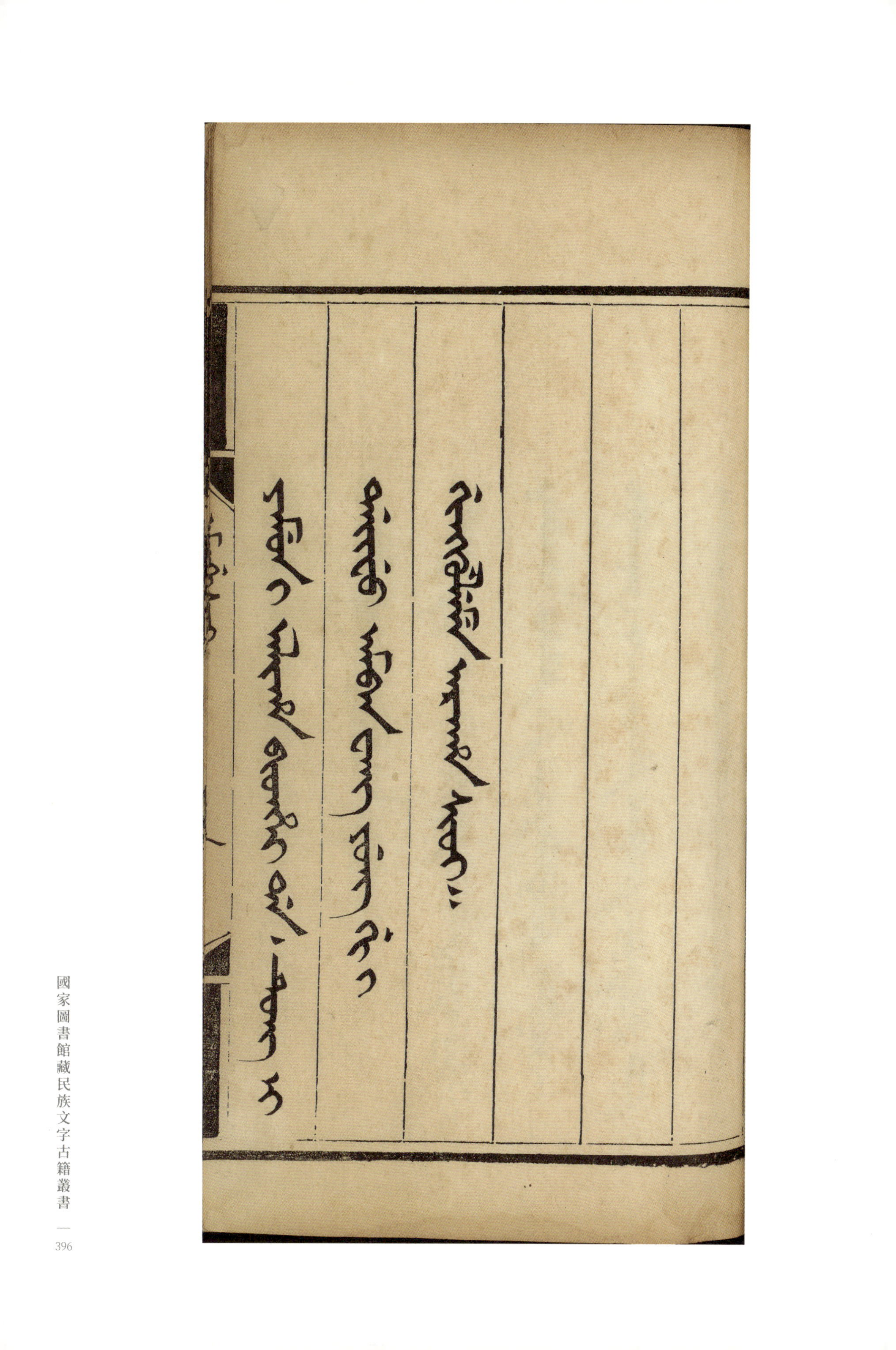

[illegible]

[illegible]

[illegible]

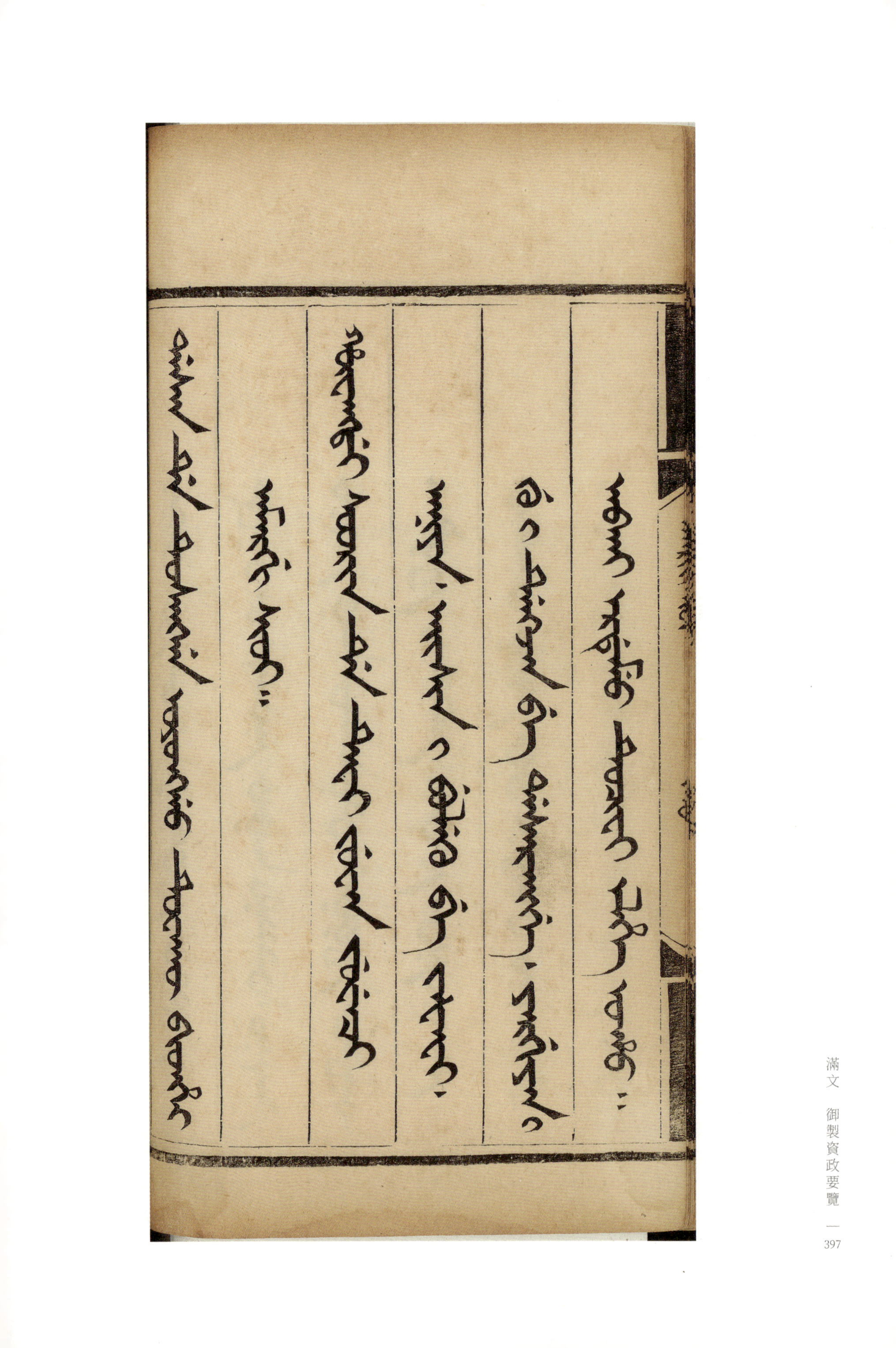

[illegible]

[illegible]

[illegible]

[illegible]

[illegible]

[illegible]

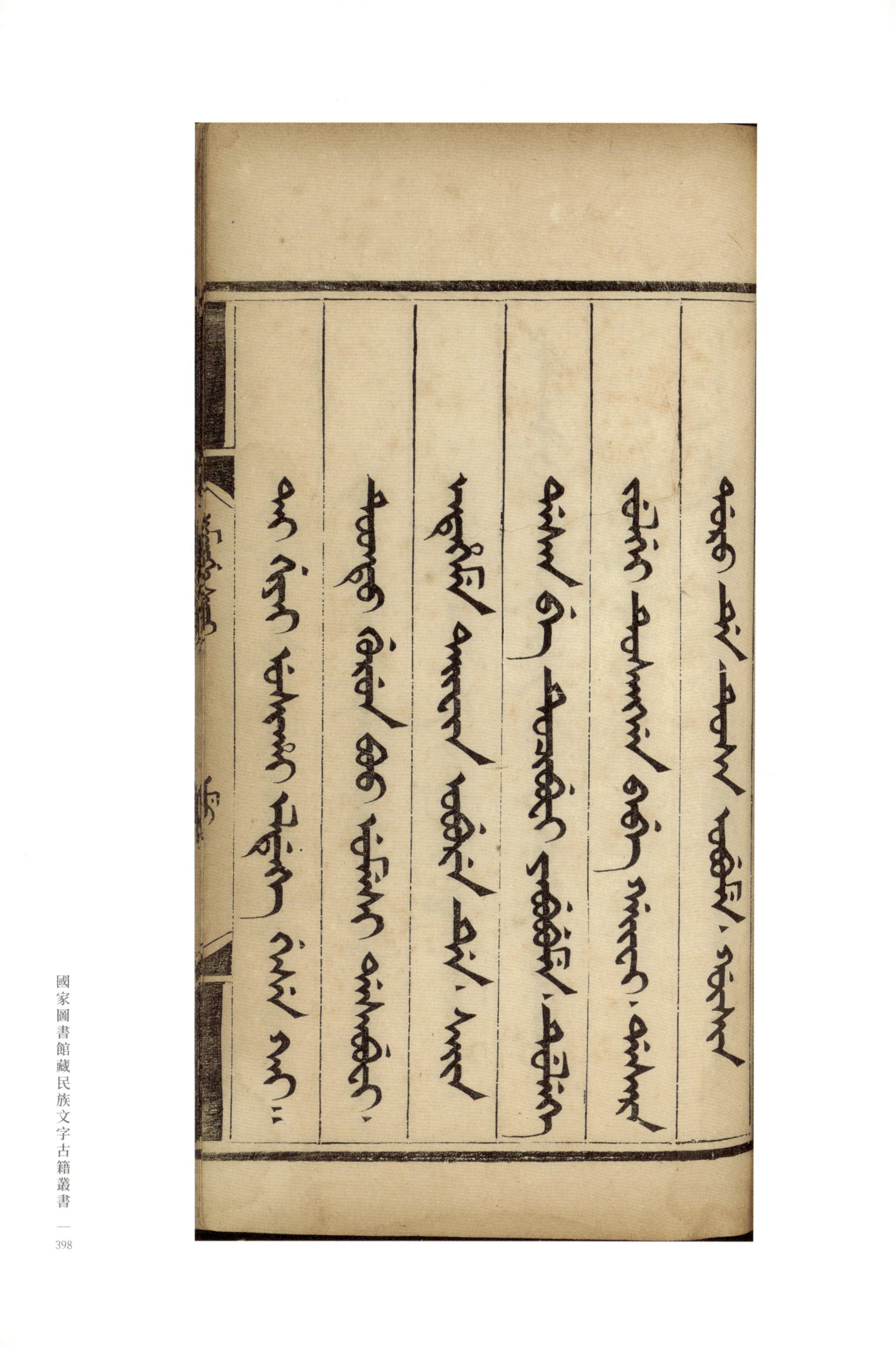

[illegible]

[illegible]

[illegible]

[illegible]

[illegible]

[illegible]

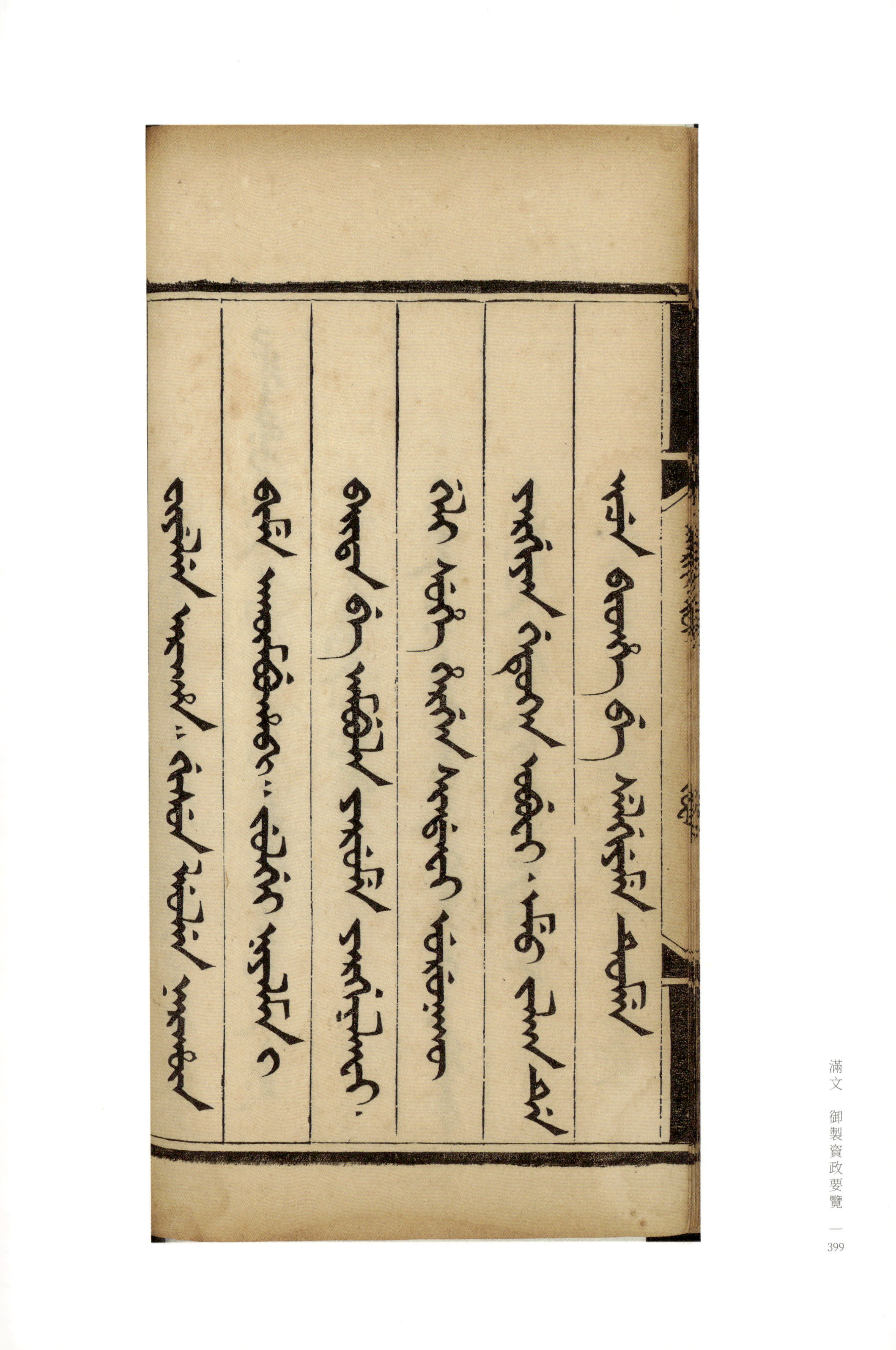

[illegible]

[illegible]

[illegible]

[illegible]

[illegible]

[illegible]

ᠰᡝᡵᡝ ᠪᡠᡵᡝ ᡩᠣᠰᡳᡶᡳ ᠪᡝ ᡩᠣᡵᡤᡳᠴᡳ

ᠪᠣᡥᠣᠨᡩᡳ ᠰᡝᠩᡤᡳ ᠰᠠᡳᠰᠠᡵᡳ ᠰᡳᠮᡝᠩᡤᡳ

ᠰᡳᠨᡳ ᡩᡝ ᡩᡠᠯᡝᠮᠪᡠᡵᡝ ᡩᠣᠪᠣᡵᡳ ᡩᡠᡩᡠ

ᠪᠣᡩᠣᠮᠪᡳ ᡤᡝᠨᡝᡥᡝ ᠨᡳᠶᠠᠯᠮᠠ᠈

ᡝᠨᡩᡠᡵᡳᠩᡤᡝ ᠣᠴᡳ ᠰᡠᠮᡠ ᡤᡝᠮᡠ᠈ ᠰᡳᠮᡝᠨ ᠪᡳ

ᡨᠠᠴᡳᡥᡳᠶᠠᠨ᠈ ᠣᡴᡳ ᡨᡝᡵᡝᠩᡤᡝ ᡤᡳᠰᡠᠨ ᠪᡝ ᠰᡠᠮᡝᡵᡝ ᠪᡳ

ᡤᡡᠨᡳᠨ ᠪᠣᡩᠣᡵᠣ ᡩᠠᠰᠠᠨ ᡳ ᠠᡴᡡ ᠰᠠᡳᠨ ᡩᡝ

ᡤᡳᠰᡠᠨ ᡳ ᡨᡠᠮᡝᠨ ᠠᡳ ᡥᠠᡶᠠᠨ ᡤᡠᠨᡳᠨ ᡨᡠᠮᡝᠨ ᡨᡝᡵᡝ ᡤᡳᠰᡠᠨ

ᡨᡠᠮᡝᠨ ᠪᡝ ᡩᠠᠰᠠᡵᠠ ᡤᡝᠮᡠ ᡨᡠᠸᠠᡵᠠ ᠪᡳᡨᡥᡝ

ᡥᠠᠨ ᡳ ᠠᡵᠠᡥᠠ ᡩᠠᠰᠠᠨ ᡩᡝ ᡨᡠᠰᠠᠩᡤᠠ ᠣᠶᠣᠩᡤᠣ ᠪᡳ

ᡨᡠᠮᡝᠨ ᠪᡝᠶᡝ ᡤᠣᠰᡳᠩᡤᠠ ᡩᠣᡵᠣ ᡝᠨᡩᡝ ᡨᡠᠮᡝᠨ

ᡤᠣᠰᡳᠩᡤᠠ ᡩᠣᡵᠣ

ᠪᠣᡩᠣᠩᡤᡳ ᡤᡳᠰᡠᠨ ᠪᡝ ᠰᡳᠯᡤᡳᠮᡝ · ᡨᠣᠪ ᠪᡝ ᡨᡠᠸᠠᠴᡳᡥᡳᠶᠠᠮᠪᡳ ::
ᡨᡠᠸᠠᠴᡳᡥᡳᠶᠠᠨ ᠪᡝ ᡤᡳᠩᡤᡠᠯᡝᠮᡝ ᡨᠣᠪ ᠪᡝ
ᠪᡠᠯᡝᡴᡠᡧᡝᠮᠪᡳ :: ᡝᡵᡝᠨ ᡤᡝᠮᡠ ᡨᡠᠸᠠᠮᠪᡳ ·
ᡩᠣᡵᠣᠨ ᡩᠣᡵᡤᡳ ᠪᡝ ᡤᡳᠩᡤᡠᠯᡝᠮᡝ ᡥᠠᡵᠠᡧᠠᠮᠪᡳ
ᠪᠣ · ᡨᡝᡵᡝ ᡳ ᡤᡳᠩᡤᡠᠯᡝᠮᡝ ᡩᠣ ᠪᠣᡩᠣᠮᠪᡳ
ᡩᡠᠯᡝᡴᡝ · ᡩᡝ ᡩᡝᡵᡝ ᡤᡳᠰᡠᠨ · ᠰᡳᠨᡳ

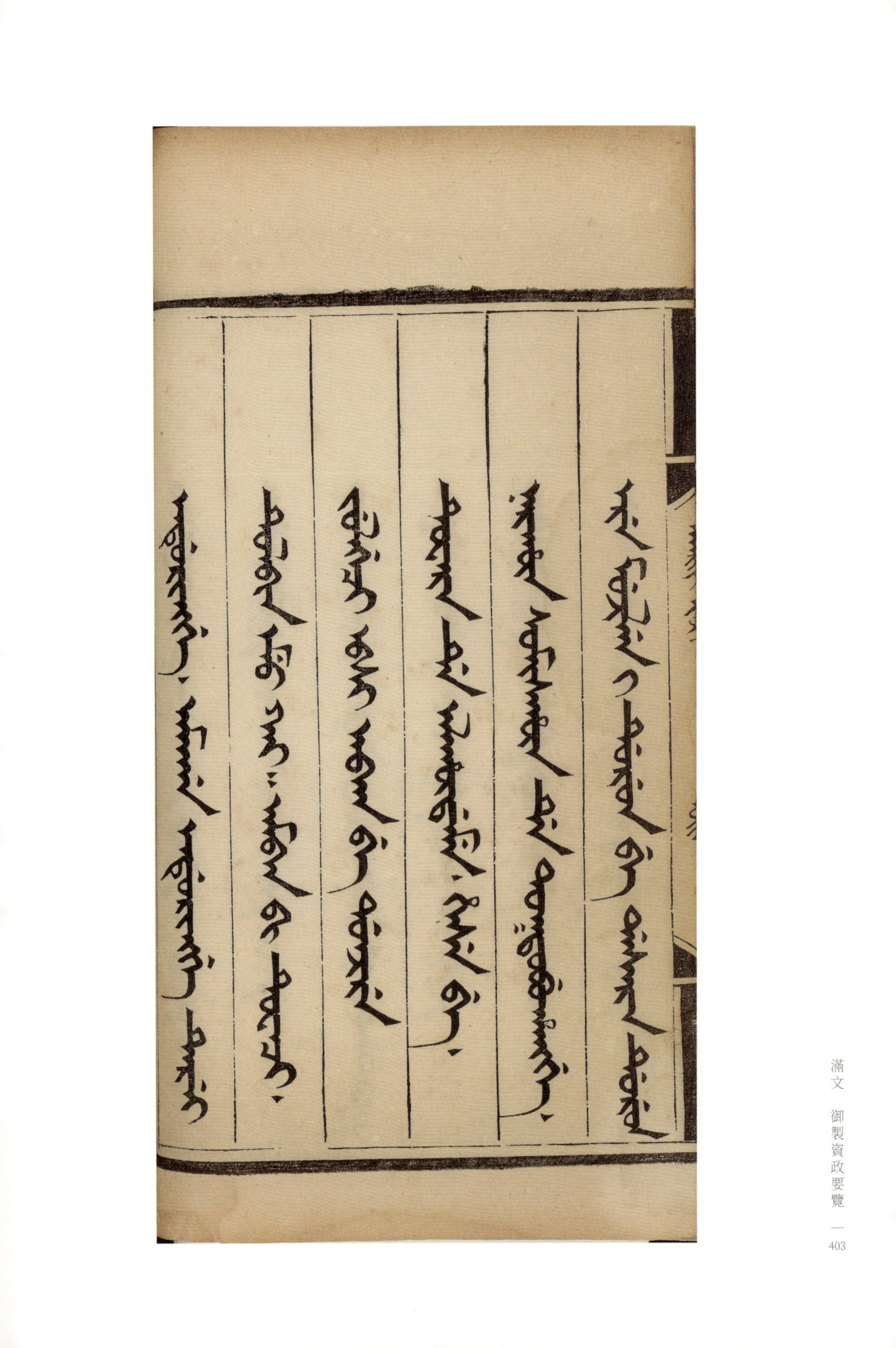

[illegible]

[illegible]

[illegible]

[illegible]

[illegible]

[illegible]

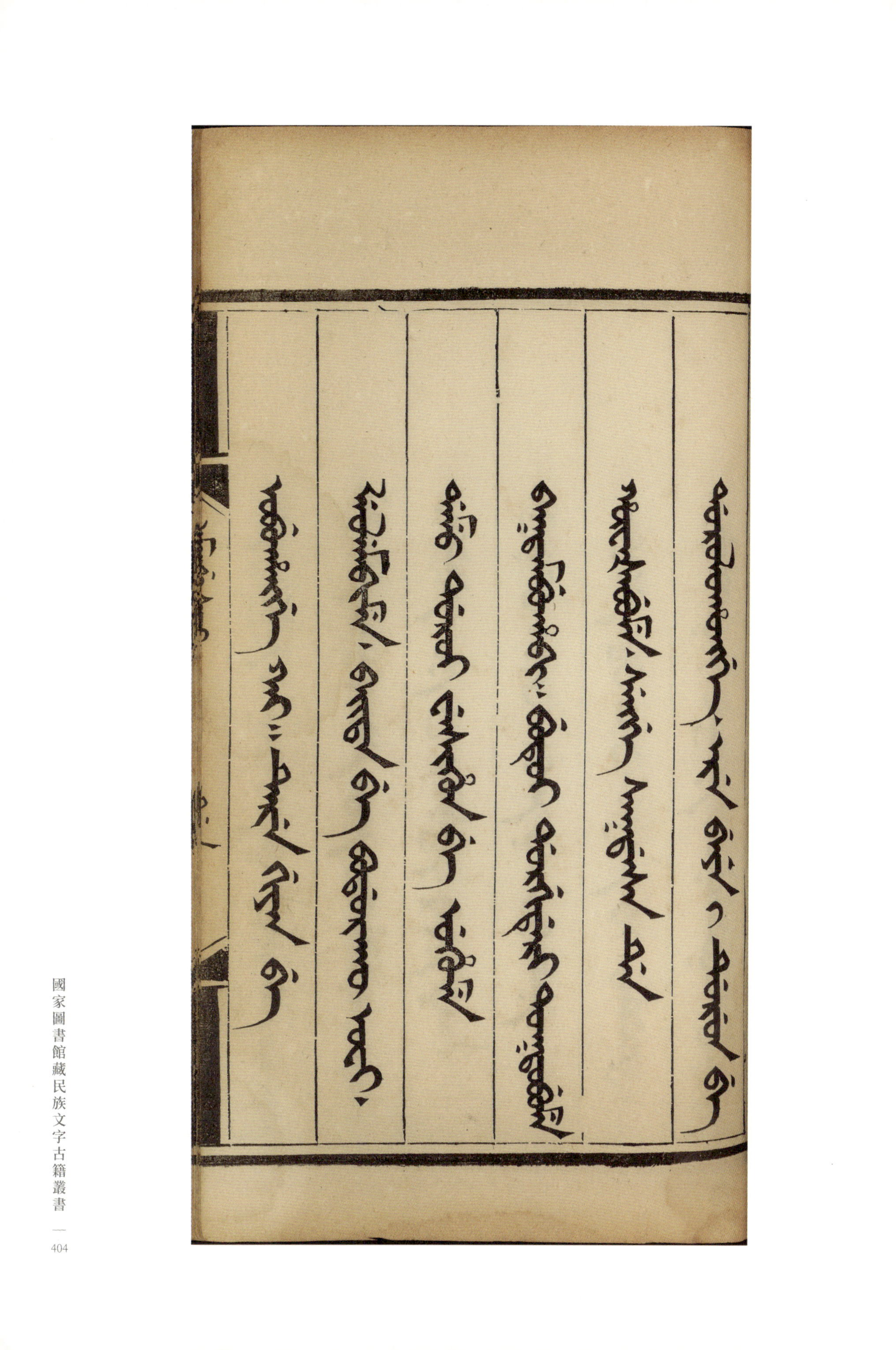

[illegible] [illegible] [illegible] ᡳ [illegible] ᡩᡝ

[illegible] [illegible] [illegible] [illegible]

[illegible] [illegible] [illegible] [illegible]

[illegible] [illegible] [illegible] ᡩᡝ [illegible]

[illegible] [illegible] ᡩᡝ [illegible] [illegible]

[illegible] [illegible] [illegible] [illegible] ᡩᡝ

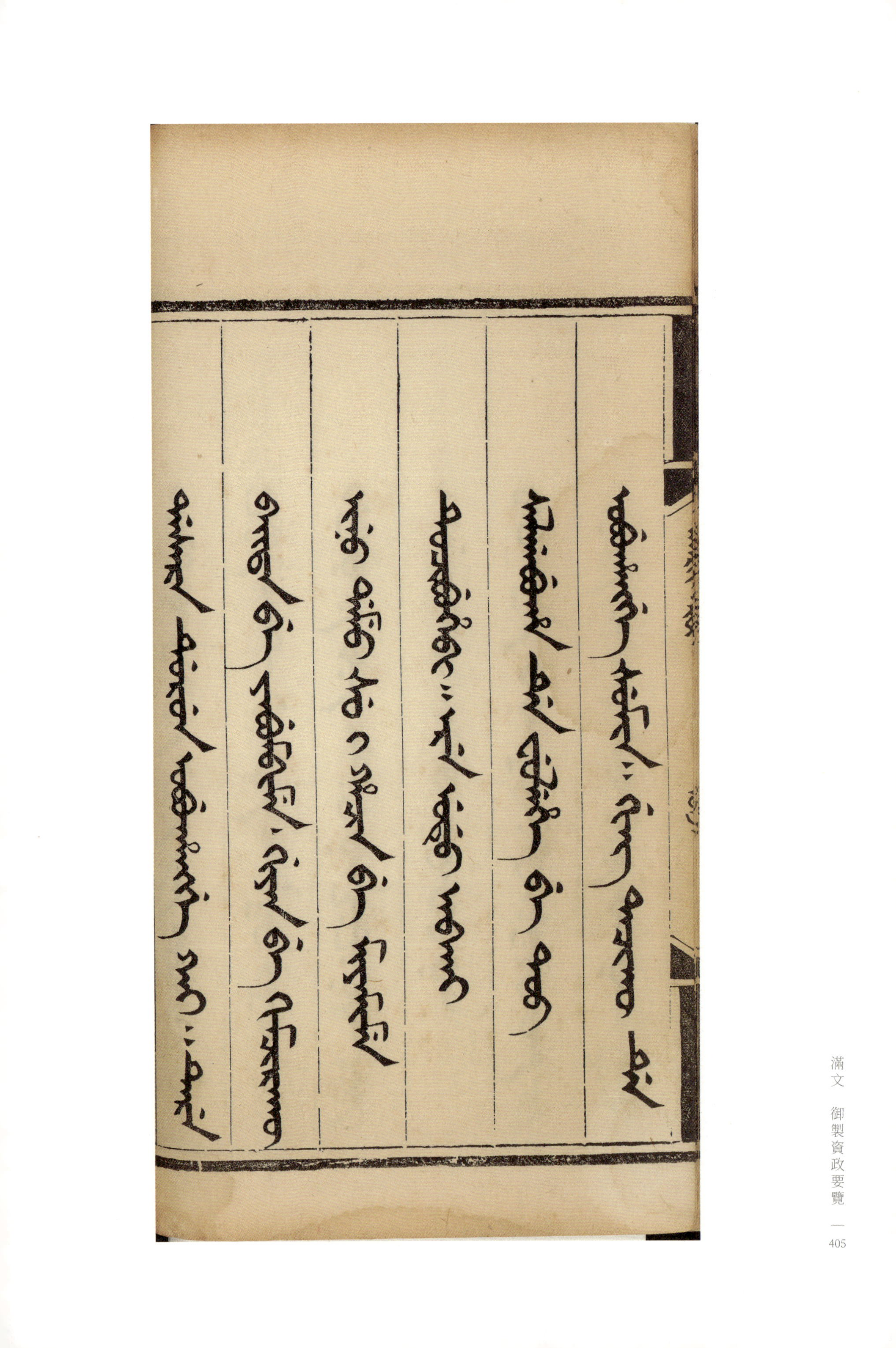

[illegible]

[illegible]

[illegible]

[illegible]

[illegible]

[illegible]

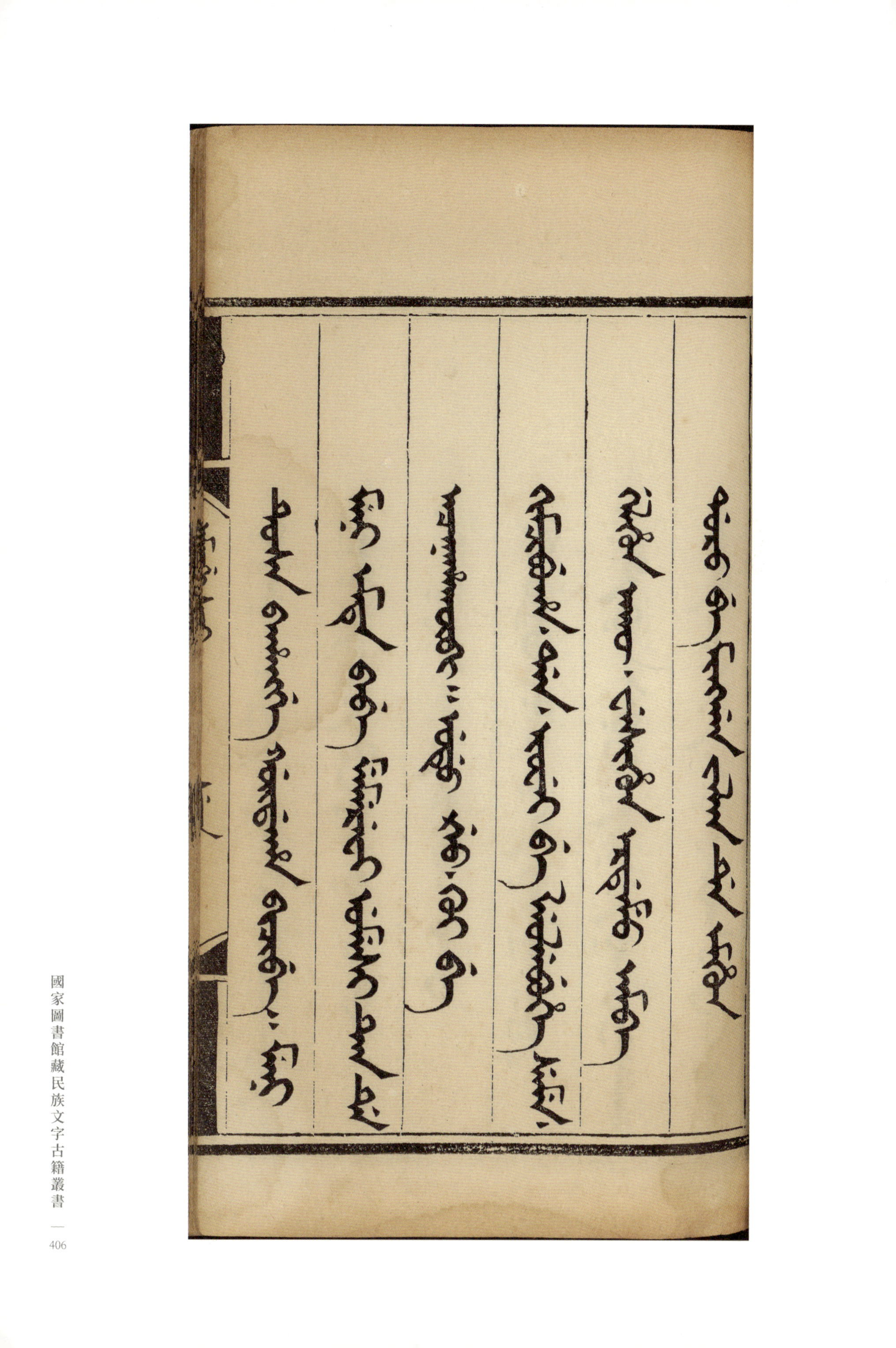

[illegible]

[illegible]

[illegible]

[illegible]

[illegible]

[illegible]

ᡶᡠᠨᡩᡠᠰᡳᠣ ᠪᡳᡥᡝ::

ᠪᠣᠯᠣᠰᠣ ᡳ ᡤᡳᠩᡤᡠᠯᡝᡥᡝᠩᡤᡝ ᠪᠠᡳᠮᡝ᠈ ᠮᡠᠰᡝ ᠠᠰᡝᠪᡠᡥᡝᠩᡤᡝ

ᠪᡠᠴᡳ᠈ ᠰᠠᡳᠨ ᡤᡳᠩᡤᡠᠨ ᡤᡳᠰᡠᠨ ᠪᠣᠴᠣ

ᠪᡠᡴᡩᡠᠨ᠉ ᡤᡳᠩᡤᡠᠨ ᠪᡠᡵᡝ ᡤᡳᠰᡠᠨ᠈ ᠪᡝ

ᠪᡠᠰᡝ ᠪᡝ ᠪᡳᠰᡳᠩᡤᡝ᠉ ᠮᡝᠩᡤᡝᠩᡤᡝ

ᡩᠣᠰᡳᡥᡳᠶᠠᠩᡤᠠ᠈ ᠠᠪᡴᠠ ᠠᠮᠪᠠᠰᠠ ᠠᠨᡳᠶᠠ ᡤᠠ

ᡧᡠᡵᡝᠩᡤᡝ᠄ ᡤᡳᠰᡠᡵᡝᡵᡝᠩᡤᡝ ᠪᠣᠨᡳᠩᡤᡝ ᠪᡝᠶᡝ ᠪᡝ

ᠰᡳᡥᡝᡵᡝᠩᡤᡝ᠈ ᡨᡠᠸᠠᠩᡤᡝ ᠰᠠᡳᠨ ᠪᡝ

ᡤᡠᠩᡤᡝ ᠪᡝ ᡨᡠᠸᠠᠮᡝ ᠪᡳᡥᡝᠩᡤᡝ᠈ ᡳᠯᡝ ᠪᠣᡩᠣᡵᠣ ᠪᡝ ᡳᠯᡳᡥᠠ

ᡳᠯᡝ ᠣ ᠪᠠᠪᠠᡥᡝ ᡝᡵᡝᡥᡝ ᡨᡠᡴᡳᠶᡝᠩᡤᡝ᠄ ᡤᡳᠰᡠᠨ

ᡳᠯᡝ ᡩᡝ ᠪᡝᠶᡝ ᡳᠯᡳ ᡨᡠᡴᡳᠶᡝᡵᡝ ᠪᡝ

ᡨᡠᠸᠠᠮᠪᡳ ᡳᠰᡳᠪᡠᡵᡝ ᠪᡳ᠄

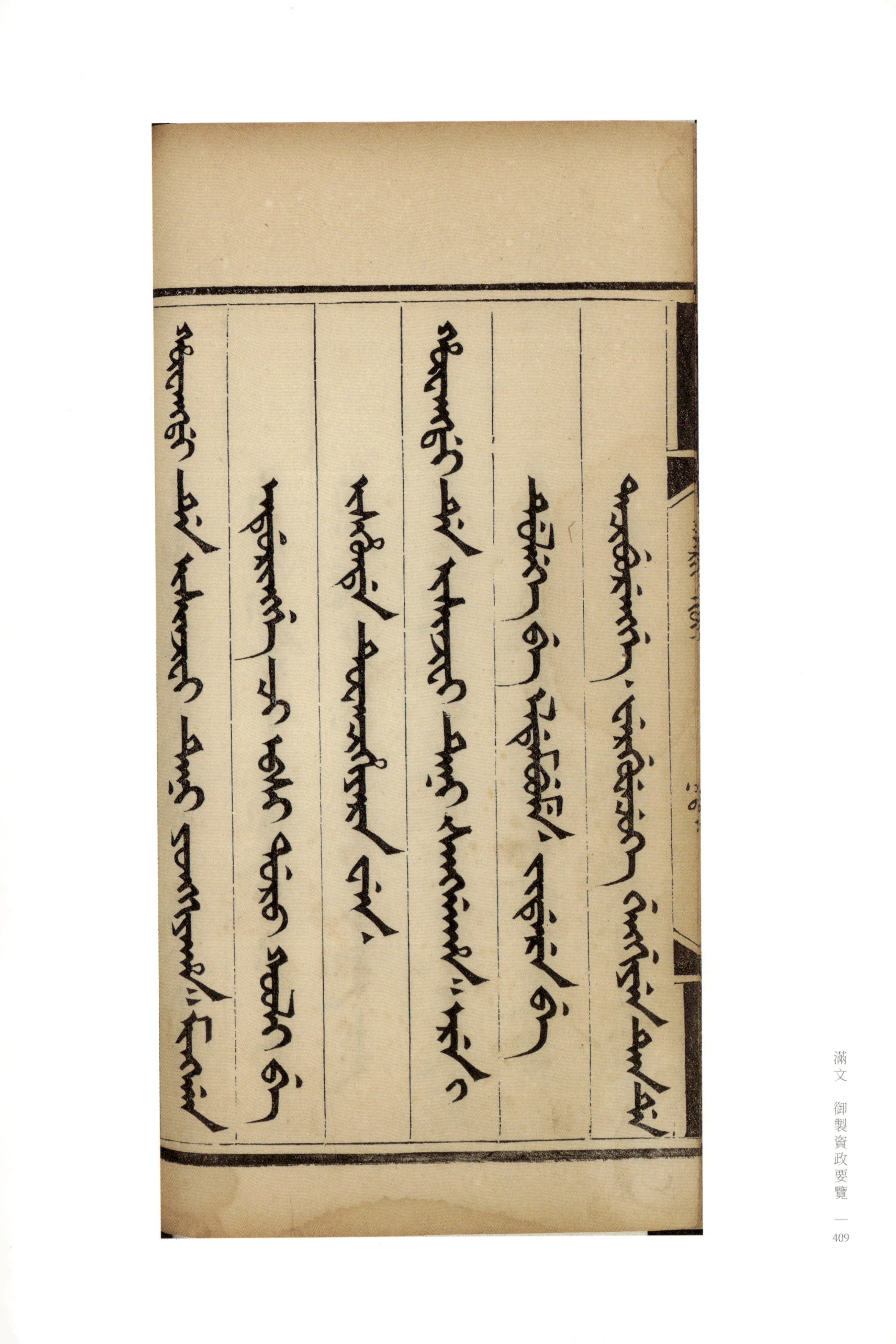

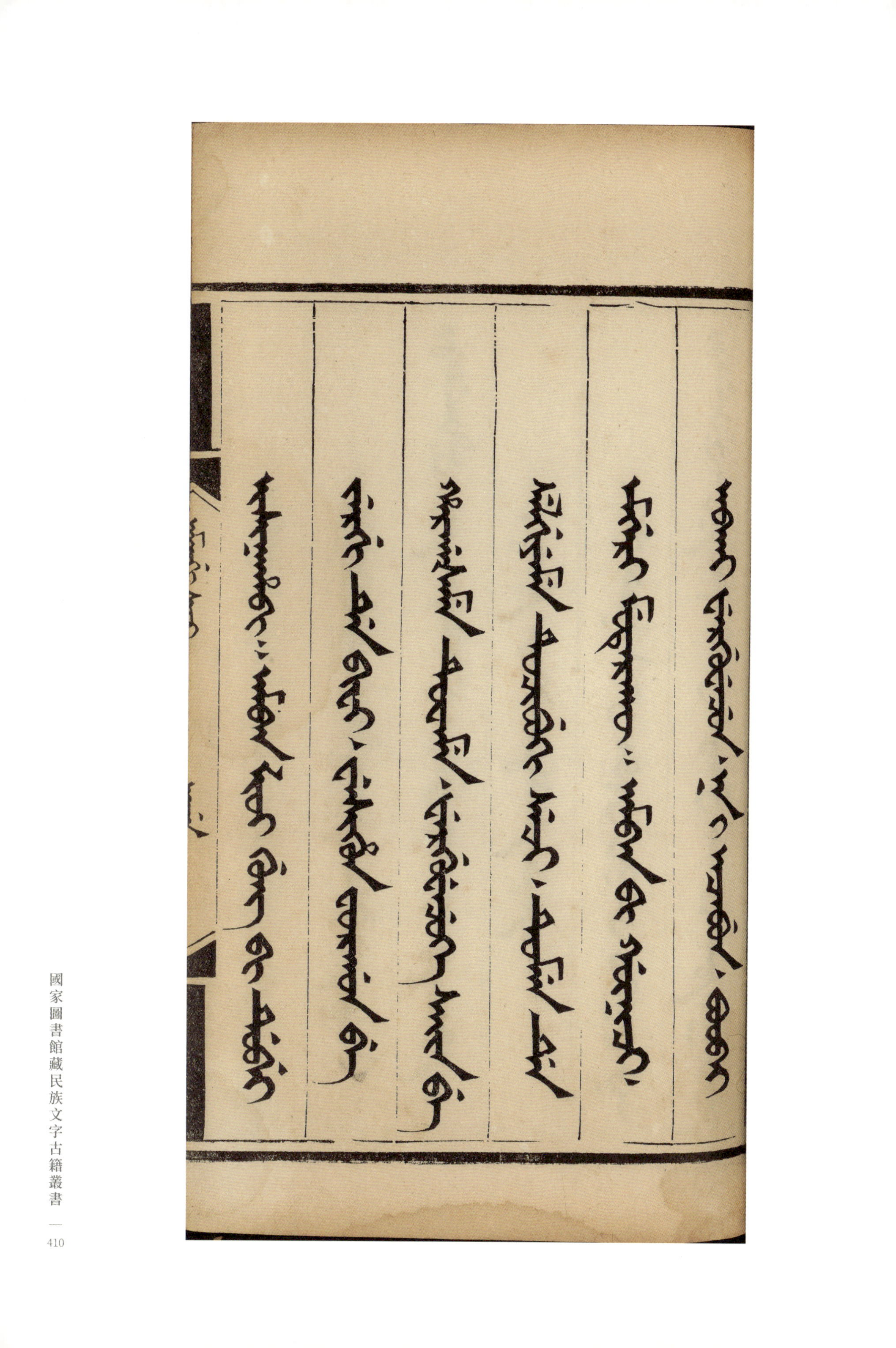

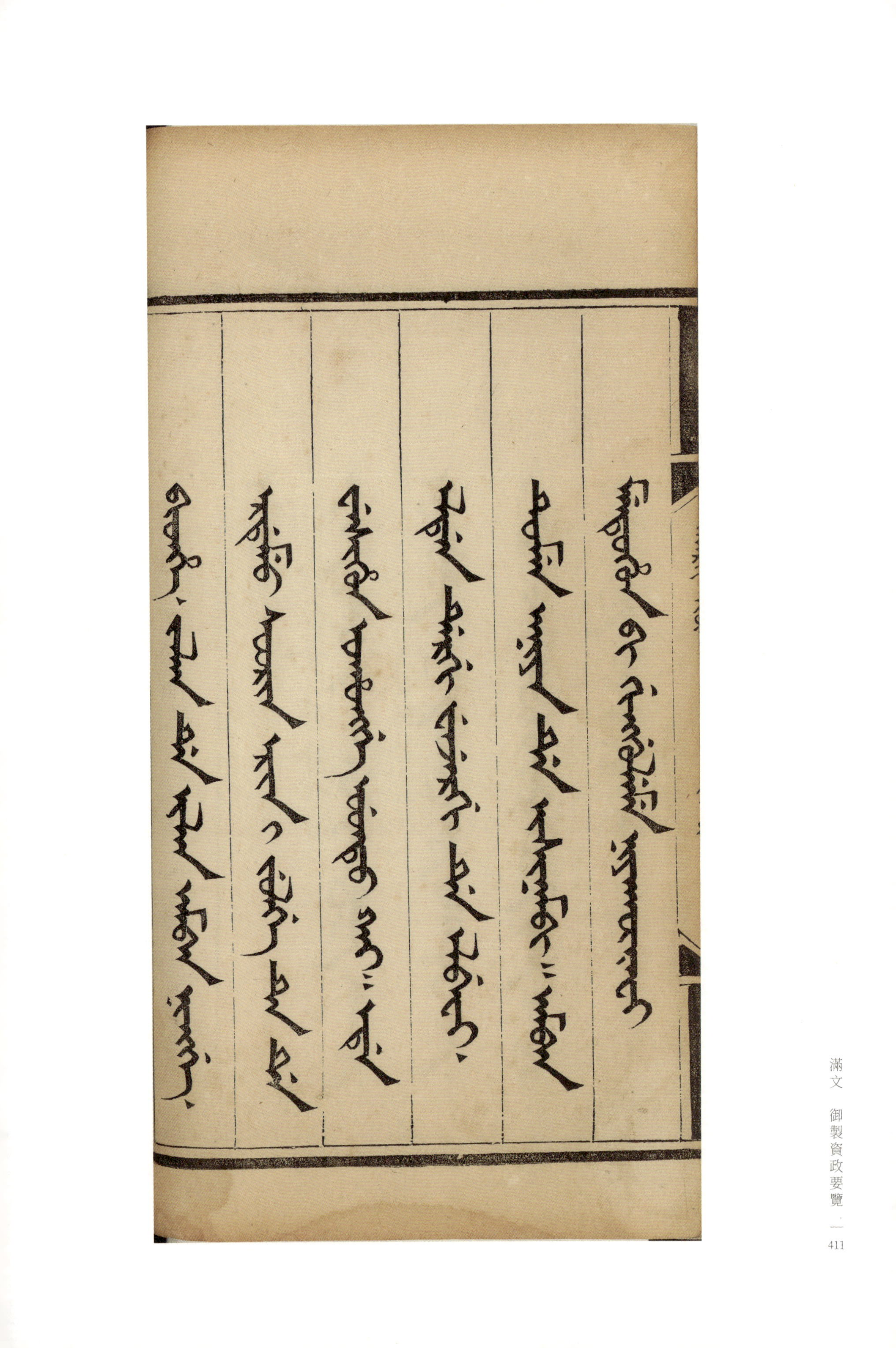

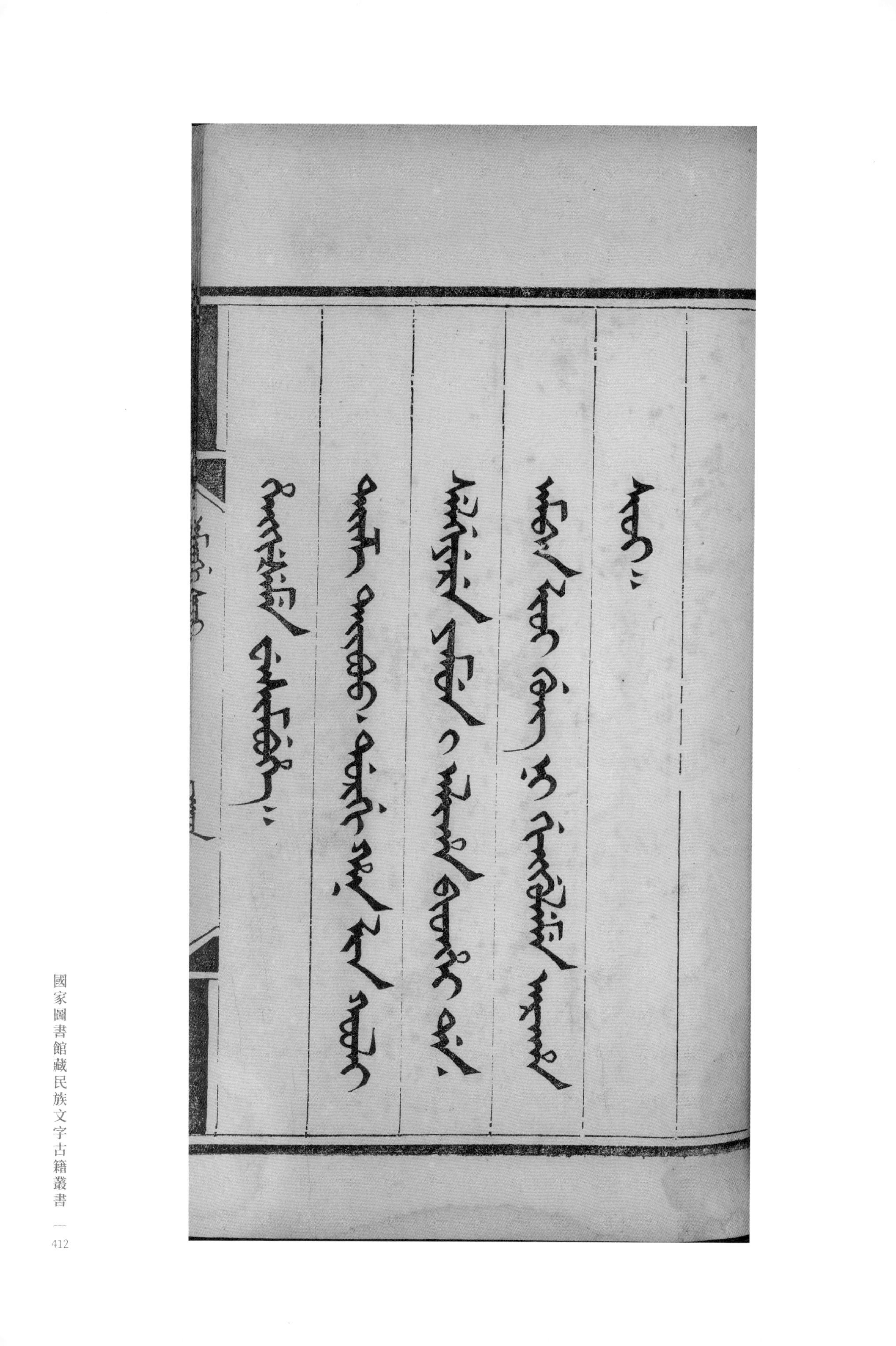

[illegible] [illegible]᠉

[illegible] [illegible] [illegible] [illegible] [illegible] [illegible]

[illegible] [illegible] ᡳ [illegible] [illegible] [illegible]

[illegible] [illegible] [illegible] [illegible] [illegible] [illegible]

[illegible]᠉

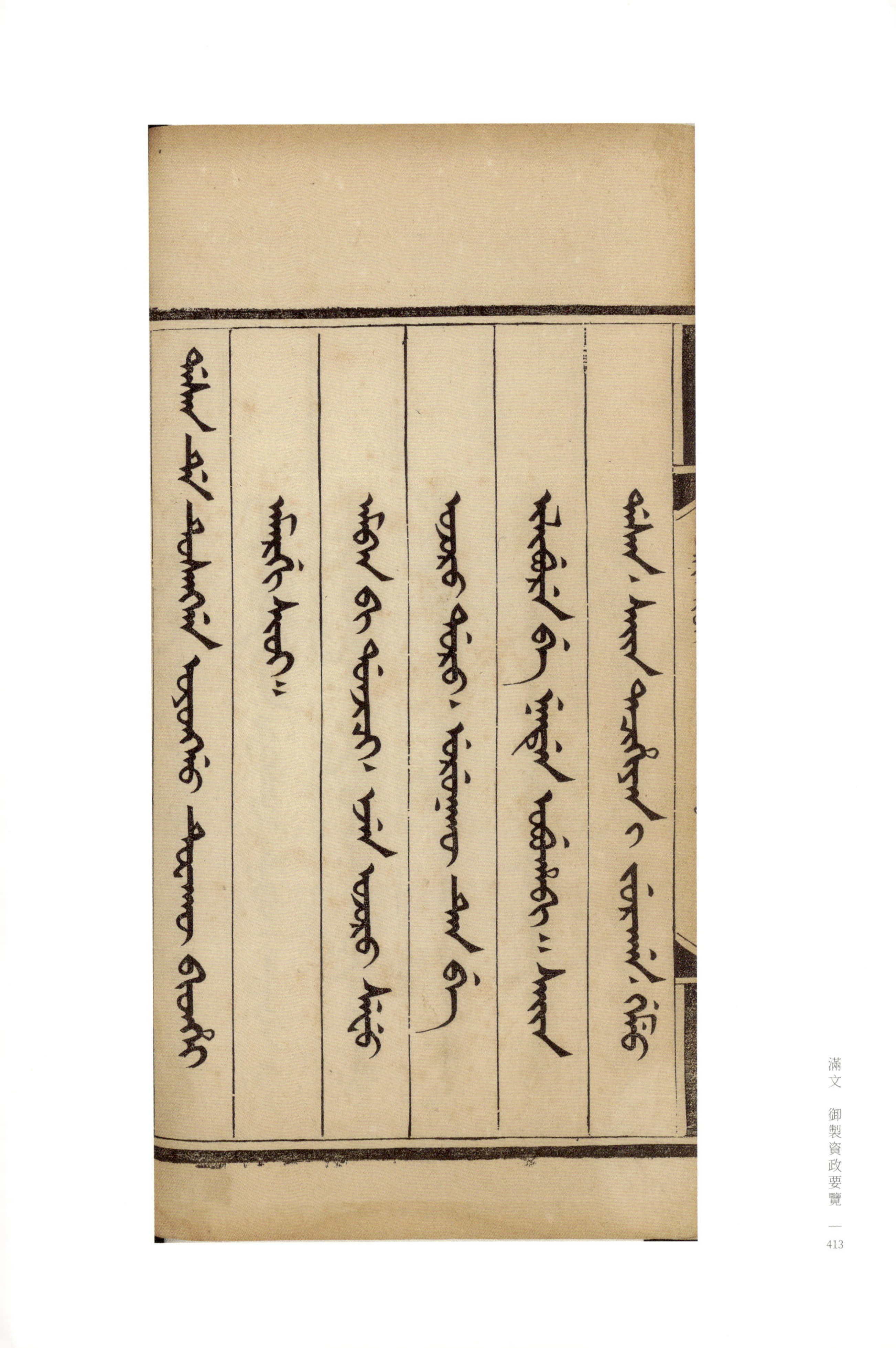

[illegible]

[illegible]

[illegible]

[illegible]

[illegible]

[illegible]

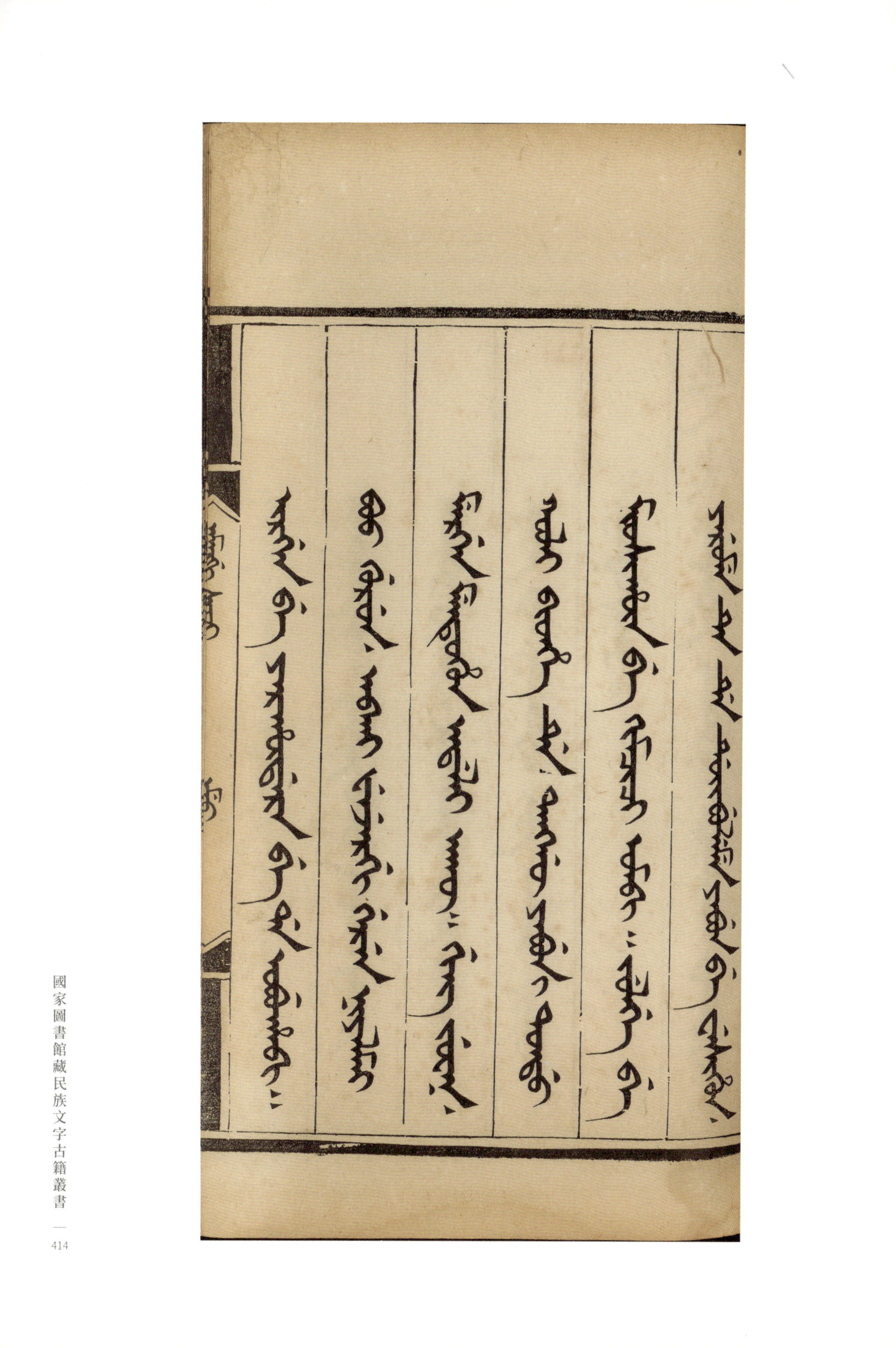

ᠠᠯᡳᡥᠠ ᡩᡝ ᡤᡳᠩᡤᡠᠯᡝᡵᡝ ᠠᡴᡡ᠈ ᠪᠣᠴᠣᡥᠣᠨ ᠪᡝ ᡩᡝ

ᠪᡝᡳᡩᡝᡵᡝ ᠪᠣᠯᠣᡵᡳ ᠪᠠᡳᡨᠠᠯᠠᠮᡝ᠈ ᡨᡠᠮᡝᠨ ᡩᡝ

ᠨᡳᠶᠠᠯᠮᠠ ᠪᠣᠣ ᡩᡝ ᡨᡠᠸᠠᠪᡠᡥᠠ᠉ ᡨᡝ

ᠮᡝᠩᡤᡳᠶᡝ ᡳ ᡤᡠᡵᡠᠨ ᡤᡝᠯᡝ ᡤᡝᡵᡝ ᠪᡝᠶᡝᠪᡝ

ᠨᡳᠩᡤᡠᠨ ᠪᠣᠣ᠉ ᠪᠠᡳᡨᠠᠯᠠᡵᡝ ᡤᡠᠸᠠᠨ ᡳ ᡨᡠᠮᡝᠨ

ᠠᠮᠪᠠ ᠪᠣᡳᡥᠣᠨ ᡳᠰᡳ᠉ ᠪᠣᠣᡩᡝ ᠪᡝ ᡨᡠᠸᠠᡵᡳ

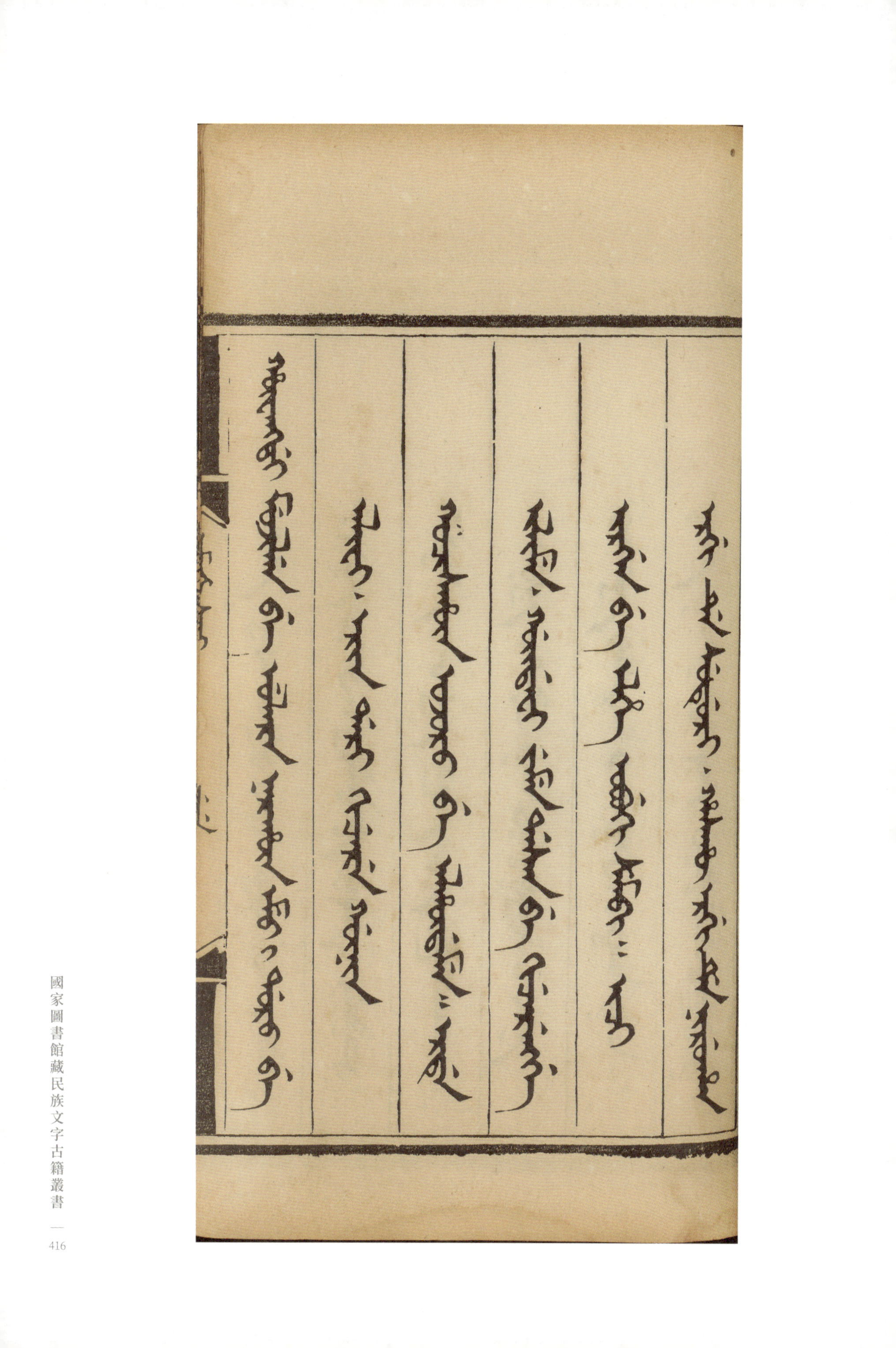

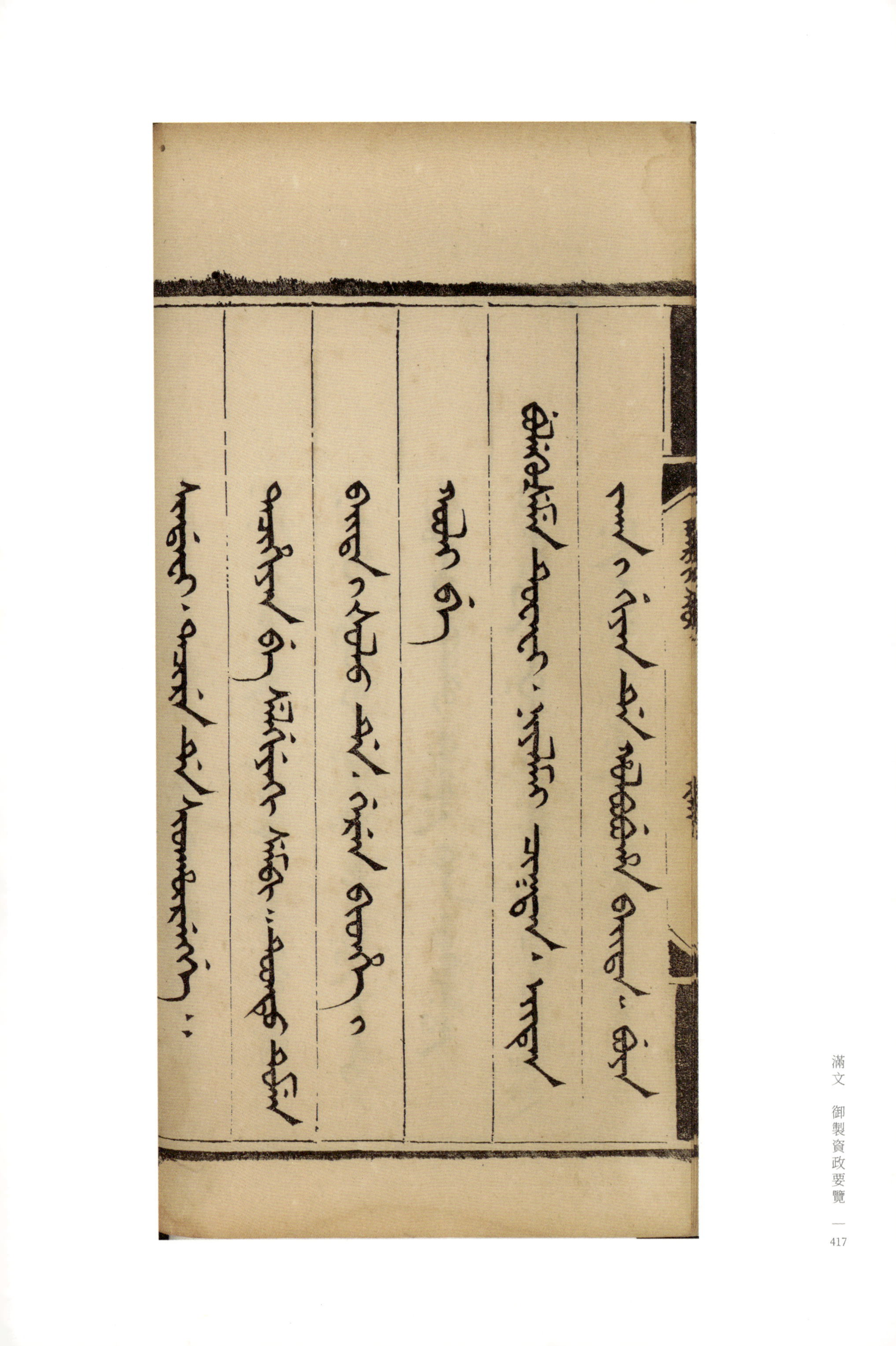

ᠪᠣᠣᡳ ᡤᡳᠰᡠᠨ ᠉ ᡤᡝᠮᡠ ᠪᡝ ᡥᠣᠰᠣᠩᡤᠣ᠈

ᡤᡝᠮᡠ ᠪᡝ ᡤᡳᠰᡠᠨ ᠰᡝᡵᡝ ᡤᡳᠰᡠᡵᡝᠮᡝ ᠪᠣᠣᠯᠠᠮᡝ

ᠰᡳᠮᠨᡝᠮᡝ᠈ ᡤᡝᠮᡠ ᠪᠣᠣᡳ ᠪᡝ ᠪᡝᡩᡝᡵᡝᠩᡤᡝ ᠰᠠᠮᠠᠨ᠈

ᡤᡳᠰᡠᠨ ᡨᡠᠮᡝᠨ ᡥᡝᠰᡝᠨ ᠪᡝ ᠪᡝᠵᡳᠩᡤᡝ

ᠰᡠᠰᡠᠩᡤᠠ ᡨᡠᠮᡝᠨ ᡨᡠᠮᡝᠨ ᠪᠣᠣ᠈ ᡨᡝᠪᡠᡵᡝᠩᡤᡝ

ᡨᡠᠸᡝᠨ ᠰᡝᡵᡝᠨ ᡤᡡᠨᡳᠨ ᡳ ᠰᡝᠮᡝᡵᡝᠩᡤᡝ ᡩᡝ᠈

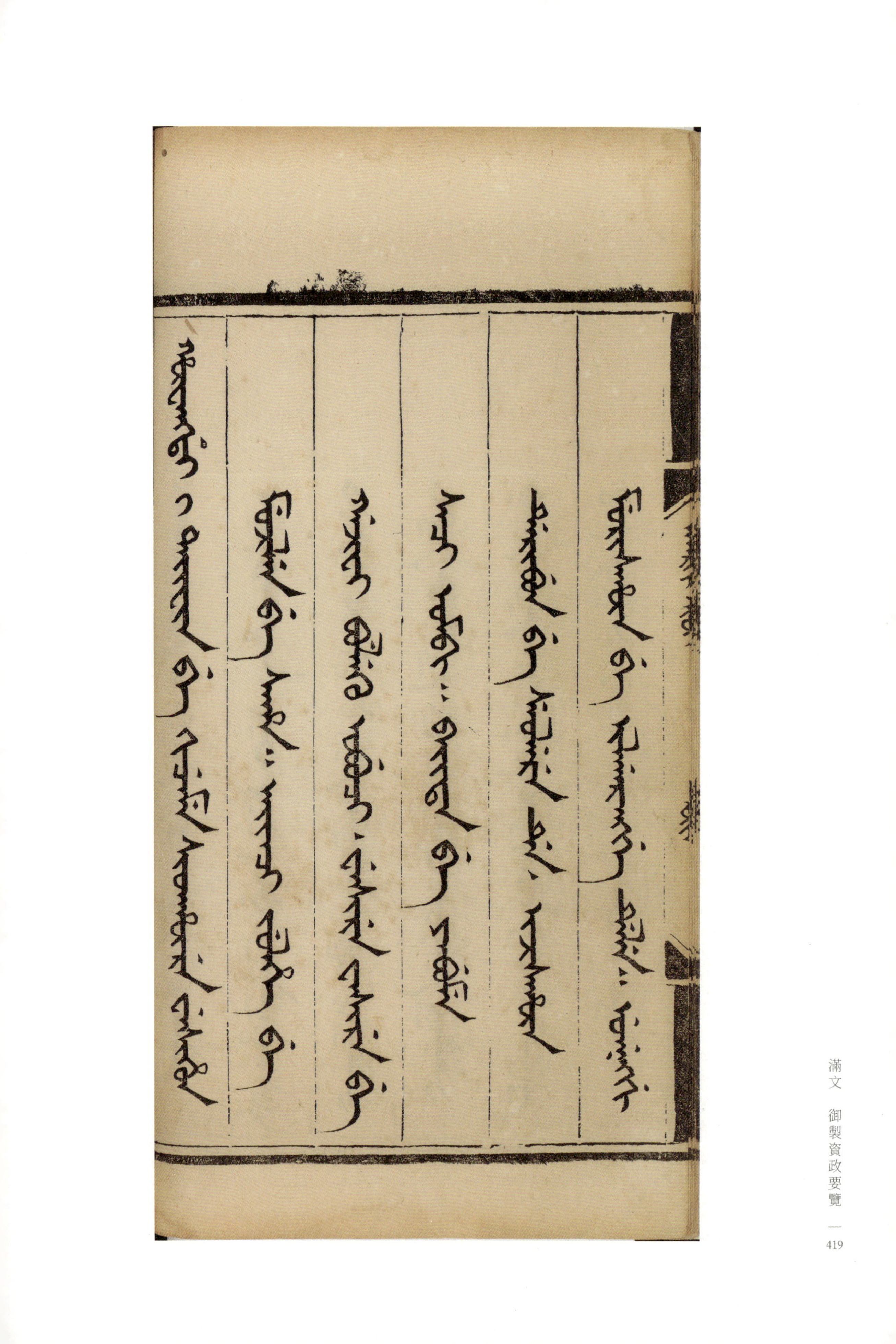

[illegible]

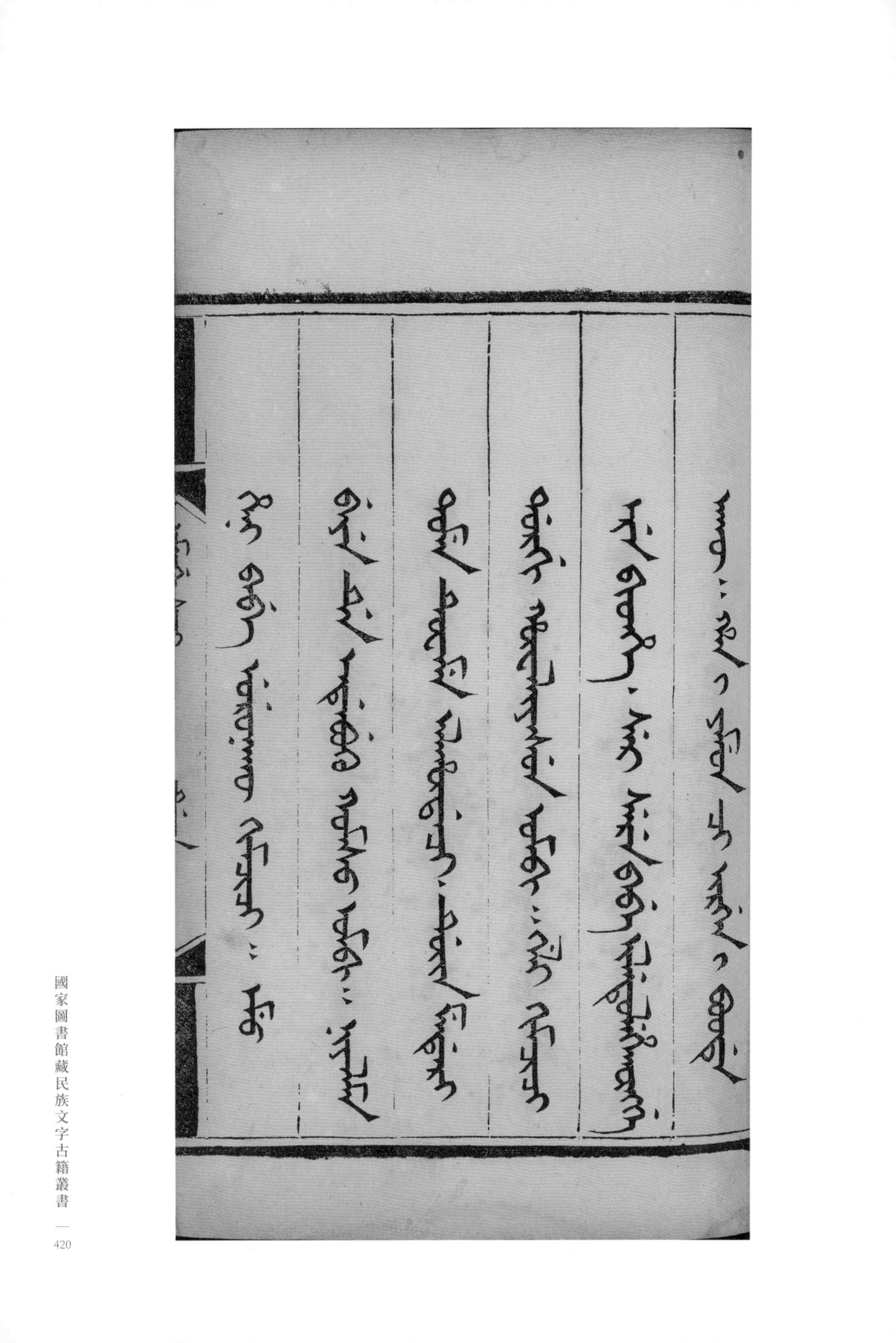

ning booi [illegible] [illegible] :: [illegible]

[illegible] [illegible] [illegible] [illegible] [illegible] :: [illegible]

[illegible] [illegible] [illegible] [illegible] [illegible]

[illegible] [illegible] [illegible] :: [illegible] [illegible]

[illegible] [illegible] [illegible] [illegible] [illegible]

[illegible] :: [illegible] [illegible] [illegible] [illegible] [illegible]

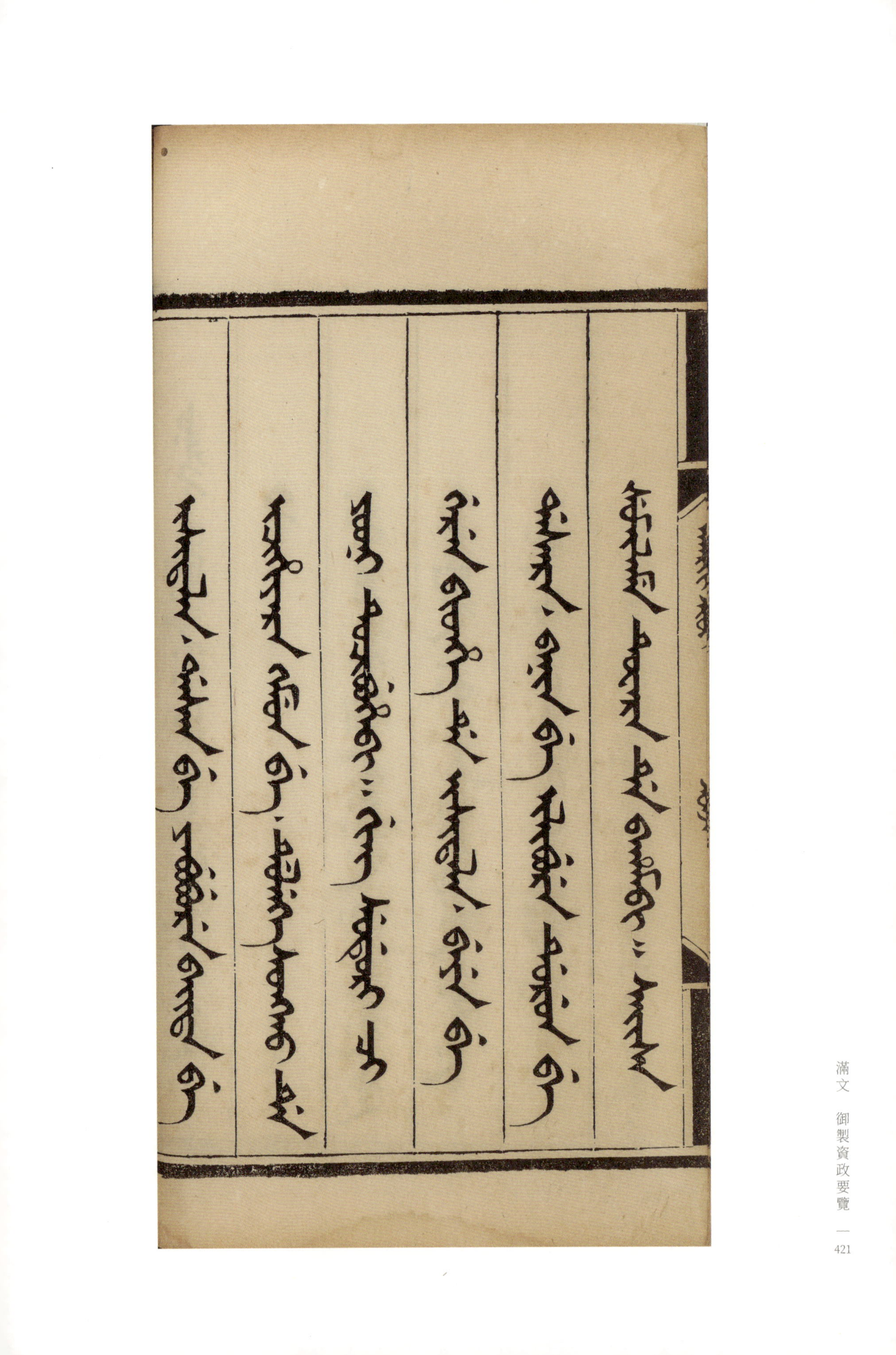

[illegible]

[illegible]

[illegible]

[illegible]

[illegible]

[illegible]

ᠪᠣᠣᠪᡝ᠈ ᠪᠠᡳᡨᠠᠯᠠᠮᡝ ᠪᠣᠣᠪᡝ ᠪᠣᡩᠣᠪᡝ᠉ ᠰᡝᠮᡝ

ᡨᡠᡨᡨᡠ ᠪᡝ ᠪᠣᠣᠴᡳᠯᠠᠮᡝ᠈ ᠣᡶᡳ ᠪᡝ

ᠰᡝᡵᡝᠩᡤᡝ᠈ ᠣᡶᡳ ᠪᡝ ᠰᡝᠮᡝᡵᡝᠩᡤᡝ ᡨᠠᠴᡳᠮᡝ᠈

ᠣᡶᡳ ᠮᡠᠵᡳᠯᡝᠨ ᠰᡝᡵᡝᠩᡤᡝ ᠪᡝ ᠴᡳᠮᡝᠮᡝ ᡨᡝᡵᡝ

ᠪᡳ᠉

ᡤᡳᠰᡠᠨ ᠮᡝᠩᡤᡝ ᡳᠨᡝᠩᡤᡳ ᠰᡝᠮᡝᡵᡝ ᡨᠠᠴᡳᠮᡝ᠉

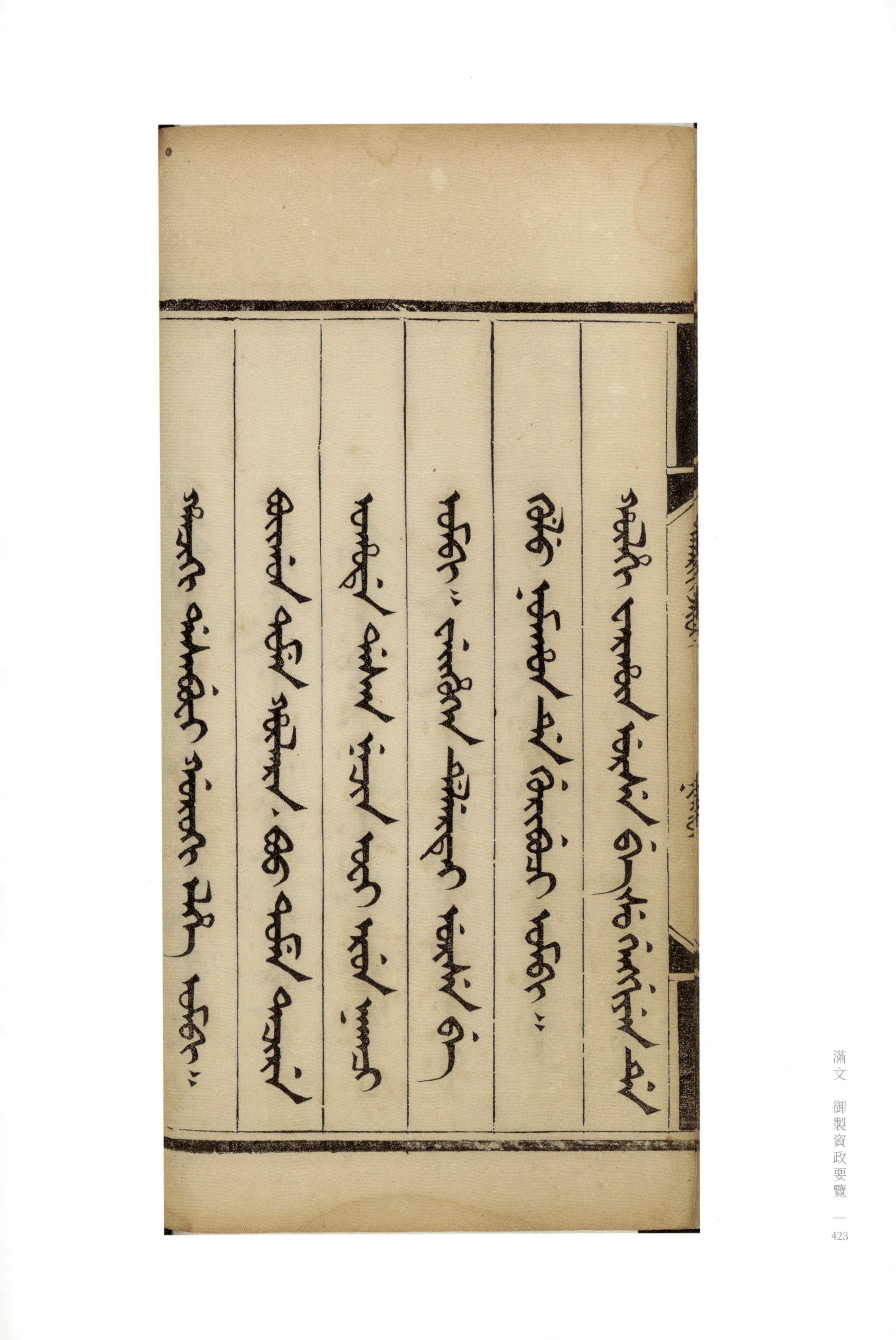

[illegible]

[illegible]

[illegible]

[illegible]

[illegible]

[illegible]

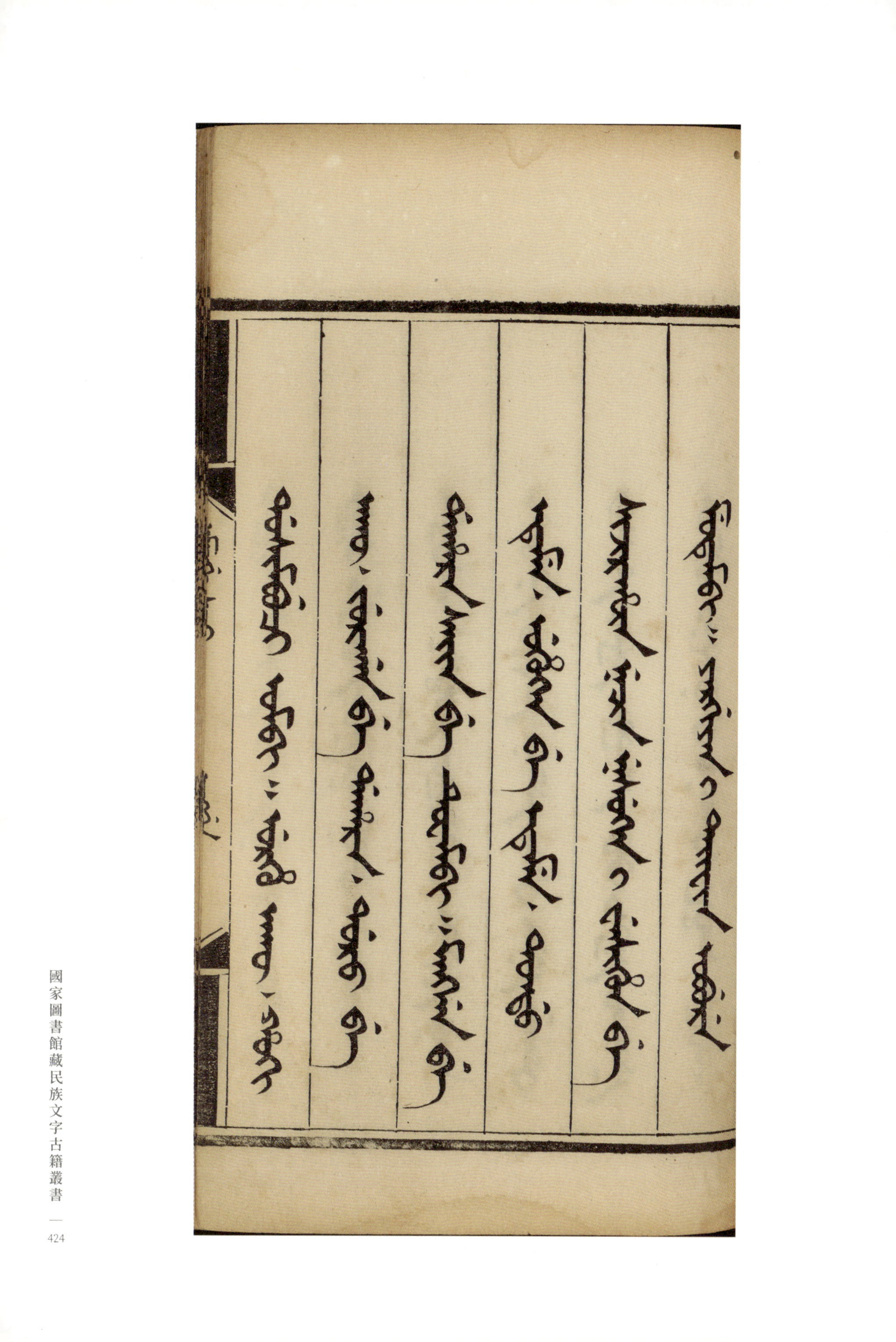

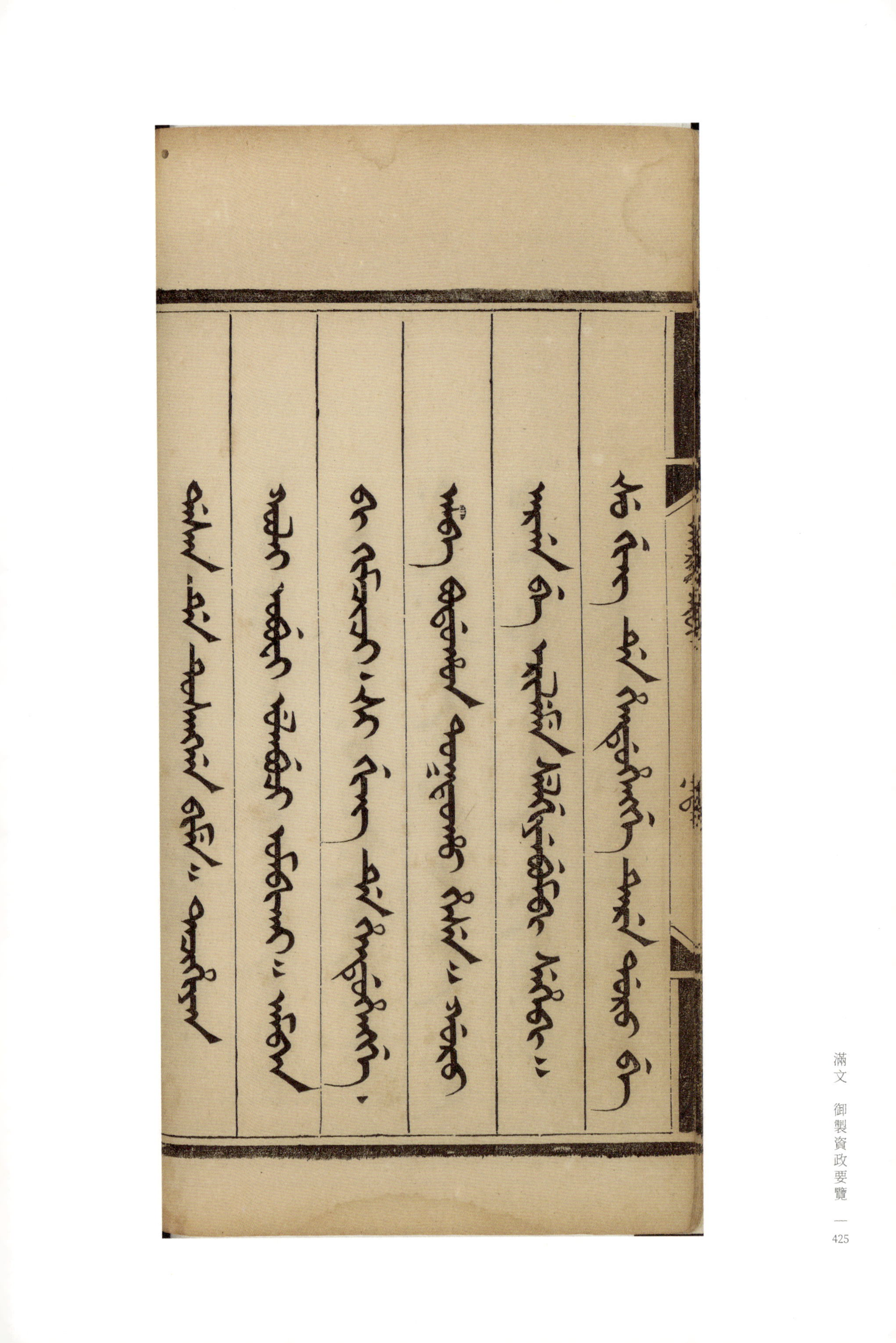

[illegible]

[illegible]

[illegible]

[illegible]

[illegible]

[illegible]

[illegible]

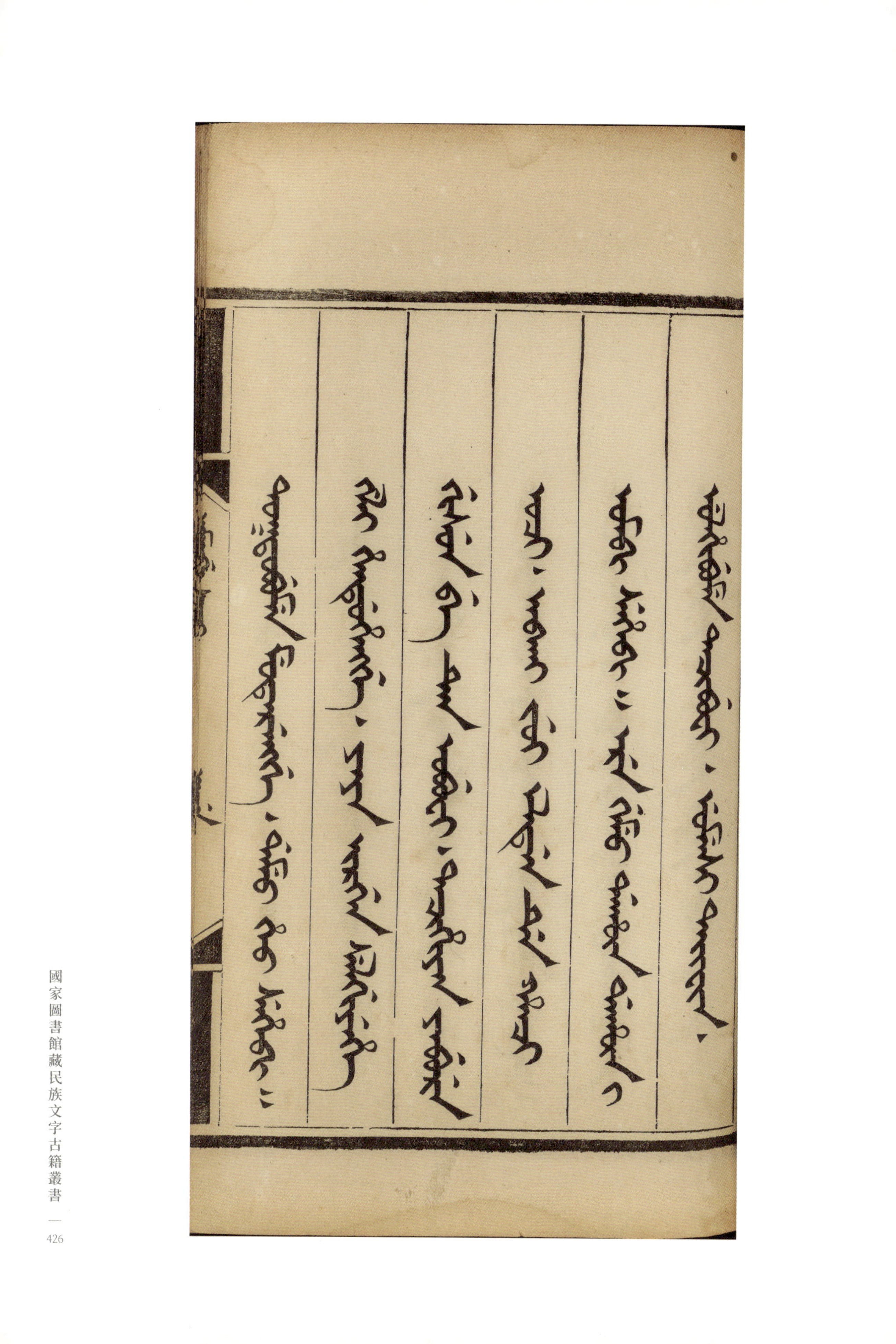

[illegible]

[illegible]

[illegible]

[illegible]

[illegible]

[illegible]

ᡠᠯᡥᡳᠶᡝᠨ ᡳᠯᡝᡨᡠᠯᡝᠨ ᡩᡝᡵᡳᠪᡠᠨ ᡳᠯᡝᡨᡠᠯᡝᠪᡠᡥᡝᠩᡤᡝ ᠣᠮᠪᡳ ::

ᡝᡵᡳᠨ ᡠᠮᡝᠰᡳ ᠰᡝᠮᡝ ᡝᡵᡳᠨ ᡤᡠᠸᠠᠰᡳᠨ ᡩᡝ ᡩᠠᠰᠠᠮᠪᡳ

ᡩᠣᡵᡤᡳ ᠪᡝ ᡩᡝᡵᡳ ᡩᠠᠰᠠᡥᠠᠩᡤᡝ :: ᡤᡝᠮᡠ ᡤᡝᠮᡠ

ᡩᠠᠰᠠᡥᠠ ᠪᡝ ᡩᡠᡵᡤᡝᠴᡝᠮᡝ

ᡠᡵᡠᠩᡤᠠ ᡥᡡᠸᠠᠩᡩᡳ ᡩᡝ ᠨᡳᠶᠠᠯᠮᠠ · ᡥᡝᠰᡝ

ᡥᡡᠸᠠᠩᡩᡳᡳ ᡳ ᡝᠵᡝᠨ ᡩᠣᡵᠣ ᠠᠨᡳᠶᠠ ᡨᡠᠸᠠᠮᡝ :: ᡥᡝᠰᡝ ᡩᡝ

ᠠᠨᠠᠨ ᠪᠣᡥᠣᡵᠣ ᠈ ᠪᠠᡳᡨᠠᠯᠠᠪᡠᠮᡝ ᠰᠠᠨ ᠪᠣᡥᠣᠨ

ᠪᡝᡵᡝᠨᡩᡝᠮᠪᡳ ᠠᡴᡡᠮᠪᡳ ᠪᡝ ᠮᡝᠩᡤᡠᠨᡩᡠᠮᡝ ::

ᠪᡳ ᡤᡝᠮᡠ ᡤᡝᡵᡝ ᡳ ᠰᠠᠨ ᠪᡳ ᠪᡠᠯᡝᠮᡝ ᠪᠣᡵᠣᠨ

ᠪᡠᡵᡝ ᠰᠠᠨ ᠪᠣᠯᠣᠨ ᡳ ᡨᡝᠪᡠᠪᡠᠮᡝ ᠰᠠᠪᡠᡵᡝ ᡳ ᠪᠣᠣ

ᡤᡳᠰᡠᠨ ᠪᡠᡵᡝ ᡨᡠᠮᡝᠨ ᡥᠠᡵᠠᠨ ᠰᠠᠨ ᡩᡝ ᠪᠣᡥᠣ

ᠰᠠᠨ ᡨᡝᡵᡝ ᡳ ᡤᡝᠩᡤᡳᠶᡝᠨ ᠰᡠᡵᡝ ᡥᠠᡶᡠ ::

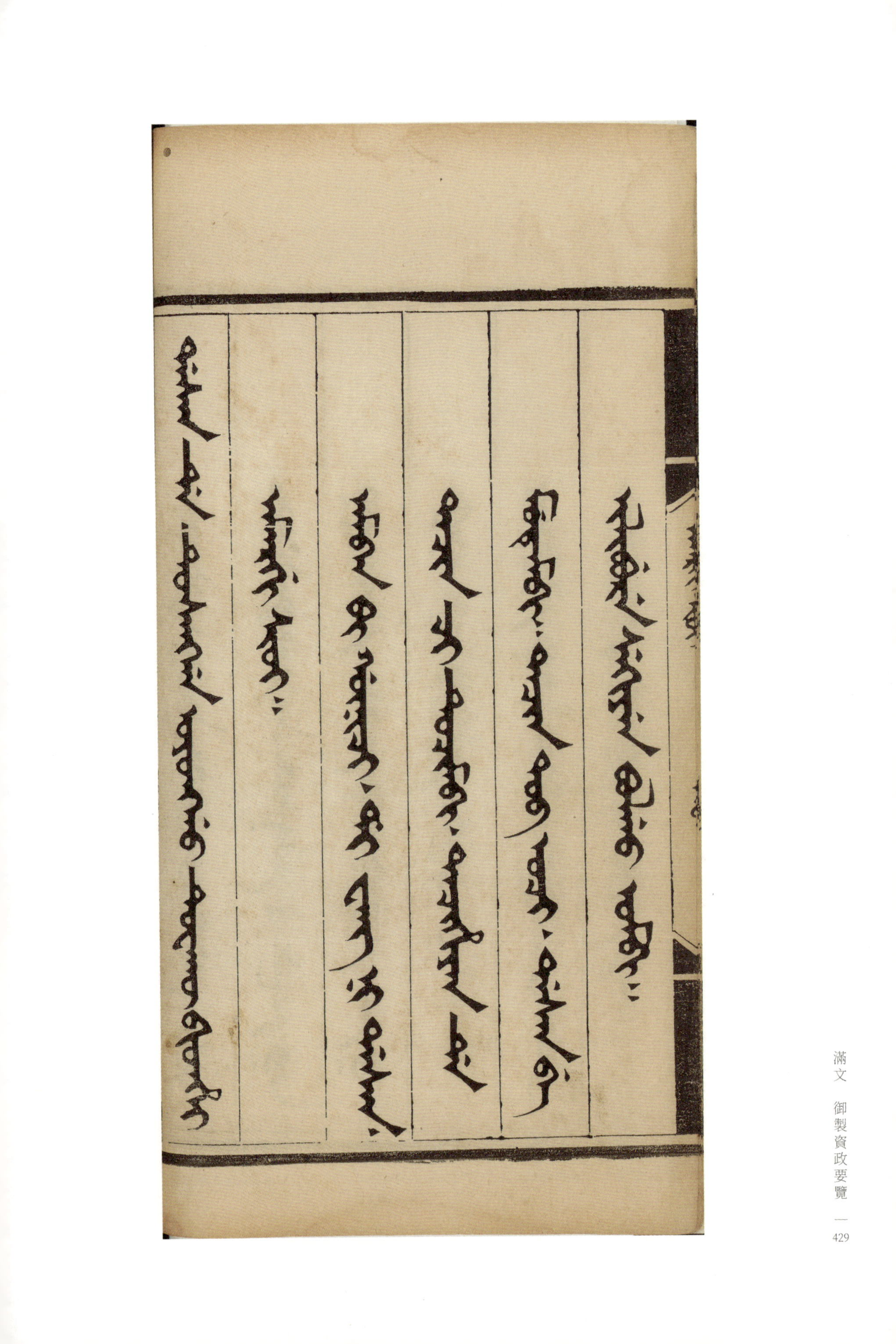

[illegible]

[illegible]

[illegible]

[illegible]

[illegible]

[illegible]

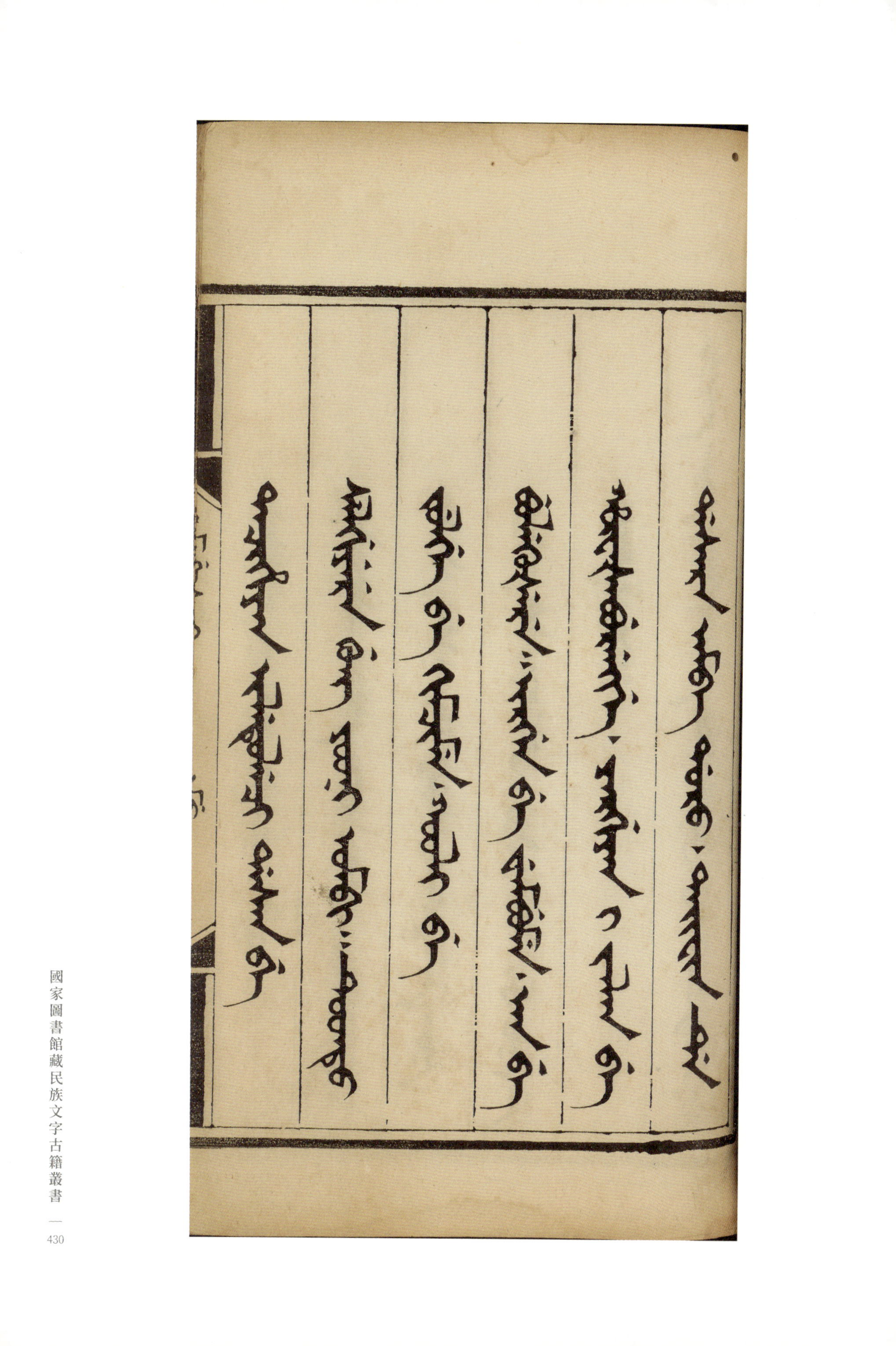

[illegible]

[illegible]

[illegible]

[illegible]

[illegible]

[illegible]

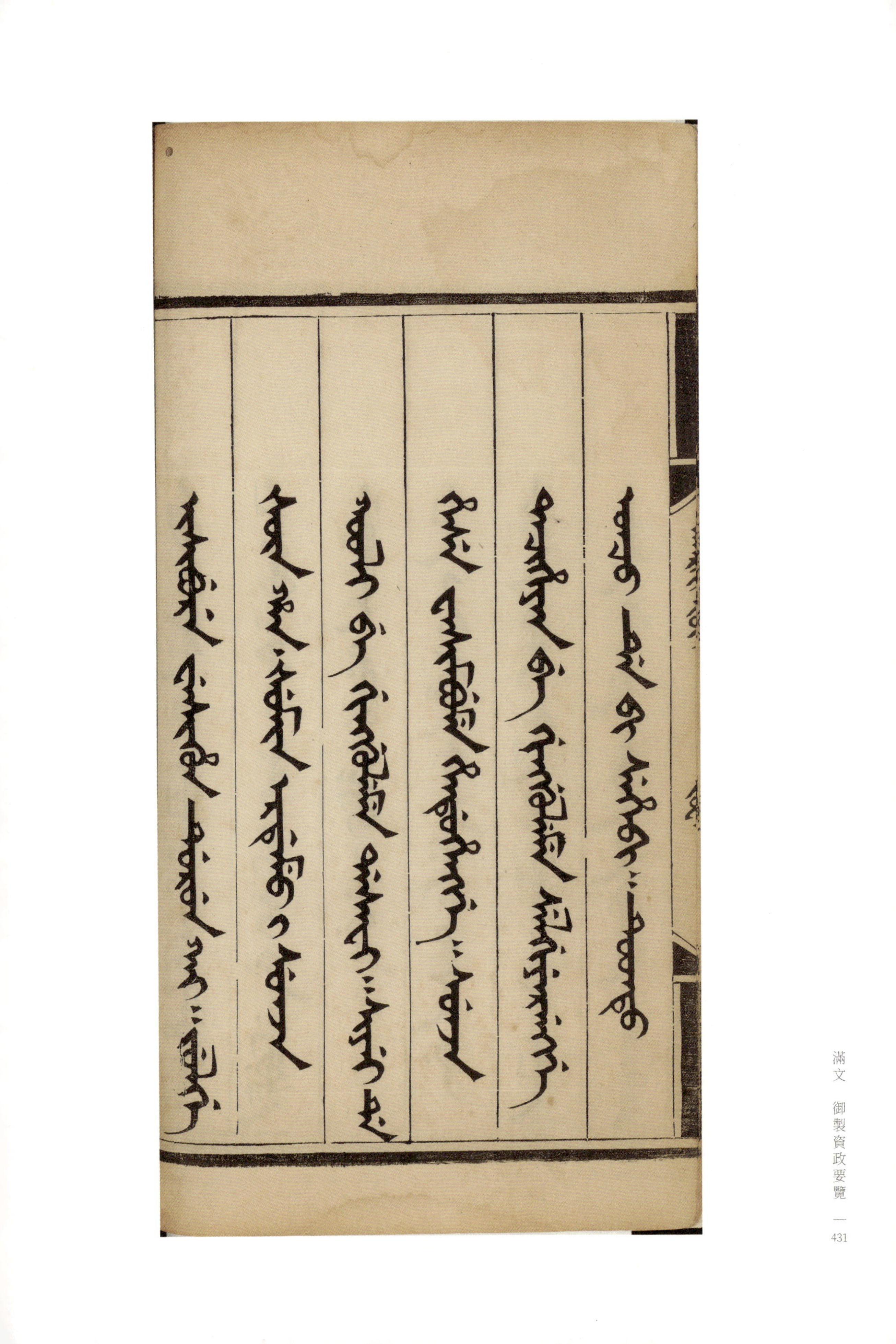

[illegible]

[illegible]

[illegible]

[illegible]

[illegible]

[illegible]

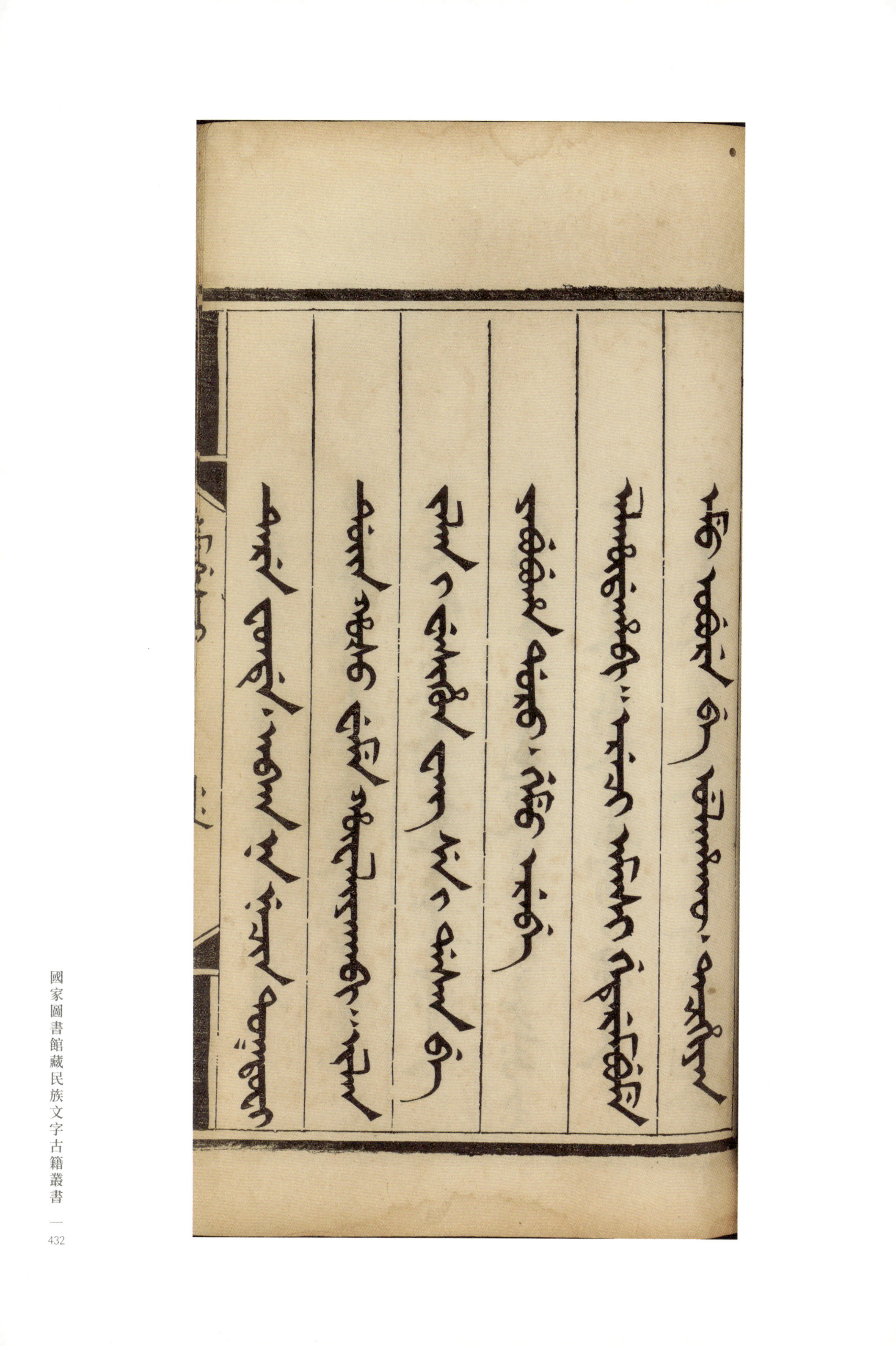

[illegible]

[illegible]

[illegible]

[illegible]

[illegible]

[illegible]

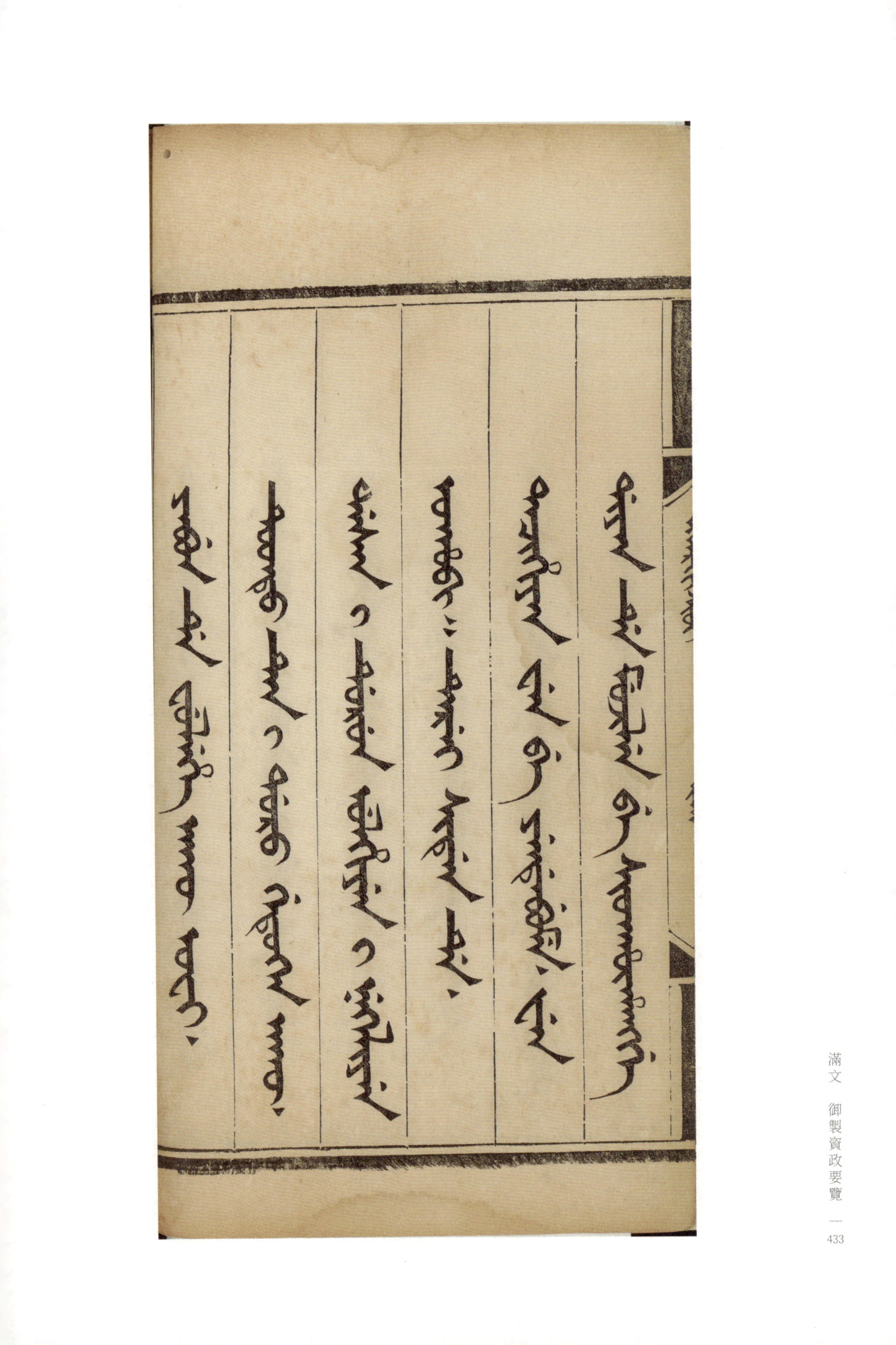

ᡶᡠᠯᡤᡳᠶᠠᠨ : ᡶᡠᠯᡥᡡᠨ ᠪᠣᠯᡤᠣᠨ ᡩᡝ ᠰᠠᠮᠰᡠ

ᠪᠣᠯᡤᠣᡵᠣ ᠈ ᠪᡳᠶᠠᠨ ᡩᡝ ᠪᡠᠰᡠᠨᡝᠨ ᠪᠣᠯᡤᠣ ᠉

ᠰᡳᡵᠠᡳ ᠰᡳᡵᡝᠩᡤᡝ ᡩᡝ ᠰᠠᠮᠰᡠᠨ ᠪᠣᠯᡤᠣᠨ ᠈

ᠪᠣᡥᠣᠯᠣᡥᠣᠩᡤᠣ ᠰᠠᠮᠰᡠᠩᡤᠠᠨ ᠪᠣᠯᡤᠣ ᠉

ᠪᡳ ᡩᡝ ᠰᡝᠪᠵᡝᠩᡤᡝ ᠈ ᠪᠣᠯᠵᠣᠨ ᡩᡝ

ᠪᠣᡧᠣᡴᡡᠨᡳ ᠈ ᡨᡠᠸᠠᠴᡳ ᡩᡝ ᡝᠨᡝᠩᡤᡳ

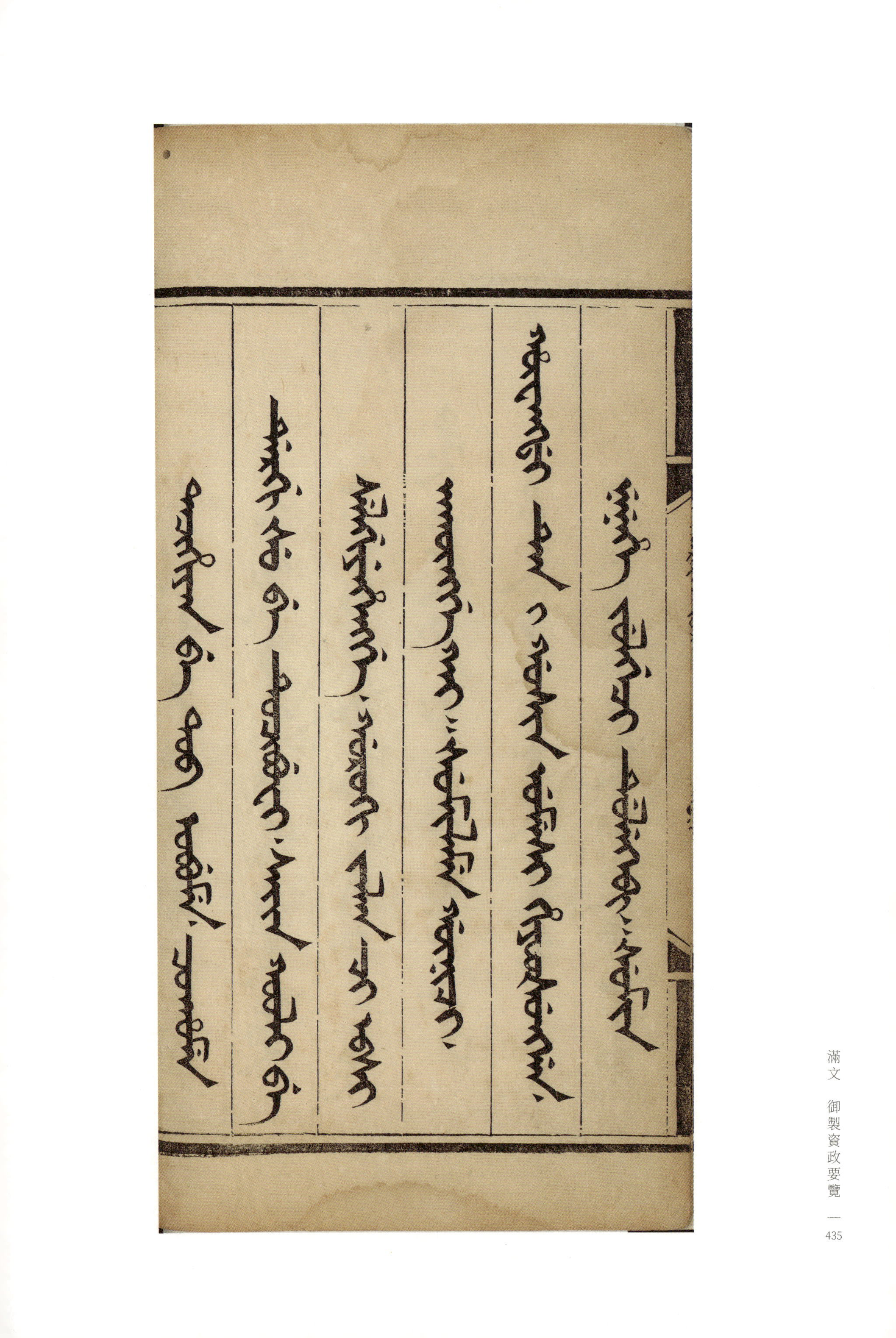

ᡧᠣᡧᠣᡥᠣᠨ ᡩᠣᡵᠣᠯᠣᠨ ᡳ ᠪᡳᡨᡥᡝ ᡳ ᡨᡠᡴᡳᠶᡝᠴᡠᠨ ᡤᡳᠰᡠᠨ

ᠮᡝᡵᡤᡝᠨ ᠰᡝᡵᡝᠩᡤᡝ ᡳᠴᡝᠩᡤᡝ ᠪᡝᠶᡝ

ᠪᡳᠰᡳᡵᡝ ᠪᡠᠯᡝᡴᡠ ᠪᡝ ᡝᡵᡝ ᡤᡝᡵᡝ ᠵᡳ

ᠪᡳᠴᡳ ᡝᠵᡝᡵᡝ ᠪᡝ ᠰᡝᡥᡝᠰᡝ ᡤᡡᠩᡤᡝ ᡤᡝᡵᡝ

ᠶᠠᠪᡠᡵᡝ ᠪᡝ ᠶᠠᠪᡠᠪᡠᡥᡝ ᡤᡳᠰᡠᠨ

ᠨᡳᠩᡤᡠᠨ ᡳᠰᡳ ᡨᡠᠸᠠᠮᡝ᠈ ᡨᡠᠸᡳᠮᡝ ᠪᡝ ᡨᡠᠸᠠᠮᡝ

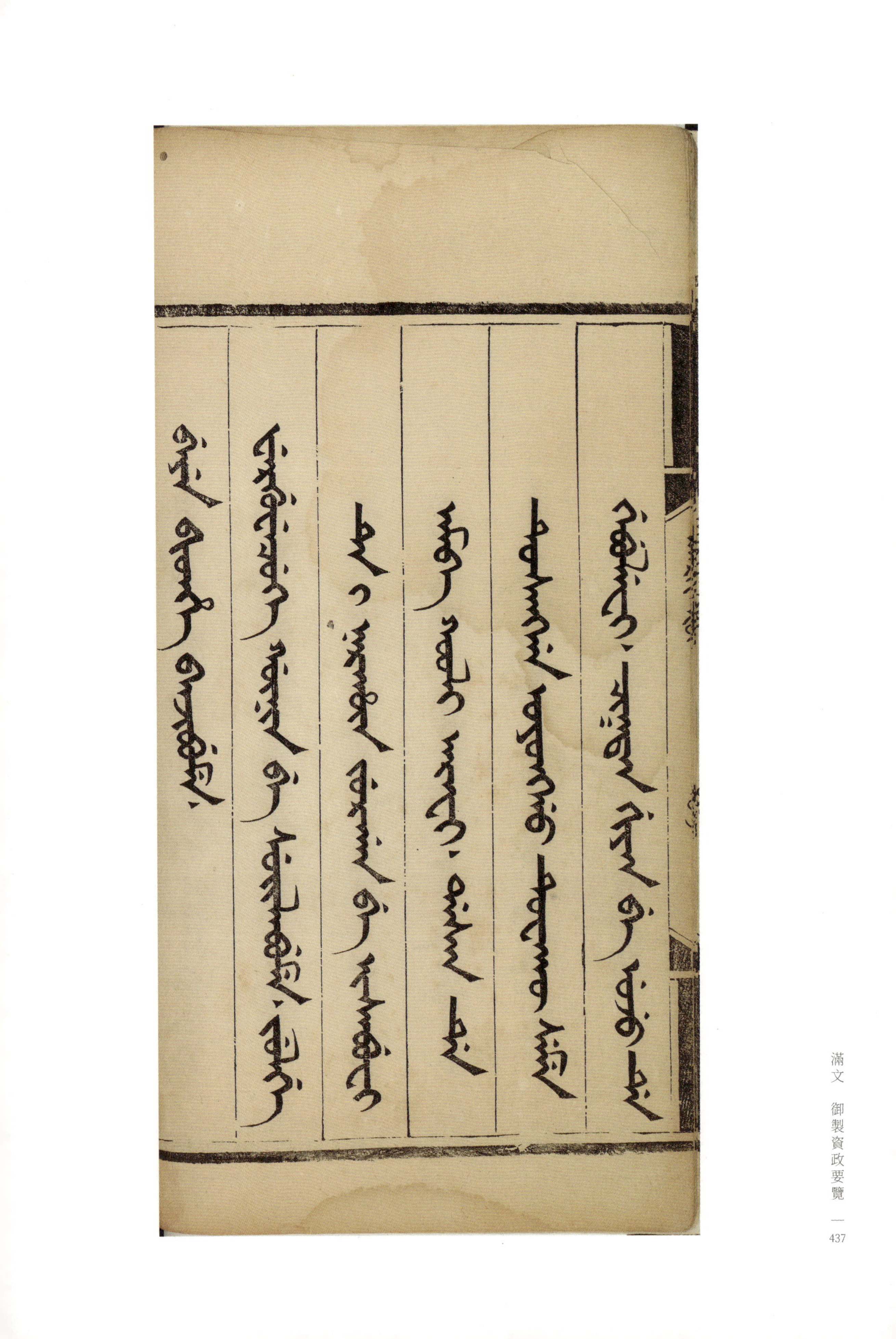

[illegible]

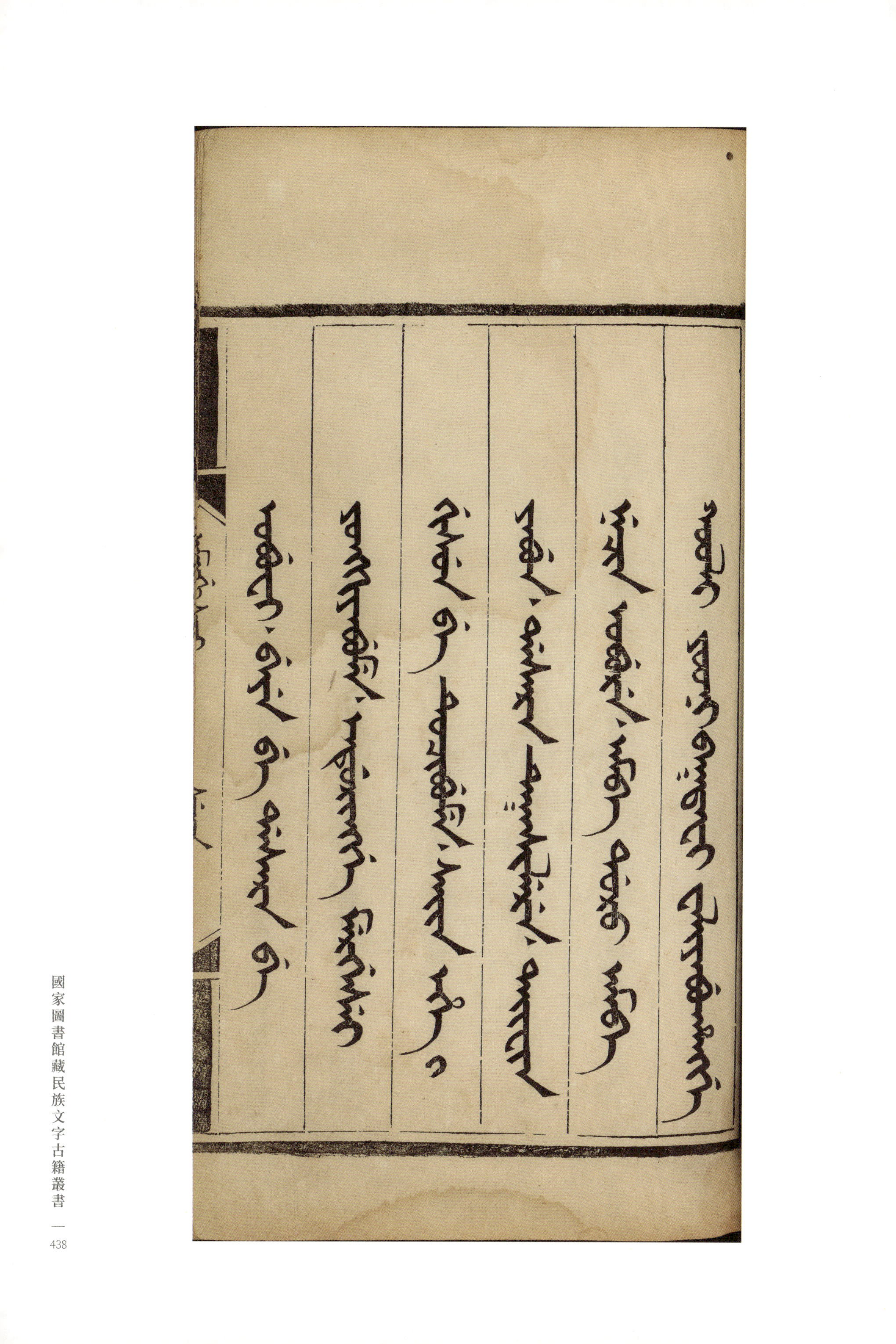

[illegible]

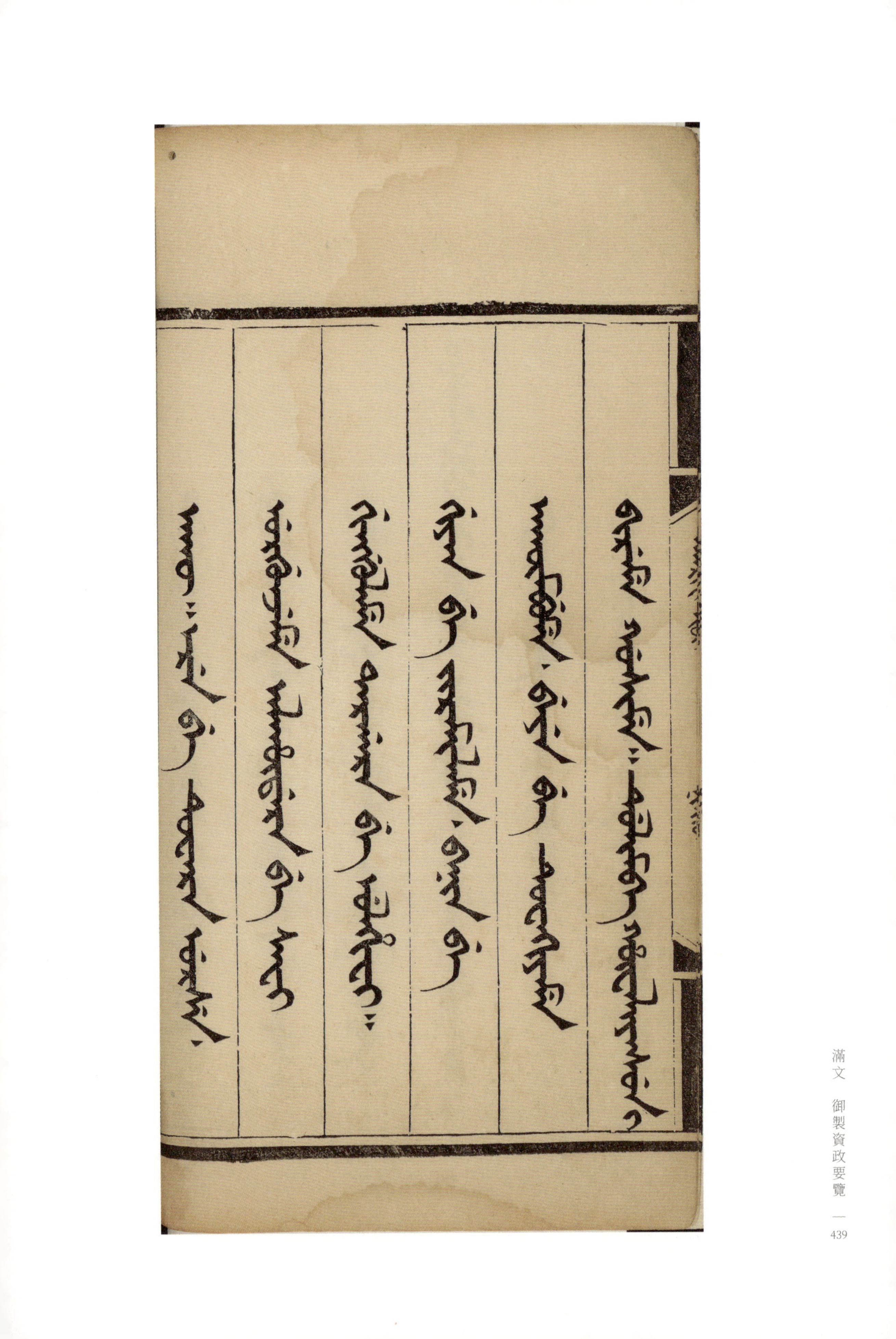

[illegible]

[illegible]

[illegible]

[illegible]

[illegible]

[illegible]

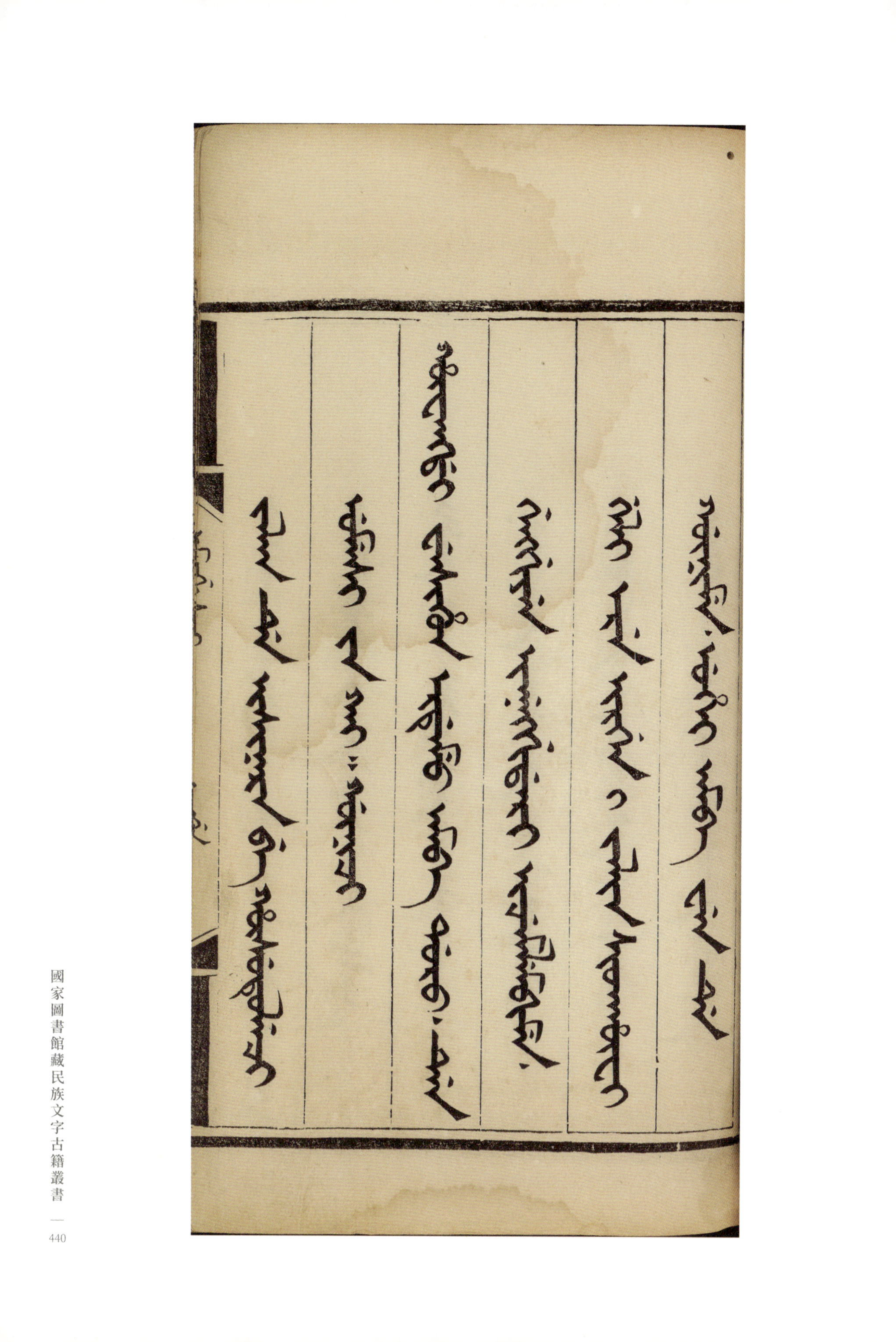

[illegible]

[illegible]

[illegible]

[illegible]

[illegible]

[illegible]

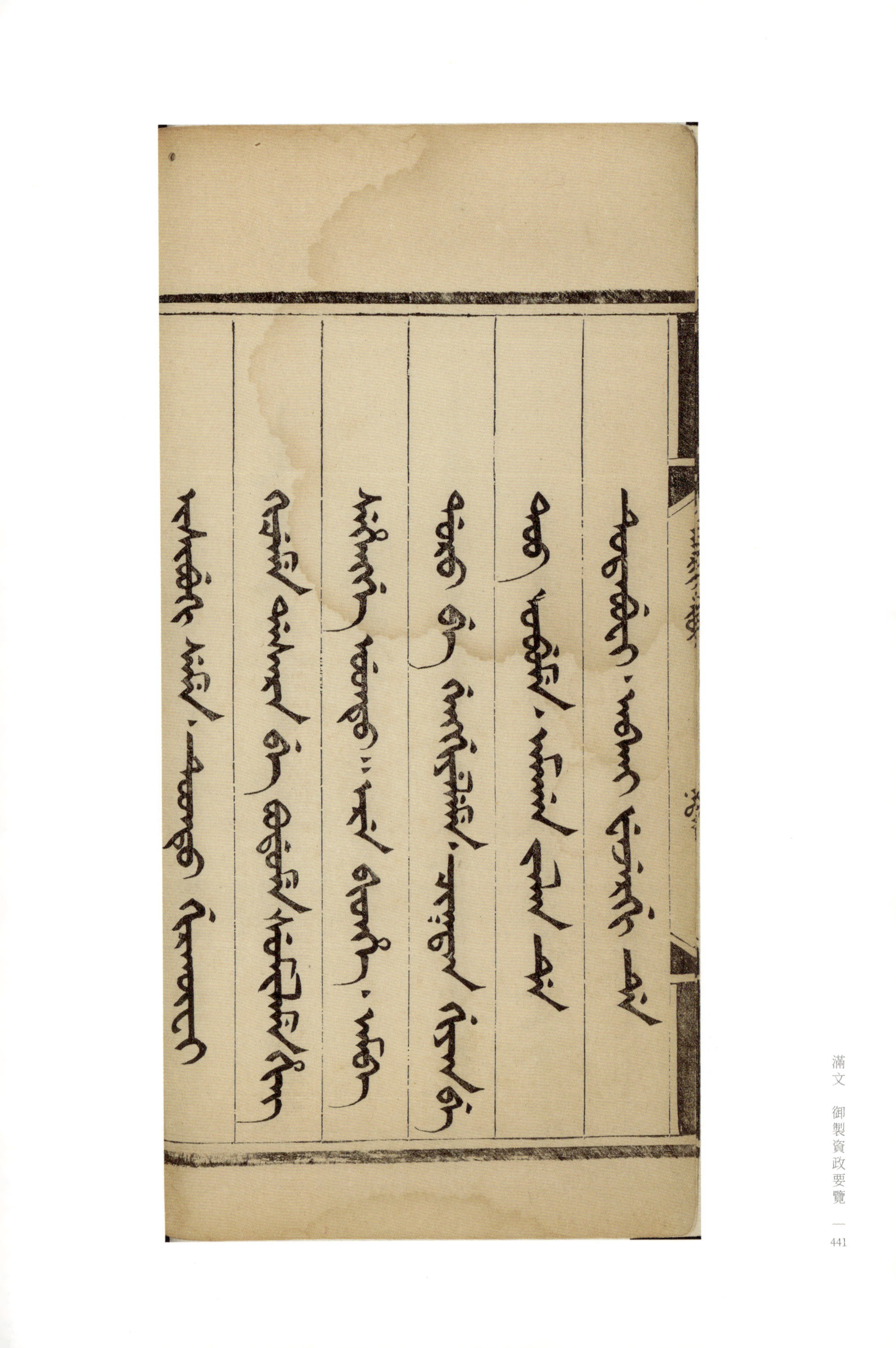

[illegible]

[illegible]

[illegible]

[illegible]

[illegible]

[illegible]

ᡠᠯᡥᡳᠪᡠᠮᠪᡳᠨᡳ ᠉ ᡨᡠᠮᡝᠨ ᠪᡝ

ᠰᠠᡳᠰᠠᠩᡤᠠ ᠮᡠᠰᡝ ᠉ ᠮᡝᠩᡤᡠᠨ ᠪᡝ ᡶᡝᠰᡳᡥᡝᡴᡡ

ᡨᡠᠮᡝᠨ ᡤᡠᡵᡠᠨ ᡳ ᡩᡝ ᠪᡝ ᡠᠯᡥᡳᠮᠪᡳ

ᠪᡝᠶᡝ ᡨᡠᡵᡤᡠᠨ

ᠪᡝ ᠪᡳᠰᡳᡥᡝ ᡩᡝ ᡥᠠᠨ ᠪᡝ ᡥᠠᡵᡤᠠᠰᡳ ᡥᡝᠰᡝᡳ

ᡝᠨᡩᡠᡵᡳᠩᡤᡝ ᡨᠠᠴᡳᠪᡠᠰᡠ ᠉ ᠵᠠᡴᡡᠨ ᠪᡝ

ᡝᠯᡩᡝᠮᠪᡠᡥᡝᠩᡤᡝ ᠪᠣᠯᠣ ᡩᡝ ᠪᠣᠯᡥᠣ ᠣᠪᡠᠮᠪᡳ᠈
ᠵᡳᡩᡝᠪᡠᡥᡝᠩᡤᡝ ᡩᠣᠪᠣᡵᡳ ᠵᡝᡴᡠ ᡳᠰᡳ᠈ ᡴᠣᡩᡝ
ᠰᡳᠮᡝᠨᡤᡝ ᡩᡝ ᠮᡝᠨᡳᠩᡤᡝ᠉
ᡳᠯᡳᡵᡝ ᡩᡝ ᠰᡳᠨᡩᡝ᠈ ᡳᠯᡳᡵᡝ ᡩᠣᠰᡳᠮᡝ ᠰᡳᠩᡤᡝ
ᡥᡡᠸᠠᡩᡝ᠈ ᡝᠰᡝᡵᡝᡤᡝ ᡝᡵᡝ ᠰᡝᡵᡝᠰᡝᡩᡝᡥᡝᠩᡤᡝ
ᡝᠰᡝᡵᡝᡤᡝ᠉

ᡠᡵᡠᠨᠠᡴᡡ ᠈ ᡤᡝᠨᡝᡥᡝᠨ ᠈ ᡝᡵᡝ ᡝᠨᡝ

ᡨᡠᠸᠠᠮᡝ ᠈ ᡤᡝᠮᡠ ᡥᠠᠨᡳ᠂ ᡤᡝᠨᡝᡥᡝ ᡝᡵᡝ ᡤᡝᠮᡠ

ᠠᠴᠠᠮᡝ ᡠᠮᡝᠰᡳ ᡤᡝᡨᡠᡴᡝᠨ ᠈ ᡨᡠᠸᠠᠮᡝ ᠈

ᡠᠮᡝᠰᡳ ᠪᡝ ᡳᠰᡳᠨᠠᡥᠠ᠂ ᠪᡠᠯᡝᡴᡠ ᡤᡝᠨᡝᡴᡝ

ᡤᡳᠰᡠᠨ ᠪᡝ ᡠᠮᡝᠰᡳ ᡤᡳᠰᡠᡵᡝᠮᡝ ᡳᠯᡳᡴᡝ ᡝᠨᡝ

ᠰᠣᠯᡳᠮᡝ ᡩᡝ ᠪᡠ ᡤᡳᠰᡠᠨ ᡳ ᡨᠠᠴᡳᠪᡠᡥᠠᠩᡤᡝ

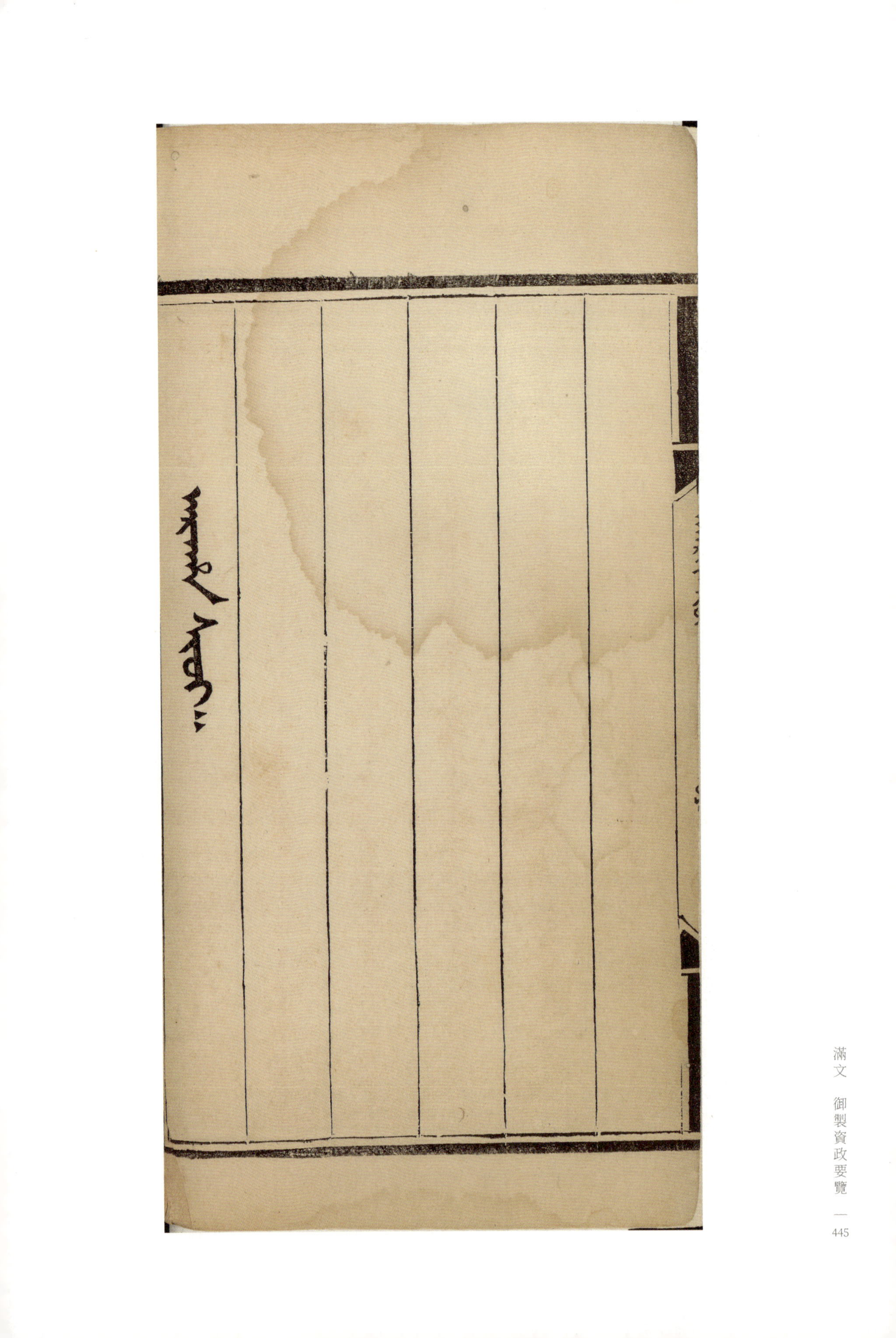

ᡝᠮᡝᠩᡤᡝ ᡝᠪᡳ::